北大新闻学研究会学术文库 12

方汉奇文集（增订版）上

方汉奇 著

清华大学出版社
北京

图书在版编目（CIP）数据

方汉奇文集 / 方汉奇著．—增订本．—北京：清华大学出版社，2018
（北大新闻学研究会学术文库）
ISBN 978-7-302-51329-2

Ⅰ．①方…　Ⅱ．①方…　Ⅲ．①新闻学－文集　Ⅳ．①G210-53

中国版本图书馆 CIP 数据核字（2018）第 224005 号

责任编辑：纪海虹
封面设计：郭宏观
责任校对：宋玉莲
责任印制：杨　艳

出版发行：清华大学出版社
网　　址：http://www.tup.com.cn，http://www.wqbook.com
地　　址：北京清华大学学研大厦 A 座邮编：100084
社 总 机：010-62770175 邮购：010-62786544
投稿与读者服务：010-62776969, c-service@tup.tsinghua.edu.cn
质量反馈：010-62772015, zhiliang@tup.tsinghua.edu.cn
印 装 者：三河市君旺印务有限公司
经　　销：全国新华书店
开　　本：160mm×230mm　印　张：68　字　数：1135 千字
版　　次：2003 年 10 月第 1 版　2018 年 10 月第 2 版
印　　次：2018 年 10 月第 1 次印刷
定　　价：280.00 元（上、下册）

产品编号：071757-01

总序

程曼丽[1]
[新加坡]卓南生[2]

经过一番甄选与琢磨，“北大新闻学研究会学术文库”即将陆续出版。它既是学会复会六年来所开展的学术研究与学术活动的集萃，也是吾辈向创会前辈敬献的一份厚礼。

历史上的北大新闻学研究会成立于1918年10月14日，由时任校长蔡元培亲自发起并担任会长，他同时聘请留美研习新闻学归国的徐宝璜、《京报》社长邵飘萍担任研究会的导师，这三人也因此被称为北大新闻学研究会的三驾马车。

蔡元培校长亲自起草研究会章程，确立研究会宗旨为“灌输新闻知识，培养新闻人才”。学会拟定的章程、宗旨，学会开设的课程，出版的刊物、教材，成为中国新闻学科建设最初的范本，也使北京大学毫无疑问地成为中国新闻教育和新闻学研究的摇篮。

北大新闻学研究会的会员很多是当时的进步学生，其中的一些后来成为中国最早的马克思主义者，中国共产党的早期领导人，也有一些成为著名的新闻人。据史料记载，在获得证书的55人中，就有毛泽东、罗章龙等人的名字。这段往事已经在中国新闻发展史上留下了深刻的

---

1 程曼丽，北京大学新闻学研究会执行会长、北京大学新闻与传播学院教授、中国新闻史学会会长。

2 卓南生，新加坡旅华学者，北京大学新闻学研究会导师兼副会长、北京大学新闻与传播学院客座教授、日本龙谷大学名誉教授。

印记。

2008年4月15日，北京大学新闻学研究会恢复成立，按照惯例，许智宏校长任会长，并聘请首批10位海内外学者担任研究会导师。《光明日报》用整版篇幅介绍了北京大学新闻学研究会的历史及恢复成立的情况；人民网对导师聘任仪式进行了全程直播报道。

恢复成立后的北京大学新闻学研究会一方面继承和发扬历史传统，另一方面力求开拓进取，创造新的业绩。

复会以来，研究会连续举办了五届年会，主题分别为“纪念五四运动90周年暨五四时期新闻传播专题史研究”“东亚新闻学与新闻事业的回顾与反思”“新闻史论教育与研究面临的难题与困惑”“如何研究新闻史如何弘扬学术精神——以《新闻春秋》公开发行为契机”和“新闻传播学的本土化与主体性的再思考”。

复会以来，研究会传承历史，连续举办了五届新闻史论师资特训班，截至2013年，毕业学员达到100名。学员来自国内三个新闻机构、一所海外大学和64所国内高校，包括北京大学、清华大学、中国人民大学、复旦大学、中国传媒大学、河南大学、河北大学、湖南大学、厦门大学、广西大学、西北大学、暨南大学、上海大学、华中科技大学，等等。2011年，特训班学员自行成立了同窗会，2012年和2014年又相继成立了两湖分会和东北分会。

复会以来，研究会与北京大学世界华文传媒研究中心联合举办了40多次北大新闻学茶座。光临茶座的有来自美国、英国、加拿大、日本、新加坡以及中国大陆、中国香港、中国台湾的学者和业界人士。茶座讲座的部分内容刊登在《国际新闻界》《世界知识》《参考消息》《新闻春秋》、新加坡《联合早报》等报刊和财团法人卓越新闻基金奖的网站上。近年来，北大新闻学茶座吸引了一批志同道合的中青年学者、学子，形成了一个跨国、跨界、跨校、跨学科的学术共同体。

复会以来，研究会出版《北大新闻学通讯》14期，并且开设了专门的网站（http://ioj.pku.edu.cn）和专门的公共邮箱（iojpku@126.com）。

在广泛开展学术交流活动的基础上，2013年7月，学会成员首次走出国门，与韩国言论学会联合举办有关两国媒介产业发展的研讨会，搭建起了中韩两国学者可持续交流的平台。

2013年11月9日，在国务院新闻办的支持下，北大新闻学研究会和新闻与传播学院联合举办了“十年再出发——中国新闻发布实践与创新论坛”，各部委十数位新闻发言人与会并围绕如何推动新闻发布制度建设等问题进行了探讨。人民网、中国网全程直播，《人民日报》《中国青年报》等作了大篇幅的报道。论坛文集《十年——新闻发言人面对面》已由清华大学出版社出版。

复会以来，北大新闻学研究会开展的一系列学术活动在海内外新闻传播学界产生了较大的影响，获得了广泛的认可。在北京大学新闻与传播学院建院十周年之际，新闻学著名教授、中国新闻史学会创会会长、北大新闻学研究会学术总顾问方汉奇先生对于北大的新闻学教学、研究作出这样的评价：“北大新闻与传播学院建院十周年了。她在新闻学研究和新闻教育方面拥有四个全国第一，加上站在她背后的北大的声望和影响，近年来发展十分迅速，已经后来居上，跻身于中国新闻教育的第一团队。希望她脱颖而出，为中国新闻学研究和新闻教育的发展继续努力，不断作出新的贡献。”（参见方汉奇教授2011年5月29日的微博）2013年12月21日，在纪念北京大学新闻学研究会成立95周年、复会5周年的学术研讨会上，方汉奇教授作为学会成长的见证者，在发言中强调：“从复会到现在，会员们对新闻理论与实践中的众多问题进行了研究和探讨……北大新闻学研究会复会后五年的工作已经为中国新闻传播学研究的发展作出了贡献，我们期待她百尺竿头再进一步，为中国新闻传播学研究的发展，作出更多的贡献。”

“北大新闻学研究会学术文库”即是研究会复会六年来所开展的学术研究与学术活动的全面展示。它主要由四个部分组成：经典新闻学著作的再版，研究会导师的研究成果，特训班学员的优秀成果以及研究会学术活动集萃。我们的初衷和心愿是：通过“文库”的出版，贯通“古今”，延续血脉，传承薪火，砥砺来人，让北京大学新闻学研究会的优良传统在新的时代发扬光大。对吾辈而言，这亦是一份历史责任。

2014年10月14日

复会6周年纪念

《方汉奇文集》（增订版）出版缘由

［新加坡］卓南生　程曼丽

《方汉奇文集》是我们在2003—2005年任汕头大学新闻与传播学院学术顾问期间，为该学院“长江新闻传播系列丛书”主编的“史论篇”的两本文集之一（另一本为《宁树藩文集》，其增订版已纳入“北大新闻学研究会学术文库2017”）。

鉴于2003年版的文集尚有疏漏之处，我们在2004年12月出版了精装订正版。本次增订版是以2004年精装版为蓝本，加上方汉奇先生在这之后撰写的文章、讲稿、书稿序文等。此外，增订版也附录了《方汉奇先生与北大新闻学研究会》（程曼丽）和《方汉奇先生与中国新闻史学》（卓南生）二文，分别论述了方先生与北大新闻学研究会及中国新闻史学的关系及其贡献。

在编辑过程中，承蒙“长江新闻传播系列丛书”主编，时任汕头大学新闻与传播学院院长陈婉莹教授的鼎力支持，谨此致以谢意。我们同时感谢本研究会师资特训班同窗会副会长，现任南京财经大学新闻学院副院长刘泱育博士，在百忙中协助收集和遴选方先生的续篇文稿。感谢方先生的博士生王保平同学协助校阅这部厚重的稿件。

最后，我们仅向本文集（增订版）的责任编辑纪海虹女士，以及赞助本增订版出版的北京大学金光新闻教育基金致以谢意。

目录

上 册

第一系列（六篇）

第二系列（五篇）

第三系列（九篇）

第四系列（九篇）

下　　册

第五系列（三篇）

第六系列（三篇）

第七系列（二篇）

第八系列（报史札记 13 则）

第九系列（新闻史书序选20篇）

第十系列　新闻史书序选续篇（30篇）

第十一系列　发言与讲座新篇（25 篇）

第十二系列　自述与访谈（6 篇）

第一系列

（六篇）

新闻史是历史的科学

一

新闻史是一门科学，是一门考察和研究新闻事业发生发展历史及其衍变规律的科学。它和新闻理论、新闻业务一样，都是新闻学的重要组成部分。

新闻史又是一门历史的科学。在门类繁多的历史科学中，它属于文化史的范畴，是文化史的重要组成部分。这是因为新闻事业是文化事业，新闻机关是文化机关，它们都属于上层建筑领域内的文化方面的范畴，是一定的经济基础通过新闻手段的反映，在任何时候，它们都总是要为一定的经济基础服务的。

由于新闻事业的特殊性，新闻史的研究和各时期的政治史、经济史都有着紧密的联系。

研究新闻史，离不开各时期的阶级斗争史、政治运动史和政党史。

这是因为各时期的新闻事业都和当时的阶级、政党、政权机关以及他们的活动有着紧密的联系。列宁在《俄国工人报刊的历史》一文中说过："俄国工人报刊的历史同民主运动和社会主义运动的历史有不可分割的联系。因此，只有知道了解放的各个主要阶段，才能真正懂得工人报刊的准备和产生为什么经历了这样的道路而不是经历任何其他的道路。"所阐述的正是这一道理。

研究新闻史也离不开各时期的生产斗争史和经济发展史。这是因为社会经济的发展，直接地影响着新闻事业的发展。在小国寡民分封割据的封建自然经济的土壤上，只能产生和养育邸报、小报之类的古老的封建官报和规模很小、销数不多的民间报房京报。只有商品经济日益发达，生产力的水平不断提高，信息的需要量逐渐加大，新闻时间性的要求越来越强，再加上科学技术的飞跃发展，才使近代化报刊的诞生和发展，和各种现代化新闻传播手段的发明和运用，成为必要和可能。

作为文化史的一个部门，新闻史和文化史其他部门的联系也是异常密切的。文化史上的许多重大事件和重大战役，都和当时的新闻事业有密切联系。近代历史上的几次大的思想启蒙运动，哲学和文学战线上的几次大的论战，马克思主义和社会主义在中国的传播，新文化运动的诞生和发展，各种文学流派的形成及其代表作品的问世，著名作家、表演艺术家的崭露头角和得到社会承认，以及某些科学文化知识的普及和传播，都无不和报刊有关。此外，报刊上还有一般书籍上所难以查到的，内容异常丰富的，有关哲学、史学、语言、文学、戏曲、电影、音乐、绘画、书法、雕刻、摄影、体育、宗教、婚姻、礼俗、风尚、伦理、道德、建筑、医药、交通、饮食、服饰等文化史方面的大量的第一手材料。研究文化史绝对地离不开各时期的报纸。加强新闻史的研究，以促进文化史各部门研究工作的开展，已经成为文化史研究工作者的共同愿望。

新闻史，从宏观的角度来说，需要研究的是整个人类新闻传播活动的历史，特别是阶级社会诞生以来，各个阶级和阶层运用各种有效的新闻传播手段从事新闻传播活动的历史。从微观的角度来说，则要研究一个国家、一个地区、一个时代、一个时期、一类报刊、一类报人，乃至于具体到某一家报刊、某一个报刊工作者和某一个宣传战役的历史。研究到近代以来的新闻史的时候，则还要兼及通讯社、广播电台、电视台等现代化新闻传播机构和新闻传播手段的历史。

对于中国的新闻史研究工作者来说，需要着重研究的是我们国家新闻事业发生发展的历史。中国是世界上最先有报纸和最先有印刷报纸的国家，中国有将近1 300年的封建社会办报的历史，有100多年外国人参加办报的历史，有100多年的资产阶级办报活动的历史，有大半个世纪的无产阶级从事办报活动的历史。在中国这片土地上，曾经先后涌现过6万多种报刊、1 000多个通讯社、200多个电台电视台和成千上万的杰出的新闻工作者，有过几百次大小不等的有影响的宣传战役。这些都是中国新闻史需要认真研究的对象。由于中国的新闻事业历史悠久，源远流长，中国的新闻史因此有着异常丰富的内容，这是世界上任何国家的新闻史都无法比拟的。正因为新闻史是一门科学，从事新闻史的研究，必须有一个科学的态度。对于无产阶级的新闻史研究工作者来说，事实是第一性的。每一个从事新闻史研究的人，都必须对新闻历史上的事实和他所研究的对象进行详细的调查研究，充分地占有第一手材料，然后运用马克思主义的立场观点方法，以历史唯物主义和辩证唯物主义为指导，进行由表及里、由此及彼、去伪存真、去芜存菁的分析，才能得出正确的符合实际的结论。理论的指导是重要的，但决不能以论代史。“史料挂帅”当然不好，但也不必讳言“史料”。革命导师明乎言之：“研究必须充分地占有材料，分析它的各种发展形式，探寻这些形式的内在联系。”（《资本论》第二版跋）没有“史料”，还搞什么历史？

没有对“史料”的充分掌握和过细研究，没有对重要的关键的“史料”的考订和甄别，是不可能对历史事实作出正确的分析和论断的。一切从概念出发、先入为主、脱离实际、游谈无根的做法，都是历史研究工作者的大忌，也是新闻史研究工作者的大忌。没有深入细致的调查研究，没有对一个一个报纸、报人和宣传战役的认真的专门的研究，一部完整的新闻史是难以写好的。

二

历史研究，从来都是为现实服务的，新闻史的研究也不例外。我们之所以研究新闻史，目的是为了总结好新闻事业历史的经验和教训，更好地为现实服务。

新闻史怎样为现实服务呢？具体说来，有以下数端：

（一）帮助我们更好地继承和发扬革命和进步报刊的优良传统

鸦片战争以来，不少先进的中国人，为了振兴中华，运用报刊这一舆论工具呼吁变法、呼吁改革、呼吁救亡，宣传进化论思想及民主革命思想，和封建顽固势力进行坚决的斗争。中国共产党成立以后，又有不少革命的新闻工作者，运用报刊这一舆论工具，为马克思主义在中国的传播、为新中国的诞生、为社会主义革命和社会主义的建设，作了充分的舆论上的准备。他们所办的报刊，性质虽然不完全相同，都积极地运用各种新闻手段，发表评论、传递信息、传播最新的科学文化知识，为当时的革命和进步的政治服务，具有很多好的传统。拿近半个多世纪的无产阶级革命报刊来说，可以举出的就有全党办报的传统；密切联系群众、深入实际、充当党的耳目喉舌和反映人民声音的传统；实事求是、讲事实、讲真话、讲道理的传统，以及艰苦奋斗的传统，等等。学习和研究中国新闻史，可以帮助我们继承和发扬这些好的传统，更好地改进当前的工作。

（二）帮助我们更好地借鉴和参考历史上各种类型报纸的办报经验

19世纪初叶以来，在中国的新闻战线上，曾经涌现过名目繁多的各种类型的报纸。从刊期来说，有日报、隔日报、三日报、周报、旬报、半月刊、月刊、季刊、年刊。从版式来说，有大到全张和对开，小到四开、八开、十六开，乃至于六十四开的各种报刊。从性质来说，有单纯的政论报刊，综合性的时事报刊，也有侧重于科技、文学、艺术、体育、摄影、漫画等方面的专业报刊。从读者对象来说，有以一般读者为对象的报刊，也有以工、农、青、妇、学生为对象的专门报刊。从出版的地点看，有的是在封建政府直接控制的地区出版的；有的则是在租界乃至于国外出版的；有的是在苏区、抗日民主根据地和解放区出版的；有的则是在白区、国统区、沦陷区，乃至于港澳和海外各地出版的。在后一部分报刊当中，有的是以党的机关报的名义出现的，有的则是以非机关报乃至于中间报刊的面目出现的。有的报纸，重点在正张，有的报纸，重点在副刊。一些政治态度偏于保守的报纸副刊，也可以被利用来作为革命和进步思想的宣传阵地。此外，为了防止反动当局的迫害，历史上还曾经出现一些蒙上了一层“灰色”保护色的革命报刊。这些门类众多的报刊，长期积累下来的办报经验，是十分丰富的。总结和借鉴它们的经验，研究它们的规律，举一反三，可以使我们的报纸有更大的适应能力，更好地发挥各自的优势，办得更为出色。

（三）帮助我们更好地向老一辈的新闻工作者学习

在近代现代的中国报坛上，曾经涌现过一大批著名的优秀的新闻工作者。其中属于近代的有王韬、郑观应、梁启超、麦孟华、欧榘甲、吴恒炜、唐才常、杨毓麟、章太炎、宋教仁、于右任、范鸿仙、杭辛斋、林白水、张季鸾这样一些著名的报刊政论家；陈其美、黄远生、徐凌霄、刘少少、邵飘萍这样的著名记者；陈冷、严独鹤、周瘦鹃、包天笑等这样著名的报刊编辑和英敛之、彭翼仲、陈少白、郑贯公、史量才、狄平子、汪汉溪等这样著名的报业经营管理家。属于现代的则有李大钊、瞿秋白、邓中夏、蔡和森、张太雷、萧楚女、恽代英、李求实、潘梓年、杨松、邹韬奋、戈公振、俞颂华、范长江、邓拓、恽逸群等这样的一大批杰出的革命和进步的新闻工作者。他们不仅是他们所处的那个时代的改革家、革命的先行者、进步的思想启蒙者，也是舆论战线上的英勇战士和经验丰富、卓有成绩的新闻工作者。他们有在各种环境下办报和办各种类型报纸的经验。有在新闻战线上冲锋陷阵的经验，也有打壕堑战的经验；有正面宣传的经验，也有旁敲侧击的经验；有成功的经验，也有失败的教训。他们在新闻业务的各个方面，包括新闻编辑、新闻采访、新闻评论、新闻摄影、新闻漫画、广告、副刊以及报纸的印刷发行经营管理等各个领域，都有不少革新和创获。评价他们的业绩，总结他们的经验，是新闻史的一项重要内容。学习和研究新闻史，可以帮助我们更好地借鉴他们的经验，改进我们的工作。

（四）帮助新闻工作者丰富本专业的历史知识

每一个从事文字工作的人，都应该有较多的历史知识。要知道中国的今天，也要知道中国的昨天和前天，对于新闻工作者来说，则不但应该有较丰富的一般历史知识，还应该有较丰富的本专业的历史知识。既了解新闻战线的现状，也应该熟知新闻战线的历史。对报纸、刊物、通讯社和广播电视事业是怎样产生的？怎样发展的？本国的新闻史上有过哪些重要的有影响的报刊和新闻机构？有过哪些重要的报刊活动家、报刊政论家和著名的编辑记者？有过哪些重大的宣传战役？有过哪些和新闻事业有关的重要的法律条例和文献？历史上各时期的新闻事业对当时的政治、经济、军事、文化、艺术等各个方面产生过哪些影响？历史上各时期新闻战线上的敌友我三方面的状况如何？新闻业务的演变情况如何？消息、专电、通讯、特写、社论、时评、短评等新闻文体是怎样产生和发展的？各时期的栏目设置和版面的安排有哪些异同？等等。这些问题，都应该有所了解，不能数典忘祖。

此外，新闻史的研究还可以帮助我们认识和掌握新闻事业自身的规律，便于我们在新闻工作的实践中，顺应规律、取得自由、因势利导、夺取胜利。新闻理论和实践中的一些问题，如报纸的属性、报纸的定义、报纸产生的原因、报纸和读者的关系、报纸的指导性与服务性的关系、报纸的思想性与可读性的关系、舆论一律与舆论不一律的关系、歌颂与批评的关系、上情下达与下情上传的关系、反对资产阶级自由化与社会主义新闻自由的关系，以及无产阶级报纸的党性与人民性的关系等等，也都可以通过新闻史的研究，来加深理解。

因此，新闻史的学习和研究，不仅仅是少数新闻史研究工作者的事情，对于广大的新闻工作者和新闻理论研究工作者来说，也都是十分重要的。

三

新闻史的研究，在中国已经有100年以上的历史。1873年《申报》上发表的专论《论中国京报异于外国新报》和1901年《清议报》上发表的梁启超的《中国各报存佚表序》，就是中国研究新闻事业历史的最早的篇什。至于新闻史的专著，则以姚公鹤写的《上海报纸小史》为最早，这部专著作为附录，收入1917年商务印书馆出版的《上海闲话》，其问世的时间，早于中国最早的新闻学理论专著徐宝璜的《新闻学》（再版时改名《新闻学纲要》）两年。可见在中国新闻学研究的历史上，开其端绪的，还是新闻史的研究。

从1917年第一部新闻史专著问世到现在，中国新闻史研究可以分为以下三个时期。

第一个时期，是1917年至1949年中华人民共和国成立前的旧中国时期

这一时期出版的各种类型的新闻史专著不下50种。其中属于通史方面的代表作，有戈公振的《中国报学史》、黄天鹏的《中国的新闻事业》、蒋国珍的《中国新闻发达史》、赵君豪的《中国近代之报业》、申报新闻函授学校的《本国新闻史》等。属于地方新闻史的代表作，有姚公鹤的《上海报纸小史》、项士元的《浙江新闻史》、胡道静的《上海新闻事业之史的发展》《上海的日报》《上海的定期刊物》、蔡寄鸥的《武汉新闻史》、长白山人的《北京报纸小史》（收入《新闻学集成》）等。属于新闻史文集方面的代表作，有孙玉声的《报海前尘录》、胡道静的《新闻史上的新时代》等。属于新闻史人物研究方面的代表作，有张静庐的《中国的新闻记者》、黄天鹏的《新闻记者外史》、赵君豪的《上海报人的奋斗》等。属于新闻史某一个方面的专著，则有赵敏恒的《外人在华新闻事业》、林语堂的《中国舆论史》、如来生的《中国广告事业史》和吴宪增的《中国新闻教育史》等。在这一时期出版的新闻史专著中，以戈公振的《中国报学史》最见功力，影响最大。这部新闻史专著根据作者亲自搜访到的大量第一手材料，系统全面地介绍和论述了中国新闻事业发生发展的历史。材料丰富，考订精详，是中国新闻史研究的开山之作。它自1927年初版问世后，一再重印，并且曾经被日本新闻史学者小林保译为日文在日本出版，是旧中国的新闻学著作当中唯一有外文译本的一本书。50年代初，这本书曾经由三联书店再版发行，因而又是解放后唯一再版过的旧中国的新闻学专著。至今在新闻史研究工作中，仍然有很大参考价值。其余的专著，汇集了某一个地区、某一个时期、某一个方面的新闻史方面的材料，也都各有一定的参考价值。这一时期新闻史著作的普遍缺点是：（1）偏于报刊名称、出版日期、编辑人员等基本情况的介绍，缺乏必要的论述和分析。（2）立场观点比较陈旧。多数著作以资产阶级报刊为正统，以无产阶级的革命报刊为异端，对后一部分报刊的介绍，既简单又有偏见。个别作者站在反动立场，为帝国主义和官僚军阀所办的报刊涂脂抹粉，发表过不少错误的议论。（3）少数作者功力不足，率尔操觚，辗转抄袭，缺少新意。此外，由于工作不够严谨，或所见资料不够完全，不少著作还有不少史实上的讹误。考订精详如戈公振的《中国报学史》那样的专著，近年来经已故的新闻史研究工作者杨瑾琤和宁树藩、王凤超等同志复查，尚且发现了两百多处错误，其他就可想而知了。

总体来说，这一时期的新闻史研究，在新闻史的各个领域都有所开拓，取得了不少成果，初步奠定了中国新闻史研究的基础，但除了《中国报学史》等少数几部专著外，多数新闻史著作的水平还不高，分量也比较单薄。

第二个时期，是 1949 年至 1978 年，即建国后到十一届三中全会以前的这一段时期

这一时期新闻史研究工作的重点，是无产阶级的革命报刊史。50年代初期，以中央党校新闻班为基础，联合了中国人民大学新闻系的一部分教员，共同编写了一部《中国现代报刊史》讲义，着重介绍和论述了五四运动以后到建国以前的近30年的无产阶级革命报刊的历史。1959年这部讲义首先由中国人民大学新闻系作为内部教材铅印出版。1962年，复旦大学新闻系编印出版的《中国新民主主义革命时期新闻事业史讲义》，1966年中国人民大学新闻系编印出版的《中国新闻事业史（新民主主义时期）》，则是两校的新闻史教师以这部讲义为基础，根据教学需要，各自重新编写出来的。这几部讲义和教材的出版，弥补了旧中国新闻史研究工作的空白，奠定了中国无产阶级新闻史的基础，对无产阶级新闻史研究的进一步开展，具有重大的意义。此外，这一时期还出版了一批带有资料性质的新闻史参考用书，它们是中共中央马恩列斯著作编译局研究室编辑出版的三集《五四时期期刊介绍》，潘梓年等撰写的《新华日报的回忆》，张静庐编辑的三大本《中国近代出版史料》和五大本《中国现代出版史料》，阿英的《晚清文艺报刊述略》和徐忍寒辑录的《申报七十七年史料》等。与此同时，一些新闻业务刊物和文史刊物上也发表了近150篇有关新闻史的文章。其中如李龙牧所写的有关《新青年》和《每周评论》历史的文章，丁树奇所写的有关《向导》历史的文章，以及王芸生、曹谷冰合写的有关旧《大公报》历史的文章，吴范寰所写的有关《世界日报》历史的文章等，都有一定的影响。总之，这一时期的新闻史研究特别是无产阶级新闻史的研究，是有成绩的，但是受"左"的思想影响，开展得还不够深入。一般地说，对党报以外的其他类型报刊历史的研究不够。党报史中，对党报史的人物活动和报刊业务活动的研究不够。新闻史的教学与研究也还没有得到普遍的重视。

第三个时期，是 1978 年十一届三中全会以后到现在，时间大约六年光景

这是新闻史研究工作空前繁荣的时期。这一繁荣主要表现在以下几个方面。

首先是新闻史教育与研究的队伍扩大了。"文化大革命"以前，从事新闻史教学与研究的只有高级党校、中国人民大学、北京广播学院、复旦大学、江西大学、杭州大学、吉林大学等少数几个大学新闻系或新闻专业的教师和个别业余的新闻史研究工作者，总数不过二三十人。"文化大革命"期间大学的新闻史课程停开，这一支队伍也基本上转了业，新闻史的研究陷于全面停顿状态。直到十一届三中全会以后，这一煮鹤焚琴的局面才宣告结束。1978年起，首先在几个老的大学新闻系中恢复了新闻史课程，重建了教研室组织，到1982年为止，已有14所大学的新闻系或新闻专业开设了新闻史课程。为了解决新开办的新闻系新闻专业的新闻史师资问题，教育部在这一年特地委托中国人民大学新闻系设立新闻史教师进修班，来培养这方面的人才，使新闻史教师的队伍，在短期内有了成倍的增长。1978年以后，中国人民大学和复旦大学新闻系相继招收新闻史方向的硕士研究生。同年，中国社会科学院成立了新闻研究所，从新闻出版单位调集了一大批有丰富新闻工作经验和较高理论水平的老同志，从事中国新闻史的研究工作，并招收部分新闻史方向的研究生。这些，都成为新闻史研究的骨干力量。此外，1980年以后，北京及各省、市、自治区纷纷成立新闻学会和新闻研究所，并在会所的领导下，设置新闻史组，组织会员从事新闻史方面的研究。其中仅首都新闻学会的新闻史组，就有近40名成员，全国各新闻学会新闻研究所也都有专人从事新闻史的研究，使新闻史的研究工作者队伍迅速扩大，达到前所未有的规模。

其次是出现了一大批丰硕的研究成果。十一届三中全会以来陆续出版的新闻史教材、教学参考资料和专著，先后有《报刊史话》《中国广播史料》《中国新闻事业史教学参考资料》（近代两册、现代两册）、《中国古代的报纸》《中国近代报刊史》（上下两册）、《报海旧闻》《旧闻杂忆》《中国新闻事业简史》《中国古代报纸探源》《中国新闻业史》《新华日报的回忆》（续集）、《中国人民广播回忆录》《中国广播简史》《中国新闻事业史研究资料》《华南新闻事业史料》《世界日报兴衰史》《报人生涯三十年》《记者生活三十年》《辛亥革命时期期刊介绍》（已出1~4辑）等20余种。其中有通史，有断代史，有专史，也有新闻界人物史。与此同时，还出现了一批像《新闻研究资料》《新闻界人物》《新华社史料》《天津新闻史料》《武汉新闻史料》等这样一些“以新闻史料和新闻史料研究为主”的定期和不定期的新闻史专业刊物。其中仅《新闻研究资料》一种，从1979年创刊到1984年年底止，就已经出版了27期，发表了643篇近550万字的新闻史文章。同时期的其他报刊和新闻业务刊物上，也发表了不少论述和介绍新闻史的文章。这些文章，累计起来在1 000篇1 000万字以上。因为端正了思想路线，树立了良好的学风，这些文章的质量，也有明显的提高。在古代、近代、现代新闻史的研究领域中，都有不少新的创获。

最后是新闻史的研究活动全面展开空前活跃。除了已经完成的通史、断代史、编年史之类的新闻史研究项目，专业报刊史、地方新闻史以及个别报纸、刊物、通讯社和新闻界人物历史的研究，这一时期也都有专门的班子或专人在分头进行。拿专业新闻史的研究来说，中国共产党党报史、中国广播电视史、中国军事报刊史、中国企业报刊史、中国铁路报刊史的研究工作，在中国社会科学院新闻研究所、中国人民大学新闻系、北京广播学院新闻系等单位有关同志的努力下，已经取得了很大进展。其中《中国军事报刊史》一书，已由黄河、张之华同志合作编写出20万字左右的初稿，即将付梓。地方新闻史的研究工作，也开展得十分蓬勃。不少省市的新闻学会和新闻研究所都建立了专门的机构，从事这方面的研究。湖南新闻史和湖南省志的编写工作同步进行，起动最早，已经写成初稿，正在广泛征求意见。湖北和武汉地区的新闻史研究工作者，已经对省内历史上的650种报刊和200家通讯社进行调查；积累了100万字以上的文字资料，并写出了部分论文。黑龙江省新闻学会的罗玉琳、艾国忱两同志负责的黑龙江地方新闻史的研究工作，已经完成了解放战争时期部分，写出了题为《东北根据地战略后方的党报》的近4万字的初稿。张家口市新闻学会的李孟坚等四位同志，则为原察哈尔地区的报纸历史写成了6万字左右的初稿，正在作进一步的加工整理。此外，天津新闻学会部分同志正在进行中的天津新闻史编写工作，吉林省新闻研究所部分同志正在进行中的吉林新闻史和伪满时期东北新闻史的编写工作，也已取得了一定的进展。其余陕西、四川、广东、新疆等地的地方新闻史研究工作，也正在积极进行。重要报纸刊物历史的个案研究工作，在这一时期的成绩十分显著。中国社会科学院新闻研究所主持的延安《解放日报》史和《新华日报》史的编写工作即将完成，年内可望出书。其余如《大公报》《救亡日报》《立报》《申报》《新蜀报》《新民报》《时事新报》《盐阜大众》等近百种历史上有影响的报刊，也都有专人分别进行研究，写出了一些有分量的文章。其中以《申报》史的研究工作开始最早，投入的力量最大。上海新闻学会还特地成立了一个包括原《申报》总经理马荫良先生在内的《申报》史编写组，对这个历史悠久，影响深远，内容丰富的老报纸的历史进行深入细致的研究，争取早日写成专史。通讯社史的研究是近几年才提上日程的。新华社、国新社、全民社等重要通讯社史的编写工作，正在进行。其中的部分成果已在业务刊物上发表。新闻界人物——著名报刊活动家、著名报刊政论家和名记者的研究，过去是一片空白。十一届三中全会以后，才有所突破。近几年来，这方面的研究，有很大进展。经《新闻界人物》一至四期介绍过的中外新闻界人物，就有王韬、黄远生、邵飘萍、张季鸾、戈公振、瞿秋白、蔡和森、邹韬奋、林白水、王芸生、胡政之、斯诺等十数人。经《中国新闻年鉴》“中国新闻界名人简介”栏介绍过的中国历史上的新闻界名人，到1984年版为止，就有梁发、黄平甫、郑观应等278人，今后还将以每版150人左右的进度继续介绍。个别名记者、名报人的传记如《邵飘萍传》《史量才传》《张季鸾传》《赵超构传》，也已有专人着手编写，可望在1986年左右出书。由于建国已经35年，建国以来的新闻事业历史亟待总结，当代中国新闻史教材的编写工作也已上马。由中国人民大学新闻系新闻事业史教研室牵头，联合北京广播学院新闻系和暨南大学新闻系新闻史部分教学研究人员组成的编写班子已经建立，正在积极搜集资料，草拟提纲，争取在两年内完成初稿，以弥补新闻史研究的这一空白。

特别值得提出的是，十一届三中全会以来，新闻史的研究工作受到了社会上的普遍重视，得到了新闻事业单位、新闻教学和科研机关、新闻界知名人士和老新闻工作者的热情支持。曾经在《新华日报》工作的一大批老新闻工作者联合成立了《新华日报》史学会，曾经在《晋绥日报》及其前身《抗战日报》工作过的老新闻工作者，联合召开了《晋绥日报》报史座谈会；曾经在太行革命根据地工作过的老新闻工作者，联合召开了太行新闻史座谈会；共同研究有关报纸和有关地区新闻史的编写工作。不少老新闻工作者如许涤新、戈宝权、夏衍、张友渔、石西民、萨空了、陆诒、廖井丹、郝德青、郁文、安岗、李庄等，都积极支持和参加了这项活动，有的还亲自动手撰写回忆文章。为了推动新闻史研究工作的发展，新创办不久的《中国广告信息报》在总编辑冯迈的倡议下，还拨出了一笔专款，成立了中国新闻史研究基金会，为新闻史的研究活动提供资助和奖励，这在中国新闻史研究的历史上，是前所未有的事情。估计今后还会有更多的新闻事业单位，关心新闻史的研究工作，为这项工作提供经济上的支援。一些历史上著名的新闻工作者的纪念活动，这几年也开展得比较活跃。1984年举行的有首都新闻出版界联合主办的韬奋逝世40周年纪念会，中国人民大学新闻系主办的邵飘萍诞辰100周年纪念会和邵飘萍学术讨论会，甘肃省新闻研究所、兰州大学新闻系联合召开的黄远生诞辰100周年纪念会。即将举行的还有戈公振、范长江等著名新闻记者的纪念会。这些活动，都得到了社会各界和新闻界人士的广泛支持，促进和加强了对新闻史著名人物的研究，对整个新闻史的研究工作，也起了有利的影响。另外，这一时期的新闻史研究，也受到了整个史学界的重视。中国史学会召开的几次有关文化史的学术讨论会，都热情地邀请新闻史研究工作者参加，并且在文化史研究的选题规划中，增加了新闻史方面的项目。

总的说来，这一时期的新闻史研究工作是有很大成绩的。短短6年的时间，所取得的成果，就远远地超过了以往的30年。现在，发展的势头很大，前景十分广阔、它说明我们的新闻史研究工作和我们的四化建设，是同步发展的。没有十一届三中全会以来的实事求是的思想路线和政通人和的大好形势，就不会有新闻史学术研究的空前繁荣。这也说明，新闻史作为新闻学和历史科学的一个分支，是大有搞头的，是有很多工作可做的。如今初试锋芒，就已经斐然可观，假以时日，是未可限量的。所谓“新闻无学”，和由此引申的“新闻史非学”的说法，都是绝对站不住脚的。

四

要搞好当前的新闻史研究工作，还需要注意以下几个问题：

第一是继续克服“左”的思想影响。新闻史的研究工作，受“文化大革命”及其以前的“左”倾错误思想和“两个凡是”的极“左”理论的影响，在如何对待传统继承的问题上，在如何处理史论关系的问题上，在如何看待和评价新闻史人物的问题上，有很多束缚思想的框框和禁区。其结果，使写出来的新闻史，议论多于事实，缺少史的特点，缺少有关报纸编辑、评论、采访写作、广告发行和经营管理等新闻业务活动方面的内容，缺少对新闻界人物活动及其影响的介绍、论述和评价，缺少对报纸作为传播工具、在传播科学文化知识和从事思想启蒙活动等方面所起作用的论述和分析，也缺少对各时期敌友我各个方面各种类型报刊、通讯社和它们之间关系的研究。平铺直叙，缺乏纵深和立体感。十一届三中全会以后，这种状况有所转变、但是“左”的影响并没有完全消除，在新闻史的研究工作中，还时时有所表现。今后还应该继续解放思想，继续清除“左”的影响，坚持历史唯物主义和辩证唯物主义的观点，坚持马克思主义的实事求是的优良学风，使新闻史的研究取得更大的进展。

第二是加强各方面的协作和交流。新闻史研究的方面很广，涉及的历史时期很长，涉及的报纸、刊物、通讯社、广播电台和有关人物，数量和名目众多。少数几个新闻史研究工作者包打不了天下。一部多卷本的中国新闻史的产生，尤其需要各方面的密切配合和协作。50年代初期编写成功的那部《中国现代报刊史》，就是几个单位新闻史研究工作者协作的产物。在此以后陆续出版的《五四时期期刊介绍》《辛亥革命时期期刊介绍》《中国新闻业史》等，也都是各方面的新闻教学研究工作者协作的产物。正在进行中的《申报史》《中国当代新闻史》《中国新闻年鉴》中的“新闻界名人简介”栏、《中国大百科全书·新闻出版卷》中的中国新闻事业分支的研究和编写工作，也都将以协作的方式进行。我们的新闻史教学研究工作者，长期以来一直保持着比较好的协作关系，今后还应该坚持和发扬这种好的传统。

在新闻史的研究工作中，对某些新闻史的学术问题，某些新闻史的事件，某些新闻史上的报纸和人物，有不同的评价和看法，都是完全正常的。这些不同的评价和看法，只要言之有故，持之成理，成一家言，就都应该受到尊重。学术观点上的分歧，可以通过互相探讨和切磋来解决。一时解决不了的，不妨并存，让后人去择善而从。为了新闻史研究工作的繁荣，我们应该摒弃一切狭隘的宗派门户之见，提倡学术上的互相补充和争鸣。

这种协作关系，在条件许可的情况下，还应该逐步地扩大到中国的香港和台湾。港台两地近30年来陆续出版的中外新闻史著作，已经接近80种。其中主要的有曾虚白、李瞻等分别担任主编的同名的两部《中国新闻史》，有赖光临的《中国新闻传播史》《七十年中国报业史》和

《中国近代报人与报业》，有朱传誉的《先秦传播事业概要》《宋代新闻史》《报人报史报学》，有冯爱群的《华侨报业史》和林友兰的《香港报业发达史》，有赖光临的《梁启超与近代报业》，陈祖华的《于右任创办三“民”报之研究》，陈纪滢的《报人张季鸾》和林慰君的《林白水传》等等。此外，台湾出版的《报学周刊》《报学半年刊》《记者通讯》等新闻学刊物上，也刊有不少有关新闻史的文章。这些专著和论文，有的是作者精心研究的成果，有一定的学术价值。有的则因为立场不同，带有明显的政治偏见，但所汇集的资料，仍有一定的参考价值。一般地说，港台出版的这些专著和论文，在中国古代新闻史的研究上，在华侨报史的研究上，有较高的造诣，可以补大陆新闻史学者的不足。在个别近代报刊报人和有关港台地区报纸历史的研究上，由于掌握了较多的材料，也可以给大陆的新闻史学者提供不少借鉴。台湾新闻史学者的共同不足，是缺少唯物史观的理论指导，缺少作为研究基础的大量第一手材料。海峡两岸的新闻史研究工作者，在双方都投入力量进行研究的许多课题上，特别是古代近代报刊历史的研究上，有很多共同语言。在实现祖国统一的过程中，加强彼此之间的学术交流和协作，取长补短、互通有无，对整个中国新闻史研究和这门学科学术水平的提高，都是有好处的。前不久，《中国新闻年鉴》的“中国新闻界名人简介”栏的编者，已经向现在台湾的新闻史学者朱传誉、赖光临、阎沁恒等发出共同合作编写好这个栏目和为这个栏目撰稿的公开邀请，我们希望台湾的同行们能够对此作出积极的响应。

在实行对外开放政策的新形势下，我们还应该逐步地加强和国外中国新闻史研究工作者的学术交流。19世纪30年代以来，不少外国人就对中国新闻事业的历史感兴趣，并开始从事这方面的研究。1838年英国传教士马礼逊写的《京报分析》，是外国人所写的有关中国新闻史的第一篇文章。当时，他正在中国办报。1933年美国人白瑞华写的《中国报刊简史》，是外国人写的有关中国新闻史的第一部专著。当时，他正在燕京大学新闻系教书。20世纪40年代以后，在这个研究领域投入较多力量，取得较大成果的，主要是日本的新闻史学者。他们当中，有的人致力于中国古近代报纸历史的研究。曾我部静雄的《支那政治习俗考》一书中有关中国古代封建官报和小报的章节，小京忠吾的《中西之交流与邸报》，小野川秀美的《民报索引》，以及小野信尔的《民吁报的斗争》等，就是他们的主要研究成果。有的人致力于现代当代中国新闻史的研究，已经出书的有牛岛俊的《中国的新闻》，小野川秀美的《中共的新闻》《台湾的新闻》和藤田正典的《中国共产党新闻杂志研究》。有的人致力于中国新闻史学史的研究，如足立利雄的《中国报纸史研究》。最近几年来，还有不少国外的博士研究生把中国新闻史中的一些待研究的课题，选作自己的博士论文题目，如哈佛大学博士研究生汪康禄岛（Lutaos-ophia Wang）的《中国近代旧报人与中国的政治文化》和澳大利亚国立大学远东历史系博士研究生穆德礼（Terry Narramore）的《中国报学史与企业报纸之发展》（1925—1937年）等即是（穆德礼现正在中国人民大学新闻系进修）。这些国外的中国新闻史研究工作者当中，有不少人对他们所研究的课题，是下了很大功夫，作了很多深入细致的调查研究的。例如曾我部静雄的《支那政治习俗考》一书，就翻阅和利用了大量的历史文献资料，引用了很多当时还不曾为国内新闻史研究者注意的有关宋代报纸的珍贵材料。小野川秀美的《民报索引》，共上下两巨册，对孙中山领导的中国同盟会机关报《民报》及其增刊《天讨》《莽苍园文稿余》和附录部分的全部语汇，包括人名、地名、书名、篇目和各种专有名词，作了十分详细的注释和索引，按笔画排列，注明号、页、行，并且附有《民报告白图画索引》《民报代派所一览》《民报解题》《人名检索表》和《欧汉译名对照表》，内容十分周详。为了编写这部书，小野川秀美从1960年起，到1972年止，花了近13年的时间做卡片，工作异常勤奋。一个外国人，对中国新闻史的研究，能够下这么深的功夫，是十分令人钦佩的。还有不少研究中国新闻史的外国学者，充分发挥了他们自己的优势，使所写的专著和论文很有特点。例如白瑞华的《中国报刊简史》，引用了很多外国传教士和在中国从事办报活动的外国人提供的第一手材料，对外国人在中国办的那些中外文报刊的活动，有较详细的论述。小野信尔的《民吁报的斗争》引用了不少曾经对清朝政府和上海租界当局施加压力，对《民吁日报》的被封起了直接影响的日本外事部门的档案材料。他们的工作是很有意义的。他们所写的那些专著和论文，为研究同一课题的中国的新闻史研究工作者，提供了很多方便，具有一定的参考价值。研究中国的新闻史，我们自己的新闻史研究工作者自然应该是主体。但我们不应该囿于见闻，故步自封。加强和国外中国新闻史研究工作者的学术交流，可使我们开阔眼界，得到有益的借鉴。

第三是继续抓好地方新闻史、专业新闻史、新闻界人物史和其他新闻史专题的研究，为一部多卷本的高水平的中国新闻史的编写工作，打下坚实的基础。道理前面已经说过，这里就不再辞费了。

第四是重视新闻史资料的积累。搞新闻史离不开有关的资料。没有必要的资料，新闻史的研究就成了无本之木、无源之水和无米之炊，是难乎为继的。当前的新闻史研究资料的积累工作，应该既包括文字资料的积累，也包括图片、录音、录像等现代化资料保存手段的积累。应该敦促和鼓励从事新闻工作、因为年老体弱退下来的老报人老新闻工作者，把自己亲身经历十分熟悉的那一段历史，用专著、回忆录、论文、札记等方式写下来；以便把这些材料，留之名山，传诸后人。新闻史的研究工作者，也可以根据已经掌握的线索，对他们作一些必要的专访。新闻史研究急需的报刊和文献文物资料的搜访、征购、收藏、影印、缩微和复制等项工作，也应该加强。为了使这些稀世的珍贵资料不致湮没和散失，应该利用原有的基础，在北京、上海、广州、武汉、重庆等地，建立几个相对集中的新闻史资料中心。这个中心可以考虑附设于新闻史研究工作者相对集中的会所和院系，以搜集某些报刊资料或新闻史人物资料为主。中国人民大学新闻系筹备成立的以收存邵飘萍办报活动资料为主的邵飘萍纪念室，就是这方面的一个小小的尝试。封锁和垄断资料，是目前史学界存在的一种不正之风。在新闻史资料缺口很多，深虞匮乏的情况下，我们希望各个新闻史资料收藏比较丰富的单位，互通有无，互相开放。能够外借和复制复印的，尽量地互相提供方便；能够结集出版的，尽快结集出版，使分散在各处的珍贵资料，成为新闻史学界共同的财富。

经过几代新闻史研究工作者的努力耕耘，新闻史学科的这块园地已经姹紫嫣红春意盎然。目前，这门学科正处在枝繁叶茂欣欣向荣的黄金时代。让我们每一个新闻史研究工作者，都为她的茁壮成长而欢呼，为她的进一步繁荣，尽心尽力，作出不负于这个时代的贡献吧！

（原载1985年第3期《新闻纵横》）

关于新闻史研究的几点体会与建议
（1982年在全国新闻研究工作座谈会上的一次发言）

今天不是作报告，是想把编写新闻史的一点体会，向同志们做个汇报。另外，也想对今后如何开展新闻史的研究工作，提几点建议。

先谈一点体会。主要是谈一谈写《中国近代报刊史》这本书的几点体会。《中国近代报刊史》最近刚刚由山西人民出版社出版，写得很粗糙。有的书讯介绍说它“颇有点教科书的味道”，其实够不上。教科书要求比较严谨，而这本书还不够严谨。说它是讲义呢，又显得庞杂了一些。讲义是要求精练的，而这本书并不够精练。实际上，它只不过是一部把有关中国近代报刊史的情况汇总归纳起来，为需要了解这方面情况的同志们提供点方便的普通参考书而已。由于成书仓促，纰漏不少，希望同志们多提意见，以便改正。这本书初版印数太少，坊间早已售缺，出版社打算明年重印，可以利用这一机会作一些局部的订正。书的布局有点前紧后松，其原因《后记》里也提到过：开始准备写8万字，后来放宽尺度，准备写10万字，写着写着又逐步把计划改成20万字、30万字、50万字，最后才以57万字完篇，所以前边写得很紧，后面才稍稍展开。前三、四章因为是紧着写的，材料就引用得少些、也没加注释，到第四章第七节以后才开始有注释。同时，由于仓促付梓，上卷已经发排了，下卷还在继续写，原稿又没留底，写到后头记不清前边哪些话说过，哪些话没说过，因此也说了不少车轱辘话。例如，黄侃就介绍了两次。这些只有等以后再版时弥补了。总之，正像《后记》里所说的，还很不成熟，它只是一出避免冷场和晾台的垫戏和开锣戏，好比大戏前的《跳加官》和《三岔口》，至于《失空斩》和全本《玉堂春》这类的大戏和好戏，还在后头，还得请大家来唱。

报刊史究竟怎么写才好？通过这本书的写作，我对新闻史编写工作涉及的以下三方面的问题有一些体会，提出来就正于大家。

一、体例问题

究竟写报刊史用哪种体例好？解放以后我们有一个比较传统的模式，那是受苏共报刊史的影响建立起来的。50年代初期，我们翻译出版了苏共报刊史和苏共高级党校新闻班的讲义，从那以后，我们的报刊史教材基本上就是按照那个模式编写的，每一章都是什么什么报为了什么什么而斗争，和党在当时的政治斗争、路线斗争紧密联系。近几年来，很多同志认为报刊史和政治史、党史、思想史应该有区别，应该有报刊自身的特点。我非常同意这个观点，也尝试着在写作中突出这个特点，但是由于前边讲过的那些原因，写出来的东西还是个半大的解放脚，基本上还是采用了按政治运动分期的那种体例，只是适当地照顾了一些新闻的特点。究竟按照哪种体例好，还需要在实践中去探索。现在写出来的这种体例是否合适，也希望多听听大家的意见。我感到它还是受旧的影响多一些，新闻业史的特点还不那么突出。当然，它也不完全是按照政治斗争分期，比如关于外国人在中国的办报活动，就单独列了一章。

这种写法的好处是，在介绍报纸作为阶级的舆论工具在各个历史时期所起的作用时，论述起来比较方便，但是也有缺点。首先是新闻业务自身的特点不容易突出，容易形成先时代背景，后宣传了什么，最后是新闻业务上的改进，这么一个三接头式的新套套。其次是营垒的划分比较牵强。按政治运动发展来分章节研究报刊史，势必要把这一时期的报刊划分营垒，进行排队划线。近代报刊虽然没有后来的那些个路线，但它也有革命、改良之争。按政治运动来写，报刊自然要分别归档，这就容易牵强，容易简单化。比如有的刊物，如《东方杂志》，把它划在哪儿好呢？过去一般的说来是把它划在改良派一边的，因为出版这个刊物的商务印书馆的一班人，从张元济开始，都受过维新运动的影响，政治观点接近于立宪派，我写的时候也是把它划在立宪派一边的，但总感到有些牵强，因为它并不是一个政治色彩很强烈的刊物，它还有别的方面的内容。简单地按照革命、改良这两派来分类划线，有时不免过于牵强。我认为，在报刊史编写的体例问题上可以多做一些探索，不必定于一尊，要通过长时间的实践来解决。可以“多闻，择其善者而从之”。像目前《中国近代报刊史》这个写法，有点四不像，合不合适也希望听听大家的意见。

二、报刊史研究的面的问题

目前报刊史研究的面还太窄，整个报刊历史的画面展开得还不够充分，内容还不够丰富。这也和过去的影响有关，过去搞报刊史只突出阶级斗争那个纲，强调报纸是阶级斗争的工具这一面比较多。目前的这本《中国近代报刊史》也还存在这个问题，主要的篇幅都用来论述报纸作为阶级的舆论工具在阶级斗争中所起的作用和报纸在政治宣传方面的活动，而对报纸在社会、经济、法律、教育、文学、艺术的发展，以及科学文化知识的传播等方面所起的作用，则论述和介绍得不够充分。其实报纸在这些方面还是起了很大作用。不说别的，单说报纸对于文学的发展，就是起了很大作用的。中国近现代的文学作品，有相当大一部分是通过报纸这个阵地和读者见面的。中国的文豪们跟欧洲的托尔斯泰、巴尔扎克那些大文豪不一样，他们的那些个《战争与和平》《安娜·卡列尼娜》《复活》以及《人间喜剧》等大部头的作品，是一本一本地出版的，我们的文豪们的作品，却多数是首先在报刊上发表，和读者见面，然后再收集成书的。鲁迅一生给一百多种报刊写过稿，他的绝大多数作品，包括他的那些战斗性很强的杂文，和《阿Q正传》等不朽的名著，都是首先在报纸上发表的。很多近现代文学的著名流派也是通过报纸这个阵地滋生、发展起来的。例如那个鸳鸯蝴蝶派，就是在《晶报》《申报》“自由谈”、《新闻报》“快活林”以及《礼拜六》《小说月报》等这些小报、期刊和大报副刊上发展起来的。“五四”新文化运动，以及新诗、新小说的诞生和繁荣，也是通过报刊这个阵地来实现的。可见中国的报刊，对中国近代、现代、当代文学的发展，起过多么巨大的作用。它不仅是文学史应该研究的内容，也是新闻史应该研究的内容。而这方面的研究工作是很不够的。此外，对新闻事业和报刊本身业务的发展，如对宣传手法的研究，对报社经营管理的研究，论述介绍得也很不够。其实这些方面都有着很丰富的内容。写作过程中，虽然有意识地想在这方面有所弥补，安排了一些专门的章节来介绍，但还是显得有些单薄，开掘得也不够深。另外，对一些有代表性的、有影响的报刊的分析研究也很不够，还有很大的缺口。

三、有关新闻史人物研究的问题

通过前一段时间的写作，深感对新闻史上的人物的研究还很不够。当然，和前两方面比较起来，《中国近代报刊史》在新闻史人物的研究和介绍方面所作的工作，相对地说要好一些，这方面的内容比以前出版的报刊史稍微多些，思想也比较解放一些，它对各时期有代表性的新闻人物都做了一些介绍，也比较实事求是。胡耀邦同志在辛亥革命70周年纪念大会上的讲话中，一共提到了33个辛亥革命时期的风云人物，其中办过报的有17个。这17个《中国近代报刊史》都介绍了。此外，像陈布雷、居正、戴季陶、汪精卫、刘师培，以及早期的陈独秀等，这些人的报刊活动这本书也都实事求是作了介绍。能做到这一点，在粉碎“四人帮”以前是很难想象的。在那以前，这些人物是根本上不了台盘的。当然，介绍这些人物，并不是一味抬举他们，而是实事求是地给他们以一定的评价，还历史以本来的面目。这是这本书在这方面的一个改进，但是还很不够。比较起来，辛亥革命时期的人物介绍得多一些，戊戌变法以前的人物，介绍得少一些，评价也偏严了一些。最近史学界对一些历史人物重新作了评价，力求实事求是不苛求前人。对戊戌时期改良派代表人物的评价，也应该照此办理。过去一提到改良就认为不好，其实改良和改革，外文是一个词，在还不具备革命条件的情况下进行改革，是无可厚非的。只要这种改革对生产力的发展，对社会的进步起促进作用，就应该肯定。这本书对改良派人物的评价，一般地说，还是偏严的，例如对梁启超在早期《新民丛报》所起的积极作用就估计得偏低了一些。此外，对在中国办报的那些外国人的评价也有点简单化，一刀切，给读者的印象是，所有参加办报活动的外国人，一律都是帝国主义的文化特务和鹰犬。当然，在近代中国办报的外国人当中，好人实在不多，但也要做具体分析，他们当中也还有一些人确实是中国人民的真心实意的朋友，例如日本的宫琦寅藏，《民报》发行所的招牌就挂在他家的门口，他冒着抄家的危险，把自己家提供来作为同盟会总机关报的发行所，对中国人民说来是很够朋友的。最近发表了毛主席给他的信，对他还是很尊重的。此外，像平山周、密勒、鲍威尔、斯诺、史沫特莱等这些人，也都算得上是中国人民的朋友，可见对外国人来说，也不是“洪洞县里无好人”，要做具体分析。密勒民国初年在上海帮孙中山办过英文报，后来又创办了《密勒氏评论报》，斯诺在中国的报刊活动就是从给《密勒氏评论报》当记者开始的。他们对中国人民还是很友好的，怎么能够因为他们是外国人就一律骂倒呢？

经过这一段实践，我感觉到要搞好中国近代报刊史的介绍和研究还要在以下几个方面继续下功夫。

一、要加强个别报纸的个案研究

有些事光靠二手材料不行，只有通过过细的个案研究，掌握充分的第一手材料，才能够弄清楚。《神州日报》是“辛亥革命”时期很有名的报纸，于右任的办报活动是从这个报纸开始的，他和这个报纸的关系十分密切，他在这个报纸待的时间也很长，这些都是以往根据二手材料得出的印象。最近，为了系统地介绍这个报纸，我仔细地翻阅了原报，才发现于右任主持《神州日报》的时间原来只有80天，一场火灾把《神州日报》烧光之后，他就不坚持了，顶上去接着干的是杨笃生。为什么过去把于右任和《神州日报》的关系渲染得那么厉害？可能有两个原因：一个是于右任是国民党的元老，有人给他捧场，凡是他干过的事，一分也要说成三分。这一类的情况是常有的，例如对吴敬恒即吴稚晖的办报活动，解放前出的新闻史著作，就有不少溢美之词，硬说他是《苏报》的总主笔，实际上他跟《苏报》没有多大关系，他根本没有给《苏报》写过什么文章，之所以要抬举他，也是因为他是国民党的元老和蒋介石的大观园里的文化班头的缘故。也可能有另外一个原因，即于右任主持《神州日报》工作的时间虽短，但是影响很大，给人的印象很深。这种可能也是有的。《神州日报》从1907年开始到1927年停刊，办了20年，此后，1937年、1946年两度复刊，牌子前后挂了40年，但是最有风光和影响最大的可能还是于右任主持工作的这段时间。以上这两种原因估计都有，你不亲自去掌握第一手材料，就很难进行分析，作出判断。因此，很有必要加强对个别报纸的个案研究和这方面的第一手材料的收集工作。

二、要加强新闻史人物的研究

从已出版的《中国近代报刊史》这本书来看，对早期的一些资产阶级办报人的研究还是很不够的。如容闳，这是中国近代史上一个风云人物，他是很早就参加办报活动的一个人。他19世纪40年代就在美国耶鲁大学念书，是中国最早的留学生；回国后，参加过洋务运动、政治改良运动和孙中山先生的民主革命运动，同时也积极办报。办报虽然只是他一生活动中的一个方面，但很有影响，很有代表性，很值得研究。再如伍廷芳，他是中国最早的资产阶级报刊活动家之一，他的一生活动方面很广，当过买办，当过资本家，做过清朝的官、临时政府的官、北洋政府的官和南方革命政府的官，同时也办过报。他的办报活动也有一定代表性，也很值得研究。此外像郑观应、陈止澜、麦孟华、欧榘甲、徐勤、熊希龄等，这些人的办报活动也很值得过细研究。而这一本书对这些人的介绍、分析和研究都是很不够的。

三、要加强对报刊业务史的研究

乔木同志主张把新闻史改称新闻业史，这就促使我们必须加强新闻业务史的研究，既不能光研究报纸宣传了什么，也要研究它是怎么宣传的？在宣传手法上有哪些创造？有哪些发展？有哪些经验教训？在这方面，近代的报刊历史给我们提供了很广阔的天地。中国现代报纸雏形，基本上在辛亥革命时期就已经形成，在这个发展过程中，曾经有过很丰富、很宝贵的经验教训，研究得好可以从中得到很好的借鉴。比如梁启超这个新闻史上的人物，范文澜说他是一个“天才的宣传家”；吴老说他的文章有“震撼人心的作用”；郭老说他的文章能“令人心醉”；近代、现代的不少杰出的报刊工作者，包括韬奋在内，都对梁启超非常倾倒。历史上的新闻工作者能得到像梁启超这样高的评价的确实不多，研究他的办报活动，肯定可以从中得到很多有益的借鉴。再如标题的制作，近代报刊史上有很多杰出的有影响的标题，《大江报》的《大乱者救中国之妙药也》就是其中的一个，毛主席曾经专门给新闻界同志作过介绍，说这个标题写得很尖锐、很泼辣，不是钝刀子割肉，很有感染力。类似的好标题，在近代报刊史上还可以找出许多，很值得我们借鉴。这些例子说明近代报刊历史的内容是十分丰富的，发掘出来，进行研究，是可以很好地为我们的现实服务的。

另外，搞好近代报刊史的研究还有一个现实意义，就是可以在大陆和台湾之间的学术交流活动当中发挥一点作用。在新闻学研究领域中，大陆和台湾之间，以近代报刊史研究的共同语言为最多。两方面有不少最大公约数和最小公倍数。例如孙中山，我们称他为伟大的革命先行者，他们则尊为“国父”。吴玉章同志是我们的革命前辈，也是他们那儿的老同盟会员和“早岁奔走革命”的人物。很多无产阶级的老革命家和报刊活动家，到他们那儿论资排辈起来，也不在他们的那些“元老”之下。又如对梁启超、康有为，对近代的一些优秀的报刊工作者，对汪精卫、刘师培一类从事过新闻工作的败类，我们和台湾同行之间的褒贬也大体上是一致的。这些都是国共两党“史前时期”的事情，不牵涉后来两党发生矛盾分歧的那些问题。因此，在今后大陆和台湾之间新闻学界的交流活动当中，近代报刊史方面是可以起一点打前站和带头的作用的。从台湾最近出版的曾虚白主编的《中国新闻史》看，除了台湾当地的报刊材料外，近代海外华侨报刊的材料，他们掌握得比我们多，辛亥革命时期出版的许多重要报刊的原件，解放前他们带走了一些，也有不少是我们这里所没有的，但总的说起来，毕竟还是没有我们丰富，一旦有了交流的可能，就可以首先从交换近代报刊史的研究资料、报刊复制件和有关的论文着手，同时，还可以开展互访、举办展览和安排座谈等活动，为双方新闻学研究工作的进一步繁荣和台湾的回归祖国，实现祖国的统一，做一点贡献。

以上谈的是有关新闻史研究，特别是中国近代报刊史研究的几点体会，下面谈一谈对新闻史研究工作的几点建议。

一、加强各地地方新闻史的研究

对各省市新闻研究所和各地从事新闻史研究的同志来说，开展这项工作可以扬长避短，可以较快地出成果，因为不论看报、查资料、找人调查等都比较方便，容易发挥优长。实际上，中国最早的报刊史著作就是地方新闻史。如1917年出版的《上海报业小史》，就是专门讲上海地区报纸的历史的。30年代柳亚子当上海通志馆馆长时，也很注意抓上海地方报纸历史的研究，胡道静搞的三本新闻史著作《上海的日报》《上海的定期刊物》《上海新闻事业史的发展》，就都是在他的支持下完成的。此外，蔡寄鸥写过《武汉新闻史》、项士元写过《浙江新闻史》、管翼贤办的中华新闻学院编写过《北京报业小史》，等等。可见，解放前地方新闻史的研究还是有一定基础的。解放后，这方面的工作也有所发展，1959年彭真同志领导搞北京地方志的时候，就抽出了一部分力量搞了《北京报刊史》，可惜没有付印。目前，湖南、湖北、甘肃、广东、陕西、黑龙江、安徽等地，都有一部分同志在做这方面的工作，有的已搞出了成品或半成品。这是很可喜的事情。希望得到重视，得到支持。各地的地方新闻史搞出来以后，一个多卷本的中国新闻业史的诞生也就指日可待了。

二、加强建国以来 30 年的新闻史的研究，也就是对当代新闻史的研究

这一段时期严格地说，已经不止30年了，而是32年了。对现代新闻史的研究，解放后投入了不少力量，也出了不少成果，现在还在做增订工作。人民大学、复旦大学两校新闻系的不少教师正在做这方面的工作。这方面的工作很重要，还需要继续抓紧。但建国以来30年的新闻史的研究工作，也应该抓紧进行。过去总觉得1949年以来所涉及的都是

现实问题，还不足以言史，现在不行了，一晃30多年过去了，原来属于现实的那些问题，也需要进行历史的总结了。目前史学界还有这么一个考虑，就是把近代史的下限，从1919年延伸到1949年。这样，建国以来的这30多年将要纳入现代史的范围，再不抓紧研究，以后就越来越被动了。当然，搞历史需要与现实保持一点时间距离，以便尽量做到“冷处理”，但也不能拉得太远。现在抓紧搞还为时不晚，而且有很多有利的条件：第一，有了决议，30年来的大是大非基本清楚，从事这一时期的报刊史研究有所遵循，不致茫头无绪。第二，这30年来的事，大家都亲身经历过，情况熟悉，找人、找材料都比较方便，第一、二手材料也很完全、丰富，不会搞无米或少米之炊。

三、加强重大宣传战役的研究

军事院校有专门研究战史的班子，对每个大的战役部进行专门的研究；新闻战线也有不少大的战役，也需要进行专门的研究。其中，远的如戊戌维新时期的宣传、辛亥革命时期的宣传、五四运动时期的宣传、建党时期的宣传、“五卅运动”时期的宣传、北伐战争的宣传、抗日战争时期的宣传、解放战争时期的宣传；近的如反右时期的宣传、“大跃进”的宣传、“文化大革命”中的宣传，等等。都有很多得失的经验教训值得我们去总结。应该投入适当的力量，有组织有计划地，一个一个地进行研究，这项研究工作可以和前面提到的那两项研究工作结合起来，为前两项工作提供预制构件和半成品，也可以为多卷本的报刊史积累一点砖瓦。我们系的报刊史研究室已经决定抽一部分力量开展这项工作，为将来开专题课或选修课作准备，研究好一个就讲一个，讲得多了，积累得多了，教材的编写和增订的工作也就有了基础了。

四、加强对重点报纸的个案研究

解放后在这方面已经做了不少工作，但还有很多工作需要我们继续去做。除了那些特重点的报刊以外，一些次重点的报刊的研究工作也应着手开展起来。报刊史的研究需要一个堡垒一个堡垒地去攻克占领，需要不断地扩大阵地，才能取得较大的胜利。就拿近代报刊来说，《申报》有人研究了，《新闻报》是不是也可以纳入计划研究呢？《申报》有78年的历史，很长，《新闻报》有50多年的历史，也不短，而且在当时也很有影响。此外，《沪报》《中外日报》《顺天时报》《盛京时报》《字林西报》《大美晚报》《密勒氏评论报》《七十二行商报》《京津泰晤士报》《益世报》《中央日报》《扫荡报》《公理日报》《热血日报》《新中华报》《红色中华》《战士报》等等，各种类型的，有代表性的报纸，也都需要专门进行研究。这些报纸的个案研究做好了，写通史就不难了。当然，以上只是随便地举了几个报纸的名字，只要有力量，面还可以宽些。港、澳、台湾的一些报纸都可以纳入计划进行研究。这方面我们过去做得不大够。台湾的《中国新闻史》有一章专门讲中共的报业，而我们的报业史却没有介绍台湾报业的章节，这是个缺陷。现在必须加强这方面的工作了。

五、加强新闻史人物的研究

人物活动是历史研究中的一项重要内容。许多外国的报刊史，所叙述的往往就是某些办报人活动的历史。我们在这方面历来十分谨慎，在已出版的报刊史教材中，办报人的活动往往写得比较单薄。其实研究报刊史，必须研究每一个在新闻战线有过贡献、产生过影响的报刊工作者活动的历史，他们的丰富的办报经验，他们的文字风格，他们的新闻手法等等，都值得下功夫去研究。从王韬、郑观应、梁启超、章太炎到于右任；从蔡和森、邓中夏、萧楚女、瞿秋白到张太雷；从范长江到邓拓，所有这些人物的新闻活动都值得我们很好地研究。可以写传记，可以编年谱，也可以编暨南大学最近编的人物志一类的东西。去世的新闻人物要研究，目前还健在的杰出的新闻工作者的有关材料也可以先着手搜集起来，以便掌握更多的第一手材料。对一些精力充沛的老同志、老先生，也可以组织和鼓励他们自己动手写，像徐铸成的《报海旧闻》，他就准备一口气写它个五本，这样可以保存下很多宝贵的史料，对今后新闻史的研究工作是很有价值的。1959年我们敬爱的周总理曾经号召政协的一些老人写回忆录，结果出了55本《文史资料选辑》。粉碎“四人帮”以后，这项工作又被重视了起来，现在已出到77辑，还在继续出下去。要不是当年周总理抓紧了这项工作，很多珍贵的第一手材料就白白地湮没了。去年，刘大年到东京访问《民报》旧址时，发现《民报》在两条街上都开设有门，他不敢判断哪个是当年《民报》的正门，于是写信给黄兴的儿子黄一欧，请他给鉴定一下，因为他小时候随黄兴在那里住过。不料收到的竟是湖南省政协发来的黄一欧逝世的讣告，时间也就差那么几天，从此《民报》的正门究竟是哪个，就无从考证了。为了及时保存下有用的史料，个人写的那些回忆文章的体例不必拘于一格。可以用孙玉声《报海前尘录》、黄式权《淞南梦影录》之类的写法；也可以用孙瑞芹《报业十年杂忆》、鲁莽《夜生活》之类的写法，只要能把有用的新闻史料保存下来就行。希望一些身体还好的老新闻工作者和老报人积极参加这项工作，为后辈留下一点宝贵的材料。

六、建立报刊目录学

中国的藏书家很多，各家都编有详细的目录，研究书籍目录的文章和专著汗牛充栋，已经成为一门学问。可是藏报的人较少，也没有建立起一门报刊目录学。如果有人问中国总共出过多少报纸？谁也答不上来。1961年出版的《全国期刊总目》收了19 115种期刊，但是并不完全。至于报纸，就更没有个准数了。最近上海的一些同志开始着手做这方面的工作，希望中国社会科学院新闻研究所能给予支持。在做这项工作时，面不妨宽一些，除了记录国内收藏的情况外，还可以把港、澳、台湾及世界各国收藏中文报刊的情况也包括进去。不少早期的报纸，国内已经无存，但还可以在国外图书馆找到。像美国哈佛大学就收藏了不少中文报纸。英国的大不列颠图书馆也收藏有不少罕见的中文报纸。他们还希望我们能派人去帮助他们整理。如果我们下大功夫把中国的报刊目录搞好，将历史上都出版过哪些报刊，这些报刊目前的收藏情况，都调查清楚，编出一部既完整又准确，具有一定权威的报刊总目出来，对我们新闻史的研究工作，无疑地将会有很大的好处。

七、做好新闻史文献资料收集的整理工作

听说新闻研究所计划从今年起开始编辑出版新闻年鉴，这是件好事，我非常赞成。今后每年编这么一本，一年的新闻史文献资料也就大体上管住了，一些零星的史料也就不会再散失了。1980年以后的问题不大了，以前的零星史料怎么办？我看也需要做一些收集整理和辑录工作。可以考虑出一些新闻史方面的资料选辑，如报纸发刊词选，新闻工作文献选等。国外收藏的中国旧报刊资料的辑录、翻拍工作，国内新闻史资料的影印、复制交换等工作，也都可以积极开展起来，这样可以提高史料的利用率。

八、建立更多的学术园地

有了这样的园地，一些新的研究成果就能及时交流，成为大家的共同财富。社会科学不同于自然科学，它不能光靠脑细胞的活跃，更多的还需靠知识的长期不断的积累。因此，成果的及时推广和交流十分重要。目前各地办了不少新闻专业刊物，兼顾到普及和提高，我希望把这些刊物都办好，为新闻学的研究多提供一些园地。旧中国的新闻学刊物出过不少，但都是短命的，似乎没有一家是超过三年以上的，北京的那个《新闻学刊》算是比较长的，也就两三年光景，多数的刊物往往出

了十期八期或三辑两辑就没有下文了。解放后情况有所改变。新闻研究所主办的专门刊载新闻史料和新闻史研究文章的《新闻研究资料》，从1979年到现在也已经出了三年了，我希望它长命百岁，不要成为匆匆的过客。这类刊物不大好办，专业性强，印数少容易赔钱，一般出版单位不乐意接，接了也不积极，因此出版的周期很长。我们教研室编了一部中国近代新闻史教学参考资料，50万字，1979年发的稿，现在还在出版社躺着呢。“花开花落自有时，总赖东君主”，新闻学研究也要多几个“东君”，来支持新闻学的百花盛开。

九、加强学术交流

像今天这样的会今后还可以多开。会不一定都在北京开。也可以像全国运动会那样由各地轮流坐庄，这对各地的新闻学研究也是一个促进。除了常会、例会、一揽子会外，还可以开一点专业会。可以互访，互相邀请讲学等。生物学上讲究远缘杂交，认为近亲繁殖不好，学术研究上也有这个问题。国外培养研究生一般就采取交换的办法，本科学生一般都到外校去当研究生，这样有利于开扩眼界，活跃思想，对学术的交流和繁荣也都有利。当然学术上的交流要贯彻“双百”方针，不一定强求一致，只要言之有物，持之成理，成一家言，就应该受到尊重。不同的意见可以保留。正确与谬误，让实践去检验。相对来说，新闻这门学科还很幼稚，更需要大家多扶持。

十、筹募一笔鼓励和支持新闻学研究的基金

国外目前有普利策新闻奖、有密苏里新闻学院的荣誉奖（旧《大公报》在1941年5月15日就曾得过密苏里新闻学院的这个荣誉奖），这些奖都有一笔基金为之保证。在中国，1941年张季鸾死了以后，新闻界一些人曾经发起搞过一个张季鸾新闻学奖金，发了几次以后，因为通货膨胀，钱不值钱，就无疾而终了。解放后我们还没有设置过这方面的基金。台湾是有的。曾虚白等人编写的那本《中国新闻史》就是先从某项基金中申请到一笔专款，然后组织力量进行调研，收集资料，搞了两三年时间，才编写出来的。这种方式可以参考。因为有的科研项目需要较多的经费，否则就很难开展。广播学院这两三年收集了大量广播史料，中央广播事业局为此是下了本钱的，没有局里批准的那笔数量可观的专门经费，那一批资料就不可能收集到手，也无法整理出版。目前，我们国家还很穷，教育费、科研费虽然在不断增长但毕竟有限，我们需要充分利用社会上的力量。我们的多数报社还是赚钱的，在九牛身上拔几根毛总还是可以的吧。我在此作一呼吁，希望有力量的新闻单位能为新闻学的研究工作提供点物力上的支援，如果能募集到一笔基金为后盾，那就更好了。

鲁迅先生说中国人有“十景病”，爱凑整数。我也不能免俗，凑了十条，聊供参考，不当之处，请同志们指正。

花枝春满　蝶舞蜂喧

——记 1978 年以来的新闻史研究工作

一

1978年中共十一届三中全会以来的7年，是中国新闻学空前繁荣的7年，也是新闻史的园地上花枝春满，蝶舞蜂喧的7年。

从全国解放到三中全会召开的30年间，公开出版或发表的新闻史成果，只有高级党校新闻班和人大、复旦两校新闻系编写的三部现代新闻事业史讲义，一部有关《新华日报》的回忆录，六七本新闻出版史料汇编，和散见于《新闻战线》《新闻业务》和《文史资料选辑》等刊物上的几十篇报史文章。三中全会到现在，不到7年时间，情况就有了很大变化。新闻史研究的园地上，硕果累累，大面积的丰收。这一时期内公开出版的新闻史教材，专著和文集，举其大者，就有《报刊史话》《中国古代的报纸》《中国古代报纸探源》《中国近代报刊史》（上、下）、《中国新闻事业简史》《中国新闻业史》《中国新闻事业史稿》

《中国新闻事业史研究资料》《中国近代新闻事业史教学参考资料》《中国现代新闻事业史教学参考资料》《华南新闻事业史料》《世界日报兴衰史》《新华日报的回忆》（续）、《报海旧闻》《记者生活三十年》《报人生涯三十年》《谢觉哉与新闻工作》《辛亥革命时期期刊介绍》（1~4）、《中国广播简史》《中国广播史料》等20余种。其中有通史，有断代史，有专史，也有人物传记材料。这一时期内公开发表的有关新闻史的文章，据不完全统计，累计达3 683篇，多数刊载于新闻业务刊物和近年来陆续创刊的《新闻研究资料》《新华社史料》、天津《新闻史料》《湖北省武汉市新闻志参考史料》《武汉新闻史料》《新闻界人物》等新闻史专业刊物。仅《新闻研究资料》一种，截至今年上半年就出版了30辑，发表新闻史方面的文章和资料716篇，600万字。

三中全会以前的30年间，规模较大的有关新闻史编写工作的座谈会，只开过那么一两次，参加者寥寥无几，而且局限在北京一隅之地。三中全会以来，不到7年，这样的座谈会和新闻史，新闻历史人物学术讨论会，就不下12次。这些座谈会参加的人，少的十几个，多的七八十个，不论在会议的规模、讨论问题的广度深度上，都远远地超过了前30年。

从已有的成果看，这7年来，新闻史的研究，在各方面都取得了很大的进展。

古代报刊史的研究，有了新的突破。仅这方面的专著，这几年就连续出版了两部共15万字。黄卓明对古代报纸历史资料的探索，姚福申的《从敦煌马圈湾峰燧遗址出土的简牍看汉代官方新闻传播》《唐代新闻传播活动考》《论宋代小报》《关于明代京报的辨析》等文对古代报纸的研究，以及方汉奇的《从不列颠图书馆藏唐归义军"进奏院状"看中国古代的报纸》一文，对现存的世界上最早的报纸的考证和论述，都在前人研究的基础上有所前进，纠正了很多缺失，填补了一些空白，受到新闻史学界的重视，其中有的还在国际上产生了一定的影响。

近代报刊史的研究，除了出版了一部57万字的方汉奇的《中国近代报刊史》（上、下）外，这期间还发表了20多篇比较有分量的论文。其中，潘贤模关于早期外国人在华办报情况和早期香港报刊出版情况的论述，宁树藩关于外国传教士创办的早期近代化报刊的论述和关于新发现的辛亥革命时期重要报刊横滨《开智录》的论述，以及何炳然关于梁启超的《新民丛报》和英敛之时代《大公报》的评价和论述，都有不少新的创获，受到新闻史学界的注意。由丁守和担任主编、新闻所等单位参加编辑的《辛亥革命时期期刊介绍》，约请了史学界和新闻史学界的大量专家分别撰稿，从1982年起，已经出版了四辑，第五辑也即将发稿，对辛亥革命时期出版的200多家重要报刊作了介绍，累计达300万字，为这一时期的报刊历史，提供了丰富的资料。上海葛伯熙编纂的《中国报刊综目》，已在上海人民出版社陆续付排。它介绍了古今5万多种报刊目录，许多报目附有内容简介，是一部体系庞大、考订綦详的工具书。

现代新闻史的研究，这一时期开展得更为蓬勃。1983年以来先后出版的《中国新闻事业简史》《中国新闻业史》《中国新闻事业史稿》等三部专著，重点都在现代。前面提到的3600多篇新闻史的文章，绝大多数也都以现代报纸为研究对象，涉及的报刊，包括《热血日报》《先驱》《楚光日报》《民国日报》《红旗日报》《红星报》《红色中华》《新中华报》《解放日报》《新华日报》《边区群众报》《晋绥日报》《晋察冀日报》《冀鲁豫日报》《冀中导报》《前线报》《苏中报》《抗战日报》《胜利报》《拂晓报》《盐阜大众》《救亡日报》《立报》《华商报》《大公报》《文汇报》《东南日报》《正报》《新蜀报》《广西日报》《时代日报》《新民报》《大刚报》等100余家。一些现代新闻史上的重大事件，如新生周刊事件、反“客里空”运动、两次国共合作时期新闻战线上的联合与斗争等，也都有专门的文章进行研究和探讨。运用集体的力量，组织专门的班子编写出来的个别报纸的史稿和大事记，已经完成初稿的，不下20部，字数少的五六万，多的十几万。后者实际上是一种以记载报纸活动为中心内容的编年史。除研究一般报刊历史外，这一时期对厂矿企业报刊史、部队报刊史的研究，也取得了可喜的进展。马学斌同志所写的长篇论文《中国企业报史考略》，对“五四”以来的中国企业报纸的历史，作了全面性的总结，弥补了现代新闻史研究中的一个空白。黄河、张之华同志合作编写的《中国人民军队报刊史》，按土地革命战争、抗日战争、解放战争、社会主义革命和社会主义建设等四个时期，概述了从1927年《时事简报》创刊以来，中国人民军队报刊的历史，总结了正反两方面的办报经验，是现代新闻史研究的一项新的成就。这部专史共20万字，已交中国人民解放军战士出版社出版。此外，有关广播电视史、新闻摄影史、新闻漫画史的研究，也取得了不少成果，其中以广播电视史的研究起动最早，成果最为丰硕。

以上几方面的研究，不仅在各自的领域内有所开拓，有所前进，而且积累了大量的“砖瓦”，为中国新闻史研究工作的进一步开展，打下了基础。

这一时期的新闻史研究工作，之所以能够取得这么大的进展，主要原因是由于受到了各方面的重视。首先是受到了首都和各省市自治区新闻学会的重视。首都新闻学会（早期称北京新闻学会）刚一成立，就设置了新闻史组，其他各省市新闻学会也纷纷设置了相应的机构或组织了专门的班子，从事这方面的研究。其次是受到了和新闻战线有过历史渊源的老领导、老同志们的重视。几次大的新闻史座谈会，都得到了他们的热情支持。不少老新闻工作者，如张友渔、夏衍、萨空了、石西民、廖井丹、胡绩伟、王揖、顾执中、徐铸成、陆诒等，还积极撰写回忆文章，为编写新闻史的同志提供了第一手材料。各新闻单位这些年来对新闻史的研究工作，也给予了很大的支持，几次大的新闻史座谈会，都是在当地报社、电台、电视台的帮助下召开的。

这一时期的新闻史研究工作之所以能够取得这么大的进展，还有一个重要原因，就是有了一支较为稳定的、有一定实力的新闻史研究工作者队伍。“文化大革命”以前，从事新闻史研究工作的人寥寥无几，只有少数几个大学新闻系教师，利用课余时间惨淡经营，加上报社和其他科研机关的个别新闻史研究工作者，这支队伍，充其量不过十几二十个人。“文化大革命”中，新闻史的研究被迫中断，人数本来就不多的队伍也顷刻瓦解，直到三中全会以后才得到恢复。

1978年到1985年这7年来，全国从无到有地一共创建了40多个新闻学会和50多个新闻学研究机构。在这些机构中，分工从事新闻史研究工作的，仅首都新闻学会一家，就有40余人，全国不下150人。七年来，全国除人大、复旦、北京广播学院的新闻系继续招生外，还在近30所大专院校中增设了新闻系或新闻专业，开设了新闻史课程。连同一些老的新闻系、新闻专业在内，目前在全国各高等学校从事新闻史教学和研究工作的教师已经接近百人。1978年以来，中国社会科学院研究生院新闻系和人大、复旦、北京广播学院、厦门大学的新闻系陆续开始招收新闻学硕士研究生，其中有20人左右是以新闻史为研究方向的，今年又破天荒地招收了3名以新闻史为研究方向的博士研究生。这些研究生，有的早已学成结业，取得学位，加入新闻史研究工作者的行列，成为骨干力量。以上这3部分共约200余人，是当前新闻研究工作的基本队伍，是新闻史这台戏的班底。这些人，加上新近从第一线离退下来，以部分时间从事新闻史研究和编写工作的老新闻工作者，和业余致力于新闻史研究的文学、史学、图书馆学和摄影学工作者，则这支队伍的实际人数，恐怕要超过500人。这是一支多层次、多梯队、多兵种、老中青相结合的新闻史研究者队伍。这支队伍是近年来从无到有、从小到大地逐步建立起来的。没有这样一支有力的队伍，新闻史的研究工作是不可能在这么短的时期内取得这么大的进展的。

三中全会以来的7年，是新闻史研究活动空前活跃，新闻史研究工作者的队伍空前壮大，新闻史研究的成果空前丰硕的7年。这一事实说明：我们的新闻史研究工作，和我们党和国家的形势，是休戚与共同步发展的。没有三中全会以来的拨乱反正和随之出现的大好形势，就不会有新闻学的春天，也不会有新闻史园地上姹紫嫣红的繁荣景象。因此，只要坚持三中全会以来的正确路线，新闻史研究工作的稳定的持续的发展，就是大有希望的。

二

7年来的新闻史研究工作。和建国后的前30年比较起来，具有以下一些特点：

（一）加强了对重点报刊的研究

中国历史上曾经出版过六万五千多种报刊。这些报刊出版的时间有长有短，所起的影响和作用有大有小。有的历史较长，影响不小；有的则历史很短，无足重轻。对它们的研究，必须区别对待，不能平均使用力量。只有抓好了新闻史上的重点报刊的研究，对那些报刊的情况吃深吃透，一部有分量的中国新闻史，才能够戳得起来。“文化大革命”前出版的中国新闻史讲义和专著，在这方面做了一些工作，对有些重点报刊作过认真的研究，但从整体来看，这方面的工作做得还是很不够的，还是有很多缺口的。三中全会以来新闻史研究工作者们，为弥补这方面的缺口和不足，尽了很大的努力，在对一些重点报刊的研究方面，投入了较大的力量，取得了可喜的成绩。

首先应该提到的是对武汉、重庆《新华日报》和延安《解放日报》史的研究。

中国社会科学院新闻研究所早在1979年，就把武汉、重庆《新华日报》和延安《解放日报》史的编写工作纳入科研计划，定为工作重点。1980年以来，他们组织了专门的班子，从事两报史的资料征集和研究、编写工作，已经取得了很大的进展。两报史的初稿已经陆续写出。《新华日报》史的研究和编写班子，除将完成该报史稿外，还将完成一部《新华日报大事记》，此外还参加《新华日报》史学会的筹建工作，出版了《新华日报研究通讯》和《新华日报、群众周刊史学会通讯》等两种不定期刊物，发表了几十篇有关《新华日报》史的研究成果。《解放日报》史的研究和编写班子，除将完成该报史稿外，还编写了《延安〈解放日报〉大事记》，并在《新闻研究资料》《新闻战线》等业务刊物上发表了多篇有分量的有关延安《解放日报》史的学术论文。两报史的研究，不仅为中国新闻史特别是党报史提供了丰富的内容，也对正在积极开展中的近现代重点报纸的研究工作起了推动作用。

其次应该提到的是对《晋绥日报》《晋察冀日报》《大众日报》《东北日报》等几个党在抗日根据地和解放区公开出版的重要报纸历史的研究。

这四部报史的研究工作，以《大众日报》的启动最早。早在1957年，就有专人从事这部报史编写的准备工作，写出了部分初稿。1957年以后，这一工作宣告中断，直到1981年才重新恢复。1981年以来，在大众日报新闻研究所的积极努力下，抗日战争、解放战争时期《大众日报》报史的编写工作进展很快，到1985年8月份为止，他们已经完成1939年至1949年这10年的《大众日报史》初稿约20万字，《大众日报大事记》8万字和《大众日报史话》7万字。争取在1988年《大众日报》创刊50周年时，完成计划为150万字的《大众日报》（1939—1988年）

报史全稿。

《晋察冀日报》《晋绥日报》《东北日报》报史的编写工作起动较晚，但也取得了一定的进展。《东北日报史》已经完成了约4万字的初稿。《晋察冀日报》已完成了约15万字左右的一部《晋察冀日报大事记》，正着手进行报史的撰写工作。《晋绥日报》则正在进行和报史有关的各种文献、图片、日记、书信的征集工作，力争最晚不超过1989年，完成该报报史的定稿和出版工作。

最后，应该提到的是对旧中国出版的《申报》《大公报》《世界日报》《新民报》《文汇报》《大刚报》等一些著名的报纸的研究。

这方面动手较早的是《世界日报》《新民报》和《大公报》。早在1962年，《新民报》的创办人陈铭德、邓季惺夫妇，就对从1929年9月9日创刊，到1949年止的《新民报》南京、重庆、成都、北平、上海五社八版的历史作了初步总结。粉碎“四人帮”后，经过修订整理，以《新民报二十年》为题，在1978年公开发表。《世界日报》《大公报》历史的研究工作，也是1962年开始的，最先从事这方面研究的是长期在两报工作过的老报人吴范寰和王芸生、曹谷冰。吴范寰所写的《成舍我与北平世界日报》一文，王芸生、曹谷冰合写的《英敛之时代的旧大公报》《1926—1949年的旧大公报》两文，都曾在全国政协编辑出版的《文史资料选辑》上发表，为两报历史的研究，作了一定的先遣工作。三中全会以后，两报史的研究工作有了新的进展。贺逸文、夏方雅、左笑鸿3人合作写了一部近13万字的《北平世界日报史稿》，这部史稿连同其他一些有关《世界日报》史的文章，已被汇集成《世界日报兴衰史》一书，在1982年公开出版。旧《大公报》历史的研究，近年来在中国社会科学院新闻研究所一些同志辛勤耕耘下，也有进展。何炳然关于早期《大公报》史的研究，夏晓林、谢国明关于中后期《大公报》史的研究，在原有的基础上，都有一定的开拓。《申报》《文汇报》《大刚报》历史的研究，是1978年以后才认真抓起来的。最先完成的是《大刚报》，已经写出了近九万字的征求意见稿。《申报》史的研究和编写工作，1978年以来已经进行了7年。这是一项工作量和难度都很大的十分艰巨的任务。这项工作，1978年至1982年这4年主要由中国社会科学院新闻研究所牵头进行。由原《申报》总经理马荫良和《申报》记者孙恩霖等老报人组成的编写班子，在这4年中，作了大量的资料搜集、积累工作，完成了《申报七十七年大事记》和以《申报七十八年史料》为题的部分时期《申报》史的征求意见稿，累计达15万字。这一期间，全国各地报纸和刊物上还发表了10多篇研究《申报》历史的文章，为《申报史》的编写提供了不少有益的史料。张宛写的题为《鲁迅与申报自由谈》的论文，则是这一时期《申报》史的专题研究成果。1983年以后，《申报史》的编写工作开始由上海市新闻学会承担，新的“申报史编写组”已经成立，计划中的《申报史》，将是一部50万~60万字的皇皇巨著。《文汇报》史的研究工作，是从1984年7月开始的。目前，文汇报史研究室已经成立，由徐铸成、唐海等主持，目前正在编写该报抗日战争时期和解放战争时期的大事记，力争在1988年该报50周年纪念时，完成《文汇报史》的编写出版工作，作为对报庆的献礼。

在中国新闻史上曾经起过重大影响的重要报纸，估计在 500种以上，其中的重点恐怕不下200种，对它们有计划地分别轻重缓急的逐个进行分析研究，是我们新闻史工作者今后的一项长期任务，是需要很好地加以规划和认真地去完成的。

（二）加强了对地方新闻史的研究

地方新闻史是全国新闻史的基础。没有各个地方新闻史作为基础，一部包举宇内囊括八荒的全国新闻史，是难以写好的。三中全会以后，这项工作已受到重视。1978年以来，全国已经有25个省市地区的新闻研究机构和新闻史研究工作者从事这方面的研究工作，有的已经取得了很大的进展。

起动早、进度快的，是湖南、湖北、黑龙江三省和原察哈尔地区。湖南新闻史的研究工作，是从1979年开始的。负责这项工作的是湖南省新闻学会的一些同志。他们先是用两年时间作了大量的摸底工作，掌握了解放前湖南省内出版的644家报纸和公开发稿的41家通讯社的线索，访问了近百位老报人，征集到了50余篇和新闻史有关的回忆材料，到1985年8月为止，他们已经完成这部地方新闻史的解放前部分，共八章，约十几万字，并为解放以后部分的编写工作，作了一些准备。

湖北新闻史的研究活动，早在1956年就开其端绪。从1982年初成立省市新闻史志编辑室以来，到1985年5月为止，他们在湖北省新闻学会的领导下，已经为湖北新闻史的编写作了大量的准备工作。通过广泛调查，了解了1866年以来在湖北地区出版的1 100多种报刊和200多家通讯社的名称，和那些报刊在湖北和全国各地图书馆的收藏情况，编辑出了《全国现藏湖北报纸目录》和《全国现藏湖北期刊分类目录》《武汉地区近百年报刊编年目录》，为研究工作者提供资料信息。按照计划，一部约310万字左右的湖北新闻史志，将在1988年杀青。

黑龙江省新闻史的研究工作，是从1981年开始的。这一年7月，黑龙江省新闻学会成立新闻事业史研究室，正式开始了这方面的研究工作。到1985年6月为止，这个研究室已经收集到了有关黑龙江新闻史的文物和各种文字资料180余万字，并对黑龙江各时期的有代表性的重点报纸进行了研究。在这个研究室的带动下，近4年来，黑龙江新闻史的研究工作进展较快。黑龙江报业史的解放战争时期部分约4万字，已经脱稿。明年起，他们将致力于1903年至1945年这40年的近120种黑龙江早期报纸的研究。

察哈尔地区的新闻史研究工作，是1982年开始的。经过两年的努力，已经完成近6万字的初稿。这项任务是在《张家口日报》牵头下，由《张家口日报》和《河北日报》的同志共同完成的，1984年秋，他们还在张家口就这部《察哈尔报刊史》举行了一次讨论会，广泛征求意见。

进度较快的还有吉林、广东、河南、天津等省市。

吉林新闻史的研究工作，由吉林日报新闻研究所负责进行。已经完成的有《吉林日报四十年大事记》和约12万字的吉林广播史资料汇编。吉林新闻史清末民初部分已经大体完稿，伪满时期部分正在编写中。他们争取在1987年前后，写成吉林省新闻史的全稿。

广东新闻史的研究工作，主要由暨南大学新闻系的部分教师和从事省志编写工作的部分文化史研究者共同进行。1979年以来，他们对近代现代广东地区的主要报纸作了大量的搜集研究工作。李默、黄流沙、孙文铄等关于近代广东报纸的研究，钟紫、谢骏等关于现代广东报纸的研究，都取得了一定的成绩。仅暨南大学新闻系打印出版的《华南新闻事业史料》《中国新闻事业史研究资料》两书，就汇集了近20篇有关广东新闻史的文章。

河南新闻史的研究工作，由河南日报新闻研究室的同志们负责。他们已经完成了从1898年《汇报辑要》创刊起，到1949年河南解放止，共52年的河南地区历年出版报刊的普查。编印了一份包括368种报刊的《清末至建国前河南省报纸简表》，出版了一期以报史为主要内容的《河南新闻资料参考》，积累了近70万字的河南新闻史料。

天津新闻史的研究工作，由天津日报新闻研究室负责，他们为积累新闻史料作了大量的工作。由他们主编的以刊载天津和华北地区新闻史料为主的专业刊物《新闻史料》，已经出版了十一辑，发表了130多篇史料和史论文章，为天津新闻史的编写作了资料上的准备。

正在积极进行并已经取得一定进展的，还有广西、上海等省市。广西的新闻史研究工作者，近3年来致力于地方新闻史的研究，已经在

《新闻研究资料》《广西大学学报》《广西文史资料》《广西日报》《八桂新闻通讯》等报刊上发表了近20篇这方面的文章。上海是旧中国新闻出版事业的一个中心，上海地方新闻史的研究工作开展得也比较早，而且有一定基础。目前这项工作由老新闻工作者葛思恩在做，有关上海早期报刊的一些章节已经完成，其余部分正在加紧进行。

此外，四川、江苏、浙江、福建、云南、贵州、山东、山西、陕西、宁夏、新疆、青海、安徽等省、自治区和太行地区的地方新闻史的研究工作，也正在蓬勃开展。

从上面列举的情况可以看出，一个研究和编写地方新闻史的高潮正在兴起，声势之大，方面之广，都是从来没有过的。盛世修志，是中国一项传统。据1985年6月统计，全国已有26个省、市、自治区和1 613个县在积极进行地方志的编纂工作。《当代中国丛书·新闻卷》的编写工作也在抓紧进行。这两项工作的开展，对各地方新闻史的研究和编写，无疑的都将起到一定的促进作用。

（三）注意克服新闻研究工作中的“左”的影响

长期以来，在新闻史的研究工作中存在着很多禁区和束缚人们手脚的清规戒律。这些，在近7年的新闻史研究实践中，正在逐步地得到克服。主要表现在以下几个方面：

1. 开阔了视野，扩大了研究的范围。十一届三中全会以前，新闻史的研究范围很小，通常只限制在革命新闻事业的领域之内。对革命新闻事业的研究，又往往只局限于报纸的性质、任务、作用和它们所宣传的政治思想观点等方面的内容。路子越走越窄。这一情况，近年来已经有很大改变。研究的范围逐步扩大，不仅研究无产阶级党报的宣传内容，也注意研究它们的宣传艺术、宣传经验和党报学说的形成与发展。不仅研究无产阶级领导的革命和进步报刊，也开始研究有影响的资产阶级报刊，和资产阶级新闻学在中国的传播，以及记者工作的由来、新闻文体的演变、报纸版面的沿革、新闻法的颁布、报纸企业化的施行等问题。不仅研究新闻事业在政治斗争中的作用和影响，也注意研究新闻事业在社会经济和文化发展史上的作用和影响。视野越来越开阔，路子也越走越宽了。

2. 突破了旧的写作模式。建国以后的新闻史教材，受联共（布）党史和苏共报刊史写作体例的影响，经常有一种固定的模式，即按照历史上的政治运动和各个革命战争时期划分章节，内容也往往和革命史、党史雷同。近几年来，多数的新闻史专著和教材虽然大体上仍以近现代革命史的各个发展阶段为脉络，但和革命史、党史的写法并不一样，在章节安排上，也根据新闻事业本身的规律，作了一些适当的调整，突出专业的特点。此外，不少新闻史研究工作者还在新闻史的写法和体例上，作了一些新的探索，有的以时期为经，以报为纬，如《湖南新闻史志》；有的“以新闻人物为主线，以新闻思想、新闻作品、新闻事件、新闻业务改革为具体内容”；有的则完全以新闻文体的演变为经，把近代以前的中国新闻史分成“新闻在母体内的孕育时期（公元前130—公元713年）”，“新闻文体的诞生时期（713—1874年）”，“政论和消息通讯的发展时期（1874—1919年）”等几大章，如郑州大学的《中国新闻史教学大纲》。在这个问题上，我赞成百花齐放。中国新闻事业史的内容十分丰富，完全可以从不同的角度，用不同的方式去进行研究。采用哪种体例，怎样划分章节，完全是作者们自己的事情，不必强求一律。通过一个阶段的实践以后，再回过头来比较其短长，探讨其得失，择善而从，还是来得及的。

3. 加强了新闻历史人物的研究。建国以后的新闻史著作，对新闻史上杰出的政论家、记者、编辑和报刊活动家等人物的研究和介绍都很不够。报纸是人办的，然而有些办报的人却不能写：资产阶级的报人不能写，有这样那样问题和缺点的人不能写，被无端地戴上了某种帽子的人不能写。一部几十万字的新闻史，除了有关报纸的记载以外，几乎不见有人物的活动，侥幸能被提名的几乎不到10个人。这种情况，近年来已经完全改变。对新闻历史人物的研究，受到了普遍的重视。7年来，被新闻史工作者重点研究，并写出专文加以介绍的新闻界人物，已经有168人，其中发表在《新闻研究资料》《新闻界人物》两个刊物上的就有50余人。1983年起，《中国新闻年鉴》还增设了“中国新闻界名人简介”专栏，对中国新闻史上的名记者，作每人五百字左右的简介，到1984年版为上，已经介绍了王韬、梁启超、瞿秋白、蔡和森等278人，今后还将以每年100~150人的进度继续介绍。近年出版的新闻史专著，也很重视人物活动的介绍，《中国近代报刊史》提名的近代新闻界人物达1 500余名，被《世界日报兴衰史》提名的《世界日报》这个报纸的著名编辑记者，就达57名。一些新近完成的报史专著，也很重视人物的研究。《大刚报史》对该报创办人毛健吾和几任总编辑如杨潮、俞颂华、叶启芳等，都设有专节进行评介。《大众日报史》则重点介绍了在该报工作过的12名主要记者。最近两年，对新闻史人物的研究和纪念活动，又有新的进展。先后举行的这方面的活动，举其大者有1984年举行的韬奋逝世40周年纪念会、邵飘萍诞辰100周年纪念会和学术讨论会，1985年举行的黄远生诞辰100周年纪念会和戈公振诞辰95周年纪念会，以及纪念斯诺诞辰80周年的学术讨论会。1984年9月20日成立的三“S”研究会，以研究曾经在中国进行过采访活动、为中国人民的革命事业作过巨大贡献的斯特朗、史沫特莱、斯诺3位美国记者为目的，则是建国以来成立的第一个新闻界人物的研究团体。有关新闻界名人传记的编写工作，这两年也在加速进行。已经脱稿即将付梓的有《史量才传》《张季鸾传》和《名记者范长江》，即将完成的还有顾行、成美合作编写的《邓拓传》等。

4. 重视了新闻业务史的研究。建国后前30年的新闻史研究，着眼点往往在报纸的内容，即报纸宣传了些什么，支持什么，反对什么，而不大注意报纸本身的业务活动。对报纸是怎样办起来的，是怎样开展采访、编辑、评论、出版、发行等方面工作的，是怎样调动各种新闻手段运用宣传心理和宣传艺术进行有效的宣传的，其间有什么经验和教训等等，都很少涉及。似乎一提起这些，就有点言不及义。这也是一种“左”的反映。当然，也多少受了早年《苏共报刊史》的那种写作模式的影响。这种情况，近年来已经有了很大改变。不少报史的编写组在制定研究规划时，都把对有关报纸业务活动的研究，列为其中的一个重点。这一变化，从近年来出版的新闻史专著和已经脱稿的报史史稿中，也可以看出端倪。《中国近代报刊史》《中国新闻业史》等书，都设有专门的章节，介绍各时期的新闻业务活动。《湖南新闻史稿》的第八章《湖南新闻事业的各方面》，实际上就是介绍湖南报纸的演变和省内报刊通讯社业务兴革的专章。《解放日报史》对延安《解放日报》的文风、版面安排、政治宣传的艺术与特点、副刊以及机构的设置与沿革、报社的战斗生活等，都设有专门的章节进行介绍和论述。《大众日报史》则不仅总结了这个报纸全党办报、大家办报的经验。还总结了这个报纸军事宣传、通联工作、战时邮发合一和开展对敌经济斗争、解决报社物资供应、保证报社出版用纸等方面的经验。几部在旧中国有影响的老报纸的报史，也用很大的篇幅总结这些报纸业务活动的经验，并且各有其特点。例如《新民报二十年》着重总结了这个报纸重副刊、重文体新闻的经验；《北平世界日报史稿》着重总结了这个报纸重教育新闻、重人物专访和重人才培养的经验；《申报史稿》（第六编）着重总结了该报重经营管理、重社会服务和办各种附属出版物的经验；《大刚报史话》则着重总结了这个报纸重视评论工作，组织社论、专论、短评和星期论文写作的经验等等。报纸的出版、印刷、广告、发行等经营管理方面的活动，过去很少研究。现在也受到了一些新闻史研究工作者的重视，成为报史的一项内容。

5. 坚持了实事求是的原则。此前的新闻史研究，不论在对新闻历史人物还是对报纸的评价上，都有不够实事求是的地方。夸饰溢美和随意贬低的情况，所在多有。其具体表现是：乱贴标签，对号入座；因人划线，随人俯仰；形而上学猖獗，以无限上纲、一棍子打死，代替实事求是的科学的、具体的分析。举例来说：讲近代报刊，凡是和改良派沾亲带故的都不好，凡是和洋人沾了边儿的，就一无是处；讲现代报刊，凡是和资产阶级有点瓜葛的，不管是大资产阶级还是民族资产阶级报刊，也不管具体情况如何，一概上不得台盘；讲人物，凡是这个人后来出了问题的，则此人的一生都不好，他所办的报刊也不可能好。凡此种种，都是与科学求实的精神相悖的。这一情况，近7年来已经逐步地有所改变。不少新闻史研究工作者，都以认真负责、实事求是、公正、客观、全面地评价历史上的报纸和人物，作为自己的座右铭。一些新闻史上的人物，如于右任、邵飘萍等，得到了公正的评价。一些新闻史上的重要报刊，如早期的《新民丛报》《大公报》和《湖南通俗日报》等，其积极方面的作用，也得到了充分的肯定。对一些经历复杂的新闻界人物，如胡汉民、陈布雷、张季鸾、毛健吾和一些背景复杂的报纸，如《新民报》《世界日报》《大刚报》等，也能够根据具体情况，从历史发展的角度，辩证地进行分析，评价其功过。

由于“左”的思想源远流长，并非成于旦夕，因此清除它的影响，也需要一定的时间，还有许多工作可做。

（四）加强了多方面的协作

旧中国的新闻史专著，都是个人的名山事业，作者之间，如秦人视越人之肥瘠，很少往来，也从不搞什么协作。建国后的前30年，倒是有过一次协作编写新闻史教材的盛事，但是协作的范围较小，而且只在内部出版，影响不大。十一届三中全会以后，新闻史研究工作者之间的协作大为加强。协作的项目日益增多。1984年出版的《中国新闻业史》一书，就是由广西大学、暨南大学和北京广播学院三所高等院校新闻系的教师们协作完成的。正在编写中的《中国当代新闻史》和《中国新闻史》这两部书，也是以协作的方式进行的。前者由中国人民大学新闻系召集，参加编写工作的有人大、暨大、北京广播学院三所大学新闻系的7名教师。后者由郑州大学新闻系召集，参加编写工作的，有郑州大学、中国警官大学、中央民族学院、华中工学院、天津师范大学、吉林大学、厦门大学、宁夏大学、武汉大学、河北大学、兰州大学、山西大学12所大学新闻系的15名教师。此外，《中国广播电视史》的编写工作，《当代中国丛书·新闻卷》的编写工作，也都采取了不同程度的协作方式。近年来，新闻史研究工作者进行协作的特点是不仅跨学校跨单位，而且跨地区。这在中国新闻学研究的历史上，也是从来没有过的事情。

三

7年来的新闻史研究工作，也还存在一些问题。

首先，从宏观角度看，还有一些薄弱环节和大的缺口。

一是对通讯社史的研究不够。报刊、广播电视和通讯社是新闻事业中的三大部门，一部新闻史当中，不可能没有通讯社史。遗憾的是这方面的研究做得还很不够。七年来，在《新闻业务》《新闻纵横》《新闻记者》、天津《新闻史料》《新闻研究资料》等专业刊物上发表的有关通讯社史的文章，累计不过十来篇，涉及的通讯社不过七八家。中国最大通讯社新华社史的编写工作，从1981年前后开始做准备，5年来只完成了一部《新华社编年记》，一辑《新华社回忆录》和十期不定期的

《新华社史料》，整个新华社史的编写工作，至今还没有正式开始，体例、字数、完成时间等等，迄今尚未作出规划。工作虽然作了不少，成绩也不算小，但进度还不够快。通讯社史的研究编写工作有一定难度，例如研究新华社史的同志们，至今对战争时期新华社各总分社、分社的源流和变革情况，就还没有弄得十分清楚。中国历史上曾经有过上千个通讯社，通讯社史的研究工作量还很大，还应该很好地抓紧。

一是对当代新闻史的研究不够。建国后前30年出版的中国新闻史专著和教材，其下限都只写到1949年。近年出版的《中国新闻事业简史》《中国新闻业史》《中国新闻事业史稿》等书，也是这样。50年代初期，这种情况是可以理解的，但到今天，就不能以此为满足了。建国到现在已经36年了，这么长一段时间的新闻事业史没有认真地进行研究和总结，不能不说是新闻史研究工作中的一大缺陷。近7年来，当代新闻史的研究工作开始受到重视，不少报纸结合报庆30周年或35周年纪念活动，组织力量写出了一批像《北京日报三十年》《湖南日报三十年》《甘肃日报三十年》《黑龙江日报三十年》《沈阳日报三十五年》等这样的回顾一个时期报纸历史的文章。由中国人民大学新闻系牵头编写的《中国当代新闻事业史》的准备工作，正在积极进行，并已打印出版了一本由十名进修教师合写的《中国当代新闻事业史专题论文集》，收录了他们撰写的和当代新闻史有关的十篇研究论文。这些成果都和当代新闻史的研究有关，都或多或少地弥补了这方面的空白，但是还很不够。

一是对历史上的反面报刊的研究还不够。宣传要研究敌友我，目的是知己知彼，克敌制胜。新闻史也需要研究敌友我，目的是为了更全面地总结历史的经验。由于中国社会和中国革命的复杂性和特殊性，敌友这两类报刊的性质，有的时候并不是一成不变的。在特定的条件下，在一定的时期内，两种报刊之间，还会发生一定程度的转化。有些反面报刊，也并不始终处于反面的地位。对于这些，我们都应该辩证地看待，进行公正的、历史的分析。历史上既然客观地存在过大量敌友两类报刊，就有必要加以研究，给以评价。没有这部分内容的中国新闻史，就不是一部完整的中国新闻史。对敌友两类报刊，特别是其中属于“敌”方的反面报刊的研究，近7年来也作过一些工作，先后发表在《江海学刊》《上海文史资料》《重庆文史资料》《广东文史资料》等刊物上的有关资料和论文近15篇。1985年4月出版的《新闻研究资料》第30辑，还开辟了一个“关于国民党报刊”的栏目，集中刊载了四篇介绍国民党报刊的文章。但是，总的说来，和历史上这类报刊的数量，它们出版的时间，发行的数字，以及它们在人口众多的白区（国统区）的实际影响比较起来，这方面的研究还很不够的，还应该有步骤有计划地逐步开展，填补好这方面的空白。

此外，有关广告、发行和报纸经营管理等方面的历史的研究，相对地说，也略嫌不足。

其次，是人力不足。这几年来，尽管新闻史研究工作者的队伍在不断扩大，从事新闻史研究工作的人不断增加，但是和整个新闻史研究的众多任务对比起来，仍嫌不足。除中国社会科学院新闻研究所和人大、复旦、暨南三个大学的新闻系从事新闻史研究的人较多外，其他十几个新闻系，多的只有一两个人，少的只有一个人。其他各省市的新闻学会和报社下属的新闻研究所（室）分工从事新闻史研究工作的人员也不多，其中配备力量较强的如《文汇报》《吉林日报》，也只有七八个人。湖北的新闻研究所只有四个半人，实际上是三个人。湖南、河南都只有三个人。黑龙江只有两个人，有的则连两个人都不到。

最后，是资料不足。搞历史需要调查研究和搜集材料，不能为无米之炊。研究和编写新闻史也是这样，需要走访很多当事人，需要查阅大量和报纸历史有关的原始资料，特别是报刊原件和有关的档案材料。一般说来，访问当事人的问题还不大，只要掌握线索，勤于走动，又诚恳求教，被访问者一般都会积极支持，热情接待的。困难主要出在资料上。首先是资料的先天性不足。这是一个带有普遍性的问题。除了《申报》《大公报》《新华日报》《解放日报》《大众日报》《晋察冀日报》《文汇报》等一部分报纸保存比较完整外，大多数的报纸都不完整，有的早已荡然无存。例如吉林、河南两省的同志就找不到当地早期出版的报纸。曾经在河南出版过的《鄂豫皖报》《冀鲁豫日报》，省内连一张也没有。湖南的同志们作过一个统计。解放前湖南地区出版的644种报纸，现有存报的不到1/3。一些新闻史上知名的报纸，如曾经发表过毛泽东文章和郭亮小说的早期的《湖南通俗报》和田汉主办的《新长沙报》，张天翼主办的《大众报》等，至今都没有找到。著名记者邵飘萍主办的《京报》，现在跑遍全国也凑不全。这种情况之所以产生，一是由于各地图书馆历来不太重视藏报；二是由于人为的破坏；几次国内战争时期丢失了一批，沦陷时期让日本人烧掉了一批，“文化大革命”中又毁损了一批。这样，保存下来的自然就不多了。其次是借阅困难。现存的报纸大多收藏在各地的图书馆、博物馆和档案馆。图书馆和博物馆收藏的旧报，现在借阅的手续繁多，需要层层审批，有的干脆就不借。河南、湖南、湖北、黑龙江、广东等地的同志，都反映过借阅报纸（主要是建国前出版的旧报）困难的问题。河南的同志去上海的一家图书馆借阅报纸，人家根本就不让看。带去了省级机关的介绍信也不管用。湖南的同志去邻省的一个图书馆借阅报纸，被顶了出来，转到南京的一家图书馆，也不借，好说歹说，才让抄回了一份藏报目录。广东的同志想查阅一下广州出版的《群报》，明知北京的一家图书馆有，带了介绍信千里迢迢地赶去，硬是不借，说是已经让人借走了。这当然是一个托词。档案馆的借阅手续，较之图书馆、博物馆更为繁杂。有些档案馆宁可让报纸堆在那里发霉，也不出借。想查档案材料，同样费事。有的档案馆连档案目录也不愿提供，怕借阅的人知道线索后，大量借阅，给他们增加麻烦。有的干脆实行封锁，来者一概挡驾。下面摘引一段来信和一段访问记录，以见借阅报刊和档案材料的困难程度之一斑。

复旦大学新闻系新闻史专家宁树藩在来信中说：

> 查阅材料困难，……主要是民国前的报纸不给看。我校研究生×××在××图书馆看《字林西报》，起初还给看，后来发现他要看好多年该报，就停看，这是什么理由就不知道了。所以他不得不把研究的范围缩小到义和团运动时期。我校××同志在××档案馆看材料，馆领导批准让看了，而管理人员却不开放，收藏材料的目录和索引也对外保密，根本就不知道它的家底。要看时，一定要讲出材料名称，一次只能看一点。要想环绕一个专题进行综合查阅，那就困难了。（1985年9月16日发自上海）

中国人民大学新闻系张之华同志在接受访问时说：“去××博物馆，想看一看他们的藏报目录。带了学校的介绍信，还不让进。打电话进去，说明情况，才让上楼，但仍不让看。说：要看我们的目录？那不是把我们的家底都看去了吗！去××档案馆查阅四野机关报《前进报》，想弄一份复印件。档案馆离城很远，一去半天。第一次带了党委介绍信去，回说查查看，但久无回音。隔几天，打电话去问，回说还在查。第二次再跑一趟去催，说正在整党，顾不上。第三次又去找，说：查了，没有！我说肯定有。1958年前后在他们那儿看过。仍然回答说：没有！最后只好在书上注明：暂缺。”（1985年7月22日的访问记录）

当然，并不是所有的图书馆、博物馆、档案馆都这样。热心支持新闻史研究工作的单位还是不少的，例如《申报史》《上海新闻史》的编写工作，得到了上海图书馆的大力支持，有关邵飘萍资料的搜集整理工作，就得到了中国社会科学院新闻研究所和该所图书资料室同志的热情帮助。《湖南新闻史》和《大刚报史》在编写过程中，都曾经使用过南京第二历史档案馆的大量敌伪档案材料。没有这样一些单位和个人的热心支持和帮助，新闻史的研究工作，将会寸步难行。

解决查阅旧报资料困难的办法，一是加快旧报复制、影印或缩微的进度，增添缩微阅读设备，使大部分的旧报既得以保存，又有利于开放利用。北京图书馆的报库近年来正在进行这项工作，其他图书馆也在着手进行。由各出版社影印出版的旧报，到今年为止，已近30种。希望这些工作的进度能够加快。一是在制度上作一些有利于科研的改变，为新闻史研究工作者提供更多的方便。

中国是新闻事业历史悠久的国家，也是新闻学和新闻史的研究活动开展得比较早的国家。从20世纪初到30年代这一段时期，我们的新闻史研究成绩，在世界上是处在领先地位的。中国著名新闻史学者戈公振所写的《中国报学史》，很早就有了外文译本，在当时就具有国际影响，就达到了世界水平。此后，由于种种原因，我们的新闻史研究活动，一度趋于沉寂，进展缓慢，十一届三中全会以后，才以空前的速度发展起来。现在，中国的新闻史研究活动正处在兴旺发达的时期。一个花枝春满，蝶舞蜂喧的局面已经形成，大面积丰收的季节即将来临。我们的新闻史研究成果，通过国内和国际的学术交流，冲出亚洲，走向世界的时刻，已经为期不远。让我们为尽快地实现这一目标而共同努力吧！

（原载1986年《新闻研究资料》第34辑）

中国新闻史研究的历史与现状

（1992年6月在首届中国新闻史学研讨会上所作的专题发言）

中国的新闻事业有1 200年以上的历史，从它诞生的第一天起，就和各时期的政治、经济等各方面的社会活动有着紧密的联系。作为信息的传播媒介和舆论的载体，每一项新闻事业都必然的从属于某一个阶级，成为某一阶级的舆论工具。因此，不论是研究中国的政治史，还是经济史，都离不开中国的新闻史。

从另一个角度看，中国的新闻史也属于中国文化史的范畴，是后者的重要组成部分。近现代中国文化史上的许多重大事件和重大战役，如几次大的思想启蒙运动，哲学和文学战线上的几次大的论战，各种新思潮在中国的传播，新文化运动的诞生和发展，各种文学流派的形成及其代表作品的问世，著名作家、表演艺术家的崭露头角和得到社会承认，以及某些科学文化知识的普及和传播等，都无不和报刊有着密切的联系。研究文化史离不开各个时期的报刊。加强中国新闻史的研究，既充实了文化史的内容，也有助于文化史各个部门研究工作的进一步开展。

中国新闻史的研究工作，正规地说来，是从1927年戈公振的《中国报学史》问世以后，才全面开始的。在此以前，则是它的史前时期，或准备时期。其代表作则有1838年英国人马礼逊写的《京报分析》、1873年《申报》上发表的未署撰人的专论《论中国京报异于外国新报》、1901年《清议报》上发表的梁启超的《中国各报存佚表序》和1917年被作为附录随《上海闲话》一书一并出版的姚公鹤的《上海报纸小史》等。这些篇什都只对中国报刊的历史现状作了简单的勾画和描述，内容比较零散，还谈不上系统的研究。

1927年出版的戈公振的《中国报学史》改变了这种状况，它成为中国新闻史研究工作全面展开的一个标志。从1927年到现在，中国新闻史的研究可以大体上分为以下三个阶段。

第一个阶段起于1927年，止于1949年，属于中国新闻史研究的奠基阶段

这一阶段，先后出版的各种类型的中国新闻史专著，不下50种。其中属于通史方面的代表作，有戈公振的《中国报学史》、黄天鹏的《中国新闻事业》、蒋国珍的《中国新闻发达史》、赵君豪的《中国近代之报业》等；属于地方新闻史的代表作，有项士元的《浙江新闻史》、胡道静的《上海新闻事业之史的发展》、蔡寄鸥的《武汉新闻史》、长白山人的《北京报纸小史》（收入《新闻学集成》一书）等；属于新闻史文集方面的代表作，有孙玉声的《报海前尘录》、胡道静的《新闻史上的新时代》等；属于报刊史人物研究方面的代表作，有张静庐的《中国的新闻记者》、黄天鹏的《新闻记者外史》、赵君豪的《上海报人之奋斗》等；属于新闻史某一个方面的专著，则有赵敏恒的《外人在华新闻事业》、林语堂的《中国舆论史》、如来生的《中国广告事业史》和吴宪增的《中国新闻教育史》等。在这一时期出版的以上专著中，以戈公振的《中国报学史》最见功力，影响最大，是中国报刊史研究的开山之作。它自1927年初出版问世后，一再重印，并且曾经被日本学者小林保译成日文在日本出版，是旧中国的新闻学著作当中唯一有外文译本的一本书。50年代初，这部专著曾经由三联书店再版，1985年又由中国新闻出版社重新排印发行，因而又是中华人民共和国成立后唯一再版过的旧中国的新闻史学专著，至今在中国新闻史研究工作中，仍然有很大影响。其余的专著，汇集了某一地区、某一时期、某一方面的报刊史方面的材料，也都各有一定的参考价值。这一阶段报刊史著作的普遍不足是：（1）偏于报刊名称、出版日期、编辑人员等基本情况的介绍，缺乏必要的论述和分析；（2）立场观点比较陈旧，多数著作以统治阶级出版的官报和其他报刊为正统，视革命、进步报刊为异端，对后一部分报刊的介绍，既简单又有偏见，个别作者站在既得利益者的立场，为帝国主义和官僚军阀所办的报刊涂脂抹粉，发表过不少不慎乃至于错误的议论；（3）少数作者功力不足，率尔操觚，辗转抄袭，缺少新意。此外，由于工作不够严谨，或所见材料不够完全，不少著作还有史实上的讹误。考订精详如戈公振《中国报学史》那样的专著，近年来经已故报刊史研究工作者杨瑾铮和宁树藩、王凤超等先生的复查，尚且发现有两百多处错误，其他就可想而知了。总的来说，这一时期的中国新闻史研究，在中国新闻史的各个领域都有所开拓，取得了不少成果，初步奠定了中国新闻史研究的基础。但除了《中国报学史》等少数几部专著外，多数新闻史著作的水平还不高，分量也稍嫌单薄。

这一阶段还出现了一些外国人研究中国新闻史的著作，其中较有分量的是美国人白瑞华（R.S.Britton）所写的《中国报刊》（*The Chinese Periodical Press*）和日本人曾我部静雄所写的《支那政治习俗考》一书中有关中国报纸历史的部分章节。白瑞华曾任燕京大学新闻系教授，他的这部《中国报刊》出版于1933年，是外国人写的有关中国新闻史的第一部英文专著。其中有关外国人在华办报的部分，引用了很多英美传教士和在中国从事办报活动的外国人提供的第一手资料，论述十分精详，在一定程度上弥补了《中国报学史》的不足。曾我部静雄的那部书，则翻阅和利用了大量的历史文献资料，引用了很多当时还不曾为国内新闻史研究者注意的有关中国古代报刊的珍贵资料，对中国古代封建官报和民间小报，特别是宋代邸报和小报的历史，作了较为深入的开掘，同样也弥补了《中国报学史》的不足。

第二阶段起于1949年，止于1978年，即从南京国民政府迁台、中华人民共和国成立，到“文化大革命”结束，中共第十一届三中全会召开以前近30年的这一段时期

这也是中国新闻事业史的研究工作全面展开的一个时期。

这一时期的中国新闻史研究工作，海峡两岸同步进行。大陆方面的研究重点，为1919年五四运动以来中共领导的革命和进步报刊的历史。50年代初期，以中共中央党校新闻班为基础，联合了中国人民大学新闻系的一部分教员，共同编写了一部《中国现代报刊史》讲义，着重介绍和论述了五四运动以后至建国以前的近30年的革命和进步报刊的历史。1962年，复旦大学新闻系编印出版的《中国新民主主义革命时期新闻事业史讲义》，1966年中国人民大学新闻系编印出版的《中国新闻事业史（新民主主义时期）》，则是高校的教师以这部讲义为基础，根据教学需要，各自重新编写出来的。中共从1921年建党时起，就十分重视办报活动。在历次国内革命战争时期及抗日战争时期，都创办有不少报刊，为抗日战争和民主革命的胜利作舆论上的鼓吹，在社会上曾经起过重大的影响，而这一部分报刊的历史，过去还不曾有人研究过，也没有受到应有的重视。这几部讲义和教材的出版，弥补了中国新闻史的这一空白，对中共报刊史研究的进一步开展，具有重大的意义。此外，这一时期还出版了一批带有资料性质的新闻史参考用书，如《五四时期期刊介绍》《中国近代出版史料》《中国现代出版史料》，及阿英的《晚清文艺报刊述略》和徐忍寒的《申报七十七年史料》等。与此同时，一些新闻业务报刊和文史刊物上也发表了近150篇有关报刊史的文章。其中，李龙牧所写的有关《新青年》和《每周评论》历史的文章、丁树奇所写的有关《向导》历史的文章，以及王芸生、曹谷冰合写的有关《大公报》历史的文章，吴范寰所写的有关《世界日报》历史的文章等，都有一定的影响。总之，这一时期的报刊史研究，特别是中国报刊史的研究，是有成绩的，但是受“左”倾的思想影响，开展得还不够深入。一般地说，对中共党报以外的同时期的其他类型报刊历史的研究不够。中共党报史中，对党报史的人物活动和报刊业务活动的研究不够。新闻史的教学与研究也还没有得到普遍的重视。

这一阶段，台湾方面的新闻史研究工作也有很大发展，累计出版的新闻史方面的各类专著不下30种，主要的有曾虚白主编的《中国新闻史》、赖光临的《中国新闻传播史》、朱传誉的《宋代新闻史》和《报人报史报学》、冯爱群的《华侨报业史》、陈纪滢的《报人张季鸾》《胡政之与大公报》等。其中，曾虚白主编的《中国新闻史》，曾经接受美国亚洲协会的资助，由“政治大学”新闻研究所、台湾“中央研究院”近代史所等单位的近10位研究人员以协作方式共同完成。从开始规划至完稿付印，历时5年之久，全书共17章70余万字，是戈公振《中国报学史》问世以来出版的又一部内容较为详备的有关中国新闻史的通史性质的专著。朱传誉的《宋代新闻史》，充分利用了保存至今的宋代文献资料，开掘较深，是戈公振《中国报学史》问世以来出版的唯一一部专门研究古代报刊历史的专著，也是一部有关中国报刊历史的断代史性质的专著。冯爱群的《华侨报业史》，则是戈公振的《中国报学史》问世以来最先出版的一部有关华侨报刊历史的专著。此外，台湾出版的《报学周刊》《报学半年刊》等新闻学刊物和《传记文学》等专业刊物上，也刊有不少有关中国新闻史和中国新闻史人物的文章。这些专著和论文，相当大的一部分是作者精心研究的成果，有一定的学术价值。少部分虽因作者的政治立场不同，带有偏见，但所汇集的资料，仍有参考价值。一般地说，这一时期台湾出版的这些专著和论文，在中国古代报刊史的研究、华侨新闻史的研究和个别近代报刊报人历史的个案研究上，有较高的造诣，可以补内地新闻史学者的不足，为后者提供一定的借鉴。在现代、当代新闻史的研究，特别是当代内地新闻史的研究上，则因观点分歧，又缺少足够的第一手资料，明显不足。

这一阶段，国外的新闻史研究工作者有关中国新闻史的研究，也取得了一定的成绩。这方面的成绩主要来自日本的学者，其代表性著作有牛岛俊的《中国的新闻》、小野秀雄的《中共的新闻》和《台湾的新闻》、藤田正典的《中国共产党新闻杂志研究》、小京忠吾的《中西之交流与邸报》、小野信尔的《民吁报的斗争》、小野川秀美的《民报索引》和足立利雄的《中国报纸史研究》等。其中，小野信尔的《民吁报的斗争》引用了不少曾对清朝政府和上海租界当局施加压力，对《民吁日报》的被封起了直接影响的日本外务部的档案材料，对研究同一报刊史的研究工作者，具有重要的参考价值。小野川秀美的《民报索引》，则对孙中山领导的中国同盟会机关报《民报》及其增刊《天讨》《莽苍园文稿余》和附录部分的全部名词，包括人名、地名、书名、篇名和各种专有名词，作了十分详细的注释和索引，按笔画排列，注明号、页、行，并且附有《民报解题》《人名检索表》和《欧汉译名对照表》等。全书分上下两巨册，内容十分周详。为《民报》史的研究，作了大量的先遣工作。为了编写这部书，小野川秀美从1960年起到1972年止，花了近13年的时间，工作异常勤奋。一个外国人，对中国新闻史的研究能够下这么深的功夫，是十分令人钦佩的。

第三个阶段从 1978 年到现在，是中国新闻史的研究空前繁荣的时期

这一阶段，由于党中央执行了以经济建设为中心、对外开放、对内搞活的政策，停止了以阶级斗争为纲的无休止的政治运动，在学术问题上贯彻了百花齐放、百家争鸣的方针，坚持了实事求是的学风，中国新闻史的研究工作有了迅猛的发展。具体表现在以下几个方面：

首先是新闻史教学与研究工作者的队伍扩大了。“文化大革命”以前，从事新闻史教学与研究的只有中国人民大学、复旦大学等少数几个大学新闻系或新闻专业的教师和个别的新闻史研究工作者；总数不过二三十人。“文化大革命”期间，大学的新闻史课程停开，这一支队伍也基本上改了行，新闻史的研究工作陷于全面停顿状态。直至1978年中共十一届三中全会以后，这一煮鹤焚琴的局面才宣告结束。1978年起，首先在几个老的大学新闻系中恢复了新闻史课程，到1990年止，已有近50所大学的新闻系或新闻专业开设了中国新闻事业史课程。1978年以后，中国人民大学和复旦大学新闻系相继招收新闻史方向的硕士研究生。同年，中国社会科学院成立了新闻研究所，开始组织力量从事中国新闻史的研究，并招收新闻史方向的硕士研究生。1985年以后，中国人民大学和复旦大学新闻系又开始招收新闻史方向的博士研究生。这些措施，为中国新闻史的研究，增加了一大批骨干力量。此外，1980年以后，北京及各省市自治区纷纷成立新闻学会和新闻研究所，并在会所的领导下，设置新闻史组，组织会员从事新闻史方面的研究。其中仅首都新闻学会的新闻史组，就有近40名成员，全国各新闻学会的新闻研究所也都有专人从事新闻史的研究。以上种种，使新闻史的研究工作者队伍迅速扩大，到1990年止，累计已接近500人。

其次是出现了一大批丰硕的研究成果。1978年以来陆续出版的中国新闻史教材和专著，举其大者有《中国古代的报纸》（方汉奇）、《中国古代报纸探源》（黄卓明）、《中国近代报刊史》（方汉奇）、

《中国明代新闻传播史》（尹韵公）、《中国新闻事业简史》（方汉奇等）、《简明中国新闻史》（丁淦林等）、《中国新闻业史》（梁家禄等）、《中国新闻事业史》（丁淦林主编）、《中国新闻事业史》（谷长岭、俞家庆）（两书同名，前者为全国高等教育自学考试教材，后者为全国电大教材）、《中国新闻史》（王洪祥等）、《中国新闻事业史稿》（李龙牧）、《新华日报史》（韩辛茹）、《中国广播事业简史》（赵玉明）、《中国人民军队报刊史》（黄河、张之华）、《邓拓传》（顾行、成美）、《范长江传》（方蒙）、《戈公振年谱》（洪惟杰）、《辛亥革命时期期刊介绍》等50余种。其中有通史，有断代史，有专史，也有新闻界人物的传记。与此同时，还出现了一批像《新闻研究资料》《新闻界人物》《新华社史料》《广西新闻史料》《天津新闻史料》《武汉新闻史料》《成都报刊史料专辑》《重庆报史资料》等这样一些以“新闻史料和新闻史料研究为主”的定期和不定期的新闻史方面的专业刊物，累计发表的有关新闻史的各类文章（包括论文、史料及回忆录）近4 000篇。其中仅《新闻研究资料》一种，从1979年创刊至1992年底，就出版了58期，发表了有关报刊史的各类文章近1 100多篇，1 300余万字。因为端正了思想路线，克服了“左”的影响，树立了实事求是的学风，这些文章的质量，也有明显地提高。

最后是新闻史的研究活动全面展开，空前活跃。除通史、断代史、编年史以外，某一部分的新闻史、地方新闻史，以及个别报纸、刊物和新闻界人物历史的研究，这一时期也都有专门的班子或专人在分头进行。拿某一部分的新闻史的研究来说，中国共产党党报史、中国国民党党报史、中国广播电视史、中国军事报刊史、中国企业报刊史、中国铁路报刊史、中国通讯社史，以及特殊门类的各种新闻史的研究工作，均有专人进行，已经取得很大进展。中央广播电台简史编写组编写的《中央广播电台简史》、郭镇之的《中国电视史》、姚福申的《中国编辑史》、胡太春的《中国近代新闻思想史》、徐培汀、裘正义的《中国新闻学术发展史》、方积根、胡文英的《海外华文报刊的历史与现状》等，就是其中较为突出的成果。

盛世修志。这些年来，随着各省市地方志编写工作的蓬勃开展，地方新闻史志的研究和编写工作，也有了很大的进展。不少省市都建立了专门的机构，组织人员从事这方面的研究，成为新闻史研究的一个重要方面军。湖南报刊史和湖南省志的编写工作同步进行，启动最早，已经写成初稿，正在做进一步修改。湖北和武汉地区的报刊史研究工作者，为了编写省市新闻史志，作了大量的准备工作，对省、市内历史上的近千种报刊进行了调查，积累了数以百万计的文字资料，写出了大量的论文和专著。其中，孙东海、戴叔圭主编的《襄樊报业志》，张学知、李德林主编的《武汉市志新闻志》，刘望龄的《黑血·金鼓——辛亥前后湖北报刊史事长编》等，均已公开出版。浙江省新闻史志的编写工作，也进展得比较快。已经完成的有《浙江新闻简志》（吴士圣）、《萧山新闻志》《绍兴市志新闻篇·报刊章》《杭州报刊史概述》（徐运嘉、杨萍萍）等。后一种已公开出版。黑龙江省新闻学会负责的黑龙江地方报刊史的研究工作，已经完成了部分初稿。此外，北京、上海、天津、吉林、陕西、河南、河北、山西、四川、广东、广西、新疆和张家口等省、市、自治区的地方新闻史研究工作和香港地区的新闻史研究工作，也正在积极进行。《北京妇女报刊考（1905—1949）》（姜纬堂、刘宁元）、《上海近代报刊史论》（秦绍德）、《太岳新闻事业史略》（徐一贯等）、《当代广西新闻事业》（周中仁）、《广东革命报刊研究》（广东省和广州市新闻学会）、《肇庆报业史略》（范步遥）、《香港报业春秋》（钟紫）等，就是其中一部分成果。

重要报纸刊物历史的个案研究工作，这一时期成绩十分显著。除《新华日报史》外，已经出版的还有朱民编著的《大众日报五十年》，马明华等编著的《东北日报简史》，夏衍、杨奇等合著的《华商报业史话》，广西日报新闻研究室编辑、夏衍等合写的《救亡日报的风雷岁月》，文汇报报史研究室编写的《文汇报史略》，张林岚编写的《新民晚报四十年》，张天来、梅詹益等人合写的《光明日报四十年》，廖井丹等人写的《战斗的号角——从〈抗战日报〉到〈晋绥日报〉的回忆》等。晋察冀日报史学会编写的《晋察冀日报史》，已经交付出版。中国社会科学院新闻所主持的延安《解放日报史》的编写工作，也即将完成。其余如《大公报》《立报》《申报》《新蜀报》《时事新报》《盐阜大众》《健康报》《大连日报》等近百种有影响的报刊的历史，也都有专人分别进行研究，写出了一些有分量的文章，出版了一些文集。其中以《申报》史的研究工作开始最早，投入的力量最大。上海新闻学会还特地成立了一个《申报》史编写组，对这个1872年创刊，1949年停刊，历史悠久，影响深远，内容丰富的老报纸的历史，进行了深入细致的研究，已完成部分初稿。《人民日报》史的编写工作，也在积极进行中，作为先遣工作，已经编辑出版了一部《人民日报回忆录》。

新闻界人物——一些著名报刊活动家、著名报刊政论家和名记者的研究，过去是一片空白。1978年以后，也有很大进展。经《中国新闻年鉴》“中国新闻界名人简介”专栏以列传方式介绍过的中国历史上的著名报人，到该年鉴的1991年版为止，累计已达1 217人。经《中国近代名记者》《中国当代名记者小传》《新闻界人物》等书刊详细评介的名记者，累计已达100余人。个别名记者、名报人的传记，如史量才、张季鸾、赵超构等人的传记，也已有专人着手编写，其中旭文编写的《邵飘萍传略》已经出版。由于中华人民共和国成立已经42年，建国以来的这一段新闻历史急待总结，当代中国新闻史的研究工作也开始受到重视。第一部记录建国40年以来海峡两岸及港、澳地区报刊发展历史的专著《中国当代新闻事业史》已经完成，即将由新华出版社出版。特别值得提出的是正在进行中的多卷本《中国新闻事业通史》的编写工作。这部通史从先秦两汉一直写到当代，上限起于公元前3世纪，下限止于1990年，时间跨度达2 200年。内容以报刊为主，兼及通讯社、广播、电视、新闻摄影、新闻纪录电影、新闻漫画、新闻广告等新闻事业的多个领域，范围则包括内地、港澳和台湾。全书共25章，180万字。这部多卷本通史开始规划于1987年，当年即被中国社会科学基金会列为第七个五年计划期间国家社会科学研究的重点项目。经过近5年的经营，业已接近完成，将于近期内陆续出版，第一编（含第一章至第七章）约70万字，已经发排。这是一部有关中国新闻史的鸿篇巨制。它的问世，必将对中国新闻史的研究，起重大影响。

这一阶段，台湾的中国新闻史研究工作也有很大进展。李瞻的《中国新闻史》，赖光临的《中国近代报人与报业》《七十年中国报业史》，朱传誉的《先秦唐宋明清传播事业论集》，陈孟坚的《民报与辛亥革命》，陈纪滢的《抗战时期的大公报》等，都是这一时期出版的。李瞻的《中国新闻史》是一部有关中国报刊历史的论文集，收集了近期发表的台湾报刊史研究工作者的有关论文近30篇，对清末的京报、述报、苏报、南京国民政府时期的国民党中央直属党报及立报、扫荡报、前线日报、中美日报等报的历史，都有较深的开掘。朱传誉的《先秦唐宋明清传播事业论集》，则是他个人的报刊史论文集，所收论文，对唐以后的邸报、宋代的小报、明清的报房及塘报等古代报业的历史，做了进一步的探讨。论证绵密，提出了不少精辟的见解。二陈的两部专著，同属于对历史上著名报纸的个案研究。其中，陈孟坚的那一部，分上下两册，共1 518页，近百万言，是研究孙中山先生领导的同盟会机关报《民报》历史的最为详尽的一部专著。和大陆这一时期的新闻史研究工作比较起来，台湾的研究成果有独到之处，但研究工作者的队伍相对较小，研究的面也不够宽。新闻史的教学工作，在高等院校中也没有受到足够的重视。

外国中国新闻史的研究工作，这一阶段也有所发展，涌现了不少可喜的成果。不少国家的研究生，把中国新闻史的一些待研究的课题，选作自己的学位论文题目，如哈佛大学博士生汪康禄岛（Lutao Sopllia Wang）的《中国近代旧报人与中国的政治文化》，澳大利亚国立大学远东历史系博士生穆德礼（Terry Narramore）的《中国报学史与企业报纸之发展》（1925—1937年），苏联卢蒙巴人民友谊大学的副博士生谢尔盖耶夫的《从邸报到人民日报——中国报纸2000年》，日本创价大学硕士生原田繁的《从新华日报看当时中国的言论自由》等。这些论文均已通过答辩。其中，谢尔盖耶夫的那一篇，已作为专著在莫斯科出版。目前他正在进行中国民主党派报刊历史的研究，准备以《中国民主党派报刊史》为题，进行博士论文的写作。特别值得提出的是新加坡学者这一时期完成的两部专著：卓南生先生的《中国近代新闻成立史》（1815—1874年）和王慷鼎先生的《新加坡华人报刊史论集》。前者已有日文版，出版于1990年，即将在台湾和内地出中文版。这部专著根据作者在海外搜集到的大量第一手材料，对19世纪在南洋群岛及华南沿海一带创办的近代化中文报刊做了深入的研究，订正了戈公振《中国报学史》及近年出版的中国新闻史专著及教材中的不少失误，有较高的学术价值。后者出版于1987年，内容涉及近代华侨在海外的办报活动，对中国近现代新闻史的研究，也有一定的参考价值。

以上三个阶段的情况表明，戈公振《中国报学史》问世以后的60多年以来，中国新闻史的研究工作有了很大的进展。其中，尤以1978年以来的14年，发展最快，成绩最大。目前，中国新闻史的研究工作正逐步向纵深方向开拓前进，队伍的日渐扩大，前景十分喜人。

为了推动中国新闻史研究工作的进一步发展，今后还应该注意抓以下几点：

一、加强重点报刊、重点广播电台、电视台和通讯社的个案研究

对历史上曾经起过重大影响的新闻单位和新闻工作者，应该逐个进行个案研究。有了较深入的个案研究，才能进行必要的定量定性分析和面上的综合概括。这一类研究，近年来已经取得了很大成绩，但还有不少缺口，还有不少课题有待研究工作者继续探讨。只有个案研究的水平提高了，中国新闻史研究的整体水平，才能得到提高。对于年轻的新闻史研究工作者来说，从个案研究入手，也较易出成果，较之泛泛的面上的研究更有价值。

二、重视新闻史资料的积累

搞新闻史离不开有关的史料。没有必要的史料，新闻史的研究就成了无本之木，无源之水，是难乎为继的。当前的新闻史研究资料的积累工作，应该包括原始报刊和有关档案资料的积累，也包括图片、录音、录像、缩微等现代化资料保存手段的积累。应当敦促和鼓励从事过新闻工作的老新闻工作者，把自己亲身经历十分熟悉的那一段历史，用专著、回忆录、论文、札记等方式写下来，以便把这些材料留之名山、传之后人。新闻史的研究工作者，也可以根据已经掌握的线索，对他们作一些必要的专访。新闻史研究急需的报刊原件和文献文物资料的搜访、征购、收藏、影印、复制等项工作，也应该加强。在新闻史资料缺口很多、深虞匮乏的情况下，我们希望各个新闻史资料收藏比较丰富的单位和个人，互通有无，互相开放。能够外借复制复印的，尽量地互相提供方便；能够结集出版的，尽快结集出版；使分散在各处的珍贵资料，成为新闻史研究工作者共同的财富。

三、加强新闻史研究工作者之间的协作

首先是国内各地区各院校各研究部门的新闻史研究工作者之间的协作。这方面的工作近年来有很大进展。已经结束和即将结束的《中国当

代新闻事业史》和《中国新闻事业通史》这两个研究项目，就都是以协作的方式完成的。后一个项目共有24个单位的47名新闻史研究工作者参加，在如何协作完成研究课题方面，积累了不少经验。中国的新闻史研究工作者历来有互相协作的好传统，同行之间是战友，不是冤家。这一好的传统，应该继续发扬。其次，是海峡两岸新闻史研究工作者之间的协作。这方面的协作，近两年来已有所开展，除了互赠图书资料、交流研究成果之外，还在某些研究课题的协作问题上做了一些尝试。如国内出版的《中国新闻年鉴》“中国新闻界名人”栏中有关台湾新闻界名人的传记材料，从1990年版起，即开始由台湾新闻史研究工作者负责提供。海峡两岸收藏的历史报刊和新闻史资料，各有缺口，互为短长，协作对双方都有利。最后，是海内外中国新闻史研究工作者之间的协作。海外的中国新闻史研究工作者拥有使用海外各图书馆收藏的孤本珍本中文报刊资料的便利，在个别的中国新闻史的研究课题上，有一定的优势。加强海内外中国新闻史研究工作者之间的协作，互以所长，相补所短，将有助于整个中国新闻史研究水平的提高，促进这门学科的进一步繁荣。

经过几代中国新闻史研究工作者的努力耕耘，中国新闻史这块园地已经姹紫嫣红，春意盎然。目前这门学科正处在枝繁叶茂、欣欣向荣的黄金时代。让我们每一个中国新闻史的研究工作者，都为它的茁壮成长而欢呼，为它的进一步繁荣，做出自己的无愧于前人的贡献吧！

（刊1992年第59辑《新闻研究资料》）

骅骝开道路　鹰隼出风尘
——记中国新闻史学会成立六年来的新闻史研究工作
（在“98 中国新闻史学会学术研究会”开幕式上的发言）

中国新闻史学会成立于1992年6月11日，至今，已有近6年的历史。这6年，是中国新闻史学术研究蓬勃发展的6年，是1978年十一届三中全会以来，新闻史学术研究得到恢复，并获得迅猛发展的历史的延续。

6年来，在海内外中国新闻史研究工作者的共同努力下，新闻史的学术研究，继前一个时期的迅猛发展之后，仍然保持了旺盛的发展势头。据不完全的统计，这6年来（从1992年6月到1998年3月底），在各种报刊上公开发表的新闻史方面的论文和文章，累计达1 053篇；公开出版的新闻史方面的专著，累计达88种。成为新闻传播学研究的一个重要的方面军。

尤其值得提出的是，这6年来，有不少新闻史专著获得了国家级和省部级的优秀科研成果奖，或高校的优秀教材奖。按照出版时间的顺序，它们是：

《中国编辑史》（1992年吴玉章奖金新闻学优秀成果奖）

《中国新闻事业通史》（第一卷）（1994年北京市哲学社会科学优秀科研成果一等奖）

《中国新闻传播学说史》（1996年国家教委优秀社科论著二等奖、1997年上海市优秀社科成果二等奖）

《中国当代新闻事业史》（1995年国家教委高等学校文科优秀教材一等奖、1997年国家级教学成果奖二等奖）

《上海新闻史》（1995—1996年度上海社会科学院优秀科研成果特等奖）

《中国新闻事业简史》（1997年北京市哲学社会科学优秀科研成果一等奖）

《新记〈大公报〉史稿》（1997年吴玉章奖金新闻学优秀成果奖）

（以上所记，很可能有遗漏，容后补正）

这些获奖专著的作者，绝大多数都是我们学会的会员。特别值得提出的是，中国社会科学奖当中档次较高的吴玉章奖，自1987年开始颁奖到现在，一共只颁发了三次奖，每一次都有新闻史方面的专著获奖，遥遥领先于新闻学研究的其他领域。

这一时期的新闻史研究成果，主要集中于以下七个方面。

一、新闻史的辞书和工具书

这一时期出版的和新闻有关的辞书工具书，一般都设有新闻史方面的辞条。如1993年出版的《新闻学大辞典》中，就设有不少涉及历史上的报刊、新闻界人物和新闻界重大事件的条目。宁树藩、赵玉明、张之华等同志都参加了这些条目的撰稿和审定工作。除了这一类综合性的辞书外，这一时期还出有一些以提供新闻史资料为主的新闻方面的辞书。

已经完成的有1992年6月出版的《中国报刊辞典》。这部辞典共设4 158个词条，其中报刊3 707条，人物357条，事件等120条，全部和建国前的新闻史有关。其中有关报刊的那一部分辞条和内容，很接近两年前出版的《中国近代报刊名录》（史和、姚福申、叶翠娣主编）。

和这部辞书相近的，还可以举出两部新闻史方面的工具书。一部是正在进行的倪延年等主编的《中国报刊史志》，这部书计划设十多卷（古近代一卷，现代三卷，当代四卷，外文一卷，港澳台一卷等），共1 200万字，总条数还没有统计出来，只知道仅第三、第四两卷就设有报刊方面的辞条1万条，事件方面的辞条500条，人物方面的辞条100条。全书已于1997年11月截稿，目前正在进行书稿的审定工作，可望在近期内出版。另一部是已经出版的王文彬同志的《中国现代报史资料汇辑》（1996年重庆出版社）。王老出生于1907年，今年91岁，是中国新闻界、也是我们学会的老寿星。他从事新闻工作60年，从事新闻史资料的收集和新闻史的研究工作，也有近半个世纪以上的历史。这部书，皇皇74万字，作者自谦是“资料汇辑”，其实是一部内容丰富，叙述精详的新闻史。除这本书外，王老近期还将有三部和新闻史有关的书问世。耄耋之年，笔耕不辍，令人钦佩。

二、通史和断代史

这一时期出版的有关通史性质的新闻史专著和教材可以举出《中国新闻事业通史》（1992年，人大出版社）、《中国新闻事业简史》（1995年修订本）、《中国新闻通史》（刘家林，1995年，武汉大学出版社）、《中国新闻事业史教学大纲》（丁淦林任召集人的编写组编写，1995年，高教出版社）和《中国新闻事业史新编》（丁淦林主编，

1998年，四川人民出版社）等多种。其中，《中国新闻事业通史》从起步到现在，已经历时10年，目前只出到第二卷，最后一卷即第三卷可望在今年内出齐。全书240万字，是一个即将完成的大工程。《中国新闻事业史教学大纲》是目前中国新闻传播学科中仅有的一个由国家教委高教司组织编写的教学大纲。《中国新闻事业史新编》则是根据这个大纲编写的第一部新闻史方面的教材。这一时期有关断代性质的新闻史专著，属于现代部分的，可以举出倪延年等的《中国现代报刊发展史》（1993年，南京大学出版社）、王洪祥等的《中国现代新闻史》（1997年，新华出版社）；属于当代部分的，可以举出张涛的《中华人民共和国新闻史》（1992年6月，经济日报出版社）、陈业劭等的《中国当代新闻事业史》（1992年12月，新闻出版社）、钟沛璋主编的《当代中国的新闻事业》（上下）（1997年，当代中国出版社）等。其中，张涛的那本问世最早，1996年曾经再版，可见这方面的书需求之殷。钟沛璋的那本最具权威，因为它是《当代中国》丛书之一，是在中宣部和新闻出版总署的直接领导下完成的。我们学会的不少会员参加了它的编写工作。

古代新闻史的研究，这一时期也有一定的进展。在报刊上发表了不少这方面的研究成果。比较完整的，则有已出版的李敬一写的《中国传播史先秦两汉卷》（1996年，武汉大学出版社），和即将出版的李彬的博士学位论文《唐代文明与新闻传播》；由于唐代的新闻传播事业，还没有人作过全面的研究，这一成果在一定程度上填补了这方面的研究空白。

三、地区新闻史

近代新闻史的研究方面，则有新加坡卓南生先生的《中国近代新闻成立史（1815—1874）》一书的出版。这部有很大学术价值的专著，是用日文撰写的，1990年出版于日本东京。这次出版的是它的中文版，书名为《中国近代报业发展史》（1815—1874年），1998年5月1日在台北印刷发行。卓先生关于中国早期近代报刊史的研究成果尽在其中。它的出版将会有助于中国近代报刊史研究工作的进一步开展。

这一时期的地区新闻史，有一部分是以地方志中的新闻志（或称“新闻出版志”“报业志”）的方式出现的。地方新闻史志的编写工作，起始于80年代初期，最近十年，是地方新闻史志丰收的时期。继此前出版的地区新闻志之后，这一时期新问世的新闻志，又有《湖南省志——新闻出版志》（1993年，湖南出版社）、《山东省志——报业志》（1993年，山东人民出版社）、《四川省志——报业志》（1996年，四川人民出版社）、《重庆市志——报业志》（1996年，重庆出版社）、《福州新闻志——报业志》（1997年，福建人民出版社）等多种。作为副产品，四川还出有《四川报业大事记》（1996年，四川人民出版社），重庆还出有《抗战时期重庆的新闻界》（1995年，重庆出版社）等书。

在新闻史志的编写队伍中，“川军”是一支实力雄厚的大军。到会的颜义先、文履平、萧鸣锵、邓宣等同志，都来自这支大军。在重庆划出以前，他们原是一家。重庆划出以后，则双峰对峙，两水分流，仍然是你中有我，我中有你，新近出版的《四川省报业志》和《四川报业大事记》中，就都还有不少重庆方面的内容。

“川军”中这次到会的，除上面提出的四位外，还有王绿萍和向纯武。他们都任教于川大。在从事新闻史教学工作之余，都致力于四川报业史的研究。王绿萍不是四川人，但是二十年如一日的致力于四川报业史的研究。她正在编写整理的《四川报刊综览》，收入了起止于1897—1949年，近53年的、在四川出版的近6 000种报刊，涉及全省曾经出版过报刊的100多个县（恐怕还是包括了重庆市属的那些县。这是难以分割的历史）。为了取得第一手材料，她几乎跑遍了全省的档案馆，走访了不少沦落于社会底层穷困潦倒的老报人，足迹遍及四川腹地和康定、广元、雅安、西昌等边远地区，有的地方海拔超过4 000米。向纯武除从事新闻史教学工作外，也致力于新闻史研究，新近由四川人民出版社出版的《新闻传播百科全书》中，涉及新闻史方面的条目，凡100多万字，就出于他的手笔。

众多的新闻志中，还有一部全国性的新闻志，即《中华通志》中的《新闻志》。这部《新闻志》由谷长岭同志负责编写，以史志的方式从纵的角度，介绍中国新闻事业的历史。这部《新闻志》近20万字，将于下个月出版。

除新闻志外，这一时期还有一批地区性的新闻史专著问世。举其大者，有黄河的《北京报刊史话》（1992年，文化艺术出版社）、秦绍德的《上海近代报刊史论》（1993年，复旦大学出版社）、沙金的《湖州报纸史略》（1992年，湖州日报出版社）、邵梦龙主编的《绍兴新闻事业九十年》（1994年，海天出版社）、程坛主编的《江西苏区新闻史》（1994年，江西人民出版社）、陈承铮的《河南新闻事业简史》（1994年，河南人民出版社）、张鸿慰的《八桂报史文存》（1995年，广西民族出版社）和马光仁主编的《上海新闻史》（1996年，复旦大学出版社）等。黄河同志是新闻史研究的前辈，他的这一选题很重要，但全书仅12万字，稍嫌简略。秦绍德同志的那一本，是在他的博士学位论文的基础上整理出来的，史料丰实，分析精到，是上海地区新闻史研究的重要阶段性成果。程坛同志的那一本，是有关土地革命时期江西苏区新闻史的最详尽的一部专著。对党报史的研究，具有重要意义。张鸿慰同志的那一本，是研究桂系军阀办报活动的第一本专著，也是研究旧中国军阀派系办报活动的第一本专著，在中国新闻史研究工作中，具有特殊的意义。张鸿慰同志主编的另一部专著《桂系报业史》，近30万字，内容更为充实。已于1997年12月出版。在这一时期出版的地区性新闻史专著中，影响最大的，是马光仁同志主编，陈镐汶、秦绍德、黄瑚、朱敏彦、沈志、蒋金戈等同志合写的《上海新闻史》。这本书，洋洋80万言，是地区新闻史中的鸿篇巨构。由于上海在中国新闻史中的特殊地位，这本专著的问世，具有重要意义。我同意宁树藩同志在全书的序言中说过的这样一些话："它是一部上海史的百科全书。"它的出版，"是中国新闻学界一大收获，""对地方新闻史的编写工作，也提供了良好的借鉴。"这恐怕也正是这本书在上海社科院科研成果评奖活动中，获得特等奖殊荣的一个原因。相形之下，北京地区新闻史的研究和编写工作，落后了，应该抓紧了。

在地区新闻史的研究工作中，还有两项正在进行中的大项目。一个是宁树藩同志牵头进行的"中国地区比较新闻史"。这一项目，是国家八五重点科研项目，立项后在宁老师的主持下，已经完成了约120万字的初稿，即将成书。另一个是中国地市报研究会牵头的《中国地市报新闻史汇编》。党主办的地市报纸，有将近70年的历史，全国目前共有326家地市报纸。这部《汇编》，将把可能组织到的地市报纸自己编写的报史，都囊括进去，既保存下这方面的丰富史料，也为中国新闻史的研究，提供参考。这一项目，1997年开始运作，初步计划出上中下三册，100万字，今年内可以问世。

四、个别报纸的专史

对个别报纸历史的研究，这一时期在前14年研究的基础上，有了进一步的发展，涌现了一大批新的成果。其中属于解放前党的各级机关报刊专史的，有《晋绥日报简史》（1992年，重庆出版社）、《回忆苏中报》（1992年，百家出版社）、《风雨征程——盐阜大众报五十年》（1992年，盐阜大众报）、《晋察冀日报史》（1993年，人民出版社）、《大众日报史话》（1995年，山东人民出版让）等。以晋绥日报学会和晋察冀日报史学会编写的《晋绥日报简史》和《晋察冀日报史》，最有分量。它们都是一些曾经在两报工作过的老同志，经过十年左右的努力，编写出来的。是党报史研究的重要成果。1993年由上海社会科学院新闻研究所编辑出版的《继往开来》一书，则是一部纪念中共中央第一个政治机关报《向导》创刊70周年和研究它的历史的论文集。也可以算是党报史研究的一个结晶。

属于解放后出版的省市党报专史的，则有《四川日报四十年》（1992年出版）、《黑龙江日报史》（1995年出版）、《河南日报40年大事记》（1995年出版）、《羊城晚报社史》（1997年出版）等。都是上述各报的报史编写组完稿后，由各报自行出版的。此外，还有不少党报史的编写工作，正在积极进行。已有一些从个人角度，记述自己所经历的有关报纸史事的专书问世。其中较有影响的有李庄的《人民日报风雨四十年》（1993年，人民出版社）和穆欣的《办光明日报十年自述》（1994年，中共党史出版社）等。上海《解放日报》《新闻报》则编辑出版了两报的《报史资料》（1993年），为编写正式的报史，作了资料上的准备。

属于解放前创刊的一般报纸专史的，有两种类型。一种是解放前即已停刊的报纸的专史；一种是目前还在出版的报纸的专史。

前一种报纸的专史，这一时期出版主要有两种：宋军的《申报的兴衰》（1996年，上海社会科学出版社）和何扬鸣的《老报人忆〈东南日报〉》（1997年，浙江人民出版社）。前一种是宋军同志的个人专著。《申报》史的研究是一个大题目，从80年代初期起步到现在，已经经过了很长时期的准备和积累。不少曾经在《申报》工作，后来又参加了《申报》史研究工作的老报人，已经赍志以殁。健在的新闻史研究工作者中，也有不少曾经致力过这方面的研究。宋军同志的这一专著的问世，标志着《申报》史研究的收获季节已经到来，希望今后还将会有这方面的专著问世。后一种是何扬鸣同志主编的。参加撰稿的，多数为《东南日报》的老报人，他自己也写了一篇。《东南日报》是解放前先后在杭州、上海等地出版的较有影响的国民党地方党报，办得较有特色。这个书的编辑出版，为这一类报纸历史的进一步研究，抢救和保存了不少有用的资料。

后一种报纸专史的研究，这一时期主要集中在《文汇报》和《大公报》这两家报纸上。《文汇报》报史的研究，近年来，主要由《文汇报》自设的"文汇报报史研究室"负责。80年代的那些年，他们主要致力于1938年至1947年那一段时期的《文汇报》报史的研究，即早期《文汇报》报史的研究。90年代以后，则侧重于1949年至1966年这一段时期的《文汇报》报史的研究，即中期《文汇报》报史的研究。1992年以来，先后出版了《从风雨中走来（〈文汇报〉回忆录之一）》（1993年）和《文汇报史略（1949—1966）》（1997年）两书，都是该报出版社自行出版的。两书的作者们，特别是后一本《史略》的作者们，以实事求是的精神从事这一段时期《文汇报》报史的研究，尊重事实，不唯上，不唯书，还历史以本来的面目，为当代中国新闻史编写工作，提供了很好的借鉴。《大公报》报史的研究，则是新闻史研究工作者自发进行的。而且主要集中在解放前的旧《大公报》的那一段，具体地说，是新记公司的那一段，即1926年至1949年的那一段。这也是《大公报》历史上最有影响的一段。1992年以来，先后出版的有关《大公报》报史的专著，有周雨的《大公报史》（1993年，江苏古籍出版社）和吴廷俊的《新记〈大公报〉史稿》（1994年，武汉出版社）。此外，还有两部有关《大公报》的大事记：方蒙等的《大公报与现代中国（1926年至1949年大事记实录）》和吴廷俊的《新记大公报史事编年》。上述的有关

《大公报》报史的专著中，以吴廷俊的那本影响最大。为了掌握第一手材料，他用四年的时间，通读了这一时期的全部《大公报》，对这一时期《大公报》的政治倾向、言论主张、业务特点，以及它的是非功过，作了全面深入的剖析，不掩过，不溢美，还历史以本来的面目，纠正了前此在旧《大公报》评价问题上的一些偏颇。治学的态度是严谨的、实事求是的。这是这本书能够荣获吴玉章新闻学奖的一个主要原因。在《大公报》史的研究工作中，王文彬老先生也是积极的一个，他所写的《旧大公报简史》和《旧大公报两巨头》两书，已经完成，即将在香港出版。

在这一时期问世的个别报纸专史中，最新的最重要的，当属几天前刚刚出版的《延安解放日报史》。延安《解放日报》是抗日战争时期和解放战争时期，在毛泽东亲自领导下创办起来的党中央机关报。《延安解放日报史》的研究工作，起始于80年代初期，迄今已有近20年的历史，一直是中国社会科学院新闻研究所新闻史研究中的重点。在王敬、王凤超、岳颂东等同志的努力下，这部近30万字的专著终于问世，在北京社科院院部还举行了隆重的纪念性的座谈会，受到了不少新闻界前辈和老新闻工作者的肯定。成为新闻史研究工作者的一件大事和盛事。《新华日报》史的研究工作，这一时期也有新的进展。廖永祥的《新华日报记事》（1994年四川大学出版社）一书，就对该报的奋斗历程，作了纵向的历史剖析。这是继韩辛茹的《新华日报史》之后，出版的又一部有关《新华日报》历史的较有影响的专著。

五、新闻界人物史

新闻界人物史的研究，这一时期继续受到重视。已出版的新闻界人物传记和有关的研究成果，有王植伦的《林白水》（1992年，福建教育出版社）、胡星寿的《身世飘零雨打萍——名记者邵飘萍》（1992年，正之出版社）、张海林的《王韬评传》（1993年，南京大学出版社）、萨沄的《萨空了》（1996年，花山文艺出版社）、姜纬堂等主编的《爱国报人维新志士彭翼仲》（1996年，大连出版社）、华德韩的《邵飘萍传》（1998年，杭州出版社）等。其中，华德韩的《邵飘萍传》，共491页，近37万字，包括邵飘萍的传记、年谱和著作目录等三部分，是邵飘萍研究的最新成果。1995年起，人民日报出版社在颜景政同志的策划下，计划出一套“中外名记者丛书”，逐个为中外名记者立传，每人一册，每册约15万字。其中中国名记者部分，纳入计划的有傅光明的《萧乾》、韩辛茹的《陆诒》、王必胜的《邓拓》、于友的《刘尊棋》《胡愈之》、杨学纯的《金仲华》、孙晓阳的《邵飘萍》、周雨的《王芸生》、莽萍的《俞颂华》、张之华的《邹韬奋》、王淮冰的《羊枣》、冯英子的《孟秋江》、赵贯东的《赵超构》、顾雪雍的《恽逸群》、蓝鸿文的《瞿秋白》等。其中的大部分已经出版，充实了新闻史研究的一项重要内容。

六、广播电视史

80年代以来，随着广播电视事业的迅速发展，广播电视史的研究，也有很大的进展。据有关方面的统计，截至1992年，各级广播电视台编印出版的广播电视台史志书刊，和广播电视史研究工作者出版的专著，累计已接近400种。1992年以后到现在，仍然保持着旺盛的发展势头。这一段时期，有关广播电视史方面的专著，可以举出的有赵玉明主编的《中国解放区广播史》（1992年，中国广播电视出版社）、新愚编的《声屏史志文集》（1992年，中国广播电视出版社）、赵玉明著的

《中国广播电视史文集》（1993年，中国广播电视出版社）、艾知生、刘习良主编的《中国改革开放辉煌成就十四年——广播电影电视卷》（1993年，中国广播电视出版社）、钟艺兵主编的《中国电视艺术发展史》（1994年，浙江人民出版社）、张庆等主编的《中国电视史》（1996年，中国广播电视大学出版社）、郭镇之著的《中国电视简史》（1997年）、赵玉明著的《中国现代广播简史》（1997年，中国广播电视出版社），以及《当代中国广播电视回忆录》（第一集至第三集）（1994年）、《中国人民广播回忆录》（第四集）（1995年）等。研究和编写工作的重点，是解放区广播史、现当代广播史和各省市的广播电视史志。杨兆麟、赵玉明等同志在这方面作了大量的工作。此外，朱羽君、王纪言、钟大年主编的《中国应用电视学》（1993年，北师大出版社）、赵玉明、王福顺主编的《中外广播电视百科全书》（1994年，中国广播电视出版社）中，也都包括有广播电视史方面的内容。前者还获得了吴玉章新闻学奖中的优秀奖。此外，还有一批广播电视史方面的重头项目，如《中国广播电视通史》《中华人民共和国广播电视简史》等正在积极进行，可望在近期内问世。

七、其他新闻史专著

这一时期出版的其他新闻史方面的专著，有诸有均主编的《中国新闻社四十年》（1992年，中国新闻社）和徐培汀、裘正义合著的《中国新闻传播学说史》（1994年，重庆出版社）、曾建雄著的《中国新闻评论发展史》（1996年，广西师大出版社）、张昆著的《传播观念的历史考察》（1997年，武汉大学出版社）、陈培爱著的《中外广告史》（1997年，中国物价出版社）等。涉及新闻事业和新闻学的方方面面。

其中，徐培汀等的《中国新闻传播学说史》和曾建雄的《中国新闻评论发展史》都是他们所研究的领域内的第一部系统的专史，具有一定的开拓性。前一部书并因此获奖。此外，已经交付出版、即将问世的还有一部《中国报业经营管理史》。这是胡太春继《中国近代新闻思想史》之后，完成的又一部新闻史方面的专著。同样具有筚路蓝缕的作用。外国新闻史的专著和教材，则有梁洪浩主编的《外国新闻事业史》（1992年，武汉大学出版社）、张昆编著的《简明世界新闻通史》（1994年，武汉大学出版社）和张允若、高宁远主编的《外国新闻事业史新编》（1995年，四川人民出版社）等。其中，梁洪浩主编的那一部，是全国通用的高等教育自学考试教材，曾经获奖。新华社史的研究工作，在卫元理等同志们的努力下，已经进行多年，并有不少阶段性成果问世。一部完整而详尽的新华社社史的完成，也已指日可待了。

这一时期的新闻史研究，具有以下的几个特点。

（一）新闻史研究者的队伍日益扩大，增加了不少有生力量

在这一时期内，仅中国新闻史学会的会员就由207人增加到396人，还有一些尚未入会的同志，正在积极的从事新闻史的研究工作，并作出了卓越的成绩。这一支队伍，是一个老中青结合的、充满了生机和活力的队伍。它将使新闻史的研究有师承有薪传，并将在世纪之交的这一段时期内，保持相对旺盛的发展势头。

（二）不少研究项目，是前一时期的研究项目的延续

在1992年以后出版的新闻史专著中，有的完全是本时期研究工作的成果，也有不少既是本时期的研究成果，也包含了一部分前一时期的研究工作的成果。这一点，在通史研究和新闻史志的研究和编写工作中，表现得尤为突出。这一类研究项目，往往需要长时期的准备和资料上的积累，编写审定工作也辗转稽时，不是短时期内能够脱手的。有一些跨时期项目至今还在继续进行，就是一个明证。

（三）不少项目是以协作的方式进行的，是集体研究和集体编写的成果

例如《上海新闻史》是由七位同志参加撰稿，共同完成的；《晋察冀日报史》是由曾在该报工作过的26位同志参加撰稿，共同完成的；《当代中国的新闻事业》是由136位同志参加撰稿，共同完成的。正在进行的《中国报刊史志》，就有来自北京图书馆、上海图书馆、南京图书馆、北京大学、南京大学、南京师范大学等单位的100多位同志参加撰稿。一些卷帙浩繁的大项目，仅靠少数人的力量，是难以在短期内完成的，搞一点协作是必要的。当然，不排斥个人的独立研究。多数的成果，还是以个人的力量独立完成的。

（四）不少项目在选题和内容上有所创新有所突破

和前一时期的新闻史研究工作比较起来，这一时期的新闻史研究，在研究的方向和研究的内容上，都有所突破。开拓了不少新的研究领域。

首先，是少数民族新闻事业史的研究。中国是一个多民族的国家，少数民族的人口近1亿人。在中国新闻史上，少数民族文字的报刊有近100年的历史。少数民族的新闻工作者和汉族新闻工作者一道，曾经为中国新闻事业的发展，共同作出过贡献。据最近的统计，全国目前共有17种少数民族文字的136家报纸，11种少数民族文字的153家期刊，和使用23种少数民族语言的107个广播电台及141个电视台。少数民族的新闻事业，既历史悠久，又发展迅速。遗憾的是这方面的研究太少了。白润生同志的《中国少数民族文字报刊史纲》（1994年，中央民族大学出版社）一书的问世，改变了这一局面。在白润生同志和他所带的几批少数民族研究生的共同努力下，少数民族新闻史的研究，正在不断地向纵深发展。延边大学的崔相哲同志，在这方面也作了不少有益的工作。少数民族广播电视史的研究工作，在中国广播史学研究委员会的领导下，也有了很大的进展。

其次，是港、澳新闻事业史的研究。由于香港和澳门将在20世纪末的两三年内陆续回归。有关港澳新闻史的研究，这一时期内，有了进一步的发展，在很多方面都有所突破，有所提高。香港新闻史的研究，此前只有方积根等少数几位同志在工作，这一时期受到了更多的研究工作者的关注。1997年前后的报刊和新闻业务刊物上，可以看到不少介绍、研究香港新闻事业历史和现状的文章。公开出版的专著，则可以举出方积根、王光明合写的《港澳新闻事业概观》（1992年，新华出版社）和陈昌凤的《香港报业纵横》（1997年，法律出版社）。后者共24万字，系统而全面地介绍和论述了一个半世纪以来的香港报业的历史。是在作者的博士论文《二战以后的香港报业研究》的基础上增扩而成的。为了完成这部专著，作者曾多次到香港和国外查阅报刊，走访报界耆宿，掌握了不少第一手材料，因此内容较为翔实，立论也较为精当，在香港新闻史的研究上有一定的突破。澳门新闻史的研究，历来比较薄弱。1992年以来，也有了很大的进展。澳门老报人陈大白先生关于澳门中文报刊历史的研究（见1995年澳门历史学会出版的陈大白著《天明斋文集》），香港澳门新闻工作者老冠祥、谭志强关于澳门新闻事业历史与现状的研究（见1996年台北出版的两人合写的《变迁中的香港澳门大众传播事业》），澳门大学林玉凤关于澳门葡文报纸报刊历史的研究（见林玉凤1997年所写的硕士学位论文《澳门葡文报纸的发展特点》），都完成于这一时期。内地关于澳门新闻史的研究，这一段时期有了新的突破。新近完成的程曼丽的博士学位论文《蜜蜂华报研究》，对这份澳门历史上的第一家葡文报纸，同时也是中国新闻史上的第一份近代报纸和在中国境内出版的第一份外文报纸，作了全面深入的研究，填补了中国近代新闻史研究的一个重要的空白。为了研究这份报纸，程曼丽还为此特地突击学习了葡语。其精神堪与在东京大学学习时期的苏老苏步青媲美。当年的苏老为了学好解析几何，曾经用半年的时间突击学习了德语，用三个月的时间突击学习了意大利语。祖孙两辈人的这种精神，都是难能可贵的。程曼丽的这部论文，已得到澳门基金会的资助，近期内将在澳门出版。正在进行中的，还有一本《澳门新闻史》，这是由中国人民大学新闻学院港澳台研究所牵头的一个研究课题，参加的有谷长岭、张征、林玉凤等人，已经进行了一年多，预计将在年内完成交付出版。这将是中国历史上的第一部专门为澳门地区编写的新闻史。

再次是海外华文报刊史的研究。从1815年到现在，先是外国传教士，再是海外华侨，继而是海外华人，先后在海外创办过大量的华文报刊。据最新的统计，全世界共52个国家曾经出版过的华文报刊，总数累计达4 000种。这是世界新闻史和中国新闻史中亟待研究的一个课题。从事这方面研究的，过去主要是海外的华裔学者和港台地区的学者。内地从事这方面研究的不多，投入的力量不够。1992年以来，这方面的研究才逐渐地受到重视。研究的人和发表的有关文章也逐渐增多。1995年10月，中国新闻史学会和华中理工大学新闻系还联合在武汉至重庆的“白帝号”游轮上，召开了一次题为“海外华文报刊与中华文化传播”的国际学术研讨会，并出版了一部论文集。其中涉及海外华文报刊的论文，就有28篇之多。近年来，致力于这方面的研究取得成果最多的是王士谷同志。他从担任中国新闻社纽约分社社长之日起，就注意积累这方面的资料，回国后继续从事这方面的研究。1996年以来，参加了《华侨华人百科全书》的编写工作，担任了其中的“新闻出版卷”的主编，并负责撰写有关华文报刊的全部条目。《中国新闻年鉴》“中国新闻界名人简介”栏中有关华侨报人的条目，也全部是由他负责撰写的。他历年所写的有关海外华文报刊研究的论文，已辑成《海外华文新闻史研究》一书，本月初由新华出版社出版。这是有关海外华文报刊史研究的第一部文集。属于海外华文报刊史研究成果的，还有吴庆堂同志写的《新加坡华文报业与中国》一书（1997年，上海社会科学院出版社），这也是这方面研究的一项新的成果。这么多这方面的专著和论文问世，说明海外华文报刊史的研究，已经受到越来越多的新闻史研究工作者的关注。

此外，抗日战争时期报刊史的研究、国民党报刊史的研究、汪伪报刊史的研究、伪满报刊史和广播史的研究，以及国统区办报史的研究等等方面的研究也都有所突破，并开始有相关的研究成果问世。其中，有的已经付梓，即将出版；说明“学术无禁区”的思想，在新闻史的研究工作中，正在逐步地得到体现。

回顾1992年中国新闻史学会成立6年来的新闻史研究工作，成绩是巨大的，战果是辉煌的。“骅骝开道路，鹰隼出风尘。”这是我们全体会员共同努力的结果，我们为此感到欣慰。现在理事会即将换届，新的5年即将开始，这将是跨世纪的一个5年，祝愿我们的学会，在新的5年中，继续前进，再上层楼。祝愿我们的会员们，在各自的研究领域内，刻苦钻研，取得更加丰硕的成果。

（原刊1998年第6期《新闻春秋》）

新中国五十年来新闻史研究

（《五十年来的香港、中国与亚洲》学术研讨会论文）

新闻史是一门考察和研究新闻事业发展规律及其衍变规律的科学，是新闻学的重要组成部分。研究新闻史，和研究一般的历史一样，可以以史为鉴，给我们以智慧和启迪，帮助我们更好地继承和发扬新闻事业的优良传统，更好地借鉴和参考历史上各种类型报刊和各种新闻媒体的丰富的工作经验，更好地向我们的前辈们学习。

在中国，新闻史的研究已经有100年以上的历史。新闻史专著的出版，以商务印书馆出版的姚公鹤的《上海报纸小史》为标志，也有了82年的历史。后者问世于1917年，比公认的最早的新闻学专著，1918年问世的徐宝璜的《新闻学》，还要早一年。说明中国新闻学的研究，是以新闻史的研究开其端绪的。

20世纪中叶以来的50年，随着新闻事业的空前发展，新闻学的研究，特别是新闻史的研究，也有了蓬勃的发展。从中华人民共和国成立的1949年，到1999年，累计出版的新闻史专著和教材，达144种；累计发表的新闻史方面的论文和文章，达5 203篇；分别大约是1917年到1949年以前那一段时期的3倍和100倍。这50年来的中国新闻史研究，可以大体划分为以下两个时期。

第一个时期，起始于中华人民共和国成立的1949年，下限到中国共产党第十一届三中全会召开的1978年，共29年

这一段时期新闻史研究工作的重点，是中国共产党成立以来，共产党主办的和在共产党影响下创办起来的各类报刊的历史。已出版的研究成果，也侧重于这一方面。这是这一时期中国新闻史研究工作的一大特点。在此以前，中国新闻史的研究，其内容偏重于一般报刊，共产党创办的机关报刊和其他在共产党影响下出版的一些报刊的历史，则受到了忽视，很少被提及，偶尔被提及，也往往带有严重的偏见。这种情况，即使在著名新闻学者戈公振所写的《中国报学史》中，也难以避免。这一时期的新闻史研究改变了这一状况。其中，具有里程碑性质的重要研究成果，是50年代初期，以中共中央党校新闻班的几个高级研究人员丁树奇、李龙牧、刘爱芝为主力，联合中国人民大学新闻系的教员黄河等，共同编写的《中国现代报刊史》讲义。这部讲义，是在深入细致的调查研究和个案研究的基础上完成的，着重介绍了五四运动到中华人民共和国成立近30年这一段时期的共产党报刊的历史。1959年这部讲义首先由中国人民大学新闻系作为内部教材铅印出版。1962年复旦大学新闻系编印出版的《中国新民主主义时期新闻事业史讲义》，1966年中国人民大学新闻系编印出版的《中国新闻事业史（新民主主义时期）》，则是两校新闻系以这部讲义为基础，根据教学需要各自重新编写出来的。这几部讲义和教材的出版，弥补了旧中国新闻史研究工作的空白，奠定了中国共产党党办报刊历史研究的基础，对中国共产党新闻事业史研究的进一步开展，具有重大的意义。

这一时期还出版了一批带有资料性质的新闻史参考用书，它们是中共中央马恩列斯著作编译局研究室编辑出版的三集《五四时期期刊介绍》、潘梓年等撰写的《新华日报的回忆》、张静庐编辑的三大本《中国近代出版史料》和五大本《中国现代出版史料》，以及阿英的《晚清文艺报刊述略》和徐忍寒辑录的《申报七十七年史料》等。一些业务刊物上也发表了不少有关新闻史的文章。其中如李龙牧所写的有关《新青年》和《每周评论》历史的文章、丁树奇所写的有关《向导》历史的文章、王芸生所写的有关《大公报》历史的文章、吴范寰所写的有关《世界日报》历史的文章等，都有一定的影响。

总的说来，这一时期的新闻史研究，特别是中国共产党党报党刊史的研究，是有成绩的。不足之处是受“左”的思想影响，研究的面偏窄，人为地设置了很多禁区，对共产党报刊以外的一般报刊的历史，研究不够，偶尔提到那些报刊，也是把它们作为共产党报刊的对立面，当成靶子，进行批判，缺乏实事求是的辩证的分析。对历史上的名记者名编辑名报人的研究，和新闻业务史的研究，也严重不足。这种情况，在十年“文革”期间，发展到了极致。以至于整个新闻史的研究都陷于停顿。

第二个时期，起始于中国共产党第十一届三中全会召开的 1978 年，下限到 1999 年，共 21 年，是中国新闻史研究全面铺开，空前繁荣的时期

这一时期，可以大体上分成三个阶段，即70年代末到80年代初的阶段，80年代初到90年代初的阶段，和90年代初到现在的阶段。第一个阶段的主要标志是，思想上的拨乱反正，“左”的影响的逐步消除，和新闻史研究活动的逐步恢复。第二个阶段的主要标志是，众多题材的新闻史研究项目的全面上马。第三个阶段的主要标志是，新闻史研究成果的全面开花，和新闻史研究工作的深入开展。

由于解放了思想，坚持了“百花齐放、百家争鸣”的“双百”方针和实事求是的学风，这一时期，新闻史研究的众多禁区被突破，研究的领域被拓宽，新闻史的研究工作空前繁荣。21年间，累计出版的新闻史方面的专著和教材达138种，累计发表的新闻史方面的论文和文章达5 023篇，分别是前一时期的26倍和33倍。新闻史研究工作者的能量，得到了充分的发挥，新闻史研究的水平，也有了很大的提高。

这一时期新闻史研究的成果，十分丰硕。无产阶级革命和进步报刊的历史，特别是党报党刊史的研究，仍然是新闻史研究工作者首先关注的一个热点。除了在新出版的新闻史教材和专著中，用较大的篇幅来介绍和论述党报党刊之外，还有不少人对历史上有代表性的党的报刊，进行了深入的个案研究。涌现了《新华日报史》《延安解放日报史》《晋察冀日报史》《东北日报简史》《晋绥日报简史》等一批高质量的党报史方面的专著。除党报史外，这一时期值得记述的新闻史研究成果，还有以下几方面：

一、通史和断代史　出版了一批有分量的通史和断代史性质的新闻史专著。前者如人民大学出版社出版的三卷本《中国新闻事业通史》、丁淦林主编的《中国新闻事业史》，后者如黄卓明的《古代报纸探源》、尹韵公的《明代新闻传播史》和山西人民出版社出版的《中国近代报刊史》。

二、专史　具有代表性的有黄河、张之华合写的《中国人民军队报刊史》、徐培汀、裘正义合写的《中国新闻传播学说史》、曾建雄的《中国新闻评论发展史》等。

三、地区新闻史　已经完成并公开出版的有《湖南省志·新闻出版志》《山东省志·报业志》《四川省志·报业志》《重庆市志·报业志》《福州新闻志》等近10种。秦绍德的《上海近代报刊史论》、马光仁主编的《上海新闻史》，尤具特色。

四、新闻界人物史　包括张海林的《王韬评传》、华德韩的《邵飘萍传》、王植伦的《林白水》、方蒙的《范长江传》、王必胜的《邓拓传》等近30种。《中国新闻年鉴》从1982年版起，辟设的专门介绍新闻界人物的“中国新闻界名人简介”专栏，到1998年版止，也已经介绍了近2 000名历史上名报人、名编辑、名政论家和名记者。

五、广播电视史 突出的有赵玉明的《中国解放区广播史》、郭镇之的《中国电视史》、钟艺兵主编的《中国电视艺术发展史》等。

其中有五部获国家级哲学社会科学优秀科研成果奖，六部获省部级哲学社会科学优秀科研成果奖。除了上述几个方面外，这一时期的新闻史研究工作者，在少数民族新闻事业史、港澳新闻事业史和海外华文报刊史的研究方面，也有不少新的突破，也取得了一批可喜的成果。

和前一时期比较起来，这一时期的新闻史研究具有以下几个突出的特点：

首先，是新闻史教学研究工作者的队伍急剧扩大。1978年以前，从事新闻史教学与研究的只有中共中央高级党校和中国人民大学、复旦大学、北京广播学院等少数几个大学新闻系或新闻专业的教师和个别业余的新闻史研究工作者，总数不过二三十人。“文革”期间，大学的新闻史课程停开，新闻史的研究工作全面停顿，这一支队伍宣告瓦解，只剩下了寥寥的几个散兵游勇。直到中共第十一届三中全会以后，这一煮鹤焚琴的局面才宣告结束。1978年起，首先在几个老的大学新闻系中恢复了新闻史的教学工作，到90年代后期，随着新闻教育的蓬勃发展，已有近百所大学的新闻系或新闻专业开设了新闻史课程。为解决上述新创办新闻院校新闻史课程的师资问题，教育部门还曾委托中国人民大学设立新闻史教师进修班，来培养这方面的人才，使新闻史教学科研的队伍，在短期内有了成倍的增长。1978年以后，中国人民大学和复旦大学相继招收新闻史方向的硕士研究生（1985年起又陆续招收了新闻史方向的博士研究生）。同年，社科院成立了新闻研究所，从各新闻单位调集一大批有丰富实践经验和较高理论水平的老新闻工作者从事中国新闻史的研究，并招收部分新闻史方向的硕士研究生。1980年以后，北京及各省市纷纷成立新闻学会和新闻研究机构，在这些机构的领导下，设置新闻史组，组织会员从事新闻史研究工作，使新闻史研究工作者的队伍迅速扩大。这些，都是新闻史研究的骨干力量。到90年代后期，全国的新闻史研究工作者，据估计已不下五百人。这是一支老中青结合的，充满了生机和活力的队伍。它将使新闻史的研究有师承，有薪传，并将使世纪之交这一段时间内的新闻史研究，始终保持旺盛的发展势头。

其次，不少项目是以协作的方式完成的。这一时期已经出版的《中国当代新闻事业史》《中国新闻事业通史》《晋察冀日报史》等专著，《中国新闻业史》《中国新闻事业简史》等教材，和即将出版的《中国地区比较新闻史》《中国报刊史志》及《中国地市报新闻史汇编》等大部头的新闻史研究成果，就都是以协作方式完成的。其中，《中国新闻事业通史》是集中了十几个单位的50位新闻史研究工作者，用12年的时间，通力完成的。《晋察冀日报史》是由曾经在该报工作过的26位老新闻工作者共同完成的。《中国报刊史志》则是由南京大学、北京大学、北京图书馆等十几个单位的近一百位新闻史研究工作者合作完成的。由于资料分散，检阅困难，搜访调查的工作量很大，一些卷帙浩繁的大项目，仅靠少数人的力量，难以在短期内蒇事。只有发挥集体的作用，实行广泛的协作，才能事半功倍，早出成果。1992年成立的中国新闻史学会，在组织协作方面，作了不少工作。最近一段时期的一些大的新闻史研究项目，就都是在这个会的牵头下，以协作的方式完成的。

最后，是研究的领域拓宽，研究的模式和成果的体裁多样化。从研究的领域看，已由单一的中共党报史研究，扩展到包括国民党在内的其他党报史的研究，和地区新闻史、军事报刊史、企业报刊史、铁路报刊史、报业经营管理史、广告事业发展史、广播电视史、通讯社史、新闻学术发展史、新闻教育史、新闻编辑史、新闻评论史以及新闻界人物包括名记者名编辑名办报人的历史的研究。从体裁看，已不局限于讲义和学习参考资料，既有供教学用的一般教材，也有通史、断代史、编年史、地方新闻史志和个别报纸个别报业集团个别人物的专史和纪传。在党报史研究占主流地位的前提下，研究的内容、体裁和模式，也日趋多元化。

近50年来的中国新闻史研究，特别是改革开放20年来的新闻史研究，成绩显著，硕果累累，为今后的新闻史研究工作，奠定了坚实的基础。新的世纪即将开始，为了推动下一个阶段中国新闻史研究的进一步开展，我们的新闻史研究工作者，还需要在以下几个方面，多作努力：

1. 继续克服新闻史研究中的“左”的和右的方面的影响，首先是克服“左”的方面影响，进一步拓宽研究的领域。毛泽东曾经说过，“宣传要研究左中右”。具体到新闻史的研究，就是在坚持以我为主的前提下，对历史上的“中、右”两方面的报刊，也应该投入一定的力量进行研究。此外，在如何对待传统继承的问题上，在如何处理史论关系的问题上，在如何对待新闻史上的各种报刊和各种人物的评价问题上，也应该坚持历史唯物主义和辩证唯物主义的观点，和实事求是的学风。不乱贴政治标签，不乱扣帽子。

2. 加强深入的个案研究，包括个别报刊个别新闻史人物和个别专史的研究。多填补一点以往研究工作中的空白，少一点大而全的简单的重复。

3. 加强新闻史研究工作者的协作与交流。协作是前此新闻史研究工作者之间一个好的传统，应该继续坚持。交流则不限于内地，应该同时包括海内外。例如海外华文报刊史的研究，就十分需要各国新闻史研究工作者的协作和交流。此外，内地和港、澳、台两岸三地之间的交流，也十分重要。这种交流，既包括研究成果之间的交流，也应该包括研究资料之间的交流。两岸新闻史研究工作者在研究1884—1885年中法战争时期广州出版的《述报》的过程中，就同时开展了这两方面的交流。成为两岸新闻史研究交流的一个范例。

经过新闻史研究工作者50年的辛勤耕耘，中国新闻史学科的这块园地已经花气氤氲，春意盎然，出现了千朵万朵压枝低的繁荣景象。在世纪之交的时刻，我们每一个从事中国新闻史研究的人，都既为已经取得的成绩感到欣慰，也深感肩上担子的沉重。中国是新闻传播的大国，中国的新闻事业有1 200年以上的历史，研究好和写好中国的新闻史，是每一个中国新闻史研究工作者义不容辞的责任，我们要为此努力。

（原载1999年7月15日《中华新闻报》）

第二系列

（五篇）

从不列颠图书馆藏唐归义军“进奏院状”看中国古代的报纸

前不久，根据已故向达教授提供的线索，在新华社伦敦分社记者孙文芳同志的协助下，我高兴地得到了唐归义军“进奏院状”的抄件。这是孙文芳同志应我的请求，亲自到伦敦不列颠图书馆根据该馆所藏原件誊录过来的。唐归义军“进奏院状”是斯坦因（Sir Aurel Stein）20世纪初从敦煌石窟窃走的珍贵文物之一。

这份“进奏院状”发报于唐僖宗光启三年，即公元887年，距今约1 100年。在举世闻名的“开元杂报”已经杳不可寻的今天，它已经成为世界上现存的最古老的一份报纸了。对这份报纸进行过细的研究，无疑地将有助于我们对中国古代报纸的了解。

下面准备先介绍一下这份“进奏院状”的原文，对它的文字作一些疏证，然后再就它和中国古代报纸有关的一些问题，谈一点自己的看法。希望能够引起报刊史教学和研究工作者的兴趣，也希望能够得到专家们的指正。

一

这份“进奏院状”是向达教授30年代在英国求学时，在当时的伦敦不列颠博物馆首先发现的，是该院所藏斯坦因从中国窃去的7 000件敦煌卷子中的一件。据他介绍，这份“进奏院状”“存60行，纸背为大汉三年季布骂阵词文64行”（见《唐代长安与西域文明》205页）。孙文芳同志这次代我查看了原件，证实了向达的介绍，并在给我的信中作了以下的补充：“原件是一张长97厘米、宽28.5厘米的横条卷，纸张是白色的宣纸，比较坚韧，文字是自右至左上下书写的，字写得相当不错。仅存60行，后一部分已佚。”看来，原件如果完整的保存下来的话，至少应在两页以上。

由于年代久远，这份“进奏院状”所报道的人、事和历史背景已经不为一般读者所熟悉，加以“状”的作者使用了不少当时当地流行的俗体字、简化字、异体字和方言字（还可能有些错别字），读起来很有点佶屈聱牙。为方便阅览计，我尝试着作了一些疏证，但仍有不少句子索解为难。原文无标点，我试着作了一些标点。其中有一些段落因为断不了句，只好囫囵地放在那儿，以待高明。断错了的，也希望得到指正。

请先看它的原文：

（为了和后面的疏证对看方便计，保留了原文的行款，每行的前面都加一个编号。文中的“口”，代表原件破损和看不清楚的字，是孙文芳同志抄录时加上去的）

（第一行）进奏院状上

（第二行）当道。三般专使所论旌节次第逐件具录如后：

（第三行）右伏自光启三年二月十七日专使衙宗闰盈、高

（第四行）再盛、张文彻等三般同到兴元

（第五行）驾前。十八日使进奏。十九日对。廿日参见四

（第六行）宰相、两军容及长官，兼送状启信物。其日面见

（第七行）军容、长官、宰相之时，张文彻、高再盛、史文信、宋闰盈、

（第八行）李伯盈同行，□定宋闰盈出班，祗对叩击，具说

（第九行）本使一门拓边效顺，训袭义兵，朝朝战敌，为

（第十行）国输忠，请准旧例建节，廿余年朝廷不以

（第十一行）指扮，今因遣闰盈等三般六十余人论节来者。

（第十二行）如此件不口获绝商量，即恐边塞难安，专使

（第十三行）实无归路。军容、宰相处分：“缘

（第十四行）驾回日近，专使但先发于凤翔，祗侯侍

（第十五行）銮驾到、即与指扮者。”至廿二日，夷则以专使同行

（第十六行）发来。三月一日却到凤翔。四日　驾入。五日遇寒

（第十七行）食，至八日假开遣参宰相、长官、军容。九日便遣

（第十八行）李伯盈修状四纸，同入中书，见宰相论节。其日，宋

（第十九行）闰盈恳苦再三说道理。却到驿内，其张文彻、王忠忠、

（第二十行）范欺忠、段意意等四人，言路次危险，不再用论节，且领

（第二十一行）取回　诏，随韩相公兵马相逐归去，平善得达

（第二十二行）沙州，岂不是好事者。其宋闰盈、高再盛、史文信、李伯盈

（第二十三行）等不肯。言：“此时不为本使恳苦论节将去，虚

（第二十四行）破仆射心力，修文写表万遍，差人涉历沙碛，

（第二十五行）终是不了。”至十一日，又遣李伯盈修状四纸，经

（第二十六行）宰相过。至十三日，又遣李伯盈修状七纸，经四

（第二十七行）相公、两军容及长官过，兼宋闰盈口说道理。言：

（第二十八行）“留状商量。”中间三日不过文状。至十七日，又遣李伯盈

（第二十九行）修状五纸，经四宰相过。及见长官，亦留状，不

（第三十行）蒙处分。中间又两日停。至廿日，又遣李伯盈修

（第三十一行）状七纸，经四宰相、两军容及长官过。亦宋闰盈

（第三十二行）说道理。亦言：“留状。”见数日不得指挥，其张文徹、

（第三十三行）王忠忠、范欺忠、段意意等，便高声唱快。又言：“迩韩相公

（第三十四行）兵马去者，便招其□行。”官傗遣一齐乱语，称：“不发

（第三十五行）待甚者！”宋闰盈、高再盛、史文信、李伯盈等言：“颇耐

（第三十六行）煞人！我不得旌节，死亦不去！”夷则见他三行言语纷

（第三十七行）纭，抛却遂出驿来，又遣李伯盈修状五纸，见四

（第三十八行）宰相及长官，苦着言语，痛说理容。言：“此件不赐

（第三十九行）旌节，三般专使誓不归还者。”其□宰相、长官依稀

（第四十行）似许。其宋闰盈、高再盛、史文信、李伯盈等遂遣

（第四十一行）夷则、通徹求嘱得堂头要人一切，口称以作主检

（第四十二行）例成持与节及官告，遂将人事数目立一文书

（第四十三行）呈过，兼设言约其日商量人事之时，三行军将

（第四十四行）官健一人不少懋言相随论节，只有张文徹、王忠忠、

（第四十五行）范欺忠、段意意等四人不肯，言：“终不相随。”

其张文彻

（第四十六行）就驿共宋闰盈相诤。其四人言："仆射有甚功

（第四十七行）劳，觅他旌节？二十年以前，多少搂罗人来论节

（第四十八行）不得，如今信这两三个憨屡生，惋沸万劫，不到家

（第四十九行）乡，从他宋闰盈、高再盛、史文信、李伯盈等诈祖乾圣。

（第五十行）在后论节，我则亲自下卦看卜，解圣也不得旌节。

（第五十一行）待你得节，我四人以头倒行。"夷则见张文彻等四人

（第五十二行）非常恶口秽言，苦道不要论节，亦劝谏宋闰盈、李伯

（第五十三行）盈等荣则同荣，辱则同辱，一般沙州受职，其

（第五十四行）张文彻、王忠忠、范欺忠、段意意等四人，上自不怕

（第五十五行）仆射，不肯论节，一齐櫆却发去，有何不得？其宋闰

（第五十六行）盈、高再盛、史文信、李伯盈等四人以允不肯。言："身死

（第五十七行）闲事，九族何孤。节度使威严不怕，争得我四人？如

（第五十八行）不得节者，死亦不归者。"夷则见他四人言语苦切，同见

（第五十九行）堂头要人，仔细商量："不用疑惑，但频过状，我与

（第六十行）成持。"至廿三日，又遣李伯盈修状四纸，经宰相（下佚）

下面再按原件的顺序，逐行对原文作一些疏证。

（第一行）："进奏院"，发报机关；"状"，公文的一种，这里专指官文报，即邸报；详下。这四个字可以连读。它的款式值得注意：一开始就标出了发报机关，表明它是由进奏院发出的官报。这里的进奏院，指的是唐归义军节度使派驻朝廷的进奏院，详下。"上"是动词，作呈递解，不是上下篇的上。

（第二行）：“当道”，唐时公文的习惯用语。《通鉴》卷二五八：“朱全忠军于河阳，汴军之初围泽州也，呼李罕之曰，相公每侍河东，轻绝当道。”胡注：“当道犹云本道，汴军自谓也。”在这里，“当道”主要指的是领导这个进奏院的归义军节度使。“专使”亦见于下文的第三行、第十二行和第三十九行，指的是奉本节度使派遣，到朝廷来执行特殊任务的人。“三般”即“三班”，可解释为三批。“旌节”详下文第十三行“建节”条。

（第三行）：“伏”应作“伏”。“右伏”是当时上行公文的常用套语。“光启”，唐僖宗的年号。“光启三年”即公元887年（这一年的闰十一月十四日以后跨入888年），下距唐王朝的灭亡只有十几二十年。这个年号是确定这份“进奏院状”发报时间的重要根据之一。从下文的内容看，它所报道的主要是光启三年二月十七日至三月二十三日这一个多月时间内发生的事。本行和下一行提到的宗闰盈、高再盛、张文彻，第七行提到的史文信，第十九行提到的王忠忠，第二十行提到的范欺忠、段意意，第二十二行提到的李伯盈等，都是“三般专使”中的人物。据第十一行所记，全部“专使”共60余人，但是在“状”文里提到名字的只有这8个人，很可能是他们当中的骨干。其中，宗闰盈是“专使”们和朝廷办理交涉时的主要发言人，李伯盈是“考使”们向朝廷上报书面材料的主要执笔人。他们的事迹已无可考。大约都是所在地方的中下级军官。宗闰盈的宗，下文均作宋，这里可能是笔误。张文彻的彻，原文作“撤”。

（第四行）：“兴元”，府、路名。唐兴元元年（公元784年）升梁州置府。治所在今陕西省汉中市附近。这个地方在唐僖宗时期，曾经两度充当皇帝的行在。第一次在广明元年（公元880年）至光启元年（公元885年）。当时黄巢攻占长安，僖宗被迫逃往山南，再逃成都，等到黄巢败死，才迁回长安。这一次出亡，往返都曾以兴元为行在。第二次在光启二年至三年（公元886—887年）。这一次是由于李克用的沙陀兵和河中节度使王重荣的兵进逼京师，威胁唐王朝的中央政权，僖宗在宦官田令孜的挟持下，再度逃亡兴元。《通鉴》卷二五六对这次出亡的狼狈情况，有过如下的描述："（光启）二年正月戊子，令孜请上幸兴元，上不从。是夜，令孜引兵入宫，劫上幸宝鸡，黄门卫士从者才数百人，宰相朝臣皆不知，……朝士追乘舆者至周至，为乱兵所掠，衣装殆尽。……二月，驾至兴元。"这一次在兴元待的时间比上一次要长，直到第二年的三月才返回长安。这份"进奏院状"所报道的，正是唐僖宗在兴元的后期，和离开兴元返回长安途中的一些事。

（第五行）："驾"，指唐僖宗。这是晚唐时期的一个庸黯无能的皇帝。他12岁即帝位，一切政事悉听命于宦官田令孜。史称他"威令不振，朝廷自卑"。《旧唐书》卷一七七《杜审权传》记他在兴元时期的窘状，有"行帑无寸金，卫兵不宿饱，帝垂泣侧席无如之何"等语。这份"进奏院状"所报道的这段时期；他26岁，一年后，他刚刚回到长安不久，就病死了。

（第五行至第六行）："四宰相、两军容及长官"，指专使们所会见的唐王朝中枢机关的主要文武官员。宰相是"佐天子，总百官，治万事"的朝廷大员。据《新唐书》卷六十三《宰相表》，光启三年前后担任宰相职务的，有孔纬、杜让能、韦昭度、张浚等四人，韦就任于中和二年，孔、杜就任于光启二年，张就任于光启三年正月。这个数目与"状"文里提到的"四宰相"的数目正合。军容是"天下观军容宣慰处置使"或"神策军观军容使"的简称，是名义上的全国军事统帅，实际上它所能控制的仅只是皇帝身边的禁卫军，即神策军。这一职务始置于唐肃宗至德中，担任这一职务的多数是宦官，鱼朝恩是他们当中的第一个。僖宗时改以田令孜为左神策军中尉观军容使，西门匡范为右神策军中尉观军容使。光启二年，田令孜在统治集团内部的倾轧活动中去职，由杨复恭继任左神策中尉六军十二卫观军容使，事见《新唐书》卷二〇八《田令孜传》《杨复恭传》。“状”文里所说的“两军容”，指的就是杨和西门这两个人。“长官”是对主持朝廷日常事务的各部门主管官员的泛指，它可能指枢密使，也可能指尚书令、中书令、侍中和各部尚书一类的品级较高的官员，因为没有写出姓名，已经难以确指了。唐末藩镇跋扈，他们派出的代表往往可以入见天子，归义军的实力较小，不足以左右朝廷，但他们的“专使”还是一来就得到了唐天子的接见，而且始终在和宰相、军容、长官这些朝廷高级官员打交道，从这一点也可以看出藩镇气势的不凡。（宰相、军容、长官亦见下文第七、第十三、第十七、第十八、第二十六、第二十七、第二十九、第三十一、第三十八、第三十九等行）

（第八行）：“衹”亦见第十四行，疑是祗的异体。祗，敬也。这一行的“□”，从上下文看，可能是“约”字或“商”字。

（第九行至第十行）：“本使一门拓边效顺，……朝朝战敌，为国输忠”，指归义军节度使张义潮家族代唐王朝恢复陇西一带管辖权和开拓疆域的赫赫战功。陇西一带自肃宗上元年间（公元760—762年）起，就被吐蕃占领。宣宗大中五年（公元851年），张义潮凭借地方武装，赶走吐蕃守将，使陇西瓜、沙、伊、肃、甘等十一州的广大地区重新归复于唐王朝，以此被擢为瓜沙伊等州节度使，后改为归义军节度使。事见《新唐书·吐蕃列传》及《旧唐书·宣宗本纪》。这以后，张义潮又继续带领所属蕃汉兵不断从吐蕃、回鹘人手中，夺回唐王朝在安史之乱后失去的凉州等地，为恢复唐王朝的旧版图，立下了汗马功劳。事见《通鉴》卷二五〇、二五二。敦煌壁画中的《张义潮收复河西》，敦煌变文中的《张义潮变文》，所描述的也都是他的这些事迹。在张义潮的带领下，他的不少亲属包括族子、女婿、外孙都立有战功。两个外孙，据《千佛洞唐宗子陇西李氏再修功德碑记》，一个做到沙州刺史兼节度副使，一个做到瓜州刺史墨离军押蕃落使。这就是“状”文里所说的“一门拓边效顺”，和“朝朝战敌，为国输忠”的具体内容。张义潮于懿宗咸通八年（公元867年）入朝，被任命为右神武统军，从此留在长安，没有回去，直到五年后他去世。代替他守归义军的是他的族子张淮深。据吴廷燮《唐方镇年表》，张淮深守归义军的时间起始于懿宗咸通八年（公元867年），结束于昭宗大顺元年（公元890年），《敦煌石室真迹录》卷二收有《张淮深传》，《敦煌变文集》上册收有《张淮深变文》，专门介绍他的事迹。这个张淮深，就是这份“状”文里两次提到的“本使”（见本行及第二十三行），也就是“状”文第二行一开头就提到的那位“当道”。他是派遣这批60多人的“专使”到朝廷来的那个归义军的主官。根据前引《张淮深传》，他在这批“专使”回去后不到两年，就病死了。

（第十行）：“建节”和第二行、第三十六行、第三十九行、第四十二行、第五十行的“论旌节”，第十一行、第十八行、第二十行、第四十四行、第四十七行、第五十行、第五十五行的“论节”，说的都是同一件事。旌和节都是古代高级官员出使或出行时，用以显示身份的一种仪仗。唐时专门赐给各地的节度使。《旧唐书》卷四十四《职官》所说的“天宝中，缘边御戎之地，置人节度使，受命之日，赐之旌节”；《新唐书》卷四十九《百官志》所说的“节度使……赐双旌双节”，指的就是这种制度。受旌节的人，具有“奉使”统军的特殊身份，往往以为殊荣。这自然也是一种政治待遇。除了朝廷正式任命的正节度使（当时称大使）外，一般的武官，包括未经正式任命的节度使和下面的副使、判官、都统诸道兵马等将领，是享受不到这种待遇的。《旧唐书》《新唐书》中就都有对后面这些人“不赐旌节”的规定。《通鉴》卷二五八也有过“光启末，德州刺史卢彦威逐义昌节度使杨全玫，自称留后，求旌节，朝廷未许”等之类的记载。可见这一待遇并不是那么容易得到的。本行和其他各行所提到的“建节”“论节”“论旌节”，说的正是张淮深要求朝廷赐给旌节的事。张义潮入朝任神武统军后，归义军节度使的职务实际上由张淮深承担，但是没有得到过朝廷的正式任命，也没有得到“赐旌节”的待遇，所以有此要求。因为从天宝以来，凡节度使都赐旌节，所以有本行的“请准旧例”和第四十二行的“检例”等提法。求赐旌节是张淮深这一次派出60余人的专使到朝廷来的主要目的。“请准旧例建节”这句话后面的“廿余年”三个字，指的是张淮深主持归义军工作的年份。据《通鉴》及前引《唐方镇年表》所载，张淮深代替张义潮守归义军，起始于懿宗咸通八年（公元867年），到派遣专使赴朝廷求旌节的这一年，即僖宗光启三年（公元887年），恰为20年。

（第十一行）：“指拊”，即指挥，这里指的是书面的诏敕命令。

（第十二行）：“获绝”，得不到、被拒绝。

（第十四行）：“驾回日近”，指唐僖宗即将由兴元返回长安。据《通鉴》《唐纪》七十三、僖宗离开兴元动身回长安的日期是光启三年三月初十日。据“状”文第三行、第五行介绍，“专使”们于这一年的二月十七日到达兴元，二十日参见“四宰相两军容及长官”。这个时期正是“驾回日近”的时期。皇帝上路，整个朝廷随之搬家，有许多准备工作要做，文书辎重大约也已经捆载停当，“论旌节”之类的事顾不上再办，所以有让“专使”们“但先发于凤翔”的指示。意思是要他们先到凤翔去等着。凤翔在长安迤西，是从兴元回长安必经的地方。唐僖宗这一次回长安，受到节度使李昌符的阻挠，在凤翔逗留了将近一年，直到文德元年（公元888年）二月才返抵长安。“但”应即是“但”，这里少写了一横，可能是故意缺笔避讳。因为唐朝的第五个皇帝睿宗叫李旦。这一避讳字，还可以作为这份“进奏院状”确实是唐物的一个证明。

（第十五行）：“夷则”，人名。这个名字在“状”文中出现过5次。除本行外，还见于第三十六行、四十一行、五十一行、五十八行，是归义军节度使派驻唐王朝的进奏官即“状”文作者的自称。唐例，各藩镇进奏官皆以大将主之，不仅负责通奏报等事宜，而且是各藩镇在朝廷的政治代表，据此，这个名叫夷则的人，恐怕也不是一个等闲人物。《旧唐书》卷十八《宣宗本纪》载称：“大中五年……张义潮遣兄义泽以瓜、沙、伊、肃等十一州户口来献，自河陇陷蕃百余年，至是悉复陇右故地，以义潮为瓜、沙、伊等州节度使。”《通鉴》也有“张义潮发兵略定其旁瓜、伊、西、甘、肃、兰、鄯、岷、廓十州，遣其兄义泽奉十一州图籍入见”的记载，见该书卷二四九。两处都提到了“义泽”这个人，并称他为张义潮之兄。从他曾经被派入朝的这段经历和他与张氏一门的关系看，很可能和“状”文中的“夷则”是一个人。“夷则”“义泽”读音全同。前者可能是后者的简写或别写。“义”和“泽”这两个字是1956年才简化的，简化前的写法是29画，“夷则”这两个字只有15画，因此，在当时，“夷则”有可能是“义泽”这两个字的笔画较少的同音代替字（简化后的义泽，比夷则这两个字的笔画更少了，但这是后来的事）。在流传至今的敦煌卷子中，用笔画较少的同音字来代替的情况，是很常见的。

（第十六行）：“却到凤翔”。“却”，退也。指“专使”们退回到凤翔。由归义军到兴元要经过凤翔，现在又回到凤翔，所以用“却”字。“四日驾入”，从上文看，是说唐僖宗于三月四日抵达凤翔。

（第十八行）：“状”，向上级陈述情况的一种公文体裁。“四纸”，四页。“中书”，指中书省，政事堂设在那里，是宰相议事办公的地方。

（第二十一行）：“回诏”，皇帝答复臣下请求的诏书。“相公”，尊称。“韩相公”指韩姓的某一达官贵人。僖宗朝有事迹可考的韩姓大员，有曾任翰林学士中书舍人的韩渥，曾任天子钦使的韩归范，曾任镇国节度使的韩建，和曾任神策军中尉监凤翔军的韩全诲，从“状”文的“随韩相公兵马”这句话看，这位“韩相公”应是个武官，如此，则以后两个人的可能性为大。

（第二十二行）：“沙州”，亦见于第五十一行，是归义军节度使的驻地。据《新唐书》卷六十七，表第七《方镇》：“大中五年置归义军节度使，领沙、甘、瓜、肃、鄯、伊、西、河、兰、岷、廓十一州，治沙州。”另据顾祖禹《读史方舆纪要》引《元和志》：“沙州东至瓜州二百里，西至吐蕃界三百里，北至伊州七百里，治敦煌县”，说明它的辖区正好在今敦煌及其附近地区。《敦煌县志》有“敦煌郡南七里有鸣沙山，故亦曰沙州”之说，可见它的命名，是从敦煌的鸣沙山得来的。

（第二十四行）：“仆射”，亦见于第四十六行，第五十五行，官名。《汉书・百官公卿表》：“仆射，秦官；自侍中、尚书、博士、郎皆有。古者重武官，有主射以督课之。”这里借用来，作为对归义军节度使张淮深的尊称。

（第二十六行）：“过”，经过，递送，收转。

（第三十三行）：“唱快”——“唱”，长声呼叫；“快”，怨恨，不服。

（第三十四行）：“健”疑是健的异体，“官健”，指随“专使”前来的下级官兵。

（第三十五行）：“颇耐煞人”，“颇”应作“叵”。叵耐，不可耐，见《正字通》。

（第三十七行）：“抛却”，亦见第五十五行，不可解。疑是方言字。“驿”，专使们的临时住所，亦见第四十六行。

（第三十八行）：“理容”——理由。

（第四十一行）：“堂头要人”，亦见第五十九行，可能指负责铨叙、簿书、引纳、制敕等具体工作的中枢官员。

（第四十二行）：“官告”，即官诰，授官的凭证。《旧唐书·宪宗本纪》：“（房）启初拜桂管，启吏赂吏部主者，私得官告以授启。”

（第四十四行）：“懋”，勉也。

（第四十六行）：“诤”，争。

（第四十七行）：“搂罗人”，机警伶俐的人。“搂罗”应作“喽罗”。唐·卢仝《玉川集》《寄男抱孙诗》：“喽罗儿读书，何异摧枯朽。”

（第四十八行）：“憨”，傻气。这个“憨”，可能是一个单词，也可能是一个和下面的“屡生”两个字合起来的与“搂罗人”相对应的词组。不管是单词，还是词组，看文意，都是指傻里傻气的人。以下的两句话费解，标点也标得未必妥当。

（第四十九行）：“诈祖乾圣”，不可解。从上下文看，当是贬义语。“圣”，有刁钻、精灵、能干的意思，见蒋礼鸿《敦煌变文文字通释》111页。

（第五十七行）：“孤”应作辜。“身死闲事，九族何孤”——个人一死事小，怎能让无辜的九族受连累？

（第五十九行）：引号中的言语，似乎是“堂头要人”们说的。

根据以上的疏证，尽管还有很多字句十分费解，“状”文的大致意思还是能够看懂的。要而言之，这是一份唐僖宗光启三年（公元887年），从唐王朝行在所在地凤翔发往归义军节度使驻地沙州的“进奏院状”，原件的下半部分已经不全，内容主要报道的是归义军节度使张淮深派往行在的“专使”们，在兴元、凤翔两地活动的情况：他们是什么时候到达的兴元，什么时候见的皇帝，什么时候见的宰相、军容、长官；什么时候到的凤翔，什么时候开始就张淮深要求旌节的问题和朝廷大员进行的交涉，交涉的经过情况如何，碰到过什么困难，他们内部在求旌节问题上有过什么分歧，发生过什么争吵，双方都说了些什么，哪些人表现好，哪些人表现不好，如此等等。

归义军节度使张淮深的这次求旌节活动，史无记载，结果如何，也不甚了了。这份“进奏院状”保存了有关这次活动的一些细节，为研究唐朝藩镇制度的历史，特别是沙州地区的历史，提供了一些原始材料，这是很可贵的。但它的重要意义并不在此。它的重要意义，在于为报刊历史的研究工作者，提供了一件罕见的古代报纸的实物。和它为古代报纸研究提供的信息比较起来，它的那些有关论旌节问题的报道，反而显得无足轻重了。

唐朝的“进奏院状”，现在已经很难看到。这份“进奏院状”之得以幸存，和敦煌地区的一些特殊情况有关。那里交通梗阻，兵燹较少，风沙弥漫，气候干燥，有利于文物保存，而这份“进奏院状”从11世纪中叶起，又被人连同其他几万件卷子藏入石室，密封了起来，这些因素结合到一块，才使得它能够流传下来。

这份“进奏院状”之得以幸存，还有一个原因，就是它的背面录有六十四行叙述季布骂阵故事的曲文。报纸这一类东西，以往是不太受人重视的。历来是藏书的人多，藏报的人少。这从明以前的报纸很少存世一点，也可以得到证明。感谢一千多年前的那位曲文爱好者，没有他在这份“进奏院状”的背面抄下的那六十四行曲文，这件报纸历史上的稀世珍品，恐怕早就被人随意弃置了。

二

存世的这份唐归义军“进奏院状”可以帮助我们弄清楚有关古代报纸的哪些问题呢？我以为至少可以帮助我们弄清楚以下一些问题。

即：（1）邸报起始的时间和邸报的名称；（2）唐代报纸的基本情况；（3）古代报纸和近现代报纸的区别。下面分别就这些问题，谈一谈自己的看法。

邸报起始的时间和邸报的名称

中国古代文献中，最先提到邸报这两个字的是宋人的著作。《宋会要辑稿》刑二下所引的光宗绍熙四年十月四日臣僚言，还曾给邸报下过以下的定义："国朝置进奏院于京师，而诸路州郡亦各有进奏吏，凡朝廷已行之命令，已定之差除，皆以达于四方，谓之邸报"。这种邸报，不见于汉人的记载。一般人因此认为汉朝还没有邸报。唐朝有没有呢？说法不一。唐人著作中至今还没有查到邸报这两个字。《全唐诗话》卷三，载有韩翃的朋友从"邸报"上看到他被任命为驾部郎中知制诰的消息，连夜向他报告的故事。第一次把邸报这两个字和唐人联系了起来，但这部诗话是贾似道假手廖莹中编写的，出版时托为尤袤所作，尤是南宋高宗时人，贾、廖是南宋理宗时人，都离唐时甚远，不足以为唐有邸报的依据。因此对唐朝有无邸报一节，还有不同意见。

我的看法是，唐朝已经有邸报，新发现的这份"进奏院状"，就是当时的邸报。中国开始有邸报的时间，不会晚于唐朝。

要说清楚这个问题，就必须先把进奏院和邸、进奏官和邸吏的关系弄清楚。

进奏院和邸是个什么关系呢？很简单，进奏院就是邸。

按邸的制度起始于汉朝。《汉书·文帝纪》："奉天子法驾迎代邸。"颜师古注："郡国朝宿之舍在京师者，率名邸。"其任务，据《西汉会要》所说，是："通奏报，待朝宿。"这是邸见于史籍的开始。汉以后，邸的制度被保存了下来。隋时，东都洛阳"上春门门外夹道南北，有东西道诸侯邸百余所"（见杜宝《大业杂记》）。唐朝初年，"藩镇皆置邸京师"，初名"上都留侯院"，直至唐代宗大历十二年（公元777年）才改名“上都知进奏院”（见《文献通考》卷六十职官十四），简称进奏院。这一体制一直沿用到宋末。《历代职官表》卷二十一所说的“进奏院本出于汉之郡国置邸京师”，正确地阐明了两者之间的关系。唐朝中叶以后，邸的正式名称改为留候院或进奏院，但在有些文献资料和有些人的诗文中，它们仍被称为邸。邸就是留候院或进奏院，留候院或进奏院就是邸，这在当时人是很清楚的。它们本来就是一个机构。

进奏官（有时称进奏吏）和邸吏又是个什么关系呢？这也很简单：进奏官或进奏吏就是邸吏。邸吏，《汉书·朱买臣传》称为“守邸者”，是邸的负责人。唐朝初年的正式职称是上都邸务留候使，亦称邸官、邸吏（见《历代职官表》卷二十一及《唐会要》卷五十八吏部郎中条），代宗大历十二年上都留候院改名上都进奏院后，上都邸务留后使也随着改称上都进奏院官（见《唐会要》卷七十八诸使杂录条），简称进奏官或进奏吏。这一职称也一直沿袭到宋末（见《文献通考》卷十一）。在一些文献资料和当时人的诗文集中，进奏官、进奏吏和邱官、邸吏之间，也是互相通用的。

明确了进奏院和邸、进奏官和邸吏的关系以后，“进奏院状”的性质及其与“邸报”的关系也就十分清楚了：“进奏院状”实际上就是宋人所说的“邸报”或“邸吏报状”。从发报的方式看，“进奏院状”和后来的邸报是一样的，即都由地方派驻朝廷的邸或进奏院，通过邸吏或进奏官，向下传递。从发报的内容看，它们之间也是一样的，即都是中枢同意发布的皇帝的言行、朝廷的命令、大臣的奏疏和官吏的任免事项等。两者之间没有什么差别，只是称谓不同而已。

既然“进奏院状”就是邸报，而唐朝又确实有过“进奏院状”这样的物事，把邸报起始的时间定在唐朝，我想总还是可以的吧。

在邸报起始时间这个问题上，之所以众说纷纭，意见不一，一个主要的原因在于古代人对邸报的称呼很不一致。

即以唐朝的情况为例，当时人对邸报这类报纸的称呼就很复杂。

有称为“进奏院状报”的。见崔致远《桂苑笔耕集》卷一所收的《贺改年号表》《贺建王除魏博表》《贺封公主表》《贺降德音表》《贺回驾日不许进歌乐表》《贺通和南蛮表》《贺收捉草贼阡能表》《贺杀黄巢徒伴表》，卷三所收的《谢泰彦等正授刺史状》《谢就如侍中兼实封状》，卷四所收的《谢除侄男琼授彭州九陇县令状》，卷六所收的《贺入蛮使回状》《谢加侍中兼实封状》《谢内宴仍给百官料钱状》《贺杀黄巢贼徒状》等文。这些文章都是崔致远代淮南节度使高骈起草的奏稿。内容或贺皇帝改元，或贺公主受封，或谢加官晋爵，或颂天王圣明，每篇的开头都有“臣某言，臣得进奏院状报……”或“右得进奏院状报”等字样。前者如《贺回驾日不许进歌乐表》的“臣某言，臣得进奏院状报，伏审敕旨，回驾日应沿路州县切不得辄进歌乐及屠杀者……”；后者如《贺杀黄巢贼徒状》的“右得进奏院状报，定难军拓拔相公、保大军东方逵尚书奏于宜君县南，杀戮贼徒，并生擒贼将……”都表明它们的作者在执笔前曾经看到过“进奏院状报”，这些奏状，乃是看报后，感事而发的。

有称为“邸吏状”的。见《旧唐书》卷一二四《李师古传》引李师古告李元素使者语：“师古近得邸吏状，具承圣躬万福。李元素岂欲反，乃忽伪录遗诏以寄。师古三代受国恩，位兼将相，见贼不可以不讨。”李师古说这段话的时候在唐德宗贞元十六年（公元800年），时任平卢淄青节度使。这里所说的“邸吏状”和“进奏院状”是同义语。

有称为“报状”的。见李德裕《会昌一品集》卷十七《论幽州事宜状》：“世伏见报状，见幽州雄武军使张仲武已将兵马赴幽州雄武军使。”亦见王谠《唐语林》卷六：“寻除光禄卿，报状至蜀，棕谓李曰：贵人赴阙作光禄勋矣。”李书所记的是武宗会昌年间的事，王书所记的是宣宗大中年间的事。此外，《唐会要》卷七十八、以及钟辂的《前定录》、裴庭裕的《东观奏记》等书，也都提到“报状”。

有称为“报”的。见杜牧《樊川集》卷十二《与人论谏书》：“前数月见报，上披阅阁下谏疏，锡以币帛，辟左且远，莫知其故”；王楙《野客丛书》卷八引牛僧孺墓志：“刘稹破，报至，公出声叹恨。”杜牧是文宗太和前后人，牛僧孺是武宗会昌前后人，所记都是当时的事。“报”和前面提到的“报状”当是“进奏院状报”或“邸吏报状”的省称。需要指出的是，“报”和“状”这两个字，在当时，也可以用来泛指藩镇之间，中枢各部门之间，互相通报情况，陈诉意见的文报。如崔致远《桂苑笔耕集》卷十八《贺破淮口贼状》：“右某昨日窃聆难口镇状报，今月八日绪军合势杀戮，狂跌已尽者。”不列颠图书馆所藏敦煌卷子中，有一份编号为S1438的《沙州状》，据《中华文史论丛》1981年第1期姜伯勤《唐敦煌书仪写本中所见的沙州玉关驿户起义》一文考证，也属于这一类文报，是吐蕃管辖沙州时期，沙州地方官向上级官员汇报情况的一份文报。这类文报，在当时也被称为“牒报”，有点类似明清时代的“塘报”。因此，不能把唐人文集中提到的每一个“报”或“报状”都当成“进奏院状”或“邸吏报状”。

有称为“杂报”或“条报”的。见孙樵《经纬集》卷三《开元杂报》条。“杂报”是孙樵对唐玄宗开元年间（公元713—741年）“条布于外”的报纸的称呼；“条报”（这里的“条”也可以用作动词）是孙樵对唐宣宗大中年间（公元847—859年）他在首都长安每天看到的“条报朝廷事”的报纸的称呼。都指的是“邸吏报状”或“进奏院状”。

有称为“朝报”的。如赵翼《二十二史札记》卷十六引《后唐记》及《五代会要》称：“后唐长兴中，史馆又奏：宣宗以下四朝（指晚唐的宣宗、懿宗、僖宗、昭宗四个皇帝，当（公元847—904年）未有实录，请下两浙荆州等处，购募野史及除目朝报、逐朝日历银台事宜、以外制词、百司簿籍上进。”又同书卷十六《旧唐书前半全用实录国史旧本》条称：“会昌以后，无复底本，杂取朝报吏牍补缀成之。”虽然引的是五代人说的话，但五代离唐很近，说这些话的人看见过唐时的报纸，所用的也一定会是唐时的习惯称呼。他们所说的“朝报”，指的就是“邸吏报状”或“进奏院状”。

以上是唐朝的情况。到了宋朝，邸报这一称呼已经普见于官文书和私人的尺牍诗文了，它的别称仍然是五花八门，无所不有。例如：

有沿袭唐人习惯，称为“进奏院状报”的。如宋祁《景文集》卷三十六：“臣某言：今月八日得进奏院状报，圣体康复，已于二月二十三日御廷和殿亲见群臣者。”

有称为“进奏院报状”的。如《宋会要辑稿》刑二上引殿中侍御史朱谏言：“河北边城每进奏院报状至，望令本州实封呈诸官员，若事涉机密，不为遍示。”

有称为“进奏院报”的。如《历代名臣奏议》卷六十一引任伯雨奏称：“臣伏见进奏院报，郝随特许复官。”

有称为“进奏官报”的。如《三朝北盟会编》卷五十九引《逢虏记》云：“退谒林经略，林云：‘今日偶得进奏官报，某落职与远小处监当。某已是罪人，只今交割便行。’”

有称为“报状”的。如《唐宋十大家尺牍》引吕东莱书简：“旬日前，报状中见黄德润初对文字，蔼然真大人之言，可为善类贺。”

有称为“邸史报状”的。如王辟之《渑水燕谈录》：“直史馆孙公冕文学政事有闻于时，而赋性刚明，……每得邸吏报状，则纳怀中，不复省视。或诘其意，曰：某人贤而反沉下位，某人不才而骤居显位，见之令人不快尔。”

有称为“邸状”的。如《宋史》卷三三二《李师中传》：“师中始事州县，邸状报包拯参知政事。”

有称为“报”的。见《江文定集》《与朱元晦书》：“见报，有旨引见而未报登对之日，窃计诚心正论，从容献纳，所以开寤上意者多矣。”

以上所引的“进奏院状报”“进奏院报状”“进奏院报”“进奏官报”“报状”“邸吏报状”“邸状”“报”等这些称呼，除了个别的另有所指外，绝大多数无疑地指的就是当时的“邸报”，即由进奏院的进奏官向地方传发的官报。可见，即在“邸报”这一称呼已经十分流行的宋朝，社会上对它的称呼也并不是完全一致的。

宋以后，社会上对邸报还有另外一些新的别称如邸抄、阁抄、京报等。情况也大抵类此。

原因何在呢？我以为主要的原因在于“邸报”并没有一个固定的报头。既然没有固定的报头，也就没有固定的名称。人们可以这么叫，也可以那么叫。严格说起来，就连“邸报”这两个字，恐怕也只是它的一个别名。[1]

因为负责发布“邸报”的邸，早在唐代宗大历十二年就已经改称上都进奏院，打那以后，邸已经不是它的正式名称了。

基于上面的认识，我不太赞成有的同志主张过的，历史上某时期曾

---

1 关于“邸报”有很多别称，以及“邸报”这两个字也往往被当作一般报纸的别称一节，我在写这篇文章的过程中，发现了一个十分有趣的例子。这就是 1982 年 5 月出版的《人物》第 13 期梁吉生、杨珣《柳亚子在津南村》一文所引的柳亚子 1944 年在重庆津南村暂住时，写赠给居停主人南开中学教员张镜潭的下面这首诗：卜邻五月喜相于，邸报同看更借书。最是津南人物美，三冬图史伴三余。其中第二句的“邸报”两个字，据《柳亚子在津南村》一文的作者称：“系指《新华日报》。柳亚子常常借阅张镜潭订的《新华日报》，以便了解抗日战争形势，领会党的意图”。这当然是不会错的。因为下文还有“周恩来同志还派报童给柳家送《新华日报》，为他提供学习便利条件”这样一段话。可见柳诗中所说的“邸报”，指的就是《新华日报》。“邸报”这两个字，在这里用作“报纸”的别称，泛指一切报纸，自然也可以指《新华日报》，这是诗人的文学语言。如果几百年后的研究工作者，看到这首诗后，就如获至宝地得出公元 1944 年中国还有“邸报”,或某某报在 1944 年改称“邸报”这样的结论，岂不是大笑话吗。由此得到的启示是：对古代诗文集中提到的那些个“邸报”,不可拘于文义，过分当真，要作具体分析。

经出现过一种名为“××”（邸报的一种别称）的官报，过了若干年，到了另一个时期，又出现了另一种名叫“××”（邸报的另一种别称）的官报；或“××”（一种邸报的别称）在某一个时候改称“××”（邸报的另一种别称）等之类的提法。我认为，在中国历史上，作为发自首都的封建政府官报，尽管名称很多，基本上只有一种，就是我们习惯称之为“邸报”的那一种。把“邸报”的许多别名，当成了一个个不同的报纸，完全是一种误解。

新发现的这份唐归义军“进奏院状”，对于我们考定邸报起始的时间，和解决有关邸报名称的问题，能不能有所帮助呢？回答是肯定的。主要表现在以下两方面：

1. 它为唐朝开始有邸报，提供了有力的物证。如果说，孙樵《经纬集》的《开元杂报》条是中国历史文献中关于邸报的较早的文字记载的话，那么这份“进奏院状”就是现存的最早的邸报原件。它以自身的存在，证明了孙樵《开元杂报》一文所叙事实的真实性，证明了中国邸报起始的时间，无论如何不会晚于唐朝。

2. 它为考定邸报的正式名称，提供了可靠的第一手材料。这份“进奏院状”开头第一行的“进奏院状上”这几个字，很值得注意。它告诉我们：历来被称为邸报的封建官报并没有一个正式的报名，如果开头的这句说明发报单位和发报性质的公文套语可以借用来作为报名的话，那么它的正式名称，应该就是“进奏院状”。此外的一些称呼，包括“邸报”在内，都只能是它的别称。这一点，从前引崔致远《桂苑笔耕集》、李德裕《会昌一品集》保留下来的大量有关“进奏院状报”的文字中，也可以得到证明。

唐代报纸的基本情况

通过对新发现的这份“进奏院状”的研究，我们对唐朝时期中国报纸的以下一些情况，也有了进一步的了解。

1. 发报制度。唐朝虽然沿用了汉隋以来地方各州郡在首都设邸的制度，但是并没有很好地加以管理。邸吏或进奏官都由藩镇们自己选派，不需要经过朝廷的批准和任命。那些个邸或进奏院也是分散设立各自为政的。徐松《西京城坊考》："崇仁坊有东都、河南、商汝、汴、淄、青、淮南、交州、太原、幽州、冀州、丰州、沧州、天德、荆南、宣歙、江西、福建、广、桂、安南、邕宁、黔南等进奏院。"所记的正是这种分散设立的状况。唐代宗大历十二年成立上都知进奏院以后，机构稍稍统一了，但是并没有一个像宋朝那样的由门下省编定，请给事中判报，然后通过进奏院报行天下的统一发报制度；也没有一套像宋朝那样的，以五日、十日或若干日为期，编成定本，送请枢密院审查的定稿制度；以及不许"忘传除改"和擅报"朝廷机事"等之类的多如牛毛的禁令。所以如此，恐怕和唐朝藩镇专擅，政由方伯，而宋朝则集权于中枢这一历史背景有关。

新发现的这份"进奏院状"证实了上面这些情况，而且还为我们提供了以下一些细节，即：（1）各地藩镇派驻朝廷的进奏官，往往是他们自己的族属或亲信人员，他只对自己的主官即"当道"负责，不对朝廷负责；（2）为了及时传报有关朝廷的消息，进奏官总是紧紧地跟着皇帝和朝廷中枢机关，平时在首都，非常时期则随着皇帝的行在转移，几乎寸步不离；（3）所谓的"邸报"或"进奏院状"是这些进奏官们向派出他们的藩镇长官分别传发的官报，它没有上面规定的母本，也没有固定的发报日期。

由此，我们可以得出这样的结论：唐朝的"邸报"确实是一种封建官报。不过，它只是驻在首都的进奏官向派出他们的各地藩镇传报朝廷消息的地方一级官报，而不是中央官报。在唐朝，实际上还没有一种像宋朝那样的由封建王朝的中枢机关负责编辑、审定、发布的统一的宫廷官报。

我在以往写的《谈邸报》（刊1956年第7期《新闻业务》）一文中，曾经把唐朝的“邸报”，笼统地称为封建王朝的宫廷官报，现在看来，是不够准确的（这篇文章还沿用前人的说法，把邸报起始的时间定为汉朝，也是缺乏足够根据的）。同样，否认早期邸报的官办性质，认为“在唐代，邸报尚属半官方性质”（见1967年台北版朱传誉《宋代新闻史》48页），以及认为唐朝的邸报已经“渐由内廷统一编印，以分发给各进奏院，俾传递至各节度使本部”（见1977年台北版曾虚白《中国新闻史》72页）等之类的说法，也是未必妥当的。

2. 发报内容。在多数的情况下，“邸报”所传报的主要内容是皇帝的起居言行，朝廷的政策法令，官吏的升黜任免，臣僚的章奏疏表，以及朝廷的其他重大事件。孙樵在“开元杂报”上看到的“某日皇帝亲耕籍田，行九推礼，某日百僚行大射礼于安福楼南，某日诸蕃君长请扈从封禅，某日皇帝自东还赏赐有差，某日宣政门宰相与百僚争十刻罢”；他后来在“长安条报”上所看到的“今日除某官，明日授某官，今日幸于某，明日畋于某”；以及崔致远在《桂苑笔耕集》中所引的“进奏院状报”上的那些有关“改元”“奉使”“通和”和“枭斩黄巢首级”“收捉草贼阡能”等之类的消息；就都是这方面的内容。归义军节度使派驻朝廷的那个进奏官，平日所传报的很可能也是这方面的内容。

但是，在个别情况下，进奏官们也可能专就和本藩镇有关的问题，或本藩镇特别感兴趣的问题，进行专题性的集中报道。新发现的这份“进奏院状”就是这样。它所报道的有关归义军节度使派出专使为“论旌节”事和宰相、军容、长官们进行交涉的情况，正是“本使”当时最关心和最感兴趣的问题。这是一期专门就“论旌节”事进行集中报道的“进奏院状”。本藩镇派出专使到朝廷办交涉这样的事，三年五年也许还碰不上一次，这位进奏官在平日的“进奏院状”中所报道的，很可能还是前面提到的那些常规的内容。袁昶超在《中国报业小史》一书中为古代邸报所作的以下的一段设想，是接近于实际的："京师的其他消息，为藩王所感兴趣的，也可能附记在邸报之末。藩邸里面的书记，便是当日的通讯记者"（第2页）。他所设想的是平时的情况，这份"进奏院状"所提供的，则是一种特殊的情况。

和内容有关的还有一个写作的问题。从这份"进奏院状"看，当时的"进奏院状"既有照录起居注、时政记和官文书的部分，也有进奏官们自己编写的部分。前一部分照抄或作一些摘录就行了，后一部分则需要进奏官们自己动手。新发现的这份"进奏院状"的文字是很蹩脚的，这恐怕是因为作者来自长期受吐蕃统治的边疆少数民族地区，又是一位肚里墨水不多的赳赳武夫的缘故。中原地区的那些藩镇的进奏官们当不如此。他们所发的某些"进奏院状"，也可能是很有文采的。

3. 发报方式。从有关的文献和这份"进奏院状"所提供的情况看，一般的"邸报"是由进奏官们直接发给藩镇主官的，后者是这些"邸报"的第一读者。至于地方上一般官绅们所看到的"邸报"，包括孙樵在襄汉间看到的那几十页"开元杂报"，则很有可能不是原件，而是经过辗转誊录的抄件了。

和这相联系的，还有一个唐时邸报是否印刷的问题。自从孙毓修在《中国雕版源流考》一书中提到"近有江陵杨氏藏开元杂报七页，云是唐人雕本，……墨影漫漶，不甚可辨"以来，不少人曾经相信唐朝已有印刷报纸。但也有人表示过怀疑。向达教授在四十年前就曾经提出过疑问："开元杂报虽有边线界栏，而墨影漫漶不甚可辨，焉能必其即为刊印？即为唐本？矧读孙氏文，毫不见有刊刻之意耶？"（《唐代长安与西域文明》134页）60年代以后，也有不少同志提出过同样的疑问。现在多数人都倾向于认为孙毓修提供的这段材料不可靠，即使有那么几页"云是唐人雕本"的"开元杂报"，也只能是赝品，唐朝并不存在印刷的报纸。我在50年代的时候曾经写过介绍"开元杂报"是中国第一份印刷报纸的文章，近20年来也改变了看法，不再那么提了。唐朝并不是不具备印刷报纸的条件，从现存的唐懿宗咸通九年王玠为二亲敬造普施的雕版《金刚经》看来，那一时代的雕版印刷水平已经很不低了。问题不在具备不具备印刷的条件，问题在于有没有印刷的必要。既然当时“邸报”的发报方式是由各藩镇派驻首都的各个进奏官分别传送给自己的长官，并没有一个由朝廷统一领导的发报机构，印刷就不是十分必要的。现存的这份完全用手写的“进奏院状”，就是一个证明。中国的印刷报纸，是在朝廷把发报权都集中于都进奏院，需要大量复制的情况下才产生的。那已经是北宋以后的事情了。

根据了解到的以上情况，我们可以为唐朝的报纸作下面这样一个简单的描述：它是一种由各藩镇派驻朝廷的进奏官，以各藩镇进奏院的名义，根据所采录到的朝廷消息，分别传发给各藩镇主官的手写官报。刊期不定，篇幅不等，没有报头。它的正式名称为“进奏院状报”，也被别称为“邸报”、“邸吏报状”等等。朝廷对它的眷录传报工作及其内容没有限制。它只接受地方藩镇的领导，并不代表封建朝廷。它并不是封建王朝的中央宫廷官报。

古代报纸和近现代报纸的区别

看了前引唐归义军“进奏院状”的原文和上面的分析以后，也许有人会问：难道唐代的邸报就是这个样子？它能算是报纸么？

是的，唐代的邸报就是这样！它就是当时的报纸！当然，确切地说，是原始状态的报纸。它有点近似于西方中世纪的新闻信，然而却比西方最早的新闻信还要早上好几百年。所不同的是，新闻信主要是为早期的西方资产阶级传达经济情报服务的，而早期的邸报，则主要是为封建地方政权了解朝廷消息，巩固和维护他们的统治地位服务的。

报纸作为一种新闻手段，从诞生、发展到现在，已经经历了一千多年的历史，它不是一下子突然形成的，而是逐渐形成的，形成之后，还有一个逐渐完善的过程。唐代的邸报，正处在这个过程的前期，它仅仅具备报纸的雏形，还很原始，还很不完善。研究它，可以帮助我们更好地了解报纸发展的历史轨迹。

古代报纸和现代报纸毕竟是有区别的。我们只能实事求是地承认这种区别，不能用现代报纸的模式去硬套和苛求古代的报纸。

我很欣赏姚福申同志的下面这段话："假定今天看到了邸报，也只以为是普通的公文手抄本。……即使邸报放在面前，我们也是有眼不识泰山的"（《有关邸报几个问题的探索》，刊《新闻研究资料》第9辑）。这段话说得很实在。事实正是这样。带着今天报纸的框框去研究古代报纸，其结果，不是过分拔高，把它们描述得过于现代化，就是要求过高，连一份报纸也找不到。因为，正如姚文所说："即使邸报放在面前，我们也是有眼不识泰山的。"

在国内，明朝的邸报已经罕见，无论唐宋。现在突然冒出一份唐朝报纸的原件来，自然是值得高兴的事。饮水思源，应该首先感谢向达教授。研究敦煌卷子的人，一般只重视其中的佛经、变文、词曲、契约文书和绘画印件，很少注意到"进奏院状"这类的东西，是他独具慧眼，首先发现了这份"进奏院状"，著之于目录，才使我们得以按图索骥，进行研究。海内外各图书馆庋藏的敦煌卷子，据台湾潘重规教授统计，近四万卷，其中会不会还有被湮没的唐宋两朝的"进奏院状"或"邸报"呢？我想，不排除这种可能。[1]我相信，经过努力，今后还会有更多的古代报纸原件被发掘出来。我将延跂以待。

1　例如，另外一些在反面抄有《季布骂阵词文》的敦煌卷子，就有可能是唐时的《进奏院状》或邸报。《季布骂阵词文》是唐朝无名作者所写的共有三百二十韵的长篇叙事诗，分别抄在藏经洞出土的十个卷子上，连缀起来，可以成为一篇完整的词文。它们的编号为：P3639、P2747、P2648、P3386、P3197、S5440、S2056、S5439、S5441、S1156。另外的九份也可能是在废旧的《进奏院状》的反面抄写的，只是不立首末，没头没尾，更不为人所注意而已。倘有机会把它们一一抄来看看，也许会有新的发现。

附　记

本文所引崔致远《桂苑笔耕集》、李德格《会昌一品集》关于“进奏院状”的几段材料，是从黄卓明同志赠送给人大新闻系资料室的报刊史资料汇录中转引过来的；所引《旧唐书·李师古传》中有关“邸吏状”的那段材料，是从姚福申同志《有关邸报几个问题的探索》一文中转引过来的（转引时查对了一下原书，发现末句“不可以不讨”，姚文作“不可不讨”，脱了一个“以”字，已经补上）。此外，还有几条材料是从朱传誉先生的《宋代新闻史》一书中转引过来的，发现这些材料的劳绩属于他们。文中没有一一注明，在此一并致谢。

（原载1983年1月第5期《新闻学论集》）

跋《〈开元杂报〉考》

姚福申同志近年来致力于古代新闻史的研究，先后写出了《有关邸报几个问题的探索》（刊1981年第4辑《新闻研究资料》），《唐代新闻传播活动考》（刊1982年《新闻大学》第5期）等文章，提出了很多新颖的见解，在古代新闻史的研究工作者为数不多深感寂寥的情况下，能够得到这样一位同道，实在是空谷足音，弥足欣慰。

我和福申同志无一面之雅，但是神交已久。他的治学态度是严谨的。他所写的文章，论证绵密，言必有征，时有创新，不落前人窠臼，是很可钦佩的。《〈开元杂报〉考》是他的又一篇新作。

如所周知，《开元杂报》是中国新闻史乃至于世界新闻史上都很有影响的一份古代报纸。很多中外新闻史专家都对它作过研究，看法大体是：它是中国封建社会时期最古老的官报，出版于唐玄宗开元年间，不一定是印刷品，等等。福申同志的这篇文章，不囿于成说，不迷信权威，经过细致的考订和分析，提出了以下的一些观点：（1）孙可之

《读开元杂报》一文中提到的那一批“开元杂报”，主要记录的是开元十二年至开元十四年间的史事；（2）“开元杂报”可能是“开元杂记”之讹，它是印刷的，但并不是什么报纸，而只是一种大事记或编年史；（3）“开元杂报”的资料来源是“朝报”，后者才是中国最早的封建官报，它的问世不会晚于开元十三年。这些观点都十分新颖。它们的提出，将有助于弄清楚有关“开元杂报”的一些问题，促进古代新闻史研究工作的深入开展，是很值得注意的。这种在学术上勇于探索的精神，也是非常可贵的。

当然，由于是一种探索，而且到目前为止还处于继续探索的阶段，福申同志这篇文章中的有些观点，论证得还不够充分，有些观点还需要作进一步的探讨和推敲，还不能够说就是最后的结论。

例如，关于“开元杂报”不是报纸的论述，就是这样。我觉得，仅仅根据“一共只有数十百条记事，前后时间竟相距一年多”这一点，还不足以否定“开元杂报”的报纸性质。也还不能就此得出“‘开元杂报’绝没有《开元录》详细，所以它很可能是一部大事记，充其量是一种与《开元杂报》类似的编年史”的结论。因为根据孙可之在《读开元杂报》一文中的描述，所谓的“开元杂报”是一批“不立首尾”的“数十幅书”，意即没头没尾不相衔接的几十张物事。既然“不立首尾”，不相衔接，就不一定是保存得很完整的东西。因此，“前后时间……相距一年多”，就不是没有可能的。同样，根据这“数十幅书”只报道了“数十百条”动态消息，“没有《开元录》详细”，就断定它不是报纸，也稍嫌论据不足。孙可之在文章中提到的那部《开元录》，大约是《实录》或《时政记》之类的东西，是根据左右史和宰相们的记录整理写出来的，成书的时间，通常晚于及时发布的官报。因为两者的内容大体相同，所以对照起来，“条条可复”。因为在后，能够补进一些官报不载的文书资料，所以在有些（不是“所有”）问题的叙述上有可能比官报“详细”。因此，是否比《开元录》详细，并不能成为判断“开元杂报”是否报纸的主要根据。实际上，孙可之后来在长安看到的那些逐日“条报朝廷事”的官报，所刊载的也不过是“今日除某官，明日授某官，今日幸于某，明日畋于某”之类的消息，其详略程度与报道“某日皇帝亲耕籍田，行九推礼。某日百僚行大射礼于安福楼南……”之类消息的“开元杂报”相侔。如果承认前者是当时的官报，就难以否定“开元杂报”的官报性质。

关于“开元杂报”是“开元杂记”之讹，因此明显地不是报纸的说法，也是这样。福申同志提出这一观点的主要根据是清代学者汪师韩的《孙文志疑序》一文。文中有这样一段话：“樵文惟《唐文粹》所载《后佛寺奏》《读开元杂记》……十篇为真”。《四库全书总目提要》也引用过这段话。其实这个根据并不一定靠得住。因为孙可之的那篇文章，《孙可之集》《唐文粹》《全唐文》《日本诗书志》等均作《读开元杂报》，而不是什么《读开元杂记》。光凭汪文中的那段话，改变不了这一事实。如果有错的话，那么错的很可能是汪文和征引汪文的《四库全书总目提要》，而不是别的书。这一点，前此已经有人指出过。说：“此‘记’当是‘报’字之误”（参看曾虚白《中国新闻史》74页）。可见“开元杂报”是“开元杂记”之讹的说法，是不能轻信的。

关于“开元杂报”是否印刷问题的论证，也有类似的情况。对这个问题，福申同志的文章是持肯定态度的。其主要根据是明人陆琛在《河汾燕闲录》中的下面这段话：“雕版肇自隋代，唐刻留于后世者，仅开元年间之开元杂报，及唐僖宗十三年印刷之金刚经两种”。福申同志的文章还指出：“陆琛并非无名之辈”，他“是一位出入内府，见识渊博，对文物颇有些鉴别能力的人。这样一位史学专家，作了上述记载，尽管也有可能所看到的开元杂报印刷未必真是唐刻，但轻易否定，总觉依据不足”。其实这一根据也不是那么靠得住的。手头没有陆琛的原书，无从核对。但我总觉得陆琛的这段文字有点可疑。首先，陆琛这部书通常被征引的只是“隋开皇十三年十二月八日敕废像遗经，悉令雕版，此印书之始也”这一段话。福申同志所引的前面那一段话，仅见于曾虚白主编的《中国新闻史》，其中的“唐僖宗十三年”，曾书作“唐僖宗三十年（公元868年）”（见该书 1977年版76页），历来研究印刷史的中外专著都从未引用过，它的准确性十分可疑。其次，《河汾燕闲录》这部书是陆琛担任山西提学佥事时的著作，是一部杂论史事得失和经典异同的随笔札记，并不是什么精心的学术专著，因此纰漏很多。即如前引的有关雕版印刷的那一段话，就有不少专家学者指出它的错讹。卡德在《中国印刷术的发明和他的西传》一书中说：“陆氏此语，本隋费长房《历代三宝记》，其文本曰：废像经悉令雕撰。意谓费像则重雕，遗经则重撰耳”（46页）。叶德辉在《书林清话》一书中也说：“陆氏误字之语，则吾未敢附和也”（20页）。都认为把雕版开始的时间定在隋朝，是陆的一大失误。这一看法，已为近世的印刷史研究工作者所普遍接受。再次，这一段文字本身也有不少问题。一是“雕版肇自隋代”这句话不准确，理由见前。二是年代不对头。唐僖宗先后用过乾符、光明、中和、光启、文德五个年号，其中使用时间最长的乾符只有六年，因此不存在福申同志文章中引用的“唐僖宗十三年”，或曾书中引用的“唐僖宗三十年（公元868年）”这样的提法。如果按照曾书括弧内的“公元868年”来换算的话，则它所指的那一年，应为唐懿宗咸通九年。这正是公认为世界最早的中国雕版印刷精品“王玠为二亲敬造普施”的那部《金刚经》雕印的年代。也许引文的作者所指的就是这个年代。三是陆琛绝对不可能知道有关这部唐时雕印的《金刚经》的事情。陆是16世纪前后的明朝人，而这部《金刚经》从11世纪起，就被藏入敦煌石窟，直到1900年即清朝末年才被人发现，1907年才被公之于众，他没有可能预知它的情况。因此，前引陆琛的那番话，是很可疑的。曾书在引用这段话的时候，只笼统地标明引自“陆琛著《河汾燕闲录》”，并没有揭出详细的卷数和页码，根据前面说过的理由，我猜测这段话在陆书中根本不存在，它很可能出于误引，这是只要找出原书一查，就能查处来的。福申同志文章中的那段文字是否转引自曾书，我不清楚，如果是的话，那就上当了。

福申同志的文章还认为，在《开元杂报》之上，另外还有一种类似宋代“推升朝报”和清代“宫门钞”之类的“封建官报”，这种“官报”专门对外发布“朝廷日出事宜”，孙可之《读开元杂报》一文所说的“日见条报朝廷事者”，指的就是这种报纸，它是开元杂报的“资料来源”。这些看法，都有一定道理。也都值得新闻史工作者进一步研究。但是，姚文根据赵翼《二十二史札记》中的两段话，把这种封建官报定名为“朝报”，认为它有别于“邸报”，说“将这类封建官报也归诸于‘邸报’，显然不妥”“它的固有名称应是‘朝报’”，则又不免过于胶瑟了。因为，不论“朝报”或“邸报”，都只是封建社会时期一般人对封建官报（包括以报道官方消息为主的非官方报纸）的一种称谓，并没有严格的区别，不宜过于拘泥。就拿“朝报”这一名称来说，不仅唐宋人大量用过（这方面的材料是很多的，为节省篇幅计，就不一一征引了），明清人也大量用过。都用来泛指封建官报或民间印卖的报纸。《牡丹亭》里就有杜太守看“朝报”的描述，姚公鹤的《上海闲话》里也有“卖朝报为塘驿杂役之专业”的说法，所指的就是明清两代的事情。把“朝报”或“邸报”这两种称呼强为区别，是没有多大意义的，同时也是缺乏足够根据的。唐朝的文献中还找不到“邸报”的字样，无从比较。在宋朝，这两种称呼是经常混淆的。因此，在“朝报”这一名称上过于拘泥，并不一定符合当时的实际。

由于文献失证，情况不明，中国古代新闻史中的有些问题，还没有完全弄清楚，还有待于继续探讨，还需要做细致的推敲。正因为这样，任何一个经过分析和论证提出来的新的观点，都是值得欢迎的。看法不同，没有关系。只要言之成理，持之有故，就不妨各抒己见。只有这样，才能够互相补充，互相切磋，共同提高。有些意见各执一词，一时统一不了，也没有关系，并存下来，让后人去择善而从就是了。学术问题利于争鸣，过早地下结论反而没有好处。

以上是读《开元杂报考》一文后的一点看法和想法，质诸福申同志和新闻史学界同道诸公，不审以为然否。

（原载1985年9月第9辑《新闻学论集》）

中国封建社会言论出版禁令考

一

中国历代的封建统治者，对言论的限禁是十分苛细的，其专横程度也是历史上的其他国家的封建统治者所望尘莫及的。

最先实行言禁的是秦朝。《史记·始皇本纪》引丞相李斯关于严言论之禁的建议说："入则心非，出则巷议，……率群下以造谤。如此弗禁，则主势降乎上，党与成乎下。禁之便。"秦始皇接受了这个建议，颁布了"偶语弃市"的法令。这是中国历史上的第一个关于言禁的法令。其结果正如司马迁在《史记》中所说："使天下之士，倾耳而听，重足而立，钳口而不言。"

汉朝的太学生因为议论朝政，攻击外戚和阉宦擅权，而受到党锢之祸。而当时的封建政府为了防止士民谈论国事，甚至连三人以上"无故聚饮"也悬为厉禁，科以罚金。

言论之禁，在宋朝以后，更为严密。统治者深文周内，对那些敢于放言高论，对时局和统治阶级中的当权人物流露了不满情绪的人，进行了残酷的迫害。

宋高宗时期，由于封建统治集团坚持对金议和，害怕人民反对，因此严禁谈论时事。不少人都因为对时局发表了不同意见，而受到刑事处分。请看下面几段记载：

> 百姓张本杖背，送千里外州军编管。坐……谈说本朝国事为戏也（《建炎以来系年要录》卷六十一绍兴二年十二月己丑日条）。
>
> 直秘阁马纯落职，依条致仕，令汀洲居住。……纯常出怨言，辄议时政，每会宾客往往多言朝廷政事得失，……故有是命（前书卷一六二绍兴二十一年五月己酉条）。
>
> 进义副尉刘允中，坐指斥谤仙弃市（《宋史·高宗本纪》）。

此外，还有不少布衣百姓和政府官员也因为谈论时事而受了从“刺配”“流窜边远地方编管”，到“斩首”的处分，虽方外的和尚也不能幸免。

宋高宗绍兴二年至二十五年，秦桧两度出任宰相。在他执政期间，凡是在言论中攻击议和和揭发他的卖国罪行的人，也都被指为“谤讪”，而置之重典[1]。

从宋徽宗时候起，宋朝的太学生在国事蜩螗，民族危机日益加深的刺激下，曾经多次掀起带有某种群众性的爱国运动。在宋徽宗大观元年至宋理宗景定元年的153年间，这样的运动一共有101次，其中有70次是以要求御侮为主要内容的。太学生们在这些运动中，上书论政，要求罢

1 （宋史）《秦桧传》载：“胡舜涉以非笑朝政下狱死，张九成以鼓唱浮言贬，僧宗果编配，皆以语忤桧也。（绍兴）十四年贬黄龟年，以前尝论桧也。……（绍兴二十年六月）编管右迪功郎安诚、布衣汪大圭斩；荫人惠俊、进义副尉刘允中、径山僧清言黥；皆以讪谤也。……二十二年，又兴王庶二子之奇之荀、叶三省、杨炜、索敏求四大狱，皆坐谤讪。……二十三年，是岁进士黄友龙坐谤讪，黥配岭南。”

斥主和派官员，起用主战派将领，得到了广大爱国人民的热烈支持。封建统治者对太学生的这种公开的论政活动，非常恼火，只是怵于全国人民普遍要求抗金的怒潮，才没有对他们过度压迫。但是，即使如此，也还有不少太学生领袖如陈东、欧阳澈等人被借故收捕处死。

元朝的封建统治者在占领中原，建立中央政权以后，对以汉族为主体的国内人民进行了残酷的种族压迫。为了巩固他们的统治，防止人民的反抗，他们对各族人民防备森严，禁止他们从事祈神赛社、集市买卖等各种社会活动，而谈论时事议论朝政等这一类可能摇惑众听和引起反对情绪的活动，尤所不容。

太宗六年正月，元朝的封建统治者颁布了一项法令："诸公事非当言而言者，拳其耳，再犯笞，三犯杖，四犯论死。"[1]此后，在元朝统治中原的92年期间，由于触犯言禁，"诽谤朝政"，"妄言时政"而受到刑罚的事例，史不绝书。如世祖至元十一年四月，"诛西京讹言惑众者"；世祖至元十二年三月，"捕获农民郝进等四人造妖言惑众，敕诛进，余减死流远方"[2]；成宗元贞二年三月，"以完颜邦义、纳速丁、刘秀安妄议朝政，杖之，徒二年，籍其家财之半"；成宗元年十月，"温州陈空崖等以妖言伏诛"[3]等等。其中所谓"讹言""妖言"显然就是指那些冒犯了封建统治者的权威，触犯了他们的利益和危及他们的统治的某些言论而言。

明朝的封建统治者吸取了他们前辈的经验，在建国之初就禁止太学生议论时事和建言"军民一切利弊"之事。对其他官民人等的言论也严加监督，倘有"妄议"，立即交付有司治罪[4]。明朝末年，阉宦擅权，

---

1 见《元史 · 太宗本纪》。

2 以上引文见《元史 · 世祖本纪》。

3 以上引文见《元史 · 成宗本纪》。

4 如《明史 · 世宗本纪》载："嘉靖二十年正月丙寅，御史杨爵言时政，下锦衣卫狱""嘉靖三十一年十二月丁巳，光禄少卿马从谦坐诽谤杖死"；"嘉靖二十五年二月戊午，吏部尚书李默坐诽谤下锦衣卫论死"。

这些代表大地主阶级的残暴的执政者们，为了保持他们的权位，绝对禁止人民议论他们的短长。违背禁令的人，往往受到他们的最残酷的灭绝人性的刑罚。例如在大宦官魏忠贤执政时期，就有不少官员以“诽谤时政”下狱杖死。而“民间偶语，或触忠贤怒者”，也“辄被禽僇甚至剥皮刲舌，所杀不可胜数”。[1]

除了言论外，宋、明等朝的封建统治者也禁止以诗歌“谤讪朝政”“嘲讪大臣”。宋仁宗、光宗等朝都颁有严禁以“长韵诗”或“匿名诗”抨击政府负责官员的法令[2]。高宗时的一个下级官员范颜辉即以所作夏日久阴诗“阴怀异意，谤讪朝廷”，而被“送荆门军编管”[3]。明朝士民以诗贾祸的事件也颇不鲜见。佥事陈养浩、江西万安县民罗学渊都以其所作诗“词多谬妄”，被下狱讯治，“坐妖言律论斩”[4]。政府官员因为所作诗歌有讪谤朝政嫌疑而被罢斥的，也颇不乏人[5]。

为了监视和限禁人民的言论活动，封建统治者一方面通过他们的行政机构“申严法禁”，“密切觉察”，奖励士民互相检举告首；另一方面还利用他们所豢养的鹰犬，在公共场所偷听公众的谈话，记录公众的言行，随时向有关机关汇报，指名告捕。汉朝时代的大谁何、三国时代的校事、唐朝时代的不良人、五代时代的侍卫司狱、宋朝时代的察事卒、逻事卒、明朝时代的检校、锦衣卫卒等，就都是当时人所共知的代

1 《明史·宦官列传》。

2 《宋会要稿》刑二上卷二一七七七，载仁宗康定三年七月十七日中书门下言：“访闻浮薄小人撰长韵诗嘲讪大臣，令开封府密加查访，许人陈首，给钱三百千充赏，愿就官者，亦与补命。”又同书刑二下卷一九三九二，载光宗绍熙二年三月十七日持御史林大中言：“近有造匿名诗嘲讪宰相学官及枢臣侍从者，乞申严法禁，有犯毋贷，诏本府多出文榜晓谕，如有捉获之人，送谕根勘，重作施行。”

3 见《建炎以来系年要录》卷一六四，绍兴二十三年三月戊申条。

4 见沈德符《野获编》。

5 如前书卷二十五《诗祸》条载称：“正统十四年，福建剿贼都御史张楷作除夕诗云：‘静夜深山动鼓鼙，生民何苦际斯时’；又云：‘乱离何处觅屠苏，浊酒三杯也胜无’；又云：‘庭院不须烧爆竹，四山烽火照人红’。为给事中王诏所劾，罢去。”

封建统治者打听事件监督百姓言行的走狗。南宋时期，仅首都临安一处就派有数百名察事卒“游市间”，“小涉讥议即捕治”。[1]明朝东西两厂检校每天都向宫中汇报民间的言论动态，称为“打事件”。小至“家人米盐琐事”[2]，无不上报。清朝的封建统治者也曾经派有所谓“逻察之人”在民间四出侦伺，“凡闾阎细故无不上达”[3]。这些人的活动在社会上造成了一种恐怖的空气。《明史》形容在这些人的威胁下当时民间的情况是：“晏起早阖，毋敢偶语，旗校过门，如被大盗。”[4]对于这些助纣为虐的鹰犬们，当时的人们恨之入骨，但是为了避免受到陷害，只好明哲保身，三缄其口，莫谈国事了。

封建统治者为了表示自己关心民瘼勤求治理，有时也装出一副招言纳谏的姿态，要他们统治下的人民议论时政的阙失。他们曾经在宫廷门前设置过诽谤木[5]、肺石[6]、登闻鼓和匭[7]等之类的东西，作为招言纳谏的工具。其中诽谤木（亦称华表）、肺石和登闻鼓等，远在汉朝以前就已经有了。凡是准备建言的人，可以把意见书于华表之上，或站在肺石之上，等候延见；或到登闻鼓院击鼓递状，向负责官员当面陈述。匭是唐朝以后才开始设置的，是一种铜制的柜子，共有四个，涂以不同的颜色，列于朝堂，其中“青匭曰延恩，在东，告养人劝农之事者投之；丹匭曰招谏，在南，论时政得失者投之；白匭曰伸冤，在西，陈抑屈者投

1 见《文献通考》卷十七，刑六，绍兴十八年条，及《宋史·秦桧传》。

2 见《明史》卷九十四刑法二。

3 见昭梿《啸亭杂录》卷一。

4 见《明史》卷九十四刑法二。

5 崔豹《古今注》：“程雅问曰：‘尧设诽谤之木，何也？’答曰：‘今之华表木也，以横木交枝头，状若花，形似桔槔，大路交衢悉施焉；或谓之表木，以表王者纳谏。”又《淮南子·主术》：“舜立诽谤之木。”高注：“书其善否于华表木也。”

6 见《周礼·秋官大司寇》。又据沈括《梦溪笔谈》载称：“唐长安故宫阙前有唐肺石尚在，其制如佛寺所击响石，甚大，可长八九尺，形如垂肺，……乃伸冤者击之，如今挝登闻鼓也。”

7 见《唐会要》卷五十五。

之；黑匭曰通元；在北，告天文秘谋者投之”[1]，是一种近似意见箱之类的东西。所有这些都是封建统治者以“通治道而来谏者”[2]为名，来欺骗和笼络百姓的一种手段。封建统治者实际上并不想听取什么意见，他们在放置了这些东西以后，一方面佯作姿态，表示欢迎士民们前来建言，一方面却又定下了许多章程进行限制。例如唐朝曾规定投入匭中的文字必须在事前送请有关官员审查，以免夹入“嘲戏之言”[3]。宋朝则规定凡是准备到登闻鼓院击鼓建言的，必须“与保人皆来”，由“逐院监管躬亲审之”，以免“肆意鼓言，上浼宸听”[4]。说明他们只不过把这些东西当作一种摆设，并不希望人民真正地使用它们。除了利用以上这些东西“求言”之外，封建统治者在某些特殊情况下，例如在皇帝即位和发生了严重水旱灾害，和出现了地震日蚀月蚀等之类的“异象”的时候，也往往会破格的“手诏求言”，要他们的臣民“昌言无忌”“广陈时政”。这一类“求言”，虚应故事，近乎儿戏，带有更大的欺骗性。然而却毫无例外地被历代的封建史官们大书特书，颂为“仁政”。

封建统治者的言禁和他们对昌言者的残酷迫害，暴露了封建君主和当权大臣们的凶戾专横残忍，也反映了他们的卑怯心理。封建统治者仗恃着对人民的残酷压迫来维持自己的统治。他们害怕人民，唯恐人民像清扫垃圾似的把他们这一小撮吸血者从统治者的宝座上赶下来；他们对自己的臣仆们也不太放心，唯恐他们犯上作乱图谋不轨。正因为如此，历史上各时期的封建统治者无不风声鹤唳，草木皆兵，什么都怕，什么都禁，不愿意听到一点反对的声音，不许他们的臣民发表任何触犯他们的尊严和非议他们朝政的言论，竭尽全力来加强对他们臣民言论的限禁和束缚。

---

1 见《新唐书·百官志》。

2 见《文献通考》卷十一职官十四《登闻鼓院》条。

3 见王谠《唐语林》卷三。又《大唐新语》《新唐书》《历代职官表》《唐会要》等书都载有关于向匭投书受到限制和毫无结果的事例。

4 见《建炎以来系年要录》卷一三七绍兴十年七月戊子日条。

二

对于一般书籍的出版，历代的封建统治者也是限禁綦严的。中国是世界上最先发明印刷术和最先出版书籍的国家，也是世界上最先颁布出版禁令的国家。

封建统治者对民间出版书籍的限禁，是以其是否冒犯了统治者的尊严，和触犯了统治阶级的利益为主要标准的。被限禁出版的书籍，主要有以下几方面：

（一）宣传叛逆思想，鼓励犯上作乱，和足以动摇封建王朝的统治秩序的书籍

各时期的封建统治者都严禁带有叛逆思想和“鼓动愚俗”，企图颠覆他们统治的书籍出版，他们把这一类书籍称之为“妖书”，对那些敢于公开编著、刻印和买卖所谓“妖书”的人，处以非常严厉的刑罚。例如明朝的法律中便有“凡造……妖书妖言及传用惑众者皆斩，若私有妖书隐藏不送官者，杖一百，徒三年”[1]的规定。著名的以宋江等人被逼上梁山为题材的《水浒传》，便因为描写了草莽英雄，同情了叛逆者，在劳动人民中引起了很大的影响[2]，而受到了明朝封建统治者的严厉查禁[3]。在民族压迫特别残酷的封建王朝如元朝和清朝，某些怀念故国带有反对异族统治的民族思想的书籍，也往往被视为“逆书”而悬为厉禁。元朝的统治者禁止在文学作品中寄寓民族意识；清朝的统治者也极力防禁汉族人民借历史和文

1 见《明会典》卷一六八律例九。

2 当时民间说水浒故事，演水浒戏，画水浒画的都很多，甚至有在游戏的纸牌上画水浒人物者，见张岱《陶庵梦忆》。又明末农民起义军将领中，有不少人即用水浒人物的姓名或绰号作为自己的绰号，如李自成、张献忠部下有“黑旋风”“宋江”“一丈青”“燕青”等，可以推见《水浒传》在当时劳动人民中的影响。

3 见《明末农民起义资料》所收明思宗崇祯十五年六月兵部为梁山寇虽成擒仍严禁水浒传等事咨文。

学著作进行反满宣传。凡是违背了这些禁令的书籍，都被他们列为禁书而禁止出版。著作人，刻印人，买卖人等也都要受到严厉的处分。这样的文字狱在清朝初年是很多的。例如康熙年间有所谓庄廷鑨案、戴名世案，雍正年间有所谓陆生枬案、吕留良案等等。这些案件的当事人都因为在自己的著作中流露了反满复明的思想，不满意满洲贵族的统治，而受到了凌迟或剖棺戮尸等最残酷的刑罚。原书的作序人、参校人、买书人、卖书人、刻字人等一律处斩。著书人的家属族属和原籍的地方官员等，也普遍地受到株连。乾隆年间，为了彻底查禁那些可能引起民族思想的书籍，又到处购求遗书，把其中有关忌讳的书籍集中起来劈版销毁。在乾隆三十九年至四十七年的短短八年内，就毁书24次、538种、13 862部。仅江西一省，就禁毁过8 000多部书。封建统治者就是这样不择手段地来限禁那些违碍书籍的。此外，各时期的封建统治者为了维护封建君主的无上权威，对于那些“词语僭越”“不合体制”“亵渎帝王圣贤”和触犯皇室名讳的书籍，也一律收缴毁版，禁止印卖流传[1]。

（二）天文、日历和图谶等之类的书籍

唐宋元明等朝都有禁止出版这一类书籍的律令。[2]其中天文和日历

---

1 《宋会要稿》刑二上仁宗景祐二年十月二十一日条：“臣僚上言：驸马都尉柴宗庆印行《登庸集》中语词僭越，乞毁印扳，免致流传。诏付两制看详闻奏。翰林学士承旨章得象等看详;《登庸集》词语体制不合规宜，不应摹版传布。诏宗庆悉收众本，不得流传。”

顾起元《客座赘语》《国初榜文》条引明永乐元年七月一日刑科署都给事中曹润等奏：“但有亵渎帝王圣贤之词曲驾头杂剧，敢有收藏传诵印卖，拿送法司究问。奉旨：‘但这等词曲，出榜后限他五日都要干净将赴官烧毁了。敢有收藏的，全家杀了。’”

以上这两段引文说明封建统治者对所谓“词语僭越”“亵渎帝王”即冒犯了封建君主的尊严的书籍，也是极力查禁的。后面一段引文还充分暴露了封建统治者专横凶残的嘴脸。

2 各封建王朝都颁有禁止出版天文、日历、图谶等书籍的法令。如《唐书》《文宗纪》：“文宗太和九年，禁诸道州府不得私置日历板。”《宋会要稿》刑二上徽宗大观元年七月十六日条：“诏天文等书悉已有禁……可令诸路应系禁书限一季首纳，并与免罪。不首，复罚如初。”《元史》卷一〇五刑法四：“禁私造日历。告获者赏银百两”“诸阴阳家天文图谶应禁之书，敢私藏者罪之。”《明会典》卷一六八律例九：“凡造谶纬……及传用惑众者，皆斩。”《明史·孝宗本纪》：“弘治十七年春正月己未，严谶纬妖书之禁。”

（即历书）据说只有“受命于天”的封建统治者才有权编印出版，民间不得问津，否则便是僭妄。而图谶这一类带有宗教迷信色彩的书籍，则因为可能被利用来鼓动造反，也禁止民间擅自刻印。

（三）私史、野史和“事干国体”等之类的书籍

所有历史著作都不免于月旦人物评骘时事，封建统治者多行不义，很怕人民议论他们的短长，因此对未经官方同意擅自撰述和出版的历史著作，向来是不欢迎的。他们一方面通过御用的史官和官方的出版机构编印《会要》《实录》等“国史”，广为传播，为自己涂脂抹粉；一方面还颁布了许多法令，对所谓私史、野史的出版，实行严厉的限禁。在历史上，宋朝是查禁私史、野史最严的朝代之一。宋朝的封建统治者在南渡以后，起用秦桧为相，执行和金政策。禁止私史野史出版的目的之一，就是为了防禁人民揭露他们的议和活动，引起各阶层爱国群众对他们的不满。根据《宋史》记载，宋高宗时期曾经三次颁布申禁野史的命令。一次在绍兴十四年，一次在绍兴十五年，一次在绍兴十九年，都是根据秦桧的建议。李光、司马伋等即以其本人或先人曾经著述野史而获罪[1]。士大夫家中藏有野史者也都自行焚毁，以冀免祸[2]。此后，在宋宁宗嘉泰二年也颁有类似的禁令。宋以外，明清两朝对野史的限禁也很严峻，士民因为著述和出版野史而获罪者不胜偻指。

在限禁野史的同时，各时期的封建统治者对那些被认为“有干国体”和“间涉边机”的书籍的出版，也严加限禁。例如宋朝的封建统治者便曾经以“无使国之机事传播闾阎或流入四夷”为名，把《舒王日录》《北征谠议》《治安药言》等书列为禁书，“尽行毁板”[3]。封建

1 见《宋史》《高宗本纪》及《秦桧传》。

2 见王明清《挥麈后录》卷七。

3 见《宋会要稿》刑二上徽宗宣和四年十二月十二日条，及同书刑二下宁宗嘉定六年十月二十八日条。

统治者限禁这些书的真正原因，是因为他们在全国人民当中揭露了他们的卖国活动。所谓“有干国体”“间涉边机”云云，只不过是强加在他们头上的莫须有的罪名而已。

（四）“不系于六经子史之中，而又是非颇缪于圣人”的所谓离经叛道的书籍

从汉武帝时起，历代的封建统治者都利用儒家的经典来束缚人们的思想，维护他们的统治。他们告诫他们的臣民：必须“以语孟为师，以六经子史为习”。任何违背圣经贤传的著作，都被指为“曲学邪说”或“异端”，而严加限禁。其作者也往往被加上“鼓吹异说”或“瞽昽学者”的罪名，而置之重典。历史上关于查禁这一类书籍的记载是很多的。宋徽宗、高宗、孝宗、光宗等朝都有“凡邪说诐行非圣贤之书”不得擅自出版的禁令。宋光宗庆元年间便有《奥论发枢》《子性理书》《心性说》等书，被指为邪说异端而“当官劈毁”[1]。明成祖永乐三年，饶州人朱友季著书攻击周、程、张、朱等儒家学派；明宪宗成化二十年，无锡人陈公懋删改四书朱子集注；明世宗嘉靖二十九年，福建人林希元改编《大学经传》定本，及《四书易经存疑》，都受到了当时封建统治者的严厉惩处。有关书籍一律劈版焚毁[2]。李贽就是因为他所著的《藏书》《焚书》《卓吾大德》等书，批评了儒家的学说，才以“倡乱惑世”的罪名被捕入狱的。清世宗雍正年间的谢洛世也以所注的《大学》讥议程朱，而坐斩刑。总之，历代的封建统治者无不以限禁离经叛道的书籍的出版和传播，来束缚人们的思想，禁锢人们的脑瓜儿。在当时，任何反对儒家经典的著作，都很难得到出版的机会。

为了加强对民间出版事业的管理和限禁，各时期的封建统治者还制定了关于书籍出版检查的制度，所有民间出版的书籍，必须先期将书稿

1 见前书刑二下光宗庆元二年六月十五日条。
2 见沈德符《野获编》。

送审，经批准后方得开印，否则即按禁书处理，著作人、刻印人都要从重置典[1]。负责审查的机关通常为秘书省或国子监。秘书省是封建政府收集和典藏图书的机关，国子监则是封建统治者对他们的士民进行正统的封建思想教育的最高学府。由这些机构来负责书稿的审查工作，自然可以收思想统一之效。那些“贻害学子”“惑世诬民”的“异端”“邪说”也就难以公开梓行了。除这两个机关外，地方各级行政机关也有权对当地坊间出版的书籍实行预审。不少地方官员还乘机索取贿赂。稍不如意便指为“鼓唱异说”而勒令毁版。在如此周密的防禁下，民间出版事业的活动受到了很大限制，除了遵照封建统治者的意图，出版一些代圣贤立言和宣传纲常名教的书籍外，几乎没有什么出版自由可言。

封建统治者虽然极力限禁人民的出版自由，但是并不限禁他们自己的出版自由。正如马克思在《第六届莱茵省议会的辩论——关于出版自由和公布等级会议记录的辩论》一文中所说的：“自由的反对者在反对实现自由的同时也实现着自由，他们想把曾被他们当做人类天性的装饰品而否定了的东西攫取过来，作为自己最珍贵的装饰品。”[2]在封建社会时期，中国的封建统治者们是享有充分的出版自由的。历代封建统治者所出版的书籍，有所谓“官本”和“监本”[3]，其中有的是封建政府编定的教科书和儒家的经典著作，有的是历代史官编著的国史、会要、实录、日历，有的是经审定认为“有益学者”“有利治体”的私家著述，等等。所有这些书籍都在不同程度上宣传了封建忠君思想，成为封建统治者教育他们的臣民，培养为他们服务的奴仆的重要工具。为了炫耀自己的文治，不少封建统治者还组织力量编撰和出版了不少类书。他们不仅利用这些类书宣扬封

1 参看《宋会要稿》刑二上仁宗天圣五年二月二日条，哲宗元祐五年七月二十五日条。及《建炎以来系年要录》卷一八二绍兴二十九年六月辛未日条。

2 《马克思恩格斯论报刊》，1958 年，人大版第 103~104 页。

3 官本指中央和州郡等地方政府用公款刻印的书籍。亦称官刻。监本指国子监刻印的书籍。

建思想毒害人民，而且利用编撰这些类书的机会，对国内现存的书籍进行了普遍的筛选，保存一批，销毁一批，对某些书籍中的“违碍”部分也进行了大量的斧削和篡改。每一项这样的编书活动，都是对现有图书的一次洗劫。不少有价值的图书就是在这样的编书活动中被弄得无影无踪了。这是封建统治者对人类进步文化事业的严重摧残。

三

除了查禁一般的违碍图书外，历代封建统治者还特别注意对那些以刊载时事性政治材料为主的报刊出版物的限制。除了封建统治阶级自己发布的宫廷官报外，其他非官方的报刊很难得到出版的机会。

首先，探听和传报朝廷方面的消息就是绝对不能允许的。各个封建王朝都颁有关于禁止探听和传报朝廷消息的禁令。例如宋朝禁止“妄说朝廷未施行事”[1]，禁止“妄言宫禁事”[2]和“写录传布”关于“时政得失”及“边事军机”等之类的文字[3]；明朝则严禁“探听抚按题奏”，“传报消息”[4]；有的时候连民间通信，也悬为厉禁[5]。

为了防止朝廷的“机事”外泄，各时期的封建统治者还实行了严密的新闻管制：禁止宫廷近侍人员和政府工作人员泄露朝廷政事[6]、禁止

1 见《宋会要稿》刑二上哲宗绍圣元年五月二十三日条。

2 见《宋史·宁宗本纪》。

3 见《宋会要稿》刑二上哲宗元祐五年七月二十五日条。

4 见《明会典》卷二一〇。

5 见许同莘《公牍学史》六十七页。

6 关于这方面的禁令：《宋会要稿》刑二上建炎四年三月九日尚书省言：“三省枢密院、六曹百司人吏……如有漏泄朝廷未下有司政事差除之类，……即具姓名密报，送所司根勘，即依法施行。”《元史》卷一〇二刑法一：“诸人臣口传圣旨行事者禁之”“诸中书机务有泄其议者，量所泄事闻奏论罪。”《明会典》卷一六二律例：“若近侍官员漏泄机密重事于人者斩，常事杖一百，罢职不叙。”

驻在首都负责向地方传报消息的进奏官和地方使臣“伺察朝政”“听探事宜”“漏泄机密”[1]；禁止边疆地区士民“以私书报边事”[2]等等。政府工作人员因为泄露了朝廷未经发布的政事消息而受到惩罚的事例很多。仅宋高宗时期就有太学博士杨邦弼、侍御史汪渤、敕令听删定官陈澥、军器监丞章岵等人，以“探报朝廷事传播于外”和“窥探朝政密相报闻”[3]的罪名，遭到了免职和降职的处分。

从表面看，已颁的各个封建王朝的法令，并没有禁止民间出版报刊的明文规定。然而“议论朝政”有禁，“谤讪大臣”有禁，“妄造妖书妖言”有禁，“鼓吹界说”和刻印“邪说诐行”之类的文字有禁，探听和传报“朝政”有禁，所有这些禁令，都和报刊有关，其中的任何一条都可以成为被查禁的理由，则民间报纸出版之难，也就可想而知了。

实际情况也正是这样。在一个相当长的时间内，中国除了封建王朝官办的邸报外，几乎没有任何其他的报纸出版。邸报成为唯一的报纸。

北宋以后有所谓的小报出版，算是打破了官报垄断的局面。然而，这种小报从一开始起，就被宣布为“骇惑听闻”“疑悟群听”的非法出版物，而受到了封建统治者的严厉查禁。

宋朝封建政府对小报的限禁是十分苛细的。北宋仁宗康定元年命开封府对小报发行人“密切根捉，许人陈告，勘鞫闻奏”；徽宗大观元年，“令开封府立赏一百贯，许人告捕”；大观四年又把赏额提高为一千贯，并命在开封府的“捉贼赏钱”项下开支。南宋以后，小报的数量增多，禁令也更为严厉。孝宗淳熙十五年，宣布对捕到的小报发行人“当重决配”；次年，又具体规定为罚款及“编管五百里”；光宗绍熙

1 见《宋史》《高宗本纪》《建炎以来系年要录》卷一六〇绍兴十九年十月庚辰日条。

2 见《宋会要稿》刑二上徽宗宣和四年八月二十二日条。

3 见《建炎以来系年要录》卷一五三绍兴十五年正月丁酉日条、卷一五四绍兴十五年七月戊午日条。

四年重申前令，并表示“断罪追赏，务在必行”[1]。这些禁令对小报的出版起了一定的遏抑作用，使小报始终处于非法地位，不得不采取秘密的办法发行。

宋朝以后，小报时有出现，禁令也层出不穷，不少小报都被指为“以无为有”“任意捏造，骇人耳目”的出版物而受到封建统治者的严厉查禁。从中央到地方，都曾经颁布过很多关于限制刊刻或写录小报的禁令[2]。清世宗雍正四年还有两名“捏造小钞，刊刻散播”的人被处斩刑[3]。除了封建政府的官报和被默许出版的以转载官报稿件为主要内容的报房京报外，其他的民办报纸很难得到出版的机会。

清末的一个时期，在一些资产阶级知识分子的呼吁和斗争下，封建统治者被迫准许他们办报，但是随之而来的则是大量颁发的《报律》《出版条例》，和罗织罪名制造出来的新文字狱。报人被捕被杀被酷刑致死的所在多有。出版自由云云，对于当时的人民说来，不过是镜花水月般的空话而已。

在漫长的封建社会时期，广大人民是没有什么言论出版自由的。那个时代，言论出版之禁多如牛毛。一些勇于发表自己的意见和出版违禁书刊的人，无不遭到封建统治者的残酷迫害。其结果则是万马齐喑，人人自危，进步的文化事业受到摧残，社会的生机遭到扼杀，人民的权利受到践踏，整个中华民族遭受了严重的灾难。然而“防民之口胜于防川”，广大人民的口终究是防不了的。封建统治者的言论出版之禁，虽然取效于一时，但归根结底只能更加暴露他们反人民的丑恶面目，更加激起广大人民对他们的憎恶和愤慨，也必然加速了他们自己的灭亡。

1　以上法令均见《宋会要稿》刑二上、刑二下。

2　清朝的中央和地方政府就颁布过不少查禁小报的命令。参看蒋良骥《东华录》卷二十二康熙五十三年三月条，及 1878 年 2 月 9 日《申报》。

3　见王先谦《东华录》卷八引雍正四年五月初九日“上谕”。这两个人后改为“斩监候”。

“文革”时期，“四人帮”一伙妄图步封建统治者的后尘，实行封建的文化专制主义，禁锢言论，愚弄人民，他们的专横、愚昧、凶残完全可以和历史上最反动的封建统治者媲美，然而其结果，也只能和他们的前辈一样，为人民所唾弃，成为不齿于人类的狗屎堆。这就是历史的辩证法，是不以他们主观意志为转移的。

（原载于1980年9月《新闻学论集》第一辑）

清代北京的民间报房与京报

清代的民间报房主要集中在北京。它们的鼎盛时期在乾隆、嘉庆、道光、咸丰、同治、光绪这六朝。

早在清代初年，北京城内就有以私人名义从事抄报活动的人。他们多数是衙门中的低级胥吏，本职工作之余，以刊刻抄发邸报作为自己的副业。见于文献记载的顺治年间的吏科书办茅万懋，就是其中的一个。顺治十三年，他因冯应京伪造御批案受到牵连，在刑部受到审讯时，曾自称："我是刻报营生之人"，并且说道"这刻发报生意，原不能尽行刻发，冯应京既说是旧本的事，故此不曾问他，就刻发了"[1]等之类的话。可见当时确已有人以刻发报纸为营生。他们所刻发的报纸主要刊载一般的谕旨和章奏，因而也被混称为邸报，但显然带有私营性质，并非官报。雍正元年谕旨中提到的"凡提塘京报人

1 转引自苏同炳《伪造邸报——记明清两代新闻史特出事件》一文。原刊 1969 年 4 月 10—11 日台北《中央日报》。

等”，和康熙五十三年谕旨中提到的“各省提塘及刷写报文者”[1]，其中的“京报人等”和“刷写报文者”，除了指提塘主管的报房中人外，很可能也兼指他们这一类人。他们的办报活动，是清代民间报房活动的先声。

由于雍正和乾隆初年都曾经禁止胥役市贩买阅邸报和私抄邸报，获准公开发行邸报的，在当时仅限于提塘及其所设的报房，因此清代民间报房的出现和盛行，很可能是乾隆中叶以后的事情。保存下来的清代民间报房的报纸，均出版于乾隆中叶以后，也证明了这一点。

清代民间报房是怎样诞生和怎样发展起来的？目前有两种说法。一种是长白山人在《北京报纸小史》中所说的：“当年东华门外，设有白本报房一所，该所雇佣数十名文贫，由内阁领到宫门钞，众文贫分写数百本，派人送投各衙门，各大员邸第，……但因代价昂贵，中下级官吏及商民等无力订阅，于是黄皮报房应时而出。……经营黄皮报房者，均为山东人，所谓京报房是也。”[2]一种是戈公振在《中国报学史》中所说的：“据北京报房中人言，清初有南纸铺名荣禄堂者，因与内府有关系，得印《缙绅录》及《京报》发售。时有山东登属之人，负贩于西北各省，携之而往，销行颇易。此辈见有利可图，乃在正阳门外设立报房，发行《京报》，其性质犹南方之信局也。”[3]

以上两说，前一种提到的白本报房，已不可考。后一种提到的荣禄堂南纸铺，则见于光绪十二年出版的李虹若的《朝市丛载》和宣统元年出版的徐永年的《新增都门纪略》。李书载称：“荣禄堂搢绅南纸店，在前门外琉璃厂中间路南舍旁便是。专办各级公文用纸、书画用纸，及文房四宝、石章、罗盘、琴弦、雅扇、简帖等物。兼刊历科科场官卷，

---

1 均见《大清会典事例》卷 703。

2 见管翼贤纂辑《新闻学集成》第 6 册 280 页。

3 见戈公振《中国报学史》第 2 章 13 页。

精刻翰苑分书，各种书籍摹本发卖。”[1]徐书的记载与李书大致相同，店址也相同，只是多记录了一副门前的对联：“荣膺芝诰传三接，录启蓬池冠众仙”[2]。以上记载说明，荣禄堂南纸铺在光绪宣统年间还存在，是一家发卖书籍、文具兼有一定印刷力量，能够出版各类书籍及印件的综合性文化商店。从店名保留有搢绅两个字看，搢绅录之类的印刷品也许还在出，但印卖京报的事，已不再提起。可见荣禄堂如果确曾印卖过京报，也是光绪初年以前的事，这以后已经和京报没有关系了。在找不到更翔实的材料之前，以上两说不妨并存。除了在民间报房起始的时间问题上，一个没有交代清楚，一个提得过早，不够准确[3]之外，它们所提供的其他情况，还是有一定的根据的。如：先有“白本报房”，后有“黄皮报房”；先发行手抄的报纸，后发行刊印的报纸；稿件领自内阁；关系来自内府；目的为了牟利；出版于北京，负贩至外地；从事这一行的多为山东人等等，这些都比较符合实际。从由提塘及其所设报房垄断邸报的抄录、刊刻、发行活动，到一部分人分化出来以刻报为营生，进而私设报房，刊刻抄报，这就是清代民间报房诞生和发展的基本历史轨迹。

根据有关记载和保存至今的实物，清代的民间报房除上面提到的“白本报房”和一度印售过京报的荣禄堂外，以公慎堂为最早。国内收藏家收藏的乾隆三十五年的邸报，和日本国会图书馆收藏的乾隆三十六年至四十一年及嘉庆六年的邸报，都是这家报房出版的。乾隆三十六年至嘉庆六年恰为30年，说明这家报房至少有30年以上的历史，是乾隆时

---

1 见李虹若《朝市丛载》卷五。

2 见徐永年《新增都门记》卷四。

3 荣禄堂创设的时间不详。戈公振在《中国报学史》中称为“清初”，不知何据。详载清初琉璃厂一带店肆情况的宋一新、缪荃孙《京师坊巷志》及刘承翰《京师坊巷志考正》均未提到这家南纸铺。倒是都曾提到过另一家印卖搢绅录的洪家书铺，铺址在正阳门外西河沿，接近琉璃厂。

代最有影响的一家民间报房。这以后，直至清王朝覆灭，见于记载和有原报可查的北京民间报房，不下十余家。它们的名号是：聚兴、聚升、合成、杜记、集文、同顺、天华、公兴、聚恒、洪兴、永兴、同文、信义、连升等，其中以聚兴、公兴两家开业最早，都创办于咸丰年间。两家报房中又以聚兴报房的历史为最长，从咸丰年间开张，直到民国十年（1921年）还坚持营业[1]，持续的时间超过了半个世纪。从乾隆、嘉庆到光绪、宣统，各时期，北京报房的数量时有消长，多的时候有五六家，少的时候只剩下两三家。它们之间还有类似明代抄报行那样的行会组织，共同维护行业的利益，和协调同行间经营管理方面的一些问题。大部分报房都设在正阳门外大街西侧的一些小胡同里，如同顺报房在百顺胡同，聚兴报房在铁老鹳庙胡同（今铁鸟胡同）。以设在铁老鹳庙胡同附近的为最多。铁老鹳庙那一带因此成为清末民间报房报纸发行活动中心。

清代民间报房所出的报纸，通称京报。这些报房因而也被称为京报房。在部分读者中，京报房所出的京报偶尔也被混称为邸抄或邸报。

乾隆、嘉庆等朝民间报房所出的报纸，一般没有报头，没有封面。每天一期，每期一册，每册4~10页不等[2]，每页长宽约为24厘米 × 18厘米，每册第一页的第一行印有出版时间。版心部分印有“题奏事件”四个字。每册第一页和最后一页的空白处都印有报房的堂名。这大约就是所谓“白本报”的一般模式。早期的官报和民间报房所出的报纸，很可能就是这个样子。

同治以后各朝，民间报房所出报纸，在形式上有了明显的变化。其一是普遍地加上了封面。大部分的封面使用黄色连史纸。这大约就是黄皮报房、黄皮京报这些名称的由来。其二是普遍地有了报头。报头通常

---

1 “辛亥革命”以后，聚兴报房的主要业务为代理北京各报刊的发行工作，不再自己出版报纸。

2 这是指整页的行数。经对折后，每半页的行数为 7~9 行不等。

为“京报”两个字。用刻有这两个字的木戳，蘸上红色的颜料，盖在封面的左上角，非常醒目。封面的右下角则通常盖有××报房的名戳，也是用红色颜料，同样很醒目。少部分不用黄纸作封面的，则在白色的封面上加印“一品当朝”“指日高升”“天官赐福”“加官晋禄”等红色图案，把“京报”这两个字和报房的名称也嵌在其中。此外，还有少部分报纸是将事先印好的“京报”两个字的标签，贴在封面的左上角当作报头的。除封面和报头外，其他方面的变化较小。每期一般为4至10页，超过10页的时候也有，但较少[1]。每页对折之后用纸捻装订成册。每册的长和宽一般约为22厘米×9厘米。个别报房所出的报纸有宽到12厘米以上的，仅是少数。

乾隆以后各民间报房所出的京报，基本上都是印刷的。其中一部分用活字印刷，一部分用泥版印刷，各报房的情况不完全相同。使用活字印刷的，也不完全一样，既有用木活字的，也有用胶泥活字的。所谓泥版，又称“豆腐干儿板”，是直接倒在石膏一类的泥版上，用火烤硬后付印的。只有少数条件较差的报房才使用这种办法。版排好或刻好后，一般都用锅煤烟子加胶水调成的墨水，刷印在一种质量很差的薄川连纸上，纸色墨色都十分暗淡，因为加了大量胶水，气味也不好闻。光绪朝以前，各报房京报的印刷状况大抵如此。光绪末年以后，才开始陆续采用铅印。京报一般一天一出。因为内阁发抄的时间在下午，出版的时间往往要拖到黄昏或晚上。春节前后的一个多月里，国制期内和重大新闻稿件不多的时候，也常常改出两日刊或多日刊。京报全部为竖排，一行到底，每行一般为22个字，每页14至18行不等，每期的总字数也不完全一样，少的时候仅千把来字，多的时候可以达到5 000多字。

京报的内容基本上是宫门钞、上谕和章奏等三大部分。

1　两天的报纸合刊的时候，页数就多一些。如聚兴报房在光绪十四年十二月二十五、二十六日合刊的那一期《京报》就有 14 页。

宫门钞部分所发表的主要是当天上午或前一天的朝廷重大政事活动。包括召见军机，召见某官，某部引领官员若干人觐见，某人预备召见，王公、贝勒、贝子及尚书、侍郎等高级官员们的请安、请训、请假，奉派执行某项任务的大臣们的奏事和销差，臣僚们谢恩谢赏，一二品大员死后递遗摺，某某衙门奏事，皇帝参加的各项典礼和祭祀活动，皇帝出巡、驻园、还宫，某衙门值日，换季换穿衣帽，早年京师得雨几寸，各旗派员看箭等等。多数都与皇帝有关。内容较庞杂，但文字极简略，基本上是一句话的新闻，类似新闻提要。

上谕部分主要照发皇帝的某些谕旨。内容无所不包，以任免、申斥、褒奖、赏赐之类的居多。发表在这一部分的主要是单发的谕旨。属于批示性的谕旨，则一般放在章奏后面，随章奏一道发表。

章奏部分所发表的主要是京中各衙门及各省督抚将军河督们的题奏。这些都是经过皇帝同意下阁发钞的。各处海关监督的奏折，以及亲信大臣们的密奏，则不能见报。所有章奏，一律照发原文。章奏后面的皇帝批示，如朕安、知道了、该部知道、该衙门议奏、著照所请、著照所讲、另有旨等，也照登不误。被提到前面上谕部分发表的重要的批示，就注明“旨已录”，不再重复。多数章奏都在一期内登完，内容较重要，篇幅又较长的，有时也分刊于两期，未完的那一部分，在稿末加注“此稿未完”等四个字，以资识别。

除以上三部分外，京报上偶尔还刊登过文选单、武选单、鼎甲单和朝审犯人勾到单之类的稿件，为读者提供铨叙、科举和司法等方面的信息。

为了便于了解京报的全貌，下面举光绪十四年十一月初八日聚兴报房所出的一期京报为例。这期京报，封面封底均用黄色连史纸，封面印有红色的京报两个字作为报头，中间偏下位置印有红色的“聚兴报房”四个字的长方形图案，封底空白无字。正文部分共8页。各页所刊的文字如下：

（第一页）光绪十四年十一月初八日

目录：谕旨，织造庄奏请，湘抚王奏请。

（第二页）十一月初八日礼部宗人府钦天监正红旗值日，无引见。大额驸李鸣藻、廷禧各假满请安。前河南学政华金寿到京请安。景善、立瑞、明桂各请假十日。内阁奏派稽查本章，派出奎郁。又呈进朝审勾到本。召见军机廷禧、容贵、华金寿、恩禄。

（第三页）上谕：曾国荃奏总兵病难速痊，据情代奏，恳请开缺一摺。山西大同镇总兵张树屏着准其开缺。钦此。

上谕：李鸿章奏神灵显应请颁匾额等语。直隶宝坻县关帝庙、龙王庙夙著灵应。本年夏间，雨泽愆期。伏秋后，河堤险工迭出，经该官绅虔诚祈祷，均邀默佑。堤工平稳，转歉为丰，实深寅感。着南书房翰林恭书匾额各一方，交李鸿章祗领，饬属分诣，敬请悬挂，以答神庥。钦此。

（第四页）江南制造奴才庄山跪奏为乐部派办袍料等项活计，一律办齐，选派妥员解京交纳，恭摺奏闻，仰祈圣鉴事。（以下为奏折的全文，其中开列了不少袍料的品种、数量及费用支付数字，共约400字。从略。）

（第五页）（接刊上页庄山奏稿）……谨奏。奉硃批：该衙门知道。钦此。

王文韶电。再查历次奏准承袭世职年未及岁之宁乡县阵亡参将廖辅臣嫡长子廖基珍，现年20岁。（以下开列了不少待承袭世职的阵亡军官后裔的名单，要求发标学习，期满照例承袭，共约510字。从略。）

（第六页）（接刊上页王文韶电）……谨奏。奉硃批：该部知道。钦此。

（第七页）王文韶电。湖南候补道恽祖祈前于到省后因伊次子毓斌自幼出继与堂兄祖翼为嗣，在籍聘同乡庄赓良之女为室。庄赓良亦系湖南候补道员到省在前。例无降服子之姻亲同官一省应否回避明文，禀经升任抚臣卞室第咨请部示，施准吏部咨复，虽系出继，仍应回避等因，转行遵照在案。查恽祖祈（下文呈述恽祖祈如何干练如何得力，要求暂免回避，继续在湖南任职。共约180字，从略。）谨奏。奉硃批：着照所请，该部知道。钦此。

（第八页）王文韶电。再，湖南沅州府知府邓天符调省另有差委，所遗篆务，应行委员接署，以重职守。（下文说朱其懿其人如何如何，拟以朱升任沅州府知府，共约60余字，略。）谨奏。奉硃批：吏部知道。钦此。

王文韶电。再，准湖南正考官翰林院编修陈懋侯咨称：（下文说陈主考事已经结束，想在回京前请假三个月，绕道回福建原籍修理祖茔，约120字，略。）理合据情附电代陈，伏乞圣鉴。谨奏。奉硃批：陈懋侯着赏假三月。钦此。[1]

全份京报共8页，约2 000字，在当时的各日京报中，属于中等篇幅。原文无标点。其中第二页所刊的就是宫门钞的内容。宫门钞这三个字，有时加，有时不加。这是不加的一个例子。上谕和章奏中提到的曾国荃，时任两江总督；李鸿章，时任文华殿大学士、直隶总督；王文韶，时任湖南巡抚。这一期共刊出王文韶的四份奏折，为节省篇幅计，每份奏折前的职衔和台头，都被省略了。

京报的全部稿件都来自内阁和科抄，没有自己采写的新闻，也没有任何言论。编辑工作很简单，把收到的宫门钞、上谕、章奏大体分一下类，照发就行了。无须标点，也不加任何标题。各报房所出的京报因而大同小异。所异的，仅在上谕和章奏，特别是一般章奏的选择上。每

1　原件存中国人民大学新闻学院资料室。

天经内阁发抄的谕旨、章奏很多，京报的篇幅有限，无法全部容纳，只能适当选择。选哪些，不选哪些，各报房不尽一致，因而各家京报的内容，稍稍有所不同。这也是那么多家京报能够并存的一个原因。失去了这点微小的差别和与之相伴随的竞争，那么多的报房是很难维持的。

在近代化的报纸产生以前，京报是封建王朝的臣民们获知朝政和国家大事的主要信息来源。读者只能各取所需地从京报所提供的宫门钞、上谕、章奏等稿件中，寻找自己所需要的、所关心的和感兴趣的各类消息。臣僚们的题奏，涉及的方面很广，为读者提供的信息也最多。不少内政、外交、经济、军事、天文、地理、机构调整、官员任免方面的消息和大量有关失火、盗窃、抢劫、越狱、凶手、情杀以及各种灾异现象的社会新闻，都是读者们从大量的章奏中发掘出来的。京报并没有直接地报道这些新闻，而只是通过它们所刊载的谕旨和章奏，为读者提供了这些方面的新闻。

报房出版的京报，以盈利为目的，报费是他们的主要进项。

每月的报费，在白本报房时期，约为一两二钱。[1]这是因为当时的京报是手抄的，抄工较贵。实行大量刻印以后，每月报费仅需二钱，后来调整到300文，即每份10文。篇幅较小的，价钱递减。各报房收费的标准开始并不完全一致，后来逐渐统一。光绪三十年二月，北京各报房经过协商，曾“将报资酌定一律价目”，并发表公启如下：

启者：本行承办《京报》，历有年所，按月取资，价目原未划一。从前酌盈济虚，尚可敷衍，近今百物增昂，于报资多有萧条者，以致刻下赔累不堪。兹由甲辰年二月初一日起，将报资酌定一律价目：大本八页、小本十页，每报每月取钱三吊；大本四页、小本五页，每月钱二吊；按日送阅宫门钞、上谕条，每月钱一吊。此后旨依定价送阅，庶阅

1　据长白山人《北京报纸小史》。见管翼贤《新闻学集成》第 6 册 280 页。光绪末年每两银子可换 800 个大制钱，二钱银子约相当于 160 个大制钱，每天的报费约仅 5 到 6 个大制钱。

者概不多费，于送者亦可借免赔累矣。特此谨白。京报房公启。[1]

第一次以行业的名义统一了报价。这一价目一直维持到清王朝的结束。一吊为100文，三吊即300文，可见行业公定的报价，是当时最通行最适中的报价。宫门钞、上谕条之所以另有定价，是因为这两部分可以单独订阅。

京报的总发行数字，在白本报房时期，只有数百本。实行刻印以后，销数激增，最多的时候估计在1万份左右。[2]这是累计的数字，各报房印发的份数有多有少，不完全相同。

京报出版后，即由各报房雇用的送报人直接送给订户。北京城内送报的情况，据当年和报房有过密切来往熟悉送报业务的人回忆："北京城内所有送报的人都是山东人，都是背着一个用蓝色布做成，五尺多长，五寸多宽，两头有兜的报囊，囊上钉有白布写黑字的京报二字。……各人有各人的道路，同一报馆之送报人，不许越界送报。例如卖聚兴报房的人，在此胡同送报，则其他卖此报之人，便不许再送。然若卖洪兴报房之送报人尚可。但也常打架，重者聚殴。他们都是穿一长稍过膝的蓝布大褂，外系一条布搭包（腰带），因为从前若穿小衣服裤褂或散着腰（不系搭包）进人家，是不太规矩的事情。他们送报必须进门，所以都穿长褂、系搭包。……他们送报的道路非常重要。自己老了，可以传给儿子，若外人想接送，则须出钱买这条道，亦曰倒道。……除送报有余利外，一年三节，都讨节钱，你要给他一个大个钱，那是不成的，给两个便足，若给五个，那他高兴极了。……这种送

1 转引自黄卓明《中国古代报纸探源》，第176页。

2 燕京大学新闻系美籍教授白瑞华（BRITFON, ROSWELL, SESSOMS）的估计是1万份以上。（见胡道静《新闻史上的新时代》,《报坛逸话》第2页。）从当时的印刷条件和报房的数字看，似乎偏高了一些。英国驻华公使阿礼国（ALOCK, RUTHERFORO）的估计是"数千份",(见1981年11月《新闻研究资料》第8辑，255页潘贤模文）比较接近实际。阿氏1870年前后曾去正阳门外的报房集中地区参观过。

报人都有公会，人心极齐，本会中人，如越界送报等事，是不易见到的”[1]，又说，“报房的规矩，每天价若干，每月价若干，当然有确定的数目，但看报的人花钱则不一样，看路之远近定价。……内城东西四牌楼以南，及整个的外城之价，差不了多少。若安定门、德胜门内，已须稍高。至安定门外之黄寺、西直门外之海淀，以及齐化门、彰义门外，则价更高。但此可以与送报当面议价，然亦有普通大致的价格，不能相去太远”。对京报在北京城内发行的情况；介绍得十分详尽。从事这项工作的多为山东人，与早期的报房多由山东人创办有关。他们的总人数，据光绪三十一年的统计，约为200人。[2]一般在上午10时左右，就能够把前一天印好的报纸，送到城区订户们的手中。

报房也有外地订户，因而也有“整批发售至外省”[3]的业务。外地订户的京报只能隔几天派送一次。据前引熟悉清末京报发行情况的人回忆，京畿州县如通州、良乡等处大约两天送一次，天津等处大约五天送一次，保定等处大约十天送一次，边远省份则往往要一个月或一个多月才能送一次。一般府县的订户不过几份、几十份，为了维持生活和长途跋涉的各项开销，送报人除送报外，一般还兼营代捎书信、代寄包裹、代购物件、代送银两等副业，赚一点邮费、汇费、服务费和回扣，以资挹注。因为随身捎带的东西不少，“所以一个送报人，最初不过自己背着一个小褥套，内装报之外，便是自己的行李，慢慢生意越作越发达，

---

1 见齐如山《清末京报琐谈》，原刊 1952 年 8 月台北《报学》杂志一卷三期。齐如山（1877—1962）是著名作家、戏曲理论家，光绪年间曾在北京同文馆学习和在总理各国事务衙门任职，与北京各报房有过密切来往。在这篇回忆文章中，他自称“跟永兴报房相熟”，并说过“我所最熟的一家，名曰聚兴报房”和“我曾给他们出主意”这类的话。文中论述北京报房的情况，都是他亲自看到的。

2 这是当时在北京办《京话日报》的彭翼仲的统计。见他所写的《诉委屈》一文，刊光绪三十一年二月《京话日报》第 205 号。

3 见英驻华公使阿礼国的记载。转引自 1981 年 11 月《新闻研究资料》第 8 辑所刊潘贤模《清初的舆论与钞报》一文。阿氏 1870 年前后曾参观过正阳门外的报房集中区了解它们的情况。

物品自然越多，一人背不了，就雇驴，再多就雇车，甚至有特别用一伙计作为帮手的”。[1]这也从一个侧面反映了报房业务的发展。

报房京报的读者，绝大部分仍然是朝野的官绅和士大夫知识分子。清人的文集和日记中，就有不少这些人阅读报房报纸的记载。叶昌炽《缘督庐日记》、胡寿颐《春明日居纪略》中所记的阅邸报，实际上指的是阅读报房办的京报。《林则徐日记》中所记的阅邸报或邸抄，时指提塘送到地方的官报，有时指民间报房发行的京报。大抵在衙署里办公事时看的是官报，在私宅里或客中从朋友处借来看的，就有可能是民间报房的报纸。如道光十九年三月十三日《日记》所记：“江右钱抚军寄京信及邸报来，知都中二月十六日大考翰詹”[2]。其中的邸报，就很可能是民间报房发行的报纸。因为是随着私人信件寄来的，不大像是官报。鹿完天在《庚子北京事变纪略》中所记的“（五月）二十五日无事，惟买来京报数册，披阅之下，不胜骇然”。[3]更明确地说明是在看买来的京报。这一记载还说明报房京报不仅可以订阅，还可以零售。清代的古典文学作品中，也有官绅们阅读报房出的报纸的描写。《红楼梦》的以下一段文字就是一例：

> 守官箴恶奴同破例，阅邸报老舅自担心（回目）……一日在公馆闲坐，见桌上堆着许多邸报；贾政一一看去，见刑部一本：“为报明事，会看得金陵籍行商薛蟠，……”贾政便吃惊道：“了不得！已经题本了！”随用心看下去，是薛蟠殴伤张三身死，串嘱尸证，捏供误杀一案。贾政一拍桌案：“完了！”只得又看底下，……以下注着此稿未完。贾政因薛姨妈之托，曾托过知县，若请旨革审起来，牵连着自己，好不放心。即将下一本开看，偏又不

1　见齐如山《清末京报琐谈》，原刊 1952 年 8 月台北《报学》杂志一卷三期。

2　见《林则徐日记》道光十九年三月十三日条。江右钱抚军指江西巡抚钱宝琛，时因事进京。

3　转引自黄桌明《中国古代报纸探源》160 页。

是，只好翻来覆去，将报看完，终没有接这一本的[1]。

所描写的是贾政在家中阅报的情景。书中的贾政，刚放外任，是一个四五品的粮道。这次是在自己的公馆里看报，显见不是官报，而是自家付费订阅的民间报房的报纸。

随着报房京报商品化程度和社会各阶层人士对国事关注程度的不断提高，到了清朝末年，民办报房京报的订户，已经不限于诗礼簪缨之家，个别市井贾儿也跻入读者的行列。流行于光绪之际的以下一首竹枝词，反映了这一变化："惟恐人疑不识丁，日来送报壮门庭。月间只费钱三百，时倩亲朋念我听。"[2]连目不识丁的贩夫走卒引车卖浆之流也订起报纸来了，这在民间报房的发展史上自然是一个新的情况。但这样的订户毕竟还是少数，其目的，主要的也不在于看报，而在于提高身份和"壮门庭"。报房京报的主要读者，仍然是官绅阶层。

除出版发行京报外，报房为扩大业务增加收入计，还有一些附属的出版物。其一是谕折汇存，即将内阁发抄限于篇幅未能在京报上刊出，又有一定价值的谕旨题奏，连同已经刊发的汇总起来，陆续分册出版。魏元旷《蕉盦随笔》对此曾作过如下记载："国中初惟有京报，朝官阅之，籍知各衙门值班日期及谕旨而已。附以一二章奏，阅过即弃之。后报房别为《谕折汇存》，凡明发章奏录者八九，订为册帙，备稽掌故。"[3]这一类出版物，除《谕折汇存》外，还有《阁钞汇编》《上谕奏折》《邸报全览》《邮报汇编》《时事采新汇编》等名目。一般为月刊。开始是报房的独家生意，后来一些书局如虎坊桥的撷华书局、前门外的北新书局等，也竞相出版；由于汇集的谕旨章奏较为完全，又便于

1 见《红楼梦》第99回，1953年作家出版社，第1135~1136页。

2 见李虹若《朝市丛载》卷七时尚篇，及杨静亭《都门杂咏》时尚卷。原题为《看京报》（七言）。李书出版于光绪十二年。

3 见魏元旷《蕉盦随笔》卷二，第10页。

翻检和保存，销路还不错。《谕折汇存》创始的时间不详，大约在同治、光绪之际。现存的旧版《谕折汇存》，多数出于光绪年间。光绪末年新式官报创刊后，这一类出版物才逐渐消歇。其二是小说和唱本。齐如山在《清末京报琐谈》中，对报房的这项出版活动作过较为详细的介绍："他们也有副业，就是带印小唱本，并偶印短篇的小说。旧日短篇小说大多数都是猥亵不堪的，故生意亦颇发达。后经印小说的书铺，记得是打磨厂路北老二酉堂领衔告了他们，说他们侵占书铺的生意，后来就都不印了。……而暗着还不断地印刷，有些贩卖小唱本的小贩，专跟报房共管此种生意。"[1]唱本和小说的读者主要是士大夫知识分子，每逢秋闱、春闱这些士子们比较集中的时期，都是报房唱本和小说的销售旺季，给报房带来不少利润。此外，报房还利用自己的印刷设备承印各种印刷品，[2]这也为报房带来一笔可观的收入。

清代北京的民间报房，是从一部分提塘报房中逐渐分离出来的。开始和提塘及其报房还有一定牵连，后来逐渐脱离关系，成为完全独立的"民间私设报房"。他们所办的报纸，也成为"与内阁衙门无涉"的纯粹的"私家报纸"。在经营的过程中，这种报纸的商品化程度，不断提高。但是，内容没有太大的变化，基本上是官报的翻版。这也是清朝的封建统治者对它们的出版，采取宽容态度没有加以限制的一个原因。

（刊1990年第52辑《新闻研究资料》）

1 原文刊 1952 年 8 月台北《报学》杂志一卷三期。

2 如 1885 年 2 月 5 日《申报》所刊《辇毂纪闻》中，就有关于北京报房承印银号章程的报道："此次银号一得开捐消息，即将章程托京报房排印数千张，四处分赠。"这只是报房承印印刷品的一个例子。

太平天国的信息传播与革命宣传活动

1851—1864年的太平天国革命运动，是中国近代史上规模最大的一次农民革命运动。参加革命的武装农民在洪秀全等人的领导下建立了以天京（南京）为首都的革命根据地，转战十余省，与当地的地主武装和清朝官兵进行了激烈的斗争，沉重地打击了清朝封建统治势力。

和历史上各时期的有组织的农民起义者一样，太平天国非常重视革命宣传工作，他们虽然没有来得及创办比较现代化的报纸，但是他们采取了当时可能采取的一切方式来进行宣传，在宣传方法上也有了一些新的创造。

太平天国早期主要用墙报（当时称为榜）进行宣传。墙报和揭帖非常类似，是一种简便灵活的宣传方式。太平天国和他的友军天地会、小刀会等都经常利用它来揭露封建贵族地主压迫和剥削人民的罪行，号召"四方豪杰"踊跃参加起义，和"贼官狼吏"以及封建地主阶级进行决死的斗争，太平天国早期著名的政治宣言《奉天讨胡檄》，就是利用墙报这种方式向群众公布的。墙报的宣传有时还深入到敌人的后方，据有关文献的记载，太平军每进攻一个地方之前，必先派出一些人潜入敌后秘密张贴墙报，发动当地群众起来响应。在已经占领的地区，墙报则被利用来宣传政策法令，公布天王诏旨和政府工作人员的任免事项，号召当地人民努力支援前线，“共打江山，共享天福”。墙报一般都用纸，其中有一部分是抄写的，有一部分则是印刷的。[1]正文前往往注有发布墙报的机关和官员的全名和全衔，并按内容的性质冠有“诲谕”“谆谕”“瑞谕”或“钧谕”等字样。[2]除了以天王洪秀全名义发布的墙报只在固定的地点张贴外，其余各机关和官员发布的墙报大多“遍贴通衢”，以便利群众阅读。这种墙报宣传了太平天国的革命主张，对早期革命运动的开展，起了非常有利的作用。

太平天国定都天京以后，为了及时地传达中央政府的政令和通报各方面的消息，成立了“提报衙”和“疏附衙”，作为政府文报的传递和发布机关。经由这两个机关发布的政府文报称为报单或报条，有时也径称之为文报，是一种在太平天国的各级政权机关和部队中发行的定期的内部公报。其中提报衙所传发的公报，以报道天王诏旨、法令和官员任免消息为主，疏附衙所传发的公报，则以报道军事方面的消息为主。领导提报衙传报工作的是职同将军一级的官员，[3]领导疏附衙传报工作的则大多是太平军的老战士，[4]他们所使用的船只悬有特别的标记，出入

1 文物机关目前还保存有一张完整的太平天国的印刷墙报。原件大小为57cm × 125cm，用藤黄色纸张单面印刷，显然是供张贴使用的，内容为太平天国庚申十年九月二十四日颁布的关于“酌减苏省钱漕，以舒民力”的天王诏旨。见《文物》1959年5月号。

2 内容“严威者曰诲谕，寻常者曰谆谕，和平者曰瑞谕或钧谕”。见潘锺瑞《苏台麋鹿记》卷上。

3 张德坚《贼情汇纂》卷三。

4 涤浮道人《金陵杂记》载称：“逆党中有张万顺者，其人约四十余岁，长大身躯，面赤有须，先为伪疏附衙，系贼递文报之职。”又：“贼之初犯江右也，湖广人张万顺驾船为贼递文报，贼封为伪疏附衙，领船十余只，来往江上。……金陵汉西门外，又有伪正疏附衙聂光先，此贼系广西人，领船数十只，专住在彼接收文报，分遣贼目，赉送镇江，瓜州、安徽、江、广等处，贼目皆系用船往来，三四只同行，随后又添有伪疏附监军，此等贼目即系驾船送文来往之贼也。”

关卡，优先放行，每日的行程也有一定的规定，以免愆期。[1]太平天国派驻各地的行政官员和部队将领就都是依靠提报衙和疏附衙所传发的这种公报，来了解天京和其他地区敌我双方的政治和军事情况的。李秀成在写给他的战友们的信件中所经常提到的“京都昨日来报”，[2]即指这种公报而言。从简单的揭帖发展成为定期的政府公报，这是一个进步。不过这种公报还带有内部文报的性质，还不是一种在社会上公开发行的报纸。

太平天国向根据地和敌后各阶层人民公开发行的宣传品，主要是各种各样印刷的小册子。利用大量印刷的小册子进行宣传，这是太平天国在宣传工作上的一项新的创造。

1853年3月，太平天国在天京设立了自己的中央出版机关刷书衙，这是中国历史上农民起义队伍所创办的第一个宣传出版机关。刷书衙设在天京文昌宫后檐，拥有80名以上的印刷和刻字工人，其中小部分是从金田起义起就参加太平军的广西刻字工人，大部分是陆续参加革命的两湖、江、浙等地民间书坊的印刷工人，而以扬州籍的为多。[3]这个机构除了印刷一般的书诏、文告、营规、田凭、门牌、路条、合挥等文件外，还负有印刷和发行宣传小册子的责任。从1853年到1864年，由刷书衙印发的“旨准颁行”的宣传小册子，总数在60种以上（目前已发现了38种），传布的范围很广。

这些小册子大部分是由洪秀全、杨秀清、冯云山、萧朝贵、洪仁

---

1 亦见涤浮道人《金陵杂记》。

2 如李秀成致潮王黄子隆书云：“京都昨日来报，得悉高桥门上桥一带退守，京都十分紧急，兄焦急万分。”见神州版《太平天国》第二册七六五页。

3 周村《太平军在扬州》：“从扬州到天京的还有大批的刻字工人，也积极的参加了刻印旨准颁行诏书等革命文献的工作，……他们在太平军中受到平等的兄弟般的待遇，从圣库领取供给，不再破产失业，享受稳定的有保障的生活。”又：“初期，在天京刻印书籍文据的主要是扬帮，其中又是杭家集人较多，整庄的人都作了刻书业。后来，人手赶不上需要，就有不少六合人成批的给扬州人带到天京，学会了刻书。”

玕、洪仁发、洪仁达等太平天国的领导人物亲自执笔的。内容以宣传太平天国的革命理想、宗教思想、政治纲领和政策、法令、制度等为主。其中如《天父上帝言题皇诏》《天命诏旨书》等小册子，着重宣传了太平天国的战斗目标、革命对象和反对民族压迫等革命主张，《太平诏书》《天朝田亩制度》《资政新篇》等小册子，着重宣传了太平天国的经济和政治纲领，《太平条规》《太平军目》《英杰归真》等小册子，着重宣传了太平军的军纪营规和优待投诚人员的政策，《天父诗》《天条书》《三字经》《幼儿诗》和《太平救世歌》等小册子，着重宣传了太平天国的宗教思想和拜上帝会的仪式与纪律；《起事来历新传》《天情道理书》《太平天日》《诏书》《醒世文》等小册子则着重地宣传了金田起义以来的太平天国革命斗争的历史和其中可资鉴戒的一些事迹等等。其目的在于对太平军中新老兄弟和根据地内外的广大人民进行教育，让他们懂得太平天国的革命道理和上帝会的教义，踊跃地参加和支持他们的斗争。这些小册子篇幅不长，少的只有5~6页，多至50~60页，一般只有十三四页左右。在太平天国一贯提倡“文以纪实”[1]的精神影响下，这些小册子的文字都很通俗，大部分是三言或七言的诗和韵文，也有一些是口语化的故事和散文，其中如《诏书》这一介绍太平天国历史的小册子，就采取了话本的体裁，用“话说”如何如何开始，以“且待下回分解”作结，当中还运用了不少“按下不提”“按下不表”和“且说”等这一类话本的套语[2]。这些通俗的文字和体裁，既便于阅读，也便于朗诵，对于识字无多的太平军战士和一般劳动农民都是非常相宜的。

---

1 太平天国《戒浮文巧言谕》:“照得文以纪实，浮文所在必删;言贵从心，巧言由来当禁。……现当开国之际，一应奏章文谕尤属政治所关，更当朴实明晓。……语言确凿，不须古典之言。”据罗尔纲《太平天国文选》。

2 见张汝南《金陵省难纪略》及谢介鹤《金陵癸申记事略》。

除了设在天京的中央出版机关外，太平天国军队中的镌刻营（由名为典镌刻的军中文官担任领导），也负有翻印这一类小册子的责任。1955年3月文物工作者在山西临汾县北刘村农民李登峦家中发现了太平天国北伐军路经平阳时雕刻的《幼学诗》封面的刻版；1956年历史工作者在扬州地区进行调查访问的时候，也发现了一些关于太平军在扬州刻印小册子的传说[1]。这一切，证以当时的地主阶级知识分子关于太平军"所到必刻伪经示众"的记载[2]，确凿地说明了太平天国即在行军途中也是很重视这些小册子的印发工作的。

刷书衙和镌刻营刻印的小册子，一部分留作内部学习的资料，一部分则在群众中散发。行军所至，人民箪食壶浆以迎义师，太平军则以宣传小册子回赠。如敉卿氏《见闻杂记》咸丰三年五月某日记述太平军进攻江西丰城时情况说：

> 县城纷纷送礼，钱、米、油、烛、猪、鸡等物，共二次，一为乡民，一为各商店。……送礼者归，各得书数本，名《天条书》者一本……《天父下凡诏书》一本，……《幼学诗》一本[3]

此外，还有不少小册子被辗转地送入敌后散发。当时住在上海的一些地主阶级知识分子，就曾经在当地租界的书肆中看到有这一类小册子出售，可见其流行之广[4]。利用小册子向群众阐明革命道理进行革命教育，始终是太平天国行之有效的重要宣传方式之一。

在张贴墙报和散发小册子的同时，太平天国也利用宗教性的集会和每天搭台讲道理的方式向群众进行口头宣传。此外，每当新年来到的时

1 周村《太平军在扬州》："当时，扬州南门街住有一家原籍宝应的朱乃庚，是一个官僚地主阶级分子，曾作过清朝甘肃学台、巡抚。朱家曾经自己制造过黑墨，有工具，也有大量原料的藏储。太平军入城后，也在他家住下了，用他家的原料大量的印刷了旨准颁行诏书。"（52 页）

2 见扬州诗史江都徐廷珍《小醉经室诗集》咸丰三年癸丑六月所作大风歌诗注。

3 转引自《文物》1959 年第 5 期罗尔纲《杨柳青发现的太平天国年画考证》。

4 据陈乃乾《赵惠甫年谱》咸丰十一年（1861 年）辛酉条引《能静居日记》。

候，太平天国的政府工作人员还把大量自己刻印的新历书和新年画，作为宣传品分送给群众。太平天国的新历只刻年月日、干支、二十八宿值日名、节气和礼拜，一扫旧历书上满纸吉凶宜忌、祸福休咎之类的迷信。太平天国的新年画和他们的壁画一样，专绘封建统治阶级所禁忌的草虫花卉、翎毛走兽和山水风景而不绘人物，对充满了封建迷信和封建思想意识的旧年画也是一种抵制。因此，太平天国也把新历和新年画作为宣传品，大量散发给人民，利用它们向人民进行反对封建迷信和封建神权思想的教育。[1]

总之，太平天国在宣传方面是尽了很大努力的，他们的政府和军队中都有专门分工作文化宣传工作的人员，在宣传的方法上也有不少新的创造和改进，他们的宣传对革命形势的开展，起了一定的推动作用。

太平天国革命的时期，中国沿海城市也已经出现了外国人创办的一些近代化的中文报纸，太平天国的不少领导人生长于沿海城市，和外国传教士有过一个时期的接触，他们无疑的对这种新型报纸的形式是十分熟悉的，在太平天国的根据地内创办这种新型报纸的可能性，也是存在的。但是，由于革命局势动荡、缺乏办报经验以及其他种种原因，太平天国并没有办起近代化的报纸，他们的宣传活动始终没有超出印发和张贴墙报，小册子和其他宣传品的范围。但是，在太平天国的后期，在天京政府的一些高级官员当中，确曾有过关于办报的建议。这项建议在洪仁玕起草的题为《资政新篇》的条陈中，说明得非常具体。

《资政新篇》写于1859年，经洪秀全审阅后在同年作为“旨准颁行”的宣传小册子公开印发，其中关于办报的主张，可以归纳为以下两点：

1　参看前引罗尔纲《杨柳青发现的太平天国年画考证》一文。

1. 创办“新闻馆”（报馆），发行“新闻篇”（报纸）。除政府自办外，一般“富民”履行简单的登记手续以后，也可以自由开办。刊期根据不同的地区和不同的对象分为日刊、周刊、月刊等三种。内容可以包括中央和地方的政治经济文化等各方面的新闻和群众对当前政府措施的评论和建议等等。新闻的发布不受任何限制，未经证实的消息只要在文前注明“有人来说，未知确否，俟后报明”等字样，便可刊出。但禁止捏造新闻，违者“轻则罚，重则罪”，决不宽贷。

2. 设立“新闻官”。在地方各省设置直属中央不受地方节制的“新闻官”，选“诚实不阿者”任之。专收中外报纸呈缴中央，以便观察施政实况，官吏贤愚，使“好者股栗存诚，忠者清心可表”，“一念之善，一念之恶，难逃人心公议”。

《资政新篇》认为这种报纸的出版，可以扩大群众的眼界；增长群众的知识，反映群众的疾苦；“收民心公议”，使下情能够上达，无壅塞之弊；同时“昭法律，别善恶，励廉耻，表忠孝”。加强对政府工作人员的监督和对群众的教育，以便使“才德日生，风俗日厚”“民自固结而不可解，天下永垂而不朽”。[1]

《资政新篇》所提出的纲领，是准备在中国实行资本主义制度和发展资本主义经济的纲领。而创办“新闻馆”，发行“新闻篇”，则是这个纲领的一个组成部分。西方的资产阶级在和本国的封建统治阶级进行斗争的时期，曾经提出过出版自由的口号，《资政新篇》关于办报的建议，无疑的在一定程度上接受了这种口号的影响。《资政新篇》所计划创办的新闻馆和发行的新闻篇，实际上就是它的作者理想中的资产阶级报刊，《资政新篇》允许自由办报的“富民”则是它理想中的新兴的中国资产阶级。当时中国的资产阶级还没有诞生，《资政新篇》的这一办

1　以上引文均见洪仁玕《资政新篇》。据三联版《中国近代史资料选辑》。

报建议，和它所提出的其他要求发展中国资本主义的建议一样，在太平天国中并不能立刻产生什么实际的效果。但是，它的办报思想，如允许“富民”自由办报、允许报纸评论政府工作人员的工作和指摘时政的得失等等，都带有资产阶级民主主义的色彩，和封建统治阶级实行愚民政策，极力限禁报刊出版的做法迥然不同。这在当时的历史条件下，是有一定的积极意义的。

《资政新篇》所提出的关于办报的建议，除了设立“新闻官”这一项，洪秀全加了“此策现不可行，恐招妖魔乘机反间，俟杀绝残妖后行未迟”的批语，认为必须缓行之外，其他如创办“新闻馆”和准卖“新闻篇”等项，洪秀全都用“此策是也”的眉批表示同意。可见，这些建议已被采纳，假以时日，是有可能逐步实现的。但是，从《资政新篇》出版之日起，太平天国的局势就日趋恶化，首都天京受到了严密的包围，各个根据地也纷纷弃守，革命不久就全盘失败，这一办报建议，终太平天国之世，没有能够实现。

从上面介绍的情况看来，中国历史上的劳动人民是很重视宣传，也很善于作宣传工作的。他们把宣传当作政治斗争的一种重要手段，充分利用了一切有利的机会和可能采取的方式来展开他们的宣传活动。由于物质条件的限制以及其他种种原因，封建时代的中国劳动人民始终没有出版过比较正规的报纸。但是，他们所使用的宣传品，已部分地带有报纸的性质，它们是中国劳动人民最早的出版物，是现代中国劳动人民的报刊的远祖。勤劳智慧的中国劳动人民曾经有效地运用过这些宣传品来动员和教育自己的阶级弟兄，冲决封建思想的网罗，击退统治阶级的各种宣传机器的诬蔑和诽谤，严重地动摇和瓦解了当时的阶级敌人。当然，由于历史条件的限制，这些宣传品在内容上是有一些缺陷的，例如宣传了个别农民革命领袖“取而代之”的皇权思想和带有过多的宗教迷信色彩等等。这些都是历史的局限和农民这一小生产者阶级的阶级局限在它们的宣传工作上的反映。没有新的先进的阶级力量和先进的无产阶级政党的领导，旧时代的农民革命总不免于失败，他们在宣传活动上有过这样那样的缺点，也就不是什么值得奇怪的事情了。

（原载1958年第3期《新闻战线》）

第 三 系 列

（九篇）

中国近代传播思想的衍变

一

传播这一名词，始见于《北史·突厥传》的“传播中外，咸使知闻”，在中国的语言文字中，至少有1400年以上的历史。但是，在漫长的封建时期，在封建君主专制制度的严密控制下，传播活动长期受到禁锢，始终没有得到正常的发展。早在北宋年间，就有所谓的“乱有传播”之禁。在当时，主要是禁止那些被称为“小报”的新闻传播媒体（见于徽宗皇帝的诏旨）。此后，一直到清朝中期，各种传播媒体，如“小报”“小本”“小钞”“报条”等，都曾遭到过查禁。顺康雍乾等朝，还曾经多次出现过参与传播活动的政府官员和报房主人被拘捕乃至杀戮的事件。这一情况，直到清王朝中晚期以后，才开始有所转变。

1840年爆发的“鸦片战争”，撞开了闭关锁国的中国的大门，揭开了中国近代史的序幕。从那时起，到1912年中国历史上第一个民主共和国的诞生为止，这是中国社会的传播活动空前活跃，各种近代化的新闻传播媒体相继问世，和有关传播思想通过口耳流传、见诸文字、公开发表，迅速发展衍变的一个时期。

从“鸦片战争”前夕到19世纪60年代末，是中国传播思想发展的第一个阶段，也是西方新闻传播思想开始进入中国的一个阶段。

最先向公众阐述西方传播思想的是这一时期到中国及其临近地区创办中外文报刊的西方传教士和商人。他们首先把“新闻纸”这一近代化的传播媒体介绍给中国读者，并且强调他们创办这些新闻纸的目的是为了“通中外之情，载远近之事，尽古今之变”（1857年1月26日《六合丛谈》第一号）：是为了帮助中国读者“得究事物之颠末，而知其是非，并得识世事之变迁，而增其闻见”；是为了“使华人增广见闻，扩充智慧，得以览之而获益”。（《中外新闻七日报》1872年3月2日《西人在北京办报之集议》）他们创办的这些新闻纸，所刊载的主要是以下的一些内容：（1）经济信息。包括航运消息和大量的有关银票单、水脚单、进出口货价与交易单等商业信息和商品广告。（2）国际信息。主要是有关世界各国人文、地理、政情、历史沿革、国际关系等方面的基本知识。（3）科学信息。早期主要是有关西医、西药、生理学、解剖学，以及数学、物理、化学、生物学等方面的自然科学的基本知识，后期也零零星星地介绍过一些有关西方的社会政治、民主法制等方面的学说和思想。所有这些，其目的都是为了西方的利益，旨在倾销他们的商品，宣扬殖民主义者的威力与德政，改变中国人民思想闭塞的状况，消除他们对西方人的敌意。不过他们所提供的这些信息和知识，毕竟开阔了中国人的眼界，也为中国的读者展示了远比封建文化思想为进步的某些资产阶级的文化思想，因此在客观上具有一定的启蒙作用，他们的传播思想，也给仍然处在被禁锢状态的中国人以一定的启迪。

这一阶段在中国办报的传教士和商人，也在他们所写的文章和他们所标榜的办报宗旨中，提出了“新闻则书今日之事”“序事必求实际”“贵在信实无欺”“持论务期公平”等观点。第一次向中国的读者介绍了西方新闻传播学中的有关新闻定义和新闻、评论报道必须符合事实，以及新闻工作者必须客观公正之类的思想。这些思想虽然颇能新人耳目，但并没有引起太多的注意。这是因为当时的中国人民还缺少近代化的新闻工作实践，对这些观点一时还难以有更深的体会。

与此同时，中国一些有识之士也开始重视新闻和信息的传播。他们从爱国御侮的需要出发，不满意于封建士大夫知识分子坐井观天，昧于世事，“避席畏闻文字狱，著书都为稻粱谋”的现状，一方面提倡经世致用之学，一方面要求睁开眼睛看世界，更多了解国内的，特别是国外的情况，他们的代表人物，是担任两广总督的林则徐和他的好友、曾经在浙东参加过抗英斗争的魏源。

当时，客观条件还不允许他们创办近代化的报纸。他们所致力的主要是译报活动，即把外国人在境内外所办报纸上的信息，翻译介绍给中国的朝野人士。如林则徐主持下的《澳门新闻纸》，魏源编著的《海国图志》等。他们的译报活动，侧重于“了解夷情”和“采访夷情”。其目的在于“悉夷情”“医瞑眩”，和“师夷长技以制夷”（《海国图志叙》）。这种传播思想，对嚣然自大，深闭固拒的中国封建思想，是一次大的冲撞，表明统治阶层中的一部分开明人士已经破篱而出，放眼世界，不愿再相安于那种旧的封闭的格局之中了。

1850—1865年这一时期，爆发了太平天国的反清革命。这一革命政权的领导人之一洪仁玕，曾经提出过“设新闻馆”，兴“各省新闻官”和刊卖“新闻篇”的建议。其中，“新闻馆”和“新闻官”属于官方。前者旨在“收民心公议及各省郡县货价低昂，事势常变；上览之，得以资治术；士览之，得以知交通；商农览之，得以通有无，昭法律，别善恶，励廉耻，表忠孝”。后者旨在收集舆论和来自民间的信息，使“奸者股栗存诚，忠者清心可表，……一念之善，一念之恶，难逃人心公议”。“新闻篇”则属于民间，“准富民纳饷禀明而设”。其法是：“或本处刊卖，则每日一篇，远者一礼拜一篇，越省则一月一卷，注明某处某人某月日刊刻，该钱若干，以便远近采买”“朝廷考察若探未实者，注明有某人来说，未知是否，俟后报明字样，则不得责之”“伪造新闻者，轻则罚，重则罪”。旨在使朝野之间情况明，信息通，“纵有一切诡弊，难逃太阳之照”（以上引文均见洪仁玕《资政新篇》）。洪仁玕的这些建议，涉及报纸这一传播媒体的政治功能、教育功能、传播信息功能，以及民间办报、舆论监督和新闻必须真实等方面的问题。和清朝政府禁锢言论限制报纸出版的政策相比，是一个大的进步。天王洪秀全对洪仁玕有关设新闻馆的建议，曾用“此策是也”的批示，表示赞赏。对有关设新闻官及准卖新闻篇的建议，则认为，“现不可行”“俟杀绝妖魔后行未迟也”。这说明他对报纸的积极方面的作用，还认识不足。

总之，这一阶段由于海禁大开和闭关锁国的局面被打破，扩大新闻传播的思想在一些先进的中国人当中已经萌发，但碍于形势，还没有更多地见之于实践。

二

从19世纪60年代末到19世纪90年代初，是这一时期传播思想发展的第二个阶段。

两次“鸦片战争”的失利，使封建统治阶层中的一些人幡然醒悟。他们感觉到了西方工业国家坚船利炮的威胁，开始致力于洋务运动，在

“中学为体，西学为用”的口号下，建立了近代中国的第一批官办和官督商办的工业，设置了一批有关洋务的企事业机构，企图以此来维持封建帝国的统治，挽狂澜于既倒。与此同时，一批较早接触到欧风美雨的士大夫知识分子，也开始探索中国前进的道路，在中国只有变才能图存的观点指导下，提出了一系列有关维新变法的设想，为19世纪90年代后期的戊戌维新运动，作了思想上的准备和舆论上的铺垫。其中的代表人物，是王韬和郑观应。

王、郑两人都出身于封建书香门第，受过传统的儒家思想教育。两个人当中，王韬曾在外国传教士办的出版机构担任编译工作，后来多次出国访问；郑观应曾经在外商和洋务部门工作，后来又投资于近代工业。他们是那一时期对中西方的情况很了解，思想比较活跃的知识分子。19世纪60年代末至19世纪90年代初，他们曾经多次发表文章，阐述了变法自强的观点，也阐述了对报纸这一传播媒体的看法。

首先，他们都极力向中国朝野人士介绍和推荐近代化报纸。这种已经盛行于西方国家的传播模式。盛赞它内容丰富，“凡献替之谟，兴革之事，其君相举动之是非，议员辩论之高下，内外工商之衰旺，悉听报馆照录登报”；种类繁多，“士农工商各有报”，发行数量大，“少者数百本，多则数十万本，出报既多，阅报者亦广”（《盛世危言·日报上》）。并要求以英国《泰晤士报》为榜样，来创办中国人自己的报纸。

其次，他们都认为报纸可以帮助封建统治者“博采舆论”，了解下情，使君主“知地方之机宜”“知讼狱之曲直”，使“君惠得以下逮”，实现“上有以信夫民，民有以爱夫上”（《弢园文录外编·重民》）的目的。郑观应说得更直接：“欲通之达之，则莫如广设日报矣”（《盛世危言·日报上》）。

再次，他们都谴责外国人在中国的办报活动，指责外国人所办的报纸，“往往抑中而扬外，甚至黑白混淆，是非倒置”（（弢园尺牍·上方照轩军门书》）“每遇中外交涉，间有诋毁当轴，蛊惑民心者”（《盛世危言·日报上》），要求把报纸掌握在自己手里，并主张创办外文报纸，向外国人阐述本国的观点，以抵御侵略者的荒谬宣传。

此外，郑观应还着重阐述了报纸的社会教育和社会公益作用。指出：“各省水旱灾区远隔，……自报纸风传，而灾民流离困苦情形宛然心目。于是施衣捐赈，源源挹注，得保孑遗，此有功于救荒也。作奸犯科者明正典刑，报纸中历历详述，见之者胆落气沮，不敢恣意横行，而反侧渐平，闾阎安枕，此有功于除暴也。士君子读书立品，尤贵通达时务，卓为有用之才。自有日报，足不逾户庭而周知天下，一旦假我斧柯，不致毫无把握，此有功于学业也。其余有益于国防、民情、边防、商务者，更仆数之未易终也”（《盛世危言·日报上》）。他建议在中国各省、各府、各州、各县广设报馆，认为多办报纸，将有利于国家安定和社会繁荣。

王、郑两人不仅鼓吹和支持多办报纸，而且参加了这一时期的办报实践。王韬是香港《循环日报》的创办人和第一任主编，郑观应曾为港沪两地的不少报刊撰稿。他们的传播思想对这一时期中国新闻事业的发展，起了一定的推动作用。《华字日报》《中外新报》《述报》《新报》等报刊的问世，在一定程度上都接受过他们的影响。他们的贡献主要有两点：第一，热情地向中国的公众介绍和推荐西方近代报纸这一传播媒体及其运作的模式。第二，部分地清除了在中国大量创办近代化报刊的思想障碍，削弱了来自封建统治者方面的阻力。

应该承认，阻力仍然很大，但坚冰已破，中国近代传播思想和传播事业进一步发展的高潮，已经临近了。

三

19世纪90年代初到20世纪初的10年，是这一时期传播思想发展的第三个阶段。

这10年，是变法维新运动由思想酝酿进入实际运作的10年。变法虽然因西太后发动的政变而宣告失败，但只有变才能图存的思想，已经深入人心，变已经成为中国时局发展的必然趋势。

这10年，也是近代中国的传播思想空前活跃的时期。以康、梁为首的维新派，在鼓吹变法发动政治改革运动的同时，十分重视报刊这一传播媒体的作用，在所写的信件、奏折、文章和专著中，曾多次阐述过他们的传播思想。维新派的其他活动家，包括同情维新派的政府官员们，对此也有所发挥。

维新派有关传播思想的论述，集中在办报的目的及报纸的性质和作用两个方面。属于办报目的和办报必要性的论述，概而言之有以下五点：

（一）开风气

他们认为维新运动之所以障碍重重，在于思想禁锢，风气不开。报纸在开风气方面是可以起很大作用的。只有利用报纸这一媒体，大喊大叫，“振动已冻之脑官”，才能收事半功倍之效。梁启超所说的“发端经始，在开广风气，维新耳目，译书印报，实为权舆”；（《饮冰室文集》之一，《农会报序》）唐才常所说的“广开报馆，……秦汉以来之愚障始云开雾豁，重睹光明，四民之困于小儒腐说辗转桎梏者，始脑筋震荡，人人有权衡国是之心，而谋变通，而生动力”；（《唐才常集·湘报序》）就是这一观点。同情维新派的官员瑞珣、沈兆炜等，对此也有所论述。

（二）开民智

他们认为中国要进行大的政治改革，必须首先开民智，而报纸则是提高“民之识见”和“民之智量”的重要手段。康有为在公车上书中，就曾经阐述过这一观点。谭嗣同在和朋友的通信中，也提到：“新闻报纸最足增人见识。……今日切要之图，无过此者”（《谭嗣同全集·报贝元征书》）。曾经创办《无锡白话报序》的维新派报刊活动家裘廷梁说得更清楚：“欲民智大启，必自广兴学校始，不得已而求其次，必自阅报始。报安能人人而阅之，必自白话报始（《无锡白话报序》）。维新派思想家何启和胡礼垣在他们所写的《新政真诠》中，对报纸在开民智中的作用，也有过论述。

（三）开言路

早在19世纪70—80年代，不少支持维新运动的人，就提出过必须开言路的问题。香港《循环日报》曾发表评论，批评了所谓“天下有道则庶人不议”的思想，认为“盛治之朝，惟恐民之不议，未闻以议为罪也”（见1878年2月该报所刊《论各省会宜设新报馆》一文）。在广州出版的《述报》，则把社会上的“因循之弊”，归罪于“言路之不广”，并首先把言路和报纸联系起来，指出“言路之六通四辟，……在民之有报馆焉”（见1884年12月29日该报所刊《开言路为自强首义说》）。90年代以后，这方面的论述更为具体。维新派御史宋伯鲁把“指陈时事，常足以匡政府所不逮，备朝廷之采择”，列为报纸的四善之一，要求多办报纸；维新派外交官伍廷芳称报纸为“舆论所在，公论所自出”，要求推广报纸（见宋伯鲁《奏改时务报为官报摺》，伍廷芳《奏请推广报馆摺》），谈的也都是开言路的问题。何启和胡礼垣在他们所著的《新政真诠》中，更明确地提出了“宏日报以广言路”的主张。

（四）通情况

这是郑观应的“民隐悉通，民情悉达”的观点的继续，梁启超、谭嗣同等人都曾经对此作过论述，强调他们所办的报纸，必须“广译五洲近事”“详录各省新政”“博搜交涉要案”“旁载政治学艺要书”（梁启超《论报馆有益于国事》），以帮助读者了解各方面的情况。汪康年所说的“通消息，联气类，宣上德，达下情”（《论设立时务日报宗旨》）、严复所说的“通上下之情，通中外之故”（《国闻报缘起》），表述的也正是这一观点。

（五）助变法

这是把办报活动和变法活动紧密地结合起来的一种观点，较早提出这一观点的是郑观应。他曾经说过“今如欲变法自强，宜令国中各省各州县俱设报馆”（《盛世危言·日报上》）这样的话。公车上书以后，这方面的论述更多，要求更为迫切。梁启超曾经不止一次地强调过用创办报纸来推动变法运动的主张。裘廷梁说得更具体：“无古今中外，变法必自空谈始，故今日中国将变未变之际，以扩张报务为第一义”（《无锡白话报序》）。吴恒炜则公然表示要“以二三报馆之权力以交易天下”（《知新报缘起》）。这说明他们办报的政治目的是明确的。

属于报纸的性质和作用的论述，概而言之，有以下四点：

（一）喉舌，国口，民史

最先提出喉舌思想的是梁启超和吴恒炜。吴恒炜在《知新报缘起》一文中提出了“报者天下之枢铃，万民之喉舌也”的观点。梁启超也说过“报馆者国家之耳目也，国民之喉舌也”这样的话。也有把喉舌称为国口的，见于谭嗣同在《湘报后叙》中所说的：“吾见《湘报》之出，敢以为湘民庆，国有口矣。”此外，还有不少维新派人士把新闻比附于历史，把报纸比附于史馆，见于梁启超所说的“报纸者，现代之史记也”（《清议报100册祝辞》）和唐才常所说的“泰西不立史馆，盖报馆即其史馆也”（《觉颠冥斋内言》卷1）。谭嗣同则更进一步，把报纸定位在民字上，认为“报纸即民史也”（《湘报后叙》）。

（二）利器

这是陈炽在反对外人垄断中国报业的时候，首先提出来的一个观点。原话是“国之利器，不可假人”。[1]这一观点和后世的工具论，已经十分接近。

（三）党报

康、梁等早期所办的报纸，即具有政党报纸性质，只是还没有使用党报这一提法。1899年保皇会成立以后，才开始在他们的书信和文章中出现党报字样。1900年3月，梁启超在致康有为的信中，首先提出“吾党宜设一西文党报”的建议。此后，又在《清议报100册祝辞》中，对报纸的党派性质作了如下的论述：“有一人之报，有一党之报，有一国之报，有世界之报”“以一党利益为目的者，一党之报也”“若前之《时务报》《知新报》者，进入一党报之范围也”。此后不久，康有为也说过《新民丛报》“为党报”的话。可见这一对师弟之间，在他们的报纸具有党派性质这一点上，认识是一致的。与此相联系的，则是报纸是否必然有政治倾向的问题。维新派人士对这个问题的回答也是肯定的。严复的说法是：只要办报，“一举足不能无方向，一著论不能无宗旨”[2]。梁启超的说法是：“史家必有主观客观二界，作报者亦然”“有客观而无主观，不可谓之报。”（《敬告我同业诸君》）可见，这一时期的维新派人士，并不想回避他们办报的目的，也无意淡化他们所办报纸的政治色彩。

（四）监督政府，向导国民

在这个问题上，论述较多的是梁启超。他把“对政府而为其监督”“对于国民而为其向导”，列为当今报馆的“两大天职”。（《敬告我同业诸君》）并且认为报纸是舆论的代表，报纸对政府的监督，是

1　见于陈炽在1893年所写的《报馆》一文，后收入他的《庸书》。

2　见1898年8月5日《国闻报》所刊《说难》一文。

一种舆论的监督。

这一阶段维新派传播思想的代表人物是梁启超，他是19世纪下半叶维新派传播思想的集大成者。梁启超的传播思想，以1899年为界，可以大致分为两个阶段。前一个阶段的主要观点是肯定报纸的传播功能，认为报纸是国君的耳目，臣民的喉舌，是开拓维新变法风气的有力工具，主张办各种类型的报纸。后一个阶段的主要观点是肯定报纸的舆论机关作用和维新派报纸的党报作用，肯定报纸的监督职能和向导职能，提出新闻必须博、速、确、直、正，以及报纸必须“宗旨定而高，思想新而正，材料富而当，报事速而确”的办报标准。是近代新闻史上较早研究传播受众，讲究办报艺术，注意报纸的社会效果的报刊活动家。

这一阶段的传播思想，是为当时的资产阶级政治服务的，具体地说，是为戊戌前后维新派的变法运动和稍后的保皇立宪运动服务的。和前一阶段相比较，这一阶段的传播思想带有较多的资产阶级民主色彩。如果说王韬等人还时时为封建统治者借著代谋，维护他们的政体，照顾他们的利益，梁启超等人更多考虑的，则已经是新兴的中国资产阶级的利益了。这自然是一个很大的进步。

在梁启超等人的传播思想指导下，这一阶段的新闻传播事业有了飞速的发展，绝大部分的维新派骨干都参加了办报活动。维新派的报刊在短短的两年内，由一两家陡增到27家，维新派的学会团体由1个增加到20多个。在广大的知识分子当中，出现了“智慧骤开，如万川潏沸”。和“家家谈时务，人人言西学”的局面，维新运动也在一个很短的时期内，被推向了高潮。受维新派传播思想的影响，19世纪90年代以后，国人自办的报刊相继问世，封建统治者的言论出版之禁，被废弛于无形。虽然还有限制报刊的法令出台，和迫害报刊报人的事例出现，但言论出版的藩篱已经被突破，万马齐喑的局面已经一去不复返了。

四

从20世纪初始到1912年的这12年，是这一时期传播思想发展的第四个阶段。

这12年，是孙中山先生领导的民主革命进入高潮的10年。中山先生早在1884年中法战争后就有革命之志。1894年创建了兴中会，发动了第一次武装起义，革命开始进入行动阶段。但受长期浸润于人心的封建思想的束缚和康、梁等政治改良思想的影响，在1900年以前的一段时间内，仍被多数人视为异端，革命处于艰苦的阶段。1900年以后，形势有了明显的改变，指责的声浪渐小，支持的力量日增，经过10年的奋斗和多次武装起义，终于在1911年一举推翻了清朝政府，建立了中国历史上的第一个资产阶级共和国，取得了民主革命的辉煌胜利。

这12年，也是近代中国的传播思想进一步发展和进入高潮的时期。以中山先生为首的革命民主派的领导人十分重视革命的新闻传播活动，并曾在各种场合以各种方式阐述过他们的传播思想。主要集中在以下几个方面：

首先，是关于办报目的的论述。他们和康、梁等维新派人士一样，并不讳言自己办报的政治目的。在很多文章中，他们都明确地指出，他们之所以办报，目的就是为了革命。这一点，在同盟会机关报《民报》的《民报之六大主义》一文中阐述得最为清楚："革命报之作，所以使人知革命也"。"民报革命报也，以使人真知革命为目的。"表明正处于上升阶段的中国革命民主派对自己事业的正义性质有着充分的认识，对自己的前途充满了信心。他们不再像改良派的某些人那样，用乞求的方式，要求封建统治者"广开言路"，而是把放言高论，对封建统治者进行口诛笔伐，当作自己的一项神圣权利。

其次，是关于报纸的性质和作用的论述。主要有以下三种观点：

（一）报纸是一种强有力的舆论工具

和改良派一样，革命民主派的报刊活动家们也把报刊视为喉舌和工具。他们称之为“国民之舆论”（《国民日日报·发刊词》）、“社会之公器”（《世界公益报告白》）。区别仅在于两者之间的重视程度不同。在革命派的一些阐述报刊作用的文章当中，报刊被尊为贵族、僧侣、平民之外的“第四种族”（《国民日日报·发刊词》）、“第四等级”（《浙江潮》第四期筑髓文），比拟于“四千毛瑟”“一支联队”和“法官”“警察”“侦探”“军人”“律师”；盛赞它可以“以言论寒异族独夫之胆，褫民贼之魂”；并由此得出“不必匕首，不必流血，笔枪可矣，流墨可矣，咄，此何事？曰报纸也”（郑贯公《拒约须急设机关日报议》）的结论。把报刊的社会地位抬到空前的高度，说明革命派的报纸理论家们比改良派的理论家们更为重视报刊在政治斗争中的作用。

（二）报纸具有舆论监督和舆论导向的作用

前者见于《少年报出世广告》所说的“监督政府”，《越铎日报发刊词》所说的“促共和之进行，尺政治之得失”，以及其他革命派报刊上发表的同类文章。后者见于《神州日报一周年纪念辞》所说的“指导国民”和《黄帝魂》中所说的“国民之导师”，以及其他革命派报刊上发表的同类文章。秋瑾则在《中国女报发刊词》中作了全面论述，结论是：“具左右舆论之势力，担监督国民之责任者，非报纸而何”？对报纸的这方面作用，革命和改良两派都很重视，只是在实践中，革命派更重视报纸的舆论导向作用，在夺取政权以前，对报纸的舆论监督作用并不寄予过高的期望。

（三）报纸在传播知识、提高国民文化科学水平方面，具有特殊的作用

这方面的论断。见于《浙江潮》第4期所说的“国民教育之大机关”，《河南》第8期所说的“输入文明之利器”，《湖北学生界》第1期所说的“国民之知识”。《少年报》《珠江镜报》《黄帝魂》等报刊和文集上，也有类似的记述。在报刊能够“开民智”这个问题上，革命派和改良派的理论家们认识是一致的，所不同的只是后者只赞成用“开民智”等温和的手段来改造中国，反对任何激烈的行动，而前者则认为“开民智”是一项长远的任务，远水救不了近火，当前要推翻封建专制政府，光靠“开民智”是不够的，还必须依靠武装起义之类的暴力行动。

再次，是关于办报方式和办报艺术的论述。青年报刊活动家郑贯公在《拒约须急设机关日报议》一文中提出的“调查不能不周密也”“翻译不能不多聘也”“讴歌戏本不能不多撰也”“文字不能不浅白也”“门类不能不清楚也”“报费不可不从廉也”“图画不可不多刊也”（见1905年8月12—23日《有所谓报》），以及老新闻工作者民主革命元老于右任在《论本报所处之地位并祝其前途》一文中提出的，“不可疾言之，未始不可徐察之。不可庄语之，未始不可婉拒之”（见1907年4月3日《神州日报》）。都属于这方面的内容。中山先生在这方面也有所阐述，他所提出的“宣传在于感化”“至诚是宣传的基本态度”“对人而论，应该由近及远”“就措辞而论，应该亲近有味”，以及宣传“要有做继续的劲头”，要注意“对象的利益和兴趣”（见《孙中山选集》486页、869页，《总理全集》503页、504页）都涉及办报方式和办报艺术的问题，说明这一阶段的革命派的领导人和报刊活动家们在这方面作过深入的研究，有不少适合当时办报环境的精辟见解。

这一时期革命民主派的传播思想当中，最值得重视的是办机关报的思想。和改良派的报刊活动家们一样，革命派的报刊活动家们并不讳言自己报纸的党派性，经常称自己的报纸为“吾党”的报纸，所不同的是他们不满足于创办一般的党报，而是要求在一般党报的基础上，创办和党的领导部门有较严格的组织隶属关系、充当党的机构的喉舌的正式机关报。“机关”一词始见于《汉书》，并非外来语。早在1903年，邹容就提出过创办“言论机关”的建议（见章行严《苏报案始末记叙》）。这似乎是把“机关”和传播活动结合起来的开始，1905年以后，机关报这一提法屡见于革命派报刊。最先提出创办机关报思想的是郑贯公，见于他在1905年8月12日《有所谓报》上所写的《拒约须急设机关日报议》一文。《民报》第5期刊出的《中国日报》告白，称该报为“中国革命的机关报之远祖”。《民报》第9期所刊陈天华的小说《狮子吼》，更通过主人翁之口，说出了“各国的会党，莫不有个机关报”“这个机关报是断不可少的”。这些都说明，创办一批机关报进行民主革命的鼓吹，已成为当时革命党人的共识。革命民主派创办机关报的思想，明显地接受了19世纪俄国十二月党、民粹党和社会民主工党人办报活动的影响。当时，西方国家已进入大众化报纸发展时期，政党报纸的党派色彩从理论到实践都被日益淡化，而俄国的那些“民党”的机关报刊则方兴未艾，对中国的革命民主派办报活动，自然起了一定的借鉴的作用。

这一阶段革命派传播思想的代表人物，可以举出郑贯公、于右任、章太炎等一大批人。特别值得重视的是孙中山先生的新闻传播思想。中山先生从19世纪90年代起，就十分关心报刊宣传工作，是革命民主派报刊的组织者、缔造者和参加者。他的有关报纸性质和作用的论述，有关创办党报建立党的宣传机关的论述，有关宣传方法的论述，以及有关将革命学说灌输于人心，进而形成舆论的论述，都对当时的革命党人的办报活动起过重大的影响。

这一阶段以孙中山为代表的革命派的传播思想，是当时最先进的传播思想，是为辛亥革命时期资产阶级民主革命的政治服务的。和维新派的传播思想比较起来，这一阶段的传播思想，带有更多的资产阶级民主色彩。在他的指导下，这一阶段中国的新闻传播事业有了比维新运动时期更为迅猛的发展。革命党人从1900年《中国日报》创刊起，先后在海内外的几十个城市，创办了约120种以上的革命报刊，对资产阶级民主革命的胜利和共和国的诞生起了重大的推动作用。中山先生在总结辛亥革命胜利的经验时，说："此次革命推倒满清，固然有赖于军人们的力量，但是海内外人心一致，则是报馆宣传之功。"（1912年4月27日对广东报界记者演说）又说，"革命成功极快的方法，宣传要用九成，武力只可用一成。"（《中山全书》第三集《革命成功全赖宣传主义》）充分肯定了革命派报刊宣传工作的作用。

五

1840—1911年的70多年，是中国近代传播思想从开始萌发到逐步形成体系的时期，是中国传播思想发展史上的一个重要的阶段。这70年间，传播思想在中国不断的有所衍变，寻绎其规律，可述者有以下几点：

1. 经济的发展，从根本上决定了传播思想的发展。古代中国很早就有传播活动，很早就出现了多种多样的传播媒体，但传播事业、传播思想长期发展滞缓，其根本原因就在于封建自然经济的制约。鸡犬之声相闻老死不相往来的小国寡民生活，安土重迁分散经营自给自足的自然经济，以及由此产生的秦人视越人之肥瘠的封闭式的人际关系和社会心态，都不利于传播思想的发展。这一状况，直到鸦片战争爆发，封建的自然经济被迫瓦解，封建政府的闭关锁国政策被迫取消以后才有所改变。鸦片战争后，海禁大开，中国进入半殖民地半封建社会（中山先生称之为次殖民地），舶来于华的西方国家商人，为了占领市场，倾销商品，迫切需要有关中国的各方面的信息。新兴的中国民族工商业者，为了发展本国的市场经济，也增加了对国内政治经济文化等各方面信息的需求，促使新闻传播事业日趋繁荣。这是中国近代传播思想得以发展的客观原因。就这一点而言，中国近代传播的衍变和发展，也从一个方面反映了近代经济发展的进程。

2. 政治是制约传播思想发展的另一个因素。古代中国的封建统治者，奉行“民可使由之，不可使知之”的思想禁锢政策。清朝入关后，又增加了民族的压迫。康雍乾三朝的文字狱，使不少人钳口结舌，避之唯恐不及。在这样的政治氛围中，不论是传播事业还是传播思想，都不可能得到正常的发展。鸦片战争后，这一情况逐渐地有所改变。西方国家的坚船利炮，从外部遏制了封建统治者故步自封、嚣然自大的气焰；太平天国起义和汉族地方军政力量的崛起，从内部削弱了封建中央集权的统治。这以后，一方面是新兴的中国资产阶级政治代表人物参政意识、民本意识的加强，和以暴力手段夺取政权的愿望逐步成为现实；一方面是封建君主专制制度受到冲击，统治者的治权遭到削弱，执政者被迫步步退让，迫害言论出版事业的法令难以认真执行，行动有所收敛，使得形势向有利于资产阶级民主的方向转化。

3. 中国近代的传播思想，既有先秦以来传统典籍中的“遍知天下”（《管子·七法》），“上下情请为通”“得下之情则治，不得下之情则乱”（《墨子·尚同中》），“国将兴，听于民”（《左传·桓公六年》）等思想的影响，也有来自西方的影响。最先把西方的传播思想介绍到中国来的，是在中国办报的外国传教士；稍后，则是在西学东渐的过程中较早接触西方社会的一些先进的知识分子。后一部分人当中，如王韬、梁启超、郑贯公等，曾多次出入国门，对西方的传播活动和传播思想都有较深入的了解。1899年出版的反映政党报纸向大众化报纸过渡时期西方新闻传播学观点的日本松本君平的《新闻学》，1903年出版的反映大众化报纸自由竞争时期西方新闻传播学观点的美国休曼的《实用新闻学》，都有中文译本，都曾对当时中国的新闻传播思想起过影响。梁启超在1901年写作的《清议报100册祝辞》一文中，就引用过松本君平《新闻学》一书中的话。这一情况表明，中国近代的传播思想曾经从西方的传播学中得到过不少的借鉴。但是，由于中西新闻传播事业的发展进程不同，西方的新闻传播观点被介绍到中国来以后，和中国的实际相结合，又带有不少中国的特点。

4. 思想先于实践。和中国的民族资产阶级还没有诞生，呼唤发展民族资本主义经济的言论已经风行一时一样，中国近代新闻传播思想的发展，也先于它的实践。不少鼓吹创办“新报”的文章，就是在19世纪70~80年代维新派报刊大量创刊以前出台的。这一点，和西方国家的新闻传播学研究晚于它们的实践有所不同。其原因是中国的新闻传播学研究工作者，可以从西方的新闻传播理论与实践中得到借鉴。他山之石，成为此山攻玉的手段。实践尚未开始，思想已经先行。这也是中国近代新闻传播思想发展中的一个特点。

（原刊1994年第1期《新闻传播与研究》）

中国新闻学和新闻教育的摇篮
——写在北京大学100周年校庆之际

北京大学是中国的最高学府。它综罗百代，融铸中西，有着积累深厚的综合优势，曾经为当代中国众多学科学术的发展作出过贡献，也为中国新闻学和新闻教育的发展，作出过贡献。它是中国新闻学和新闻教育的摇篮。

在中国的新闻学和新闻教育史上，北京大学拥有好几个第一：在高等学校开设了第一门新闻学方面的课程，建立了中国历史上的第一个新闻学研究团体，出版了中国历史上的第一本新闻学著作，创办了中国历史上第一份新闻学期刊。此外，她还是建国初期那次院系调整之后，新设新闻专业的第一所大学，同时还是“文革”后期，率先恢复新闻专业并开始招生的第一所大学。

北大开设新闻学课程，始于1918年暑假后的那个学期。具体地说，是那一年的9月。开的是选修课，供政治系高年级学生选修，也有不少外系学生前来旁听。课程的名称是《新闻学大意》，主讲教师是徐宝璜。这是中国新闻教育的发端。对于整个中国新闻教育的历史来说，正像鲁迅在赞扬白莽的《孩儿塔》一书出版时所说的，它“是东方的微光，是林中的响箭，是冬末的萌芽，是进军的第一步”。虽然还有点稚嫩，但有着深远的意义。

北大建立的第一个新闻学团体，全称是“北京大学新闻学研究会”，成立于1918年10月14日，停止活动于1920年12月中旬，前后存在了大约两年零两个多月，是中国历史上的第一个新闻学研究团体。关于这个研究会，很多书里都有所记载，还有人写过文章，作过专门研究。简而言之，它虽然是北大校内的社团，但成员不限于校内师生。按照它的简章，“校内外人均可入会为会员”，只是在会费的收费标准上略有差别。在成立后的两年多时间内，它开过一次成立大会，一次改组大会，举办过新旧两期会员研究班，举行过研究期满发证仪式，召开过多次干事会和茶话会。现在还矗立在北京沙滩的那座著名的红楼，当时刚刚建成，称北大第一院，上述的那些会就是在这座楼内三层的第34、35、36等教室内召开的。研究会开始的一个阶段，每周有两至三次活动，通常在晚上，有时也安排在星期天的上午。由导师到会讲课。参加听讲的新旧两个班的会员共55人，其中包括当时在北大图书馆任职的毛泽东。

北大出版的第一本新闻学专著，是北大出版部以北大新闻学研究会的名义，在1919年印刷发行的。书名是《新闻学》，作者是徐宝璜。这是中国新闻史上的第一部新闻学专著。

北大出版的第一份新闻学期刊，是北大新闻学研究会主办的《新闻周刊》。这份刊物创刊于1919年4月20日，一共发行了三期。办刊的目的是：“便会员之练习，便新闻学识之传播，便同志之商榷。”（《发刊词》）它“不仅为中国惟一传播新闻学识之报，且为中国首先采用横行式之报”（见1919年4月21日《北京大学日刊》）。这是中国新闻史上的第一家新闻学专业刊物。

上述的这些活动，具有以下两个突出的特点。第一，和西方新闻学研究和新闻教育发展的进程相当贴近。近代化的新闻事业是首先从西方发展起来的，到20世纪初，已有近300年的历史。但是新闻学和新闻教育的发展，则相对滞后。在欧洲，第一部新闻学方面的著作诞生于1845年；在美洲，第一部新闻学方面的著作诞生于1873年；还都是新闻史方面的书。新闻理论方面的书，在美国，则迟至1903年才问世。美国的大学直到1869年才开设新闻学方面的课程，1903年才设立了第一个新闻系。北大的上述活动，在时间上，和西方国家十分贴近，并没有太大的距离。第二，一开始就受到校内师生、新闻学者和社会上的新闻工作者的重视和欢迎，得到了他们热烈的支持和全身心的拥护。

提起这段历史，不能忘记三个人。

第一个就是当时的北大校长蔡元培。他是1916年的冬天来北大的，到1927年正式卸任，在北大先后当了十年半的校长。这是旧北大历史上最辉煌的一段时期。他所提出的兼容并包、学术自由的办校方针，开阔了北大师生的视野，造成了群星灿烂的学术环境，推动了新文化运动的开展，奠定了北大在中国高等学府中首屈一指的学术地位。新闻学研究和新闻教育在北大的开展，也应该首先归功于他。徐宝璜是他请来的；开设新闻学课程，是他决定的；建立新闻学研究会，是他批准的，并且亲自出任会长。这个会的许多活动，如成立大会，改组大会，和研究期满颁发证书大会，他都积极参加并作了演讲。蔡元培之所以热心于新闻学研究和新闻教育，首先基于他和新闻事业的历史渊源。早在辛亥革命时期，他就参加过《苏报》《俄事警闻》《警钟日报》等革命报刊的办报活动。其次基于他对近代西方新闻学和新闻教育的了解。他曾经留学德国，那里是西方近代印刷术、近代报业和近代新闻学的策源地，他对此曾经作过考察。从他的多次演讲和他给徐宝璜的《新闻学》一书写的序中，可以看得出来，他对美国新闻教育的情况也很了解。他是中国历史上，第一个热心支持新闻学研究和新闻教育的大学校长（另外一个是吴玉章）。

第二个是徐宝璜。他是公费留美期间，在密歇根大学专攻经济学和新闻学的。回国后，在著名的北京《晨报》参加过一段时期的工作。1917年9月进入北大，担任教授兼校长室秘书。北大开展新闻教育和新闻学研究活动，蔡元培之外，他是最积极的一个。在中国新闻史上，他有两个第一：第一个在大学里讲授新闻学课程，第一个公开出版自己编写的新闻学专著。因此有“新闻教育第一位的大师”，和“新闻学界最初的开山祖”（黄天鹏《新闻学纲要序》）之誉。他的那本《新闻学》，也因此被称为中国新闻史上的“破天荒”之作。此外，徐宝璜还保留有一个不大为人所知的纪录，即北大历史上最年轻的教授。他出生于1894年，应聘到北大任教时才23岁，是当时校内80多个教授当中最年轻的。和他同一年到北大任教的梁漱溟和胡适，当时一个24岁，一个26岁，都比他大。过去盛传胡适是北大最年轻的教授，其实是不对的。新闻学研究会成立后，徐宝璜是副会长兼导师，会务主要由他主持。此后，他除在北大任教外，还兼任多所大学新闻系的教席，并积极筹备在北大创办新闻系，可惜没有成功。1930年因脑溢血倒在了北大的讲坛上。对于新闻学研究和新闻教育，他真是鞠躬尽瘁，死而后已。

第三个是邵飘萍。他是民国初年就崭露头角的著名新闻工作者，当时任《京报》和新闻编译社的社长。北大筹办新闻学研究会期间，他曾多次致函蔡元培，极力促成。研究会成立后，他应聘为导师，每周定期到会讲课，因为密切联系实际，又时时现身说法，讲自己办报和当记者的经验和体会，深受会众的欢迎。他和北大的关系密切。“五四”“五卅”“三·一八”前后在北大举行的多次群众性集会，他都亲临现场，并发表演讲。他所办的《京报》，曾提供给北大学生，特别是那些加入了新闻学研究会的会员，作为实习的基地。他秘密加入共产党后，也是通过一位姓谢的北大女生，和上级组织保持联系的。1926年，他被奉系军阀杀害，成为新闻事业的殉道者。

由于他们的努力和支持，使得北大成为当时全国新闻学研究和新闻教育的中心。新闻学研究会的会员中，有不少人在入会后不久，就积极地投入了办报和办刊物的实践。毛泽东在湖南创办了《湘江评论》，高尚德（君宇）、谭鸣谦、罗章龙、姜昭谟参加了《新潮》《向导》《光明》等刊物的编辑工作，陈公博则在广州创办了《群报》。他们的实践，加上同时期北大师生主办的《新青年》《每周评论》《国民》《努力周报》《读书杂志》《语丝》《现代评论》《猛进》《北京大学日刊》等报刊，虽然良莠不齐，瑕瑜互见；但对全国新闻事业的发展，无疑都曾经起过一定的推动作用。

这一时期以北大为中心的新闻学研究和新闻教育活动，为中国新闻学研究和新闻教育的发展，奠定了基础。它所起的筚路蓝缕、以启山林的作用，早已载入典册，成为中国新闻史上极其光辉的一页。

全国解放后，北大两度在中文系办起了新闻专业，前后16年，累计为国家输送了864名毕业生，再次成为中国新闻学研究和新闻教育的重镇。这一段时期的毕业生，目前有一些已经退休。在职的，绝大部分都已是中国新闻战线的骨干力量。这是前一阶段的那一页历史的延续，是北大新闻学研究和新闻教育这部交响乐的又一个华丽的乐章。

我从1953年起，曾经两度在北大新闻专业任教，历时10年，对北大有一定的感情。目前，全国的新闻教育空前发达，设有新闻系或新闻专业的院校不下百所，而北大的新闻教育，却自1978年起，停止了，中断了。这是很令人遗憾的。我寄希望于北大的第二个百年，寄希望于北大现在的和未来的领导。像北大这样实力雄厚的，有着悠久历史和光荣传统的综合大学，是应该为中国新闻学研究和新闻教育的发展，作出更多的贡献的。

（刊1998年第5期《中国记者》）

七十年来的中国新闻教育

一、1949年以前的新闻教育

中国的新闻教育，起始于1920年上海圣约翰大学设立报学系。前此两年，北京大学政治系开设新闻选修课，则是它的先声。从1920—1949年，全国共有58个新闻教育机构，根据已掌握的资料，列表如下：

单位名称	创办时间	地　点	负责人
圣约翰大学报学系	1920年	上海	毕德生、武道
厦门大学报学科	1922年	厦门	孙贵定
湖南自修大学新闻学科	1921年	长沙	毛泽东
平民大学新闻系	1923年	北京	徐宝璜
燕京大学新闻系	1924年	北京	白瑞华、聂士芬
法政大学新闻系	1924年	北京	邵飘萍
国际大学报学系	1924年	北京	

续表

单位名称	创办时间	地　点	负责人
南方大学新闻系新闻专修科	1925年	上海	汪英宾
国民大学新闻系	1926年	上海	戈公振
民治新闻专科学校	1928年	上海	顾执中
中国新闻学校	1928年	广州	谢英伯
复旦大学新闻系	1929年	上海	谢六逸、程沧波
济南新闻函授学社	1930年	济南	王笑凡
新闻大学函授科	1931年	上海	周孝庵
沪江大学商学院新闻科	1932年	上海	张竹平
北平世界新闻专科学校	1933年	北平	成舍我
申报新闻函授学校	1933年	上海	史量才
上海商学院新闻专修科	1933年	上海	赵君豪
江南学院新闻专修科	1933年	上海	
民国大学新闻专修科	1933年	北平	曾钱忱、吴秋塵
中央政治学校（政大前身）新闻系	1935年	南京	马星野
苏州新闻专科学校	1935年	苏州	范烟桥
群治大学新闻系	1936年	上海	
中国新闻学函授学校	1937年	上海	顾执中
新中国大学新闻系	1937年	上海	卢锡荣
中华新闻补习学校	1937年	济南	李寿庭
法政学院新闻专修科	1938年	上海	李南梦
中华第四职业学校新闻科	1938年	上海	瞿绍伊
华美新闻专业科学校	1938年	上海	
武汉大学留日归国训练班新闻组	1938年	武汉	谢然之
中央新闻专业专修班	1938年	重庆	潘公展
战时新闻工作讲习班	1938年	桂林	陈纯粹
中国女子大学新闻班	1939年	延安	
中国新闻学院	1939年	香港	郭步陶
益友新闻研究班	1939年	上海	
中华新闻学院	1940年	北平	管翼贤
现代新闻专科学校	1940年	上海	蒋同

续表

单位名称	创办时间	地　点	负责人
中央训练团新闻研究班	1940 年	重庆	张厉生
广州国民大学新闻学院	1940 年	曲江	
中央政治大学新闻学院	1943 年	重庆	董显光、曾虚白
社会教育学院新闻系	1945 年	璧山（后迁苏州）	俞倾华、马荫良
中国新闻专科学校	1945 年	上海	陈高佣
建国新闻专科学校	1945 年	重庆	王抡楦
暨南大学新闻系	1946 年	上海	冯列山
国防部新闻局新闻人员训练班	1946 年	南京	邓文仪等
华中新闻专科学校	1946 年	淮阴	范长江、恽逸群
华北联合大学新闻系	1946 年	张家口	罗夫、杨觉
中华新闻函授学社	1947 年	上海	杜绍文
上海文化函授学院新闻系	1947 年	上海	
南泉新闻专科学校	1947 年	重庆	王抡楦
西南学院新闻系	1947 年	重庆	谭松寿
广州新闻专科学校		广州	
华中建设大学新闻训练班			
平山新闻干部训练班		平山	
中原大学新闻系			
生活新闻学院		香港	
香港新闻函授学校		香港	
香港达德学院新闻专修科	1947 年	香港	陆诒

此外，还有北京大学、光华大学、大夏大学、中央大学、中山大学、延安大学等几所高等学校先后设新闻课程。

从1920—1949年，中国新闻教育经历了三个阶段。

（一）萌芽时期

从1920年到北伐战争前的六七年间，是中国新闻教育诞生和萌芽的阶段。1920年圣约翰大学率先成立报学系，标志着中国高等学校正规的新闻教育的开始。这以后，陆续问世的还有厦门大学、平民大学、法政大学、南方大学、国民大学等校的新闻科、系。连前一共有8所院校创办了报学系或新闻系。其中，具有代表性的是北京平民大学的新闻系。这个系招收高中毕业生，入学后先上2年预科，再上4年本科，前后在校学习6年。系主任是来自北大的徐宝璜教授，先后应聘到校任教的教授，有邵飘萍、吴天生、顾君义、徐彬彬、周作人、郁达夫、黄郛、徐志摩等，都是一时之选。该校以培养“学识渊博之新闻人才”为宗旨，本科阶段的四年课程安排如下：

第一学年（共12门课，23学分）：新闻概论、速记术、经济学、政治学、文学概论、哲学概论、民法概要、中国文学研究、英文、日文、宪法、文字学。

第二学年（共12门课，23学分）：新闻采集法、新闻编述法、广告学、社会学、照相制版术、财政学、中国近代政治外交史、平时国际公法、统计学、中国文学研究、英文、日文、文字学。

第三学年（共11门课，20学分）：新闻经营法、新闻评论法、采编实习、评论实习、时事研究、现行法令纲要、战时国际公法、中国近代财政史、现代金融论、近代小说、英文。

第四学年（共11门课，20学分）：新闻事业发达史、特别评论法、出版法、采编实习、群众心理、时事研究、现代各国政治外交史、现代社会问题、近代戏剧、英文新闻学原著选读。

大体上包括了外语、文化基础、专业和选修等四个方面的课程。平民大学新闻系也招收女生，现住北京的徐芳女士就是其中的一个。她是目前还健在的、唯一的一位这一阶段的大学新闻系毕业生。[1]

---

1 平民大学的课程安排，据戈公振《中国报学史》第六章 77 页附录。其余情况由徐芳女士提供。

（二）发展时期

从北伐胜利到抗战前夕的10年，是中国新闻教育开始发展的阶段。这一阶段，国内一共创办了15所大学新闻系和新闻专科学校。其中，具有代表性的是燕京大学新闻系、复旦大学新闻系和北平世界新闻专科学校、上海民治新闻专科学校。

1. 燕京大学新闻系

燕京大学新闻系始创于1924年，但不久就因经费困难，一度停办。1929年恢复招生以后，在聂士芬、黄宪昭、梁士纯等几位系主任的努力下，系务有了较大的发展。除以上几位教授外，应邀前往该系讲课的还有胡政之、张季鸾、成舍我、戈公振等人。该系公布的施教方针是："本学系之目的在培养报界人才，授与广博之专门知能，其他与报业有切近关系之学识，亦莫不因时施教，俾学生得分途发展，各尽所长。"[1] 所设课程，分为主修（新闻学方面课程及毕业论文）、必修（中文英文等课程）、副修（社会科学方面的课程）、选修（其他学科方面的课程）等四大类。其中主修的课程有报学概论、比较报学、报学史、现代中国刊物、报章文字、新闻采访与编辑、社论、特载文字、通信、新闻写作与编辑、英文与新闻写作与编辑、报业经营、广告原理、营业与印刷、照片、实用宣传学、报纸翻译、新闻评论等十余门，约3至44学分，占总学分150学分的1/3弱[2]。

2. 复旦大学新闻系

复旦大学新闻系始创于1929年，自揭其办系目的为："养成本国报馆编辑与经营人才"；其施教方针为："灌输新闻学知识、使学生有正确之文艺观念及充分之文学技能，更使之富有历史、政治、经济、社会

1　见 1933 年版的《燕京大学概况》。

2　见 1933 年版的《燕京大学概况》。

等各科知识，而有指导社会的能力”[1]。系主任为谢六逸。先后任教的有陈布雷、戈公振、黄天鹏等人。所开专业课程，有报学概论、新闻采访、评论写作、通讯练习、中国报学史、美洲新闻史、欧洲新闻史、日本新闻史、比较报学、特别讲座、新闻贩卖学、速记术、社会新闻研究、新闻储藏法、新闻广告研究、新闻编辑、报业组织与管理、时事问题研究、新闻纸法与新闻法、新闻照片制版研究等20余门，68学分。

3. 北平新闻专科学校

北平新闻专科学校创校于1933年，自揭其办学目的为“改进中国新闻事业，及训练手脑并用之新闻人才”，是一所以培养初中级新闻人才为主的中等职业学校。校长为北平世界日报社长成舍我。任教的教员有张友渔、萨空了、左笑鸿等。先后办有两届初级职业班、高级职业班和短期培训的报业管理及无线电班。其中，初级班旨在造就印刷工人，高级班旨在养成发行广告及报业管理方面的人员。原计划增办大学程度的本科班，以培养社长、经理及编辑方面的人才，因抗战爆发，未果[2]。

4. 民治新闻专科学校

民治新闻专科学校创办于1928年。学制两年，是一所大专性质的新闻学校。办校的目的是“培养新闻界的新生力量”，尤其侧重于培养外勤记者。创办人兼校长顾执中，是上海新闻报的记者。先后任教的有严独鹤、戈公振、李中道、方天培、吴清友等人。设有采访、编辑、新闻写作、管理、印刷、摄影、英文（或俄文、日文）、时事分析、历史、地理、国际公法、军事常识、哲学等课程。以采访、编辑、时事分析及摄影等课为重点。通常是晚上上课，白天到报社实习[3]。

1　转引自管翼贤《新闻学集成》第7辑208页。

2　参考张友鸾等著《世界日报兴衰史》142~149页，及贺逸文《成舍我创办新闻专科学校》（刊《新闻研究资料》第9辑）。

3　据顾执中《上海民治新闻专科学校的诞生与发展》，刊《新闻研究资料》第10辑。

以上这四所院校新闻系科，在各类新闻教育中，都颇具典型。

（三）抗日战争和解放战争期间

从1937年抗日战争爆发到1949年这12年，是中国新闻教育进一步发展的阶段。这一阶段战乱频仍。先是有八年的对外抗战，继而又爆发了近四年的国共内战，绝大部分时间都在战乱和动荡中度过。但是，新闻教育仍然有很大的发展。抗战爆发后，不少新闻系科院校内迁，随着大后方和各抗日民主根据地新闻事业的蓬勃发展，除了老的院校继续招生外，又新创办了19所为新闻单位输送人才的新闻系科和院校。抗战胜利后，内迁的院校复员，为了适应新闻事业发展的需要、又相继在国民党统治区和解放区新创办了14所新闻系科和院校。两项加起来，这一阶段一共新创办了33所新闻系科和院校，超过了前两个阶段的总和。这一阶段有代表性的新闻院校有政治大学新闻系、社会教育学院新闻系和中国新闻专科学校等。其中以政治大学新闻系的规模最大。

1. 政治大学新闻系

政治大学新闻系（1947年以前称中央政治学校新闻系）1935年创办于南京。先后担任系主任的为马星野和詹文浒。先后担任教授的有俞颂华、董显光、曾虚白、潘公展、赵敏恒、刘振东、王平陵等。1939年后，为适应战时需要，一度改办新闻专修科，调训国民党县市党部主任以上的干部，和招考大学毕业或大学肄业三年以上的青年，经半年到一年的短期学习后，分发至党营新闻事业机构服务。1940年改办两年制的专修科，招收高中毕业生入学。1943年恢复四年制的新闻系。课程分两部分。必修的一般课程为国文、英文、三民主义、政治学、经济学、民法概论、理则学、西洋近代史、中国宪法、刑法、国际法、哲学概论、人生哲学、亚洲近代史、日本问题、苏联问题、政治思想史、经济思想史、中国通史、社会心理学等20门，共76学分。必修的新闻专业课程为新闻学、新闻文学、采访编辑、社论写作、新闻英语、中国新闻史、世界新闻史、报业管理、出版法、编辑实务等10门，共50学分。1943年，中央政治学校还设置了旨在培养高级宣传人才的新闻学院，招考大学毕业生，经一年学习和半年实习，派至世界各地的中国使馆、行政院各部委及各战区司令长官部服务。办两期后结束。这是1920—1949年这一段时期内，层次最高的新闻教育机构。

2. 社教学院新闻系

社教学院新闻系设置于师范院校，除一般大学新闻系的基础课专业课外，还开设有教育概论、社会教育、教育心理学等教育学方面的课程，学生全部公费，毕业后授教育学士。中国新闻专科学校学制两年，吸收了不少在职的学生，也都各有特色。

二、前期新闻教育的特点

1920—1949年这一时期的中国新闻教育，具有以下一些特点：

（一）层次较多

57个教育机构中，属于大学本科性质的22家，属于大专性质的16家，这两部分加起来共38家，占总数的70%左右，是新闻教育中的主要部分。此外，属于中专性质的3家，属于研究班训练班一类在职培训性质的8家，属于函授性质的7家，接近双学位或研究生性质的1家。后面这几部分占的比例虽然不大，但却满足了各种学历的社会人士接受新闻教育的需要，及在职新闻工作者继续深造和充实提高的需要，以及新闻工作单位对各种类型和不同层次的人才的需要。

（二）主要集中在几个大城市

特别是上海、南京、北京、广州、重庆五大城市。其中上海22家居首，以下依次为重庆8家、北京7家、广州3家、南京2家。上海是中国现代新闻出版活动的中心，也是新闻教育的师资力量相对集中的地区，众多的新闻媒体需要新闻教育部门为他们输送人才，而他们的存在也为新闻系科的毕业生提供了可供选择的大量的就业机会。广州的情况接近上海。北京是学者荟萃的文化古城，1928年以前是北洋政府的首都，近代以来又一直是仅次于上海的新闻出版中心，这些都是新闻教育得以发展的有利条件。至于南京和重庆这两个地方，则完全得力于它们的特殊地位，一个是国民政府的首都，一个是抗战时期的陪都。这些都是这些城市新闻教育相对发达的原因。

（三）明显地接受了西方国家新闻教育的影响

首先是来自美国的影响。这一时期从事新闻教育工作的，有相当大一部分是留美学生。被尊为中国新闻教育开山祖的徐宝璜，就曾经在美国的密西根大学攻读过新闻学。在新闻教育界有较大影响的董显光、马星野、汪英宾、赵敏恒、詹文浒等人，也都曾经留美。不少大学的新闻系，是在美国方面的帮助下，创办起来的。曾任圣约翰大学新闻系的系主任武道（M.E.Votaw）、曾任燕京大学新闻系系主任的白瑞华（Roswell S.Britton）、聂士芬（Vernon Nash），都是美国人。民治新专初创时，也得到过美国人福开森（John C.Ferguson）的支持和资助。美国两所著名的新闻学府密苏里大学新闻学院，和哥伦比亚大学新闻学院，对这一时期的中国新闻教育，都曾起过重要影响。密苏里大学新闻学院的院长威廉博士1921年曾专程来华讲学。1932年以后，燕京大学新闻系聘请该院教授来系授课，派遣年青教师赴该院进修，并成立了密苏里燕京基金委员会，加强两校院系之间的联系。哥伦比亚大学新闻学院则曾协助中央政治学校创办新闻学院，派遣克罗斯（Harold L.Cross）、吉尔伯特（Rodney Gibert）等教授到该院讲课。不少大学新闻系引进了美国的教材，指定美国新闻学者的著作作为教学参考用书。

其次，是来自日本的影响。这一时期的新闻工作者当中，有不少是留日学生。其中如邵飘萍、黄天鹏、陈博生等，都曾从事过新闻教育，引进了不少日本的教材和办学经验。

正因为有西方新闻教育的经验和模式可资借鉴，中国的新闻教育从一开始就比较正规，教学计划、课程设置和西方国家的同类院校十分接近。

（四）注意学生的业务实践

除了一些中专性质的新闻院校和夜间上课的新闻院校注意给学生以较多的实习机会外，一般的大学新闻系也十分注意业务实践，使学生在校学习期间有机会接触新闻工作实际，逐步地提高自己的工作能力。不少新闻院系为此创办了自己的通讯社，如燕京大学新闻系的燕京通讯社，复旦新闻系的复旦通讯社，民国大学新闻系的民国通讯社，南方大学新闻系的南大通讯社；不少新闻院系还创办了学生实习报刊，如燕大新闻系的《平西报》《燕京日报》《燕京新闻》和《新中国月刊》，复旦新闻系的《复旦五日刊》，圣约翰大学新闻系的《约大周刊》，政大新闻系的《中外月刊》《南温泉周刊》，北平新闻专科学校的《新专晚刊》，社教学院新闻系的《新社会报》等。有的限在校园内发行，有的直接面向社会。体现了新闻学作为一门应用文科，必须在应用上多下功夫的这一特点。

（五）设备不够完善，社会效益不够理想

除燕京、复旦、政大等少数院校外，多数院校的办学经费不足，设备简单，图书资料匮乏。一些私立新闻专科学校的条件则更差。除少数院校外，多数院校新闻系科的规模都不大。厦门大学报学科初创时，只招到1名学生。民国大学新闻系初创时，只招到6名学生。条件较好的燕京大学新闻系，初创时也只招到9名学生，其中还有不少是外系的选修生，本系的专修生才2~3名。不少院校的新闻系科由于经费困难、生源不足等原因，时兴时辍。情况最好的时候，在校学生的总人数无过400

人。整个时期59所院校新闻系科的毕业学生人数，累计大约不超过3000人。毕业后从事新闻工作的，一般不到50%，最多的如燕京大学新闻系，也仅到60%。这些都说明，中国的新闻教育还处在起步的阶级，还需要社会更多关注和扶植。

1920—1949年这一段时期，是中国新闻教育的幼年时期，尽管受战乱和时局动荡的影响，它的发展有一定的局限，不够完善，但成绩还是很大的，它为这一时期和稍后一段时期的中国新闻事业，培养和输送了一批专业人才和骨干力量。其中，如张友鸾、陆诒、王文彬、萧乾、朱启平、黄遹霈、谭文瑞、吴嘉棠、曹圣芬、耿修业、荆溪人、徐钟珮、徐佳士、王洪钧、潘焕昆、陆铿、李瞻等，早已蜚声中外，不论在新闻界还是新闻学界都有广泛的影响。

三、1949 年以后的新闻教育

1949年10月中华人民共和国成立。随着国内形势的变化，中国的新闻教育也进入了一个新的时期，从1949年到现在，全国（不含港台，下同）的新闻教育机构，共有93个。根据已掌握的材料，列表如下：

单位名称	创办时间	地　点	负责人	备　　注
复旦大学	1929 年	上海	王中、徐震、丁淦林等	1998 年改称复旦大学新闻学院
圣约翰大学新闻系	1920 年	上海	黄嘉德	1952 年并入复旦新闻系
燕京大学新闻系	1924 年	北京	蒋荫恩	1952 年并入北京大学新闻专业
社会教育学院新闻系	1945 年	苏州	葛思恩	1950 年并入苏南文化教育学院

续表

单位名称	创办时间	地　点	负责人	备　注
民治新闻专科学院	1928 年	上海	顾执中	1954 年停止招生后，1983 年以后恢复招生并成立了重庆、北京两分校
苏南新闻专科学院	1944 年	无锡	罗列等	
华东新闻学院	1944 年	上海	恽逸群	
北京新闻学校	1949 年	北京	范长江、陈翰伯	
中共中央高级党校新闻系	1954 年	北京		“文革”前停办，1982 年恢复
中国人民大学新闻系	1955 年	北京	安岗、罗列、阿梓华等	1988 年改称中国人民大学新闻学院
江西大学新闻系	1958 年	南昌	果毅、刘运秋、邓长荪等	1956 年停办，1982 年恢复。现改名为南昌大学新闻系
杭州大学新闻系	1958 年	杭州	张大芝	1962 年停办，1982 年恢复，1993 年改名称杭州大学新闻传播学院
南京大学新闻系	1958 年	南京	裴显声等	原为中文系新闻专业，1985 年改为新闻系
北京广播学院（新闻系、播音系、电视系）	1959 年	北京	常振铮	
暨南大学新闻系	1960 年	广州	周冷、马戎、马彦洵、吴文虎	初为中文系新闻专业，1978 年改新闻系
江苏省新闻专科学校	1960 年	南京		
天津师范大学中文系新闻专业	1960 年	天津	马艺等	

续表

单位名称	创办时间	地　点	负责人	备　　注
山东大学新闻专修科	1960 年	济南		
西安政法学院新闻系	1960 年	西安	何微	
安徽广播电视学校	1960 年	合肥		
南京师范大学中文系新闻专业	1964 年	南京	鄢光让等	
湖北广播电视学校	1965 年	武汉	戴惠卿	
广西大学新闻系	1972 年	南宁	虞达文	初为中文系新闻专业，1987 年建系
郑州大学新闻系	1978 年	郑州	项德生	初为中文系新闻专业，1984 年建系
中国社会科学院研究生院新闻系	1978 年	北京	谭立、邱光硕、孙福忱等	
湖南广播电视学校	1979 年	长沙	果森泉	
中国人民警官大学新闻系	1980 年	北京	郑保卫等	
安徽大学中文系新闻专业	1980 年	合肥	王中义、金梦五	
山西大学中文系新闻专业	1981 年	太原	孙恭恒	
四川大学新闻系	1981 年	成都	邱沛篁	
全国记协职工新闻学院	1982 年	北京	洪一龙、窦德荣	
河北大学中文系新闻专业	1982 年	保定	吴庚振	
国际关系学院国际新闻系	1983 年	北京	蒋云、刘建明	
上海外国语学院新闻专业	1983 年	上海	钱维藩、郭可	

续表

单位名称	创办时间	地　点	负责人	备　　注
华中理工大学新闻系	1983 年	武汉	汪新源、程世寿	
武汉大学新闻系	1983 年	武汉	樊凡、吴高福	
湖北新闻干部专修科	1983 年	武汉		
厦门大学新闻传播系	1983 年	厦门	陈安全	
兰州大学新闻系	1983 年	兰州	张默、刘树田	
宁夏大学中文系新闻专业	1983 年	银川	王庆同	
新疆大学中文系新闻专业	1983 年	乌鲁木齐	努尔买买提	
新疆新闻干部进修班	1983 年	北京		
中央民族学院汉语新闻专业	1984 年	北京	张万隆、刘清源	
中华新闻函授学院	1984 年	北京	钟沛璋	
人民日报新闻函授中心	1984 年	北京		
经济日报人才开发函授部新闻专业	1984 年	北京		
北京人文函授大学新闻专业	1984 年	北京	周鸿兴	
农民新闻函授学校	1984 年	北京		中国农民报主办
新闻学刊授中心	1984 年	广州		南方日报主办
解放军南京政治学院新闻系	1984 年	南京	郑旷、郑龙祥	
苏州铁道师范学院中文系新闻专业	1984 年	苏州		
安徽新闻刊授大学新闻专业	1984 年	合肥		

续表

单位名称	创办时间	地　点	负责人	备　　注
长沙大学中文系新闻专业	1984 年	长沙	易杨、周永	
吉林大学中文系新闻专业	1984 年	长春	冯国和	
甘肃新闻刊授学院	1984 年	兰州		兰州大学、甘肃省新闻研究所合办
渝州大学中文系新闻专业	1984 年	重庆	翁正良	
金筑大学新闻专修班	1984 年	贵阳		
中央广播电视大学新闻专业	1985 年	北京		
报业经营管理干部进修班	1985 年	北京		全国记协中共中央宣传部新闻局合办
国际新闻业务讲习班	1985 年	北京		全国记协主办
新闻摄影干部专修班	1985 年	北京		中国人民大学、中宣部新闻局合办
全国体育记者讲习班	1985 年	北京		中国体育记协主办
广告业务培训班	1985 年	北京		中国人民大学、中宣部新闻局合办
上海新闻广播电视职业学校	1985 年	上海		
江汉大学中文系新闻专业	1985 年	武汉	阮方、刘若	
黑龙江大学中文系新闻专业	1985 年	哈尔滨	杨春惠	
黑龙江教育管理干部学院	1985 年	哈尔滨		
西北大学中文系新闻专业	1985 年	西安		

续表

单位名称	创办时间	地　点	负责人	备　　注
甘肃新闻高级讲习班	1985 年	兰州		兰州大学、甘肃省记协、兰州晚报合办
新疆广播电视学校	1985 年	乌鲁木齐	郭流	
四川新闻管理干部学院	1985 年	成都		
云南大学中文系新闻专业	1985 年	昆明	高宁远	
云南广播电视学校	1985 年	昆明	豆教学	
广西农垦大学新闻系	1985 年	南宁	张国琛	
中国新闻学院	1986 年	北京	穆青、周立方、刘滨江	新华社主办
现代知识与新闻工作研修班	1986 年	北京		全国记协主办
北京市委党校新闻班	1986 年	北京		
河南大学中文系新闻编辑出版专业	1986 年	开封	王振铎	
浙江广播电视专科学校	1986 年	杭州	张默	
贵州省广播电视学校	1986 年	贵阳	时鸿运	
内蒙古蒙文专科学校新闻系	1986 年	呼和浩特	巴拉吉	
上海科技大学新闻与人文专业	1987 年	上海	黄炜	
科技大学科学系新闻专业				
湖北大学中文系新闻专业	1987 年	武汉	谌宗恕、舒怀	
贵州大学新闻专业	1987 年	贵阳	张金声	

续表

单位名称	创办时间	地　点	负责人	备　　注
山东师范大学新闻专业	1988 年	济南	王建珂	
地市报主编高级新闻研讨班	1988 年	北京		中国新闻学会、社科院研究生院新闻系合办
企业报主编新闻研习班	1988 年	北京		全国记协、工人日报合办
陕西省委党校新闻大专班	1989 年	西安		
上海体育学院体育新闻专业	1989 年	上海	潘兴	
中国人民大学函授学院新闻系		北京		
辽宁大学中文系新闻专业		沈阳	高永振	
深圳大学新闻传播系		深圳	熊源伟	

其中，属于研究生一级的1个，属于大学本科一级的52个，属于大专一级的9个，属于中专一级的7个，属于在职人员短期离岗培训和进修性质的15个，属于自学辅导性质的10个，包括了从中等职业教育到研究生学位教育各种不同层次。从分布的地区看，北京的数量最多，有30个，遥居各省市之首。这是它在国内的特殊地位所决定的。上海有7个，虽然还排在第二位，但绝对数量已不如1949年以前那一段时期。南京、广州、武汉和江苏、四川等省市仍然居于前列，这一点和前一段时期相同。不同的有三点，即：（1）南京只有2个，四川只有3个，数量已相对减少；（2）安徽、陕西、甘肃、贵州等原来新闻教育较落后的地区，追了上来，成了新闻教育比较发达的省份；（3）全国除了青

海、西藏两省自治区外，其余的27个省市自治区都设有新闻教育机构，基本上消灭了这方面的空白，改变了前一时期新闻教育机构只集中于少数发达地区的状况。

这一时期的中国新闻教育，大体上经历了三个阶段。

（一）调整时期

从1949年中华人民共和国成立到1966年“文革”前夕，是第一个阶段。

建国后，不少前一时期的新闻院校外迁或停办，保留下来的只有6所，即北京的燕京大学新闻系、上海的暨南大学新闻系、圣约翰大学新闻系、复旦大学新闻系、民治新闻专科学校及苏州的社会教育学院新闻系。其中，多数院校暂停招生，但在校的学生仍继续学习，只是在课程上作了一些调整，如政治课即由三民主义改为新民主主义和社会发展史。

为了适应建国后新创办报刊的需要，中国共产党的各级宣传部门，从1949年4月，陆续创办了一些短期培训性质的新闻院校，以设在无锡的苏南新闻专科学校为最早，其次为设在上海的华东新闻学院和设在北京的北京新闻学校。这些院校的学制，通常为半年到一年，入学的学员有在职的干部，也有具有高中毕业、大学肄业到大学毕业学历的青年学生。

1952—1955年，是这一阶段新闻教育发展的一个小小的高潮。这一高潮，以1952年的院系调整作为开始，以1955年中国人民大学新闻系的成立作为结束。1952年院系调整结果，在北方，是创办了北京大学中文系新闻专业，燕京大学新闻系并入该专业。在南方，是充实了复旦大学新闻系，圣约翰大学和暨南大学两个新闻系并入该系。建国初期创办的几家短期培训性的新闻院校，完成任务，陆续停办。苏州的社教学院并入无锡的苏南文化教育学院后，原社教学院新闻系的学生，于1952年毕业离校后，该系宣布结束，不再招生。民治新专则于1954年停办。经过这一系列调整，南北方各只剩下一个新闻系（专业），数量虽然减少，力量相对集中。北大新闻专业由罗列、蒋荫恩负责，拥有1924年即已成立的前燕京大学新闻系的师资，图书资料和新调入的教学力量，复旦新闻系由陈望道负责，囊括了南方各新闻系的人才和设备。至此，南北两大新闻教育基地的格局，初步形成。1955年，根据中共中央《关于改进报纸工作的决议》中提出的“扩大现有的大学新闻系的学生数目”的设想，在1950年创办的北京中国人民大学内设置了新闻系，由安岗任系主任，1955年9月开始招生。第一批学生主要是由中央和省市各新闻单位推荐的在职的编辑、记者。1956年起，扩大招生范围和人数，除继续招收在职的编辑记者外，还开始招收非新闻单位的在职干部，学制为3年至4年（后一度改为5年）。

1. 北京大学新闻专业

从建国初期到1955年的这一段时间内，新闻教育处在除旧布新探索前进的阶段。根据当时的教学计划，大学新闻系（专业）的教学目的，规定为“培养全心全意为人民服务的新闻出版事业干部，即培养各种报纸、杂志、各级通讯社、各级广播电台、各书店以及新闻出版行政机关之编辑、采访等人才”[1]。课程安排以北京大学中文系新闻专业为例，大体如下：

课程名称	学　分
马列主义基础	6
中国现代革命史	8
政治经济学	8
辩证唯物主义与历史唯物主义	6
外国语	22
体育	8

1　见50年代初期复旦大学新闻系的教学计划，转引自宁树藩、尹德刚《关于高校新闻系科新闻学教育的几个问题》，刊于1990年《新闻大学》第26期。

续表

课程名称	学　分
逻辑	3
中国通史	6
外国史	6
中国历史名著选读	6
文艺学引论	4
语法修辞	4
中国文学名著选读	22
中国文学史	6
新闻学导论	3
新闻采访和写作	6
报纸编辑	6
评论文写作	6
中国新闻事业史	4
外国新闻事业史	4
时事政策	4
毕业论文	8
选修课程	28
共 23 门	184 学分

以上各类课程的比例为：政治思想类18%，文化基础类50%，新闻业务类20%，其他12%。其中，选修课安排了马列主义美学基础，中国文学批评史、外国文学、中国近代思想史、国家法的基础、中国国民经济史、国民经济计划、工业经济、农业经济、国际关系史、国际法、政治经济地理、外国语（第一外国语继续或第二外国语）、新闻摄影、摄影原理与技术、逻辑、新闻学专门讲座、马克思列宁名著选读等十余种，供学生选修，以不超过28个学分为度[1]。

1　见 1955 年北京大学中文系新闻专业教学计划。

这几年正好是国内各行各业和新闻界向苏联学习的高潮，新闻教学也受一定影响。学制由4年改为5年，教学计划、课程安排、教学大纲，都按照苏联的模式依样画葫芦。北大新闻专业和人大新闻系都曾聘请苏联专家来讲学。

2. 中国人民大学新闻系

1958—1960年，是这一阶段新闻教育发展的又一高潮。其背景，是1958年开始的全面大跃进。其发端，则是北京大学中文系新闻专业和中国人民大学新闻系的合并。这两个新闻系和专业合并于1958年8月，合并后仍由安岗任系主任（1961年后由罗列接任系主任），孙觉、蒋荫恩、罗列、鲁西良等任副系主任，下设新闻学、采访写作、报刊史、编辑、评论、摄影、文学、外语等教研室，师资力量大为加强，除招收调干生外，开始大量招收高中毕业生，在校学生，最多的时候近4 000人，成为当时人大的第一大系。继两系（专业）合并之后，江西大学、南京大学、杭州大学等校的新闻系（专业）相继创办，到1960年年底，全国的大学新闻系（专业）已达到12家。打破了1952年以来南北各只有一个新闻系的格局。

3. 复旦大学新闻系

受当时政治气候的影响，1958年以后，不少新闻院系的培养目标作了调整，政治上的要求有所提高。如复旦大学新闻系便由培养“全心全意为人民服务”的新闻工作者，改为培养“具有巩固的无产阶级世界观，较多的懂得马列主义毛泽东思想，经过一定的实际工作锻炼，有调查研究和写作能力，能够熟练地运用新闻武器进行战斗，全面发展，一专多能的理论宣传工作者”。该系1960年制定的教学计划，还对培养目标提出了以下具体要求：

（1）树立无产阶级的世界观，有坚定的工人阶级立场，有高度的党性，是党和人民的驯服工具。

（2）牢固地掌握马列主义毛泽东思想的基本理论，能自觉地宣传和贯彻党的路线、方针、政策，有一定的宣传组织和从事基层工作的能力，能密切联系群众，具有艰苦朴素的工作作风。

（3）掌握系统的马列主义新闻学理论，经过严格的写作训练，有较好的辞章修养，有较广博的文学、历史知识，掌握一门外国语，有阅读一种外文报刊的能力。

（4）有一定的生产劳动技能，做到一专多能，体魄健全，能够担负建设与保卫祖国的职责，具有较高的文化素养。

与培养目标相适应，课程的设置有所调整。以复旦大学新闻系为例，当时的安排大体如下：

课程名称	学　分
生产劳动	
思想政治教育报告	9
中共党史	8
政治经济学	8
哲学	8
国际共产主义运动史	6
体育	8
外国语	18
文选与习作	8
逻辑	2
文学概论	4
中国古典文学作品选读	6
中国现代文学	4
中国近代史	4
世界近代现代史	8
世界政治经济地理	8
新闻事业概况	2
新闻学概论	6
新闻采访写作编辑	8
中国新闻事业史	8

续表

课程名称	学分
外国新闻事业	3
新闻摄影	4
新闻学专题	4
马列主义经典著作选读	11
时事政策	9
选修课	16
学年论文	
毕业论文	
共28门	180学分

各门课程的学时比例为：

政治理论（不包括形势与任务教育）766学时占29%

文学历史课（不包括定作）352学时占14%

外国语及文选习作352学时占14%

新闻业务课500学时占19%

其他（逻辑、体育、选修、时事政策）614学时占24%

时间的分配以周计，大体如下[1]：

项目 / 周数 / 学年	上课	考试	生产劳动（包括基层工作及社会调查）	新闻工作	实践科学研究	假期	共计
第一学年	34	4	4+（3）	10	52		
第二学年	34	4	4+（3）	10	52		
第三学年	34	4	4+（3）	10	52		
第四学年	24	2	10	4	2	10	52
第五学年	14	3	1+（1）	20	4（3）	2	44
共计	140	17	23+（7）	24	6（3）	42	252

1　见1961年复旦大学新闻系专业五年制教学计划。

和前一段时期比较起来，这一段时期各院校新闻系（专业）的教学安排有以下的一些特点：

1. 政治课的门数及课时有所增加，在全部教学计划中的比重，由18%提高到29%。

2. 参加政治运动成为一项教学内容，纳入教学计划。复旦大学新闻系曾规定各年级学生每学期至少应有三周时间参加政治运动。人民大学新闻系虽然未作具体规定，但从1957年起到1966年止，包括整风、“反右”和农村社会主义教育运动在内的历次校内外政治运动，全体学生几乎无役不与。原定的上课计划经常被打乱。1964年下半年起，高年级学生分批轮流下乡参加农村“四清”运动，为期一年，课堂学习，全部中断。

3. 业务实践（通称新闻工作实践或生产实习）受到更多的重视，复旦大学新闻系曾计划每一届学生应有半年时间在工厂办基层报，半年时间在省市一级报社实习。人民大学新闻系则规定每届学生在校期间应有三次实习。第一次在北京市内的基层工矿企业报实习，为期4周；第二次在地区报、中等城市报或县报实习，为期7周；第三次在省级或直辖市级报社实习，为期21周。在1958—1959年的“大跃进”期间，人民大学新闻系还曾在地方基层单位先后接办过28家报纸，作为学生的学习基地。

4. 劳动的次数和时间增多。如人民大学新闻系规定学生在校期间，应有四次集中劳动，第一次在本系主办的印刷厂从事排字的印刷劳动5周，第二次到郊区人民公社从事麦收劳动一周，第三次到工厂矿山劳动4周，第四次到农村劳动4周。此外还规定第三、五、七学期必须从事公益劳动一周，第一学年每周必须在本系印刷厂劳动两天，第二学年每周必须在本系印刷厂劳动半天。复旦大学新闻系则规定：（1）一、二年级每隔周安排劳动一天，每学期另有集中农业劳动4周；（2）三年级到其基层厂报实习期间，先安排半个月的集中劳动，以后每周劳动一天半

（全年12周）；（3）四年级除每隔周一天的分散劳动外，参加夏收秋收劳动各两周，再在暑假前安排四周农业劳功；（4）五年级上学期在省市报实习期间，安排劳动两周，下学期安排集中劳动四周。其他院系的规定大体与此相同。

以上这些特点，明显地接受了当时提出的“教育为无产阶级政治服务，教育与生产劳动相结合”这一口号的影响。

1960年以后，又陆续有一些新的新闻院校问世，截至1966年“文革”前夕，全国的新闻教育机构，已达14家。当时，全国共有343家报纸，78座广播电台，13家电视台，新闻系（专业）的学生统招统分，大体上能够满足中央和省市以上新闻单位的人才需求。

这一阶段的新闻教育，在建立新的新闻教育格局、制订新的教学计划教学方案、编写新的专业教材、建设师资队伍、探索新形势下新闻教育的模式和规律等方面作了很大的努力，取得了一定的成绩。这一阶段经新闻院系培养出来的学生，经过二三十年的实践检验，证明多数是有后劲有实力的，其中的相当一部分，已成为今天新闻界的骨干力量。

但是问题也有不少。主要有以下几点：

1. 生搬硬套苏联经验。主要表现在1955年前后。从教学体制教学计划、教学大纲、教学方法到教材和教学内容全面地学习苏联，没有考虑中国的国情和特色。这一点，在1956年以后，逐渐地有所扭转。

2.“新闻无学”思想的干扰。这一阶段新闻界的上层骨干力量，绝大部分来自解放区。他们当中的绝大部分，是在边干边学的过程中成长起来，多数没有上过大学，接受过系统的新闻教育。“新闻无学”，以及由此延伸出来的学校新闻教育没有什么必要的虚无主义思想，在他们当中很有市场。持这种观点的人，有不少在当时的新闻界位居要津，他们的态度，对这一阶段新闻教育的发展，产生了消极的影响。

3.“左”的思想的影响。1957年以后，政治上不断地“反右”，

“左”的思想逐渐抬头。其在新闻教育领域内的表现，主要有两点。一是严“资”“无”之辨，事事要问一个姓“社”还是“资”，凡被定性为资产阶级类的课程，如报业经营与管理、广告学等，一律从教学计划中剔除。凡涉及资产阶级报纸和报人的内容，一概从教材中抹掉。新闻史雷同于革命史、思想史，或局限为无产阶级的党报史，外国新闻史则以批评西方资产阶级报刊为主要任务。二是大搞无限上纲的学术批判。1957年批判了复旦大学新闻系王中教授所写教材《新闻学原理大纲》中的报纸有“商品性”的观点，1960年批判了中国人民大学新闻系教材中的报纸是“教育人民的工具”“记者是社会活动家”“报纸的真实性是新闻工作的根本原则”等观点。这些带有“左”的色彩的批判，在新闻学的教学和研究中，设置了许多禁区，影响了教材建设和教学研究工作的开展。

4. 片面地强调了劳动和政治运动，以劳动、实践和政治教育来取代新闻学专业知识的传授和学习。其结果是：原来制订的计划被打乱，比例失调，教学无序，教学质量受到影响。

由于出现了以上问题，这一阶段的新闻教育，多少走了一点弯路，影响了它的发展。

（二）“文革”时期

1966—1976年，即“文化大革命”时期。从爆发到结束的十年，是这一时期新闻教育发展的第二个阶段。这一阶段的主要情况是：

1. 报刊大量减少

“文化大革命”其实是革文化的命，新闻事业和新闻教育作为文化的一个部分，也在被革之列。“文化大革命”期间，全国的报纸由1966年的343种减至1976年的182种，最少的时候只剩下了42种。新闻教育也跌近了谷底。

2. 新闻教育停办

1966年5月“文化大革命”爆发，全体新闻院校师生都响应号召，实行“停课闹革命”。不久，在校学生陆续结业离校，所有教师除老弱病残者外，全部被下放到农村或“五七干校”劳动。校院系的牌子虽还挂着，教学活动已完全停止。这以后，中国人民大学被迫停办，人大新闻系随之下马。复旦大学新闻系则被一些“造反派”指为“根本培养不出革命的战斗的新闻工作者”而暂停招生。其他院校的新闻系科也销声匿迹。从1966年到1670年的4年间，国内的新闻教育成为一片空白，如果说还有活动的话，也只是对被纳入“17年教育黑线”，对戴上了资产阶级修正主义帽子的前一阶段新闻教育的严厉批判。

3. 招收工农兵大学生

1972年，为了向被造反派夺了权的各级党委机关报和各级“大批判写作组”输送干部，在北京大学中文系重新设置了新闻专业，将已经停办了的人民大学新闻系的师资和图书资料设备并入该专业，招收工农兵学员，进行培养。1972—1976年，北京大学中文系新闻专业一共招收了四届三年制的工农兵大学生，举办了三期一年制的新闻在职干部进修班。使中断了多年的新闻教育，重新恢复。在此前后，复旦大学新闻系也开始招收三年制的工农兵大学生。这是“文革”后期硕果仅存的两家新闻教育机构：

当时的工农兵大学生，有以下几个共同特点：

（1）学生全部来自工业农业第一线和现役军人；

（2）入学不经考试，全部由群众推荐和组织遴选；

（3）年龄偏大；

（4）没有严格的学历要求：高中毕业，初中毕业乃至小学程度的都有，水平参差不齐；

（5）各人的文化基础不同，入学后的勤奋程度不同，学习成绩的好坏差别很大，就学生的整体水平而言，难以和四年制的大学本科生相比。两校新闻系（专业）工农兵大学生的情况，也大体如此。

教学计划是临时拼凑的。因为要强调学农、学工、学军和批判资产阶级，又要安排一定的时间参加业务实习、参加劳动和“狠批右倾翻案风”之类的政治运动，课堂学习的时间相对减少。外语全免。旧教学计划中保留下来的只有四门政治课。文化基础课只剩下了有关文史的几个通俗性的讲座，新闻业务课只剩下了语法逻辑修辞和新闻采访写作之类的几门实用性较强的课程。考试这一环节不受重视，不论成绩好坏，都能毕业。

这一批新闻院系工农兵大学生后来的情况不完全一样。有的在新闻单位干得十分出色，成为所在单位的骨干力量。有的留校任教，在工作中不断提高，又经过校内几门课程的考试、摘掉了工农兵学员的“帽子”，成为称职的新闻教育工作者。有的考上了新闻学研究生，或出国留学，继续深造，毕业后成为杰出的新闻工作者、新闻教学研究工作者。以上这些是少数，而且主要是由于自身的努力。大部分工农兵大学生分到新闻单位后表现平常，明显地缺乏后劲。此外还有一些则被分配回原地区、原部队、原部门从事其他工作，表现一般。就整体来说，在极“左”思潮指导下进行的这场新闻教育的“革命”，是不成功的。

（三）成长时期（“文革”后的新闻教育发展）

从1976年“文化大革命”结束到现在，是这一时期新闻教育发展的第三个阶段也是有史以来中国新闻教育发展幅度最大、速度最快的一个阶段。

粉碎“四人帮”以后，特别是1978年确立改革开放和以经济建设为中心的政治路线以后，由于清除了“左”的影响，中国的新闻事业有了飞速的发展。到1993年底，全国已有报纸2039种，是1978年的11倍；广播电台500座，是1978年的5倍；电视台614个，是1978年的19.2倍；有线电视台从无到有，也已发展到了500家[1]。随着新闻事业的发展和新闻工作者队伍的不断扩大，新闻教育发展的速度也大大加快。

1. 重建新闻教育制度

从1976年到1993年，中国新闻教育的发展，大体上经历了三个小阶段。

1976年到1978年是准备的阶段。这一阶段的主要任务是拨乱反正和重整教学秩序。1977年高考制度恢复，北京大学中文系新闻专业和复旦大学新闻系都通过考试录取了以应届高中毕业生为主，和因上山下乡而失去念大学机会的往届高中毕业生为辅的本科生。不再以推荐和遴选方式招收工农兵学员。学制也一律改为四年。1978年中国人民大学复校，新闻系随之恢复。并将北大新闻专业的原人大新闻系教师及图书资料归还建制。北大新闻专业停办，学生并入人大。这一阶段，全国的新闻系（专业）只有北大（1978年9月以后为人大）、复旦和刚刚恢复招生的暨南大学及北京广播学院等四家。

1978年到1983年是恢复的阶段。这一阶段除人大、复旦两校新闻系外，又陆续增办了郑州大学、安徽大学、中国人民警官大学、四川大学、山西大学、河北大学等六所大学新闻系（专业）和一所培训在职人员的全国记协职工新闻学院。大学本科和大专一级的新闻教育单位，达到了12个。此外，还创办了一所中专：湖南广播电视学校。

人大和复旦两校新闻系在恢复阶段继续起着带头的作用。他们都重建了教研室，重新安排了课程，恢复了被“四人帮”破坏了的教学秩序和制度。在教学上，摆脱了长期以来“左”的思想的影响，突破了一些禁区，澄清了一些被搅乱了的新闻学观点。教学计划参考了“文革”前的模式，稍有调整。学制一律定为四年。课程安排，以人大新闻系为

1 据 1982 年《中国新闻年鉴》及 1994 年 6 月 29 日《光明日报》所刊新华社有关全国宣传思想工作会议的报道。

例，大体如下：

（1）必修课部分

课程名称	学　分	上课时数	上课时间
中共党史	6	108	第一学期
哲学	8	144	第二、三学期
政治经济学	8	144	第四、五学期
科学社会主义	4	72	第七学期
形势与任务			
古代汉语	8	144	第二、三学期
现代汉语	4	72	第一学期
中国古代文学	8	144	第三、四学期
中国现代文学	6	108	第四、五学期
外国文学	8	136	第七、八学期
逻辑学	3	51	第二学期
外国语	20	356	第一、二、三、四、五学期
体育	10	178	第一、二、三、四、五学期
新闻事业概论	3	54	第一学期
新闻理论	3	54	第七学期
写作基础	4	70	第一、二学期
新闻采访	3	36	第一学期
新闻写作	4	72	第四学期
报纸编辑	4	72	第五学期
报纸评论写作	2	36	第七学期
中国新闻事业史	2	36	第五学期
外国新闻事业	2	36	第七学期
新闻摄影	3	54	第五学期
共23门	123学分	2177学时	

其中，政治理论课占21.5%，文化基础课占54.6%，新闻专业课占23.9%。

（2）选修课部分

课程名称	学　分	上课时数	上课时间
中国通史	8	140	第一、二学期
世界通史	8	140	第一、二学期
文学概论	3	54	第三学期
修辞学	2	36	第三学期
美术概论	2	36	第四学期
政策与宣传	2	36	第五学期
新闻业务专题	2	36	第八学期
新闻史专题	2	36	第七学期
中外名记者研究	2	36	第七学期
中外政治家研究	2	32	第八学期
大众传播学专题	2	32	第八学期
广播电视宣传	2	32	第八学期
报业经营管理	2	32	第八学期
广告学	2	36	第五学期
彩色摄影	2	36	第七学期
摄影表现手法	2	32	第八学期
摄影流派介绍	2	36	第七学期
专业外语	4	68	第七、八学期
法律学专题	3	54	第三学期
经济地理	4	78	第四学期
心理学专题	2	36	第四学期
伦理学专题	2	36	第八学期
社会学概论	2	36	第八学期
国际关系史	3	48	
自然科学知识讲座	2	32	
共25门	共96学分	1206学时	

其中，中国通史、世界通史为指定选修课，必须从这两门课中选修其中一门，计140学时，其余文学概论等为任选课，可以任选其中的

378学时。两共选修518学时，列入选修课中的中外记者研究、大众传播学、报业经营管理、广告学、心理学、伦理学、社会学等课程，都是打破了思想禁锢，根据中共十一届三中全会以后的以经济建设为中心的新形势的需要，新开设的。

除上课外，还安排了业务实习，为期半年，固定在第六学期，此外，还安排了科学研究、生产劳动、军事训练等环节。其时间分配和与教学的比例关系如下：[1]

周数 类别 学年	教学	考试	科学研究	生产劳动 军事训练	社会调查	入学教育 毕业教育	共计	假期
1	35	4		2	2	1	44	10
2	36	4		2			42	10
3	18	2		4	18		42	10
4	34	4	3			1	42	10
合计	123	14	3	8	20	2	170	40
百分比	72%	8%	2%	5%	12%	1%		

其中，社会调查包括两周劳动。

除大学和专科性质的新闻教育外，这一阶段还恢复了研究生教育。1961年前后，复旦大学新闻系曾经招过两届为数不多的几名研究生，1963年以后停招。这一阶段恢复招生。1978年，人大、复旦两校新闻系和中国社会科学院研究生院新闻系，同时开始招收硕士研究生，使不少具有大学本科毕业学历的在职人员，有了在新闻学方面进一步深造的机会。

1983—1993年是大发展的阶段。1983年5月，中共中央宣传部和国家教育部，在北京召开了建国以来第一次全国新闻教育工作座谈会，

1　以上三表均见1982年中国人民大学新闻系教学计划。

着重讨论了中国新闻教育的发展规划问题。会议根据抽样调查，估算出从当年起，到20世纪末止，全国各新闻单位共需要补充新闻专业毕业生9万人，平均每年5 000人[1]，并据此作出了大力加强新闻教育工作的决定。后来的实践证明，这一估算，并不十分精确，但据此作出的决定，却对后来此一个时期新闻教育的发展，起了很大的影响。

2. 新闻教育的现状

全国新闻教育会议召开的当年，就在厦门大学恢复了新闻系，并在武汉大学、华中工学院（现改称华中理工大学）、兰州大学、宁夏大学、国际关系学院、上海外语学院等9所院校增设了新闻系或新闻专业。到1989年止，仅仅用了6年时间，全国的新闻教育机构，就由1983年5月前的14家，猛增到51家。现将有关数据，列表如下[2]：

年份	新闻院校数	专职教师人数	在校学生数
1983 年	14 所	274（内含教授副教授 25）人	1 561 人
1984 年	31 所	611（内含教授副教授 56）人	5 346 人
1985 年	31 所	6 801 人	
1986 年	33 所	767（内含教授副教授 120）人	6 160 人
1987 年	47 所	7 525 人	
1988 年	48 所		
1989 年	51 所	880（内含教授副教授 280）人	6 000 人

教学计划和教学工作等各个方面，这一阶段也都有不同程度的修改和调整。

3. 新闻教育的目标

首先是培养目标。这方面的变化不大。以人大和复旦两校为例，都强调以培养德智体全面发展的新闻人才为目的。人大的提法是："培养

1　见洪一龙《1983 年中国新闻教育事业发展概况》，刊 1984 年版《中国新闻年鉴》第 26 页。
2　据 1984 年至 1990 年各版《中国新闻年鉴》。

德智体全面发展又红又专的从事新闻工作的记者、编辑等专门人才。”复旦的提法是：“培养德智体全面发展的能胜任新闻与宣传工作的专门人才。”[1]

都有政治上的要求。人大的提法是：“系统学习和掌握马克思主义基本理论，坚持四项基本原则；坚持实事求是和群众路线的优良作风；具有运用马列主义基本理论分析问题解决问题的能力；具有爱国主义和国际主义的精神；具有共产主义道德品质，遵纪守法；努力为实现中国社会主义现代化服务，为人民服务。”[2]

都有学习上的要求。人大的提法是：“正确理解和掌握马克思新闻思想，熟悉党的方针政策，政治敏感性较强。有比较浓厚的文化基础知识和专业基础知识，有较高的文字水平及调查研究和群众工作能力。采访、写作、编辑和评论新闻业务基本功较扎实。能比较熟练地运用一门外国语阅读报纸和专业书刊。”[3]复旦的提法是：“全面掌握新闻知识与技能，知识面较宽，有一定的社会活功能力和业务能力，比较熟练地掌握一种外国语。”[4]

都有健康上的要求。人大的提法是：“具有健全的体魄。达到国家体育锻炼的标准。”[5]复旦的提法简单，只有“身体健康”[6]四个字。

其余各院校的培养目标也大体类此。只是根据自身的特点，各有一些具体的规定。如暨南大学的培养目标是：“为海外港澳台和内地培养新闻传播人才”[7]；国际关系学院新闻系的培养目标是：“为中国培养

---

1 见 1991 年《复旦大学新闻学专业科学教学计划》。
2 见 1990 年《中国人民大学新闻系本科新闻专业学分制教学方案》。
3 见 1991 年《中国人民大学新闻学专业科学教学计划》。
4 见 1991 年《复旦大学新闻学专业科学教学计划》。
5 见 1990 年《中国人民大学新闻系本科专业学分制教学方案》。
6 见 1991 年《复旦大学专业本科教学计划》。
7 见 1990 年暨南大学新闻系教学计划。

对内对外报道的新闻记者和从事公共关系工作的高级人才”[1]；中央民族学院新闻专业的培养目标是：“面向全国新闻单位，面向民族新闻工作，面向社会实践”[2]；江汉大学新闻专业的培养目标是：“地方性通用型应用型新闻专业人才”，[3]一些省属院校的新闻系（专业）如河北大学、宁夏大学、新疆大学的新闻系（专业），则明确地表示，他们所培养的主要是为本省服务的新闻人才。

4. 增设新闻专业

其次是专业设置。1983年以前，除北京广播学院外，一般的大学新闻系，都只有新闻学一个专业。1983年以后，才根据需要，陆续增设了一些新的专业。如人大新闻系设立了新闻、新闻摄影、广播电视、新闻事业管理四个专业；复旦新闻系设立了新闻、国际新闻、广播电视三个专业；厦大新闻系设立了国际新闻、广告、广播电视三个专业；武大新闻系设立了新闻、广播电视、广告三个专业；华中理工大学新闻系设立了新闻、新闻事业管理两个专业。到1985年止，连同北京广播学院设置的编采、播音、电视、文艺、编辑、无线电广播电视等专业，新闻院系的各类专业已增加到了11个。

5. 增设博士与硕士班

再次是学生层次。1978年以前，高等院校的新闻系科一般只分大专和本科两个层次，前者修业2~3年，后者修业4~5年。至此，又普遍增加了研究生及第二学士学位生（简称双学位生）等两个层次。研究生中的硕士生（一般修业三年），始招于1961年。1978年恢复招生后，只有人大、复旦、社科院研究生院等少数几个院系设有硕士点。1983年以后，又有不少院校新闻系陆续获准设立硕士点。到1993年底止，设有硕士点

---

1 见 1990 年国际关系学院新闻系教学计划。

2 见 1990 年中央民族学院汉语言文学系新闻专业教学计划。

3 见 1989 年江汉大学中文系新闻专业教学计划。

新闻系已有社科院、人大、复旦、武大、广西、川大、厦大、北广和郑大、中国新闻学院等10家。在校硕士生一百余人。研究生中的博士生开始招收于1985年，目前只有人大、复旦两校新闻系设有博士点，拥有博士学位授予权，1993年的在校博士生数近10人。第二学士学位生开始招收于1984年，目前已有中国新闻学院、人大等校招收这一类学生。据1990年的统计，在校的双学位生已达124人[1]。按规定，双学位生必须具有其他学科的大学本科毕业学历，才能报考。入学后，修业两年，念完新闻业务课程，经考试合格后，再加授新闻学学士学位。这类学生，因为拥有两个学士学位，既熟练地掌握了一个方面的专业知识，又通晓新闻业务，兼有新闻系和其他系科学生之长，因而很受新闻媒体的欢迎。

6. 新课程的调整

最后是课程安排。共同的指导思想是："政治嗅觉灵一点，知识面宽一点，动手能力强一点，适应面广一点，后劲足一点。"为了适应市场经济和新闻事业发展的需要，各院校新闻系普遍增设了世界政治经济与国际关系、中国经济与市场、城市经济学、统计学和大众传播学、公共关系学、新闻事业管理、广告学概论以及计算机应用等之类的课程。有的新闻系还开设了不少新闻学方面的新课，如复旦新闻系的新闻分析原理与运用、记者思维与行为学、专业新闻报道；人大新闻系的大众传播心理学、舆论调查原理与方法、职业选择与职业道德等。其他院校新闻系根据教学需要，也开设了不少新的专业课，如厦大新闻系的中外广告史、广告设计基础、广告文稿写作、广告摄影、广告业务实习；华中理工大学新闻系的新兴学科讲座、科技发展史、科技新闻写作；南京解放军政治学院新闻系的军队新闻工作、军事采访学、军事新闻写作等。这些课都带有明显的专业特点。课程的安排时时有所变化，总的趋势是

1　中国社会科学院新闻研究所：《中国新闻年鉴》（1991），第 11 页，北京，中国社会科学出版社，1992。

政治课的门数和学时数有所削减，新闻业务课的比重有所增加，文化基础课和业务实习仍然受到重视，但劳动减少了。

7. 人大与复旦的领先地位

在51家新闻教育机构中，作为龙头的，仍然是人大、复旦这两所大学新闻系。截至1993年底，人大新闻系共有新闻学、广播电视新闻、新闻摄影、新闻事业管理4个专业，新闻理论、新闻史、新闻采访与写作、报纸编辑、新闻摄影、广播电视新闻、写作基础等7个教研室，一个舆论研究所，一个现代广告研究中心。共有教职员58人，其中教授16人（国务院学位委员会学科评议组成员1人，博士生导师5人），副教授22人，副研究馆员1人。复旦新闻系共有新闻学、国际新闻、广播电视3个专业。教职员50人，其中教授13人（内博士生导师3人），副教授16人。这两所大学新闻系都拥有新闻学硕士和博士学位的授予权，1988年同时升格为新闻学院。其中，人大新闻系1986年被国家教委确定为全国唯一的新闻学重点学科点。

8. 函授新闻教育

除了全日制的大学新闻教育外，这一阶段还推行了多种方式的其他类型的新闻教育。首先是函授（刊授）新闻教育。1980年起，人大函授学院率先在新疆、山东、天津、陕西、山西、湖南等地，开办新闻函授班。1984年前后，各地大学新闻系和新闻单位也纷纷开办新闻函授大学、函授学院或函授班。到1985年。全国已开办了13所新闻函授（刊授）学校，学员累计达23万人[1]。

其次是电视新闻教育。1985年起，中央电视台创办的中央广播电视大学开始招收新闻专业学员，发给教材，利用电视进行辅导，报名入学的学员近2万人。

---

1 中国社会科学院新闻研究所:《中国新闻年鉴》(1991)，第 8 页，北京，中国社会科学出版社，1992。

再次是自学考试新闻教育。1986年，全国高等教育新闻专业自学考试委员会新闻专业委员会在国家教委领导下成立，制定教学计划，组织编写有关教材，并陆续在北京、上海、广东、甘肃等地开办新闻专业自学考试。截至1993年7月，已有数百人考完了教学计划规定课程，获得大专学历，有近20人取得本科毕业证书，得到了国家授予的学士学位。此外，不少新闻单位还与当地新闻院校合作，开办了不少短训班、讲习班、专修班和新闻业务讲座，为在职的新闻工作者提供进修和提高的机会。其目的，都是为了加快新闻人才的培养速度，以补大学新闻教育之不足。

9. 新闻教育的高峰

1983—1993年这10年，中国的新闻教育大体上保持着旺盛的发展势头。1989年是一个高峰。那一年，大学内的新闻专业点一度达到51个（在校学生人数的高峰是1987年）。这以后，开始回落。1990年是进行调整的一年。一些条件不好力量不足的新闻专业自动下马，或暂停招生。高校新闻类专业点由51个减少到39个，在校学生人数由6 000人下降到5 311人。新闻函授教育也开始降温，注册的新闻函授生只剩下了11 236人[1]。1990年以后的几年，无大起大落，基本上保持了1990年的水平。

四、内地新闻教育的问题

这一阶段的新闻教育，在急剧发展中，也出现了一些有待妥善解决的问题。主要有以下几点：

---

1 中国社会科学院新闻研究所：《中国新闻年鉴》（1991），第11页，北京，中国社会科学出版社，1992。

（一）发展速度的问题

为了保证新闻事业对新闻人才日益增长的需要，新闻教育必须保持一定的发展速度。慢了不行，太快了，师资、设备、经费都跟不上，硬件、软件都上不去，保证不了质量，也不行。何况还有一个人才供求的长线短线问题。一旦供大于求，出现了人才市场上的长线，发展速度过于迅猛，反而未必是一件好事。1989年前后的被迫降温趋缓，就是一个例子。1990年以后作了一些调整，速度虽然慢了下来，但工作更为扎实，稳中有进，新闻战线上的人才供需关系，也大体持平。如何保持一个适当的发展速度，避免过大起伏，是需要在今后的工作中注意掌握的一个问题。

（二）生源与分配的问题

生源问题，涉及本科生的，有两点，一是能否在有一定的实践经验的在职新闻工作者当中招收全日制大学生的问题。新闻学属于应用文科，实践性较强，以往都从应届高中毕业生中招生，学生比较年轻，涉世不深，又毫无新闻工作经验，毕业后往往显得比较稚嫩，需要经过相当一段时间的锻炼，才能进入角色。因此，曾经有人提出适当在在职人员中招收本科生的主张。二是能否像艺术院校那样实行单独招生，并对考生进行面试，使那些在仪表谈吐修养及气质上适合作新闻工作的人能够优先入选，以体现新闻事业对它的接班人的特殊要求。这两点都有人作过建议，但实行起来还有困难。暂时还只能是一种理想。涉及研究生的，主要是生源不足的问题。这一点，在博士生这一档次当中，表现得尤为突出。念硕士，需要寒窗三年。念博士，在硕士的基础上，还要再苦读三年。在脑体倒挂、社会分配不公、万般皆上品、唯有读书低的情况下，去攻读学位，坐冷板凳，是要在经济上作出一定牺牲的。这也是研究生生源，特别是博士生生源不足的一个根本原因。生源不足，缺少更多的挑选余地，使研究生的质量受到影响，这是有识者深感不安的。

分配问题，在计划经济的体制下，本来是不成问题的。学校实行统招统分，一切按既定的政策和计划办，用人单位事先申报进人指标，给什么人用什么人，给多少用多少。毕业生则是皇帝的女儿不愁嫁，到时候只要拿着派令去有关单位报到就行了。即使出现了长线短线的问题，也都由国家负责解决，不劳自己操心。转入市场经济的体制以后，旧的分配办法行不通了。用人单位要择优录用，不再照单全收，毕业生也待价而沽，择枝而栖，不愿再被包办，这就是所谓的双向选择。新的分配制度，引进了竞争机制，这是好的方面，但也给分配和就业工作，带来了难度。如何使供求两方保持平衡，使双方都很满意，成为一个新的问题。

（三）教师队伍的建设问题

新成立的新闻系（专业），主要是教师队伍的整体力量不强，缺少有经验的学科带头人和年轻教师的培养问题。老一点的新闻系（专业），主要是教师队伍年龄老化的问题，老教师如何联系当前新闻工作实际和知识更新的问题，教师梯队出现断层的问题，和中青年骨干教师流失的问题。后面的这一问题，受出国风和下海风的影响，在一些院校新闻系（专业）中，表现得尤为突出。

（四）教学内容，教材和教学设备的更新问题

新闻业务课的政治性实践性很强，随着政治形势政治路线的变化和新闻事业的体制和运作方式的变化，这些课的教学内容和教材，也必须及时地作一些调整。1978年以来，各新闻院系在教材建设上倾注了很大的力量。仅人大新闻系一个系，就编写出版了近90部教材和教学参考书。其中的教材部分，目前就面临着如何更新的问题。如中国新闻史教材，过去只讲内地，不讲港台；只重视中共党报史，不重视党报以外的其他报纸的历史。以1949年为下限，使1949年到1993年的近45年的当代报业史，成为空白。这种状况，亟需改变。再如其他新闻业务教材，随着近年来许多和新闻有关的边缘学科的发展，也亟需充实和提高。这是需要投入一定的力量和时间，才能完成的。随着科学技术特别是电子技术、镭射技术的发展，不少新闻媒体从写作、编辑到印刷，都已电子化镭射化，传统的铅字拣排工艺，也已为镭射照排所取代。一些陈旧的教学内容，必须随之调整，有关的教学设备，也必须随之更新。

（五）实习环节中的问题

多数新闻院系受经费的限制，还没有自办的报纸、自办的广播台和电视台。实习这一环节，完全靠各新闻单位的支持。实行计划经济的时代，这方面的问题不大。每个新闻院系都有一些长期挂钩的新闻单位，学生由带队教员带到该单位后，有关住宿和外出采访时的差旅费等各项开支，均由该单位负担。出于培养接班人的共同责任感，一般也都乐于支持。经济转轨以后，新闻单位的一切开支都纳入成本核算和承包计划，以上开支被视为额外负担，对接待实习，不再像以前那么热心。有关的编辑记者，也忙于各自的任务指标，不愿在实习学生身上多花时间。随之而来的，则是实习期间的所有费用改由新闻教育部门负担，新闻院系不仅得不到新闻单位的免费待遇，还需要向他们付费。实习的时间、次数和质量，因此都不免受到影响。一般说来，在这个问题上，省属院系解决得好一些，他们的毕业生限在省内分配，省内的新闻单位把接待实习和培养自己的后续力量结合了起来，乐于支持。国家教委直属院校的问题则要多一些。

此外，新闻无学的思想在个别的新闻单位的领导人当中，还有影响。他们从经验出发，对新闻教育仍持虚无主义的态度。他们宁愿招高中毕业生进报社当学徒，让老编辑老记者搞手工业式的“传、帮、带”，也不愿接受受过系统新闻教育的正规大学新闻系的毕业生。持这种观点和这样作的人，确实已经很少了，但还没有绝迹。这也可以算是汪洋恣肆的新闻教育洪流中的一个小的回流。

以上这些，有的属于思想认识上的问题，有的属于实际运作中的问题，有的则纯属经费问题。随着形势的发展，和新闻教育事业的发展，这些问题将会逐步地得到解决。

五、小　　结

1949年到1993年这44年间的新中国的新闻教育，虽然历经曲折，仍然有很大进展。经过44年的摸索，它已经颇具规模，并在教学方案、课程、教材等方面逐步地形成了自己的体系，为中国的新闻事业培养和输送了数量可观的合格人才。

内地的新闻教育接受过美国、日本的影响，也接受过苏联的影响。博采众长以后，终于形成了自己的模式。这一模式是适合国情的。其特色，简而言之，有以下三点：

1. 在培养目标、课程安排、教学内容上，有较浓厚的政治色彩。强调为特定的政治服务。

2. 强调学生的文化基础和知识面，强调实践。

3. 在招生、分配等环节上，具有明显的计划经济的色彩。经济转轨后，这一色彩逐渐淡化，但仍有影响。

随着经济的腾飞和新闻事业的发展，内地的新闻教育，将会有更大的发展。作为上层建筑的一部分，它必然要服务于经济基础；作为政治文化事业的一部分，它必然要服务于建设有中国特色的社会主义和发展社会主义市场经济这一中心任务。在教学改革方面，它仍然需要防止来自“左”的和右的方面的干扰。“要反右，但主要是反‘左’”，这一点，对今天内地的新闻教育事业，也是适用的。

（刊台北1994年第2期《台大新闻论坛》）

于右任主持时期的《神州日报》

《神州日报》从1907年创刊，到1927年停刊，出版了近20年，是上海旧报坛上寿命较长和影响较大的报纸之一。它多次易主，前后分成好几个时期，仅1907—1916年这10年，就可以分为三个时期，即于右任主持时期、汪彭年主持时期和孙钟主持时期。各时期的主持人不同，言论主张也不尽相同，有时甚至是截然不同。本文介绍的是它的第一个时期，即于右任担任该报社长（当时称经理）主持该报工作的时期。时间是1907年4月2日到该年6月20日。

一

《神州日报》创刊于1907年4月2日（丁未年二月二十日），创刊时的社址设在上海四马路老巡捕房对过辰字582号，创刊后的三天内日出对开四大张，第四天起改为三大张，是资产阶级革命派继《警钟日报》之后在上海地区创办的又一家鼓吹革命的大型日报。它的创刊距《警钟日报》的被封约两年，填补了革命派在这一地区的报刊宣传工作的空白。

《神州日报》的创办人是于右任。早在1906年4月，他就为办报事赴日本筹款，在同情革命的留日学生当中募得办报经费两千数百元，回到上海后继续征集股金，进行办报的准备活动。协助于右任参加筹备工作并担任发起人的有杨笃生、叶仲裕、汪彭年、汪允宗、王无生、庞青城、金怀秋、邵力子、李孟符、黄祯祥、张俊卿、谭价人等。该报创刊初期由于右任任经理，杨笃生任总主笔，汪允宗、王无生等任主笔，其余各发起人也都积极地参加了撰稿和编辑出版业务方面的工作。

《神州日报》和同盟会的关系十分密切。发起人当中的于右任、杨笃生、庞青城等都是同盟会员，邵力子在该报创刊后不久也加入了同盟会。报纸的筹备工作，得到过孙中山的积极支持。他曾经指示于右任要把《神州日报》办成革命的机关报，并以此为基地，联系"东南八省"的"党务"，开展革命的宣传组织工作。同盟会江苏分会和同盟会设在上海的健行公学、中国公学、爱国女校等"革命运动枢纽"，也给该报的出版以很大支持。该报刚创刊的那几天，曾经刊有它们致送的贺词。其中，中国公学的贺词是："黄帝挥戈，战胜蚩尤；神武既张，民乐自由。"（4月5日）同盟会江苏分会以会长高天梅个人名义致送的贺词是："《水调歌头》凤立高冈哕，蓦地嘌鸱鸮。仿佛五云深处，吹彻大成韶。秽史魏收羞死，直笔董狐复活，元箸尽超超。夜半钟声响，静听海音潮。铸轩圣，拜虞帝，梦神尧。诸公今日，应尔公义未能消。敲起昆仑天鼓，把这睡狮唤醒，敌忾同胞，料得收功日，铁马荡□□。"[1]都

1 末两字原缺，印作两个方框。从行文和韵脚看，可能是"天骄"两个字。载1907年4月24日《神州日报》。

隐约地寓有反满革命和资产阶级民主自由的思想，表明了革命党人对这个报纸的热烈期望。

由于于右任和报纸的那些发起人多数是中国公学的教师或学生，这个报纸和教育界的关系也比较密切。得到过不少积极参加办学活动的社会名流和教育界知名人士的赞助和支持。创办震旦学院和于右任有师生之谊的天主教爱国人士马相伯，给该报送来了洋溢着爱国感情的题词："以热心毅力鼓舞国民，恢复我神州二万余里之权利，完成我神州四百兆同胞之责任，扫除三代以降小康之事业，而脐斯世于大同之景运。"（4月3日）担任中国公学董事的张謇则亲自为该报书写了报眉。上海地区的几个著名学校，也都和这个报纸有密切来往。

此外，由于于右任、汪允宗个人的关系，该报和西北各省及安徽人士的联系也很密切，报上经常刊有这些省地方人士的来稿和反映这些省各方面情况的专件及评论文章。这和这个报纸的一部分创办经费直接募自豫晋秦陇四省留日学生一节，也有一定关系。

1907年4月2日，"孕以丙午，生以丁未"，"经营弥年"[1]的《神州日报》终于和读者见面了。呈现在读者面前的这个报纸是一个大型的日报，新闻文字和广告各占一半篇幅。从版面的安排看，四大张十六版中，第一、四、八、十、十二、十四、十六版全部刊登广告；第二版为宫门钞、专电、紧要新闻、特别调查及诗词小品；第三版为社论及通信；第五版为专件、通信；第七版为各省新闻；第九版为短评、小说；第十一版为杂俎；第十四版为各种专栏和文艺作品；第十六版为译论等。这几个版也部分地刊登一些广告。船期和剧目广告则固定地放在最后一版。第四天以后篇幅缩小，减为三大张，原第四张的内容即分别并入其他各版。除广告外，整个报纸每天的总发稿量

1　1907年4月3日《神州日报》的《本社启事》。

约在2万至2.5万字。

《神州日报》刚一问世，就引起了读者的广泛注意。从创刊号的版面上看，特别引人注目的有以下两点：

一是它的纪年方式

它拒绝使用清朝帝王的年号，报头上的出版日期印为“丁未年二月二十日阳历1907年4月2日”，没有“光绪三十三年”等字样。表示它不遵清王朝的正朔。

二是它的那篇“隐含民族主义之情绪”的发刊词

这篇发刊词约3 000字，署名“函三”，由于右任、王无生、杨笃生等人合作写成，使用了大量骈四俪六的句式，文字矞皇典丽，古色斑斓。文中提出了三个主义，即：（1）“神州社会主义”。其“特色”是：“封建既息，阶级遂平，卖浆织屦者，徒步而取公卿；揭竿斩木者，赤手而论大宝。”（2）“神州国家主义”。其“特色”是：“应天顺人之徽旨，磅礴乾坤；外夷内夏之大防，昭垂云汉”。（3）“神州帝国主义”。其“特色”是：“建冠裳以会万国，崇封禅以召百灵。”最后，以下面这样一段抒情文字作为结束：“嗟夫！即因求果，弥怀履霜集霰之哀；振聩发聋，宁辞被发缨冠之诮。欢娱朝野，悼燕雀之焚如。大好河山，怅蟪蛄兮盈耳。惕亭林匹夫之责，绎南雷待访之编。嗟我兄弟，孰非轩昊之神孙；请续阳秋，备纪中原之文献。空言可托，有痛哭流涕以陈辞；来日大难，冀瘖口哓音之有补。矫矫风云之气，会扶白日再中；昭昭天祖之灵，眷我黄图亿禩。”隐约地宣传了民族主义和民权主义的思想。

自从1905年3月《警钟日报》被迫停刊以来，上海地区已经有很长一段时期没有革命派的日报出版，《神州日报》的创刊和它的宣传，使读者的耳目为之一新，因而受到欢迎，发行数字，超过1万份，成为当时上海地区最畅销的报纸之一。和同时期的大多数革命派报刊一样，该报以“上中社会”为主要对象，尤其侧重于学生和军人。创刊伊始就宣布：“凡我全国官私公立各学堂以及各省军营均常年致赠一份，以备公阅，不收报资。”[1]对个别的学生订户则实行半价优待。其目的：一是为了配合各地同盟会组织在新军和青年学生中进行革命发动工作；一是企图通过他们把民主革命的思想影响扩散于全社会。

1907年5月8日黎明，创刊才37天的《神州日报》突然遭到一场火灾。这场突如其来的大火是从它的近邻福州路584号的祥兴琴行烧起的，首先受到波及的是《时报》馆，有正书局和《新民丛报》支店，然后延烧到《神州日报》，火势迅猛，相邻的十几个铺面楼房俱告焚如。起火时，《神州日报》的印刷工人正在工作，编辑部的人员刚刚休息，闻讯仓皇逃出，无一伤亡，但所有主笔房、排字房、机器房及其中的访稿、存稿、藏书、藏报、藏纸、印机、铅字、铜模等均付一炬。

遇火的当天，《神州日报》被迫停刊，但只中断了一天，就又恢复出版。复刊后，该报在望平街黄字160号借了一间房子作为临时事务所，分散进行编辑，委托商务印书馆代为排印，每天暂出一张，“就现在销数送阅，不取分文”。同时积极另觅馆舍，购备器械，准备重整旗鼓，东山再起。由于事先保有火险，从承保的合众保险公司领到了1万元赔款，恢复的工作进行得还算顺利；5月12日改为日出两大张；23日起恢复为日出三大张；6月1日起，又迁入了福州路辰字451号新址；日常的出版工作只用了不到一个月的时间就基本上恢复了正常。

这次意外的火灾，使《神州日报》蒙受了重大损失。在严重的困难面前，绝大多数的发起人并没有气馁，他们把这次火灾当作除旧布新的一个吉兆，和他们事业上的一个新的转折点，以积极乐观的精神从事恢复工作，取得了很大的成绩。他们的这一精神，在复刊后的第一天发

1 1907 年 4 月 5 日《神州日报》的《本报特别启事》。

表的下面这一段文字中表达得十分清楚："国民前途之希望无穷无尽，神州将来之事业无穷无尽，则本社社员之责任亦与之无穷无尽。本社一切职事者幸未焦烂，即当重整旗帜，逐日出版，庶有以慰读者诸君之廑存，即以副向来之期望。传曰：火者所以除旧布新。今旧神州之黑暗将被扫除，新神州之光明将益见，盖已于是乎兆之。昔者柳子厚有贺某京兆失火书，彼个人事业者抑何足道。以吾《神州日报》读者诸君与我新神州新事业之关系，讵不可贺也耶。"[1]

但是，没有多久，由于善后工作的头绪很多，又很棘手，他们当中的有些人终于不胜繁剧，宣告退却。于右任就是其中的一个。1907年6月20日，《神州日报》在头版位置刊出了于右任宣布辞去经理职务的一则启事："右任启事：不佞自总理神州以来，竭力经营，妄冀鼓吹文明，于神州前途（有）所裨补，不意出版未久，竟遭祝融，本当收合余烬，勉复旧观，自顾才力竭蹶，不足以肩此重任。乃从权邀集在沪发起人及股东会议，推举叶仲裕、汪漱尘（即汪彭年）二君接任。此后凡有关于社中一切事件，即与汪、叶二君接洽可也。"至此，《神州日报》历史上持续三个月共80天的于右任时期，即告结束。这以后，《神州日报》在叶仲裕、汪漱尘和汪允宗、杨笃生等人主持下继续出版，进入了它的第二个时期。

二

于右任时期的《神州日报》，作为资产阶级革命民主主义者的喉舌和同盟会直接控制的舆论机关，通过它所发表的消息、评论和其他文字

1　1907 年 5 月 9 日《神州日报》社论《本报三十七号纪念词》。

材料，多方面宣传了那一时期的资产阶级革命派的政治思想观点。

（一）用力最多的是有关反清民族民主革命的宣传

《神州日报》创刊的这一年，正是同盟会和其他革命团体在国内各省大力发展革命组织，和发动武装起义的一年。该报密切注意这一形势的发展，对各地革命党人的活动，特别是他们的武装起义活动，作了详细的报道。仅在于右任主持的80天内，它所发表的有关武装起义和各地革命党人反清活动的消息、纪事、专电和文件资料，就达62篇之多。其中有相当大一部分是关于钦廉、黄岗、惠州七女湖等三次起义活动的报道。

“钦廉起义”开始于1907年4月下旬，“黄冈起义”爆发于同年5月22日，“惠州七女湖起义”爆发于同年6月2日，是同盟会继1906年12月“萍浏醴起义”之后，发动起来的几次大的武装起义活动。对这几次武装起义，《神州日报》都作有报道，以黄冈之役为最详细，“黄冈起义”爆发后的第6天即1907年5月28日，该报就以“本社专电”的名义刊出了来自北京的有关革命党人在饶平黄冈“攻陷县城，戕官毁署”的消息。此后一直到6月16日，又相继发表了16条有关这次起义的新闻和电讯，6月15日、16日两天还以《广东最近两乱事详志》为题，连续用三个整栏的篇幅，发表了16条有关这次起义经过的较详细的综合报道。这些消息和报道力图在读者当中造成以下的印象：

1. 起义是正义的行动

该报宣传说：起义的原因“始于闹捐”，是政府腐败和“道失民散”的结果，对于封建统治者说来是“咎有所归”。[1]

2. 起义部队锐不可当

该报报道说：那些革命党人“十一夜攻击黄冈县署，放火烧毁，杀

1 1907年6月11日《饶平乱事余闻》。

死官兵十余人，后复往攻税关，将税司击伤”“十三日袭得诏安县城，十四日复夺得饶平府城，两处官员现均不知下落”[1]“官军不敢进剿，现急盼大兵赴援”“诏安县之兵全行失败，死伤不下千人”。说明官军根本不是起义部队的敌手。

3. 起义部队纪律严明[2]

该报报道说：“乱党自称为革命党，……纪律甚严，除官员外，概不骚扰”“举动颇似文明，……令居民照常贸易不必惊慌”“如此严明，较之我们巡警局有过之无不及也”[3]。6月5日的“紧要新闻”栏还全文转发了起义部队以“广东国民军大都督孙”即孙中山的名义发布的以下文告：“不听号令者杀，敢造谣言者杀，敢放火者杀，奸淫妇女者杀，私藏军器者罚，私藏口粮者罚，强买者杀，私容官府者杀，私入人宅者罚，杀外国人及抢教堂者杀。”说明起义部队是爱护百姓的仁义之师。

由于这几次起义的地点都僻处南陲，为这个报纸的通讯网所不及，创刊伊始，力量不足，咄嗟之间又不可能派出记者，所以有关的报道只能大量地利用外报外电和转录地方报纸上的材料，稿源不足，经常为乏米之炊。这在有关钦廉起义和惠州七女湖之役的报道上，表现得尤为突出。和黄岗之役的报道相比较，这两次起义活动的报道，显得比较零碎，不够完整。

和有关武装起义的报道相配合，这一时期的《神州日报》还详细地报道了来自全国各地的有关革命党人活动的消息，主要的有以下一些篇目。

《刘家运之真假》（1907年4月8日）

《广东革命党与葡萄牙某军械厂订购军火月内运至中国以备起事》（4月9日）

1　1907年6月2日《神州日报》《社外电报》。

2　1907年6月7日《神州日报》《紧要新闻》、6月5日《社外电报》。

3　1907年6月2日《神州日报》《社外电报》、6月16日《纪事》。

《汇记两江总督大捕革命党事》（4月20日~5月2日）

《考生中亦有革命党乎》（4月23日）

《严查进口船私运军火》（4月25日）

《党人之交涉》（4月25日）

《秘拿革命党》（4月26日）

《重庆亦有革命党乎》（5月7日）

《革命党尚敢出现耶》（5月16日）

《电查革命党私运军火》（5月27日）

《革命党私运军火之谣传》（5月31日）

《电咨沿江密拿孙文》（6月2日）

《无事自惊》（6月4日）

《南洋密饬戒严》（6月17日）

《革命之恐慌》（6月18日）

这些消息着重报道的有以下一些内容：

1. 有关萍浏醴起义的续闻

萍浏醴起义失败后，一些革命党人遭到缉捕，另外一些革命党人则继续串连，密谋再起。从4月20日起在纪事栏连载10天之久的题为《汇记两江总督大捕革命党事》的长篇报道，和《革命党将监禁》（5月12日）、《义宁州又获匪》（5月18日）、《江西密札钉封通饬防乱》（6月10日）等消息，就都对这方面的情况作了介绍。

2. 有关各地革命党人秘密活动的消息

介绍了各地革命党人设立机关、暗地串连、私运武器、密谋举事的情况，涉及的地区包括北京、天津、上海、武昌、广州、直隶、河南、安徽、江西、湖南、湖北、江苏、四川、广东、广西等十几个省市。前引《电查革命党私运军火》（5月27日）、《南洋密饬戒严》（6月17日）和同一天刊载的《北京通信》等消息即是。

3. 有关革命党人被捕被审讯期间和反动当局作斗争的情况

介绍了他们当中的一些人，身陷缧绁，神色自若，坚守气节，临难不苟和慷慨陈词，不为威武所屈的英雄事迹。有的消息如4月25日刊载的《汇记两江总督大捕革命党事》，还转录了一些被捕革命党人阐述自己的革命观点的供词。

通过这些报道，这个报纸介绍了革命党人的活动，赞美了他们的志行，扩大了他们的影响，在读者中造成了革命火种遍布全国，武装起义一触即发的印象，给正在进行中的革命斗争以很大的舆论上的支持。

对于清廷密布缇骑，缉拿革命党人，和一些动摇分子变节投敌的情况，该报也作过一些报道。4月26日刊载的天津地方官员新近“派出二十余人”分赴各客栈诱捕革命党人的消息，6月15日刊载的北京当局准备“添募马巡”，在崇文门等处，“严防党人私运火器炸弹入境”的消息，6月17日刊载的扬州督带徐宝山“赴申密探革命首领”，和江督端方“密委探弁邢千戎赴京津一带密查匪党”等消息，属于前者。4月24日刊载的题为《卖友得差》的介绍原隶革命党的巡警学堂学生刘佛船“密告其同党”被“委充中路巡官”的消息，和同日发表的题为《岂徒二千金之赏而已哉》的介绍原隶革命党的留日学生郭瑶阶告卖同志，除得赏二千金外，还被委为缉捕营哨官，“翎顶辉煌”，“终日持刀乘马往来侦探市衢”的消息，属于后者。这些消息的字里行间都隐含有对色厉内荏的清廷当局和甘为虎伥的革命叛徒的嘲讽和鞭挞。如前举北京当局“添募马巡”消息中的“添此马巡数百，便可以防党人之炸弹焉？可笑！”和《卖友得差》那条消息中的“丧心若此，记者盖有人心世道之忧矣”等即是。刊出这些消息也还有另外的目的，即唤起革命党人的注意，要他们提高警惕，谨防上钩。

在一些评论文章中，该报还对清朝地方官员谎报“匪乱”，杀良冒功，以“捉拿党人为近日升官发财之捷径”[1]等种种卑劣行为，作了揭露。宣传革命党人是“制造国家之原动力”，而不是甚么“谋反叛逆者”。提出了“优待国事犯”的口号，[2]要求给被捕革命党人以“国事犯”即政治犯的待遇，声援了他们在狱中的斗争。从法理和人道主义的角度，对反动政府虐待和杀戮被捕革命党人的作法，进行了舆论上的谴责。

限于条件，该报这时并没有登载正面阐述资产阶级民族民主革命思想的大块文章，但是从一些稿件的字里行间，仍然可以看到它的政治倾向和闪烁于其中的资产阶级民族民主革命思想的火花。

这个报纸在神州文献摭余栏里刊出的介绍“胜国孤臣遗迹”的史料文章，在神州诗话栏里刊出的张煌言、顾亭林等明朝抗清将领和明末遗老怀念明王朝的诗篇，以及在新闻版中插刊的《孝陵写真》《孝陵石象》等介绍明太祖陵墓的素描和照片等，就都带有明显的反清色彩，起了“激发潜伏的民族意识”的作用。[3]

这个报纸在创刊初期所发表的“祖龙坑儒，万夫钳口，专制焰张，流毒于后，从此神州，民权乌有……”和“封建既息，阶级遂平，卖浆织履者，徒步而取公卿；揭竿斩木者，赤手而论大宝”[4]等言论，就都隐寓有一定程度的反封建的意识和资产阶级民主主义的思想。

这个报纸的有些文章，还热情宣传了“自由”“平等”“独立”等资产阶级的政治口号。用“撞独立之鼓兮，揭自由之钟”[5]“英雄百战为自由，王权扫地诡谋消”“赓答民约，鼓吹自由”[6]等这样一些鼓动

---

1 1907 年 5 月 6 日《神州日报》社论《书龙南党狱》。

2 1907 年 4 月 28 日《神州日报》社论《论政党之前身》。

3 于右任 :《如何写社评》，刊《新闻学季刊》，1940，1（2）。

4 1907 年 4 月 19 日《神州日报》的《颂词》、4 月 2 日的《发刊词》。

5 1907 年 6 月 13 日《神州日报》的《东馆迁居祝词》。

6 1907 年 4 月 3 日《神州日报》的《美国国歌谭》、4 月 6 日《祝词》。

性的词句，在读者中进行宣传。

这个报纸的有些报道，甚至还公开地引述革命党人的“颠覆现政府，谋生共和政体，分配土地，使国民亲爱自由平等”和“脱□□（原缺，当系‘满清’两字）羁轭，扫除数千年专制政体，建设一完全新共和国”。[1]

《神州日报》的这些有关民主革命运动和民族民主革命思想的报道和宣传，在社会上引起了很大的影响。它为广大读者提供了革命进展情况的最新消息，进行了一定程度的民主革命思想的宣传鼓动，在已经有两年时间没有看到过革命派日报的国内广大读者当中，特别是那些正在探索救国真理和革命道路的青年读者当中，受到了十分热烈的欢迎。

接受了《苏报》《警钟日报》等革命派报刊仓促被封的经验教训，考虑到同盟会领导的民主革命运动当时还处在“启蒙时代”（于右任《如何写社评》），考虑到这一地区当时的敌我力量的对比、群众接受的程度和在反动势力包围下的租界地区办报的某些特点，这时的《神州日报》关于反清民族民主革命的宣传，是比较谨慎的。它的激烈程度不如几年前出版的《苏报》《国民日日报》《警钟日报》，不如几年后出版的《民呼日报》《民吁日报》《民立报》，也不如同时期在国外出版的《民报》《河南》《四川》等革命派报刊。在宣传手法上，主要表现有以下一些特点：

1. 不摆革命架式

这个报纸不赤膊上阵，不逞匹夫之勇。虽然是同盟会直接领导下的革命舆论阵地，却从不以革命机关自居。版面上很少剑拔弩张和金刚怒目式的标题，也没有跳踉搏跃以言革命的激烈词句。在对革命党和清廷的称呼上，照顾到部分读者的阅读习惯，采取了调和的作法。一般情

---

1 1927 年 6 月 18 日《神州日报》的《革命之恐慌》、6 月 19 日《东京近信》。

况下，直呼革命者为“党人”“革命党人”或“孙党”，不用官文书中的诬称，但对个别来稿及外电中的“匪”“匪党”“乱党”等贬抑性文字，则一仍其旧，不作更动。不用清帝年号，不遵清廷正朔，但并不拒绝刊载上谕、奏折等之类的官样文章。对其中的帝王年号和后妃们的尊号，包括慈禧太后的那个16个字的尊号，都全文照登，不加删改。

2. 不作正面报道

这个报纸尽可能地避免由记者自己出面进行有关革命的正面报道，它所发出的大量有关民主革命运动的消息，都是通过以下的方式传达给读者的：（1）公布各级政机关发布的有关革命党活动情况的通报和防禁、缉捕革命党人的函电文告，如4月13日刊载的《查拿革命党》、4月22日刊载的《四川又获革命党》和5月13日刊载的《札饬捕缉革命党》等。（2）转录外电和外报有关革命党活动情况的报道，如5月31日刊载的《西报述饶平乱状》和6月18日刊载的《革命之恐慌》。前一条消息转录了《字林西报》提供的材料，后一条消息则转录了“天津某法文报纸”提供的材料。大量搜集和编发这一类报道，无须记者自己出面，就已经在读者当中造成了风声鹤唳的印象。一些必须记者出面的报道，也尽量用摆事实和公布原始材料的办法，去影响读者，让他们自己作出判断，避免议论过多，授人以柄。不少有关同盟会政纲和民主革命思想的宣传，就是用照录革命党人“供词”和新“缴获”的革命党文件的办法来进行的。这一类报道纯用事实说话，编者可以不任其责，而效果自见。

3. 不为过激言论

从这个报纸所发表的各种评论文章当中，看不到多少直接鼓吹革命的词句和直接就革命问题发表的议论。它所采取的主要是旁敲侧击的办法和迂回的办法，如用指责秦始皇焚书坑儒和揭发沙皇“专制政体之流毒”的办法，去影射攻击清朝政府和封建君主专制制度之类。这一言论方针，在它创刊初期就已经确定下来了。创刊第二天发表的社论《论本报所处之地位并祝其前途》，就曾经表示过这样的态度："不可疾言之，未始不可徐察之。不可庄语之，未始不可婉述之。"可见它自始就是准备"徐察之"和"婉述之"的。所以如此，是因为当时当地的反动势力还比较强大，这样作可以避免遭到迫害。正像于右任后来在回忆《神州日报》时所说的："那时距《苏报》案大狱不久，《国民日日报》和《警钟日报》又相继被封，政象黑暗，民气消沉。我们一方面要伸张正义，激发潜伏的民族意识，一方面又要婉转其词，以免清吏的借口，社论的着笔，最不容易。"（于右任《如何写社评》）

实践证明，该报的这些做法，审时度势，有利有节，既在一定程度上打击了敌人，又在很大限度内保存了自己，使同盟会的这个宣传阵地能够在较长时期内坚持下去，不致遭到像《苏报》那样的厄运，是可取的。

（二）是有关清廷政治黑暗和官僚们昏谬贪残情况的揭露性宣传

这一类宣传和前面所说的反清民族民主革命的宣传紧密联系，主要从三个方面来进行。

1. 揭露封建政府的瞻徇敷衍和封建官僚们的庸碌无能

它所发表的《论政界之滑稽》（5月18日）、《论大臣责任之根本治疗》（5月24日）、《论最近之疆臣与其所负之责任》（6月15日）、《明事小言》（6月19日）、《初七日上谕恭注》（6月20日）、《官场吃烟调查》（4月10—24日）、《宝山县令私纳犯妇之笑柄》（6月12日）等新闻和评论，所涉及的主要就是这方面的内容。这些新闻和评论力图在读者中造成这样的印象：这个政府已经腐败透顶，它的多数成员都是一些阘茸尊显、昏聩颟顸的庸人；他们鲜廉寡耻，道德败坏，而且还都是长期吸毒的瘾君子，离开了鸦片烟枪和烟灯他们连一天也活不下去。

2. 揭露封建官场的贪黩成风和官僚们的贿赂公行

它所刊载的《代潘芸孙、马景融呼冤》《论近日执政者之宅心》（4月19日）、《论邮传部按治朱宝奎事》（5月15日）等新闻和评论，所涉及的主要就是这方面的内容。这些新闻和评论给读者以这样的印象：这个王朝的文武百官都是一些贪货嗜利专事聚敛的吸血鬼。

3. 揭露封建当局的暴虐凶残和他们的种种苛政

它所刊载的《扶风惨案》（5月5日）、《探访局之劣》（6月8日）、《上端午帅请改良监狱书》（5月1日）等来论来稿和有关各地乡民在抢米抗捐斗争中受到残酷镇压的消息，所涉及的主要就是这方面的内容。通过这些来论来稿和新闻报道，它揭露了地方官员们的残民以逞，“无恶不作”；揭露了参加镇压“民变”的官军们的“非抢掠人民，即强奸妇女”；揭露了警察当局的“假警政之名，行厉民之实”和“故入人罪”“吓诈苛索”；揭露了监狱当局的“私刑之惨，有过于上断头台”“监所内之污秽，如豢豕之所”；对人民群众在封建淫威下的不幸遭遇，寄予很大的同情。

在这一时期已发表的揭露性稿件当中，成为该报攻击重点的，主要是以下两个人，即受到慈禧信任总揽朝政的皇族大臣庆亲王奕劻和陕甘总督升允。对于前者，主要揭露他的贪婪，对于后者，主要揭露他的凶残。

当年4—5月间，北京官场发生了两大丑闻：一件是直隶候补道段芝贵以10万两巨款向庆亲王奕劻行贿，又以1.2万两巨款买得名伶杨翠喜献给庆王子载振，以此被提升为黑龙江巡抚；一件是庆亲王奕劻以助赈为名大办七十整寿，进行敛财活动，收受和吞没寿仪近百万两。消息传出后，《神州日报》立即作了详细报道，并先后发表了《筹赈》（5月4日）、《庆王计较寿仪》（5月9日）、《论庆邸父子被参事》（5月13日）、《誉杨翠喜》（5月19日）、《段案余谈》（5月22日）、《论大臣责任之根本治疗》（5月24日）等评论文章，对这个炙手可热的亲贵大臣的聚敛活动进行了揭发和抨击。有的评论文章直截了当地指出：“庆者，一抱筐箧，啖珠玉之亲王而已。”（《论最近之疆臣与其所负之责任》）有的评论文章则作了嬉笑怒骂的嘲讽。例如：

王爷之做寿，曰：以助赈也。中外达官贵人之馈遗赠献也，曰：以助赈也。由是金寿字，联翩而来，银针貂褂，联翩而来；大珠良玉、瑰珍奇室联翩而来；钞票五万元、十万元、二十万元，联翩而来。崇门税务进款比较大赢，王爷马夫、门丁、丫头月赏，比较亦大赢。甚哉，王爷之善于助赈也。

王爷知达官贵人有钱，而代饥民为之领取。达官贵人知王爷之轸念饥民，而专以巨款奉给王爷。一者可以省揣量官缺肥瘠之繁；二者可以起独居鞅鞅不乐之病。甚矣，吾国士大夫之亟于赈饥也。

哈哈！王府荒，饥民当，王府饱，饥民倒。（《筹赈》）

恨汝命薄，不如褒姒，以灭彼庭燎之光。祝汝美好，早从鸱夷以相彼吴宫之沼。汝于国民为晦气，而亦为明星。汝于政界为魔女，而亦为化人。（《誉杨翠喜》）

这些，都写得酣畅淋漓，极尽揶揄调侃之能事。

对升允暴政的揭露和谴责，主要见于《陕西民变确情》《扶风惨报》《甘人请命》等通讯报道。通过这些通讯报道，揭发了升允在陕西扶风、富平、蒲城、渭南、华阴、华州、大荔等地屠杀抗捐农民和在甘肃等地横征暴敛、焚禁新书等罪行，拟之于“秦始皇”，诋之为“活阎罗”，并且代西北人民发出了“长夜漫漫，果何日旦？”和“天乎！天乎！吾西北何日去此害也！”的悲愤呼叫。升允曾经向清廷举发于右任“倡言革命，大逆不道”，并派人对于实行缉捕，是于的直接迫害者，这也是该报所以集矢于他的一个原因。

《神州日报》对封建官场丑闻和封建官僚们的恶德秽行的揭露，是和它的反清民族民主革命的宣传紧密结合的。它用揭露出来的大量事实，告诉读者，正在管理国家大事的那些封建官僚都是残害百姓的“一丘之貉”，由他们所组成的封建政府，则是一个“卑污丑恶，为天下笑”的“顽劣之政府”和“世界之鬼魔政府”。这个政府“所持之政策，与国民之痛痒绝不相关”（《论最近之疆臣与其所负之责任》），再也不能对它寄予任何希望了。在一些评论文章中，这个报纸还尝试着把已经揭发出来的事实和封建君主专制制度本身联系起来考虑。例如，在揭发了庆王父子贪赃枉法的大量罪行以后，立即指出：“吾今试求其原，盖专制政体实便于贿赂，苟欲改革，无殊与狐谋皮。”（《论庆邸父子被参事》）稍后发表的一篇嘲讽言官的社论，更进一步提出了这样的问题：“汝知庆振之罪，罪在招权纳贿全无心肝，不知庆振之招权纳贿全无心肝者，谁纵容而宽假之？”[1]把矛头直接引向封建君主专制制度和封建王朝的最高统治者。限于当时的条件，这些话说得比较隐讳，也没有充分展开。有的评论虽然也说过要“与恶魔政府奋斗”之类的激烈的话，但所提出的方案只是培养国民“廉耻直觉之萌芽”和“以法立国”[2]，并没有在革命问题上作进一步的论述。此外，也还有一些评论，对某些暂时受到排挤的汉族大僚如岑春煊、袁世凯等持宽容态度，这些都反映了这个报纸及其编者作者们思想认识上的局限。

（三）是有关抵制和反对预备立宪的宣传

该报筹备期间，清朝政府迫于形势，正在演出一场预备立宪的丑剧。1906年9月1日，颁布预备立宪诏书，同年10月发布改革官制上谕，用立宪的招牌，来维护以满洲贵族为核心的朝廷大权，以抵制和缓和革命。这方面的活动在《神州日报》创刊以后，日益增多，引起了朝野人士和各派政治力量的极大关注。

对于清廷的这一举动，海外保皇党人和国内的一部分正在向资产阶

1 1907年5月19日《神州日报》的《诮言官》。

2 均见1907年5月21日《神州日报》的社论《常识一》《常识二》。

级转化的地主绅商们欣喜若狂，海外各地的保皇会组织自1907年2月1日起全部改为国民宪政会，国内立宪派人士也纷纷在各省市成立预备立宪公会等组织，并通过他们所控制的报纸，进行预备立宪的鼓噪。

当时的上海报坛，由于《警钟日报》的停刊，已经是清一色的保皇党和立宪派分子的天下。预备立宪的诏书颁发后，充斥于各报版面上的是一片欢呼声。1906年9月16日，即诏书颁发后的半个月，上海《时报》《中外日报》《南方报》《申报》《同文沪报》五大报纸公然联合举办了一个“报界庆祝立宪会”，以示支持。另一家大报《新闻报》没有参加，但它对预备立宪的态度和这几个报纸基本上一致。这一情况直到《神州日报》出版后，才有所改变。

该报刚创刊的一段时期，它所联系的一部分社会上层人士和教育、实业界名流，曾经希望它支持预备立宪，有过《神州日报》“盖实与中国预备立宪有绝大影响”和“中国乎！立宪乎！实与《神州日报》有厚望乎？”[1]等之类的祝愿。为了满足部分读者的需要，这个报纸也刊载过《东三省督抚会奏遵议三省官制折》《五台唐大令公民局章程》《粤督岑云帅奏预备立宪阶级折》等之类的和预备立宪有关的“要件”“专件”等来稿。但是，从总的倾向来看，它和同盟会同时期出版的《民报》《中国日报》等一样，是坚决反对预备立宪的。

早在创刊后的第二三天，该报就在题为《论本报所处之地位并祝其前途》的长篇社论中，表明了它反对预备立宪的坚定立场。指出：“自预备立宪之声一出，以宪政之浮文，蒙专制之实体。政府以预备立宪四字颠倒部臣、疆臣，而其昏庸泄沓贪污淫酷也如故。部臣、疆臣以预备立宪四字矜炫国民，而其昏庸泄沓贪污淫酷也如故。然而政府则岸然自以为立于不败之地位，盖用立宪饵天下，而以一切新政涂民耳目，其威

1 1907 年 4 月 14 日李宗棠作《颂词》。

可以自卫，而其术可以不穷也。夫如是，则政府立于不受监督之地位，部臣疆臣皆有不受监督之性质，所谓根本政策，所谓行政行为，皆非吾党所能赞一辞。”

4月4日同一篇社论还郑重告诉读者，这个报纸十分重视有关预备立宪问题的探讨，将把它当作自己对于国民责任之一，来“与海内善知识之士，捕捉此种问题而日日摩挲之”。这以后，直到于右任辞职，这个报纸先后发表了大量的评论预备立宪的文章，主要有：《批评》（4月3日署六六）、《论政府无立宪之资格》（4月5日未署撰人）、《预备立宪之怪现象》（4月11日署寒灰）、《中国前途之问题》（4月15日署名庸）、《论近日执政者之宅心》（4月19日未署撰人）、《时事短评》（4月28日署六六）、《论政界之滑稽》（5月18日署寒灰），着重从以下三个方面，对所谓的预备立宪运动进行了抵制：

1. 论述预备立宪的不可行

认为坚持君主专制制度的清政府既“未尝有立宪之思想”，也根本“无立宪之资格”；目前存在的诸如“有治人无治法”、法律面前不能人人平等和满汉之间的不平等状况，也和所谓的“立宪”精神完全相悖。这些状况不改变，预备立宪云云只能是空谈，根本行不通。

2. 揭露清廷预备立宪的虚伪

认为清廷“于专制用其实而不欲居其名；于立宪，则存其名而惟恐蹈其实”。其所以宣布预备立宪，摆出种种要实行立宪的姿态，完全是迫于形势，绝非出于真心。目的是企图“以狙公赋芧之心，为掩耳盗铃之计”；是“以宪政之浮文，蒙专制之实体”；是“借此以淆惑观听，而一试其手段”；是“以立宪为饵民之媒”。因此，绝不能对他们的预备立宪活动抱有任何幻想。

3. 讽刺预备立宪种种措施的荒诞

它们嘲笑清廷的推行预备立宪，是“沐猴而冠，蒙马以虎皮”，是

“俳优扰杂，粉墨登场”；嘲笑宣布预备立宪后的政局是“似开明，非开明，似预备，非预备”，是“群犬争骨，狺狺牙牙”；嘲笑在预备立宪旗号下进行的官制改革，是“不男不女之天阉”如“非驴非马之骡”。把进行中的预备立宪活动，描述成为一场“朝野上下以滑稽相市”的丑剧。呼吁“国民”们“一醒沉梦”，不要再为清廷的预备立宪骗局所惑。

该报有关预备立宪的评论和报道，偏于对清廷伪立宪活动的揭露和批判，并没有从理论上对整个立宪制度进行深入的探讨。对于君主立宪和与之相对立的资产阶级民主立宪（或称为“共和立宪”），也没有作系统的比较和分析，没有很好地从正面宣传革命派有关民主立宪即共和立宪的主张，是其不足。但是，在当时国内还很少有革命派的舆论阵地，保皇党立宪派报纸的预备立宪宣传很能迷惑视听的情况下，该报的这些宣传对于抵制君主立宪的运动还是起了有力的影响。它打破了上海地区改良立宪派报纸在预备立宪宣传上的垄断局面，使很多群众从预备立宪的迷梦中觉醒过来，认识了清廷预备立宪的欺骗性，对民主革命运动的进一步开展，也起了一定的促进作用。

作为年轻的中国资产阶级的喉舌，《神州日报》也很注意有关发展民族资本主义经济的宣传。主要表现在以下几方面：

1. 设立本埠商情等专栏，详细报道上海地区有关金融、贸易、货运、税收和资本主义企事业开创关停情况的动态消息

同时还逐日编发“本埠各行物价表”，详细报道百货行情和物价涨落消息，为民族工商业资本家提供最新的经济情报。

2. 开辟商务调查等专栏，发表有关商品和原料产销情况的详细调查材料

其中，如《本厂纱牌号之调查》（4月6日）、《本埠各洋纱号及执事人名一览表》《最近白丝出口之调查》（6月10日）等，是对上海地区工商业情况的调查；《奉天新民府商务调查》（4月13日）、《奉天同江厅商务调查》《同江商业户口表》（4月14日）、《浙江处属土货出产行销调查录》（5月24日）等，是对外省市产销情况的调查；都为国内的工商业资本家提供了有关产销业务的大量有参考价值的第一手材料。

3. 开辟商务译论、实业时论、外论一斑等专栏，加强了对外报有关经济评论的翻译介绍

在一些国外通信专栏中，也刊出了不少驻外记者发来的有关各国资本主义发展情况的通讯报道。前者如4月4日发表的《德意志之商业教育》和4月27日发表的《去岁英美德法及澳洲国际贸易情形》；后者如4月2日发表的介绍美国石油大王发家历史的美洲通讯，4月3日发表的题为《周览日本东京劝业博览会记》的东京特派员函，和4月20日发表的题为《记日本振兴实业之一斑》的旅东社员通讯等，都为国内的工商业资本家提供了有关国外经济发展情况的最新资料，起了参考借鉴的作用。

在一些评论文章中，该报还经常就工业发展问题发表意见，希望民族资本家“注意种棉织布之方法”，努力发展民族轻纺工业。强调一切有关“生计”和经济上的问题，“本民族不可不自为谋”，否则“他民族之一举手一投足皆足以制本民族之死命”[1]。鼓励民族资本家和外商展开必要的竞争。

该报创刊初期，粤汉、西潼、津镇、广九和江西、浙江境内的几条铁路干线正在计划修建，在官办还是“商办”问题上，众说纷纭，意见分歧。对此，该报先后发表了《为西潼铁路敬告全秦父老书》（4月15日）、《津镇铁路果归商办乎》《主张国有财产之异闻》（4月16日）、《论江西铁路公司与中外日报之争当以仲裁定判不当兴讼》《路

1 1907年5月6日《神州日报》社论《中国前途之问题》。

哄》（4月30日）等评论和来稿，揭露了路政的黑幕和封建官僚们虚糜公帑贪污工料等腐败情形，反对官办或官督商办，力主“纯用商办”，给正在筹备成立的各地商办铁路公司以舆论上的支持。

该报的这些有关经济方面的宣传，为民族资本主义企事业的发展和繁荣，作了舆论上的鼓吹，反映了成长中的民族资产阶级的呼声，为他们提供和交换经济情报，充当他们的“传播工具”，成为他们的有力的代言机关。

从维护民族的利益出发，《神州日报》对中国所面临的危急形势，和帝国主义朘削掠夺侵犯中国领土主权的种种罪行，也作了广泛的评论和报道。

日俄战争以后，中国正面临着新的被瓜分的危机，帝国主义列强虎视眈眈，时刻准备向中国这块肥肉伸出毒手。面对这一危急形势，该报经常向读者发出救亡呼吁，鼓动他们奋起御侮，和列强的侵略活动作斗争。它所发表的《列强对华政策》（5、6月）、《日本现在海军》（4月13日）、《俄人设置黑龙江舰队之计划》（4月28日）等介绍帝国主义磨刀霍霍情况的通讯和译论，提醒中国人民对侵略者的狼子野心要保持高度警惕。它所发表的《日本关东州行政近闻》（4月9日）、《台湾之一斑》（5月24日）等介绍沦陷区人民血泪生活的通讯报道，用现实的例子来警告中国人民：决不能当亡国奴！它所刊载的《记陈君天华蹈海事》（6月6日）、《刘鸣博吊陈天华文》（6月7日）等一组有关留日学生陈天华在归国途中怒斥日本侵略者“蹂我疆土”，高呼口号，奋而蹈海的通讯报道，用死者的壮烈事迹，激励中国人民的爱国主义感情。

对帝国主义无孔不入的经济侵略活动，该报始终给以密切的注意。

它坚决反对帝国主义列强对中国路权的掠夺。在这一时期的报纸上，主要是反对日本对我东北路权的掠夺。先后刊登了《日本南满洲铁道会议》（4月27日）、《论奉新吉长之路约》（5月7日）等新闻和评论，并发表了中日官方新近签订的《议订奉新铁路约》的全文。提出所谓的满铁株式会社，“虽用民有形式”，实际上完全是日本帝国主义利用来侵略中国的“第二政府”。认为新签订的这项路约，是“断送东三省之符券”，是日本进一步侵占我东北的重要步骤。愤激地预言：“请抉吾之两目，悬于长白山巅，以验从今以后日本之大侵满洲否也！”

它坚决反对列强对中国矿权的掠夺。在这一时期的报纸上，对俄国掠夺我“满洲炭矿”，英国掠夺我山西煤矿、太行山金矿、安徽铜官山铜矿，法国掠夺我四川江北煤矿，日本掠夺我本溪、兴京等地矿产的活动和各地人民纷起“对付”的情况，都作了详细报道，声援了当地人民反对帝国主义侵占和觊觎我矿藏的斗争。

它坚决反对清朝政府擅举外债。对邮传部、两江、直隶、东三省督署等中央和地方机关以各种名义擅举外债的活动，进行揭露和抨击。该报并不一般地反对利用外资，它反对的是那种没有计划，不受监督，不顾偿还能力，“借入额数，借入方法，使用方法，偿还期限，偿还方法，一切出于当事者之任意”[1]的那种外债。它要求立即停止那些“损权辱国”的借债活动，并对那些擅举外债的疆吏们进行必要的监督。

对一些帝国主义武装人员和帝国主义分子，特别是当时活跃在奉天地区的日本守备队和日本浪人，依仗治外法权强奸妇女，侮辱过往客商，屠杀我官兵百姓的种种暴行，该报也都在新闻和评论中进行了揭露和控诉，指责那些暴徒们“文明其口，而野蛮其心”，怒斥他们“蔑视中国家，蹂躏我主权，至极至极！”[2]

与此同时，该报还对所谓高景贤事件，作了专门的报道。高景贤是一个在日本租借地关东州的一家日本企业工作的中国籍职员，因为在盖平一带持枪行凶，被当地中国政府捕获处死。事件发生后，日本关东州

1　1907年6月7日《神州日报》社论《论秘密外债》。

2　1907年6月4日《神州日报》的《论日本兵在满洲之举动》。

都督府公然出来干涉，自称“都督府于中国人随意出租界时，于某种范围内，应有保护之责任”，并以此向中国地方当局提出抗议，要求赔偿。事情发生后，《神州日报》立即发表了《高景贤案传闻异辞》《高景贤事件法律问题》（5月2日）等新闻和通讯，详为报道，并在编者按中驳斥了日方的无理要求：“中国人既至中国地方，应为中国法权所辖，乃国法上之正理。日本所持，殊为强暴”。两天后，又专门发表题为《论高景贤事件》的社论，引证了大量国际公法的有关条款。批驳了日方的无理要求，认为这件事完全属于中国的主权范围，“无可许日本人容喙之余地”。社论还谈到“关东州”的法律地位问题，明确指出所谓的关东州不过是一个临时性的租借地，原是中国的领土，中国本有要求复归之权，绝不允许“以租借地为变形之割让”，也“绝不允许以租借地居民为变形之归化人”。打击了日本侵略者的猖狂气焰。

这一类评论、报道和前举有关列强掠夺和侵占我领土主权等罪行的评论报道，都表达了中国人民对侵略者的强烈义愤和中国人民不甘屈服于帝国主义的顽强反抗精神。对中国人民的爱国主义感情，也是一个很大的激励。

然而，限于主客观条件，该报的记者和评论作者们当时还不可能对帝国主义有本质上的认识，他们只是就事论事地对帝国主义者的一些罪行，进行了揭发和控诉，也还没有提出响亮的反帝口号。对明火执仗的侵略者，他们是深恶痛绝的，但对披着宗教外衣以学者、教育家和慈善家名义进行文化侵略活动的帝国主义分子如李佳白等人，就缺乏警惕。对清朝封建统治者和帝国主义者之间的狼狈关系有所觉察，但是认识得并不那么清楚。这些，在他们的评论和新闻报道中，也都有所反映。

在一般新闻的报道上，该报比较重视的是有关教育方面的报道。上海的中国公学、复旦公学、健行公学、爱国女校、务本学校、中西女塾和外省的安徽公学、江南上江公学等几个学校的动态消息，经常见报。

国内外一些学校的章程和教育界人士所作的某些学校办学情况的调查报告，也经常在要件栏全文发表。所刊广告也以文化教育方面的为多。反映了办报人和教育界的密切关系，及他们对教育工作的重视。和当时流行的看法不同，这个报纸的评论作者们并不认为只要多办学校多开民智就万事大吉。他们看到了当前存在的“学校愈林立，则人才愈衰，教育愈普及，则国势愈弱”，“日日言教育而其实一切不举”[1]的状况认为当前所需要解决的并不是多办几个学校的问题，而是办学方向的问题和教学内容的问题。否则学校办得再多，也不过是“奴隶之教育”，“即普及亦不过养成数十兆无耻之鄙夫已耳。”[2]这是他们比同时期的一般教育救国论者高明之处。此外，这个报纸也刊载一些有关失火、失窃、车祸、拐骗、凶杀、路劫、盗墓、流氓拆梢和民事纠纷等之类的社会新闻，暴露了社会的动乱不安。

《神州日报》和同时期的《民报》《中国日报》一道，大造革命舆论，对民主革命思想的传播和民主革命运动的发展，起了有力的影响。作为资产阶级革命派在国内的一个重要的讲坛，它是有贡献的，有成绩的。但是，它在宣传上还存在着很大的弱点。主要表现在它的理论宣传严重不足：没有正面地系统地阐述过同盟会的政治纲领，没有正面地系统地解释过孙中山的三民主义，没有积极地参加正在进行中的革命派和改良派报刊之间的那场大论战。所以如此，一个主要的原因是环境的限制。它不能像在日本出版的《民报》和在香港出版的《中国日报》那样的言所欲言。正像它的主编人后来在小结它的第一年工作的时候所说的，“所得言者，不及十之三四。”[3]这是可以理解的。但是，也还有主观上的原因，即它的绝大多数编辑撰稿人本身就缺少民主革命的理论

1 1907 年 4 月 23 日《神州日报》社论《学务时论》。

2 1907 年 5 月 2 日《神州日报》社论《中国之前途问题》。

3 1908 年 4 月 1 日《神州日报》的《神州日报第一周年纪念辞》。

准备。同盟会是一个在反满的旗号集合起来的包括各派政治力量在内的松懈的政治联盟，纪律不严，各行其是，总部又没有一个对所属报纸进行具体指导的常设机构，这也是《神州日报》在宣传上和其他革命报纸步调不那么一致的一个原因。

三

在新闻业务上，这一时期的《神州日报》也有不少改进。

它很重视编辑工作。对新闻实行分类编辑；重要的电讯用比一般新闻大一号的字体印刷；社论前刊有类似内容提要的“今日本报目录”；新闻的标题如《锡署藩之大笑话》《苏州巡警殴辱学生之骇闻》等，都很生动浅豁。印刷也较精美，是中国最先采用机制新闻纸对开直排式分栏印刷的日报之一。从报纸的外观看，和现代一般的直排式对开日报已经没有多大区别。

它很重视记者工作。把派驻各地的访员视为“扶助本社最有力之人物”，努力提高他们的社会地位。告诫他们：“一报之名誉，一报之价值，乃至一报之精神命脉，皆悬于诸君之手。”要求他们“对于本地，俨然为各种社会之监督，凡于其地发生之事件，害群者，必纠弹之；利群者，必扬励之。”希望他们密切联系当地同情民主革命的基本群众，作到为“一地之真同志”所熟知，为“一地之非同志”[1]所不知。

它很重视新闻和评论的写作。把以下四种文字称为“四弊”：“既论甘而忌辛，亦无敌而放矢”“箴贬乏术，无补于膏肓”“采齐东

1　1907年4月7日《神州日报》社论《敬告访事诸君》。

之谩语，为中朝之故事”“昵乡曲之宴私，淆品评于月旦”（《发刊词》）。反对把文章写得“承平粉饰”，言不及义。

为了活跃版面和便于读者阅读，该报先后开辟了六十多个栏目。属于新闻电讯方面的有：宫门钞、紧要新闻、中央新闻、直省新闻、边事新闻、地方新闻、华侨消息、本社专电及社外、路透电报等专栏。属于通讯报道方面的有：通信、京师通信、各省通信及欧洲、东京、美洲通信等专栏。属于评论方面的有：社论、代论、时事短评、半哭半笑、批评、实业时论、外论一斑等专栏。其他方面的还有调查、问对、列强政策、列强政海、欧美社会事情、实业丛谈、译丛、学林、小说、神州诗话、神州学术片片录、陆沉杂识、杂俎以及奏折、要件、来稿、来件、选稿、纪事、余录等等。成为这一时期栏目最多的报纸之一。其中以半哭半笑、时事小言等短评专栏，神州诗话、词林等文艺专栏，最受欢迎。较有特点的是问对专栏。据4月27日发表的《本报增入问对一栏启事》介绍，这个专栏是在一些留学生的倡议下设置的，由留德学会担任主编，专门负责解答读者提出的有关政治、法律、教育、军事、财政、农工商矿等各方面的问题，以“启迪新知，破除隘识”，其性质有点类似后来的“读者信箱”。

《神州日报》还设有专门的副刊，但是散见于各版的文苑、神州诗话、词林、神州文献摭余、学林、海外琐闻、杂俎等栏的文字，实际上都是副刊文字。大体上可以分为三类：（1）诗词掌故。其中有不少宋明人的爱国诗词，明末遗老怀念故国的诗文和有关清初文字狱的掌故轶闻。（2）小说。属于创作的有乌衣的《新神州》、秋水的《奇囚》、伤的《断肠花》、寒灰的《叶哄》、鹿园众生的《狮子吼》、恍然大悟者的《做好事》等。除《奇囚》外，多数是一次刊完的短篇小说，其中有不少是以时事为题材的。属于翻译的有兰梦译的《一点钟之夫妇》，心一译的《木冬枝缘》《隐身法》，吴竟译的《红蕉洞》等。其中有不少是小仲马、杰克·伦敦等欧美名作家的作品。（3）科学珍闻和知识小品。《五官倒用之奇女》《饲蝶奇谈》《植物学之新发明》等，就属于这一类作品。题为《五官倒用之奇女》的那篇短文，介绍了一个妇女“以布重裹其目，以纸置耳际，则历历诵读竟无谬误”的事迹，是中国报纸上关于人体特异功能的最早的报道。这些副刊文字，有的直接服务于民主革命的宣传，有的则侧重于开阔读者的眼界，极力“搜求新知识以饷遗国民”（4月2日《题词》），都很受读者的欢迎。

新闻摄影和时事漫画也受到重视。该报这一时期先后刊出了近20幅铜版照片，包括人物、建筑、古迹、风景等各方面的题材。其中，如4月28日刊出的《北京崇文门大街克林德牌坊》，下附文字说明：“此为庚子乱定后敕建德使牌坊以谢罪也，创痛犹存，京华冠盖出入其下者曾忆其为纪念物否耶。”5月23日刊出的《安南亡国后之富绅》，下附文字说明：“剖腹藏珠，谥为至愚，卖国窖金，僇为人奴。殷鉴不远，而财是守耶，我同胞盍视诸此。”都有激励读者毋忘国耻和奋起御侮的积极意义。漫画作品也间有刊出，见于这一时期报端的约有五幅左右。其中有一些和新闻、评论的配合十分紧密。如4月7日刊出的一幅无题漫画，正中是一位翎顶辉煌的清廷大员，右手握一卷“度支册”，左手持一纸“陆军部公文”，口中引出一句话：“你们程度不够，办不了地方自治！”两侧各有一个伏地而坐的“小民”，其中一人口中引出一句话：“等到你许我地方自治，我已饿杀了！”很明显，是在讽刺清廷预备立宪的虚伪。

这一时期的《神州日报》有一支力量比较雄厚的作者队伍，绝大部分稿件都出于编辑部同人之手，其中主要的有于右任、杨笃生、王无生、汪允宗等这四个人。

于右任（1879—1964年），原名伯循，字诱人，陕西三原人，出身于商人家庭，青年时代就有“家国兴亡之感”，1903年中试陕西秋闱。1904年以所著《半哭半笑楼诗草》有痛诋清廷方面内容，和“爱自由如发妻，换太平以颈血”等激烈词句，遭到地方当局缉捕，逃往上海，肄业于震旦学院和复旦公学。1906年为筹备办报事，前往日本，同年11月13日加入同盟会，回国后就着手办报。是“辛亥革命”时期资产阶级革命派的主要报刊活动家之一。

于右任早在1903年就开始为报刊撰稿，右任这个笔名就是从这个时候起使用起来的。《神州日报》则是他亲自创办和主编的第一家报纸。在主持此报工作期间，他同时兼任中国公学的教师，每天“早起去吴淞教书，下午归来办报”（于右任《如何写社评》），工作十分紧张，因而不能以全力从事写作。但是报纸上的一些主要文章，包括那篇著名的发刊词，都经过他润色审定。一些未署名的重要社论如《论本报所处之地位并祝其前途》（4月4日）、《论近日执政者之宅心》（4月18日）等，也都出于他的手笔。此外，他还主编了半哭半笑、神州诗话两个专栏，为这两个专栏撰写了不少时事短评、旧体诗词和文艺评论作品。他的文章笔酣墨饱，富于感情，诗词也写得激昂蹈励，寄托遥深，在当时读者中有一定的影响。

杨笃生（1871—1911年），原名毓麟，号叔壬，湖南长沙人，戊戌变法时期担任过时务学堂的教习，此后又参加了自立军的起义活动，失败后逃往日本，先后在弘文书院、早稻田大学等校学习，并积极参加留日学生的拒俄运动和暗杀活动，1906年6月加入同盟会，是一个从改良派营垒冲杀出来的革命知识分子。早在戊戌变法时期，杨笃生就积极参加报刊活动，担任过改良派机关报《湘学报》时务栏的编撰，到日本后，又担任了黄兴创办的《游学译编》的编辑，并出版了宣传民权思想的小册子《新湖南》，是《神州日报》编辑部一班人当中最先参加报刊工作的一个人，并担任了该报的总主笔。在于右任主持报纸工作的80天内，他用“寒灰”这一笔名亲自为报纸撰写了19篇社论，内容涉及政治、经济、外交、法律、教育等各个方面。此外，他还给半哭半笑栏写了不少时事短评，给文苑栏写了一些诗词和短篇小说，被认为是“对于神州日报最努力的一人”（于右任《如何写社评》）。该报遇火之夜，他被迫从三层楼编辑部缘电线杆而下，仅以身免。复刊后继续为该报撰稿。杨笃生的文章议论豪健，极跌宕唱叹之致，“能以坚确之词义，抒其真挚之感情，深切地注入读者”（同上），在当时的读者当中很有口碑。

王无生（1880—1914年），安徽歙县人，原名钟麒，号毓仁，在于右任主持时期，经常用庸、庸人等笔名为《神州日报》撰写社论，其中的《中国前途之问题》一篇从4月15日开始，连载到5月6日才全部刊完，凡五续，万余言，对清廷伪立宪问题、民族生计问题、宗教问题等都有所论述，是该报早期的重要论说之一。《发刊词》也有他的一份劳绩。此外，他还经常以毓仁、天僇等笔名为该报撰写文艺方面的稿件。他擅长骈文，熟于稗史，能够以芳馨悱恻之词，达小雅诗人之旨，是该报早期有影响的作者之一。

汪允宗字德渊，笔名蘧照，安徽旌德人，俞樾的及门弟子，曾经参加过资产阶级革命团体中国教育会的活动，担任过该会的董事。蔡元培主办《警钟日报》，他是主编之一。《神州日报》创刊后，他担任主笔，除参加起草发刊词外，还写过不少时事短评。他的文章曲而能达，“常能以深邃的观察，透视社会之黑暗面”（同上）。也是这一时期该报的主要撰稿人之一。

此外，积极为这一时期《神州日报》撰稿的还有署名观复、肤、六六、听潮、容忍、寂等笔名的一些人，多数是报社内部的主笔、编辑、记者。由于年代久远，文献失征，已经难以确指他们本人究竟是谁了。

于右任时期的《神州日报》虽然只出版了80天，却是这个报纸最为风光的一段时期。《神州日报》被公认为一份有影响的革命派报纸，于右任被推为一个有影响的资产阶级革命报人，都是从这一时期开始的。

（原载《辛亥革命时期期刊介绍》第2期）

辛亥革命时期的《大江报》

《大江报》是"辛亥革命"时期资产阶级革命派在湖北地区出版的重要机关报。武昌起义前夕，以发表《大乱者，救中国之妙药也》[1]一文被封，是当时影响较大的一家革命报纸。

从1904年起，湖北地区资产阶级革命团体相继成立，后来合并改组为文学社和共进会。他们的活动是首先从深入细致的宣传和组织工作着手。他们很注意报刊宣传。从1904年起，他们就设立了专门负责秘密运送、散发和翻印国内外出版的重要革命报刊和其他宣传品的机构。1903—1905年在武昌成立的昌明公司、乐群印刷社和教育图书社，1906年在黄冈成立的鸠译书舍等，就是这样的组织。乐群印刷社所翻印的《猛回头》《警世钟》《黄帝魂》等，总数在3万册以上，在士兵和学

1 这篇时评题目，一说是《大乱者，救中国之妙药也》；一说是《大乱者，救中国之药石也》；一说是《大乱者，救中国之良药也》。第一说见于章裕昆、温楚珩、朱峙三等人所写的书和文章。章是文学社干部之一，温、朱都曾参加过当时革命报刊宣传工作，所说当不致误。又当时上海各报刊载的《汉口商埠地方审判决厅判决大江之判词》所记时评题目同此，可为佐证。

生中免费散发，影响极大。同时，各地还成立了不少阅报社。著名的有武昌圣公会阅报社、黄冈坪江阅报社、汉川阅报社等，利用教会、祠堂为掩护，陈列革命报刊，供群众阅读。

1907年以后，湖北的革命党人开始自己办报。相继出版的革命派和接近革命派的报纸有《商务报》《政治日报》《夏报》《鄂报》《武昌白话报》《雄风报》等。《商务报》创刊于1909年10月8日，蒋翊武、刘尧澂、李抱良、詹大悲、何海鸣、查光佛、杨玉鹏等主编，经费由群治学社自社员缴纳的会费中拨付，是湖北革命团体创办的第一个机关报。1910年夏因反对借外款筑路和报道湖南饥民抢米消息被封。

《大江报》是湖北革命团体创办的第二个机关报，创刊于1911年1月3日。原名《大江白话报》，三日出一小张，后改为日出两大张，删去“白话”二字，径称《大江报》。初创时原为同情革命的黄梅富家胡为霖所有，后为革命党人筹款收回自办。在同盟会员胡石庵创办的大成印刷公司印刷。编辑部几乎是《商务报》的原班人马，负主要责任的是詹大悲（总经理兼总编辑）和何海鸣（副总编辑）[1]，经常撰稿的有查光佛、宛思演、梅宝玑、温楚珩、黄侃、凌大同等人。其中有同盟会员，有共进会员，也有文学社前身振武学社的社员，而以振武学社的社员为多。

振武学社成立于1910年7月，不久就受到二十一协协统黎元洪的严重迫害，社务无形停顿。《大江报》创刊后，社员就积极利用这个报纸，进行改组振武学社为文学社的活动。詹大悲是改组的筹备人和文学社社章的起草人，社章即在《大江报》上发表。他们并以《大江报》名义，通知新军各标士兵代表参加建社活动。1911年1月30日，文学社开成立大会，推蒋翊武为社长，王宪章为副社长，詹大悲为文书部部长，

1 何是湖南衡阳人，武昌起义时任汉口军政分府参谋主任；后来附袁充当国会议员，又曾下水做汉奸。

确定《大江报》为正式机关报。文学社和设在上海的中部同盟会总部以及和新军士兵的联系，都通过《大江报》进行。文学社领导人和中部同盟会负责人在武昌起义前的几次会谈，就是在大江报社举行的。

当时，广大人民反抗清朝政府的斗争和资产阶级的民主革命运动正在蓬勃发展。资产阶级革命派还处在“上山”的阶段，“不是惧怕将来，而是相信将来”，正在“奋不顾身地为将来而斗争。”[1]《大江报》作为他们的喉舌，在一定程度上反映了他们当时的这一精神特点。它以纵横恣肆的文笔，对反动派进行了大胆的挞伐。

1911年1月21日，汉口发生英国巡捕行凶打死人力车工人吴一狗的事件。次日汉口人力车工人千余人聚集英租界捕房门前质问，又被英国驻军枪杀十余人，重伤很多人。两次血案，引起了武汉人民的极大愤慨，《大江报》以头号字标题，在显著位置作了报道，并以《洋大人为何敢在汉口打死吴一狗》为题发表了社论，抗议英帝国主义的血腥罪行，支持武汉人民的反帝斗争。当时，清朝司法机关在英帝国主义压力下竟宣布吴尸并无致命伤痕，并威胁《大江报》“勿言车夫有丝毫伤痕”，妄图为英捕开脱。《大江报》严正地拒绝了这一无耻的命令，并借以论证清朝政府之不足恃，暗示读者只有推翻这一媚外残民的恶劣政府，才能赢得国家的独立，雪除帝国主义压迫、奴役的耻辱。

《大江报》接着发表时评，评论广州将军孚崎、凤山被刺事件，公开赞扬行刺者的牺牲精神，对他们的死难表示哀悼。《大江报》又支持湖广地区的保路运动，反对清朝政府借“国有”名义把铁路主权出卖给帝国主义，对力主铁路“收归国有”的邮传部尚书盛宣怀、奉派南来接收“商办”铁路的大臣端方和参与出卖路权活动的买办官僚郑孝胥等，都进行了强烈的谴责。《大江报》还揭发了当地官吏贪污残民的丑行。

1 《列宁斯大林论中国》，北京，人民出版社 1954 年版，第 25 页。

湖北藩司余诚格命度支公所以高息秘借洋款50万元为镇压革命的经费。《大江报》设法觅得借款合同原稿，全文在报上披露，舆论大哗，使余诚格极为狼狈。新军第八镇二十九标标统李襄邻滥吃空额，克扣军饷，凌辱士兵。《大江报》根据士兵提供的线索，派遣记者详为采访，写成消息发表。由于证据确凿，众愤难平，湖北陆军当局不得不把他撤差。

由于以上这些，《大江报》受到了爱国读者的交口称誉。

在广大群众支持下，《大江报》更加大胆地宣传革命。1911年7月26日，它发表了那篇著名的《大乱者，救中国之妙药也》。全文如下：

> 中国情势，事事皆现死机，处处皆成死境。膏肓之疾，已不可为。然犹上下醉梦，不知死期之将至。长日如年，昏沉虚度。软痛一方，人人病夫。此时非有极大之震动，极烈之改革，唤醒四万万人之沉梦，亡国奴之官衔，行见人人欢戴而不自知耳。和平改革既为事理所必无，次之则无规则之大乱，予人民以深创巨痛，使至于绝地，而顿易其亡国之观念，是亦无可奈何之希望。故大乱者，实今日救中国之妙药也。呜呼！爱国之志士乎！救国之健儿乎！和平已无可望矣！国危如是，男儿死耳？好自为之，毋令黄祖呼佞而已。

这里的“大乱”，是“革命”的代词。作者暗示帝国主义的侵略和清朝政府的统治是致中国于死境的“膏肓之疾”；指明立宪党人的政治改良是走不通的死路；最后提出了以革命手段来拯救中国的主张，向爱国的人们发出了革命的号召。其中虽然对所谓“无规则”的“大乱”，有“深创巨痛”和“至于绝地”之惧，流露了资产阶级革命家既想要人民支持又害怕人民起来革命的矛盾心理，但是对“大乱”抱着热烈颂扬的态度，整个基调还是振奋人心的。短评发表后，马上得到广大读者的传诵。

短评的作者是黄侃（发表时笔名“奇谈”）[1]，他原名季刚，湖北蕲春人，“文普通”学生，日知会员和同盟会员。他先后用病蝉、病禅、运甓生、旷处士、盛唐山民、乔鼐等笔名，在《民报》《国粹学报》《大江报》《民生日报》等报刊发表过许多政论。写这篇短评的时候，他正在《大江报》担任特约撰述，是很受注意的一个青年革命宣传家。他中年以后，从章太炎治文字学，潜心学术，脱离政治，像他的老师一样，用自己砌的一道墙把自己和世界隔开了。从此他早年那种致力民主革命的精神，就再也见不到了。

和《大乱者，救中国之妙药也》并称的另一篇短评是《亡中国者和平也》，何海鸣作（署名“海”），先十天于17日发表。这篇短评也鼓吹“大乱”，但重点在驳斥资产阶级改良派抵制革命的反动言行。短评斥责清朝政府伪立宪的《宪法大纲》为“摧抑民气之怪物”；指出立宪派分子“伏阙上书”的“和平”作法是“亡中国”之道，只有革命才能拯救中国。

当时，全国争路风潮已异常激烈，各地人民的反抗运动如火如荼，最大的一次武装起义正在积极准备。《大江报》这两篇文章，在这时发表，更鼓舞了革命者的斗志，起了推波助澜的作用。

湖北的清朝官吏对《大江报》早就有所怀疑，对它大胆地昌言革命已经十分痛恨，务以去之为快。两文的发表，更使他们非常震惊，于是他们决定立即对这个报纸进行迫害。

1911年8月1日晚上，汉口巡警二区区长覃兆鹍率领所部巡警数十

1　这篇文章向来传为詹大悲作。其实詹大悲在被捕受讯的时候，就已明白声明：这篇文章“系外间来稿”，因为“经我过目”，选定刊载，所以“不能问作稿之人”。他既不卸责，也不掠美。近来辛亥老人所写回忆录中，也有谈到这篇文章写作经过的，如温楚珩《辛亥革命实践记》说：“（文学社成立后）革命力量已经成熟，同志热情也达沸点。同年夏，黄侃由汴返鄂。詹款留报社，设宴欢迎。黄醉后写一时评曰《大乱者，救中国之妙药也》，翌日刊出，当局大骇。”朱峙三《辛亥武昌起义前后记》也说是黄手笔，可为旁证。温楚珩与黄侃是至亲，又参加过当时的宣传工作，所说是可信的。

人，如临大敌般地包围了报社。逮捕了詹大悲和何海鸥。詹、何两人都被判处18个月徒刑。《大江报》以“言论激烈，语意嚣张”和“扰害治安”的罪名被勒令停刊。

《大江报》立即向全国各报馆发出了呼吁的通电。于是舆论大哗，纷纷指责清朝政府摧残言论的暴行。汉口各人民团体和报界公会分别集会，提出抗议。许多新军士兵和各阶层爱国人民，也纷纷对《大江报》表示声援。报社门口贴满了慰问的纸条和哭吊的短文。当时封报、捕人本是常见的事，早就有《楚报》《汉江日报》《汉报》《湖北日报》《江汉日报》等横遭封闭，《楚报》的主笔还受到监禁处分。到《大江报》的被封，终于引起了巨大的反抗波澜。湖北官方原来打算置詹、何于“重典”，由于群情十分愤激，才被迫草草发落了事。

《大江报》和革命党人的秘密宣传、组织活动相配合，进行了革命的宣传工作，以充满革命情绪的文笔感染读者，使革命群众的热情达到沸点。在它被封后两个月，武昌起义就爆发了。它对武昌起义是起了一份推动作用的。

在《大江报》的宣传活动中，除了它的短小精干的政论外，值得称道的是它和新军士兵的亲密关系及其在新军士兵中所进行的宣传。

文学社的基础在新军。领导人大多在新军当兵，社员也以新军士兵为多。《大江报》作为文学社的机关报，和他们保持有较为密切的联系。它在新军的每个营中都设有《大江报》的分销处，除每营免费赠送一份“义务”报外，还在士兵中发展订户。报纸自始就很关心士兵的疾苦。当时，“长官视兵士如奴隶，动辄以鞭挞从事”，标统以上的军官又贪污腐化，大肆克扣军饷，因此“兵士视长官如寇仇”[1]。《大江报》揭发了这些事实，反对体罚，反对中饱军饷，深得士兵们的欢迎，

1 1911年9月2日《民立报》。

在他们当中建立了很高的威信。为了让士兵们有发表自己意见的机会，《大江报》还鼓励他们写稿。“凡军队中之社员，关于军中各种事实，一经投稿，必即登载”[1]。经常写稿的人，还被聘为特约记者、特约编辑和特约通讯员。如新军三十标前队士兵张挞伐，就是特约记者[2]。新军二十一混成协马队士兵陈孝芬，在调至陆军特别小学堂充当学兵的一段时期中，也“每晚必到报馆去一趟，编编报，写写短评”[3]。新军士兵们大多把它看成是自己的报纸，“每日到报社之士兵同志，户限为穿”[4]。报社经济发生困难，“军中同志月出资少许，由各标、营代表汇报送社，以助经费”[5]。《大江报》就是这样和新军士兵建立了水乳交融的关系，对他们进行民主革命思想教育的。在革命党人的长期耐心工作和《大江报》影响下，革命团体在新军中的发展很快。文学社成立之初，在新军中只有800多个社员，半年以后就发展到3 000多人，社的组织也由驻右旗的四十一标与三十一标发展到驻左旗的第八镇二十九标、三十标与马、炮、工各营、队。武昌起义前夜，新军第八镇和第二十一混成协两部1.5万人中，参加革命团体的即达5000人，占1/3。

辛亥革命时期的一般革命派报刊，大多以资产阶级、小资产阶级和地主阶级中的反满派知识分子为主要对象。像《大江报》这样和新军士兵保持密切联系并注意在他们当中进行宣传的报纸，是不多见的。

应该指出，《大江报》的宣传也有其严重的缺点。最主要的是它忽视了完整的民主主义革命纲领的研讨和宣传，过多地、片面地从种族复仇的观点出发倡言革命，对如何建立资产阶级共和国和实行资产阶级民主革命纲领，几乎完全没有触及，革命思想的建设非常不够。这一缺

1 潘康时《记文学社》。
2 鲁祖轸《第三十标辛亥首义事略》。
3 陈孝芬《辛亥武昌首义回忆》。
4 温楚珩《辛亥革命实践记》。
5 温楚珩《辛亥革命实践记》。

陷，同时期的其他革命报刊都是有的，而以《大江报》最为突出。此外，它与其他革命报刊一样，对帝国主义和封建军阀官僚机构的反动性，没有从本质上进行深刻的批判和分析，对立宪派分子首鼠两端的投机活动缺少应有的警惕。这些都正是当时资产阶级革命派阶级局限与认识局限的反映。

武昌起义后，《大江报》在何海鸣主持下一度恢复出版，支持文学社员抵制革命果实篡夺者黎元洪，被黎以"破坏共和，危害民国"的罪名查封。何先期得讯走避，编辑凌大同被捕遇害。另一家和文学社有关的《民心报》也以发表了哀悼《大江报》的文章被封。《大江报》的工作人员，在辛亥革命"胜利"后，反而不获保全，这正是整个辛亥革命悲剧的一个分幕，是辛亥革命不彻底的具体表现之一。

（原载1962年第8期《江汉学报》）

清末的《京话日报》

《京话日报》1904年8月16日创刊于北京，1906年9月28日停刊，共出753期，是一份以市民读者为主要对象的时事性政治报刊。

这个报纸每日出铅印一小张，售价三文。设有演说、紧要新闻、本京新闻、各省新闻、各国新闻、宫门钞、告示、电报、小说、时事新歌、儿童解字、来函和商情广告等栏目。除文字外，间附插图。“通篇概用京话，以浅显之笔，述朴实之理，纪紧要之事”[1]，很受读者欢迎。发行数字一度超过1万份，成为当时北京销路最大，影响最广，声誉最隆的一份报纸。同时期在天津办报的《大公报》发行人英华对这份报纸十分激赏，曾经说过，“北京报界之享大名者，要推《京话日报》为第一”[2]。

《京话日报》的创办人是彭翼仲，最初帮他办报的，是他的妹夫杭

1 《发刊词》，1904 年 8 月 16 日《京话日报》。
2 英华《北京视察识小录》，1907 年 11 月 26 日《大公报》。

辛斋。后来作为彭的助手，负责编撰工作的，还有吴梓箴、文龆窳、秦治先、刘炳堂等。其中，刘负责插画。

彭翼仲是中国近代报刊史上的一位颇有点影响的人物。他生于1864年，卒于1921年，名诒孙，号子嘉，苏州人。出身于官僚世家。祖父彭蕴章，做过咸丰朝武英殿大学士和军机大臣的领班。他自己下过七次考场，做过通判一类的小官。丁母忧后，弃官不为，长期客居北京。八国联军侵占北京期间，他生活无着，被迫流落在社会底层，“卖过白面，自己赶车拉过水，扛过面口袋，还在果子巷摆过挂货摊子”[1]，因而对下层人民的生活有所了解，同情他们的疾苦。并因此也产生了强烈的爱国感情。八国联军撤退后，他开始致力于办报。除《京话日报》外，他还办过以少年儿童为对象的《启蒙画报》和以文化程度较高的中上层人物为对象的《中华报》。《京话日报》的创办时间，晚于《启蒙画报》，早于《中华报》，是他所办三家报纸当中，最成功，影响最大的一个。

杭辛斋，名慎修，又名凤无，字夷则，浙江海宁人。出身贫寒，当过商店学徒。后发愤读书，肄业于杭州正学义塾。1890年到北京，入同文馆学习历算及法国文学。甲午战争后曾上书光绪帝，主张变法维新，加入严复等人在天津创办的《国闻报》，并担任过主笔。变法失败后，一度匿迹德州，以行医自活，旋到北京，参加《京话日报》和《中华报》的筹备活动。

彭翼仲创办《京话日报》的目的，据他自己说，有二。一是“开发民智”，即以报纸为手段，扩大人民的见闻，增加人民的知识，提高人民的文化水平，进而达到国富民强的目的。一是建立一个能够为中国人说话的舆论阵地。当时的北京各报，多数为外国人所掌握，不是外国人

1　翼仲《诉委屈》，1905年3月16日《京华日报》。

自己办，就是有外国人作背景，他对此深感不满。用他自己的话来说，就是“一定要争回这说话的权柄”[1]。为了办好这份报纸，他呕心沥血，吃足了苦头。开始由于经费不足，自己的积蓄又已花光，被迫卖掉他堂兄弟的房产来抵付欠款。后来又承受了各种横逆。最后得到了被捕入狱，远投遐荒的悲惨结局，他的遭遇说明，他的这种善良的愿望，在当时的历史条件下，是难以完全实现的。

《京话日报》在宣传报道上比较突出的有以下两方面的内容：

一、有关反帝爱国主义思想的宣传

这份报纸从一创刊起，就标榜自己是中国人办的报，特地在报头上端印上“华商”两个字，并且声明：“机器、铅字、纸张、油墨，样样咱们不会做，都得到外洋去买”，但“作报的心是中国的！”[2]“中国人在北京办报，一无依傍，可算本馆是第一家！”[3]在所刊载的新闻评论和文艺作品中，它极力向读者控诉帝国主义列强“夺人的土地”“灭人的国”“亡人的种”的殖民政策；宣传国家民族“独立”的可贵；灌输热爱祖国悠久历史和壮丽河山的爱国主义思想。刊载于1905年2月13日的“时事新歌”《好江山》，就多少体现了办报人在这方面的炽热感情：

> 好江山——愤土地之日削也
>
> 长江长兮黄河黄；昆仑西峙兮五岳中央，美哉美哉我中国，如花似锦好江山。好江山，江山好，如我祖国真堪宝。尺土寸地勿让人，子子孙孙其永保。无端西力渐至东，黄人战败白人雄。今日租借明日占，大家想做主人翁。大连湾，旅顺口，威海与九龙，胶州和营口，德法日美和英俄，都向中华齐动手。吁嗟乎！20世纪强权

1 《答锦州赵礼南先生来函并谢曾孟二兄》，1905 年 2 月 4 日《京话日报》。

2 《演说》，1905 年 5 月 2 日《京话日报》。

3 《演说》，1905 年 6 月 11 日《京话日报》。

强，强者存兮弱者亡。大好江山谁做主，岂能分割如猪羊！我为祖国歌，我为祖国祝，愿君莫负好江山，努力保得江山住。

对帝国主义者的践踏欺凌和他们所制造的反华活动，该报表示了强烈的愤慨。这方面的宣传战役，比较突出的有以下三次：

第一次，是在1904年10月到1905年4月间反对南非英国殖民当局虐待华工的宣传。它用大量篇幅，连续地报道了南非英国当局虐待华工的暴行，并连载杭辛斋编撰的描写南非华工“极苦极贱”惨状的小说《猪仔记》，劝告华南沿海人民，不要再去南非上当卖命。这一宣传使应募去南非的人大为减少。英国驻华公使萨道义，曾为此对清廷外务部施加压力，要求禁止该报的发行。

第二次，是1905年5月到第二年的春天抵制美货的宣传。当时爆发的反美华工禁约和抵制美货运动，是一场全国规模的群众性的反帝爱国运动，它起始于上海、广东，很快就蔓延于全国。这场运动是以当年5月10日上海各界抗议美国政府迫害华工大会为契机发动起来的。该报在接到这一消息后，立即在紧要新闻栏，进行连续报道，并在6月1日至4日的演说栏刊出长篇评论《抵制美国禁止华工续约》，介绍了在美华工遭受凌辱虐待，以及美国政府限禁和歧视华工的历史，愤怒地指出：美国政府根本“没有把中国人当人类看待”“天底下除了罪囚奴隶，决没有受人虐待不准抵制的理”。这篇评论发表后，还被印成1万多份传单，在北京四城散发，使原来对这件事情毫无了解的北京市民，“居然唤醒了有多一半人”[1]。抵制美货的运动，在上海、广东两地刚刚掀开序幕，该报就积极响应。1905年6月8日，首先刊出《本馆不登美商告白》，宣布即日起，不再为美货作宣传，“凡有关涉美国的告白，一律撤去，已收钱的如数退还”。此后，又发表了大量支持抵制美货的评论

1　珠尔杭阿：《京话日报一周年的祝辞》，1905 年 8 月 5 日《京话日报》。

稿件，和各地抵制美货运动进展情况的详细报道，并分三批连续公布了调查了解到的北京市场上曾经行销过的美国商品商标和牌号的详细名单，造成了强大的舆论声势，号召北京各阶层人民联合起来，共同抵制美货的行销。此外，它还公布了一些在抵制美货运动中行动积极态度坚决的店主和店员的姓名，介绍他们的事迹，以资鼓励。对那些行动迟缓态度消极的商店和个人，则公布他们的店名和姓名，以为谴责。这些表扬和批评，形成了一股强大的舆论力量，一度使“街面上的人，手里拿着品海、孔雀烟，自己也觉得害羞”“连街上卖烟卷的小孩，也不卖品海、孔雀烟了”，[1] 在宣传抵制美货的同时，它还积极支持民族工商业的发展。主张由“京商”自己创办布厂，生产布匹，以抵制美布的倾销。反映了中国民族资产阶级要求摆脱帝国主义的压制和束缚，在经济上得到发展的强烈愿望。

第三次，是1906年二三月间关于南昌人民反洋教斗争的宣传。是年2月22日南昌县知县江召棠被当地法国传教士王安之等行凶刀伤致死，当地人民激于义愤，焚毁了教堂，殴毙了行凶杀人的外国传教士，遭到了英法帝国主义和清朝政府的残酷镇压，史称南昌教案。《京话日报》在事件发生后的第五天，就刊出了题为《江西首县被杀》的专电，报道了事件发生的经过，并且明确地指出：“这场祸乱无论闹到怎样，过处全在教士一人。”[2] 接着又继续在逐日的紧要新闻栏，刊出《派员查办南昌教案》《含糊其词》（3月4日）、《南昌知县是真死了》（3月7日）、《南昌教案的结果》《江西地方官真冤》（3月8日）等消息，对这一事件进行连续报道。坚决否认所谓事件全由当地人民的“排外”引起的说法，认为外国传教士的专横凶残和公然杀害命官，才是这次事件的“起祸根由”。当法国方面传出江召棠是自刎身亡的消息，妄图抵

1 1905年6月20日《京话日报》。

2 刊1906年8月29日《京话日报》。

赖罪责的时候，该报立即反驳，并在第一版显著位置，刊出了江召棠遗体颈项以上受伤部位血肉模糊的特写照片，并附编者按语称："江西南昌县知县江大人召棠被天主教请酒谋杀，凶手便是劝人为善的教士。教士既下毒手，又肆毒口，捏造情形，说是自刎。本馆再四辩白，今特把江大人受伤的照相做成铜版，印入报内，请大众看看，有这样自刎的没有。"[1] 以无可辩驳的摄影记录，粉碎了帝国主义者的无耻谰言。这也是国内日报上刊载的第一幅新闻照片。当清朝政府屈服于英法帝国主义的压力，对参加这次斗争的南昌人民实行拘捕和刑戮时，它毫不迟疑地站在人民一边，深情地赞扬这些勇敢的牺牲者们为"义民""好男儿"，对他们的死难，表示了沉痛的哀悼。

此外，《京话日报》还刊载过不少带有明显反帝爱国色彩的新闻和评论，主要的有以下这样一些篇目：

《忠告日本内田公使》（1904年12月5日）

《胶济铁路扰民实情》（1904年12月12日）

《告中国人》（1904年12月19日）

《敬贺各国新年并预告各国使馆民兵长官》（1905年1月5日）

《论近十年来中外通商情形》（1月14日）

《外国府的势力可怕》（1月27日）

《外患图说》（1月24日）

《论俄水手杀人案》（2月2日）

《论国债》（2月5日）

《法国兵不法二则》（2月16日）

《醉洋兵》（2月17日）

《俄国兵照旧逞凶》（2月27日）

1 1906年2月27日《京话日报》。

《好霸的日本人》（3月6日）

《大呼四万万同胞》（3月7日）

《拿获偷运铜圆》（4月23日）

《再忠告内田公使和日本兵官》（4月30日）

《洋老爷》（6月27日）

《德国轮船火车虐待客人的情形》（11月19日）

通过这些新闻和评论，对帝国主义列强的巧取豪夺，和他们在中国的领土上披猖恣肆为所欲为的种种罪行和暴行，进行了勇猛的揭露和谴责。其中的不少篇章，都洋溢着办报人的强烈的爱国感情，表现了中国人民不甘屈服于帝国主义及其走狗的顽强反抗精神。下面的两个片段，可见一斑：

外人能遵守中国的法律，先给他留个面子，听听消息再说，也不必问是哪国的人。他们要是再冒坏，本馆可就不能留情。[1]

那船上的水手杀人，应当按我们的法律判断。……这件事是我全国人民应当舍着性命和外国人力争的。并不是为死的伸冤，实是为保全活的起见。若是这件事争不过来，以后各国的人，便不能再把中国的人做平等看待了。因为平等的人，没有打死了不抵罪的。无论哪一国的人，把中国人要杀就杀，要打就打，你想还成个什么世界呀！[2]

这些评论和报道，在读者中引起的反应，十分强烈，据当时报载，不少读者读到这一类稿件以后，感情十分激动，“有掉眼泪的，有拍桌子的，有咬牙切齿要说话说不出来的。大家都道：早知国势如此，我们为什么不要强啊！”[3]可见宣传是有效果的。

---

1 见《拿获偷运铜圆》一文的编者按语。

2 见《拿获偷运钢圆》一文的编者按语。

3 《本京新闻》，1905 年 7 月 16 日《京话日报》。

和反帝宣传相配合，《京话日报》还积极支持民族资产阶级创办银行，发展民族工业及交通运输事业，和帝国主义进行“商战”；积极支持爱国宗教界人士发起自立教会运动，从帝国主义手中夺回教权。

二、揭露社会阴暗和反映人民疾苦的宣传

《京话日报》从创刊起，就一再声明：“我们这《京话日报》是一个胆大妄言，不知忌讳，毫无依傍，一定要作完全国民的报。”[1]“本报不怕得罪人，知道的就要照直说。”“凡衙门八旗的弊病，明说暗说，毫不容情。”[2]“应该争论的，刀放在脖子上还是要说。”[3]为了实践以上的这些诺言，它刊载了不少揭露性的评论和报道，对某些王公、贵族、军阀、官僚们恃强凌弱，草菅人命，营私舞弊，贪赃枉法的种种丑闻和暴行，作了一定的揭露和批判。举其大者，有以下数端：

揭露豫王府派驻香河县的庄头凌文捷，勾串县差，欺侮和陷害当地佃户。指责当地县官“偏听一面之词，并不明断，黑暗无天”[4]。

揭露宛平县令接受贿赂，徇私枉法[5]。

揭露湖北汉阳兵工厂的种种弊端，指出该厂“所造枪弹很有毛病，大小多不一律，也不能合膛，……药力也不足，放了出去，子弹不等到靶上，半路就落了下来”[6]。

揭露那王府的王爷指使管家常九在王府内活埋侍妾的暴行。认为“如此野蛮”“太无情理”“世界黑暗到这样地步，真叫人气愤不平”。[7]

---

1 《演说》，1905 年 4 月 7 日《京话日报》。
2 《演说》，1905 年 8 月 11 日《京话日报》。
3 《演说》，1905 年 2 月 3 日《京话日报》。
4 “来函”，1905 年 1 月 25 日《京话日报》。
5 “来函”，1905 年 2 月 9 日《京话日报》。
6 1905 年 2 月 18 日《京话日报》。
7 1905 年 8 月 19 日至 9 月 3 日《京话日报》。

揭露姜桂题军在城内行凶打人事件[1]。

揭露广东地方练勇滋扰百姓的恶行。题目作《官兵比强盗厉害》[2]。

揭露天津地方官驾车出游，压死两名行人事件。题目作《人民该死》[3]。

揭露负责修理沟渠河道和营房的地方官员贪污公款。题目作《修理沟渠河道和新旧营房的款项那里去了》[4]。

揭露妇女春阿氏被诬谋杀亲夫，在刑部堂上被刑部当局屈打成招一案。指责说："衙门的黑暗也太无天理了。"[5]

以上这些评论和报道，少数是读者的来稿，多数是该报编辑记者经过采访后自己编写的。其中如有关春阿氏一案的报道，是该报派出记者深入现场，对证了有关材料以后，编写出来的。有关那王府活埋侍妾事件的报道，则是该报记者"访了二十多次，还有人进府细查"[6]以后，编写出来的。后一部分报道在报上连载了近一个月，除零星的短讯外，比较系统的有《不近人情》《王府活埋人》《三记活埋人的事》《四记活埋人的事》《五记活埋人的事》五篇，此外还在演说栏配发了《海内同观》《劝长九》等评论。当王府方面对报社威逼利诱，要求停止报道时，办报人表现得很有点强项精神。公开声明："那王府活埋人的事，真而又真，本馆访友亲眼看见，宝钞胡同一带居民一口同音，如有虚假，本馆甘认其罪"。还说，"报馆争的是公理"，"报馆是天下人说话的地方，专讲公理，不徇私情，徇了私便够不上报馆的资格"[7]。把这一无理要求顶了回去。该报这方面的宣传，大胆地揭露封建社会和封

1 见1905年4月20日"紧要新闻"。
2 见1905年8月24日"新闻"。
3 见1905年9月25日"新闻"。
4 见1905年8月11日《演说》。
5 见1906年8月1日《京话日报》编者按语。
6 见1905年9月2日《京话日报》编者按语。
7 1905年9月3日《京话日报》。

建官僚制度的阴暗，倾诉了中下层人民的不幸和不平，抒发了郁积在他们心中的愤懑情绪，受到了这一部分读者的热烈欢迎。但也因此得罪了不少封建的权势者。创刊后两年间，报社收到的来自后一部分人的威胁和痛骂的信件，“装在一个布口袋里，称了称足有二斤”[1]。贴在公共阅报牌上的报纸，也经常被人有预谋地大量撕毁。这份报纸和它的办报人后来之所以终于受到迫害，这方面的宣传触痛了一些人，使他们必欲得而甘心，恐怕也是一个原因。

在政治上，《京话日报》所主张的是变法和立宪。它所宣传的“变也得变，不变也得变，自己变法，自己有权柄，外人压着变了法，权柄便属了外人”“变法的必兴，不变法的必亡，变不到家，兴得慢，变到家的，兴得快”等观点，和康、梁在《时务报》时期所宣传的观点完全一样。它所开出的开民智、办学堂、兴女学、戒缠足、反迷信、反吸毒等改良社会的药方，和所举办的济良所、孤儿院、正乐育化会等社会事业，也和戊戌以来的维新派人士们所提倡的，并无二致。对清朝政府正在进行中的预备立宪活动，它是全力支持的，一再声明“立宪的制度，正是万年有道的长基”[2]“现在我们中国危弱到这般光景，非立宪不能强”[3]“立宪实在是人民的大幸福”，[4]对资产阶级革命派在国内外进行的民主革命活动，则持反对态度。多次称革命党人为“不守规矩的华人”，称他们的反清革命活动为“瞎闹”。[5]并且盛赞慈禧太后如何圣明，如何“爱惜百姓”，为她涂脂抹粉，树立威信，以抵制革命派对她的攻击。目的是：“叫那些革命党瞧瞧，莫说中国没了指望”。[6]可见

1 《演说》，1906 年 8 月 23 日《京话日报》。
2 “紧要新闻”，1905 年 7 月 1 日《京话日报》。
3 《演说》，1905 年 10 月 22 日《京话日报》。
4 “新闻”，1906 年 8 月 30 日《京话日报》。
5 见 1906 年 8 月 1 日《京话日报》编者按语。
6 “紧要新闻”，1905 年 5 月 29 日《京话日报》。

它的立场思想感情，都是明显地站在封建统治集团一边的。也正因为这样，《京话日报》对1905年爆发的俄国民主革命运动，不抱同情态度。在持续了将近一年的有关俄国革命的连续报道中，它经常把这场运动称为“匪乱”，把参加运动的俄国各阶层的政党，称为“乱党”，把参加运动的群众称为“乱民”，并且用俄国革命的事例来劝告清朝当局，从中接受教训，善以自处，不要滥用威权，滥诛无辜，以免使统治和被统治阶级之间矛盾激化，使局面难以收拾。

从以上的情况可以看出，《京话日报》的办报人是一批同情人民疾苦的，希望国家富强的，有正义感的爱国者。他们在新闻和评论中所表现出来的那种爱国激情，曾经在读者中引起强烈共鸣。他们的那种不避斧钺，不屈服于权势，敢于为被压迫被欺侮的下层人民说几句话的精神，也深受读者的称赞。这些都是这份报纸的积极方面。在当时，对中国人民的反帝斗争，对民主精神的发扬，都起过积极的影响，有一定的进步意义。但是，他们的思想认识又是有局限的。他们对一些帝国主义者还有恕词，他们所发动的那场抵制美货的宣传，并没有善始善终。他们的新闻和评论中，虽然偶尔也闪现过民主思想的火花，但是他们并不支持民主革命。他们的政治主张，只是在不触动封建统治阶级根本利益的前提下，作一些枝枝节节的改良。他们的最高政治理想，只不过是君主立宪和开明专制。因此，他们所发出的声音，并不是他们所处那个时代的最强音。

在报纸业务工作上，《京话日报》的一个突出特点，就是它和读者始终保持着十分紧密的联系。它经常接到读者的来函来稿。这些来函来稿，既为报社通报了情况，也为报社提供了大量的新闻和评论之类的稿件，成为报纸的一个方面的稿源。从已发表的读者来稿看，积极为该报供稿的，除了识文断字的职员、蒙师、书办、学生外，还有识字不多的小业主、小商贩、小店员、手工业工人、家奴、差役、士兵、家庭妇女、优伶，以及一部分堕落风尘的妓女。由此可以看出这个报纸和社会中下层群众，特别是其中的城市贫民，有多么密切的联系。对于这些来稿，《京话日报》的处理是非常认真负责的。它设有“来稿题名”专栏，每天公布准备刊用的稿件题目，以免投稿者悬念。后来来稿渐多，不能备载，又改用把不准备用的稿件题目和作者姓名在报末公布的办法，“免负诸君热心”。[1]所有来稿，发表前都派人查对事实，“有关出入的事，必定详细访实，才肯代登”。[2]一旦登出，就由报社承担责任。这样，既保证了新闻的准确性，又解除了投稿人的顾虑，使报纸始终有较充足的稿源，和大量的可供进一步采访的新闻线索。

报纸的发行和推广工作也得到了热心读者的大力支持。这个报纸除北京外，在天津、保定、通州、锦州、新民、开封、西安、山东、山西、南京等地，都设有代派处。每一个代派处，都有不少读者自愿义务协助推销工作。这个报纸还在北京四城设置了20余家阅报处和讲报处。每一处，都有不少读者自愿捐贴报纸，供众阅览，或自愿充当义务讲报人，为识字不多的读者朗读和讲解报纸。其中，仅读者刘瀛东一个人，就捐贴了30份报纸。一家开办说书馆的小业主，不但自愿把该馆提供给《京话日报》充当讲报处，并且还“外送茶水，不取分文”。[3]有一个名叫郭瑞，字云五，外号醉郭的读者，就是以长期充当该报的义务讲报员，闻名于世的。在读者的支持下，这个报纸的发行数字增加得很快。它初创时销仅1 000份，一年后销达7 000份，最后销到1万多份，成为北京地区历史上第一个销逾万份的报纸。

由于过多地大胆地揭露时弊，触痛了某些权势者，《京话日报》终于在1906年9月28日和它的姊妹报纸《中华报》一道，被北京警察当局

1　1905 年 7 月 2 日《京话日报》。
2　1905 年 5 月 27 日《京话日报》。
3　1905 年 5 月 8 日《京话日报》。

查封。被封的近因，则是由于这两家报纸在新闻和评论中揭露军机大臣瞿鸿机纵容卫兵抢掠行凶，指责北洋当局滥捕滥诛康党，和一度在报社内留住被警方怀疑是革命党的人物。被封时宣布的罪名是：“妄议朝政，容留匪人。”报纸被封前夕，彭翼仲、杭辛斋两人同时被捕。经审讯，杭辛斋被判“递籍”，由专人押送回浙江海宁原籍交地方官监管。彭翼仲原来也判“递籍”，因为在押期间有所谓的“行凶”行为，被加重改判流配新疆。《京话日报》和它的创办人彭翼仲等人的不幸遭遇，得到了它的广大读者的同情。不少读者赶到报社，向留守的工作人员表示慰问。1907年4月12日，当彭翼仲被押离开北京前往新疆戍所的时刻，“由大佛寺起程，市民去送者数千人，赠送程仪者无算。”那位外号“醉郭”的义务讲报人，自愿陪同彭翼仲一道去新疆。这是中国报刊历史上的一个很有点戏剧性的动人场景。它反映了广大人民群众对曾经为他们呼唤过的《京话日报》的深厚感情，和对禁锢言论的封建专制政府的强烈不满。

1904年创刊的《京话日报》，只出版了两年零一个月左右的时间，就被迫停刊了。这是它历史上最风光的一段时期。此后，它还两度复刊。一次是1913年彭翼仲从新疆放回北京以后，只出版了很短一段时间，就因触怒了袁世凯而再度被封。袁死后，它再度复刊，继续出版到1922年才最终停刊。后期的《京话日报》由吴梓箴等人主持，已经非复旧观了。

（原载《辛亥革命时期期刊介绍》第5辑）

《东方杂志》的特色及其历史地位

《东方杂志》创刊于1904年3月11日，停刊于1948年12月，历时近45年，先后在上海、长沙、香港、重庆、上海等地出版，累计达44卷500多期，是中国历史上刊行时间最长的大型综合性学术期刊。在20世纪上半叶的中国，《东方杂志》以其高度的严肃性，学术性，和丰富的内容，精美的印刷，受到了社会的推重，被称为“杂志界的重镇”，和“杂志的杂志”，发行数字最高时达6万份，在读者中享有极高的声望。

《东方杂志》是在19世纪末，以“戊戌维新运动”为标志的那次思想启蒙运动后不久，在上海创刊的。创办和出版这份杂志的是商务印书馆，创办人是该馆的负责人张元济。张元济，浙江海盐人，自称“戊戌变法孑遗”，是维新运动的积极参加者。变法失败后，他蛰居上海租界，继续为实现戊戌党人们的理想而奋斗。他很同意梁启超所说的这样一段话，即“发端经始，在广风气，维新耳目，译书印报，实为权舆”[1]。进入商务印书馆不久，他就和该馆的另一个创办人夏瑞芳一道，积极筹划有关《东方杂志》的出版事宜。

新创办的这个刊物，先是为月刊。每期出10万字左右，大32开一册。每年12期为一卷。1911年8卷1期起，改为20万字左右，16开一册。开始用高档纸张印刷，西式装订，并开始在每期卷首，增刊从国外刊物上复制过来的铜版图片。1920年1月17卷1号起，改为半月刊，仍为每年一卷，直至1948年12月停刊。累计发表大大小小各种文稿22442篇[2] 1亿多字。

《东方杂志》大部分时间是在上海出版的。1938—1946年这8年，由于抗日战争爆发，上海沦陷，才被迫迁离上海，辗转到长沙、香港、重庆等地出版。1946年后，重新迁回上海。在1904年创刊到1948年停刊的45年时间内，这个杂志经历过四次休刊。一次是1911年11月至1912年4月；一次是1932年2月至1932年10月；一次是1937年11月至1938年1月；最后一次是1941年12月至1943年3月；累计休刊的时间近两年半。除了第一次是受辛亥革命爆发“交通阻碍”的影响之外，其余的三次，都是受日本发动侵华战争的影响。

刊物早期的主编是徐珂和孟森。此后，相继担任过主编的有陈仲逸（杜亚泉）、陶惺存、钱智修、胡愈之、李圣五、郑允恭、苏智顾等。早期的《东方杂志》，仿效日本《太阳报》和英美等国的文摘报的作法，除了本社自撰的一篇“社说”和“广辑新闻”之外，还“选录各种官民月报、旬报、七日报、双日报、每日报名论要件”[3]，分类刊登，性质类似于“选报”。目的是为了让“内地人士，无力遍阅各报者，得此亦足周知中外近事”。[4]此外，它还辟有小说栏，译载国外的文学作

---

1 梁启超：《农学报序》，刊《农学报》，1897（1）。

2 据中国人民大学博士研究生宋素红提供的统计材料。

3 《新出东方杂志简要章程》，刊1904年出版的《东方杂志》1卷1期。

4 《新出东方杂志简要章程》，刊1904年出版的《东方杂志》1卷1期。

品；辟有文苑栏，刊载骚人墨客的诗文词话；辟有杂俎栏，刊载中国事纪、日本事纪、欧美事纪；辟有各表栏，刊载京官表、外官表、金银时价表等报表和统计表，供读者查阅参考。1908年8月起，《东方杂志》进行了编辑工作的第一次“大改良”，除调整栏目外，开始署列所刊专论专著的作者姓名。1911年3月起，又进行了第二次“大改良”，除保留了原来时论性质的内外报栏和中外大事记外，开始大量刊载政治、法律、宗教、哲学、伦理、心理、文学、历史、地志、理化、博物、农工、商业等方面的“最新论著”，兼及诗歌、小说、诗词等文学作品。其中有不少是“直接延请名家撰写的”。开始了由“选报”性杂志，向综合性学术杂志方向的转变。此后，一直按这一模式继续发展。20世纪30年代以后进入它的鼎盛时期，逐渐形成为一份辟有东方论坛、内外时事等近40个栏目，兼有时政和学术评论文字，和大量文献资料，图文并茂的综合性学术杂志。

《东方杂志》初创时，自揭其宗旨是“介绍新知”和“启导国民”。当时正值日俄战争时期，它对外主张联日抗俄，对内则主张政治改革，但热衷于立宪运动，不赞成用激烈的革命手段去改变现状。这一点，很明显地是接受了由维新派发展起来的立宪党人的影响，同时也反映了这一时期部分爱国绅商学界人士主张“和平改革”的政治思想特点。

1915年“新文化运动”初起的阶段，《东方杂志》的态度一度趋于保守，曾经受到过《新青年》的批评。但不久，受五四运动的影响，刊物的面貌发生了很大的变化，减少了科技方面的文章，增加了社会科学方面的论著，同时增辟“世界新潮”“时论介绍”“读者论坛”等专栏，广泛介绍各种资产阶级学派的学说和社会新思潮，曾刊登过《论俄国过激派领袖李宁》《俄国社会主义运动之变迁》《社会主义与社会政策》等介绍和探讨社会主义的文章，瞿秋白的《李宁与社会主义》

等宣传马克思主义的政论，和鲁迅的《祝福》等文学作品。1925年五卅运动时期，《东方杂志》还曾出版过一期号外——《五卅事件临时增刊》，肯定五卅前后游行示威的正义性质，赞颂五卅运动的历史意义，把争取胜利的希望寄托于人民群众的斗争。对运动的开展，起了重要的推动作用。

30年代以后，《东方杂志》在日本帝国主义加紧侵华准备，民族危机日趋严重的形势下，减少了学术论文的数量，选刊了更多的政治、经济、外交、军事、法律等方面的文章，增加了刊物的时政性色彩。曾发表过近百篇从不同角度深入探讨民族经济的现状和出路的文章。

1932年10月至1933年4月胡愈之担任该刊主编时期，《东方杂志》一度成为宣传进步思想的舆论阵地。发表过不少文章，主张抗日，介绍苏联社会主义，评论国际形势，揭露德意法西斯企图控制全世界的狼子野心。深受读者的称赞。在胡愈之的主持下，《东方杂志》还在1933年1月出版过一期"新年特大号"，以《新年的梦想》为题，邀请国内142位著名人士，就梦想中的国家和个人的前景，发表了242篇"感言"，表达了公众对现实的失望，和对当政者的不满。

1933年4月至1948年12月最后停刊的这一段时期，刊物的激进色彩有所减弱，但抗日的基调并没有降低。曾发表过不少主张全民抗战的文章，拥有广泛的社会影响。抗战爆发被迫内迁到后方出版以后，仍然全力支持抗战，对这场正义战争的胜利满怀信心，给读者以很大的鼓舞。对执政的国民党当局，《东方杂志》并不否认它的合法地位，但经常以西方的资产阶级的民主制度作为标准，对国民党的一党专政及个人独裁的政治、法律制度，进行深刻而尖锐的揭露和批评。

中国的民族资产阶级既有接受社会主义的影响，接受共产党的领导，参加反帝反封建的新民主主义革命的积极性，也有偏于保守，害怕过激，畏惧革命的软弱性。《东方杂志》是以民族资产阶级的上层知识分子为核心，创办起来的。它的上述不同时期的政治表现，正是它所代表的中国民族资产阶级的两重性的反映。

受这种两重性的影响，《东方杂志》的总的编辑方针，主要表现为以下两点：

首先，是尽可能的“不正面谈政治”。正像胡愈之在一篇文章中所说的，“商务的资方尽量想不卷入政治浪潮”[1]，实在回避不了，就尽量在各种政治力量和观点之间寻求中立，保持大体上的平衡。《东方杂志》的编辑工作者中，绝大多数政治上持中间立场，除李圣五有明显的国民党背景之外，其他全都是无党派人士。在政治上，它“不是最前进”，但也“不是很落后”。[2]即在反共势力异常猖獗和反共浪潮汹涌澎湃的时候，它也从不发表以共产党为攻击目标的反共文章，参与反共的鼓噪。

其次，是兼容并包。正像该刊编辑部所说的：“本社同人对于各学派一律看待，在作者或难免门户之见，而编者是毫无轩轾之分的，只要文章的本身确有客观的价值，无论任何一派的学说都是一致欢迎。”[3]在这一方针指导下，刊物上各种政治倾向和各种学术观点的文章并存。既弘扬唯物论，也宣传唯心论；既介绍社会主义，也介绍社会改良主义；既提倡工业救国，也强调农业为本；既宣传尊孔，也宣传反孔；既讲科学，也讲“灵魂学”和玄学；既赞成罗斯福新政，也反对罗斯福新政。让每一个读者都能从不同观点的文章中得到教益，既充实了自己一方的论点和论据，也了解了对立方的观点，吸收和借鉴其中有益的思想材料，择其善者而从之。编辑部的成员中，左、中、右各种政治倾向的都有。但并不拒发和自己观点不同的文章。当然，倾向和侧重还是有的。

1　胡愈之 :《回忆商务印书馆》，刊《文史资料选辑》，1979（61）。
2　胡愈之 :《回忆商务印书馆》，刊《文史资料选辑》，1979（61）。
3《读者作者与编者》，刊《东方杂志》，1934，30（7）。

正因为坚持了上述的编辑方针，才使得《东方杂志》能够在清末民初以来半个世纪的云谲波诡的政治浪潮中，持盈保泰，长盛不衰，在各种险恶的环境下，从容应对，维持出版。

作为一份综合性的学术刊物，《东方杂志》之所以深受读者的欢迎，在中国的文化学术界始终享有很高的声望，还因为它具有以下的一些突出的特色：

一、始终注意保持刊物的高品位高质量

《东方杂志》在它近半个世纪的出版过程中，始终保持着很高的学术水平。所刊发的文章，绝大部分都是精品，平庸的媚俗的应酬的文字，很少见诸版面。这首先是由于它拥有一支高水平的编辑工作者队伍。如首任主编徐珂，字仲可，中过举人，私淑过国学大师俞曲园，长于旧体诗词，主编过大部头类书《清稗类钞》，是著名的清史专家。继任主编孟森，字心史，当过北大教授，出版过《明元清系通纪》《心史丛刊》等专著，是著名的明清史专家。杜亚泉，字秋帆，编写过《普通新历史》，主编过《亚泉杂志》，是他所在的那个时代十分罕见的人文和自然科学兼通的专家。胡愈之，字学愚，后来担任过《光明日报》的总编辑和中华人民共和国的出版总署署长，是著名的政治活动家和新闻出版家。其他的主编，也大多是某一个方面的专家。正是由于有这样一批专家在主持刊物的编辑工作，才使得刊物得以始终保持较高的品位和质量。

其次，是由于它拥有一支高水平的撰稿人队伍。曾经在刊物上发表过文章的作者，如政法界的李石岑、陶孟和、冯自由、钱端升、章乃器、周鲠生、王造时、张知本，经济学界的马寅初、陈翰笙、千家驹、许涤新、孙冶方，社会学界的恽代英、张闻天、费孝通、潘光旦、刘思慕，教育学界的蔡元培、马相伯、黄炎培，哲学界的陈独秀、胡适、冯友兰、张东荪、朱光潜、何思敬、张君劢、俞颂华，史地学界的王国维、郭沫若、顾颉刚、钱穆、周谷城、周予同、岑仲勉、丁文江、侯仁之，语言文学界的鲁迅、柳亚子、巴金、老舍、茅盾、叶圣陶、郁达夫、郑振铎、丁玲、沈从文、傅雷、宋云彬、施蛰存、孙伏园、孙福熙、周作人、林语堂、苏雪林，艺术界的徐悲鸿、梅兰芳、刘海粟、傅抱石，自然科学界的童第周、竺可桢、周建人、李振翩、严济慈、萨本栋、刘仙洲、曾昭抡等等，虽然各人的学术观点不同，政治倾向不同，但都是一时之选。他们的名字排列起来，几乎就等于是20世纪上半叶上述学科学术带头人的一部列传。这样一个群星璀璨的作者队伍，是同时期的任何刊物都难以企及的。由这样一批高水平高知名度的撰稿人，长期为它撰稿，这也是这个刊物得以保持高品位和高质量的一个重要原因。

二、始终坚持爱国主义的立场

刊物从一创刊起，就致力于爱国救亡的宣传。强调要对读者进行“救亡教育”，要启发他们的“爱国之精神”，要他们“明耻”，进而“雪耻”。[1]刊物出版的最初几年，它的爱国主义宣传，主要集中在揭发帝国主义者对中国的侵略，和清朝政府的丧权辱国活动上。它攻击帝国主义借教案发动对中国的侵略，攻击帝国主义对中国路权和矿权的掠夺。谴责主持外交工作的清朝外务部官员“无一事不失权，无一役不辱国”，[2]支持川粤两地绅商要求收回路权的斗争。

进入民国以后，《东方杂志》激烈反对袁世凯政府秘密签订的卖国的《二十一条约》，反对历届北洋政府的滥借外债。呼吁要警惕帝国主义者利用向我放债，控制我们的财政经济大权。1925年五卅运动期间，

1 《普及教育议》（社说），刊1906年《东方杂志》3卷3期。

2 《论外务部》（社说），刊1905年2卷1期。

它积极支持群众的爱国倾向。在《申报》《新闻报》态度暧昧的时候，率先站出来支持群众的反帝斗争，并出版了一期近22万字的《五卅事件临时增刊》，详细报道了运动的起因和发展过程，表现了强烈的捍卫民族利益的立场，起到了很大的宣传鼓动作用，曾因此受到过租界当局的迫害。

“九一八”事变以后，《东方杂志》对日本帝国主义的侵略活动，表示了强烈的愤慨。早在1932年初，它就提出了武装抗日的呼吁。曾经指出，对待日本发动的武装侵略，“非发动全国的力量去抵抗不可”。[1]对国民党当局的妥协退让政策，和对外寄希望于国联的干涉，对内压制抗日运动的作法，则持批评态度。

1937年全面抗战爆发后，《东方杂志》继续坚持抗日救亡宣传。团结御侮，复兴民族，成为刊物在整个抗日战争期间压倒一切的主题。曾发表过大量名流学者的文章，鼓吹全民抗战，并积极研究和探索抵抗日本侵略的战略战术，鼓舞了士气，坚定了抗战必胜的信心，在社会上引起了强烈的反响。

可以说，在将近半个世纪的《东方杂志》的版面上，始终贯穿着一条爱国主义的主线。在振兴中华的路线方针策略上，《东方杂志》的作者们可能有不同的看法，但热爱自己的祖国，则是一致的。在他们所写的文章中，洋溢着中国知识分子的强烈的时代使命感和责任感，跳跃着几代中华学人的一颗拳拳爱国之心。

三、始终关注学术的繁荣和学术研究的社会效益

《东方杂志》从创刊初期起，就努力联系专家学者，“广征名家之撰述，博采东西之论著，萃世界政学文艺之精华，为国民研讨之资

1　见张明养《绥远抗战》一文，刊1936年《东方杂志》33卷24期。

料”。[1]由“选报”改为刊登约稿和来稿以后，更倾全力于荟萃名流学者，延揽学术精英，发表他们所写的大量有关政治、经济、财政、教育、军事、外交、法律、宗教、哲学、伦理、心理、文学、历史、地理、理化、生物、农工、商业等方面的学术性文章，以推动科学文化事业的发展。

《东方杂志》的很多学术性文章，是密切联系中国实际的。其目的在于探究有关国计民生的重大问题，寻求国家富强的策略和出路。许多文章是在尊重事实的基础上，以科学的态度，自出机杼，独立完成的。不少论点十分精辟，具有一定的超前性。其中，如1卷4期《论欧洲外交之机巧》，及1卷8期《改良风俗论》两文中，关于必须禁毒的论述；1卷6期《论中国治乱由于人口之众寡》一文中，关于必须适度控制人口增长的论述；3卷6期《社说》中，关于中国应该实行计划生育的论述；9卷7期《再论减政主义》一文中，关于政府的冗员过多，机构臃肿，行政效率低下必须实行简政的论述等等，都具有很高的识见，在理论和实践上具有一定的前瞻性。

特别值得提出的，是《东方杂志》对30年代以来日本侵华问题所作的一系列分析。“九一八”事件爆发后不久，《东方杂志》就在29卷1期刊发的《未来世界大战论》一文中，对此进行评论。指出，这绝不是一个“局部事件”，而是日本“大陆政策”的组成部分，是日本发动全面侵华战争的前奏。全面抗战爆发不久，《东方杂志》又相继在1937年9月11日出版的34卷第16、17期合刊上发表了刘思慕等所写的系列文章，提出了只有实行持久战，才能夺取抗日战争最后胜利的观点。此后不久，又在35卷12期发表的《论中原大会战与第三期抗战的战略》一文中，提出了要开展运动战游击战的观点。这些观点，都发表于毛泽东的

1 《辛亥年东方杂志之大改良》，刊1910年《东方杂志》7卷12期。

《论持久战》一文问世以前，充分表现了作者们的远见卓识，和他们对时局的深邃的洞察力。

《东方杂志》的这些具有一定超前性的学术研究成果，开阔了读者的视野，启迪了他们的智慧，极大的鼓舞了读者团结御侮的信心和决心。同时也提高了刊物的声望和影响，取得了很好的社会效益。

四、始终关注东方文化的弘扬

《东方杂志》初创时，曾经标榜以“向导国民，联络东亚”[1]为宗旨，曾一度考虑以《东亚杂志》作为刊物的名称。后来“联络东亚”一类的话不再提了，更多提到的是“东亚大陆之文明”，并以“鼓吹东亚大陆之文明”[2]作为刊物的一项宗旨，以“东方文明”即东方文化的弘扬者自期。

《东方杂志》关注东方文化的研究和宣传，是从创刊初期就开始的。刊于1卷4期（1904年6月8日出版）上的社说《论日本沿唐人文化》，就是其中的第一篇。此后，一直到1948年终刊，这方面的学术文章，在版面上始终没有间断。

其中，以研究和介绍中国古近代文化的篇什为最多。刊于2卷4期上的《论中国民族文明之起源》（社说），刊于8卷1期上的《中国文字之将来》（日本山木宪作，杜亚泉译），刊于10卷12期的《中国文化之发源地》（录自《庸言报》），刊于8卷3期的《西藏宗教源流考》（张其勤作），刊于18卷2期上的《东方文化与吾人之大任》（陈嘉异作），刊于26卷24期的《中国人种及文化由来》（金兆梓作），刊于31卷13期的《唐代式壁画考略》（腾固作），刊于33卷7期的《从中国言语构造上看中国哲学》（张东荪作），刊于34卷7期的《中国文化的起源和发

---

1 《新出东方杂志简要章程》，刊 1904 年出版的《东方杂志》1 卷 1 期。

2 《辛亥年东方杂志之大改良》，刊 1910 年《东方杂志》7 卷 12 期。

达》（夏丰臻作）等，是其中最有代表性的。

其次，是研究和介绍东方各国文化的。代表性的篇目有研究日本文化的《论日本沿唐人文化》（刊1卷4期，录自《外交报》），《日本民族性之研究》（谢晋青作，刊19卷18期），《日本古代文物制度之来源》（李季作，刊37卷20期）；研究印度文化的《印度家制的过去与未来》（楼桐荪作，刊28卷2期），《印度逻辑的发展》（虞愚作，刊35卷21期），《印度姓名制度》（顾家杰译，刊40卷20期）；研究朝鲜文化的《高丽海底之古殿》（问天作，刊7卷5期），《韩国刺客列传》（问天作，刊7卷10期）等。

也还有一些文章，是对东方各国和东西方之间的文化进行比较研究的。代表性的篇目则有《东学西渐》（姚振华作，刊6卷6期），《东西洋社会之根本差异》（日本户田作，伧父译），《东西文化之比较观》（玉麟作，刊18卷9期），《东西文化的结合》（印度台娥尔作，子贻译，刊19卷10期），《中国佛教艺术与印度艺术之关系》（陈之佛作，刊21卷1期），《中越文化关系》（黎正甫作，刊40卷6期）等。

上述这些文章，散见于刊物的“社说”“东方论坛”“言论”“时评”“宗教”“调查”“杂纂”“文苑”等栏。多数是专家们自撰的文稿，也有少量的译稿和转载自其他报刊的稿件。从篇幅上看，大多是考订精详，洋洋洒洒的鸿篇巨构。其中，正规的学术论文性质的文章，不下140篇[1] 内容涉及东方各国的政治、经济、社会、历史、神话、戏曲、文学、艺术、绘画、哲学、民族、宗教、风俗、婚姻、语言、文字、交通等各个方面。

建国以前出版的众多刊物中，如此热心的关注东方文化，如此集中的发表研究和介绍东方文化的文章，数十年如一日的，《东方杂志》实

1 据中国人民大学博士研究生宋素红提供的统计材料。

为第一家。它可以称得上是旧中国，曾经为弘扬东方文化做出过贡献的，众多刊物中的巨擘。

《东方杂志》之关心东方文化，自然和它所依托的商务印书馆的文化背景有一定关系。商务的几个主要的创办人，如张元济等，都是弘扬东方文化的热心人。他们把自办的杂志定名为《东方杂志》，把自办的收藏大量珍善本古籍的图书馆，定名为“东方图书馆”，透露出来的正是这一信息。在他们的鼓励和支持下，《东方杂志》之大力弘扬东方文化、乃是顺理成章的事情。

综上所述，可以用下面几句话来概括《东方杂志》在历史上的地位、作用和影响：

> 它是中国历史上出版时间最长，发行量一度排在首位的一份综合性学术期刊。
>
> 它是旧中国学术品位较高，学术质量较高，读者的文化层次也较高的一份综合性学术期刊。
>
> 它是旧中国纸张质量最好，印刷质量最好，较早刊出铜版照片，图文并茂的一份综合性学术期刊。
>
> 它汇集和保存了20世纪前半叶的大量的文化信息和文化思想材料。是“杂志的杂志”，是反映它所在的那一时代政治、经济、文化等各方面情况的“百科全书”。
>
> 它是东方文化的弘扬者。是它所在的那一时代的人文和自然科学研究工作者发表研究成果的重要园地。
>
> 它为它所在的那一时代的学术文化事业的繁荣，作出过巨大的贡献。
>
> 它是中国历史上报纸杂志中的“著名品牌”。是它所在的那一时代的“杂志界的重镇”。

正因为这样，即使相隔了半个世纪，《东方杂志》在它的老读者中，仍然保留着深刻的印象。不少当年的老读者们，至今还十分感念《东方杂志》给他们提供的如此众多的时政和学术上的信息，十分感念《东方杂志》在他们成长的过程中，给他们提供的如此丰富的思想材料和学术上的影响。

中国东方文化研究会主办的《东方》杂志，是一份与历史上的那份《东方杂志》同名的杂志。它们之间并没有真正的血缘关系。但两份杂志同以“弘扬东方文化，提高民族素质”，和“促进东西交流，推动现代文明”为宗旨，同以文化和学术评论为主要内容。许多办刊的原则和方法也是相通的。从某种意义来说，今天的《东方》杂志，乃是历史上的那份《东方杂志》的事业的继承者。时代不同了，理念不同了。现在看来，《东方杂志》的有些言论和主张是需要扬弃的，但它的一些好的传统，好的精神和好的办刊原则，还是值得今天的《东方》很好地借鉴、继承和发扬的。

（原载2000年第11期《东方》）

再论大公报的历史地位[1]

一

《大公报》创刊于1902年6月17日，到2002年的6月17日，已经出满了整整100年。这100年，是全世界惊涛骇浪变化多端的100年，也是中华民族历尽艰辛，摆脱屈辱和贫困，寻求发展和振兴道路的100年。在这个极不寻常的100年中，《大公报》经历了从晚清到中华人民共和国的四个历史时期。几番浮沉，数易其主，却始终站在时代的前沿，由僻处华北一隅之地的报纸，逐渐发展成为全国性的大报。在刚刚过去的这100年间，它传播信息，主导舆论，臧否时事，月旦人物，像百科全书一样的记录了世纪的风雨，记录了民族的苦难，记录了中国政治经济文

1　2000年为纪念《大公报》创刊98周年，我曾写过一篇3 000字左右的短文，题为《大公报的历史地位》。这篇文章是在上述的那篇短文的基础上重写的。篇幅为前文的五倍，题目也另定为《再论大公报的历史地位》。

化的发展，也积极的维护着国家和民族的利益，呼唤和期待着中华的振兴。它是中国历史上除了古代的封建官报以外，出版时间最长的报纸。也是中国新闻史和全球华文传媒史上唯一的拥有百岁高龄的报纸。

在中国的报坛上，《大公报》具有崇高的声望，在各个历史时期都起过重大的影响，是中国新闻界的重镇。1919年巴黎和会时期派往法国采访和会消息的唯一一名来自中国的记者，中苏建交后第一个奉派到苏采访苏联建设情况的中国记者，红军长征到达陕北后第一个深入边区发表系列通讯报道有关情况的内地记者，都是《大公报》的记者。第二次世界大战期间，自始至终派有记者长驻欧洲报道各方面情况的中国报纸，只有《大公报》一家。在波茨坦会议的现场，在东京湾的密苏里号战舰上举行的日本签字投降仪式的现场，在纽伦堡审判纳粹战犯的现场，都有《大公报》的记者在场。改革开放以后，第一家向香港同胞报道邓小平南巡讲话的，也是《大公报》。1991年正式出版的《中国大百科全书》（新闻出版卷）不仅为《大公报》设了专门的词条，还为英敛之、张季鸾、胡政之、王芸生、范长江等12位《大公报》人设了专门的人物词条。近代以来，中国涌现过数以千计的著名新闻工作者，有幸作为人物辞条入选这部国家级百科全书的只有108人，《大公报》竟占了其中的九分之一，可见其受重视之一斑。

《大公报》之所以如此受重视，是因为它有较高的品位和质量。从英敛之时代起，《大公报》就是一份由知识分子中的精英主办的报纸。吴鼎昌、张季鸾、胡政之等人接办以后，更时刻以文人论政为标榜。文人论政是中国士大夫知识分子的一个好的传统。从两汉宋代的太学生，明代的东林党，清季讲求师夷长技以制夷和经世致用之学的魏源、薛福成、冯桂芬，到戊戌维新前后从事办报活动的王韬、康有为、梁启超等人，都无不以文人论政为标榜。所谓的文人论政，其出发点是文章报国，是知识分子对国家兴亡的关注，和他们的以天下为己任的襟怀和抱负。在封建社会时期，这种论政难免有忠君的思想，但也会有扶正去邪，反对奸佞，固本富国，与民休息等内容，代表的是封建社会中的健康的力量。到了后封建社会时期，这种论政既有浓厚的资产阶级民族主义的思想，也有一定的资产阶级民主主义的思想，既希望政治清明，国家富强，也要求当政者广开言路，俯顺舆情，同样具有一定的积极意义。《大公报》的文人论政主要属于后者。一个以文人论政为标榜报纸，自然会爱惜自己的声誉，摒弃低级趣味，重视社会效益，注意报纸的品位和质量。

《大公报》之所以受重视，还因为它是一个重视报格，严于律己的正派的报纸。《大公报》名称中的“大”和“公”两个字，就是这种报格的具体体现。英敛之对这两个字的解释是“忘己之为大，无私之为公”，并以此作为办报的宗旨。这一宗旨，始终为各时期的《大公报》事业的继承者所服膺，薪火相传，坚持不懈。新记公司接办《大公报》后，又由张季鸾出面，提出了著名的“不党，不卖，不私，不盲”简称“四不”的社训。据张季鸾自己的解释，所谓“不党”，指的是“纯以公民之地位，发表意见，此外无成见，无背景。其行为利于国者，拥护之；其害国者纠弹之”。所谓“不卖”，指的是“不以言论做交易，不受一切带有政治性质之金钱补助，且不接受政治方面入股投资”。所谓“不私”，指的是办报人“除愿忠于报纸固有之职务外，并无他图”，和“愿向全国开放，使为公众喉舌”。所谓“不盲”，指的是不“随声附和”，不“评诋激烈，昧于事实”。此后不久，为约束报社工作者的行动，他还提出了以下四点作为补充，即：“不锦上添花，不落井下石，不与人共利害，不参与别人的秘密”。不论旧的“四不”和新的“四不”，都是一个负责任的报纸的严格的自律行动。应该指出的有两点：（1）这些提法都是有针对性的。如所谓“不党”，从广义来说，就是孔子在《论语·述而》篇中所说的“君子不党”的那个“不党”。

意思是坚持不结党营私和无所偏倚，能够站在比较超脱的立场上为老百姓说话。从狭义来说，则是对民国初年以来，一些报纸投靠国会中的某一个党团，或封建军阀中的某一个派系，靠津贴过日子，党同伐异，盲目吹捧，信口胡诌，造谣生事等种种行为的鄙夷和抵制。（2）他们确实是在身体力行的。同样以“不党”为例，在张季鸾等人主持时期，《大公报》始终是一个无党派的报纸。他们不仅自己不参加党派，也不允许报社内的工作人员参加任何党派，连参加一般的社会团体也在禁止之列。天津版外勤课主任汪松年曾一度被当地基督教青年会拉去担任征集新会员的征友队队长，胡政之知道后立即让他辞掉，就是明显的一例。为了坚持以上的办报原则，《大公报》曾经多次被查禁而其志不改。这些，都说明《大公报》确实是一家有强烈社会责任感的正派的报纸。

正因为如此，《大公报》从一创刊起，就受到了社会的瞩目和尊重，得到了读者的认同和欢迎。这家报纸后来能够得到世界新闻界的承认和国际新闻学界的关注，被授予“最佳新闻事业服务奖”，影响由国内及于国外，成为中国新闻史上唯一获得国际荣誉的报纸，也和它的上述特点不无关系。

二

周恩来总理1958年在和当时《大公报》的负责人费彝民谈到这家报纸的历史贡献时，曾经肯定了三点。其中的第一、二点就是“它是爱国的”，和“它是坚持抗日的”。这两点其实是一致的。在抗日战争时期，“坚持抗日”就是“爱国”的具体表现。检阅100年来《大公报》的言论主张，有一点可以肯定，即爱国思想始终是贯彻于其中的一条主线。不论是英敛之时期，还是英敛之以后的各个时期，《大公报》的忧国忧民之心和强烈的爱国思想，都表现得十分突出。

《大公报》的创办人英敛之是满族人，和满清皇族还有一定的姻亲关系，而且是虔诚的天主教徒，但这些都不妨碍他是一个真正的爱国者。他之所以要创办《大公报》这份报纸，也许有众多考虑，但企图以言论振兴中华，无疑是其中最主要的一条。他支持维新变法，要求慈禧太后撤帘归政，要求发展经济，整顿吏治，这些都是他爱国的具体表现。他最初爱的也许只是"大清国"，因此力图维护封建的君主专制制度，反对以暴力手段推翻爱新觉罗王朝，这是他的局限。但当时的"大清国"，是以汉满蒙回藏为首的众多民族和四万万同胞爱国思想的共同载体。在鼎革以前，爱大清就是爱自己的国家。两者之间并无矛盾。只要是真正的爱国者，其爱国的感情是不会因为政治体制的改变和政权的更迭而有所轩轾的。英敛之就是这样的一个爱国者。在他的主持下，不论是在清末的那段时期，还是民国初年的那段时期，《大公报》的言论中都始终洋溢着爱国的感情。1903年，它反对沙俄军队强据我辽东半岛和觊觎我东北地区的筑路权；1904年，它强烈谴责英属南非当局虐待我华工；1905年，它积极参加由反美华工禁约引起的全国性的抵制美货运动，成为天津地区抵制美货运动的主要舆论阵地。1915年日本当局强迫中国接受不平等的《二十一条》，它是坚决反对的。此后不久，段祺瑞内阁以出卖主权为代价发动的满蒙五路对日借款，它也是坚决反对的。这些都是这一时期《大公报》爱国思想的具体表现。

英敛之退出《大公报》以后，这家报纸一度为亲段的安福系财阀所控制。但在负责编辑和采访工作的总编辑胡政之的具体主持下，这家报纸仍然对帝国主义列强对中国领土主权的侵犯，表示了强烈的愤慨，对中国代表在巴黎和会中与帝国主义损害中国利益的活动所进行的抗争，作了及时的报道，对五四反帝爱国运动，表示了坚定的支持。

在吴张胡主持的新记公司时期，《大公报》的爱国思想主要表现在它的坚决的毫不动摇的抗日的态度上。吴鼎昌、张季鸾、胡政之三个人都是留日学生，继张季鸾主持笔政的王芸生虽然没有留日的经历，但对日本自明治维新以来对中国觊觎和侵略的历史，作过深入的研究，发表过数以百万字计的有关中日交涉历史的专著。他们都是对日本情况十分了解的爱国知识分子。出于对敌我力量对比的估计和对形势的分析，他们曾经有过“不轻于主战”和“缓抗”的主张。这些都属于对抗日时机和策略把握上的考虑。“七七事变”爆发，日本发动的全面侵华战争打响后，他们都义无反顾的立即成为“百折不挠的主战派”，公开主张“和日阀撕拚”“打到使日本服输认错，悔过自拔”“变更国策，放弃侵略”“不胜不止”（见胡政之为李纯青《日本春秋》一书所作的序）。

在整个抗日战争时期，《大公报》抗战到底的态度始终十分坚决，言论中没有一个字对抗战的前景发生动摇。1937年12月13日，占领上海的日军新闻检查机关发布通令，要求在租界出版的所有报纸自12月15日起将新闻小样送检。《大公报》上海版于先一天断然停刊，以示抵制。并发表社论称：“我们是中国人，办的是中国报，一不投降，二不受辱，”还说，“我们是中华子孙，服膺祖宗的明训，我们的报及我们的人义不受辱。”1941年太平洋战争爆发，《大公报》香港版被迫停刊。胡政之在社论中引文天祥“人生自古谁无死，留取丹心照汗青”的诗句以言志。并表示“我们吃下砒霜，毒死老虎，以报国仇”。悲壮爱国之情，溢于言表。1944年日军发动湘桂黔战役，桂林沦陷，寇氛直逼贵州的独山，《大公报》又多次发表社论，对国民党当局的消极抗日，和“以空间换时间”的说法，表示了不满。并要求惩治御敌不力的将领。在整个抗日战争时期，《大公报》为了共赴国难，曾经五次搬迁，津、沪、汉、港、桂等馆的资财设备，全部委弃，荡然无存。工作人员则和难民们一起，辗转道路，流离失所，历尽艰险，逃回后方。没有在敌人统治下办过一天报。重庆版虽然相对稳定，但也曾遭到过敌机毁灭性的轰炸，被迫迁址重建。一家无权无勇没有得到过当局任何资助的民办报纸，完全依靠自己的力量，能够如此坚定地毁报纾难，如此执着地在物质条件十分匮乏的情况下，坚持出报，克尽言责，为振奋抗日精神和夺取抗日战争的胜利作舆论上的鼓吹，是十分难能可贵的。

毛泽东在张季鸾逝世后发给《大公报》的唁电中，曾经称赞张“坚持团结抗战，功在国家”。这既是对张个人抗日言行的肯定，也是对《大公报》整个报纸的抗日爱国思想的肯定。抗日战争时期的《大公报》之所以受到它的读者，特别是那些有强烈民族意识和民族良心的知识分子的喜爱和支持，和它的爱国宣传、和它在激发全国人民的爱国热情、促进全国上下团结抗日等方面所起到的舆论推动作用，是分不开的。

1948年复刊的《大公报》香港版，在20世纪的后半叶，继承了英敛之时期以来的《大公报》的爱国的传统。使《大公报》爱国思想的这条主线，一直贯彻延续到今天。在香港和海内外读者的心目中，《大公报》始终是一份深受尊重和喜爱的爱国报纸。

三

周恩来总理对《大公报》的历史贡献特别肯定的还有一点，就是它为中国的新闻事业“培养了很多人才”。这一点说得非常中肯。《大公报》是中国新闻史上群英荟萃的一家报纸。它不仅集聚了一大批杰出的新闻工作者，也培养和锻炼了一大批杰出的新闻工作人才。

《大公报》之注意人才，是有传统的。英敛之筹办《大公报》之初，首先考虑的就是人才。为了组织好办报的班子，他曾多次到报纸较多人才较为集中的上海，为即将创刊的这家报纸物色掌门人。曾经一度考虑把曾任《时务报》和《昌言报》主持人的汪康年，请来当主笔。这是当时中国新闻界极负声望赫赫有名的人物。只是双方的条件没有谈妥，才作罢。继英敛之之后接办《大公报》的王郅隆，也继承了这一传统。他的至关重要的一步棋，就是抓住了胡政之。失去了胡政之这个人才，他的报纸也就难乎为继了。

吴鼎昌、张季鸾、胡政之合组的新记公司成立后，不仅注意延揽人才，也十分注意培养自己的人才。在他们主持的时期，《大公报》群星璀璨，熠熠生辉，可以称得上是这家报纸人才辈出的鼎盛时期。

首先，这三个人，特别是其中的张季鸾、胡政之两个人，本身就是中国新闻界的杰出人才。张季鸾从晚清起就开始办报，民国成立后的第一条新闻专电，就是他为临时大总统孙中山当秘书的时候，从南京发给上海各报的。此后，他为多家报纸担任过主笔，写得一手好文章。曾经以文字贾祸，两入牢狱。担任《大公报》总编辑后，他“处处忙人事，时时念国仇”，潇洒，儒雅，宽厚，大度，才思敏捷，举重若轻，是富有民族感情的一代报人。他的文章风格，成为《大公报》的代表，不仅影响了他的侪辈和他的后继者，也风靡了他所在的那一时代的知识分子。周恩来总理在他逝世后给家属的唁电中，尊他为“文坛巨擘，报界宗师”，毛泽东也曾经在和新中国的新闻工作者们的谈话中，称赞他作为一家报纸总编辑，指挥若定游刃有余的风度和才华。可见受推重之一斑。胡政之则是一个新闻事业的全才，和新闻工作的多面手。作为一个杰出的记者，他参加过多次重大战役的采访，有很强的新闻敏感，善于发现线索，捕捉战机，分析判断也很准确。作为一个熟练的编辑工作者，他对报纸编辑工作的各个环节都十分在行。各版新闻的编辑调度，各种栏目的组织策划，他都优为之。作为一个杰出的报刊政论家，他有很好的文史根底，笔力雄健，意简言赅。所写社论，因为不署名，和张季鸾的几乎难以分辨。担任《大公报》总经理后，工作重点转到报纸的印刷、发行、广告、营销等方面，又充分的显示了他在经营管理方面的才干。《大公报》的好几个版，特别是目前还在出版的香港版，都是在他的指挥擘划下创办起来的。其对《大公报》的贡献，和在中国新闻界的影响，并不下于张季鸾。

其次，他们也十分注意延揽吸纳和培养人才。继张季鸾之后主持《大公报》笔政，写得一手激情洋溢的好文章的王芸生，就是在和张季鸾打了一个时期的文字交道之后，被后者延揽到《大公报》来的。当时他是天津《商报》的总编辑。继王芸生之后被延揽进《大公报》的，还有原任天津《庸报》总编辑的张琴南，原任北平《晨报》编辑的许君远，原任法国哈瓦斯通讯社记者的费彝民，和原任燕京大学新闻系助教的蒋荫恩，及原任北大助教的张佛泉。这些人后来都成为《大公报》的方面大员和骨干力量。除了从同业中延揽人才外，他们也注意从社会上其他行业的工作人员中，和刚毕业的青年学生中，挑选可造之才，以练习生的名义，录取下来，加以培养。

张、胡两人都很讲究用人之道。他们的用人之道，归结起来有以下几点。一是不拘一格。王芸生出身茶叶铺学徒，没有多高的学历，陈纪滢出身邮局职员，没有多少新闻工作的经历，一旦被发现是人才，就都立即委以重任。二是不养圣（剩）人贤（闲）人。用人求精不求多。不称职的，立即解聘。三是不熬年头，不论资排辈。只要干得出色，就立即破格擢升。如徐铸成入社才3年，就由练习记者提拔为驻汉口的正式记者兼办事处主任。月薪也由30元猛增至150元，外加车马费50元。梁厚甫初当翻译时，月薪才60元，因为突击翻译希特勒的一篇演讲稿，任务完成得好，张季鸾立即下条子，把他的月薪调到100元。四是注意保护人才。文章或报道出了问题，当局者怪罪了下来，胡政之一律以“他是我们的人，文章在我们报纸刊载，一概由我负责”抵挡过去，主动承担责任。既避免了让第一线的人受到伤害，因而缩手缩脚，也使被保护者心生感激，更加发奋工作。五是注意教育和培养。每一个新手，都给他们提供条件和机会，在发挥他们的个人专长之余，要求他们能够掌握“写”“跑”“照”“论”等各方面的技能，兼通经理、编辑两部门的业务，成为新闻事业的各方面的行家里手。这些用人之道，既有助于人才的成长，也增加了团体的凝聚力，使《大公报》始终拥有一支精干的团结的有着很强战斗力的队伍。

在张胡等人的提携和培养下，《大公报》为中国新闻界造就了一大批人才。仅列名《中国新闻年鉴》“中国新闻界名人简介”栏的，除吴、张、胡三人和前引的王芸生、张琴南、许君远、费彝民、徐铸成、梁厚甫、张佛泉等人外，还有曹谷冰、金诚夫、李子宽、杜协民、汪松年、孔昭恺、何毓昌、杨历樵、赵恩源、李天织、马季廉、王文彬、张警吾、萧乾、艾秀峰、范长江、杨刚、孟秋江、李侠文、李纯青、徐盈、彭子冈、朱启平、曾敏之、谭文瑞、陆诒、唐振常、季崇威、吕德润、张高峰、严仁颖、李光诒、潘际坰、陈凡、黄克夫、马季良（唐纳）、陈文统（梁羽生）、查良镛（金庸）、严庆树（唐人）、高元礼、章丹枫、马廷栋、周雨、苏济生、王浩天、张契尼、戈衍棣、吴砚农、罗承勋、蒋逸霄、方蒙、左步青、沈春波、赵泽隆、寿充一、戴文葆、刘克林等60多人，都出于这一时期的《大公报》，都属于“国家级”的“新闻界名人”。这些人当中，有的是报业经营管理方面的专家，有的是经验老到的编辑能手，有的是著名的政论家和名记者。其中的范长江、杨刚、萧乾、子冈、朱启平、吕德润等人，早在20世纪的三四十年代就蜚声于时。范长江采访西北地区的系列通讯以《中国的西北角》为名结集出版后，曾经7次再版。朱启平1945年在东京湾密苏里号战舰日本签字投降仪式现场采写的著名通讯《落日》和1979年访问西欧四国时在戴高乐墓前采写的著名通讯《伟大的平凡》，都传诵一时，并被选入大学新闻系的教材，成为中国新闻史上的经典性的名篇。

经过《大公报》提携和培养的上述人才中，有一些人不仅为《大公报》做出了贡献，离开《大公报》以后，在新闻界和其他领域仍然表现出色，不断做出新的贡献。徐铸成接办了《文汇报》，并长期担任该报的领导工作，晚年著述等身，成为著名的老报人；许君远接任了重庆《益世报》的主笔，成为深受推重的办报能手；范长江创办了著名的中国青年记者学会，解放后主持过《人民日报》和新华社的工作，后来又负责科委的工作，成为国家科技发展规划管理部门的领导人；蒋荫恩担任了燕京大学新闻系的主任和中国人民大学新闻系的副系主任，成为著名的新闻教育家；梁厚甫长期为海外华文传媒撰写评论，成为著名的国际问题评论家；金庸长期在香港报刊上撰写连载小说，又长期主持香港著名报纸《明报》的笔政，成为著名的武侠小说家和报刊活动家；杨刚担任了周恩来总理办公室的主任秘书，成为周总理处理国内外大事的重要助手；刘克林参加了中宣部的工作，文字铿锵激昂，成为“九评”写作班子的主要执笔人之一；唐振常潜心于史学研究，成为著名的历史学家；萧乾晚年致力于翻译工作，成了著名的翻译家，并荣任有“翰林院”之称的中央文史馆的馆长。他们的这些成就，固然由于个人的努力，但也与他们在《大公报》的工作经历，和《大公报》对他们的教育和熏陶，有着一定的关系。他们是《大公报》培养出来的人才，也是《大公报》输送给其他报纸和其他行业的人才。

经过《大公报》教育和培养出来的新闻工作者，除了精湛的专业知识和很强的业务能力之外，一般的都还具有强烈的事业心和高度的敬业精神。“一笔在手，胸中要有亿万人民，万不得已时，可以不写，不能打诳。到战场采访，工作第一，生命第二”。这是朱启平1993年逝世前说过的话。这不仅是他个人的信念，也是《大公报》培养出来的新闻工作者共同的心声。它所体现出来的那种敬业的精神，已经成为中国新闻工作者的共同追求，和共同的精神财富。

四

《大公报》对中国新闻事业的历史贡献，还表现在它为同时代的同业们和后来的新闻工作者们提供了丰富的办报经验。

英敛之创办《大公报》之初，这家报纸在天津人的心目中并无地位。发行数量也不高。由于他的努力，不到5年的功夫就使《大公报》成为天津地区举足轻重的大报。他自己也因而被推为当地报业公会的主席。吴、张、胡联合主持的新记公司成立后，这个报的发行量最初还不到2 000份，每月亏损4 000余元，一年后增至6 000份，才闯出亏损关，取得收支平衡。此后，经过十多年的努力，它已由天津一个版，扩充为天津、上海、武汉、重庆、香港、桂林六个版。还得到过一次国际奖。抗日战争时期，它的重庆版曾经发行达9.7万份，创大后方一家报纸单独发行量的最高纪录。抗战结束后，它的上海、天津、重庆、香港4个版总发行量达20万份，总资产达到60多万美元。香港版还被当地《年鉴》推为“香港舆论的重镇”。这些都说明，它是中国新闻史上办得非常成功的一家报纸。

《大公报》之所以办得非常成功，和受到读者的欢迎，除了前述的人才济济和经营得当等方面的原因之外，还由于它在编排和内容上严肃认真，肯下功夫。

从版面的安排来看，《大公报》历来重视要闻版的编排。新闻力求真实准确。标题字斟句酌，很能抓住中外新闻的重点。头版头条标题的制作尤为经心，每天都能给读者以深刻印象。其他新闻的重轻次序，也安排得比较妥当。

从内容看，《大公报》的社评、星期评论、新闻通讯、副刊都极具特色。被称为当时新闻界的“四绝”。

首先，是社评。《大公报》既然以“文人论政”为标榜，代表报纸出来“论政”的“社评”，自然受到重视。新记公司以前的时期，通常都由报社主人和主持笔政的人亲自动手。英敛之、胡政之等，都曾为该报写过不少社评。新记公司接办初期，吴鼎昌、张季鸾、胡政之三人都把社评的写作看作是当天报纸工作中的头等大事。从题目到观点都经过共同商量，然后由其中一人动手，最后由担任总编辑的张季鸾定稿。吴鼎昌退出后，主要由张季鸾、胡政之两人执笔，以张写的居多。按照他们事先约定的“事业前进，个人后退”的原则，这些社评多不署名。这种作法，在张季鸾逝世后，曾经给编辑出版他的那部《季鸾文存》造成困难。因为三个人都接受过梁启超的影响，“笔锋常带感情”，文风非常接近。20世纪三四十年代前后，张季鸾进入晚年，体弱多病，继承他的衣钵，成为撰写《大公报》社评主力的是王芸生。王芸生深得张季鸾的真传，但也有自己的特点。他的社评写得有才气，有骨气，有锐气，激情洋溢，江河直泻，很能引人入胜。和王芸生同时期为《大公报》各版撰写社评的还有徐铸成、李纯青、李侠文、蒋荫恩等人，个个都是疾恶如仇满腹经纶的好手，使得《大公报》的社评，从内容到文字，始终保持着较高的水平，受到读者的重视和称赞。

其次，是星期论文。《大公报》开辟星期论文专栏起始于1934年1月。旨在为中国第一流的学者提供发表自己“评论”的园地。星期论文的内容不限于“论政”，也包括学者们有创获的学术研究成果。应邀为这个专栏撰稿的先后有胡适、丁文江、翁文灏、梁漱溟等名家，都是一时之选。极大的提高了《大公报》的文化内涵和知名度，成为《大公报》的一个名牌专栏。和星期论文相配合，《大公报》还有意识的开辟过一些供学者们发表学术文章的专栏。钱钟书的《休谟的哲学》《为什么人要穿衣》，费孝通的《重访英伦》《乡土重建》等不少有分量的鸿篇巨构，就都是在《大公报》所特辟的这些专栏上发表的。星期论文和这些学术专栏的出现，吸引了众多的知识分子读者，也提高了《大公报》的社会地位，扩大了它在知识分子中的影响。

再次，是新闻通讯。张胡等《大公报》领导人都十分重视新闻报道。20世纪一二十年代以来的许多国内外的重大事件，包括张勋复辟，马厂誓师，巴黎和会，蒋冯阎大战，“九一八”事变，救国会“六君子”被捕，以及徐州会战，中原重灾等，一旦事发，《大公报》都立即派出记者到现场采访。许多采访活动，都出于张胡的亲自指挥。“九一八”事变发生的当天晚上，胡政之接到张学良用暗语给他的电话通知后，立即派记者连夜搭车赴沈阳，第二天一早就赶到了现场。1933年蒋介石由江西北上处理张学良下野问题，张季鸾得知后，立即派出记者持他写给蒋身边的秘书长杨永泰的亲笔信，在定县火车站等候蒋的专列，闯进车厢，跟踪采访。同年，商办的新绥长途汽车首次客车将由绥远省城归绥（今呼和浩特）开往新疆省城迪化（今乌鲁木齐），这是当时最新最快的入疆路线和交通工具，张季鸾立即派记者随车同去，以便及时报道沿途运行情况，和盛世才统治下的新疆的有关情况。在新闻报道上，《大公报》不吝重金不惜小费。为了萧乾去欧洲的采访活动能够成行，胡政之不惜出了双份的路费。第一份被萧不小心弄丢了，随即再补发一份。为了及时获得太平洋作战前线盟军军事进展的情况，《大公报》曾多次多渠道的派出随军记者。从各个不同的路线随盟军进驻日本，参加东京湾密苏里号战舰上的日本投降签字仪式的仅有的三个中国记者中，就有两个来自《大公报》。对于一些突发性新闻的报道，《大公报》主要利用专电。对一些持续时间较长的又需要有一定深度的报道，则主要利用新闻通讯。在张、胡等领导的新记公司时期，新闻通讯成为《大公报》的一大特色，不少系列报道某一时期、某一地区、某一重大战役或事件的新闻通讯，如曹谷冰采写的关于中苏建交后苏俄国内情况的系列通讯、陈纪滢采写的关于沦陷后的东北地区的有关情况的系列通讯、范长江采写的有关红军长征和红军到达陕北地区后的有关情况的系列通讯、萧乾采写的有关二次世界大战期间欧洲战局和战后国际关系问题的系列通讯、吕德润采写的随中国远征军入缅印地区作战情况的系列通讯和陈学昭的旅欧通讯、杨刚的旅美通讯等，都写得情文并茂，很有深度，给读者留下了深刻印象。刊载这类通讯的专栏，也成为《大公报》的又一名牌专栏，受到读者的欢迎。

最后，是副刊。从天津版起，《大公报》就十分注意副刊的编辑工作，沪港渝桂等版陆续创刊后，副刊尤其受到重视。在萧乾、杨刚等几位副刊主编的主持下，《大公报》的文艺副刊“小公园”发表过不少进步的文学作品，也发现和培养了一大批后来在中国现代文学史上有很高知名度的作家。陈白尘的著名的独幕剧《演不出的戏》、巴金的《“爱情的三部曲”作者的自白》、胡绳的《上海通俗化问题之讨论》和《偶然论在上海》等曾经轰动一时的作品和文章，都是在《大公报》的副刊上发表的。杨绛的第一篇小说《璐璐你不要哭》，也是在《大公报》的副刊上发表的。这个副刊还设立过文艺奖金。曹禺的《日出》、何其芳的《画梦录》、卢焚的《谷》，都曾在评选中得过奖。由于办得出色，它同样为《大公报》吸引了一大批读者，成为报纸众多版面中的一颗耀眼的明珠。是中国新闻史上继著名的五四时期“四大副刊”之后的又一个著名的报纸副刊。

此外，《大公报》还注意贴近读者，服务社会，热心公益事业，曾多次为各时期的重大自然灾害发起募捐。除办报外，还组建过以报纸名字命名的剧团和篮球队，举行过公演和参加过全国性的比赛。把报纸上发表过的有影响的社评、通讯、漫画作品和个人的文章结集出版，公开发行。在人事上执行编辑记者定期交换的制度，和由编辑部出身的人担任经理的制度等等。这些作法，在当时都曾经引起过轰动效应，都取得过很好的社会效益和经济效益。既提高了报纸的知名度，和工作的效率，也有助于人才的成长。她在这方面所积累的丰富的办报经验，应该被视作中国新闻界共同的精神财富，给以很好的总结，使后人得到学习和借鉴。

五

谈到《大公报》的历史的时候，需要订正一些不准确的提法，和澄清一些不实之词。

“大公报是政学系的机关报”。这种说法，早在解放前就已喧腾于众口。解放后更成为人们批判《大公报》时的一大“罪状”。郭沫若所写的《斥反动文艺》一文，在指“斥”萧乾的时候，就使用过“今天你的元勋就是政学系的大公”！这样的提法。可见，所谓“政学系的机关报”云云，在解放前后一些人的心目中，早已成为共识。其实，政学系本身就是一个子虚乌有的东西。被指为政学系首领之一的张群，就曾经说过，所谓政学系，其实并没有组织，更没有纲领政策，只是几个人，行迹比较接近，就被人看成一系了。这是其一。其二，即使国民党内有这么一个政治派系，也和《大公报》毫无关系。《大公报》既没有拿过“政学系”的钱，没有接受过“政学系”派来的人，没有接受过来自“政学系”的任何指示，也从来没有宣传过根本就不存在的所谓“政学系”的政策纲领。《大公报》的所有言论，从英敛之到张季鸾，从王芸生，徐铸成，到后来的李纯青、李侠文等，多数都是主笔人根据当天的要闻，自出机杼，自行发挥。少数由主笔政者出题或参与研究定题。虽然有各自的观点，但都与所谓的“政学系”绝无关系。

《大公报》“拥有官僚资本”是“大资产阶级的报纸”。这其实是解放后受“左”的思想影响，和历次政治运动的影响，个别《大公报》人自己提出来的。《进步日报》发刊的时候提出来过，王芸生、曹谷冰等人写回忆录和自我批判文章的时候提出来过，是自我拔高和无限上纲的产物。英敛之自称“一介武夫”“家世寒微”，办《大公报》之前，靠自学成才才当上了职员，连一般的资产阶级都算不上，更无论大资产阶级。他之得以创办《大公报》，靠的是各方面的集资，而且总数极其有限。新记公司接办《大公报》的时候，唯一的资金是吴鼎昌提供的5万元，当时他是民办的盐业银行的经理，只是一个民族资本家，并未做官。做官后就辞去大公报社社长的职务，不再过问《大公报》的事。新记公司《大公报》除了这5万元本钱之外，没有接受过任何方面的资助和津贴。大部分的资产，是靠经营得当不断增值积累起来的。战后出于增添设备的需要，接受过捐赠，但也属于侨资，而且数量极少。其间，为订购新式印刷机器，曾从国民党政府处购买过20万美金的官价外汇，因此遭到诟病，其实也是小题大做。首先，中国的报纸为购买国外的设备，申请一点官价外汇，这本是光明正大的事，其性质属于公事公办。其次，虽然官价低于市价，《大公报》因此得了点便宜，但毕竟要照价购买，不能等同于馈赠。最后，《大公报》并没有因此放弃既定的办报方针，接受控制，改变主张。就阶级性质来说，《大公报》一不拥有官僚资本，二不替官僚资产阶级说话。从资金来源，从言论主张，从这家报纸在政治上具有两面性等这些方面看，它都是一个纯粹属于民族资产阶级的报纸。这也从解放后的一段时期内，有关方面按类似付给“定息”的方式，为胡、张等几个大的《大公报》股份持有人的家属定期发放生活费这一点上，得到证实。它得到的是类似《申报》一样的民族资本主义企业的待遇。

“小骂大帮忙”。这是专就《大公报》对国民党当局的态度做出的一句带有概括性的话。是长期以来扣在《大公报》头上的一顶沉重的政治帽子。但同样是难以坐实的。

先说骂。《大公报》对国民党当局，不光是“小骂”，也有大骂，有时甚至是怒骂和痛骂。1941年12月22日发的那篇谴责国民党权贵及其家属用逃难的飞机从香港运回“箱笼洋狗”的社评《拥护政治修明案》；1943年2月2日发的那篇痛斥重庆达官贵人们灯红酒绿罔顾河南灾民疾苦的社评《看重庆念中原》；1944年12月19日发的那篇痛斥发国难财的赃官和奸商；悲愤的三呼“请你们饶了国家吧”的社评《为国家求饶》；同年12月24日发的那篇因日军逼近贵阳，要求“除权相以解除反对者的精神武装，戮败将以服军民之心”的社评《晁错与马谡》；1945年9月27日和10月24日发的谴责国民党军政官员利用战后的劫收发财的社评《莫失尽人心》《为江浙人民呼吁》；以及1948年7月连续发表的反对当局镇压学生运动和文化专制政策的一系列社评，就都不是小骂，而是大骂，而且是出自肺腑的真骂，不是假骂。忧国忧民之心，溢于言表。其中1943年的那一篇，还受到国民党当局罚令停刊3天的处分。1948年的那几篇，主持言论工作的总编辑王芸生，还遭到国民党机关报《中央日报》的点名攻击，对他个人进行所谓的“一查”“二查”“三查”，甚至攻击他为共产党“张目”，是新华社的“应声虫”。考虑到国民党当局对报刊言论的严厉限禁和迫害，考虑到连鲁迅那样的作家尚且只能“戴着镣铐跳舞”，能够如此坚定的站在人民的立场，为民族和国家的利益，不畏强御，不屈从于权势，铁骨铮铮，克尽言责，不但无可厚非，而且难能可贵。

《大公报》确实也骂过共产党。这是因为它是一份无党无派的报纸，又时时以“四不”为标榜，对包括共产党在内的各个党派，都有所批评和指摘，是很自然也是很正常的事情。对共产党的骂，多数情况下，是骂错了。1936年写的《给西安军界的公开信》，1941年写的《为晋南战事作一种呼吁》，1945年写的《质中共》，1946年写的《可耻的长春之战》等，就都骂错了。错的原因比较复杂，有的是由于社评撰稿人的阶级和认识上的局限，有的是由于情况不明，有的是由于接受了国民党当局的误导。此外，在张季鸾生前，也还有张个人对蒋的礼遇有感恩图报的思想等等。《大公报》不是共产党的机关报，也并非左派报纸，这些社评的撰稿人也不是马克思主义者，不能要求他们完全接受共产党的观点和主张。不可能不出一点差错。出了差错，受到了批评，认识了，改正了，就行了。应该给以宽容和谅解，不必死揪住不放。

同样是骂。两骂相比，《大公报》骂国民党的时候更多一点，也更经常一点。从1927年的《蒋介石的人生观》，到1948年的《和平无望》，骂了足足21年。到了第22年，就不光是骂，而是对这个党彻底失望，准备迎接解放和新中国的诞生了。

再说帮忙。《大公报》确实给国民党帮过忙。从南京国民政府成立以后帮起，“九一八”事变前后帮过，西安事变前后帮过，抗日战争时期帮过，解放战争开始的一段时期也帮过。一般来说，拥蒋反共就是帮国民党的忙。但也要作具体分析。有的忙肯定帮错了，该批评，也该认账。有的忙，在某一个特定的时期内，则是该帮的，不当视为罪状。例如，过去把《大公报》在抗日战争时期内宣传过的“国家中心论”和“拥蒋”的言论，都视为为国民党帮忙，这就不尽妥当。“国家中心论”是一个带有民族主义色彩的资产阶级口号，和共产党提出的统一战线的政策有本质的区别。是有缺陷的。但在当时，不论是提“国家中心论”，还是提“拥蒋”，都是为了抗日的需要，都符合国家和民族的利益。在整个抗日战争时期，所有的抗日的力量都不能不拥有“拥蒋”的名义。我们的八路军、新四军，用的就是国民党的番号。毛主席在重庆谈判结束前的告别宴会上讲的最后一句话，就是“新中国万岁！蒋委员长万岁！”（见1945年10月9日《大公报》第二版的相关报道。同日《新华日报》的报道作“新中国万岁！蒋主席万岁！”）中国共产党在整个抗日战争时期并没有提出过倒蒋的口号。可见在那个特定的历史时期里，提“国家中心论”和提“拥蒋”，都是大局。《大公报》的这方面的言论，如果是为了坚持抗战到底，就不能说是帮国民党的忙，而只能认为是在帮国家的忙。

尤其不能忘记的是，《大公报》不仅帮过国民党的忙，也大大的帮过共产党的忙。第一个派记者到苏联采访，向中国读者介绍建设中的苏联真实情况的，是《大公报》。第一个派记者去边区，向全国人民报道中国工农红军万里长征的真实情况和边区建设情况的，是《大公报》。对共产党的报道，《大公报》始终尊重事实，不歪曲，不捏造，采取了客观或比较客观的态度。它向全国公众介绍了共产党领导下的抗日民主根据地的进步业绩，改变了公众心目中被国民党御用媒体歪曲了的共产党的形象，同时帮助白区的读者了解了革命的形势，知道了共产党的政策和言论主张。这是一。它为需要了解有关共产党和红军情况的人，提供了大量的正面的准确的信息。毛泽东就是因为看了《山西日报》和《大公报》有关刘志丹的报道，才决心率红军去陕北建立抗日民主根据地。不少在长征中掉了队的红军，也是在看了《大公报》的有关报道以后，知道了主力部队的去向，才跋山涉水，赶上队伍，重新归队的。这是二。它对国民党政府和权贵们在抗战时期和抗战胜利后接收过程中的贪污腐败的揭露和抨击，它对国民党当局破坏和谈，镇压学生运动，及悍然发动内战的揭露和批判，都在一定程度上加深了国统区公众对国民党政府的反感和恶感，加强了他们对共产党的亲和力和向心力。这是三。这些，都称得上是对共产党的极大的帮忙。《大公报》始终以无党派为标榜，报社内部没有一个国民党员，一旦发现某人有国民党方面的背景，立即开除。但是报社里确确实实的有不少地下的共产党员。报社的领导层，对有些党员的身份十分清楚，却故作痴聋，不闻不问。新闻版面上，十分之六七是同情和支持共产党的报道。据在《大公报》工作过的中共地下党员回忆，当时报社内的外勤记者多数是左派，一部分居中，极少右派。编辑部内，从领导层到一般工作人员，对国民党持批判谴责态度的居多，说共产党坏话的很少。在国民党当局强迫国统区内的各种媒体称共产党为“共匪”的时代，只有《大公报》公然抗命，坚持称“中共”和“共军”。它只承认共产党是国民党的反对党，不承认是什么“土匪”。毛泽东在延安接见《大公报》记者时说的“只有你们《大公报》把我们共产党当人看”，就是对《大公报》以上言论行动的肯定。这也是对共产党的一种帮忙。

《大公报》是一家无党派的报纸。如果说它对中国的某些党派有过所谓的“帮忙”的话。那么，它更多的是帮了共产党，而不是帮了国民党。而且是越来越多的在帮共产党，直至最后完全倒向共产党。这一点，国民党方面是心中有数的。国民党上海市党部的头头就曾经点着名的扬言要“枪毙”《大公报》的负责人，解放战争后期仅《大公报》重庆版一个版就曾经有7名记者被捕，有一名编辑部主任被关进“白公馆”。这些事，也从一个侧面说明了《大公报》的倾向和国民党对她的态度。

这里就涉及中国革命史上如何看待中间势力的问题。重视团结中间势力，是中国革命取得胜利的三大法宝之一的统一战线思想的一项重要内容。这一点是毛泽东首先提出来的。他认为：“中国社会是一个两头小中间大的社会，共产党如果不能争取中间阶级的群众，并按其情况使之各得其所，是不能解决中国问题的。”（《毛泽东选集》二卷第783页）胡绳同志晚年就这一问题进行了深入的研究，并作了进一步的阐述。他认为，中间势力，从阶级看，指的是民族资产阶级和小资产阶级。从职业看，指的是农民、知识分子、和工商界人士。他认为，从人数看，“国民党只是一小撮，我们的人也很少，实际中间势力占的是大多数”。他认为，中间势力的特点，“就是动摇、不断分化。分化的结果，大多数站到共产党一边，站到国民党那边的也有，但很少”。他认为，中国革命之所以取得胜利，“是因为我们党把中间势力拉过来了，如果中间势力都倒向国民党，共产党就不可能胜利”（见《百年潮》2001年第五期《胡绳关于撰写〈从五四运动到中华人民共和国成立〉一书的谈话》一文）。

上述这些观点，都有助于深化对《大公报》历史的认识。可以说，解放前的《大公报》，作为一家民族资产阶级的报纸，就是中间势力的舆论代表。中间势力所特有的“两面性”，和“动摇”“不断分化”等特点，在《大公报》的身上都表现得十分突出。《大公报》之所以能够赢得那么众多的属于“中间势力”的读者和作者的喜爱和支持，正因为它代表了他们的意志和声音。对《大公报》这一中间势力的舆论代表，中国共产党的第一代领导人包括毛泽东和周恩来在内，都十分重视，也都作过大量的工作。有批评，有“斗争”，也有“团结”。大量的工作是在争取和“团结”这方面。张季鸾逝世的消息发布后，毛泽东，周恩来和中共的不少高级领导人都发了唁电，给以很高评价。重庆谈判期间，毛泽东在公务十分繁剧的情况下，三次会见《大公报》的主要负责人。两次在红岩村中共中央办事处，一次在李子坝《大公报》报社，每次都作长谈。最后一次长谈后，还接受了《大公报》负责人在馆内的宴请，并为《大公报》留下了“为人民服务”的题词。周恩来在此期间，也曾亲到王芸生家探访，并以延安带来的小米和红枣相赠。重庆当时有十几家报纸，享有上述待遇的，似乎只有《大公报》一家。说明共产党领导人对这家报纸的重视。很明显，共产党领导人之如此重视对《大公报》的工作，其目的在于争取更多的中间势力的支持。后来的事实证明，《大公报》没有辜负他们的期望。它确实为中国共产党争取到了更多的中间势力的支持。从这个意义上说，《大公报》对中国革命的胜利，有其特殊的贡献。无论如何，再也不该把“小骂大帮忙”这个恶溢强加在它的头上了。

以上的一些不准确的提法，由于在多次政治运动中，屡被拾起，作为批判的口实，给人们留下了很深的印象，以致众口铄金，积重难返，影响了对《大公报》的正确评价。现在是到了应该实事求是的予以澄清的时候了。

六

《大公报》的过去100年，经历了复杂的历史阶段。新中国成立以前的那一段时期，时间不长，仅四十六七年，但曾多次易手，又分属于不同的办报人或办报团体，是非功过，聚讼纷纭，褒贬评说，颇多歧议。因而历来是中国近现代史研究工作者和文化史新闻史研究工作者关注的热点和焦点。新中国成立以后到现在的这一段时期，时间虽然较长，达五十三四年，占整个《大公报》百年历史的一半以上。但基本上分为两摊，即内地一摊，香港一摊，性质较为单一。分析评价，也容易取得共识，反而没有太多的歧议。

在内地出版的这一摊，曾分别在天津、重庆、上海、北京等地出版。最后归结到北京。到“文革”爆发北京版被迫停刊时止，历时17年。除了在天津出版的那一份，曾短时期改称《进步日报》外，其余各版仍沿用《大公报》这一老报名。唯一的变化是由综合性报纸，转为以财贸金融方面的评论报道为主的专业化报纸；由原办报人重新组合集体合办的报纸，转为在党和政府部门领导下出版的社会主义报纸。内地的这几个版《大公报》在建国初期，在社会主义改造时期，在第一个五年计划制定以后的计划经济时代，为党和国家各时期的路线方针政策特别是经济方面的路线方针政策的宣传和报道，做出了贡献。在报纸所在地区的读者中，特别是在全国财贸战线的工作者中，有很大的影响。

在香港出版的《大公报》，起始于1938年8月13日，中间因太平洋战争爆发香港沦陷一度停刊。1948年3月15日复刊后，除了被港英当局迫停过一个很短的时期外，没有中断的连续出版到现在，累计出版时间达57年，是各版《大公报》中历史最长的一家。

香港《大公报》的发刊和复刊都是在新记公司主办时期完成的，胡政之为此作了他一生中的最后一次冲刺，筚路蓝缕，功不可没。从发刊之日起，香港《大公报》就受到当地读者的重视，曾被推崇为香港“舆论之领导”（见1947年版《香港年鉴》）。新中国成立前后，香港《大公报》重新成立了董事会，在李侠文、费彝民、杨奇、王国华等几任董事长、社长的努力下，锐意进取，苦心经营，在反映香港民情，表达社会舆论，团结海内外华人华侨和全世界进步人士，为冲破国际反华舆论的包围，和向全世界公正客观地介绍和报道中国方面，做了大量的工作，从而博得了广大香港同胞和海内外同胞的赞许，成为一家著名的爱国爱港的报纸。中英谈判就交回香港达成协议后，又为香港的平稳过渡和顺利回归，发挥了舆论先导的作用。香港回归以后，《大公报》继续立足香港，放眼世界，为正确塑造祖国的形象，为祖国的和平统一，为一国两制港人治港既定方针的贯彻执行，和香港特区的繁荣和发展，作了全面充分的舆论报道。在此前后，《大公报》还扩大了经营范围，增添了设备，加强了技术改造，先后创办了海外航空版，菲律宾版，电子版和深圳印刷厂，并使用数码压缩技术传真版面。业务上有了很大改进。成为在香港特区和海内外华人华侨中有很高声望的，有很高品位的，有强烈社会责任感的，既严肃又充满活力的一家大型日刊报纸。

不论是内地的那一摊，还是香港的这一摊，都是1902年创刊的《大公报》事业的继承者。都为中国新闻事业的发展，做出了自己的一份贡献。它们的每一个业绩，都是整个《大公报》业绩的组成部分。都将载入《大公报一百年史》的史册。

《大公报》是中国新闻史上唯一的一家创刊逾百年的报纸。它是中国新闻界的老寿星。它同时也是中国新闻界中唯一的含金量最高的世界级的品牌。爱护这个品牌，发展这个品牌，使它永葆青春，不断开拓前进，是我们共同的愿望。

（刊武汉大学媒体发展研究中心《中国媒体发展研究报告》2002年卷第243~253页。2003年9月武汉出版社出版。）

十月革命在中国报刊上的反映

一

伟大的十月社会主义革命，开创了人类历史上的新纪元——腐朽的资本主义崩溃，社会主义和共产主义胜利的新纪元。它标志着人类命运的根本转变，标志着世界历史的根本转变，即由旧的资本主义时代走向新的社会主义时代。

"十月革命"的胜利是国际无产阶级的胜利，它给全世界一切被剥削，被压迫的人们带来了希望，极大地鼓舞了他们革命斗争的信心。

中国的先进知识分子，早在19世纪末叶就已经致力于向西方寻求真理。然而都失败了。"十月革命"结束了中国人向西方寻找真理的历史，给中国人民送来了马克思列宁主义。

中国人民自始就以极大的兴趣和极崇敬的心情，注意着俄国革命的发展。"十月革命"爆发后的第三天，中国的进步报刊就兴奋地报道了这一令人欢欣鼓舞的消息。在这以后又长时期地不顾北洋军阀政府的重重干涉，大量地刊载了许多介绍俄国革命情况的文章，表现了中国人民对俄国“十月革命”的同情和支持。

“十月革命”后不久，中国最早的马克思主义者和其他先进分子，在报刊上展开了关于马克思列宁主义思想的宣传。“五四”以后，这种宣传有了更进一步的发展。报刊的宣传，使马克思列宁主义在中国得到了广泛的传播，成为中国工人阶级领导中国革命的武器。

由于各种条件的限制，当时的中国报刊，在报道俄国革命和传播马克思列宁主义的革命理论等方面，还存在着一定的缺点。但这并不足以减弱中国人民对俄国革命的向往和“走俄国人的路”的决心。1921年以后，中国人民在中国共产党的领导下，沿着十月革命的道路大踏步前进，在不到半个世纪的时间内就取得了人民民主革命和社会主义建设的伟大胜利。

二

中国人民由于长时期深受帝国主义和封建主义的压迫，所以始终以十分关切的心情注视着有着相同遭遇的俄国人民的革命斗争。中国的报刊很早就注意报道关于俄国革命的消息。

早在19世纪末叶，不少中国报刊就已经向它们的读者报道过当时的俄国革命运动的消息。例如，关于十二月党人和俄国革命民主主义者车尔尼雪夫斯基、杜勃罗留波夫和赫尔岑等人的活动的消息。此外，俄国民粹派、社会革命党人和无政府主义者的活动的消息，也往往在中国报纸上占有一定的篇幅。由于各种条件的限制，这些报刊对他们的活动并不完全理解。对他们的评价也往往是错误的。当时，创办这些报刊的多半是政治上的改良主义者。他们之所以热心地报道这些消息，其目的之一是为了用俄国的革命恫吓当时的清朝政府，迫使后者接受他们的改良主义的政治主张。

1905年，帝国主义时代的第一次人民革命在俄国爆发。如列宁所说，这一次革命“最后唤醒了亚洲几万万被压抑的沉睡在中世纪停滞状态中的人民醒悟过来，要求新的生活，为争取人的初步权利，为争取民主而斗争”（《列宁斯大林论中国》，人民版，第40页）。俄国革命不久，孙中山领导的中国革命同盟会在东京正式成立。同盟会的机关报《民报》从创刊后第3期起，就连续报道了俄国革命的消息，刊载了俄国革命的照片，发表了《一千九百零五年露国之革命》《俄国革命之日报》等介绍俄国革命的文章，表示了中国革命者对俄国革命的深深的同情和向往。《民报》的作者们欢迎俄国革命，引俄国的革命者为自己的同道，认为俄国革命的方法“用于中土，奏效神速，必较之斩木揭竿为胜”（《民报》第24号）。显然，中国的革命者对于中国革命的信心，已因俄国革命的鼓舞而大大加强了。

除《民报》外，当时在中国国内出版的一些报纸，也不断地报道俄国革命的消息，并且经常发表对于俄国第一次革命的评论和由此引起的对中国问题的感想。它们把俄国革命同中国问题联系起来观察。一方面，预料到“俄罗斯之专制政体已有不能维持之势”；另一方面，预料到“革命之风潮浸淫而及于亚东者，其期当亦不远”（1905年7月14日《申报》），中国革命不久也会爆发。当1905年的俄国革命受到了挫折的时候，它们仍然认为俄国革命还要爆发，对俄国革命必然获得最后胜利的信念也并未因此动摇。这充分表现了中国人民对俄国人民革命斗争的道义上的支持。

联共党所领导的以连拿事件开始的1912年的革命运动，在中国人民当中也引起了很大的影响。当时，所有西方国家的报纸都讳莫如深，寂然无闻，而刚刚摆脱了清朝封建专制政府束缚的中国报刊，则以极大的篇幅报道了有关这一事件的消息。著名的中国记者黄远生在1912年11月2日从北京发往上海的一篇通讯中这样写道："最近新闻界有一奇事，则以中国各报宣传俄国革命，而外国报纸无一言之者。记者以之遍询所识外人，彼等皆称不闻。然中国报纸……决非捏造"（《远生遗著》，卷二）。

1917年11月7日，伟大的十月社会主义革命像火山一样地爆发了。正在北洋军阀和帝国主义的双重压迫下感到苦闷彷徨的中国人民，以惊喜交集的兴奋心情欢呼了这一革命的胜利。大部分的中国报纸都争先向读者报道这项消息，并且连续刊载了许多有关俄国革命的电讯和评论，表现了中国人民对俄国革命的极大的关怀。

还在"十月革命"的前夕，俄国国内的情况就已经受到了中国人民的密切注意。直到11月9日——"十月革命"后的第二天，中国的报纸上还曾经刊载过以"俄京六日电"为题的消息，报道了克伦斯基"决定以武力镇压'暴乱'"的演说，以及临时政府六日晚"封闭暴烈党报馆三家"，"命将工人寓区通都城中央之桥梁拆断，并停止电车之驶行，全城现由'忠于'政府之军队严密防守"等新闻。当时敏感的中国读者从字里行间已经可以感觉到，革命的风暴就要来了。

十月革命的消息在革命后的第三天，才经由欧洲传到中国。1917年11月10日，北京的《晨钟报》，上海的《申报》《时报》《民国日报》《中华新报》等，都以大字标题和显著的地位刊出了下面这段简短的电讯："八日伦敦电，俄国公报云，彼得格勒戍军与劳动社会已推倒克伦斯基政府"。这是中国人民看到的关于十月革命的第一条新闻。

同一天，上海的《中华新报》根据外国通讯社转引"俄京官立通讯社"（这个通讯社原来是帝俄的官方通讯社，当时已经被布尔什维克占领）的电报，又向中国读者报道了11月7日晚第二次全俄苏维埃代表大会在斯莫尔尼宫开会宣布全部政权已归苏维埃掌握以及列宁在会上作了关于“俄国民治三大问题”的演说的消息。这个报纸刊出了列宁演说的摘要：“（1）即行结束战局，新政府必须向交战国提议休战。（2）以土地还给农民。（3）解决经济困难。”末了还附有“听者大为欢呼”等关于会场情况的描写。

从1917年11月11日起，中国各报都分别在“要闻”“国外大事”“电讯”等栏以大量的篇幅连续报道有关俄国革命的消息。上海《时报》在第二版显著地位辟了“俄国革命消息”专栏，逐日刊载有关俄国革命动态的“专电”和“通信”。苏维埃政府颁布的重要法令，红军和帝国主义干涉军及谢米诺夫、高尔察克、邓尼金、尤登尼奇等白匪军作战的消息，以及留苏华工参加革命协助红军作战的消息等，都是当时中国报纸上的头等重要的新闻。伟大的革命导师列宁这时也成为中国读者最崇敬的人物，各报都很注意刊载列宁当时发表的言论，有的报纸还发表专讯向读者介绍列宁的历史。北京《晨钟报》在1918年6月22日的新闻中对列宁有如下的描述：“列宁为人朴实，不修边幅，大有儒者气象，……其头脑又非常冷静，其所怀抱之意见，决非他人所可得而动摇也。”

在一些报纸上也出现了关于俄国革命的评论。这些评论表明他们的作者对俄国革命的性质还缺乏足够的了解，但也流露了他们对俄国人民革命斗争的同情。当国际帝国主义对苏联进行武装干涉，企图在摇篮里扼杀苏维埃政权的时候，北京《晨报》在署名“以芬”所写的一篇评论中就提出了强烈的抗议，谴责了国际帝国主义对苏联的无耻的干涉，指出，这些国家“其所谓欲使俄国复兴及俄人幸福等之言，皆不过一种门面语”，真正的目的只不过是“欲保其从前在俄之经济关系”而已（见1918年12月24日“俄人已受干涉矣”一文）。另外也有一些报纸则通过对俄国革命的评论，来指责当时的北洋军阀政府。1917年11月13日至

“十月革命”后的第5天，上海《中华新报》就以“面包与治安”为题发表短评，警告：北洋军阀政府不要残民以逞，剥夺了人民最低限度的生活权利。评论在谈完了俄国革命问题之后这样写道：“一国之治安恒与面包问题相联系。设当局不知注意，虽……克伦斯基政府亦不可以幸存。然则今之不如克伦斯基且又好夺国民之面包用之于一己之权势者，可以知所鉴矣。”

此外，在一些杂志上也发表了不少介绍俄国革命的文字和图片。1918年在上海出版的《劳动杂志》，还特地刊出一篇题为“一路哭何如一家哭”的漫画。这幅漫画既歌颂了“十月革命”的胜利，也深刻地嘲笑了俄国资产阶级和帝国主义分子在新的社会主义国家面前失魂落魄如丧考妣的丑态。

然而，由于种种条件的限制，当时的中国报刊（它们绝大部分是资产阶级、小资产阶级及其政党、团体的报纸）对俄国“十月革命”的介绍和报道，还是有很大的缺点的。大部分报刊在相当长的时间内，对俄国十月革命的性质及其历史意义都缺乏正确的了解。他们甚至于还不能够分清布尔什维克和孟什维克以及其他像社会革命党那样的政党之间，究竟有什么根本的区别。当然，造成这种情况的原因是多方面的。其中之一，就是帝国主义及中国的封建军阀政府有意识地隔断中俄人民之间的正常交往，阻止两者之间特别是中国人民对俄国人民以及俄国革命真实情况的了解。从“十月革命”的第一天起，中俄之间的邮电交通就受到帝国主义及北洋政府的严密封锁。连孙中山先生1918年拍给列宁祝贺革命胜利的电报，也不得不辗转地通过美洲华侨，才能顺利地发出。当时中国各报都还没有驻外记者，国际新闻几乎全部依靠外电。

关于“十月革命”以及稍后一个时期的俄国国内情况的消息，就大部分是根据资本主义国家的通讯社——主要是英国的路透社和日本的东方通讯社——的来稿编发的。这些通讯社怀着对苏维埃国家的切齿的仇恨，对俄国革命进行了一系列的侮蔑歪曲和诽谤。他们别有用心地把布尔什维克称为“乱党”“暴烈党”“过激党”“激烈派”或“极端派”，不止一次地发布：“过激党政府现已动摇”“过激派目下在俄国实力极为薄弱”“（过激派）现已众叛亲离无复与共事者”以及“里林（列宁）氏闻已就逮”等之类的荒诞无稽的消息，并且还在新闻中有意识地夸大苏维埃国家在外国武装干涉和国内战争时期所遭遇到的种种困难，制造苏维埃国家“各处运输均已停止”“生活之困难已臻极点”“国家滥发新纸币民间全无信用”等之类的谣言。中国报纸既然采用了这些通讯社的在很大程度上是歪曲和捏造的报道，就自然很难正确地向中国读者反映和介绍“十月革命”以及革命后的俄国的真实情况。尽管这些报纸也报道过一些从其他方面得来的比较可靠的消息，然而由于玉石不分不加区别地大量地使用了那些通讯社的稿件，仍然难免在一定时期内影响中国读者对俄国情况的正确的了解。因而不少好心的读者受到了蒙蔽，他们在帝国主义歪曲宣传的影响下，对他们曾经心向往之的社会主义国家失去信心，对社会主义革命的前途也感到悲观失望，他们怀疑这一幅“赤旗”是不是还能够胜利地打下去。

就在这个时候，以李大钊同志为首的一批共产主义的知识分子，在他们自己参加编辑或直接创办的报刊上，热情地歌颂了十月社会主义革命的胜利。他们驳斥了那些别有用心的魑魅魍魉们对俄国革命的恶毒的中伤。根据他们所能够得到的材料向中国人民报道了俄国革命的真实情况，分析了俄国革命的性质及其伟大意义。号召中国人民见贤思齐，以俄为师，满怀信心地沿着“十月革命”的道路前进。

1918年7月1日，《言治季刊》第三册发表了李大钊同志的“法俄革命比较观”。在这篇文章里，李大钊同志驳斥了对十月革命的诬蔑，并且劝告了那些对俄国革命悲观失望的人，指出俄国当前的困难是暂时的，是难以避免的，是完全可以克服的。他认为：“吾人对于俄罗斯今日之事变，惟有翘首以迎其世界的新文明之曙光，倾耳以迎其建于自由人道上之新俄罗斯之消息，而求所以适应此世界的新潮流，勿能以其目前一时之乱象，遂遽为之抱悲观也。”这是中国人民以无产阶级国际主义的精神来歌颂十月革命的第一篇文章。

接着，李大钊同志又在1918年11月15日出版的《新青年》杂志5卷5号上，发表了《庶民的胜利》《布尔什维主义的胜利》两文，在这两篇文章里，李大钊同志分析了十月革命的性质，热情地讴歌“1917年的俄国革命，是20世纪中世界革命的先声”。当时，国内的一些“不出兵的将军，不要脸的政客”们正在大吹大擂地庆祝所谓“联军的胜利”，李大钊同志嘲笑了这种自我陶醉的丑剧，并且指出由于国际社会主义革命力量的壮大而被迫结束的第一次世界大战，并不是什么“联合国的胜利”，而“是社会主义的胜利，是布尔什维主义的胜利，是赤旗的胜利，是世界劳动阶级的胜利，是20世纪新潮流的胜利。”李大钊同志在文章里还表现了中国无产阶级对社会主义革命前途的无限信心。他认为在这种锐不可当的社会主义革命潮流当中，任何资本家、军阀、官僚等“历史上残余的东西”都只能像枯黄的树叶遇到凛冽的秋风一般，一个个地飞落在地，他豪迈地预言：“由今以后，到处所见的，都是布尔什维主义的战旗。到处所闻的，都是布尔什维主义的凯歌的声。……试看将来的环球，必是赤旗的世界。”

1918年12月22日，陈独秀、李大钊等人主编的《每周评论》在北京创刊。李大钊同志为这个刊物的第3期所写的社论“新纪元”，是又一篇对于俄国十月社会主义革命的赞歌。这篇文章认为，当前世界所面临的是一个由“1917年俄国革命的血”所冲洗出来的“新纪元”，在这个“新纪元”里，生产制度将要起一个“绝大的变动”，而全世界无产阶级将要联合在一起“去打破国界，打破全世界资本的阶级”。在这篇文章里，李大钊同志还用抒情的笔调，形象地描述了“十月革命”对当时中国的影响："我们在这黑暗的中国，死寂的北京，也仿佛分得那曙光的一线，好比在沉沉深夜中得一个小小的明星照见新人生的道路。"

当帝国主义分子正在宣传俄国革命政府就要倒台，俄国国内的治安非常紊乱的时候，《每周评论》发表了许多来自俄国的可靠的报道，告诉中国人民"俄罗斯会议（苏维埃）政府已经空前强固，彼得格勒和莫斯科的街巷比纽约和芝加哥还要安宁，人民也越能联合御侮"（1919年7月20日第31期《俄罗斯》）。此外，这个刊物还以惊人的篇幅，详细地报道了匈牙利和德国的革命消息，认为这是"20世纪俄罗斯的社会革命"的继续。

继《每周评论》之后在长沙创刊，由毛泽东同志担任主编的《湘江评论》，在扩大"十月革命"的影响等方面，作出了极为重要的贡献。这个一共只出了五期、但却在全国范围内有着极高威望和极大的影响的政治刊物，歌颂了十月革命的胜利，表示了它对俄国革命必将"普及于世界"的信心，并且严厉地斥责了种种对于俄国革命的诽谤。同时是刊物的主要撰稿人的毛泽东同志在《湘江杂评》栏中，对那些敌视俄国革命跟在帝国主义后面诋毁布尔什维克为"过激党"的反动军阀提出了严厉的质问："请问什么叫做过激党？过激主义是什么？倡言过激党来了的人能够答复得出来吗？"毛泽东同志为读者们解释，所谓"过激党"，实际上"只不过是舍命救国的志士，为国家争权利，以强权索自由的志士"而已。

中国早期的共产主义知识分子这一时期在报刊上所作的关于"十月革命"的宣传，打击了帝国主义和反动军阀政府所散布的种种诋毁"十月革命"的谰言，大大地加强了中国人民对新型的苏维埃国家的理解。

1920年三四月间，俄国劳农政府致中国国民及南北政府的宣言传到中国。劳农政府在宣言中提出了废弃沙皇政府在1896年至1901年间与清朝政府签订的一切不平等条约，以及归还中东铁路、放弃"庚子赔款"

等建议。这一伟大的友好的表示，使中国人民感到无比的欢悦和激动。

中国报纸早在1918年就曾刊载过俄国劳农政府宣布："凡以前之政府所缔结之一切国际条约……概行作废。"（见1918年2月15日《申报》）这一消息曾经引起中国人民的极大震动。但是，由于帝国主义者的阻挠，劳农政府从1917年11月以来所不断发给中国人民的正式和非正式的通告，都被隐蔽起来，没有传到中国。也没有可能在报纸上发表。1920年3月，当上项宣言辗转到中国后，上海《时报》首先在3月27日二版"国内要闻"栏用"俄国对中国之宣言"的大字标题，刊载了它的摘要。接着，北京《晨报》、上海《民国日报》《时事新报》等各大报纸也都陆续刊登了它的全文。到了3月底4月初，几乎全国所有的大小报纸都先后发表了有关这项宣言的消息。

劳农政府对中国的宣言在中国人民当中的影响之大，是无可比拟的，长期受帝国主义侵略和压迫的中国人民，深深地感谢俄国人民的这一破天荒的义举和崇高的友谊。中国人民的这种心情，在当时的报刊上也得到了充分的反映。

宣言发表后，北京《晨报》，天津《大公报》、上海《申报》《民国日报》《时事新报》《救国日报》《正报》《星期评论》等报刊，都先后发表了评论，对劳农政府的建议表示热烈的欢迎。

不少报刊在评论中把劳农政府的宣言比为"世界历史上空前的消息"，赞扬这一宣言"的确是自有人类历史以来空前的美举，任何民族，任何国家，在历史上从来没有这样伟大的事业，没有这样清洁高尚的道德""真是可以令人五体投地表示无限量的欢迎"，并且认为"我们在悲哀残酷境遇里的中国人民，对于这一通告应该十分感谢，应该要为全世界一切被侵略被压迫的民族感谢"。

不少报刊在评论中还要求政府"立刻承认苏俄劳农政府""和苏俄劳农政府建立邦交""停付庚款，不承认帝俄政府前此派来中国的外交官员”，并且勉励中国人民应该像俄国人民在宣言中所期待的那样，“做一种自由的人民，为自由而战”。

在铁的事实面前，帝国主义者对苏维埃国家的种种诽谤也完全破产了。上海《正报》在评论中驳斥了那种把所谓“过激派”比为洪水猛兽的说法，说：“可怕的过激派，却没有什么可怕，他的心事不仅要援救俄国工人，还要援救中国人民。”上海《救国日报》也劝告它的读者“不要听信他是过激派，怕与他接近。事实俱在，岂能由人信口雌黄的吗？”受过沉痛的历史教训的中国人民，在了解了事实的真相以后，是完全能够分清谁是敌人谁是朋友的。

除报纸外，国内各人民团体也纷纷集会，并致函劳农政府表示同意和感谢。下面是中国全国报界联合会代表中国的新闻工作者经过了“为时甚久”的讨论以后，向劳农政府发出的复文：

> 俄国人民及俄国人民的政府公鉴：我们接受俄国劳农政府很公正而很有利的通牒，无限欢喜。我们谨代表中国的舆论，对于俄罗斯社会主义联邦苏域共和国人民，表示最诚恳的谢意。希望中俄两国人民在自由、平等、互助的正义下面，以美满的友谊致力于废除国际的压迫，及国家的种族的阶级的差别。（1920年4月9日《申报》）

中国报纸关于俄国劳农政府对华宣言的报道和评论，表现了中国人民迫切要求冲破帝国主义和北洋军阀所造成的藩篱，和以平等待我的“最可亲爱的”俄国人民建立正常的外交关系，“立在那正义人道的旗帜下面”携手并进的心情。在全国人民的压力下，北洋军阀政府不得不改变他们的主张。1920年4月4日，北洋政府还表示“对劳农政府代表拟不予接待”，但一个星期以后就不得不表示愿意“接受俄国劳农政府正式照会”。在这一次声势浩大的人民外交运动当中，不少原来立场极为反动、在政治上和当时的反动军阀集团有着不同程度的联系的报纸，也被迫以极大的篇幅报道了中国人民热烈欢迎俄国宣言的消息，发表了比较公正的评论。这足以证明真理和正义是不可抗拒的。

随着“十月革命”影响的扩大，随着中俄两国人民友谊的发展，1920年，在中国人民特别是青年知识分子当中，进一步了解“俄国真相”特别是进一步了解俄国革命真相的要求，越来越增长了。为了满足读者们的这种如饥似渴的要求，为了提高中国人民对社会主义革命的认识，报刊上出现了比过去任何一个时期都多的关于俄国革命历史和现状的解说性和介绍性的文章。

已经转为中国共产党上海发起组的机关报的《新青年》杂志，从8卷1号（1920年9月1日出版）起就另辟“俄罗斯研究”专栏，刊载李达、陈望道、李汉俊等人的译文（大多译自《真理报》《苏俄》《人道报》等报刊），广泛地介绍革命后俄国的政权、法制、工人运动、农民运动、学生、妇女、教育等各方面的情况。

在北京出版的以宣传新文化、新思潮为宗旨的《曙光》，从第6号（1920年10月出版）起也先后发表了以下这样一些介绍苏维埃国家的文章：“新俄罗斯之建设”“俄国的民众教育”“俄国革命纪念”（瞿秋白译）、“俄国之农业的社会化”“红色军队”“劳农大学”“苏维埃俄罗斯的现在”“新纪元之第三年”“俄国工市之组织”等。

北京《晨报》除了先后在该报的“名著新译”和“革命实话”栏刊登“俄国革命史”“地底的俄罗斯”等介绍俄国早期革命历史的文章外，还译载了许多国外报纸所发表的关于俄国国内最近情况的通讯报道。

从1917年以来，中俄之间的通讯联系就因白匪叛乱和交通阻隔等原因而中断。中国报纸长期地得不到来自俄国的第一手材料。为了弥补这一缺陷，使读者能够了解更多的关于革命后俄国的真实情况，《晨报》在1920年8月派出了它的第一个同时也是中国报纸的第一个长驻苏俄的特派记者。这就是瞿秋白同志。

瞿秋白同志是在“十月革命”后中俄第一次通车时前往莫斯科的。当时，苏俄的国内战争和反对外国武装干涉的斗争尚未结束，因为久经兵燹，苏俄国内经济也十分困难，不少西方国家的新闻记者把那里描写成为异常贫困混乱的“饿乡”。肩负着“中国再生时代思想发展的责任”去俄国寻求真理的瞿秋白同志真实地把新世界的一切情况报道给中国的读者，这就大大地揭穿了帝国主义者对苏维埃国家的弥天大谎。

瞿秋白同志在苏俄期间，曾经以中国新闻记者的身分列席了在莫斯科召开的共产国际、赤色职工国际、远东劳动大会等重要会议，会见过伟大的革命导师列宁同志，并且受到了苏维埃政府和人民的热情的款待。他所写的通讯涉及他在俄国的一切见闻，以及留俄期间的“社会实际生活，参观游谈、读书心得”和“冥想感言”，一共有46篇，陆续在“晨报”上发表。这是中国新闻记者根据自己的实地采访写出来的关于苏俄真实情况的最早的最有系统的报道。

1921年，中国最早的优秀的共产主义者按照俄国布尔什维克的榜样和列宁的建党原则建立了中国共产党。自从有了中国共产党，中国革命的面目就焕然一新了。

三

“十月革命”后，中国报刊上出现了大量的以介绍和讨论马克思列宁主义为主的文章。马克思列宁主义通过报刊在中国得到了广泛的传播。

中国人对于社会主义学说并不是陌生的。早在19世纪末20世纪初，中国资产阶级改良派和革命派的知识分子就曾经在他们所创办的报刊上介绍和讨论过社会主义。同盟会的机关报《民报》刊载过“德意志社会革命家小传”（附马克思、恩格斯传记及共产党宣言内容的简介）和“社会主义四大纲领”“万国社会党大会略史”等介绍社会主义流派和共产国际活动历史的文章。改良派的机关报《新民丛报》也刊载过“社会主义论”等以资产阶级改良派的观点介绍各派社会主义学说的论文。但是不论资产阶级革命派或改良派，都不可能正确地理解社会主义。革命派虽然同情社会主义运动，但是对社会主义显然还有很大的误解，他们喜欢按照资产阶级的理论，任意解释和修改马克思主义学说，并且还经常带有无政府主义的色彩。改良派其实是社会主义的反对者，他们介绍社会主义的目的，只不过是为了反对社会主义和宣传改良主义。此外，在一些无政府主义者所创办的刊物上，也刊载过一些谈论社会主义的文章，但是他们除了提出一些反对剥削的普通词句外，再也没有拿出什么东西来。

总体看来，“十月革命”以前，社会主义在中国并没有得到很好的传播，中国人民还非常缺乏正确的社会主义方面的知识。

“十月革命一声炮响，给我们送来了马克思列宁主义”。“十月革命”的胜利对中国人民是一个莫大的鼓舞，它促使中国人民开始根据俄国无产阶级革命的经验来考虑自己的问题，开始接受了马克思列宁主义这一放之四海而皆准的普遍真理。

“十月革命”后，在中国先进分子所主办的报刊上，普遍地出现了关于马克思列宁主义思想的宣传。

1915年创刊的以领导新文化运动著名的《新青年》杂志，是这一时期宣传马克思列宁主义的中心刊物。

1919年爆发了五四运动，五四运动后，由于中国先进分子的倡导，在全国范围内掀起了一个研究马克思列宁主义，研究俄国革命的历史经验的热潮。据估计，至少有200种以上的报刊，在一个时期内和在一定程度上倾向社会主义。在这些报刊上出现了大量的讨论社会主义、讨论马克思列宁学说和讨论俄国革命的文章。

就在五四运动爆发的那一个月，《新青年》出版了它的“马克思主义研究专号”（6卷5号），刊登了陈启修等人所写的“马克思传略”“马克思学说”“马克思研究”等讨论马克思主义的文章，在这一期和次一期的“新青年”上，还连续刊载了李大钊同志所写的长篇论文：“我的马克思主义观”——这是中国报刊上出现的第一篇系统地介绍马克思列宁主义基本原理的文章。在这篇文章里，大钊同志用很大的篇幅介绍了“阶级斗争”“剩余价值”“平均利润率”“资本积累”和“唯物史观”等马克思主义理论，指出，马克思的学说“揭露了资本主义剥削的全部秘密”，它的全部理论“科学地正确地论证了资本主义生产方式是必然地合乎规律地导致最后的灭亡”。在李大钊同志的领导下，《新青年》在宣传马克思列宁主义这一方面作出了极有价值的贡献，从1919年5月“马克思主义研究专号”出版到1921年中国共产党成立为止，这个刊物一共登载了137篇有关马克思列宁主义的文章。

和《新青年》同时的《每周评论》对这一时期马克思列宁主义思想的宣传，也有过一定的贡献。1919年4月，这个刊物刊出了约一千余字的“共产党宣言”的部分译文。这是1848年这一震撼世界的巨著出版以来的第二次汉译。五四运动以后，《每周评论》陆续发表了李大钊同志的“阶级竞争与互助”，以及慰慈等人所写的“俄国的新宪法”“俄国的土地法”“俄国的婚姻制度”“俄国的新银行法”等讨论和介绍马克思列宁主义理论与实践的文章，在读者中引起了很大的影响。

1919年至1920年间，中国各地的先进分子也创办了许多报刊，广泛地进行了马克思列宁主义思想的宣传。毛泽东同志主持的《湘江评论》从创刊起，就以“承受”“传播”“研究”“施行”世界革命的新思潮为自己的“最切最要的大任务”（“创刊宣言”）。刊物的第2、3、

4期连载了毛泽东同志所写的“民众的大联合”一文，这是毛泽东同志以马克思列宁主义的观点与中国革命实际相结合以求解决中国革命的策略问题的重要的著作之一。在这篇文章里，毛泽东同志认为俄国十月革命的胜利，就是人民大联合的胜利，中国人民要取得革命的胜利，就应当仿效俄国革命的方法，实行中国的民众大联合。毛泽东同志的这篇文章发表后，在全国范围内引起了极大的反响。北京的《又新日报》、成都的《星期日》等报刊，都以最显著的地位转载了它的全文。《每周评论》则推之为“眼光很远大，议论也很痛快”的一篇“重要文字”。不少共产主义知识分子和革命的资产阶级小资产阶级知识分子对毛泽东同志的这篇文章也推崇备至，一致认为这是以马克思列宁主义的观点研究解决中国革命实际问题的典范。

此外，在北京的《新教育》《新中国》《国民》《曙光》，在天津的《天津学生联合会报》，在唐山的《救国》，在上海的《少年中国》《星期评论》《太平洋》《觉悟》（《民国日报》副刊），在浙江的《钱江评论》，在成都的《星期日》，在湖南的《新湖南报》《湘潮》《女界钟》《湖南学生联合会周刊》等报刊对于马克思列宁主义的传播也都起了或多或少的作用。

俄国“十月革命”在青年知识分子中的影响，迫使某些政治上反动的报纸，也不得不以介绍马克思列宁主义和俄国革命历史经验来取悦它们的读者。例如，在政治上和皖系军阀和以梁启超为首的研究系都有密切联系的北京《晨报》，在这一时期除了继续扩大对俄国情况的报道外，还曾经出版过“劳动节纪念专号”，增辟了“新思潮”专栏，译载了马克思的“劳动与资本”——马克思《雇佣劳动与资本》一书的最早的译本、河上肇的《马克思的唯物史观》、考茨基的《马克思资本论解说》、陈渊泉的《马克思之奋斗生涯》以及马克思、恩格斯、列宁、李卜克内西、倍·尔·拉萨尔等人的传记和其他许多讨论社会主义的论文。再如，由政治上同以黎元洪为首的鄂系军阀关系非常密切的“猪仔”议员何海鸣所主办的《又新日报》，也刊载过许多像《马克思之价值说，剩余价值说及其批判》（高鼻素之作，若飞译）、《共产制与私有制之研究》（海德曼作，李仲光译）、《马克思社会主义之理论的体系》（河上肇作，罗琢章译）、《社会主义与社会运动》（邝摩汉作）等之类的讨论马克思主义的文章。这些报纸对种种反马克思列宁主义的思想、唯心主义的思想也很感兴趣，他们在刊载介绍马克思列宁主义的文章的同时，也刊载了许多无政府主义、国家社会主义乃至于实验主义的论文。太虚和尚的佛经讲稿也经常在版面上和宣传马克思学说的文章处于同样的地位。他们这样作的结果，一方面在客观上传播了马克思列宁主义，但另一方面也同时宣传了许多非无产阶级的思想，对读者起了很大的迷惑作用。

马克思列宁主义思想的传播和其影响的扩大，特别是由于它在革命实践上所可能取得的效果，使帝国主义者和反动的中国军阀政府大为恐慌。日本帝国主义者早在1919年就叫嚷“俄国过激思想宣传队现已潜入中国，希望中国当局赶早筑成数十万丈厚的长堤”（1919年2月5日《顺天时报》），唆使北洋政府以强制手段“取缔新思潮”。“五四”以后，北洋政府极力摧残进步报刊，他们以“遏乱源”“正风俗”为名，把那些被认为是“妨害治安，败坏风俗”和“专以鼓吹社会革命、无政府、同盟罢工、共产等邪说为宗旨”的报刊一律查禁。又发布一道“内阁令”，叫警察厅严查出版物，遇有宣传马克思主义的出版物立即没收。此外还有83种报刊和印刷品被指为“社会革命党在中国之传播物”而禁止发行。但是螳臂不能当车，投鞭不足断流，在气势磅礴足以冲决一切堤防的社会主义思想的洪流面前，反动派的任何措施都不可能遏止它的发展。正如《每周评论》在一篇文章中所说：“禁止思想的自由断断没有一点的效果，你要禁止他，他的力量便跟着你的禁止越发强大，你怎样禁止他、抑制他、绝灭他、摧残他，他便怎样生存、发展、传播、滋荣。”（1919年6月1日，24期，《危险思想与言论自由》）

1920年5月，各地的马克思主义者在共产国际的指导下成立了马克思主义学会，建立了各地的共产主义者小组。报刊上的马克思列宁主义的宣传，在各地共产主义者小组的领导下有了更大的发展。

《新青年》从1920年5月起，改组为马克思主义学会的机关刊物。改组后的第1期（7卷6号）是厚达270多页的“劳动节纪念专号”，用很大的篇幅详细地介绍了五一劳动节的历史、各国工人阶级斗争的历史、“俄罗斯苏维埃联邦共和国劳动法典”和国内北京、天津、上海、南京、唐山、长沙、无锡等大中城市的工人生活和工运发展情况。号召“中国劳工同胞”觉醒起来，组织起来，为本阶级和全人类的解放而奋斗。改组后的《新青年》还译载了不少列宁的著作：1920年11月出版的8卷3号刊出了列宁著作在中国的第一篇译文《民族自决》（摘译列宁在俄国共产党（布）第八次代表大会关于党纲的报告），同年12月出版的8卷4号又刊出了列宁的《过渡时代的经济》一文（即《无产阶级专政时代的经济和政治》）。此外，还出版了以解释和介绍社会主义为主要内容的8本《新青年丛书》，其中如刻卡朴所著的《社会主义史》和考茨基所著的《阶级斗争》等，都对马克思列宁主义的宣传起了很大的作用。

1920年11月7日“十月革命”的三周年纪念日，上海马克思主义学会出版了它的机关刊物《共产党月刊》。这是中国第一个纯粹以宣传马克思列宁主义为内容的理论性刊物。共出六期。创刊号上除了纪念“十月革命”的专文外，述刊载了《列宁的历史》《俄国共产党的历史》及“列宁的著作一览表”等文。第4期上还刊载了列宁的《国家与革命》的部分译文。这个以“共产党”命名的刊物，非常明确地以争取中国工人阶级的解放和实现社会主义为其编辑方针。它严厉地批判了无政府主义及其他反马克思主义的思想，探讨了如何在中国实现社会主义等问题，在各地马克思主义者当中有着广泛的影响。

马克思主义学会成立后，不少具有共产党思想的革命知识分子都积极地深入到工人群众中去进行工作。他们为工人创办了许多小报（主要的有北京的《劳动音》、上海的《劳动者》《伙友》、广州的《劳动声》等，均于1920年出版），在这些小报中也刊载了许多通俗性地解释“阶级斗争”“剩余价值”等马克思主义基本原理的短文，在提高工人群众的阶级觉悟，推动工人运动的发展等方面起了很大的作用。

马克思列宁主义在中国的传播并不是一帆风顺，而是经过了激烈的斗争的。

曾经在五四新文化运动时期和共产主义者并肩作战的资产阶级右翼，首先向马克思主义发动了猖狂的进攻，在报刊上和马克思主义者展开了激烈的论战。1919年7月，他们的代表人物胡适在《每周评论》第31期上发表了《多研究些问题少谈些主义》，稍后又发表了《三论问题和主义》和《四论问题和主义》等文。胡适这些文章的总的精神就是主张以枝枝节节的“改良”来代替“根本解决”，反对在中国传播马克思列宁主义和俄国革命经验，否认马克思主义对中国革命的伟大指导意义。

李大钊同志对胡适的这种反科学反革命的言论，进行了严厉的反击。他在《每周评论》35期中发表了《再论问题与主义》，指出“问题”与“主义”有不可分割的联系，要解决，“问题”就必须谈“主义”。他认为“必须有一个根本解决，才有把一个一个的具体问题都解决了的希望”，而这能够根本解决中国问题的主义就是马克思列宁主义。“问题”与“主义”的论争，是中国共产主义者捍卫马克思列宁主义反对资产阶级反动的唯心主义思想的斗争。斗争的结果是，共产主义者与资产阶级右翼的分裂，资产阶级右翼受到了沉重的打击，而马克思列宁主义在中国的宣传与影响却比以前更为扩大了。

1920年，当中国共产主义运动向前发展的时候，资产阶级“右翼”以梁启超、张东荪等为首，再一次发动了对马克思列宁主义的进攻，和胡适不同的是，他们把自己伪装成懂得“国情”的“社会主义者”的模样来反对社会主义。他们在《时事新报》和《改造》月刊等报刊上发表了许多文章，一方面，承认“资本主义必倒，社会主义必兴”；另一方面，却认为中国产业落后，并不存在资本主义，因此必须先发展资本主义，然后才可以实行社会主义革命，其结论仍然是反对马克思主义。

他们的反动言论也及时地受到了当时的共产主义者的反击。在《新青年》9卷1号的“讨论社会主义并质梁任公”一文中，李达同志彻底地驳斥了梁、张等人的许多错误论点，并揭穿了他们的阴谋。李达同志指出，只有社会主义才是增加社会物质财富的进步的生产方式，才能真正使中国人过着合理的生活；这一次论战，使马克思主义的真理光芒经过辩驳而愈加辉煌，使马克思主义得到了更广泛的传播。

在1917年“十月革命”至1921年中国共产党成立前的四五年中，中国报刊特别是共产主义者所主办的报刊，在介绍和传播马克思列宁主义方面，起了十分重要的作用。“没有革命的理论，就没有革命运动”（列宁），中国报刊向中国工人阶级和中国人民传播了马克思列宁主义这一放之四海而皆准的伟大的革命理论，这就在短期内加强了中国工人阶级和中国人民的自觉，推动了中国革命运动的发展。

四

“十月革命”在中国引起了很大的影响，“十月革命”给社会主义思想开辟了一条深入东方、深入到像中国这样一个被压迫国家的大道。

中国报刊在1917—1921年这一段时间内所进行的关于俄国十月社会主义革命和马克思列宁主义思想的宣传，表明了中国人民对伟大的俄国人民的诚挚的友谊，表明了中国人民对俄国革命的真诚的向往。报刊的宣传使中国人民从俄国革命中得到了很大的鼓舞和教益，使中国人民懂得了马克思列宁主义这一救国救民的真理。中国人民一旦获得这个唯一正确的革命理论之后，也就像俄国人民一样，一步步走向胜利。

“十月革命”后，中国出现了第一批由中国最早的共产主义者所主办的以介绍俄国革命经验和马克思列宁主义为主的工人阶级的报刊。中国工人阶级的报刊是在“十月革命”的号召下产生的，它在一定程度上受到了联共党领导下的俄国工人阶级报刊的影响。

中国工人阶级报刊从它诞生之日起，就是中国工人阶级及其政治组织和各种敌人进行政治和思想斗争的尖锐武器。中国工人阶级的报刊坚持了列宁的报纸的党性的原则，始终如一地宣传和捍卫马克思列宁主义，维护中俄两国人民的伟大友谊，同各种反俄（苏）反社会主义的反动言论进行了不调和的斗争。

新中国的报刊是前一时期的中国工人阶级报刊的发展。它继承了“十月革命”以来的中国工人阶级报刊的战斗传统，永远是中国工人阶级的政党——中国共产党向群众宣传马克思列宁主义、宣传党的政策和推动人民为社会主义和共产主义革命的胜利而斗争的重要工具。

（原载1957年第11期《新闻业务》）

第四系列

（九篇）

章太炎与近代中国报业

一

章太炎名炳麟，又名绛，笔名枚叔、西狩、末公、末底、独角、台湾旅客、菿汉阁主等，浙江余杭人，是近代中国著名的国学大师，著名的社会活动家，同时也是著名的报刊活动家和报刊政论家。从1897年开始为报刊撰稿起，到1936年他去世之日止，章太炎曾经为海内外的87家报刊（其中包括16家日报和71家期刊——内26家为政论期刊）撰写过791篇各类文章，其中有相当大一部分是政论文章。在此期间，他还参加过10家报刊的编辑工作，并且担任过其中5家报刊的主编，晚年还在他担任校长的国民大学内设置了报学系，成为新闻教育的倡导者。章太炎曾七次被追捕，三入牢狱。其中好几次，都和办报活动有关，他的一生，和近代中国的报业有着极其密切的联系。

章太炎和中国近代报业发生联系，是从“戊戌维新运动”时期开始的。1895年，康有为发起公车上书，并在北京、上海两地成立强学会，宣传变法，章太炎当时正肄业于杭州的诂经精舍，从俞樾治古文经，又问学于黄以周、孙诒让、宋衡等朴学佛学大师，得到消息后，立即寄去会费16元，报名入会，对康、梁的活动表示支持。1896年，梁启超、汪康年等在上海办《时务报》，他曾以浙江同乡的关系，去信给汪康年，和汪就如何办报事进行探讨，表示了他对维新派宣传工作的关心。1897年1月，汪康年邀请他担任《时务报》撰述，他欣然就道，在上海《时务报》工作了三个多月，直到4月中旬才辞职返杭。这是他参加办报活动的开始。

在《时务报》工作期间，他除了编报外，还在该报第18、19两期发表了《论亚洲宜自为唇齿》和《论学会有大益于黄人亟宜保护》等文，提出了大办学校，遍设学会，“以革政挽革命”等主张。他的文章刚发表，就受到了该报读者和维新派同仁们的重视。黄遵宪立即致函汪康年，称赞“章氏之文，颇惊警”。谭嗣同则在致汪康年、梁启超函中称赞说：“贵馆添聘章枚叔先生，读其文，真巨子也。”（见《谭嗣同全集》371页）这是章太炎第一次在报刊政论上崭露头角。但是他对康、梁等人的“倡言孔教”不太赞成，由于今古文经学之间的门户之见很深，他和报社内的康门弟子“论及学派，辄同冰炭”，争论激烈时，至于“攘臂大哄”，终于去职。

离开《时务报》后，章太炎回到杭州，参加了当地出版的《经世报》的编辑工作。这家报纸创刊于1897年8月2日，由宋恕、陈虬和章等任撰述，是一个旬刊，设有本馆论说、皇言、庶政、学政、农政、商政、兵政、交涉、中外近事、格致、通人著述等栏目，刊载了不少记述国内外大事和介绍新学术、新知识的文章。章太炎在这家报纸上发表了《变法箴言》《平等论》《读管子书后》等文。这家报纸的《例言》，也有可能出于章太炎之手。不久，《实学报》《译书公会报》在上海创刊，章太炎又相继为这两家报纸撰稿，并担任了《译书公会报》的主笔。在《实学报》上，章太炎发表了《实学报叙》《后圣》《儒道》《重设海军议》等九篇文章，后来辑入《訄书》一书中的一些篇章，就是首先在这家报纸上发表的。在《译书公会报》上，章太炎发表了《译书公会叙》《读日本国志》等四篇文章，在“开民智”，“广见闻”，介绍“泰西政艺”等方面，配合同时期的维新派报刊，作了大量的工作。

1898年春，章太炎应张之洞的邀请来到武昌，曾计划与梁鼎芬、王仁俊等合作创办一份旬刊报纸《正学报》，为正在进行中的维新运动扫清一点思想上的障碍，“使孤陋者不囿于见闻，以阻新政，而颖异之士亦由是可以无遁于邪也”。（章太炎《正学报缘起》，见《章太炎政论选集》58页）由于双方“论政不合”，没有成功。8月回到上海，时值汪康年主办的《昌言报》创刊，他应邀担任主笔，先后在该报发表了《书汉以来革政之狱》《蒙古盛衰论》等四篇文章。不久，政变爆发，“六君子”遇难，康梁等流亡日本，章太炎也遭到通缉，被迫逃离上海。

1898年12月4日，章太炎抵达台北。当时日本据台已经4年，对台湾人民言论出版的控制，正在逐步加紧。获准公开发行的报刊，只有《台湾日日新报》《台湾商业新报》《台北新闻》《台中新闻》《台澎日报》等少数几家。大多由日本人出面主办。而且还制定了一部《台湾新闻纸条例》，规定所有报纸都必须经过审批和新闻预检，才允许公开发行。章太炎是经日本友人山根虎雄的介绍，进入《台湾日日新报》担任该报记者的。《台湾日日新报》创刊于1898年的5月6日，由《台湾新报》《台湾日报》合并而成，是日本驻台总督府的机关报，当时担任社长的是日本人守屋善兵卫。章太炎这时已经稍有文名，被台湾文坛誉为“千言立成的大文章家”和“著名学者”，他的到来，受到了当地新闻界和文化界的热烈欢迎。在《台湾日日新报》工作期间，章太炎主要担任该报汉文版的记者，结交了不少日籍和台湾籍的朋友如馆森鸿、罗秀实、李越涛、连横、林佛园、魏清德等，在报上发表了不少诗文，其中有一些涉及内地的政治，为报社当局所不怿，章太炎也对当局的干涉极为不满，曾经把守屋善兵卫，詈为守屋“恶”兵卫，并在第二年的夏天，拂袖而去，在台湾只待了半年多一点的时间。

1899年6月，章太炎抵达日本，先后住在东京小石川区梁启超家和横滨《清议报》社。早在台湾时期，章太炎就曾以台湾旅客的笔名，为《清议报》写过《祭维新六贤文》等诗文，对变法的失败，谭嗣同等人的死难，和康、梁等人的沦落海外，表示哀悼和同情。至是又陆续为《清议报》撰写了《客帝》《儒冠》等十来篇文章。其中《客帝》一文，虽然对清帝有所指摘，但并不同意“逐满之论”。

这一次，章太炎只在日本待了两个多月，就启程回国，经上海返回杭州。1899年冬，他由杭州回到上海，很快就被邀请担任《亚东时报》的主笔。《亚东时报》创刊于1898年6月25日，1899年5月起，由唐才常任主编。这一年冬，唐才常为酝酿自立军起义事去湖北以后，才由章太炎接任。他除了编报外，还在这家报纸上发表了《游两京记》《今古文辨义》等两篇文章。这一段时间，章太炎住在汪康年主办的《昌言报》社内，除主编《亚东时报》外，仍然和海外的康、梁保持联系，并不时为康、梁主办的报纸供稿。

从1897年担任《时务报》撰述，到1899年主编《亚东时报》，这是章太炎办报活动的第一个阶段。也正是他后来自我反省时所说的，“弃本崇教”“违于形势”“饰苟且之心”“与尊清者游”（见《訄书·客帝匡谬》）的阶段。在这一段时期内，章太炎先后为9家报刊撰，写了44篇文章，并且担任过其中6家报刊的编辑工作和一家报刊的主编。这一阶段的章太炎，虽然在经学研究上与康、梁相水火，但在政治观点上，和康梁是一致的。梁启超所作的《广诗中八贤》，章太炎就被列为其中的一贤；梁所编的“师友论学笺”中，也把章太炎的文章骈入。说明这一阶段的章太炎，仍然和康、梁保持着密切的联系，他们之间相濡以沫，并未相忘于江湖。

二

章太炎和中国近代报业发生联系的第二个阶段，是1900年到1911年这一段时期。也是他和以孙中山为首的革命党人密切合作，为革命派报刊撰稿，参加革命党人的办报活动，为辛亥革命作舆论准备的时期。

章太炎从少年时代起，就有朦胧的反清思想。1899年经梁启超介绍，在横滨始识孙中山之后，“相与谈论排满方略，极为相得”（冯自由《革命逸史》第二集26页），始有革命之志。这时，他和康、梁等虽然还有联系，梁启超主办的《新民丛报》上，也发表过他的一两篇文章，但只是论学之作，政治观点上已逐渐和康、梁疏远了。

1900年8月，唐才常、严复等在上海召开“中国国会”，章太炎在会上当场剪掉了象征民族压迫的辫子，表示了革命的决心。会后，章太炎立刻写信给革命党人在香港办的机关报《中国日报》，介绍了这次“国会”开会的情况，和他在会上“遽断辫发以明不臣满洲之志”的经过，并附上新近写作的《拒满蒙人入会状》及《解辫发说》两文，希望“登之贵报，以示同志”。前一篇文章作于7月29日，后一篇文章作于8月3日，有“东胡贱种”“愤东胡之无状”及“满洲政府不道”等语，都是激烈的反满文章。《中国日报》收到后，立即全文发表。并在按语中称赞说：“有清以来，士气之壮，文字之痛，当推此次为第一。”这是章太炎这位“以文章排满的骁将”在报刊上发表的最早的两篇革命文字，也是《中国日报》上刊出的最早的一批有强烈反满色彩的文字。

和这两篇文章相呼应的，则是1901年7月，他在留日学生主办的《国民报》第四期上发表的《正仇满论》一文。这篇文章不同意梁启超在《清议报》上发表的《中国积弱溯源论》一文中，把中国的积弱，归罪于“那拉一人”的观点。认为中国积弱的根本原因，在于清朝政府的腐朽而反动的统治，这个政府“无一事不足以丧吾大陆”，表示了强烈的“仇满”情绪。

1902年2月章太炎第二次到日本，在东京发起组织了“支那亡国242年纪念会”并起草了由他领衔发布的《支那亡国242年纪念会启》，在兴中会机关报香港《中国日报》上公开发表。在此前后，他还撰写了后来收入《訄书》中的《客帝匡谬》一文，表示和过去的拥戴清室的观点决裂。这是这一时期他所写的具有强烈革命色彩的另外两篇政论文章。

使得章太炎名声大噪，在海内外享有盛誉的，则是他这一时期为上海《苏报》所写的几篇政论文章，和他在“苏报案”中的突出表现。

《苏报》初创于1896年，原是一份挂“日商”招牌的报纸。1900年后，为湖南人陈范接办，转为中国人自办的报纸。陈范是一个当过知县的退职官员，开始接办《苏报》的时候，还是一个同情维新运动的人。他延请妹婿常州人汪文溥担任主笔，“高唱保皇立宪之论”，使这个报纸带有浓厚的“保皇”色彩，“时人多以康党目之”。（冯自由《革命逸史》初集120页）1902年以后，陈的思想有了很大改变，报纸也明显的转为同情革命。这一年的4月，蔡元培、章太炎等在上海成立了革命外围团体中国教育会，并支持一部分进步学生组成爱国学社，开展革命的宣传和教学活动。在陈范的主持下，《苏报》和爱国学社建立了密切的联系，大量刊载学社师生措辞激烈的讲稿和演说记录，并约请学社师生轮流为该报撰写社论，使《苏报》成为中国教育会和爱国学社的公开的言论机关。1903年5月27日，陈范正式聘请爱国学社的成员章士钊担任《苏报》的主笔。从这一天起，到7月7日止，《苏报》在将近一个半月的时间内，先后发表了20来篇带有强烈革命色彩的文章，并向读者介绍了新近出版的邹容所写的《革命军》，终于遭到了官方的忌恨，被清吏勾结租界当局强行查封，章太炎和邹容被捕入狱。史称“苏报案”。

章太炎于1902年6月从日本回到上海，回来后即在爱国学社任教，积极支持《苏报》的工作。在章士钊担任主笔期间，他先后在该报发表了《革命军序》（刊6月10日该报）、《康有为与觉罗君之关系》（刊6月29日该报）和《狱中答新闻报》（刊7月6日该报）等文。其中《革命军序》是为邹容的《革命军》一书所写的序。在这篇序文中，他把这本以“犀利之笔”“浅直之辞”进行民主革命宣传的小册子，比之为震撼人心的“雷霆之声”，给以很高的评价。《康有为与觉罗君之关系》是发表时使用的题目，后来被转载时通称《驳康有为政见书》或《驳康有为论革命书》，是针对原来发表在《新民丛报》上的康有为的《答南美洲诸华侨论中国只可行立宪不可行革命书》一文而发的。在这篇文章中，章太炎以雄直之辞，表达了强烈的反清革命的主张。《狱中答新闻报》作于他被捕以后，刊于《苏报》被封的前一天。在这篇文章中，章太炎怒斥了《新闻报》所代表的保守势力，表达了自己和邹容两人“相延入狱，志在流血”，坚持走革命道路的信心和决心。此外，章太炎还参加了《驳革命驳议》（刊6月13日该报）一文的部分写作任务，这篇文章是针对《中外日报》所刊的《革命驳议》一文而发的，批判了那篇文章的作者所提出的革命不能救国，只有保皇立宪才能救国的错误观点。这篇文章由章太炎、柳亚子、蔡冶民、邹容等四人合作完成，章太炎执笔的是其中的第一段。这些文章批判了改良的道路，弘扬了革命的主张，起了强烈的震撼人心的作用。其中，以驳“康”书的影响为最大，堪称这一时期鼓吹革命最有战斗力和最有光辉的一篇檄文。

清方和租界当局蓄谋对《苏报》进行迫害，起始于6月下旬。风声泄漏后，不少有牵连的人如蔡元培、陈范、章士钊等，早已先期走避。

章太炎却不愿苟免。6月30日，当捕役们到爱国学社点名抓他的时候，他正守候在客室中，自指其鼻说“我就是”，欣然随之而去。第二天，邹容闻讯，也自行投案。一场以清廷为原告，他们两人为主要被告的诉讼，随之开始。在法庭上，参加“会审”的清方官员“不甚识字，觳觫殊甚，但云公等速说，我与公等无仇无怨而已”（见章太炎：《狱中与吴君遂张伯纯书》），给大清帝国丢尽了脸也出尽了丑，而被告的章、邹等人则慷慨陈词，把法庭当成了宣传革命的讲坛。“事毕，乘马车归捕房，观者填咽，诵‘风吹枷锁满城香，街市争看员外郎’而返”（同上）。这次诉讼虽然以章被判刑三年，邹被判刑两年结案，但他们都因此受到了人们的同情和尊敬，成为轰动一时的风云人物。

1906年6月，章太炎刚从狱中释出，就被同盟会派遣专人接到日本。在东京，“同志迎于锦辉馆，来观者7000人，或着屋檐上”（见《太炎先生自订年谱》光绪三十二年条）。受到了英雄般的接待。此后不久，就被邀请到《民报》担任主编。

《民报》1905年11月26日创刊于东京，是“同盟会”的机关报。它号称报纸，其实是一个期刊（自称月刊，但经常脱期），从1905年到1910年，共出版26期。先后担任撰稿工作的有陈天华、胡汉民、汪精卫、汪东、朱执信、廖仲恺、宋教仁等68人。章太炎从第6期起到第24期止，担任该报主编达两年之久，先后在该报发表了58篇文章，包括24篇论说和18篇时评，占该报所刊全部文章的24.6%，成为该报最主要的作者。《民报》先后共有张继、章太炎、陶成章、汪精卫等四个编辑发行人，也以他担任主编的时间为最长。他在《民报》上发表的《革命之道德》《中华民国解》《排满平议》《政闻社员大破坏状》《讨满洲檄》《定复仇之是非》《与人书》《印度中兴之望》等文章，反对帝国主义对中国人民的侵略，谴责清朝政府的民族压迫政策，支持殖民地半殖民地国家的民族解放运动，赞颂盗跖、李自成、洪秀全这样的一些历史上的英雄人物，宣扬甘于艰苦不畏牺牲的革命道德作风，揭露和鞭挞混入革命队伍内部的丑类，起了十分有利的激励人心的作用。他所写的《俱分进化论》《代议然否论》《五无论》等文章，虽然其观点不完全为革命党人所认同，也充分地表述了自己的理想和主张，受到了读者的关注。他所发表的《演说录》《答铁铮》《主客语》等提倡国粹的文章，是为了弘扬中华民族悠久的历史文化遗产，“用国粹激动种性，增进爱国的热肠”（见《民报》第六号《演说录》）。他所发表的《人无我论》《大乘佛教缘起说》《四惑论》等弘扬佛教教义的文章，则是企图以佛教华严宗的“一切众生皆是平等”的那种平等的精神，和“普度众生，头目脑髓都可以施舍与人”的那种精神去献身于革命，和“用宗教发起信心，增进国民的道德”（同上）。

由于章太炎的加入，《民报》的影响大为提高。景梅九在《罪案》一书中回忆当时的情景时，这样写道：“正值《民报》对《新民丛报》激烈笔战的时代，忽然得一位学问渊博文章朴茂的章先生，来主笔政，大家怎能不分外欢迎。别的先莫说起，单是一篇《革命之道德》，便把学界全体激动起来，有多少顽固老先生见了这一种议论，也都动魄惊心，暗暗地赞成了种族主义”。（见上海人民出版社版“中国近代史资料主刊”《辛亥革命》第二辑246页）章太炎进入《民报》后的那一年冬天，该报在东京锦辉馆举行创刊周年纪念会，到场祝贺的竟有万人之多，堪称盛况空前。这一时期，《民报》的声望，也达到了前所未有的高度。“国内学子以得《民报》为幸，师禁之转益珍重，化及全域，江湖耆帅，皆愿为先驱”（《太炎先生自定年谱》光绪三十二年条）。

章太炎在《民报》的工作大体上可以分为两个阶段，1906年7月至1907年3月（《民报》第6~12期）是第一阶段；1907年3月至1908年10月（《民报》第13~24期）是第二阶段。前一阶段的《民报》的编辑工作，是在孙中山先生的指导下进行的。后一阶段，孙中山和同盟会的一大批骨干力量离开日本到南洋一带进行武装起义的准备工作，《民报》的编辑工作主要由章太炎单独负责。

进入1908年以后，国内外反动势力相互勾结，加强了对《民报》的限制和迫害。一方面，禁止《民报》在国内的发行；一方面，收买动摇分子，分化《民报》的队伍，派人潜入报社投毒，同时由日方出面，指控《民报》违反出版法和激扬暗杀破坏治安。对日本当局的无理指控，章太炎代表《民报》进行了坚决的抗争，都无结果。终于在出版第24期后被迫休刊。

《民报》的休刊，除上述外部的原因外，还有内部的原因，就是同盟会内部的分歧。在《民报》，这一分歧主要表现为章太炎和孙中山之间的分歧。孙中山对章太炎没有在《民报》上更多地宣传同盟会的纲领和他的“非常革新之学说”有点意见。章太炎则对孙中山把筹集来的大部分捐款，投入武装起义的准备工作，留给《民报》的经费太少，也很不满。当时，《民报》的经费确实困难，编辑工作人员至于饔飧不继，但孙中山为了组织武装起义也在需款，无力解决《民报》的困难，章太炎对此很不谅解，对孙时有指摘，甚至发展到人身攻击。在章、孙之间为《民报》事争辩得十分激烈的时候，光复会总部在东京成立，章太炎和陶成章出任正副会长，从同盟会中分离了出来，双方的矛盾，更难弥合。1910年1月，在孙中山的支持下，《民报》在东京秘密复刊，由汪精卫出任总编辑。章太炎当时还在东京，曾在当地报纸上发表文章表示反对，斥之为“伪《民报》”，把同盟会内部的分歧公开化，为同志所不满。续出的《民报》，刊号与休刊前的该报相连，只出了两期，即出至第26期，就最后停刊了。

在为《民报》而引起的这场争辩中，孙中山时时以革命利益为重，潭潭大度，谆诚豁达，只在内部分歧已经完全被公开以后，才在一定场合作一些必要的申辩。而章太炎则咄咄逼人，不留余地，暴露了他的宗派情绪，和傲慢、偏狭、自以为是等缺点，做了不少亲痛仇快的事情，成为他的盛德之累。

从1906年6月至1911年10月，章太炎一直住在东京。这一段时期，他除了主编《民报》外，还经常为在日本出版的《复报》《汉帜》《革命评论》《天义报》《学林》《教育今语杂志》，在上海出版的《国粹学报》和在槟榔屿出版的《光华日报》等报刊撰稿。以在《国粹学报》和《学林》上发表的为最多，前者为52篇，后者为15篇，两共67篇，占这一时期他为上述报刊撰写稿件的78%。其中，不乏激昂慷慨的鼓吹革命的诗文，但也有不少与《民报》中的文章桴鼓相应，志在弘扬和保存国粹的鸿篇巨构。其目的主要是为了激发读者的爱国爱种之心，进而达到壮大排满复汉力量，推翻清朝专制政府的客观效果。正如他在《东京留学生欢迎会演说辞》一文中所说：只要“提倡国粹”，让大家都知道中国的语言文字，典章制度，人物事迹，“我想就是全无心肝的人，那爱国爱种的心，必定风发泉涌，不可遏抑的”（刊《民报》第6期）。

这一阶段，历时11年，是章太炎和中国近代报业发生联系的第二个时期。在这一段时期内，他先后为18家报刊撰写了172篇文章，并且担任了其中两家报刊的编辑工作。这是他积极为革命作鼓吹深受读者爱戴的一个时期。也是他一生当中，政治上的“战斗业绩”最辉煌的一个时期。正如他的学生鲁迅后来所说：“我知道中国有太炎先生，并非因为他的经学和小学，是为了他驳斥康有为和作邹容《革命军》序，竟被监禁于上海的西牢。……我爱看这《民报》，也并非为了先生的文笔古奥，索解为难，或说佛法，谈‘俱分进化’，是为了他和主张保皇的梁启超斗争。……战斗的文章，乃是先生一生中最大最久的业绩”（《关于太炎先生二三事》，见《鲁迅全集》卷六第547页）。1913年5月孙武等在为章太炎请勋致民国政府的呈文中，也突出地强调了章太炎这一时期在报刊上为革命作鼓吹的功绩，有“此次民国告成，全由于人心之倾向共和，而养成最近之人心，不得不归功于十余年来之言论。至言论之中坚，则当以章炳麟称首。……此其功业，比于孙文、黄兴，殆难相下”（见1913年5月28日《民立报》）等语。民国政府据此发布命令，“授以勋二位”。可见对章太炎这一时期在办报和言论宣传活动上的贡献，朝野各方面的意见是一致的。

三

章太炎和中国近代报业发生联系的第三个阶段，是1911年以后直至他1936年因病去世的这一段时期。在这一段时期内，章太炎曾先后为60家报刊撰写了585篇文章，并且担任过其中两家报刊的主编或发行人。

1911年10月，武昌起义成功，清廷土崩瓦解。章太炎在日本得到消息后，立即作回国准备，于11月中旬返抵上海。对这位曾经为革命的宣传做过杰出贡献的报刊政论家，海内外新闻媒体都表示了极大的敬意。革命党人在槟榔屿主办的《光华日报》特刊出《文字功》一文，认为革命之所以成功，“当推原于文字（宣传）”，并把章太炎的功绩列于首位。（见1911年11月16日该报）革命党人在上海主办的《民立报》则刊出题为《欢迎鼓吹革命之文豪》的社论，盛赞章太炎为“中国近代之大文豪”和“革命家之巨子”，欢迎他的归来，并且推之为“新中国之卢梭”（见1911年11月16日该报），对他寄以很高的期望。

在回国后的最初一段时期，章太炎没有办报，只是在革命党人在上海主办的《民立报》《民国报》上发表一些文章，阐明自己的政见和对民国前途的构想，并积极筹组新的政党。1912年1月3日中华民国联合会在上海成立，章太炎被推为正会长，程德全被选为副会长，参加这个会的还有张謇、蔡元培、熊希龄等。章太炎在筹组中华民国联合会的同时，即积极筹备办报。

1912年1月4日《大共和日报》在上海创刊。它是中华民国联合会的“发表言论机关”（见该会章程第18条），同时也是南京临时政府成立后，最先出版的几家报纸之一。这家报纸日出两大张，由马叙伦担任总编辑，汪东、王伯群、胡政之等任编辑记者，章太炎则是该报的社长和“全部主任”。同年3月，中华民国联合会改组为统一党，两个月后，又改组为共和党，《大共和日报》继续充当这两个党的言论机关。

章太炎在担任该报社长期间，先后在该报发表了《大共和日报发刊辞》《与张謇论政书》《敬告同职业者》《与报界俱进会书》《布告反对汉冶萍抵押之真相》等26篇文章。阐述了他对时局的主张，和他对一些具体问题的看法。经常和孙中山和南京临时政府及国民党唱反调。在他所写的该报《发刊辞》中，竟然发出了“民主立宪，君主立宪，君主专制，此为政体高下之分，而非政事美恶之别。专制非无良规，共和非无秕政。我中华民国所望于共和者，在元首不世及，人民无贵贱，……非欲尽效法兰西，美利坚之治也”（见1912年1月4日该报），这样的怪论。此外，在迁都、改历、对外借款及实行土地国有政策等方面，也都持异议，和在临时政府执政的国民党相对立，表现了浓厚的宗派情绪。张謇首先提出来的“革命军兴，革命党消”这一瓦解革命党士气的口号，也是通过这一时期他发表在《大共和日报》上的文章，散布出去的。1912年冬，章太炎被北京政府任命为东三省筹边使，12月23日共和党本部开会欢送，他的《大共和日报》社长的职务，才自行解除。从1月4日到12月23日，他一共在这家报纸待了12个月零19天。

《大共和日报》在章太炎离开后，继续为共和党作鼓吹。1913年5月，共和党联合其他一些小党改组为进步党，该报又转为进步党的言论机关。直到1915年夏自动停刊。在章太炎离开后的两年多时间里，这家报纸接受过袁世凯的津贴，为袁世凯说过一些好话，和国民党方面的

《民立报》《民权报》等报，就一些意见分歧的问题，展开过笔战，但是并不支持袁世凯的帝制。这些都是章太炎离开以后的事情了。

1913年春，章太炎到长春就任东三省筹边使，“僚属才十人”，“既鲜事，经费亦少”（见《太炎先生自订年谱》1913年条）。但他还想做点实事。其中之一就是办一份机关报。报名定为《筹边日报》，由章自任主笔，聘前警局总务科员赵述之为经理。也许是由于缺乏经费，这份计划中的报纸没有办成。几个月后，章太炎离职南下，不久又遭到袁世凯的软禁，这件事就不了了之了。

在此后的20年间，章太炎辗转上海、广州、昆明、重庆、恩施、武昌、余杭、长沙、上海等地，最后定居于苏州。开始还担任过个别名誉性的公职，参与过一些政治活动，并时时就一些公众关心的政治问题，发表意见。但终于“身衣学术的华衮，粹然成为儒宗”，而且“退居于宁静的学者，用自己手造的和别人所制造的墙，和时代隔绝了”（鲁迅《关于章太炎先生二三事》，见《鲁迅全集》第六卷444页）。

在这20年间，章太炎仍然和不少报刊保持密切联系。其中，既有时事政治性的综合报刊，也有纯学术性的期刊。属于前者的，可以举出《申报》《新闻报》《时报》《时事新报》《中华新报》《民国日报》《顺天时报》《大公报》《益世报》《苏州明报》《庸言》《甲寅》《醒狮》《大中华》等近20种。章太炎在这些报刊上发表了不少政论文章，和表态性的通电和文告。中年就国内政局发表的一些意见，晚年就支持抗日问题和学生爱国运动问题发表的一些谈话和文电，就大多是在上述这些报刊上发表的。其中，尤以发表在《申报》《时报》和《中华新报》等这几家报纸上的为最多。仅《申报》一家，就发表了127篇。属于后者的，可以举出《雅言》《国故》《国学丛编》《华国月刊》《国学卮林》《国学论衡》《国学商兑》《越风》《制言》等40多种。内容大多为论述经学小学等学术方面的文章和演讲稿。其中以发表在

《雅言》《制言》《华国月刊》这三家刊物上的为最多。仅《制言》一家，就发表了157篇。因为他是这家刊物的主编。这是一家在他晚年长期居住的苏州出版的刊物，也是他一生中主办的最后一家刊物。

这一阶段是章太炎和中国近代报业发生密切联系的最后一个阶段。在这一阶段内，章太炎出于政治上的宗派情绪，和对某些人的偏执看法，发表过不少攻讦过当的文字，也受别人利用，“参与投壶，接受馈赠”，写过一些谀墓的文章。这些，正如后人所说，“不过白圭之玷，并非晚节不终”（见前引鲁迅文），是可以谅解的。最后几年所写的要求团结御侮的文电，使他早年的爱国情结再现光辉，立比高节，尤足矜式。

四

章太炎在参加办报活动和为报刊撰稿的过程中，逐渐地形成了自己的新闻思想。他的新闻思想，涉及的方面很广，主要集中在以下四点。

（一）报刊要为当前的政治服务

对创办报刊的目的，章太炎各时期的提法是不一样的，但有一点相同，即必须为当前的政治服务。戊戌维新时期，章太炎提出的办报目的主要是开民智和开风气。1896年《时务报》初创的时候，他在给汪康年的信中，就建议这家维新派的机关报，应该“驰骋百家，掎摭子史，旁及西史，近在百年，引古鉴今，推见至隐”。并论证说“证今则不为卮言，陈古则不触时忌”（《致汪康年书》，转引自1977年中华书局版《章太炎政论选集》上册第3~4页）。他在为译书公会办《译书公会报》的时候，提出的办报宗旨为“开民智，广见闻”，因此规定其内容以“广译东西切用书籍报章为主”。（见《译书公会报》第一期《启事》）。他在筹办《正学报》的时候，也提出这份报纸必须以“选译东西各报为主”，以便“使孤陋者不囿于见闻以阻新政，而颖异之士，亦由是可以无遁于邪也”（《正学报缘起》，见前引《章太炎政论选集》58页）。其目的都是为了广开民智广开风气，为维新运动的发展，扫除障碍，作思想上的准备。辛亥革命时期，章太炎提出的办报目的是“为民斗杓，以起征胡之铙吹”，和“相我子孙，宣扬国光，昭彻民听，俾我四百兆昆弟，同心勠力，以底虏酋爱新觉罗氏之命。扫除腥羶，建立民国”（见章太炎《民报一周年纪念辞》，原刊《民报》第10期82页）。其目的是为反清革命作舆论上的准备。南京临时政府成立以后，章太炎提出的办报目的是“上通国政，旁达民情”（见章太炎《敬告同职业者》，刊1912年1月7日《大共和日报》，和“（附设言论机关）扶助共和政府之完全成立，而保亚洲和平之大局”（见章太炎所撰《中华民国联合会启》，刊1911年11月20日《时报》）。所有这些，都表明办报的目的，是为当时的政治服务。

（二）人民应享有言论出版自由

这是民主革命者在和封建统治作斗争时首先提出来的进步观点。章太炎是这一进步观点的服膺者，也是维护这一神圣权利的勇猛的斗士。早在少年时代，他就对封建专制统治者的禁锢言论深为不满。此后，在他的一生中，对那些因为触犯言禁而遭到迫害牺牲者，始终十分同情，并尽可能的给予支持和声援。1903年，当他在狱中得到报馆主笔沈荩因发表了不利于当局的报道，被清廷杖杀的消息之后，立即写了《狱中闻沈禹希见杀》一诗，以示哀悼。诗云：“不见沈生久，江湖知隐沦。萧萧悲壮士，今在易京门。魑魅羞争焰，文章总断魂。中阴当待我，南北几新坟”（见1976年上海人民出版社版《章太炎诗文选注》第38页）。比沈为“壮士”，引为同道。1926年，当他听说杭州一家报纸的主笔许祖谦因言论遭到地方当局的逮捕时，立即致电五省联军总司令孙传芳，要求释放。1934年，当《申报》主人史量才因言论主张触怒当道被特务暗杀时，他亲自为史撰写墓志铭，慨叹“清议之权，自匹夫尸之，常足以贾祸”，并对史的因清议而“竟为人阻隘而死”，表示愤怒。在新闻工作的实践中，章太炎也是对言论出版自由多方限制的坚决抗争者。在这方面，他有过三次蜚声于时的抗争活动。第一次是在“苏报案”审讯过程中。他在法庭上，临危不怯，侃侃而谈，“不知所谓圣讳”，并在狱中撰写文章，勉励战友，怒斥顽敌。第二次是在《民报》被禁事件的审讯过程中。他在法庭上和日方的警视厅长展开了如下的激烈辩论：“我语裁判长，我言革命，我革中国之命，非革贵国之命。我之文字，即鼓动人，即煽惑人，煽惑中国人，非煽惑日本人，鼓动中国人，非鼓动日本人，于贵国之秩序何与？于贵国之治安何与？厅长无言。我语裁判长，言论自由，出版自由，文明国法律皆然，贵国亦然，我何罪？厅长无言。我语裁判长，我言革命，我本国不讳言革命，汤武革命，应天顺人，中国圣人之言也。故中国法律，造反有罪，革命无罪，我何罪？厅长无言”（见《太炎最近文录》，转引自1979年中华书局版汤志钧《章太炎年谱长编》288页）。不仅有理有据，而且从气势上压倒了对方，真是掷地有声，精彩绝伦。第三次是在1912年3月南京临时政府内务部分发了《民国暂行报律》之后。他立即在《大共和日报》上发表了题为《却还内务部所定报律议》的社论，反对在建国伊始，就对报刊出版事业诸多限制，并从法理上对这一暂行报律进行了驳斥，表示“绝不承认”。结果是孙中山从善如流，以大总统的名义予以撤销。这些抗争活动，表明章太炎不愧为鼓吹和坚持言论出版自由的健者。

（三）报刊应对政府进行必要的舆论监督

早在“辛亥革命”以前，章太炎就曾经在《民报》上发表的《代议然否论》一文中，提出应开放言禁，使“通达历史、周知民间利病之士”得以利用报刊对政府进行必要的监督的主张。当时，全国都在清朝专制政府的严密控制之下，这种主张，无从实现。民国成立以后，孙中山的民权主义思想受到重视，成为立国之本，在新形势下，章太炎又在很多场合，重申了他的上述主张。1912年1月，他在为《大共和日报》所写的《发刊辞》中率先指出："风听胪言，高位之所有事；直言无忌，国民之所自靖。日报刊发，大义在兹。箴当世之痈疣，谋未来之缮卫，能为诤友，不能为佞人也"（见1912年1月4日《大共和日报》）。表示了利用"日报"进行舆论监督的强烈愿望。1913年宋案发生后，他又从北京致电该报，要求对此案"认真监督，无任委蛇"（见1913年3月26日《民立报》）。同时致电上海《神州日报》负责人汪德渊称："君为报界最公正人，果属佞臣主使，君乌可以无言"（同上）。要求他履行舆论监督的职责。可见他对舆论监督的期望值还是很高的。遗憾的是在他的有生之年，他的这一主张，并没有得到很好的实现。

（四）报刊从业人员应该信守职业道德

这也是他的一贯主张。对报业从业者违反职业道德的行为，他自始就深恶痛绝。早在1898年筹办《正学报》的时候，他就曾对当时个别报纸的"蜚语中人，荧惑观听"表示不满。民国以后，他对报界的不正之风，进行过多次批评。曾批评当时北京的报纸"以嫉妒之心，奋诬污之笔""白黑混淆，难为辨别""信口造谣，甚于齐谐志怪"（见章太炎《致报界俱进会书》，刊1912年6月2日《大共和日报》）和"情在爱憎，而志相倾陷"（见章太炎《新纪元报发刊辞》，刊1912年4月22日该报）。批评沪鄂两地报刊，"所录多非实情"（见《章太炎宣言》，刊1913年5月21日《时报》）。他要求报纸"无故无新，不偏不倚，立言敷论，平允正当，无一毫偏狭之见容于其间"（见1912年6月15日《天铎报》所刊《大共和日报广告》）和"据实著录，勿尚假托"（见《章太炎宣言》，刊1913年5月25日《时报》）。要求记者"不侮鳏寡，不畏强御"（见前引《致报界俱进会书》）和"事不可诬，论不可宕，近妇言者不可听，长乱略者不可从，毋以法理虚言而蔽事实，毋以众情踊动而失鉴裁”（见章太炎撰《新纪元报发刊辞》，刊1912年4月22日该报）。他还和报界同人相约实行自律，凡涉及以下5方面的稿件，“均削而不登”：“（1）非关于公害公安而攻击个人者；（2）不具名者；（3）无真确之政见，为私人图名誉发空论者；（4）行政官寻人由报馆代转者；（5）立言过激，妨害治安者”（见1912年3月29日《大共和日报特别启事》）。这些都涉及报纸必须公正客观，新闻必须真实等属于新闻工作者职业道德的问题。说明章太炎很早就关注这方面的问题，是致力于建立新闻道德规范的先行者。

章太炎的以上新闻思想，和他的政治观点比较起来，具有更强的民主主义色彩，并且明显地接受了西方新闻学观点的影响。

五

作为报刊政论作家，章太炎第一次在报刊上发表文章，就受到了侪辈的重视。谭嗣同在看到章太炎给《时务报》写的《论亚洲宜自为唇齿》一文后，立即写信给汪康年，说：“贵馆添聘章枚叔先生，读其文，真巨子也。”（见1954年三联书店版《谭嗣同全集》371页）并在另一封信中，比之为司马相如。黄遵宪也在写给汪康年的信中，称赞章在《时务报》上发表的文章“雄丽”“惊警”，“大张吾军，使人增气”（见《汪康年师友札》，转引自汤志钧《章太炎年谱长编》44~45页）。

章太炎对自己在报刊上所发表的政论文章，也很自负。1908年在日本法庭上回答法官的问话时，曾说过“我的文章海内第一”（转引自徐诙平《革命报人别记》83页）。对晚清以来的政论家们文章，他很少看得上眼。他批评龚自珍的文章“侧媚”“淫丽”“佻达无骨体”（见《民报》第十期《说林》）；批评魏源的文章“支离自陷”“乱越无条理”（见《訄书》·清儒第十二）；批评谭嗣同的文章“喜用雕琢，掠而失粹”（见《与邓实书》，刊（太炎文录）初编，卷二）；批评严复的文章“申夭之态，回复之词，载飞载鸣，情状可见，蓋俯仰于桐城之道左，而未能趋其庭庑者也”（《社会通诠商兑》，转引自许寿裳《亡友鲁迅印象记》12页）；批评吴敬恒的文章“苦块昏迷，语无伦次”。稍稍看得起的只有一个王闿运，说他“文能尽雅”。对唐、宋以来的政论家，他看得上的也不多。唐、宋八大家中，除柳宗元外，他没有说过什么好话。他比较欣赏的是先秦、两汉的文章。也确实从中得到过不少借鉴。春秋的谨严，左氏的浮夸，孟子的纵横捭阖，庄子的汪洋恣肆，墨子的论证严密，司马相如的铺扬张厉，贾谊的犀利雄健，都可以在他的文章中找到一点影子，看出他的师承和源流。

和同时期的几位大家比较起来，章太炎的政论文章，辩才不如梁启超，而切实过之；深湛不如王国维，而条畅过之。他的文章的突出之处，主要表现在以下几个方面：

首先，是气势磅礴，感情充沛。这两者是相互联系相辅相成的。文章气势的旺盛与否，主要取决于作者对所论述的主题，是否有深切的感受和饱满的感情，即所谓的情动而辞发，气盛而言宣。章太炎的政论文章，就都是既有情又极富气势的。他的《解辫发说》和《驳康有为政见书》，就是这方面的代表作。前一篇文章在《中国日报》刊出时，这家报纸的编者，就在编者按语中盛赞它“霹雳半天，壮者失色，长枪大戟，一往无前”，认为“有清以来，士气之壮，文字之痛，当推此次为第一”（转引自方汉奇《中国近代报刊史》162页）。他的《驳康有为政见书》在《苏报》上发表后，其中的“载湉小丑，未辨菽麦”，及“公理之未明，即以革命明之，旧俗之俱在，即以革命去之。革命非天雄大黄之猛剂，而实补泻兼备之良药”等既有气势又富热情的名句，立即传诵人口，真是“所向披靡，令人神往”（见前引鲁迅《关于太炎先生二三事》）。

其次，是论据充足，条理缜密，善于旁征博引，善于利用中外古今浩如烟海的历史、文化、语言、文字、哲学、法律等方面典籍，来为自己的观点，进行论证。例如，在《论承用维新二字之荒谬》一文中，为了论证“维新”二字之不可取，他就从《大雅》和《古文尚书》中找到了不少论据。在《排满平议》一文中，为了论证“排满”的合理，他就从《山海经》《尚书》《史记》《淮南子》《水经》《汉书》等十几种书中，征引了十几条论据。章太炎是以“支那闳硕壮美之学”的传人自居的，他有深厚的国学基础，十三经、史传、诸子、说文这些书，他21岁以前就“读之殆遍”，古代的典籍中，光是杜佑的那部篇幅在200卷以上的《通典》，他就“循诵凡七八过”，对中国古代的文史典故，他烂熟于胸。西方哲学社会科学方面的著作，他也颇有涉猎，他的文章中提到的西方哲学家的名字，在侪辈中也是最多的。这些，加上他娴熟之极的驾驭旧语言的本领，言必有证，文辞渊雅，使得他的政论文章，具有一定的理论学术色彩，对和他论战的对手，具有一定的震慑的作用。

再次，是善于运用道德的力量，使自己的文章充满了沛乎塞沧溟的浩然之气。“斥鷃井蛙，安足知鲲鹏之志哉！去矣，新闻记者！浊醪夕引，素琴晨张，郁青霞之奇意，入修夜之不旸。天命方新，来复不远，请看五十年后，铜像巍巍立于云表者，为我为尔，坐以待之，无多聒聒也”（《狱中答新闻报》）。这是对反对革命的新闻界人士的批判。“外作疏狂，内贪名势，始求权籍，终慕虚荣”（《复吴敬恒书》）。这是对他所谴责的对手的批判。这些，都运用了道德批判的武器，贬抑了敌人，美化了自己。使读者受到感染，确信正义完全在他这一边。

此外，在善于抓住对方要害和破绽，善于以子之矛攻子之盾，善于针锋相对的立论等方面，章太炎的文章也是表现得十分突出的。

章太炎的政论文章在写作上的主要缺点，是过于渊雅古茂，过于追求中国古代散文的那种朴拙状态，和好用冷僻字。这就在很大程度上制约了他的政论文章的流通，和它们的社会影响。也正因为这样，章太炎的政论文风，及身而绝，很少传人。及门弟子中，写过政论的只有一个黄侃，但留下的作品也不多，传诵一时的只有刊于《大江报》上的那篇《大乱者，救中国之妙药也》。在这方面，章太炎就远远不如他曾经讥讽过的，“有一字入史焉？”的梁启超了。

章太炎是一个精通经学小学等国学的大学问家。也是一个杰出的政治活动家、报刊活动家和报刊政论作家。他在“辛亥革命”前后所进行的办报活动，和写下的大量报刊政论文章，充满了活力和战斗的激情，是他一生当中最有光彩的文字，也是他一生最大的业绩所在。在中国近代报业史上，章太炎占有极其重要的地位。他在这一领域内的贡献，是应该受到高度的重视和给予充分的评价的。

（原载2001年第6辑《新闻传播论丛》）

发现与探索

——记祝文秀和她所提供的有关邵飘萍的一些材料

祝文秀又名振亚，生于1897年，目前还健在，是邵飘萍的另一个妻子。她原籍南京，祖父辈始迁居无锡。她父亲这一代，家中原有十来亩地，生活勉强维持，后来因为遭到意外，家道中落，幼年时代的祝文秀只能靠母亲刺绣和在丝厂做工维持生活，她自己也作一些针凿，补贴家用。17岁那年，天津的一个髦儿戏班子到南方物色女孩子，看中了她，以一次借给300元安家费为条件，吸收她进班学戏，她母亲也随她在这个班子里充当作戏服的绣工。这以后，她随班演出于京津两地，唱过京戏，唱过梆子，也唱过无锡景之类的南方小曲，并且有一个颇有一点小名气的艺名，叫花小桃。原先借班主的那笔钱，利上滚利，翻了几番，母女俩无力偿还。班主竟要卖她去抵债，几个流氓恶少也在打她的主意，幸亏靠同班结拜姐妹们的帮助，代还了欠款，她才得以脱身。1917年她21岁的时候，经人介绍初识邵飘萍于北京。经过一年多的来往，于1919年2月和邵飘萍结婚。先后安家于北京的羊皮市胡同、下洼子、刚家大院等地。从1919年到1926年，她和邵飘萍共同生活了7年，其间还一度到过天津、上海和日本。邵飘萍遇难那一年，她还不到30岁，料理完丧事以后，矢志不再改嫁，领养了一个男孩，以做针线和种菜为生，隐居于无锡前洲西塘，一直到现在。

过去，人们一般只知道邵飘萍有位汤修慧夫人，对祝文秀则一无所知。她是怎样被发现的呢？说来也有点偶然。1982年4月，邵飘萍的烈士身份重新得到肯定，他的骨灰也即将被安置进八宝山革命烈士公墓，我为此给《文汇报》写了一篇短稿，介绍其事，刊出后不久，就有一位自称祝韶华的中年人，带着一篮鲜花，找到《文汇报》党委，自称奉母亲之命准备把这篮鲜花送至北京邵飘萍烈士灵前，并代表她参加烈士骨灰安置仪式云云。问他母亲是谁？回答是：祝文秀、邵飘萍的妻子。与此同时，八宝山革命烈士公墓也收到了祝文秀、祝韶华从无锡发来的唁电。这才引起人们的注意。《文汇报》在接待了祝韶华来访的当天，就把这件事通知了我，并要我就此事作进一步了解。我也是只知道有一位汤夫人，不知道有所谓祝夫人的，收到《文汇报》同志们的来信后，就根据他们所提供的线索，和文秀、韶华母子进行了通信联系，看到了他们寄来的有关邵飘萍的回忆文章，和她们所保存的有关邵飘萍的照片和其他文物资料，断定祝文秀确实是邵飘萍的另一位妻子。为了进一步证实这一情况，我还特地请教了新闻界前辈，和邵飘萍同时在北京办报并参加过邵飘萍被捕后的营救活动的萨空了同志，走访了在北京的邵飘萍的长子邵贵生，和在上海的邵飘萍的次女邵乃偲。他们都认为祝文秀的未亡人身份，是有根据的，贵生、乃偲两位同志还依稀记得他们确实曾经有过这样一位母亲。我把这些情况反映给民政部门，民政部门经过复查，已经正式承认了祝文秀的烈属身份，无锡县民政局已经把她的名字列入当地烈属名单，并自1982年6月起，按烈属待遇逐月发给生活补助费。

为了对祝所提供的材料进行核实和补充，我最近又专程到无锡前洲公社西塘大队新三村，访问了祝文秀的家。那是一所两楼两底的新式农村住房，前临小溪，背负桑园，室内窗明几净，收拾得十分整洁，桌椅橱柜沙发等家具，几乎全部是20年代在北京住家时的旧物，就连窗帘椅垫之属，也都是半个世纪以前的精品，说明它们的主人确实是曾经沧海的人物。祝文秀今年86岁了，但眉目清朗，精神矍铄，头脑也很清楚，虽在南方生活多年，还能说一口很标准的北京话。对我提出的问题，她都能一一作出回答。除了记忆力有点衰退，行动稍有迟钝之外，看不出是一位年近期颐的老人。在政府的亲切关怀和担任农村小学教师的儿子、儿媳们的照顾下，她正在度过幸福的晚年。

祝文秀所提供的有关邵飘萍的材料，主要有两部分。一部分是她口述后由祝韶华记录整理的两篇回忆文字，《我和飘萍共同生活的七年》和《关于飘萍的二三事》。这一次我去访问，她又对其中的一些细节作了补充。另一部分是她所收藏的有关邵飘萍的照片和遗墨。这一次去访问，她又对有关的背景作了一些说明。

在她所口述的回忆文字中，值得注意的有以下几点：

一、有关1912年、1913年邵飘萍办《汉民日报》时期的一些情况

《汉民日报》是邵飘萍参加主办的第一份报纸。由于年代久远，保留下来的材料不多。祝文秀的这批回忆文字中，有一两个片段是和《汉民日报》有关的。它们反映了邵飘萍这一时期办报活动之一斑，对他应对横逆的机智和风趣，也有生动的描写，可以补这方面材料的不足。

二、有关毛泽东前往邵家看望邵飘萍的情况

关于毛泽东曾到邵家看望邵飘萍的情况，祝文秀在她口述的《我和飘萍共同生活的七年》一文中，只作了很简单的记录。我曾就此事去信向她查询，她回信补充说："我在羊皮树住家时，毛主席来过好几次。来的时间总是在午饭以后，飘萍在午睡，他就在客堂间等候，一个人坐

着，不大说话。羊皮树那儿的房子是一顺三间的旧式平房，我和飘萍住一间，母亲和弟弟住一间，当中这一间是吃饭和会客的地方，电话就安在这一间的门口，当我去接电话或打电话碰见他时，他总是很有礼貌地站起来，向我鞠躬致意，我边回礼边说'别客气，请坐！'"，这次去访问，她又补充了这样一些细节：（1）毛泽东每次来，都和邵在内室作长谈，但只用清茶，从未留饭。（2）邵曾经在经济上对青年毛泽东有所帮助，而且不止一次，至于数目就不清楚了。"羊皮树"应作"羊皮市"，是西四迤南路东的一个小胡同。邵、祝婚后的第一个家，就安在这个胡同的九号，他们在这里一直住到1919年的9月。邵飘萍在世期间，毛泽东曾经两次到北京，第一次是1918年8月—1919年3月，第二次是1920年2月至4月。后一次，邵飘萍已经去日本，不可能见到。因此，毛泽东到邵家看望邵飘萍，应是1919年2月邵祝结婚到同年3月毛泽东离开北京前这一个多月内的事。关于毛泽东曾经得到过邵的接济一节，我在汤修慧夫人那里也不止一次地听说过，而她则是从邵那里听来的。邵飘萍一生仗义疏财，乐于助人，颇有点"千金散尽还复来"的气概，对于钱向来不大在乎，为青年人革命活动的需要而慷慨解囊，这对于他说来，是在于情理之中的。这恐怕也是毛泽东所以称赞他是一个"具有热烈理想和优良品质的人"，解放后又多次派人去他家慰问的一个原因，毛泽东和邵飘萍在新闻学研究会有关活动中的交往，是大家都知道的，毛泽东曾经去邵家访问并作长谈这一点，过去还从未听人说过。祝文秀提供的这一情况，值得重视。

三、有关1919年至1920年邵飘萍受皖系军阀通缉，化装逃离北京，转往日本这一年多的情况

邵飘萍因触怒皖系军阀于1919年8月化装逃离北京，经上海"横渡日本"，担任大阪《朝日新闻》记者，一年后返回北京的这一段经历，

不少介绍和研究邵飘萍的文章都有所记载，但是语焉不详。祝文秀所写的材料，对邵这一时期的经历有较详细的介绍。它说明飘萍这一次出走的路线，是先到天津，再到上海，然后折返天津，经奉天（今沈阳）、朝鲜去的日本。在日本居留期间，住在大阪的海泉寺。在那里待了半年，1920年秋天，和后去的祝文秀一道经由朝鲜返回北京。并不是从上海直接“横渡”的。祝文中提到的那个“姓朱的”，应即是朱深，后来做过段政府的京师警察总监，当时是段祺瑞控制下的靳云鹏内阁的司法总长。

这一次去采访，祝文秀又对她所写的这一段材料，作了以下的一些补充：

“邵飘萍逃出北京后，先是住在天津。在津期间，继续挥笔撰文，曾经派祝回京通过佣人到《京报》馆取过一些参考用书。

“从天津到上海，也是秘密行动。邵化装成工人，躲在三等车的一个角落里假寐。祝穿了母亲的衣裳，化装成保姆，躲在车厢的另一侧陪着他。

“在上海期间，先是住在四马路的惠中旅馆，开了14号15号两个房间，一间住宿，一间会客。后来嫌开支太大，在白克路（今凤阳路）永年里以每月10元的房费，租了一间亭子间，又向木器商店租了一些家具，住了下来。在上海期间，邵飘萍生过一场大病，但仍手不停挥，每天都有大量信件和文稿交祝付邮。在此期间，他还编写了一部题为《醋溜黄鱼》的时事讽刺剧，交上海各剧团演出，曾经引起轰动。

“去日本，是自上海返回天津，化装坐四等车经由奉天前往的。等车时遭到警察盘问，推说去沈阳探亲，才得放行。

“在日本期间，住在大阪的海泉寺。这是一座香火不盛的小庙，住持的和尚和尼姑是一对夫妻。庙内除供奉菩萨的大殿外，还有余房出租，房客共三家，除他们之外都是日本人。寓楼为两层木结构建筑，周围有花园假山之属。他们住两间，一间作卧室，一间作书房，每月房租20日元。这个地方离邵飘萍上班的《朝日新闻》社很远，往返都要坐很长时间的电车，因为房租比较便宜，才住了下来。[1]

“在大阪《朝日新闻》工作期间，邵飘萍每月的工资仅300日元。他们请了一位日本女佣负责买菜做饭和照顾他们的生活。由于物价贵，收入少，他们每天的菜金限制为一至二元，每餐只有一个菜。有一次邵飘萍忽发豪兴，带祝到一家中国饭店下馆子，只叫了三个菜就索价40日元，吓得他们再也不敢出去吃饭了。

“当时，邵飘萍工作学习都很紧张。每天绝早即起，伏案工作到7点，然后上班。下午4点下班回来后，继续伏案工作到晚上10点才休息。整天不是写文章，就是看书，几乎手不释卷。在日本半年多，除了祝来时到神户去接过一次船，和用两天时间陪祝匆匆地逛过一次东京之外，哪里也没去。他日文十分娴熟，日语十分流畅，客来谈笑风生，语言无滞。在日期间，除了买书，别无嗜好，可惜的是那些书分量太重，回国时不能全带，大部分都留赠给日本友人了。”

邵飘萍一生曾两次到日本，第一次是1914年至1915年，主要是求学，这一次是第二次，则兼有工作和学习两种性质。有关他第二次到日本的这段经历，历来了解得不多，别人没有介绍过，他自己也没有怎么提起过，祝文秀提供的以上情况，对了解邵的这一段经历还是很有帮助的。

---

1 关于这所海泉寺的情况，我曾函请现在日本的刘明华同志代为作一些调查。她为此特地访问了原《朝日新闻》论说委员现任东京上智大学教授的三好崇一先生。三好先生很热心，立即打电话给大阪分社的有关人员，作了一些了解。据三好先生介绍，海泉寺位于大阪市南面的浪速区难波附近，是佛教净土宗的一所庙宇，创建者是海泉坊，庙以此得名，庙内有人小西来山的墓，庙的附近有很多商店及惠美须神社，神社经常举行祭典，战前庙内有房屋出租，战争期间沦为一片焦土，战后虽经整修，面积已缩小到只有战前 1/3 的样子，现在已不再有多余房屋出租了。

四、有关张作霖曾经以30万元巨款向邵进行收买的情况

以往只知道张作霖是屠杀邵飘萍的元凶，从不知道他还有过对邵进行收买遭到拒绝的事。这件事值得注意的有两点。一是数目的巨大。它比袁世凯称帝时期企图收买梁启超时拿出的20万元，还要多10万元，这恐怕是民国以来数目最大的一笔收买舆论的交易。当然，是没有成功的一笔交易。一是邵飘萍的态度。他没有利令智昏，坚决顶回了张的收买。这次访问，谈到这件事时，祝还补充了这样一个细节：当祝劝邵不要在《京报》上过多地得罪奉张，以免遭到后者的迫害时，邵回答她说："张作霖的那些倒行逆施，我不讲，没人敢谈，就是枪毙我，我也要讲！"一方面，不为富贵所淫；一方面，不为威武所屈，由此也可以看出邵飘萍作为一个人民的记者的高风亮节。在旧社会办报，邵飘萍不能免俗，自然也拿过别人的钱，例如，冯玉祥的国民军就曾经给过《京报》一定的津贴，只是他不饮盗泉，拒绝接受反动军阀官僚的收买而已。

五、有关邵飘萍和京、津、东北等地联系的情况

祝文秀在回忆文章中多次提到她奉邵飘萍之命，化装前往京、津、东北等地打听消息和送信的事，祝的文化程度不高，既写不了消息，也写不了通讯，这些活动，除了打听到"白督军"被刺事的那一次以外，都未必与新闻采访有关，倒是与邵当时的政治活动有关。邵对张作霖无好感，但对奉系中以郭松龄为代表的思想较新的那一派还是有联系的。《京报》上就曾经发表过不少赞扬郭松龄的文章。对冯玉祥联郭倒曹倒张的秘密行动，邵也是十分支持的。派祝去东北送信的那一次活动，估计就和这一背景有关。从祝文所描写的情景，也可以看出这些活动在当时的机密性质。

六、有关邵飘萍被张翰举出卖的情况

张翰举出卖邵飘萍，诱骗他离开东交民巷使馆区致使他被捕遇害

事，汤修慧在《一代报人邵飘萍》一文中也有记载，但是语焉不详。祝文秀也提到了这件事，但同样不够具体。这次去访问，她又补充了以下的一些细节："张翰举在答应帮助张作霖诱捕邵飘萍以前，曾经提出过两项条件：造币厂长和大洋2万元。事成之后，奉方毁约，他不但毫无所得，而且也被抓了起来。"

这个张翰举，绰号夜壶张三，是北京《大陆报》的社长，一个投靠军阀官僚以办报为奔竞手段的无耻文人。出卖邵飘萍以前，他到处拿钱，生活异常阔绰，一个人就有两部汽车，但还不满足，不惜昧着良心用同行们的血来染红自己的顶子。这个卖友求荣的新闻界败类，后来没有得到善终，在一次和著名京剧演员孟小冬有关的情杀案中受到误伤，死于非命。管翼贤《新闻学集成》第6册收录的《北京报纸小史》一文中，载有其事，称他为"野狐张三"。

七、有关邵飘萍和张季鸾交往的情况

祝文有两处提到张季鸾对邵的帮助，一处是在邵遭到皖系军阀迫害时，张建议他到日本去工作一段时期，以避其锋。一处是帮助邵把祝文秀送往日本。说明两人关系密切。这次去访问，祝文秀还补充了以下的一些细节；"（1）大阪《朝日新闻》原来聘请的是张季鸾，张把这个机会让给了邵飘萍，并向《朝日新闻》作了推荐。（2）邵遇害后，张对祝文秀和她母亲非常照顾，接她们到天津去住，每月馈送生活费100元，每星期必请她们母女吃一次饭，还经常送票到她们家，要她们看看戏散散心。祝氏母女从1926—1929年在天津先后住了三年零一个月，在此期间，每逢邵的忌辰，张都要到祝的寓所来慰问，并亲撰祭文，当着祝的面在邵的遗像前"一边流泪一边朗读，读毕焚化，以为祭奠。"

大阪《朝日新闻》是日本唯一曾经得过密苏里新闻学奖金的报纸，在国际新闻界有一定的声誉，能够应聘去那儿工作，对于旧时的资产阶

级报人说来，是一个难得的机会。张季鸾为了保护邵飘萍，把去那儿工作的机会让给了他，邵死后，又对他的家属如此照顾，这些情况说明，这两位在旧中国的报坛上都颇有一点影响的报人之间，有着不寻常的交谊。他们也确实有不少相同的地方：都曾经是留日学生，都曾经在北京当过记者，办过报，都曾经因为反袁而坐过牢。气质上也有相同之处：都能文善谈，都轻财好友，也都有一点风流倜傥的名士习气。当时的张季鸾还没有接办旧《大公报》，也还没有成为蒋介石的“国士”，他和邵的政治见解虽然不尽相同，但在某些方面还是有不少共同语言的。

此外，祝文秀在我这次访问中，还补充了另外的一些情节，其中值得注意的有以下几点：

1. 邵飘萍在浙江高等学堂学习时，每试第一，成绩为侪辈之冠。同班有一位同学出于忌妒，故意把别人的书塞进他的书桌，诬他偷书。校长很了解他，也很爱护他，知道这件事是别人栽赃，曾私下劝他考试时不必太认真，以免树敌过多。他不以为然。

2. 邵飘萍在杭州浙江高等学堂当学生时，就和秋瑾、徐锡麟等革命党人有联系。秋瑾被捕前曾写信给邵飘萍，信收到时，秋瑾已被捕遇害，邵曾为之叹息不已。

3. 鲁迅曾经到过邵飘萍和祝文秀设在宣内刚家大院五号的那个家，时间大约是在他为《京报》编《莽原》副刊的时候。他和邵一道坐《京报》馆的自备汽车来，来了以后就边喝茶边谈工作，没多久就又同乘一辆车走了。鲁迅来时，邵曾给祝作过介绍，说：“这就是鲁迅先生。”

4. 邵飘萍被押到行刑地点后，转身向奉命前来监刑的军政官员们拱手说，“诸位免送！”然后微笑环视现场，状至从容。行刑前，奉命执行的士兵招呼说：“请大人跪下！”邵飘萍笑着说：“还要跪下？”话刚说完，就被击中倒地。

以上这些情节，有的是她亲见的，有的是她当年听邵飘萍自己说的，有的则是她听目击者说的，多数为已发表的专著和文章所不载，也是邵飘萍的研究者所不曾掌握的。其中尤以邵飘萍与秋瑾和鲁迅有过来往的这两条最为重要。过去，只知道邵参加过民初的反袁斗争，还不知道他从学生时代起，就和秋瑾这样的革命党人有过联系。他和鲁迅在办《京报》副刊和《莽原》副刊时，有过合作关系，通过信，并且同时被列入段祺瑞政府准备缉捕的黑名单，这些情况是大家都知道的。至于两人是否见过面，则无可查考，《鲁迅日记》中也失载。祝文秀所提供的这些材料，不仅有助于对邵飘萍的研究，对秋瑾、鲁迅的研究工作者，也有一定的参考价值。

祝文秀所珍藏的有关邵飘萍的照片，共47张，大部分已移送给中国人民大学新闻系资料室庋藏。其中邵飘萍各时期的单人照片，包括他1919年遭到通缉后化装成工人逃离北京时拍的照片，共14张，他和祝文秀共同生活时合拍的照片共20张，他在日本工作学习时期拍的照片共11张，他遇难后的遗体照片和举行殡殓活动时拍的现场记录照片共10张。除了1922年4月拍的那张半身照曾在《京报》出版的邵飘萍遇难4周年纪念特刊上发表（近年来有关书刊上配发的邵飘萍照片，就是根据这一张翻拍的），1919年9月化装成工人拍的那两张照片曾在1924年出版的他的《实际应用新闻学》一书中作为插页发表之外，其他的照片全都没有发表过，是研究邵飘萍一生和纪念这位新闻界烈士的一批极为重要极为珍贵的文物资料。

在这批照片中，最有价值的是他第二次去日本时期拍摄的那11张照片，和记录他遇害后情况的那10张照片。

邵飘萍第二次去日本的那半年多时间，是他一生中十分关键的一段时间。在这一段时间里，他如饥似渴地从日文译著中学习和研究马克思主义，了解和思考有关“十月革命”和革命后的苏维埃俄国的问题，使他的思想有了一个很大的飞跃，他的那两部曾经对马克思主义在中国的传播起过重大影响的，介绍科学社会主义、介绍新俄国、介绍列宁和斯大林的专著，《综合研究各国社会思潮》和《新俄国之研究》，就是这一时期在日本完成的。关于他第二次去日本这一段时间的情况，祝文秀已经用书面和口头的方式提供了一些，这一批照片则为我们提供了一些形象化的资料，从这批照片上可以看出，邵飘萍在日本的这一段时期，生活是俭朴的，工作和学习是勤奋的。照片中的满架书刊（据祝文秀说，书房的另一面还有一批书报堆在地上，没有摄入镜头）和他孜孜矻矻手不释卷的一个个镜头，就是最好的证明。我用20倍的放大镜对以书架为背景的几张照片作了仔细的观察，发现摄入镜头的架上书刊共有171册，其中书86册，期刊85册。后一部分因为是横着摞在一起，书脊上又多数没有印字，究竟是些什么刊物，已经看不出来。前一部分能够看出书名的有以下16种，它们是：

《资本论大纲》（凤川均等）

《世界大革命史》（野平××等）（×代表看不清楚的字，下同。）

《社会主义论》（安部×××译）

《新社会》（第九卷合订本，平民大学编。）

《露（俄）国大革命史》（×××××）

《社会主义研究》（×××××）

《社会问题研究》（×××××）

《劳动组合运动史》（×××××）

《社会问题十二讲》（×××××）

《社会改造之原理》（×××××）

《社会主义社会学》（×××××）

《最近社会思想之研究》（×××××）

《过激主义之心理》（×××××）

《恋爱与结婚》（×××××）

《妇人问题与教育》（×××××）

《卖笑妇之研究》（×××××）

其余的已经看不完全或看不大清楚了，但影影绰绰地还可以看得出来多数是社会学、经济学方面的书。照片中的书架上还放有四幅带着镜框的外国人的半身照片，其中三幅究竟是谁，已经难以确指，有一幅是可以看得很清楚的，那就是留着连腮大胡子的马克思，从照片中的这些藏书和陈设，不难想象得出照片的主人当时所向往的和致力研究的都是哪些方面的东西。邵飘萍后期的思想之所以有那么大的飞跃，他对马克思主义，对十月革命后的苏联，对中国共产党及其领导下的中国革命之所以采取那样积极热情的态度，从这些照片当中不是也可以看出一些端倪来吗？

记录邵飘萍遇害后种种场景的那10幅照片，有5幅是在邵飘萍被枪杀后的临时掩埋处拍的，有两幅是在地藏庵的临时灵堂前拍的，有三幅是在他大殓前后的临时停放处拍的，全都不曾发表过。从这些照片中，可以看到血肉模糊惨不忍睹的烈士遗体，可以看到弥漫着惨雾愁云的殡殓活动场景，也可以看到家属们在烈士灵前悲痛欲绝的镜头。看了这些照片，使人们仿佛又回到了充满着血雨腥风的那个可诅咒的时代。屠夫们的凶残，令人发指。历史是不会重演的了，但却是不应该被忘记的。把这些作为那个时代的历史见证的照片保存下来，传给我们的后人，将会使他们更加珍惜革命的果实，更加热爱我们这个绝不容许豺狼虺蜮们恣意横行的美好的时代。

祝文秀所珍藏的邵飘萍遗墨，主要是几幅屏条和一些扇面，内容多是古人的格言和诗词，或写爱情，或谈风月，或抒怀抱，或念故人，没有什么豪言壮语，显然都是信笔挥写的即兴小品，是并不准备当作法书留之名山，传诸其人的。倒是几个闲章值得注意，它们是：“邵氏之印”“飘萍翰墨”“家在三十六洞天”“振青长寿”和“言满天下”。这些都从另一个侧面反映了主人的思想情趣和风采。邵飘萍参加过南社，是这个著名的革命文学团体的成员，他的诗词没有传世，这一部分遗墨所写的也并不是他自己的作品，但可以从中反映出他对古典诗词的爱好。遗墨的一部分也已由祝文秀移送给中国人民大学新闻系资料室庋藏了。

由于文化水平不高，又主要活动在家庭的圈子里，祝文秀对邵飘萍的办报活动和社会活动了解不多，提供不了更多的这方面的情况，她所写的和所介绍的有关邵飘萍的一些材料，也因此有一定的局限。她所收藏的一大批邵飘萍的往来信件、图书资料和文物照片，经过“文革”期间的多次抄家和处理，也大多散失或焚毁，保存下来的仅仅是其中的极少一部分，这是令人遗憾的事。但是，祝文秀毕竟是邵飘萍曾经钟爱过的人，她和邵飘萍共同生活7年，是邵飘萍这一段时期工作生活情况的主要见证人之一。对邵飘萍第二次去日本的那一段经历说来，则是现存的唯一的见证人。在熟悉邵飘萍的人已经不多，各地收藏的有关邵飘萍的文物资料已经大部散失的情况下，[1]她所提供的这些情况和资料，还是弥足珍贵的。它将有助于我们加深对邵飘萍的了解，帮助我们更好地更全面地去分析和评价这位在近现代新闻史上有过重大影响的历史人物。

（原载1983年12月第7辑《新闻学论集》）

1 邵飘萍被害后，他的大部分信件、文稿和图书资料，都封存在北京《京报》馆旧址的一间房子里。“文革”期间，几经折腾，这部分东西已经荡然无存。保存在汤修慧夫人处的有关资料，经过多次抄家，也扫地以尽。汤夫人手里现在连一张邵飘萍的照片也没有。作为纪念留在她身边的只有一张三四寸大小的钢笔画像，还是托人从刊有邵飘萍遗像的书刊上临摹下来的。

邵飘萍是共产党员

一

邵飘萍的政治面貌，从他1926年被害以来，将近半个世纪，几乎没有什么异议。一般都认为他是一个进步的资产阶级新闻工作者，把他列入中国资产阶级新闻记者、新闻学者、新闻教育工作者的行列。有的文章甚至于把他尊为中国资产阶级新闻事业的开拓者。偶有分歧，也只是在是一般民主主义者，还是激进的革命民主主义者这个问题上打转转。属于资产阶级的营垒，则是众口一词的。

例如：

“……邵飘萍，对我帮助很大，他是新闻学会的讲师，是一个自由主义者，一个具有热烈理想和优良品质的人。”这是毛泽东1936年接受斯诺采访时，对斯诺说的（见1979年版《西行漫记》第127页）。

“邵并非马克思主义者，只因敢于揭露军阀的罪恶，便被套上一顶红帽子而死于非命。”这是老新闻工作者陶菊隐在《北洋军阀统治时期史话》一书中说的（见该书第8册第8页）。

“追求进步，同情革命”的“著名的新闻记者”。这是《民国人物传·邵飘萍》的作者耿云志在邵飘萍的传记中说的（见1978年版《民国人物传》第一卷第335页）。

上引这几段话中，毛泽东的那一段话，由于讲话人的声望和地位，具有较大的影响。陶菊隐的那一段话，代表了旧中国的老报人们的共同看法。耿云志的那一段话，则大体上代表了建国以来多数邵飘萍研究者的看法。都认为邵飘萍不是共产党员。

解放后，一些参加过建党初期北京马克思主义小组活动和大革命时期北京地下党活动的老同志，写了不少回忆文章。其中如包惠僧1953年写的《共产党第一次全国代表会议前后的回忆》（见《包惠僧回忆条》第317页）、刘清扬1960年写的《回忆建党初期党领导北方人民进行的英勇斗争》（见《河北文史资料选辑》第2辑、乐天宇1981年写的《我所知道的中共北京地委早期的革命活动》（见北京《文史资料选辑》第11辑）等，对当时北京党的活动情况都有所介绍，但也都没有一个字提到邵飘萍。

在这个问题上，邵飘萍自己是公开表过态的。他说：“鄙人至现在止，尚无党籍（将来尚不敢预定），既非国民党，更非共产党，各方师友，知之甚悉，无待声明。时至今日，凡有怨仇，动辄以赤化布党相诬陷，认为报复之惟一时机，甚至有捏造团体名义，邮寄传单，对鄙人横加攻击者，究竟此类机关何在，主持何人，会员几许，恐彼等自思，亦将哑然失笑也。”这段话是他被害前4天说的，刊于1926年4月22日的《京报》。

邵飘萍的夫人汤修慧也不认为他是共产党员。她在1980年写的《一代报人邵飘萍》一文中，仅仅指出邵飘萍是一位“一生一贯以报纸与黑暗势力斗争”的“一代报人”，没有说他是共产党员。1982年4月我去访问她的时候，曾经郑重地和她探讨这个问题，她的回答也是肯定的：不是！

1978年以后，才开始有人指出邵飘萍是共产党员。最先提出来的是罗章龙。

他在1978年9月写的《回忆五四运动和北京大学马克思学说研究会》一文中，这样写道：“新闻学会的领导人是邵飘萍，又名邵振青，浙江东阳人。他是北方新闻界最早和地下党组织有联系的，后来成为共产党员。邵因宣传赤化，1926年4月26日被奉系军阀枪杀了。”（见全国政协《文史资料选辑》第61辑41页）

继罗章龙之后，指出邵飘萍是共产党员或共青团员的还有以下几本书。它们的说法是：

“邵飘萍同志是身份没有暴露的共青团员。”（见朱乔森、黄真等执笔的《李大钊传》，1979年人民出版社版207页）

“邵是没有暴露身份的共青团员，一说为共产党员。”（见杨树升、张燕等编写的《李大钊年谱》，刊1981年出版的《河北文史资料选辑》第3辑）

“（邵飘萍）后来加入了中国共产党。”（见李锐《毛泽东同志初期的革命活动》，1983年湖南人民出版社版175页）

罗章龙在前引的那篇文章发表后，还在另外两篇文章中重复了他的观点。在《回忆北京大学马克思学说研究会》（见1979年中国社会科学出版社《五四运动回忆录》上册407页）一文中，他的说法和《文史资料选辑》第61辑中的那篇文章相同，文字也相近。在《红楼感旧录》（见1983年4月9日《团结报》）一文中，除了重复前说外，更进一步指出邵飘萍是“秘密中共党员”。

最近，为了核实这一情况，我先后四次走访罗章龙，他陆陆续续地又作了以下一些补充：

“邵飘萍1922年以后，就和党有联系，为党作了不少工作，并表示了入党的愿望。1924年前后，经我和守常（李大钊）介绍入党。我和守常认为像他那样的有社会影响的人，以不暴露党员身份为好，因此是秘密党员。发展邵入党后，曾就此事向上海中央作过报告。我和守常通过北大外文系的一位姓谢的女同志和他保持工作联系。我当时在北京工作，不久就调至上海中央，仍经常往来于北京上海，一度负责过北方区委组织部的工作。”

当问到他对上述的这些情节是否记忆准确时，他的回答是肯定的。

既然在邵飘萍是否党员的问题上有以上两种截然不同的说法，就有必要加以澄清。我过去也是一直把邵飘萍当作资产阶级的进步报人来看待的。现在有所改变。我同意这样的说法：邵飘萍是共产党员——中共秘密党员。

二

根据何在？我想至少可以举出以下三点：

（一）有坚实的思想基础

邵飘萍出身于贫苦农民家庭。祖父参加过太平军。父亲因为和地方豪强作斗争，不能在家乡立足，被迫流寓金华，家庭生活非常清苦，经常以野菜充膳。这样的家庭出身和他幼年时期所受的家庭教育，使得邵飘萍很容易接受民主革命思想的影响。早在青年时代，他就和秋瑾等革命党人有来往，积极支持民主革命。“辛亥革命”后，他在《汉民日报》《时事新报》《时报》《申报》坚持反袁立场，言论之激烈、态度之坚决，为同时期的一般革命报人所不及。袁世凯垮台后，他继续和北洋各派当权军阀作斗争，数被追捕，而其志不挠。十月革命爆发后，他对新诞生的无产阶级专政的社会主义国家，表示了热烈的欢迎，对马克思列宁主义发生了浓厚的兴趣。根据新近发现的材料，早在1919年即中国共产党成立的两年以前，他就已经借助日文，攻读像《资本论大纲》《社会主义研究》《露国大革命史》等这一类宣传介绍马克思主义的著作。早在1920年，也就是党成立前一年，他就已经编写出版了《综合研究各国社会思潮》《新俄国之研究》这样两本介绍马克思主义、介绍俄国布尔什维克党的历史、介绍十月社会主义革命和苏维埃政府各方面政策和成就的书，公开颂扬马克思主义是“授劳动者以必胜之券”的主义，公开称赞新建立的无产阶级专政国家，是“全世界一种最新之政治组织”。不仅介绍马克思、恩格斯、列宁的事迹和学说，而且第一次向中国人民介绍了斯大林。其中，《新俄国之研究》一书，还被共产党人主办的湖南自修大学列为教学参考书。为马克思主义在中国的传播，作出了一定的贡献。这样一个充满了革命热情，而又思想敏锐与时俱进的人，由激进的革命民主主义者，发展成为共产主义者，乃至于最后加入党的组织，是有坚实的思想基础的，是符合他的思想发展逻辑的。是完全顺理成章的。

（二）有相应的言论行动

正如汤修慧所说的，从党成立的那一天起，邵飘萍和他所办的《京报》，就和以李大钊为首的共产党人保持密切联系。在宣传上，邵飘萍和党的报刊紧密配合，极力介绍苏维埃俄国的建设成就，扩大“十月革命”的影响。他在《京报》上刊载的《苏维埃国大联合正式成立》（1923年1月7日）、《农民皆大欢喜》（1923年3月17日）、《苏维埃革命纪念》（1923年11月8日）、《劳农俄国之农业》（1923年12月28日起在该报连载）等报道，李大钊的《社会主义下的经济基础》（刊

1923年11月16日《京报》）、瞿秋白的《苏维埃俄罗斯之教育政策》（刊1923年2月14日《京报》）等文章，都在读者中引起强烈反响。1923年5月5日马克思诞辰105周年之际，他特地在《京报》上出版了纪念特刊，并对北京各马克思主义研究团体举办马克思生日纪念活动情况，作了详细报道。“二七罢工”进行期间，他在《京报》上刊载了大量有关罢工的消息，并全文发表了工人、学生、市民及国内外各界人士为反对北洋政府迫害工人运动而发布的各种宣言和通电，给罢工运动以极大的舆论上的支持。在其他方面，邵飘萍也积极和党配合，为党工作。党在非宗教运动中编辑出版的《非宗教论》，在“二七罢工”中编辑出版的《京汉工人流血记》，在八条铁路同盟罢工和开滦五矿罢工中编辑出版的《工人周刊》，都曾经得到他的帮助。《非宗教论》一书中刊载的20cm大小的34幅肖像和所附的两幅中国宗教“教毒”地图，就都是由他主办的昭明印刷所制版印刷的。与此同时，他还曾经接收党派遣的十几名北大学生，到《京报》参加编辑业务实习，帮助党培养了一批新闻工作的骨干。

以上是1924年以前的情况。

1924年以后，邵飘萍和党的联系更为密切，配合也更加默契。具体表现是：

1. 在马克思列宁主义的宣传方面，投入了更多的力量

仅仅1924年一年内，他就在《京报》上编发了一期《列宁特刊》（1924年3月30日），一期《纪念马克思诞辰专号》（1924年5月5日），介绍马克思列宁的生平事迹、著作和他们的学说。对中苏建交问题，他也表示了很大的热情，以个人的名义，在北京中山公园设宴招待第一任苏联驻华大使；向苏联使馆致送题有“精神可师”等字样的锦幛；继续发表大量歌颂和介绍苏联情况的文章。如果说，1924年以前的北京《晨报》，由于李大钊、瞿秋白和它的特殊关系，一度成为传播马克思主义和介绍十月革命的重要园地的话，1924年以后，它的这一地位，就逐渐地为《京报》所取代了。

2. 在反帝反封建军阀的宣传上，表现得更为坚决

1925年他公开地在《京报》上斥责张作霖等北洋各系军阀是“一世之枭”“国民公敌”“鲁民公敌”，和他们的祸国殃民罪行进行了公开的斗争。五四运动期间，他连续在《京报》上发了三次特刊，在一个月左右的时间内，亲自撰写了二十几篇评论，谴责英、日帝国主义的暴行，提出了“打倒外国强盗帝国主义”的口号。“三一八”事件爆发后，他一连四天在《京报》上发表了《日英露骨的主张》《可谓强有力的政府矣》《警告司法界与国民军》《诛蟊贼》等时评，指责皖系军阀屠杀爱国群众的暴行，并发表了大量的有关这一事件的消息、通讯和通电宣言，声援人民群众的斗争。

3. 竭尽全力地支持党的各项工作

据有些回忆文章提供的材料，这一时期的邵飘萍，经常利用他的新闻记者的职业条件和《京报》社长的社会地位，出入于各级政府机关和各国外交使团，“不断向我们党组织提供了关于北洋军阀政府方面的主要军事、政治、经济等一系列情报资料”。他还利用工作的便利，经常从驻北京的外国通讯社那里，取得“特殊重要的新闻消息”（以上两段引文均引自罗章龙《忆北京大学新闻学研究会与邵振青》一文，见《新闻研究资料》1980年第4期第122页）及时通报给党的组织。祝文秀在《关于飘萍的二三事》一文中提到的她受邵飘萍的派遣，多次化装前往京内外各地送信的情节，其中有一些，估计就和他的这一活动有关[1]。

---

1 冯玉祥在《我的生活》一书中有关于李大钊派人传送秘密信件给他的记载："这时各方面常有秘密文件带给我，都是写在绸子上或是缝在衣服中。到手后，需用药水浸泡，始能现出字迹。其中有许多已成珍品，如李石曾、李大钊等各位先生来的信件和给我的作战计划等"（见该书第 505 页）。可见这种派人传送秘密信件的方式，在当时北京地下党的活动当中，是经常采用的。

此外，他还利用《京报》的版面，以刊登要目广告的方式，介绍党中央机关报《向导》和北方区委机关报《政治生活》等党的报刊的出版。在《京报》上刊登当时在北京协助李大钊工作的陈毅、陈为人等北方区委领导人的文章。他还曾经和陈毅紧密配合，在陈主持的一次群众性集会上，攘衣登台，发表了激昂慷慨的反帝演说。

邵飘萍和党的亲密关系，从下面这件事中，也可以看出端倪：他的亲外甥女王宝英[1]就是在1924这一年，由他通过北京的党组织，秘密送到莫斯科东方大学去学习的。东方大学成立于1921年，是列宁在世时创办的一所以培养东方各被压迫民族革命者为目的的学校，学员多数是共产党员。没有一定的组织关系，这种事情，他恐怕是不会插手也是难以插手的。

从邵飘萍的以上言论和行动可以看出，他和党的关系非同寻常，是很难用一般的统战关系来解释的。

（三）有一定的根据和可能

先说根据。由于岁月不居，斗争残酷，和邵飘萍同时期在北京工作的党的领导人，有的早已牺牲，如李大钊、赵世炎、范鸿劼、陈延年、陈乔年；有的不幸病逝，如陈毅、陈为人、刘清扬、刘伯庄、邓洁、包惠僧、乐天宇；同时期在上海中央担任领导工作的陈独秀、蔡和森、瞿秋白、彭述之、张国焘等人，情况各不相同，也都已不在人世。当年北方区委的老党员，倒是还有一些幸存者，但是对邵飘萍的情况并不十分了解。目前能够确指邵飘萍是共产党员只有一位罗章龙。

由于李大钊的过早牺牲，罗章龙的证明因而成为孤证，这是令人遗

1 王宝英学名王璞如，是邵飘萍长姊邵新月的女儿。金华横店人。由邵资助到杭州女子师范学校学习。毕业后转入北京平民大学学习。1924年由邵通过党组织保送到莫斯科东方大学学习。回国后，在武汉革命政府工作。大革命失败后，脱离组织，隐居于高阳，任小学校长。1949年去上海。1950年死于车祸。年约50。有关她的情况，是现在金华的邵飘萍的侄孙邵寿生提供的。

憾的。但是，我认为这个孤证是有分量的。理由之一，是罗章龙从北京马克思主义学说研究会成立时起，就在北京工作，担任过在北京的劳动组合书记部北方支部主任，铁路总工会党团书记和中共北方区委的组织部长（李大钊不在北京时，一度代理过李的书记职务），后来虽然调到上海中央工作，仍经常往来于京津郑等地，是当时北京地区党的主要领导人之一。他所提供的证明，具有一定的权威性。理由之二，是他和邵飘萍从1918年北大新闻学研究会成立时起，就十分熟悉，他是新闻学研究会的会员，邵飘萍是新闻学研究会的导师。他在北大学习期间，就对邵有好感。离开北大以后，他们之间仍有密切来往。他在一篇回忆邵飘萍的文章中，曾经这样描写过他们之间的关系："我们以后来往多了，进一步在工作方面发生联系，我和邵逐渐接触频繁。""我作为北方党的负责人，经常和他联系工作。""我离开北京到上海中共中央局常委工作，随后又奉命出国。……在旅途中我和邵飘萍仍保持通讯联系"（见罗章龙《忆北京大学新闻学研究会与邵振青》，刊《新闻研究资料》1980年第4辑）。他为这样一个十分熟悉的人，提供重要证明，又是自己亲手经办的事，从常理来说，是不会有记忆上的失误的。

再说可能。像邵飘萍这样的已经在社会上崭露头角，有一定地位和影响的人，被秘密发展入党，成为只和党的个别领导人保持直线联系，不受地方党委管辖的特别党员，是完全可能的，也是有先例的。举例来说，在邵飘萍之前就有江浩。他原是同盟会会员，后来当了北洋政府的国会议员，入党的时候已经40出头，一直以天津烟酒公卖局局长的公开身份，掩护革命工作。在邵飘萍之后，还有杨度和张克侠。他们两个人都是1929年秘密入党的。杨度在入党前是名声很不好的筹安会六君子之一。入党时已经55岁。入党后，在杜月笙门下作"清客"，以此为掩护，为党作了大量工作。张克侠在入党前是西北军38师的参谋长，入党后继续留在旧军队，一直当到国民党第三绥靖区的副司令长官，长期只和中央代表单线联系，隐蔽工作近20年，直到在淮海战场上率部起义，才公开了党员的身份。像江浩、杨度、张克侠这样的在旧营垒中厮混过的人，尚且能够冲杀出来，反戈一击，成为共产主义的战士，邵飘萍何独不能？江浩、杨度、张克侠这样的人，可以和高一级的党组织保持单线联系，成为特别党员，邵飘萍又何独不能？

实际上，当时社会上对邵飘萍和党的关系，早已有所揣测。邵飘萍生前就曾经戴过“卢布党记者”“苏维埃之御用品”之类的红帽子。最后也是以所谓的“勾结赤俄，宣传赤化”的罪名被杀害的。直到现在，台湾出版的《中国新闻史》，还尊他为“共产党的代言人”（见该书1977年版第328页）。这些也都从反面和另一个侧面，反映了他和党的不寻常的关系。

三

需要弄清楚的还有两个问题。

一个是邵飘萍的入党时间问题。据前引罗章龙提供的材料，邵飘萍是1924年前后由李大钊和他两个人介绍入党的。罗章龙从1923年二七罢工开始到1924年7月，基本上在北京。1924年7月以后，他先是去德国参加国际运输工人会议，继而又调到上海中央工作，在北京的时间就不那么多了。李大钊则从1923年12月起，就去广州参加国民党第一次全国代表大会，直到1924年的2月才回北京。同年5月，又因张翰举的叛卖，受到通缉，被迫走避昌黎县的五峰山，此后又经东北到苏联，参加共产国际第五次代表大会，直到1924年的10月才回到北京。据此，邵飘萍入党的时间，只能是这一段时期内，李、罗两人都在北京的时间，即1923年2—11月和1924年3—5月。以后一段时间的可能性为大。

一个是邵飘萍究竟是党员还是团员的问题。建党初期，北京的党团组织区分得并不十分严格。1921年前后建立的组织，分为共产主义小组和社会主义小组两种。据乐天宇在《我所知道的中共北京地委早期的革命活动》一文中指出："当时有一条不成文的规定，20岁是个界限，不足20岁的加入社会主义小组，20岁以上的加入共产主义小组。"（见北京《文史资料选辑》第11辑）1922年以这两个小组为基础，分别建立了党团组织。原来加入共产主义小组的，就是党员；原来加入社会主义小组的，就是团员。1923年起，各个青年团支部开始转为党支部，到1924年1月全部转党完毕，所有团员都自然地转为党员。天津和河北地区的情况，也大抵类此。邵飘萍1924年已经年近40，比李大钊当时的年龄，还要大4岁。因此是党员的可能较大。前引《李大钊传》和《李大钊年谱》中所说的，"邵飘萍是身份没有暴露的共青团员"云云，恐怕未必符合实际。即使曾经是团员，1924年前后也该早已转为党员，不宜再以团员相称了。

四

看了上面的介绍和分析以后，也许会有疑问：为什么邵飘萍否认自己是共产党员？为什么邵飘萍的家属，包括和他关系最亲密的汤修慧，也不知道他是共产党员？为什么毛泽东不知道他是共产党员？为什么和他同时期在北京工作的不少党员同志，不知道他是共产党员？这些疑问，其实是不难回答，也是不难解释清楚的。

邵飘萍否认自己是共产党员，是因为处在白色恐怖条件下的缘故。他是单线联系的特别党员，身份并未暴露，没有必要自报家门，授人以柄。

邵飘萍的家属，包括汤修慧在内，都不知道邵飘萍是党员，是因为邵飘萍没有向她们暴露自己的这一身份。这既是党的地下工作的纪律，也是当时斗争的需要。杨度就从来没有向他的家属，包括他的母亲、妻子和妹妹暴露他的党员身份（见何后文、杜迈之：《杨度传》第136页）。邵飘萍在这方面也是做得很好，做得很对的。他因此在一些朋友们当中，被认为是一个“喜欢搞政治”而又“深藏不露的人”（见包天笑《钏影楼回忆录》续篇第66页）。

毛泽东不知道邵飘萍的党员身份，是因为他自从1920年4月南下后，一直到全国解放，没有再回过北京。邵飘萍的入党和被害，都是他离开北京后发生的事情，他不可能知道。以李罗当时在党内的地位，也不会专门向他去报告。邵被害后的10年，他一直处在戎马倥偬的战争环境之中，没有时间也没有条件去弄清楚有关的情节。和斯诺谈话时，只能凭1920年以前的印象，因此才有“是一个自由主义者”那一番话。这也是可以理解的。

许多同时期在北京工作的共产党员，不知道邵飘萍的党员身份，是因为邵是“特别党员”，一般情况下，不参加地方党的活动。另外，由于党当时处在幼年时期和地下状态，发展党员的手续，并不十分完备。有的时候需要提交党员大会或区党委会讨论，像施洋和胡鄂公入党时那样（见《包惠僧回忆录》第12、396页）。有的时候则并不需要经过这些程序。正像有些当事人在回忆文章中所描写的：“当时介绍谁入党，就是一句话，然后给陈独秀报告一声，什么填表啊，统统没有。那时党刚成立，不敢公开，处于秘密状态，所以入党手续很简单”（《张申府谈旅欧党团组织活动情况》，刊1981年第15辑《天津文史资料》）。因此，个别由党的高级领导人直接介绍入党的同志，一般党员就不一定知道了。

1928年，张作霖下旗出关，被炸死在皇姑屯，奉系军阀从此垮台，北京各界人士为邵飘萍举行了盛大的悼念仪式。此时，害人的人和被害的人都已去世，邵飘萍的政治面貌按说已经没有保密的必要。但是，国民党新军阀取代了北洋军阀的统治地位，白色恐怖仍然继续存在，公布邵飘萍的政治面貌，既不利于工作，也不利于家属。时间长了，这一事实就被湮没了。这也许是邵飘萍的党员身份，所以长期不彰的一个原因吧!

弄清楚邵飘萍的政治面貌，指实他的党员身份，对近现代新闻史的研究，具有重要意义。它将昭告世人：早在20世纪的20年代，我们党就有了像邵飘萍这样的优秀的新闻工作者；我们的新闻战线就有了像邵飘萍这样的杰出的共产党员。它也将极大地丰富中国无产阶级新闻事业史的内容。邵飘萍的名字，将不再和资产阶级连在一起。他将以杰出的无产阶级新闻战士、杰出的无产阶级报刊活动家和新闻教育家的名义，载入中国新闻事业的史册。

判断一个人是否共产党员，是一件十分严肃的事情。不应该把不是党员的人，随便地轻率地说成是党员。同样，也不应该把在秘密情况下确实加入了党，并为他的事业献出了自己的宝贵生命的同志，永远地摒除于党外。这样做，何以对先烈？何以对遗属？何以对世人？

今年是邵飘萍诞辰100周年，弄清楚这位杰出的新闻工作者的党员身份，还历史以本来的面目，将是对他的战斗一生的最好的纪念!

（原载1986年《新闻学论集》第9辑）

鲁迅的报刊活动和他的办报思想

一

鲁迅是中国文化战线上代表全民族的大多数，向着敌人冲锋陷阵的最正确、最勇敢、最坚决、最忠实、最热忱的空前的民族英雄。他从进入文化战线的第一天起，就以“发国人之内曜”（《河南·破恶声论》）的“精神界之战士”自居。“以广大农民和一切被压迫阶级的代言人自居，替他们呼号，为他们请命”（许广平：《鲁迅回忆录》第3页）。在新民主主义革命时期，他自觉地遵奉“革命的前驱者”的将令，以“为着现在中国人的生存而流血奋斗者”为同志，心甘情愿地充当革命的马前卒，用自己的笔为革命服务，成为杰出的革命舆论战士。

鲁迅不仅仅是杰出的文学家，也是杰出的报刊活动家。

鲁迅的一生和报刊有着非常紧密的关系。报刊是他进行战斗的主要阵地。他用他那只如椽的巨笔，在报刊这个阵地上，为革命造舆论，建立了不朽的战斗的业绩。鲁迅在他的战斗的一生中，曾经在103家报刊上发表过742篇文章，其中：日报15家，254篇。期刊78家，466篇。外文报刊9家，14篇。

在他光辉的一生中，鲁迅先后参加过18种报刊的编辑工作。担任过《莽原》《语丝》《国民新报副刊》《奔流》《北新》等刊物的主编；担任过《新青年》《文学》（左联刊物）的编委；指导过《未名》《波艇》《鼓浪》《译文》和不少左联刊物的编辑工作。热情地支持《越铎日报》《晨报副刊》《民报副刊》和一些革命的进步的报刊的编辑和出版。和不少进步的中外新闻工作者，如邵飘萍、邹韬奋、斯诺、史沫特莱、山上正义等，都有亲密的关系。

他密切关注着革命的和进步的报刊宣传工作，鲁迅博物馆所存鲁迅藏书中就有218种报刊，包括《政治生活》（中共北方区党委机关报，1926年前后出版）、《布尔塞维克》（1932年在上海出版）、《做什么》（广州区党委机关报），《少年先锋》（广东团委机关刊物）、《向导》《人民周刊》等。后四种是在广州的时候广东区党委通过毕磊送给他的。

作为革命的舆论战士，鲁迅进行战斗的主要武器是他的杂文——一种轻捷、灵活、锋利的报刊评论文体。他一生中写作了近千篇杂文，在他的全部作品中，占了很大的比重，光是杂文集就有16本之多。

杂文这种体裁并不是鲁迅的发明，列宁就曾经把自己在报刊上发表的许多论战性的评论文章称为杂文。在中国，杂文或称杂感，戊戌时期即已见于报刊。五四运动以后运用得更为普遍。《新青年》的“随感录”，《湘江评论》上的“放言”，《政治周报》上的“反攻”，《向导》《中国青年》上的“寸铁”，即是。鲁迅是这一战斗的报刊文体的集大成者，是杂文艺术的大师。

鲁迅的杂文有一些是有文学色彩的，近于抒情的散文，如《野草》

上的《秋夜》《腊叶》《华盖集》上的《长城》及《准风月谈》上的《夜颂》等。但多数的杂文实际上就是今天所说的“小评论”或“短评”。鲁迅自己也经常把他写的杂文称为“短评”。他在1932年自编的《鲁迅译著书目》、1935年所写的《自传》中，都把已出版的那些杂文集子称为“短评集”，如“《热风》1918年至1924年的短评”“《华盖集》短评集之二”“《二心集》短评集之四”，等等。在一些文章中，鲁迅还自称他“常常写些短评”（《花边文学·序言》），称他的杂文为“我的短评”（《三闲集·我的态度气量和年纪》）。鲁迅的不少短评，都是紧密配合当时的现实斗争的。其中如《无花的蔷薇之二》，是对段祺瑞政府屠杀革命群众的罪行的声讨，作于“民国以来最黑暗的一天”，即“三一八”惨案的当天。《伪自由书》《准风月谈》中的一些短评，反映得更快，具有明显的报刊评论的特点。

鲁迅的杂文具有多种形式。

有的近似于今天报刊上的通讯。如《再谈香港》（1927年9月29日作于港沪船上，刊《语丝》，后收入《而已集》）以第一人称记船过香港时受海关检查的详细情况。揭露了港英当局及“英属同胞”以检查为名对旅客进行讹诈和刁难的种种情景。实际上是一篇很生动的通讯。《阿金》（见《且介亭杂文》）记述了一个女工的遭遇。《看肖和“看肖的人们”记》（见《南腔北调集》）记述了萧伯纳在上海逗留期间的言行和社会上各阶层的人对肖的评论和反映，都近似于人物通讯。此外，《萧伯纳在上海》是把“当天报刊的捧与骂，冷与热，把各方态度的文章剪辑下来”，“连夜编辑出来的”（许广平《鲁迅回忆录》第125~126页），类似综合报道；《上海通信》（刊《语丝》是1926年8月底从上海写给北京友人的一封信）、《述香港恭祝圣诞》（刊《语丝》，是1927年11月托名华约瑟写给《语丝》编者的一封信）采用了通讯的体裁；《马上日记》（刊1926年7月5—12日《世界日报》）采用了日记的形式，都有通讯的味道。特别是《马上日记》有情节，有人物活动，有人物对话，写出了北洋军阀统治下的北京的形形色色，其中有军阀的跋扈，有帝国主义分子和高等华人的骄横，有资产阶级卖野人头的商业广告，有小市民们的麻木不仁。和民初黄远生的《新闻日记》一样，都可以算是广义的通讯。在形式的多种多样，语言的生动活泼，反映的及时迅速等方面，鲁迅的这些“通讯”都是很值得学习的。

鲁迅就是这样运用杂文这一武器，为革命造舆论和在报刊上进行战斗的。为了战斗，鲁迅放弃了搞长篇小说，搞大部头文学史的计划，他不顾敌人们的攻击、诱惑和好心的朋友们的劝告，不要诺贝尔奖奖金，坚持用杂文这一便于短兵相接的匕首和投枪，在百年魔怪舞翩跹的旧中国，对于一切有害的旧事物，给以猛烈的抗争和锋利的袭击。“使不是东西之流缩头”（《且二·徐懋庸作〈打杂集〉序》），“使麒麟皮下露出马脚”（《华续·我还不能“带住”》）。他的杂文反映了“中国的大众灵魂”（《准风月谈·后记》），是中国人民的宝贵精神财富，是无产阶级新闻战士的学习的典范。

鲁迅的报刊活动大体上可以分成三个时期。

第一个时期（学生时代到 1917 年）

1899年鲁迅在南京矿路学堂学习时，开始接触到《时务报》等维新派的报纸。同时给当时在上海出版的《游戏报》投过稿，名列该报征诗赠奖名单的前10名（1899年12月19日），这是他和报刊发生关系的开始。由此，一直到1936年他去世，始终没有间断过和报刊的关系。这一年他才18岁。

鲁迅在日本留学期间，正是资产阶级革命派的报刊宣传活动非常活跃的时期，各省的留日学生都办有鼓吹民主革命的专门刊物。年青的鲁迅参加了光复会，积极为资产阶级革命派的报刊写稿，开始了“我以我血荐轩辕”的战斗历程。

早在1903年，鲁迅就在许寿裳主编的《浙江潮》上发表了《斯巴达之魂》《中国地质略论》等文艺作品和科学论文。以非凡的热情，歌颂了反抗外族侵略的爱国主义思想。特别对老沙皇的侵略野心及1884年以来沙俄特务在中国内地的活动，提出了警告，指出："中国者，中国人之中国。可容外族之研究，不容外族之探险，可容外族之赞叹，不容外族之觊觎者也。"（《中国地质略论》）

1907年鲁迅从仙台医学专门学校退学到东京，决定从事文字宣传工作，用进步的舆论来改变"国民"的"精神"。他和几个朋友一道筹备在东京出版一份综合性的刊物，定名为《新生》。"但最先就隐去了若干担当文字的人，接着又逃走了资本"，剩下了不名一文的三个人，没有成功。这是鲁迅从事报刊活动的第一次尝试。《新生》没有问世，原来计划要写的一些文章，后来陆续在刘积学主编的《河南》杂志上发表。署名令飞、迅行。这些文章批判了资产阶级改良派的维新变法，颂扬了拜伦、雪莱、裴多菲等"恶魔派诗人的精神"，表彰了他们在资本主义上升时期对反动的统治阶级所进行的英勇的战斗。对于裴多菲，正如20多年后鲁迅在回忆这段往事时所分析的，主要宣扬他是一个"反抗俄皇的英雄"，以此来"鼓动青年战士的心"，激发他们进行民族民主革命的"斗志"（《奔流》二卷5期编校后记）。

1909年鲁迅回国，在杭州、绍兴两地任教，"还给日报之类做了些古文，自己不记得究竟是什么了"（《集外集·序言》）。1912年1月3日绍兴光复后不久，他和宋紫佩、孙德卿、陈去病等人一道发起创办了《越铎日报》，陈任总编辑，宋任总经理，从陶成章的"北伐筹饷局"拿来了余款90余元作为开办费。鲁迅以黄棘的笔名为该报写了《越铎出世词》，还帮助编辑们看稿，设计编排，担任"西报要闻"一栏的编译工作，从当时上海出版的《字林西报》等外文报刊上选译重要国际新闻供该报刊用。这在当时的地方性报纸上是较为突出的。鲁迅还建议在该报四版辟“稽山镜水”专栏，发表三言两语的短文，勇敢地嘲讽了混入新政府的旧官绅们的腐败，坚决地揭发了杀害秋瑾的谋主前军政府要员章介眉的罪行，对王金发的军政分府则提出了一些建议和希望。《越铎日报》出版40多天后，鲁迅就去南京教育部任职，后又转往北京，在北京期间仍与该报有联系，为该报副刊投过四五篇稿件。这个报纸在鲁迅离绍后不久，为地主阶级中的右派孙德卿、王文灏等所把持，成为拥袁反孙反王（金发）的报纸，大革命后成为国民党右派的机关报。鲁迅对孙德卿之流很反感，曾在日记中斥其“可笑”和虚妄。

创办日报的这一次尝试由于去南京和北京任职而中辍了。此后一直到1917年，鲁迅除了偶尔给一些报刊，如《越社丛刊》和教育部办的《编纂处月刊》写点东西外，始终潜心于中国古典文化遗产的研究，没有更多地参加报刊活动。

从学生时代到1917年，鲁迅这一时期的报刊活动主要是站在资产阶级民主革命派的立场上，为反帝反封建的旧民主主义作宣传，从唤起人民觉醒，改造国民性到“监督行政，促进共和”，为实现资产阶级革命派的政治理想而大喊大叫。

第二个时期（1918—1927年）

这一时期，鲁迅在“十月革命”的号召下，在列宁的号召下，在革命前驱者的将令的指挥下，站在激进的革命民主主义者的立场，参加了五四新文化运动和无产阶级领导下的新民主主义革命运动，写下了大量锐不可当的杂文和其他文学作品，在思想文化领域和各种反动流派反动思潮进行了针锋相对的斗争。这一时期他参加了近20种报刊的编辑和撰稿活动，其中主要有以下几家：

《新青年》（1915年9月15日创刊）。陈独秀主编，是五四时期宣传新文化运动的主要刊物。鲁迅从1918年4月起开始为该刊写稿。第一篇是五四时期的著名小说《狂人日记》，从此“一发而不可收”，在两三年的时间内，陆续在该刊发表了《孔乙己》《药》《风波》和《我之节烈观》《我们现在怎样做父亲》等37篇作品。《新青年》有一个时事短评专栏叫“随感录”，鲁迅从1918年9月起开始为这个专栏写短评，先后写了27篇，和新文化运动的种种敌人展开了短兵相接的白刃战，摧枯拉朽，所向披靡，给读者以巨大的感染。1918年初，《新青年》进行了一次改组，鲁迅参加了它的编辑工作会议。

《晨报》（1918年12月创刊）。创办人汤化龙，总编辑蒲伯英。五四运动前该报第七版曾请李大钊主编，在他的支持下发表过一些宣传马克思主义的文章，出版过“马克思诞辰104周年纪念专号”。鲁迅从1919年起就应邀为该报创刊纪念增刊写过文章。1920年孙伏园接办副刊，提倡白话、“标点”和“学术性”“民主性”，以师生关系邀鲁迅写稿，著名的《阿Q正传》就是从1921年12月4日起在该刊连载的。此后，一直到1924年，先后在该刊发表了近30篇文章（内杂文26篇）。这个副刊在鲁迅的指导和支持下，发表过许多新文学作品，译载过高尔基等世界著名作家的作品，为五四运动以后的新文学的发展作出了重要的贡献。

《京报》（1918年创刊）。邵飘萍主办，政治上倾向广东革命政府。1924年12月5日起孙伏园接任该报副刊主编，鲁迅开始为该刊撰稿，在1924—1925两年间，先后发表了37篇杂文，多数是短评，光是以《忽然想到》《并非闲话》为题的便有一二十篇，关于青年必读书问题的著名回答就刊于该报。《京报》共有20多种副刊，鲁迅不光为《京副》撰稿，也给《京报》的《文学》《民众文艺》等副刊写过稿，著名的《战士和苍蝇》即发表在《民众文艺》上。鲁迅、许寿裳等7名教授为支持女师大学生的驱杨运动而拟的《对于女子师范大学风潮宣言》，也是首先在这个报纸上发表的。

《莽原》（1925年4月24日创刊）。附于《京报》发行，原来也是

《京报》的副刊之一。后脱离《京报》改为半月刊，由未名社发行、鲁迅在开始的一个阶段担任过它的主编，经常撰稿的有未名社的一群作家。每期除附《京报》分送外，另由《京报》赠印3 000份作为稿酬，“看的人也不算少”（《两地书》）。刘和珍就是它的全年订户之一。鲁迅在《莽原》上先后发表了39篇文章，几乎全部是战斗性很强的杂文，其中如《春末闲谈》《灯下漫笔》《论费厄泼赖应该缓行》等，都是传诵一时的作品。《莽原》社址在北京西城锦什坊街96号，只有两间房子，“三一八”事件后鲁迅曾一度到此避难。鲁迅1926年到厦门后仍然关心《莽原》的出版工作，约司徒乔为《莽原》设计封面，支持韦素园办好这个刊物。

《语丝》（1924年11月1711创刊）。《晨副》易手后孙伏园等人在鲁迅支持下创办的一份以刊载杂文为主的周刊。1927年10月以后，迁上海出版，1930年停刊。《语丝》的主要成员除鲁迅外，有钱玄同、林语堂、顾颉刚、周作人、章廷谦、孙伏园、李小峰等。鲁迅在《语丝》初创时，曾经支援过这个刊物的印刷费，并且是它的最主要的撰稿人（迁上海后一度任主编）。先后在这个刊物上发表过近130篇杂文，仅第一年就写作了43篇，其中如《论雷峰塔的倒掉》《说胡须》《从胡须说到牙齿》，以及稍后一个时期写的《学界的三魂》《记念刘和珍君》《略谈香港》等，“一经发表后，无论在语言形式方面或是内容方面，在当时都是脍炙人口的，……为《语丝》初期创造了扩大影响的条件”（章川岛《忆鲁迅先生和语丝》）。在鲁迅的大力扶植下，《语丝》的不少文章“任意而谈，无所顾忌”“催促新的产生，对于有害于新的旧物，则竭力加以排击”（同上），“有好些是别的刊物所不肯说，不敢说，不能说的”（《书信·致章川岛》1927年8月17日），和北洋军阀的黑暗统治进行了不调和的斗争。但是《语丝》“本无所谓一定的目标，统一的战线，那16个投稿者，意见态度也各不相同”（《三闲集·我和语丝的始终》）。《语丝》的命名也是带有随意性的。“凡社员的稿件编辑者并无取舍之权”（同上）。因此，不少文章的精神是互相抵触的：一方面，在声讨段祺瑞政府屠杀学生的血腥罪行；一方面，又在进行烦琐的古代史考证。“费厄泼赖”也是周作人、林语堂之流首先在《语丝》上提倡起来的。只有鲁迅自始至终地站在《语丝》的最前线，以战斗者的姿态，严肃地、不屈不挠地和黑暗作殊死的斗争。对《语丝》的这种状况，鲁迅是深为不满的。

这一时期，在他参加编辑和撰稿的报刊上，鲁迅热情地歌颂了十月革命。急切地盼望着“刀光火色”中的“新世纪的曙光”（《新青年随感录·圣武》），严正驳斥了封建顽固势力对“十月革命”和马列主义的诬蔑，以及他们的反动叫嚷，激励中国人民像俄国人民那样。“用骨肉碰钝了锋刃，血液浇灭了烟焰”，前赴后继，在反帝反封建的斗争中赢得最后胜利。

在这些报刊上，鲁迅以冲决罗网的战斗精神，对孔孟之道进行了猛烈的冲击。对尊孔读经的孔孟之徒，维护旧文化旧道德旧制度的封建复古派，抱残守缺，把肿毒当成宝贝的国粹主义者，作了尽情的揭露。

在这一时期的报刊活动中，鲁迅还充分运用掌握在自己手里的舆论工具，和地主资产阶级以及反动军阀官僚政客的御用报刊《学衡》《甲寅》《现代评论》等进行了针锋相对的斗争。

《学衡》创刊于1921年1月，吴宓、梅光迪、胡先骕等主编，是一份反对新文化运动宣传复古主义的刊物。《甲寅》周刊创刊于1914年5月，章士钊主编，是一份提倡封建复古运动的“自己广告性的半官报”。《现代评论》周刊创刊于1924年12月，陈源主编，是一份反苏反共拥段拥蒋的反动刊物。在复古的逆流中，这几个刊物都叫得很响。《学衡》攻击新文化运动是“弊端丛生，恶果立现”，主张“倡明国粹，融化新知”。《甲寅》则主张“读经救国”，攻击推行白话文“诚国家之大创，而学术之深忧”。《现代评论》也大唱“整理国故”的滥调。鲁迅在《猛进》《京报》《晨报》《莽原》等报刊上先后发表了《十四年的读经》《青年必读书》《估学衡》《灯下漫笔》等文，对这三个报刊所掀起的复古主义的逆流作了迎头痛击，对他们文章中的文理荒唐、逻辑混乱和用典错误之处，进行了辛辣的讽刺和嘲笑。当驳斥陈源的文章《不是信》在《语丝》上发表时，刊物未到发售处就挤满了人。“一到就抢光了”（李霁野：《回忆鲁迅先生》）。

“五卅运动”和1925年女师大学生反对反动校方的学潮发生前后，这几个刊物都竭力为段祺瑞反动统治辩护，讨好帝国主义，反对工农学生的爱国运动，支持章士钊、杨荫榆对进步学生的镇压。鲁迅在《京报副刊》《语丝》《莽原》等报刊上写了《碰壁之后》《忽然想到》《并非闲话》等战斗杂文，对这些刊物和那些“正人君子们”充当帝国主义走狗和北洋军阀喉舌的反动嘴脸，作了无情的揭露。鼓舞了不少“被人打击了而没法申诉的弱者”，使她们“每捧读到一篇文章，就得到一种勉励”（许广平：《关于鲁迅的生活》）。

对于这几个反动刊物的种种谬论，当时在上海出版的《向导》《中国青年》等党的机关报刊虽然也作过一些批判，但是由于这些报刊当时忙于推动南方一带日益高涨的群众革命运动和反击国家主义派及国民党右派的进攻，对处在北洋军阀统治地区的这场战斗，没有投入很大的力量。给这几个反动刊物以沉重打击的，是鲁迅和在他支持下在北京出版的《语丝》《莽原》《京报副刊》《猛进》《国民新报副刊》等这几个报刊。鲁迅是这场反击战的主将。

第三个时期（1927—1936年）

这一时期共10年，是鲁迅一生中最光辉的10年，也是他的报刊活动最活跃的10年。

这10年中，鲁迅以上海为基地，先后参加了72种报刊的编辑和撰稿活动，在报刊上发表了400多篇充满了战斗锋芒的杂文，数量上超过了前两个时期的总和，其中仅1933年一年就发表了130多篇，篇篇都是刺向敌人心脏的利剑。这10年也是鲁迅在舆论战线上，为新民主主义革命的胜利，为新中国的诞生进行英勇战斗的10年。以1927年“四一二”前后发表的一些文章为标志，鲁迅已经轰毁了自己头脑中的进化论思想，接受了唯物史观、辩证法和阶级分析的观点，由激进的小资产阶级的革命民主主义者转化为马克思列宁主义者，成为自觉的无产阶级的革命舆论战士。

在这一时期的报刊活动中，鲁迅和党保持了亲密的联系，他引“那切切实实，足踏在地上，为着现在中国人的生存而流血奋斗者”为同志，深信“惟新兴的无产者才有将来”，热情地支持革命的新生事物，支持苏区的革命斗争，向形形色色的敌人进行了有力的挞伐。

1927年秋，鲁迅到达上海，立即开展报刊活动。

在1927—1930年初这一阶段，鲁迅先后担任了《语丝》（这时已迁到上海）、《奔流》（1928年6月创刊）、《朝花》（1928年12月创刊）、《文艺研究》（1930年2月创刊）等刊物的主编，支持《未名》等刊物的编辑工作，还经常给《北新》和《文学周报》等刊物写稿。

1930年3月左联成立。在1930—1933年这3年间，鲁迅以主要力量从事左联的一些机关刊物的编辑工作，先后担任过《萌芽》《巴尔底山》《前哨》（后改《文学导报》）、《十字街头》等刊物的主编，写了不少评论文章。《硬译与文学的阶级性》《丧家的资本家的乏走狗》（以上刊《萌芽》），《中国无产阶级革命文学和前驱的血》（刊《前哨》），《沉滓的泛起》《友邦惊诧论》（刊《十字街头》）等著名杂文，就是在这些刊物上发表的。在白色恐怖下，这些刊物的寿命都很短，最长的《前哨》只出了8期，最短的如《十字街头》，只出了3期。工作条件是比较艰苦的。除主编这些刊物外，鲁迅还积极为《拓荒者》

《北斗》《文学月报》等其他左联刊物写稿，关心它们的编辑和出版工作，成为左联系统各报刊的实际上的总指导者。1931年3月，左联的外围刊物之一《文艺新闻》创刊，这是一个小型的周报，以报道国内外文艺界的新闻为主，以通讯、特写、访问记、报告文学等多种形式反映文艺战线的动态和进步文艺工作者对当前重大政治问题的意见，兼刊一些文艺批评方面的文章，办得比较活跃。鲁迅积极支持这个周报的出版，为这个周报写作了《上海文艺之一瞥》等文章，并在《我对于"文新"的意见》一文中，对这个周报的出版提出很多带指导性的建议。在鲁迅的支持下，以《文艺新闻》的编辑记者为核心成立了中国左翼新闻记者联盟、隶属于左联，并在《文艺新闻》上出版《集纳》专页，"以科学的唯物主义的观点来研究新闻学理论"。这是企图以马克思主义为指导来研究新闻理论的中国的第一个新闻学专刊。

1933年以后，左联的刊物大部被封。恰好这时《申报》的副刊《自由谈》由黎烈文接编，转请郁达夫来约稿，鲁迅接受了，于是从1933年1月起就开始为《自由谈》写稿。《申报》的《自由谈》创办于1912年，向来是鸳鸯蝴蝶派的阵地，前任主编周瘦鹃就是这一派的健将，所刊多卿卿我我的言情小说。黎烈文主编后作了一些改进，以刊载随感性的时事评论文章为主，同时也刊载一些文学批评和诗歌、小说等文学作品。每天出一期，每期3 000多字。经常保持五六篇稿件。有时还围绕一个专题，组织专版，短小精悍，办得比较活跃。参加写稿的有不少是"左翼普罗作家"。鲁迅开始只是"漫应之"，后来一发不可收拾，在大约一年半的时间内先后为《自由谈》写作了128篇短评。《伪自由书》《准风月谈》《花边文学》中的大部分文章就是这一时期在《自由谈》上发表的。鲁迅在《自由谈》上发表的文章，"时有对于时局的愤言"，其中的第一篇《逃的辩护》（刊1933年1月30日《自由谈》），就是对国民党反动派的讥评。这些闪烁着熠熠的战斗锋芒的匕首和投枪，受到了读者的热烈欢迎，使《申报》的发行数字，在一年半的时间内由145 400份增长到150 600份。黎烈文去职后，鲁迅继续为《自由谈》供稿，一直到1934年的8月。鲁迅为《申报》写稿的这一个时期，是他在报纸上发表文章最多的一个时期。

1933年下半年到1936年他逝世这3年，鲁迅除了继续担任《文学》的编委和主编过三期《译文》（1934年9月创刊）外，没有再作编辑工作。主要精力用来写文章，为各个刊物供稿，用杂文和政论文进行战斗。

这一时期，鲁迅先后在近20种报刊上发表文章。其中发表文章较多的是《文学》月刊和《太白》半月刊。《文学》创刊于1933年1月，郑振铎主编，鲁迅和茅盾、郁达夫、叶绍钧等都是编委，是一个大型综合性的文艺刊物。鲁迅的《谈金圣叹》《病后杂谈》《又论第三种人》等26篇杂文，就是在这个刊物上发表的。《太白》是一个以刊载杂文、散文、小品文和反映社会现实的评论文章为主的刊物，陈望道主编，1934年9月创刊，只出版了一年。鲁迅的《考场三丑》《论人言可畏》等23篇杂文，即在这个刊物上发表。此外，在生活书店出版的《新生》（1934年创刊，杜重远主编）、《读书生活》（1934年创刊，李公朴主编）上，鲁迅也发表过一些文章。

《太白》停刊后，上海涌现了一批由新进作家主编的文学刊物和综合性时事刊物，这就是1936年初创刊的《中流》（黎烈文主编）、《作家》（孟十还主编）、《海燕》（史青文主编）、《文学丛报》（王元亨、马子华主编）、《夜莺》（方立中主编）等。鲁迅对这些多少能够讲点话的“稍有生气”的刊物，给以很大支持，关心它们的出版，为他们代约稿件，自己也积极供稿。鲁迅的《答徐懋庸并关于抗日统一战线问题》《半夏小集》和《答托洛斯基派的信》等文，就是在这些刊物上发表的。

在这一时期的报刊上，鲁迅通过他所写的杂文，用犀利矫劲酣畅淋漓的笔墨，对形形色色泛起的沉渣进行了鞭辟入里地刻画、嘲讽和批判。在他的笔下，不论是尊孔复古的官僚政客，鼓吹人性论充当资本家的乏走狗的陈源、梁实秋，号称第三种人的苏纹、施蛰存，“倚徙华洋之间，往来主奴之界”满脸西崽相的林语堂，披着民族主义文学外衣的法西斯鹰犬黄震遐、朱大心，打着小资产阶级文学旗号的叛徒特务杨村人，自称“革命文学家”实际上是“△”专家的张资平，鼓吹“且喝杯中酒，国事管他娘”的反动文人曾今可和化名狄克的王明的门徒张春桥，都在他的笔下，撕破了画皮，露出了丑恶的嘴脸。

1931年“九一八”事变后，日本帝国主义占领了东北三省，进一步挥军入关妄图吞并整个中国。蒋介石政府则推行“安内始能攘外”的卖国投降政策，对外丧权辱国，对内实行反革命的军事围剿。鲁迅在这一时期的报刊上，通过他所撰写的几十篇杂文，对他们进行了猛烈的抨击。其中如刊登在1931年12月25日《十字街头》上的《友邦惊诧论》、刊登在1933年5月5日《申报》《自由谈》上的《文章与题目》、刊登在1933年5月19日《申报》上的《天上地下》等，都针锋相对地揭露和痛斥了蒋介石的卖国罪行，对残民以逞的国民党反动派进行了尖锐的嘲讽。

在发表在《萌芽》《作家》《文艺新闻》等报刊上的一些政论文章和杂文中，鲁迅特别对那些“伏在大纛荫下”的“左”倾机会主义者们的“嘴脸”，作了深刻的勾画。指出这一伙人是空喊“革命”的口号，“故作激烈的唯物史观”，“摆出一种极左倾的凶恶面貌”，打击别人，“以显其‘正确’”和自我吹嘘的假革命者（《文艺新闻》第20~21期，《上海文艺之一瞥》）。对于这些人的种种丑恶表演，鲁迅虽然在重病中也总是不放过一切机会，立刻提起笔来，进行无情的揭露和斗争。

当张春桥化名狄克在反动报纸《大晚报》的“星期文坛”上发表题为《我们要执行自我批判》的文章对进步小说《八月的乡村》横加指责时，鲁迅立即在1936年5月出版的《夜莺》月刊上发表了《三月的租界》一文，给以反击。鲁迅对张春桥之流的王明的门徒们，舒舒服服地住在“三月的租界”里，动不动就指手划脚，挥舞大棒，对进步的作品进行“含糊的指责”，定下“比列举十大罪状更有害于对手”的罪名一节，表示了极大的愤慨。质问说，张春桥并没有等到“丰富了自己以后”，再来做“正确的批评”，凭什么对作者提出这样苛刻的要求？难道为了等待坦克，就不妨“先折断了投枪”？这种作法，难道不是向敌人“献媚”和帮助敌人“缴”了自己的“械”么？

鲁迅的这些文章体现了他大无畏的革命精神。“他的笔是对于帝国主义、汉奸卖国贼、军阀官僚、土豪劣绅、法西斯蒂以及一切无耻之徒的大炮和照妖镜”（《党中央和苏维埃政府为鲁迅逝世发出的专电》）。他留下来的在报刊上发表过的上千篇杂文，是留给革命新闻工作者的极其珍贵的精神遗产。

二

鲁迅一生虽然给近100家报刊写稿，参加过近20家报刊的编辑工作。但是受条件的限制，始终没有办成报纸。他自己也早已得出结论：在北洋军阀和国民党反动派的白色恐怖下，“我们自己绝办不了报纸”（李霁野：《回忆鲁迅先生》第33页）。

党在苏区和白区出版的一些报刊是革命的舆论阵地，但鲁迅不是党员，而且从长远的战斗需要考虑，为了在“黑暗势力统治下面”坚持下去，也不宜于在党报上公开发表文章。因此除了自己主办的一些刊物和自已担任主编的左联的一些刊物外，只能利用可以利用的舆论阵地来发表文章。

鲁迅经常发表文章的报刊，基本上属于两种类型。

一种是当时的进步报刊，或有一定进步倾向的报刊。如：

1. 邵飘萍主办的《京报》。这份报纸在当时甚至被一些反动派说成是“苏维埃之御用品”（观棋：《北京报业偶谈》）。

2. 国共合作时期国民党“左派”的一些报纸。

例如《国民新报》，这是在当时的国民军首脑冯玉祥的支持下出版的一份报纸。1925年9月在北京创刊，总编辑邓飞黄。这个报纸有中英文两版，大力宣传孙中山的“新三民主义”和“联俄、联共、扶助农工”三大政策，报道苏联国内建设消息和苏联人民支持中国革命的消息，斥责段祺瑞为“卖国贼”“帝国主义的走狗”。“三一八”惨案的第二天，曾以“段祺瑞屠杀爱国人民”为题用整版篇幅报道事件经过，并陆续发表了《段祺瑞三大屠杀》《卖国贼及其走狗之妖言》等社论，声讨西山会议派破坏革命的罪行。鲁迅从1925年12月5日起，到1926年2月10日止，应邀担任这个报纸的副刊的主编，共编发了60多期副刊，内容以时事性评论文章、散文、译文为主。他的《“公理”的把戏》《这个与那个》等13篇杂文即在这个副刊上发表。经常为这个副刊撰稿的还有许寿裳、冯至和未名社的一班人。《鲁迅日记》从1925年12月2日到1926年5月6日，有21次和邓飞黄通信、晤谈和开会研究编辑工作的记录。这个报的社会科学副刊曾发表过列宁《国家与革命》的译文。李大钊也为这个报纸写过文章。再如北京、上海两地的《民国日报》。国共合作时期，国民党在全国各地办过不少《民国日报》，多数由左派掌握。如武汉的《民国日报》（国民党湖北省党部机关报）就由董必武任社长，沈雁冰任总编辑，毛泽民任总经理。汕头的《岭东民国日报》（粤东地区国民党党部机关报）的报头就是周恩来题的字，列宁《国家与革命》的第一次中文全译本，就首先在该报发表。上海和北京的《民国日报》创刊较早，前者在五四时期即已出版，后者创刊于1925年，两刊都发表过鲁迅的文章。鲁迅在北京《民国日报》创刊前三天，就亲自到报社送稿，给该报以很大的支持。

此外还有广州的《国民新闻》（1925年8月创刊）。这是国民党广东省党部的机关报，社长甘乃光当时和国民党左派廖仲恺的关系比较接近。鲁迅到广州前该报刊登过不少欢迎和介绍鲁迅的文章。鲁迅到广州后的第三天，它的副刊《新时代》的主编梁式就来约稿，新近发现的鲁迅的重要佚文《庆祝沪宁克复的那一边》，就是在这个副刊的第11期上发表的。这个报纸“四一五”后为右派掌握。梁式曾写过三篇回忆鲁迅的文章，后来堕落为文化汉奸。

3. 韬奋等进步文化工作者主办的报刊如《新生周刊》《读书生活》《太白》等。

4. 创办初期“还有一点朝气”的报刊。如《新潮》《涛声》《新语林》等。

《涛声》半月刊，1932年8月创刊。主编人曹聚仁，当时是暨南大学教授，提倡汉文拉丁化。鲁迅有《论“赴难”和“逃难”》等五篇文章在该刊发表。《芒种》半月刊，1935年3月创刊，也是曹聚仁主编，鲁迅在该刊发表过《题未定草》等三篇文章。鲁迅所以支持它，因为“《芒种》是反对林语堂的刊物”（《书信·致增田涉》，1935年3月23日）。

另一种是政治上保守或反动，但由于所代表的政治力量居于在野的地位，和当权的反动政府有矛盾，可以暂时利用的报纸。《晨报》《世界日报》《中华日报》《申报》等属之。

《晨报》是进步党的报纸，一度为阎锡山、张作霖所控制，政治上属于资产阶级的右翼，但是在北洋和国民党各派的派系斗争中不属于嫡系，经常处于在野的地位，因此，有时也放言高论，说点漂亮话，摆出一副兼容并包的样子。

《世界日报》是成舍我主办的报纸，标榜“以国民意见为意见”。“以超党派立场争取全民福利”，实际上接近国民党右派，和孙文主义学会、西山会议派关系密切。但是在北洋军阀统治时期，它仍然算是一个“在野”政党的报纸，所以对北洋政府有时也说点批评的话。鲁迅应邀为《世界日报》写过《马上日记》等7篇杂文，时间也正是在这一时候。刘半农当时是这个报纸的副刊编辑。鲁迅写稿，也是为了照顾老朋友的面子。

《中华日报》是汪精卫系统的改组派的报纸，林柏生主编。改组派是由于国民党内部的争权夺利而形成的一个反动的政治集团，这个集团打着改良主义的旗帜，戴上国民党左派的假面具，欺世盗名，进行争权活动，办有《革命评论》《前进》和《中华日报》等报刊，进行舆论上的鼓吹。经常“以激烈态度批评南京政府和反击吴稚晖等人的谩骂”（范予遂：《我所知道的改组派》）。鲁迅给这个报纸的几个专刊写过27篇杂文。

《申报》是另一种情况。它不属于某一个资产阶级政党派系。言论偏于保守，经常反映民族资产阶级的政治态度。“九一八”事变后，民族矛盾上升为主要矛盾，它从本阶级的利益出发，对蒋介石的“先安内后攘外”的那一套作法有所不满，态度稍有改变。《自由谈》主编人的易手就是在这个时候。鲁迅在1933—1934年之际，先是为黎烈文主编的《自由谈》，黎去后又为张梓生主编的《自由谈》写稿，同时还为《申报》主办的另一副刊《申报月刊》（俞颂华主编）写稿，在一年多时间内共为《申报》写了142篇评论文章。成为他一生中最高产的时期。

需要说明的是：

（一）对于这些报纸，主要是利用他们的版面和他们的公开的合法的地位

在进步的革命的报刊受到压抑，自己又办不了报纸，缺少舆论阵地的情况下，这种利用是有必要的。马克思给《纽约论坛报》写过文章，毛主席给长沙的《大公报》《湖南通俗报》写过文章，就是这方面的先例，是出于斗争的需要。当然，这些报纸的政治倾向是不同的，例如《世界日报》是亲蒋的；《中华日报》当时是反蒋的；《晨报》对于当权的反动统治者有奶就是娘，哪一派上台就捧哪一派；《申报》是"最求和平，最不鼓动革命的报纸"（《二心集·非革命的急进革命论者》），但都是资产阶级报刊。给他们写稿不等于同意他们的政治主张。想说什么，就说什么；能利用就利用；不让说，不能利用就拉倒，主动权掌握在自己的手里。鲁迅对此作过精辟分析："报纸没有一家没有背景，我们可以不问，因为我们自己绝办不了报纸，只能利用它的版面，发表我们的意见和思想。不受到限制，干涉，就可以办下去；没有自由，再放弃这块阵地。总之，应当利用一切机会，打破包围着我们的黑暗和沉默。"（转引自李霁野：《回忆鲁迅先生》第33页）因此，对于一切可以利用的舆论阵地，鲁迅总是不放过的。韦素园到《民报》，孙伏园到《京报》担任编辑，都得到过他的极力支持。

（二）在整个报纸的各个版面中，主要利用它的副刊

中国报纸从19世纪70年代起就有副刊，有的报纸还不止一个副刊，这些副刊通常接收外稿，有时还委托报社以外的人编辑，成为可以利用的舆论阵地。一般情况下，报纸正副刊的基本政治观点是一致的，但是在一定条件和一定情况下，也可能出现某种程度的不一致。原因是多样的，有的是办报人有意识地给副刊以相对的自由，这对进步的副刊的编辑人实际上是一种支持。他们的基本观点是一致的。有的是办报人在可以允许的范围内，开放部分篇幅，为自己装点门面，以广招徕，并不一定同意其中的观点。但在实际上则给自己办不了报的进步团体和个人提供了可以利用的讲坛。五四运动以来，许多曾经起过进步作用的副刊，就是这样办起来的。《民国日报》的《觉悟》《国民新报》副刊、《京报》副刊大体上属于前者，《晨报》副刊、《时事新报》的《学灯》《文学周报》和《中华新报》的《创造日》属于后者。除《创造日》外，前引的一些副刊鲁迅都写过稿。利用副刊的相对独立性宣传自己的观点，是革命舆论战士在反动统治地区迫于形势而采取的一种权宜之计。但是要注意一点，就是要坚持原则。正如鲁迅在支持韦素园接编《民报》副刊时所说："自己办不了报，一般报纸不可能干干净净，我们只能利用它的一角，说自己的话，不作原则性的迁就就好了。"（李霁野：《回忆鲁迅先生》第26页）

（三）即便如此，也不是所有的报纸都可以利用的

有些反动报纸鲁迅就决不和它们打交道。他所说的"人家在办报，我决不自行去投稿"（《华盖集·海上通信》），指的就是这种报纸。例如《中央日报》，武汉时期沈雁冰、孙伏园担任副刊主编的时候，是革命的，鲁迅很支持，曾经表示即使累到"须吃药做文章"，也"非投稿不可"（《两地书》）。他的《无声的中国》等两篇文章就是在那一时期的《中央日报》的副刊上发表的。国民党右派叛变革命后，《中央日报》成为右派的反动喉舌，鲁迅就不再和他们来往。《时事新报》，鲁迅在五四时期曾经投过稿，当这个报纸为四大家族所攘夺时，鲁迅也不再为它写稿。对一些企图借鲁迅的名字，装点门面的反动报纸，如黄萍荪所主编的《越风》半月刊，为蒋介石小骂大帮忙的《国闻周报》，以及肖同兹等所把持的《立报》等，尽管一再函邀，鲁迅都婉言谢绝，表示了道不同不相为谋。

（四）对于那些投过稿打过交道的报刊，也不是没有斗争的

《十四年的读经》（刊1925年11月《猛进》）就是对《晨报》的反

苏言论的尖锐的抨击。《难答的问题》（刊1936年2月《海燕》）则是对《申报》吹捧武训的严肃的批判。当1936年9月27日的《申报·儿童专刊》上刊出梦苏作《小学生应有的认识》一文，公然提出中国人杀日本人应加倍治罪时，鲁迅表示了异常的愤慨，斥作者为“畜类”，斥那篇文章为“令人发指”的“昏话”（《书信·致黎烈文》）并扶病为《中流》写了《立此存照（七）》一文，进行批判。《涛声》初创时，鲁迅是支持的，但当这个刊物指责北平爱国学生，说什么“即使不能赴难，最低限度也应不逃难”时，就立即写了《赴难与逃难》一文，自称“逃难党”，主张“倘不能赴难，就应该逃难”，并对“党国”的媚外反共作了无情的揭露和嘲讽。这些报刊本来就是资产阶级报刊，作者鱼龙混杂，在利用这些舆论阵地时，鲁迅既有灵活性，也坚持原则性，该斗争时还是坚持斗争的。

鲁迅的一生，“弄文罹文网，抗世违世情”（《题呐喊》）。他的报刊活动是在重重的反革命的文化围剿下，在诬蔑、压迫、囚禁、杀戮的重重威胁下，在和特务、文探、叭儿、检查官老爷们作斗争的过程中进行的。

北洋军阀统治时期，鲁迅在北京办报，写文章，对北洋军阀的压迫进步报刊，他是进行过抗争的。对北洋政府的封禁《民国日报》和稍后一个时期的封禁《语丝》，鲁迅提出过愤怒的抗议，说：“停止一种报章，他们的天下便即太平么？这种漆黑的染缸不打破，中国即无希望”（《两地书》）。他把希望寄托在南方的革命政府上。

1927年到了广州，亲眼看见这个“红中夹白”“可以做革命的策源地，也可以做反革命的策源地”的城市终于为反革命所劫夺，他的希望因之破灭。反革命的毒气也立地袭来。刚到广州时的“革命战士”的称号被取消了。有的报纸竭力不使鲁迅的名字出现，有的报纸奚落他是“杂感家”，说“特长即在他的尖锐的笔调，此外别无可称”。有的报纸则捏造他已逃离广州，逃到还未经过“清党”的汉口去了的消息，借以暗示他就是共产党。在“如磐夜气压重楼”的情况下，鲁迅没有退却，他迎着敌人上，选择了上海这一逼近敌人心脏的阵地，扎了下来，紧握自己手中的笔，在舆论战线上，和敌人展开了顽强的斗争。在上海的这10年，是战斗的10年。这10年中，鲁迅在“敌军围困万千重”的情况下，岿然不动，决不屈服，经受了严峻的考验。

大革命后，国民党反动派在对革命根据地实行军事围剿的同时，对白区的进步文化事业实行了反革命的文化围剿。1928—1929年颁布了所谓《查禁反动刊物令》《宣传品审查条例》，在各大城市实行邮电检查和报刊出版登记制度，对革命的进步的报刊严加限禁。各处寄给鲁迅的报刊经常被没收。“言论的路很窄小，不是过激，便是反动”（《三闲集·现今的新文学的概观》）。鲁迅担任编辑的两个刊物也受到了冲击。《莽原》的一期因为刊有俄国文学作品的译文被扣，《语丝》被迫减少了“对于社会现象的批评”，“多登中篇作品”，终于办不下去了，被迫停刊。1928—1929这两年，鲁迅开始受到了“极少写稿，没处投稿”的威胁（《三闲集序言》）。他愤慨地把以前写的一首揭露北洋军阀的诗，重新引作他的新杂文集《而已集》的题词：

这半年我又看见了许多血和许多泪。
然而我只有杂感而已。
泪揩了，血消了；
屠伯们逍遥复逍遥，
用钢刀的，用软刀的。
然而我只有“杂感”而已。
连“杂感”也被“放进了应该去的地方”时，
我于是只有“而已”而已！

1930—1931年国民党政府颁布了《出版法》和《危害民国紧急治罪

法》，对革命的进步的报刊进行了新的迫害。柔石等左联五作家遭到屠杀。“文禁如毛，堤骑遍地”（《书信·致台静农》1932年）。整个国民党统治区陷入白色恐怖之中，“禁锢得比罐头还严密”（《南腔北调·为了忘却的纪念》1933年）。在《语丝》停刊后的一段时期内，鲁迅能够写点东西的只剩下了左联的几个刊物，但《萌芽》只出五期就被封禁，《前哨》等也被迫转入地下，“没有了任意说话的地方”（《南腔北调·题记》）。1930年这一年，鲁迅一共只写了后来收入《二心集》内的不到10篇短评，正如他在给曹靖华的一封信中所说：“压迫是透顶了！”

《申报》来约稿后，开始“平均每月八九篇”，暂时地打开了一点局面，但不久他的文章又由于“常不免涉及时事的缘故”而“接连的不能发表了”（《伪自由书前记》）。送去的《保留》《有名无实的反驳》《不求甚解》等短评，或由于隐指国民党当局的亲日卖国，或由于讽刺蒋介石当局的不抵抗主义，而被扣发。连累到《自由谈》的主编人也遭到反动报刊的人身攻击。《自由谈》的“自由”本来是一句空话，现在连说点空话的这点“伪自由”也被剥夺了。

1933—1934年之际，国民党反动派颁布了《新闻检查标准》和《图书杂志审查办法》，对各大城市的报刊实行预检。1934年2月全国有149种书刊被禁，鲁迅已出版的著作全部成为禁书，鲁迅经常投稿的几个报刊也有不少被查封。1934年12月，鲁迅在给刘炜明的信中，告诉他“在日报上，我已经没有发表的地方”。1936年2月又在致杨霁云的信中，报告了他经常投稿的《海燕》等刊物被禁的消息，反革命的文化围剿，越来越紧迫了。

在1934—1936年这三年间，鲁迅送往各个报刊的稿件，成为众矢之的。有的题目被删改；有的文章“副刊编辑先抽去几根骨头，总编辑又抽去几根骨头，检查官又抽去几根骨头”（1935年《花边文学·序言》）弄得面目全非，有的干脆全文都被禁止。

但是，鲁迅丝毫也不屈服，他以压倒一切敌人的英雄气概，一往无前地和黑暗势力进行了顽强的斗争。对于横逆之来，他都泰然处之。他在给日本友人的信中说："文坛所受压迫一天一天吃紧，然而我仍悠然度日"（《书信·致增田涉》）；"只要我还活着，我总要拿起笔来对付他们的手枪的"（《书信·致山本初枝夫人》）。后一段话写于1933年6月25日，正是杨杏佛被暗杀不久的时候，充分表达了鲁迅的无所畏惧的革命精神。

事实正是这样。当御用的检查官们挥舞大棒对他的稿件大砍大杀的时候，鲁迅根本不管他们那一套，反而在他的文章中，对这些人的嘴脸作了尽情的揭露（见《花边文学·后记》《且介亭杂文二集后记》等文）。当有的书商主动要求预检"以保血本"，有的新闻记者向反动政府"恳求保护正当舆论"的时候，鲁迅斩钉截铁地说："我不想求保护！"表示决不向压迫者投降。在给日本朋友的信中，他还更进一步地提出了要和检查官们打一仗（《书信·致增田涉》1935年）的计划。

当他主编或经常联系的某一个刊物受到敌人的禁锢办不下去时，他就改换一个名称，再办下去。《萌芽》从第6期起改名《新地》，《前哨》从第2期起改名《文学导报》，以及《拓荒者》的改名《海燕》，都出于他的指挥。

当一些"违禁"的稿件，在一个报刊上被扣发时，他就转移到另一个报刊发表。当一些文章在国内估计难以通过时，就先送到国外报刊或国内外文报刊上发表，然后再回译过来。

当鲁迅这一笔名遭到敌人的特别注意时，就"改些作法，换些笔名，托人抄写了去投稿"。鲁迅一生用过130多个笔名，其中大部分是在后10年"围剿"严重的时期使用的，仅在《申报》一个报纸上，鲁迅就先后换用了41个笔名，在《中华日报》上也变换过13个笔名。有的笔名，在迷惑敌人的同时，也还寓有调侃嘲讽的意思。

那些被检查官们扣发了的文稿，鲁迅在结集时，通通收入，并一一作说明。被删节了的文句，也一一按原稿补足，并加注黑点，让读者们看出删节者的卑劣手法和险恶用心。既是对反动检查官儿们的权威的蔑视，也是对他们的无情揭露。

当反动派实行严厉的新闻检查，不许任何带有革命色彩的文字见于报刊时，鲁迅就采用隐晦曲折的笔法写作杂文。或以古喻今，或冷嘲热讽，和敌人进行斗争。这些文章表面上谈的是“风月”，实际上谈的是“风云”；表面上“嬉皮笑脸”，实际上“剑拔弩张”；发奸擿伏，淋漓尽致，使革命的人民受到激励，使敌人疾首蹙额，无可奈何。当然，受环境的限制，这些文章从表面上看，往往“吞吞吐吐”“含糊的居多”，如鲁迅所说的是“上了镣铐的跳舞”（《书简·致曹白》1936年）。

他就是这样，用他那支“金不换”的笔，通过报刊这一有力的舆论工具，“在这可诅咒的地方，击退了可诅咒的时代”。他的骨头是最硬的，在他的身上看不到丝毫的奴颜和媚骨。他的战斗的报刊活动的一生，是无产阶级革命新闻战士的崇高典范。他无愧为真正的“中国的脊梁”。

三

鲁迅一生从事革命的报刊活动，有丰富的实践经验。对新闻学的理论，虽然没有作过专门的研究，但也有过不少十分精辟的论述，他的不少杂文，特别是晚年所写的杂文，运用马克思主义的阶级分析的观点和辩证唯物主义历史唯物主义的观点，从理论和实际的结合上，对报刊宣传工作发表过不少议论，提出过不少设想，学习和研究他的办报思想，对于丰富马克思主义的新闻学理论宝库，具有深远的历史意义和重大的现实意义。归结起来，有以下几点：

（一）为革命办报，为革命写作

鲁迅认为报刊宣传工作是革命工作的一个重要的组成部分，办报、办刊物、写文章、造舆论，其目的都是为了革命；为了“给寂寞者以呐喊”（《伪自由书序》）；为了“对于有害的事物，立刻给以反响或抗争”；为了“使不是东西之流缩头”；为了“撕去旧社会的假面”（《两地书》）为了“注入深沉的勇气”，“启发明白的理性”激发自己的国民性，使他们发些火花，（《坟·杂议》）；总是为了更好地揭露批判和打击敌人，鼓舞、激励和教育人民群众，推动革命的发展。

鲁迅是以革命的舆论战士自居的，他认为他在报刊上发表的那些评论文章，虽然时时针对个人，但“实为公仇，决非私怨”（《书信·致杨霁云》1934年）为了和阶级的民族的敌人作斗争，他秉笔为枪，生死以之，决不妥协，决不动摇。虽然不免因此而树敌甚多，也决不回避。他认为这是革命的需要，是“无可避免，也不应避免的”。当“四一二”的白色恐怖笼罩着上海，“现在，比较安全一点的，还有一条路，是不做时评而做艺术家”的时候，他坚决选择了继续“做时评”的道路，当左联五作家被秘密处决，杨杏佛被暗杀，特务们扬言要用“更激烈更彻底的手段”对付鲁迅的时候，他坚守岗位，继续战斗，不因危险而却步，他豪迈地写道：“危险？危险令人紧张，紧张令人觉到自己生命的力。在危险中漫游，是很好的”（《准风月谈·秋夜纪游》）。“要战斗下去吗？当然。要战斗下去！无论它面对的是什么”（《书简》）。

鲁迅的许多笔名，也闪烁着犀利的战斗的锋芒。“韦素”“桃椎”象征着驱邪除恶；“迅行”“旅集”意味着奋勇赴敌；“丁萌”“晓角”则是对即将到来的革命胜利的颂赞和憧憬，从一个侧面，表达了他为革命写作的思想。

鲁迅引革命者为同道，对那些在“革命史”上曾经战斗过的人始终怀有极大的敬意。他称赞辛亥革命时期资产阶级革命派所创办的一些报刊“多含革命的精神”（《热风·一是之学说》）。他认为那一时期值得保留下来的文章，主要还是那些曾经为旧民主主义革命作过鼓吹的“战斗的文章”。当周作人轻率地写了一篇《谢本师》，表示要和章太炎脱离师生关系的时候，他却充分肯定章太炎早期的战斗业绩，建议把早年在报刊上所写的“战斗的文章”一一辑录，使先生和后生相印，活在战斗者的心中（《且介亭杂文二集·关于章太炎先生二三事》）。

鲁迅的报刊活动实践，体现了他为革命造舆论的思想，他的每一篇文章，都是对旧世界猛烈的抗争和锋利的袭击，都贯彻着照耀时代的战斗的精神。

（二）“战斗一定有倾向”（《且介亭杂文序》）

鲁迅认为凡“战斗一定有倾向”，一个报刊主张什么，反对什么，态度要明朗，决不能含糊。他反对把刊物办成“和平中正，吞吞吐吐的东西”（《华盖集·通讯》）。他最不爱看那种“命固不可以不革，而亦不可太革”之类的不痛不痒的文章。认为那样的文章，“那特色是在令人从头看到末尾，终于等于不看”（《二心集·上海文艺之一瞥》）。俞颂华办了一个《新社会半月刊》（1931年·上海），请他提意见，出于爱护，他毫不客气地指出那个刊物的致命缺点是“平庸”，话说得四平八稳，谁也不敢得罪，读者看了无所得，办不办都没多大意思。

在给唐弢的信中，鲁迅指出一个报刊之所以一定有倾向，是因为它的编辑人总有他自己的政治立场，决不会“不属于任何一面”。“如果真的不属于任何一面，那么他是一个怪人，或是一个滑人，刊物一定办不好”（《书信》1936年5月22日）。

鲁迅毫不隐讳地承认他的办刊物，写文章，总是“党同而伐异”的（《集外集·新的世故》）。办《莽原》的时候，接近新月社那一派人的来稿，他就坚决不登。他嘲笑那些自称“没有一定的圈子”的杂志编辑人，指出：“办杂志可以号称没有一定的圈子，而其实这正是圈子”（《花边文学·批评家的批评家》）。他举例说：“譬如，一个编辑者是唯美主义者吧，他尽可以自说并无定见，单在书籍评论上，就足够玩把戏。倘是一种所谓‘为艺术而艺术’的作品，合于自己的私意的，他就选登一篇赞成这种主义的批评，或读后感，捧着它上天；要不然，就用一篇激进的好像非常革命的批评家的文章，捺他到地里去”（同上）。

既然有倾向，有一定的圈子，斗争就是不可避免的。在《中国文坛的悲观》（1933年8月14日《申报·自由谈》）一文中，鲁迅特地引了《民报》和《新民丛报》，以及《新青年》中支持新文化运动和反对新文化运动两派间的斗争为例，来论证“有一个‘坛’，便不免有斗争”。主张在报刊上开展必要的斗争。他认为任何刊物任何作者都不能“只是唱着所是，颂着所爱，而不管所非和所憎”，他们必然会“像热烈的主张着所是一样，激烈地攻击着所非，像热烈地拥抱着所爱一样，更热烈地拥抱着所憎——恰如赫尔库来斯的紧抱了巨人安太乌斯一样，因为要斩断他的肋骨”“在现在这个‘可怜’的时代，能杀才能生，能憎才能爱，能生与爱，才能文”（《且介亭杂文，再论“文人相轻”、七论“文人相轻”》）。他认为没有倾向，没有爱憎的报刊和作者是根本不存在的。

（三）坚持正确的办报方向

鲁迅为革命办报，主张所办报刊必须坚持正确的办报方向。他亲自担任主编的报刊如《国民新报》副刊、《萌芽》《奔流》等，即在北洋军阀和国民党反动派的白色恐怖统治下，也始终坚持革命的办报方向，以大无畏的精神，同反动的军阀、官僚、政客及他们的御用文人进行了坚韧的战斗，译载了大量的革命文学作品，成为革命的舆论阵地，他担任编委或参加部分编辑工作的一些刊物，情况就复杂一些。但他仍然坚持斗争，抵制刊物内部的反动倾向，作出种种努力，提高刊物的革命色彩，加强刊物的战斗作用，端正刊物的办报方向。

例如，在《新青年》担任编委时就是这样。这个刊物虽然由激进的小资产阶级革命派领导，但资产阶级的知识分子还有很大力量。十月革命前，它在反封建上起了很大影响，但反帝是很不彻底的，在大力宣传民主和科学的同时，也介绍了不少西方资产阶级的反动思潮。十月革命后，《新青年》上介绍马克思主义的文章增多了，但也还有胡适之流所写的鼓吹“研究问题”“整理国故”的反动文章。鲁迅支持它的进步倾向，对它的反动倒退则时时加以批判和抵制。

1918年，当《新青年》的版面上充斥着“见鬼”“求仙”“打脸”之类的无聊的讨论时，鲁迅就公开表示反对，认为这一类文章“还可酌减”，“用刊物的宝贵篇幅刊载这一类无聊的通信，这功夫岂不可惜，这事业岂不可怜”（《集外集·渡河与引路》）。当胡适攻击钱玄同、刘半农两人所写的反对旧文学的文章“不登大雅之堂”，把刘半农排斥在编辑部之外，打算将这个刊物垄断起来，多登他们那一伙儿的文章的时候，鲁迅马上斩钉截铁地告诉他：“这个杂志如果归你一手包办，我们就坚决不投稿”（沈尹默：《鲁迅生活中的一节》刊1956年10月《文艺月报》），使“胡博士”知难而退。1920年底，胡适攻击《新青年》“差不多成了Soviet Russia（《苏俄》，当时在美国出版的一种介绍革命后苏联情况的进步刊物）的汉译本”，写信给陈独秀，并征求鲁迅等人的意见，要求以编辑部名义“发表宣言，声明《新青年》不谈政治，而只注重学术、思想和艺术的改造”时，鲁迅立即回信断然拒绝，表示《新青年》对反动当局的压力，没有必要“示人以弱”“至于发表新宣言说明不谈政治，我却以为不必”（《书信致胡适》1921年1月3日），再一次粉碎了胡适之流妄图改变《新青年》办报方向的阴谋。

在《语丝》担任编委时也是这样。《语丝》初创时是颇有朝气的。但是由于社长的政治倾向原来就不很一致，经常主持编辑工作的周作人、林语堂之流，又一个劲儿地把刊物拉向右转，公然宣扬“我们并没有什么主义要宣传，对于政治经济问题也没有什么兴趣”（周作人文。转引自荆有麟《鲁迅回忆》第108页）。他们所写的文章，态度平和淡泊，内容不是苦茶古玩，就是谈鬼说禅，使刊物的调子越来越低沉，鲁迅对此非常不满，曾经不止一次地指出“《语丝》态度还太暗”（同前书第110页），《语丝》“虽总想有反抗精神，而时时有疲劳的颜色”（《两地书》），“《语丝》……在消沉下去”（《三闲集·我和语丝的终始》），极力扭转《语丝》的办报方向。他利用自己在《语丝》编辑部的影响，制止孙伏园向胡适、陈西滢之流靠拢，抵制了新月派诗人徐志摩等人的来稿。有意识地多刊登一些“揭发时弊”的文章，使《语丝》在支持进步的学生运动，反对北洋军阀及其御用刊物《甲寅》《现代评论》派的斗争中，在和国民党反动派的斗争中，起了较好的作用。只是由于这个刊物的组织，存在着先天性的缺陷，积重难返，业务经理人李小峰又一再对鲁迅的编辑工作进行干扰，鲁迅才最后放弃了这个阵地。

为了端正所办报刊的办报方向，鲁迅是坚持原则，坚持斗争的。

（四）对敌论战不留情面

鲁迅的笔是“尖刻”有力的。往往三笔两笔，就“可使伏在大纛荫下的群魔嘴脸毕现”。他在对敌斗争中所写的文章，对于敌人“总是搔着痒处的时候少，碰着痛处的时候多”（《朝花夕拾·猫狗鼠》），使敌人原形毕露，无地自容。下笔不留情面，这是鲁迅的一贯主张。

对于敌人，鲁迅认为是不能温良恭俭让的，是不能“费厄泼赖”

的，是不能讲究中庸之道的。当林语堂在《语丝》上发表《插论语丝的文体一一稳健骂人及费厄泼赖》一文，宣传“对于失败者不应再施攻击”，对于已经下台了的如段祺瑞那样的人，就不应该“投井下石”，“再攻击其个人”，提倡所谓“费厄泼赖”的时候，鲁迅就坚决反对，并在著名的《论费厄泼赖应该缓行》一文中，提出了痛打落水狗的思想。当《现代评论》派分子招架不住鲁迅的批判，在《晨报副刊》上写文章告饶说，大家都是“大学教授”，不该“混斗”下去，还是“带住”吧的时候，鲁迅大声地回答他们：“我还不能‘带住’！”决不给那些以“公理正义的美名”和“温良敦厚的假脸，流言公论的武器，吞吐曲折的文字，行私利己”的“正人君子”们以任何喘息的机会。

1935年在给肖军、肖红的信中，鲁迅再一次明确地阐述他的以上观点。“如果已经开始笔战了。为什么要留情面？留情面是中国文人最大的毛病。他以为自己笔下留情，将来失败了，敌人也会留情面。殊不知那时他是决不留情面的。做几句不痛不痒的文章，还是不做好”（《书信》1935年1月4日）。

（五）发扬“韧”的战斗精神，打好“壕堑战”

鲁迅认为在黑暗的旧中国，在敌人的残酷迫害下，革命的报刊工作者须时刻“兼想到周围的情形”（《且介亭杂文二集后记》），讲究斗争的策略，发扬“韧”的战斗精神，打好“壕堑战”。

鲁迅生长在旧社会，他的整个一生都是在和形形色色的枭蛇鬼怪作斗争的过程中度过的。在敌强我弱的情况下，他深深知道中国的革命是长期的艰巨的，“震骇一时的牺牲，不如深沉的韧性的战斗”（《坟》）。他不怕恶势力的围攻，但也决不逞匹夫之勇。不管敌人怎么恫吓、威胁，或设下陷阱叫骂诱战，他都不为所动，总是把主动权牢牢地掌握在自己手里，选择好适当的表现形式，捕捉好有利的战机，“徐徐扑之”，在狙击中赢得胜利。

对“左”倾机会主义路线统治时期，白区党的机关报刊和党的外围报刊在错误路线领导下所采取的一些极“左”的宣传手法，鲁迅是很不赞成的。

当时，在白区秘密出版的党的机关报刊如《布尔塞维克》《红旗周报》等，不仅用大量的篇幅为“左”倾机会主义路线作鼓吹，宣传“目前中国政治形势的中心的中心，是革命与反革命的决死斗争”，“革命有在武汉及其邻近各省首先胜利的可能”，必须在各大城市加紧工人武装组织政治罢工，“以创造武装起义的胜利基础”等“左”倾机会主义的错误观点，而且在白色恐怖十分严重情况下，公然号召在上海各工厂公开地大张旗鼓地组织（党报）读报会，发展党报的工人通讯员。

在“左”倾机会主义路线的错误领导下，在白区公开出版的一些革命的文学刊物也完全不顾及公开出版的一般刊物和党的地下报刊应有的区别，把地下报刊上的一些口号，如像“拥护中国革命”“苏维埃政权万岁！”等照样写到文章里面来。以致刊物很快就被国民党查禁。中国左翼文化总同盟的机关刊物《世界文化》，急于表示自己和党所领导的革命运动的密切联系，在创刊号上就以《一个伟大的印象》为题，发表了报道全国红色区域代表大会情况的通讯。只出一期，就被迫停刊。

鲁迅批判这种做法是“对于中国社会，未曾加以细密的分析，便将在苏维埃政权下才能运用的方法，来机械地运用”（《二心集·上海文艺之一瞥》）。他把这种作法形象地比喻为打“赤膊战”，认为是一种愚蠢的作法，其结果是便利了敌人。1933年当太原的一些进步文艺社团要在当地创办一份刊物的时候，鲁迅就诚恳地告诫他们，要“察看环境”，不要追求表面上的“激烈”。即使被“不明情形”的人暂时地“评为灰色”也可以，“万勿贪一种虚名，而反致不能出版”。因为“战斗当首先守住营垒，若专一冲锋，而反遭覆灭，乃无谋之勇，非真勇也”（《书简·致唐河等榴花艺社诸君》）。

此外，鲁迅对前述那些报刊上的“只图自己说得畅快”，一味“打打”“杀杀”“血血”的文字，和动不动就要拿敌人的脑袋“开西瓜”的咋咋呼呼的文章，也很有反感。他认为：辱骂和恐吓绝不是战斗，那些不接触社会斗争，不明白革命实际，关起门来高谈彻底的主义的人，表面上似乎很革命，其实是很容易从极“左”变成极右的。

（六）加强报刊的评论工作

鲁迅认为办好一个刊物，首先要抓好评论文章的写作，组织好这方面的稿件，一个刊物没有有分量的评论文章，就不可能很好地发挥它的战斗作用。自己为报刊所写的杂文，绝大多数也正是评论文章。

在当时出版的一些刊物中：他比较满意的是《猛进》（政论性周刊，徐炳昶主编，1925年3月创刊于北京，1926年停刊）。主要是因为这个刊物的评论文章较多，而且“很勇”（《两地书》）。不太满意的是《妇女周报》（《京报》副刊之一，陆晶清主编），也主要是因为这个刊物的“议论很少”（《两地书》）。对于一些综合性杂志或报纸副刊，出于爱护，他总是建议他们多编发这方面的稿件。《新潮》创刊不久，编者来信征求意见，他回信告诉他，希望《新潮》多刊载一些能够“对于中国的老病刺他几针”（《书简·致傅斯年》）的文章。韦素园主编《民报》副刊时，鲁迅也建议他“最好多登些具有现实意义的富于战斗性的杂文”（李霁野：《回忆鲁迅先生》第33页）。他认为当时的中国“最缺少的是‘文明批评’和‘社会批评’”（《两地书》），一个刊物倘没有这方面的稿件就不是一个好的刊物。

《莽原》刚刚创刊时，鲁迅的设想是把这个刊物办成一个“对于中国的社会，文明，都毫无忌惮地加以批评”的“发言之地”（《华盖集题记》），所需要的也正是那些“言之有物”的，“显豁”的，“撒泼”的，战斗性较强的，能够“撕去旧社会的假面”的评论文章。因此来稿中“倘有近于议论的文章，即易于登出”（《两地书》）。可惜的是像鲁迅这样的写评论文章的斫轮老手，在当时还太少，投稿人当中“做小说的和能翻译的居多，做评论的没有几个”，“花呀”“爱呀”“死呀”“血呀”的诗偏又来得太多，鲁迅对此很不满意，曾经引为“缺点”，作过批评，并多次声明，不希望把《莽原》办成“文艺杂志”。这件事也从一个侧面说明了鲁迅对评论稿件的重视。

（七）一切报道都必须完全真实

鲁迅认为报刊上的一切宣传和报道，都必须建立在事实的基础上，保证完全真实。因为“宣传的事，是必须在现在或到后来有事实来证明的”（《南腔北调·林克多（苏联闻见录）序》）。如果违背了真实，随心所欲，信口开河，就会产生一种“坏结果”，即“令人对于凡有记述文字逐渐起了疑心，临末弄得索性不看”（同上），将会影响报刊在读者中的威信，在宣传上起到相反的效果。

鲁迅自己在这方面是身体力行的。他所写的和编发的每一篇稿件，其中所涉及的每一个细节，都力求符合事实，不允许有一点出入。1925年12月24日他在《国民新报副刊》上发表的《公理的把戏》一文，其中把杨荫榆请客的地点西安饭店写成太平湖饭店。发现了以后，鲁迅立即作了更正，并在收有这篇文章的《华盖集》的编后记中作了如下声明：“请客的饭馆是哪一个，和紧要关键原没有什么大相干，但从所有的批评都本于学理和事实的所谓‘文士’学者之流看来，也许又是‘捏造事实’，而且因此就证明了凡我所说，无一句真话，甚或至于连杨荫榆女士也本无其人，都是凭空结撰的了。这于我是很不好的，所以赶紧订正于此”。说明他对报道的真实性的重视。

（八）“应多量吸收新作家”

鲁迅认为办报刊“应多量吸收新作家”，特别是无名的青年作家，借以扩大刊物的稿源和作者的队伍，“找寻生力军，加多破坏论者”（《两地书》）。

鲁迅很注意培养新生力量。他每支持或自编一种刊物，目的之一都在于培养新生力量。他称赞青年作者的稿件“是东方的微光，是林中的响箭，是冬末的萌芽，是进军的第一步”（《白莽孩儿塔序》），认为它们虽然幼稚，但却是希望的所在。

他不迷信大作家，不赞成办刊物专收名家作品。他嘲讽说：“所谓名家，大抵徒有其名，实则空洞，其作品且不及无名小卒，如《申报》本埠附刊或《业余周刊》中之作者”（《书信·致杨霁云》1934年）。当孙伏园主编的《京报副刊》只注意拉有名作家的稿件，不肯登载无名青年的作品时，鲁迅很不满意，一再和朋友们谈起这一点，并指责说：“《京报副刊》越来越没有生气了”（李霁野：《回忆鲁迅先生》）。相反，他对韦素园主编《民报副刊》时期，按照他的意见注意发现新的作者这一点，就很赞赏。

对于青年们的进步的办报活动，鲁迅是极为支持的。向培良等人办的《豫报》副刊，朱斐等人办的《波艇》《鼓浪》，唐诃、魏猛克等人办的艺术刊物，都得到过他的鼓励和指导。他欣赏他们的“蓬勃的朝气”（《华盖集·北京通信》），祝愿他们的“刊物从速出来”。为能够看到“战斗的青年的战斗”（《集外集拾遗·两封通信》）而感到高兴。他鼓励青年们多参加报刊工作的实践，在斗争中增长才干。1926年11月当他离开北京去厦门，不能兼顾《莽原》的工作时，就极力支持未名社的青年们出来接办。并鼓励他们说：“你们青年且上一年阵试试看，卖不去也不要紧，就印千五百，倘再卖不去，就印一千，五百，再卖不去，关门未迟”（《书信·致李霁野》）。要他们解除顾虑，大胆实践，在战斗中成长。

大革命后，鲁迅接受了马克思主义的历史唯物主义和阶级分析的观点，又亲眼看见了“同是青年，而分成两大阵营，或则投书告密，或则助官捕人的事实”，他对青年开始有所鉴别。对那些“切切实实，足踏在地上，为着现在中国人的生存而流血奋斗”，如柔石、白莽那样的青年，鲁迅是引为战友，在他们的身上倾注了深厚的无产阶级感情的。对那些嘁嘁嚓嚓嗡嗡营营，拉大旗做虎皮，为反动派帮凶帮闲，如狄克那样的“文学青年”，鲁迅不但不再“无条件的敬畏”，而且要“投一光辉”，照出他们的丑恶嘴脸，对于他们的憎恶和鄙视，“是在明显的敌人之上的”。

（九）加强报刊工作者的思想革命化

从记者、作家多数出身资产阶级、小资产阶级，长期脱离劳动、脱离工农这一客观实际出发，鲁迅很注意他们的思想改造和思想革命化。

鲁迅经常告诫青年的作家和记者们，要为革命而写作不要追名逐利，忘乎所以。不要只写了“几篇文字”，只办了“几本期刊”，便自以为是“立了空前绝后的大勋业”（《三闲集·鲁迅著译书目》）。不要只写了几篇赞美“劳动阶级”、歌颂“劳动大众革命”的东西，便高踞于劳动大众之上，成为需要“劳动者捧着牛油面包来献他”的精神贵族。

鲁迅希望自己的文字“速朽”。他认为革命的评论文字当与“时弊同时灭亡”（《热风·题记》）。他从来不把战斗的业绩当作个人向上爬的资本。他不以文字求名，不以文字求利。商务以优厚的稿酬相邀，他婉言谢绝。《民报》给他戴上“中国思想界之权威”的桂冠，《作家》（月刊）把他的照片排进“世界文学家”照片的行列，都遭到过他的批评。他以自己的行动在这方面为革命的报刊工作者提供了很好的表率。

鲁迅认真学习马列主义，严于解剖自己，也“时时解剖别人”。

他诚恳地劝告那些愿意献身于革命的作家、记者们，认真地读点马列的书，加强世界观的改造，一刻也不离开革命的实践，他劝告革命的报刊工作者们，不要“关在玻璃窗内作文章”，不要光“坐在客厅里谈谈社会主义”；不要做“摆着一副极凶恶的‘左’倾面孔”的口头革命派；“不要脑子里存着许多旧的残滓，却故意瞒了起来，演戏似的指着自己的鼻子道，‘惟我是无产阶级’！”（《三闲集·现今的新文学的概论》）他认为这样的人。“并非与无产阶级一气”“于无产者并无补助”，貌似“左”倾，“其实是很容易成为右翼作家的”。

鲁迅的这些办报思想，是他的革命的报刊实践的概括和总结，它不仅为当时的报刊工作者指明了方向，对今天的革命的报刊工作者也有很大的教益。

（1977年为北京大学中文系新闻专业起草的讲课提纲）

鲁迅的报刊编辑活动和他严谨的写作态度

一

鲁迅为革命办报，不计报酬，不辞辛劳。他比喻自己“好像一只牛，吃的是草，挤出来的是牛奶和血”，即使是“将血一滴一滴地滴过去，以饲别人，虽自觉渐渐瘦弱，也以为快活”（《两地书》）。

主编《莽原》和《国民新报副刊》时期，他“每日必须将八小时为生活而出卖”（《三闲·鲁迅著译书目》）。白天要到教育部办公，到北京大学、高等师范，女高师，世界语专、黎明中学等校上课，只能利用晚上的业余时间进行编辑和写作。经常为刊物的工作弄得“忘记吃饭，减少睡眠”“头昏眼花”“没有空闲”，生了病也不休息，“吃了药来编辑”（《两地书》）。有时，甚至于为了看稿累得“吐了血”。主编《奔流》时期，工作非常繁重。“所谓《奔流》社的‘执事者’，其实并无和这一种堂皇名号相符的大人物，就只有两三个人，来译，来做，来看，来编，来校，搜材料，寻图画”（《集外集·奔流编校后记，之五》）。而大部分的担子是落在鲁迅一个人身上的。《奔流》是一份以刊载译文为主的刊物，为了“把新鲜的血液灌输到旧中国去”（许广平《鲁迅回忆录》152页），鲁迅辛勤地工作着，经常弄得连看书和休息的时间也没有。《鲁迅日记》里就有过多次“通夜校《奔流》稿”的记载。主编《译文》时也是这样，此外，一些送上门来的编辑任务，鲁迅也“拼命地做”。把他的“生命”，“碎割在给人改稿子，看稿子，校字，陪坐这些事情上去”（《两地书》）。

对待报刊的编辑工作，鲁迅是非常严肃认真的。从稿件的编辑校对，插图，制版到稿费的处理，他都亲力为之，负责到底。他的工作做得很细致，稿件的次序，题目的大小，目录的位置等，他都考虑得很周到。从鲁迅对《写在〈坟〉后面》一稿的编排，就可以看出他的编辑工作做得多么仔细。他规定这篇稿子“题上空4格，题目的5个字每字空半格，题前题后各空1行”，末尾的诗“不知印本每行多少字，如30字，则此4行空6格，如36字，则空8格”（《书简·致韦素园》1926年11月11日）。这篇稿子是发给《莽原》的。

根据当时的具体情况，他对刊物的编辑，出版和发行工作，出过不少很好的主意。例如，对《语丝》，他就提出过以下建议：（1）创刊第一期应“显示出刊物的面貌来”；（2）第二、三、四期的稿子要保证较高的质量；（3）遇到好的稿子多时，不要在一期中都挤满，把内容充实、不受时间限制的稿子积累一些，以便在稿荒时可以拿出来应用；（4）第一期可以适当多印一些，卖不了可以送人，以后再酌量少印，（5）和印刷单位定好死合同，保证准时出版（据川岛：《忆鲁迅先生和语丝》刊《文艺报》1956年第16号）。这些建议也为他所支持的其他刊物所采纳。他很注意利用编者按语向读者推荐一些好稿件，发表一些由此联想起来的议论。1927—1928年他在上海主编《语丝》期间，就曾为编发的《丙和甲》《某报剪注》《行路难》《禁止标点符号》《剪报一斑》《东京通信》等稿写了按语。1928—1929年主编《奔流》时期，也曾经为这个刊物的一些稿件写了12篇按语和编后记。对这些稿件作了认真负责的评价。

在编辑工作过程中，鲁迅常常亲自参加校对工作。他的校对工作做得一丝不苟，非常精细。即使校对别人的稿件，“也真是一个字一个字的看下去，决不肯随便放过”（《三闲·鲁迅译著书目》）。碰上翻译的稿件，“还要尽可能地按原文逐字逐句对照一遍”（许广平：《鲁迅先生怎样对待写作和编辑工作》）。他不能容忍排印好的稿件有任何差错。“为了要使《奔流》少几个错字，每月的功夫几乎都消费了”（《书信·致章川岛》）。凡是经他校过的稿子几乎很少差错。万一出现了失误，一定郑重更正，并向作者读者道歉，必要时还“改正重印”。许广平曾经对鲁迅认真看校样的情况作过如下的描述，“小到一直线的粗细长短，大到一行列的高低斜正，他都不惜再四改正。如果印刷所的校样老不肯改呢，他绝对不马上就批‘校了’两字，所以有时甚至六七校，到了清样也还是看来看去……而他的眼力却真可佩服，每一张校样到手，第一眼就能够觉察到全页的是否歪斜，每行的疏密高下，参差不齐，以及每行间逐字的松紧齐正，尤其圈点在每行顶上，是他所绝对不愿意的”（《关于鲁迅的生活》第7页）。

鲁迅很尊重作者的劳动，对来稿处理得十分精心。鲁迅是经常自己也要当作者的，他很能体会作者珍爱自己习作的心情。他曾经比喻说，“看看水果店之对付水果何等随便，使果树看见，它一定要悲哀（《书信·致章川岛》1928年），形象地批评了那种不尊重作者劳动的错误作法。一般情况下，他每收到一份来稿，总是立即先回一封信，让作者安心，不用的，就退还，适合在别的刊物上刊载的，他就认真负责地介绍给别的刊物，准备留用的，也是随到随看，很少积压，每隔一个短时期，还要把积下的稿子清理一下，分别情况进行处理。这些活动，在他的日记里，都有反映。如1929年11月18日记有“得郑河水信”，第二天就记着“下午复郑河水信并还稿”。他看稿看得很耐心很认真，从稿件的思想内容到文字细节，他都认真地作一番推敲。需要大改的，他往往提出意见，请作者自己动手，决不信笔涂抹，随便改变作者的原意。碰到疑难问题和自觉把握不大之处，他总是谦虚地写信和作者商量，共同定稿，决不自以为是。孙伏园在回忆文章中曾经提到过鲁迅就许钦文《传染病》一稿中的一些细节写信给他，请他代为核实的经过。鲁迅在信中写道：“《传染病》一篇中记打针乃在屁股上，据我所知，当在大腿，地位太有参差，岂现在针法已有改变乎？便中望一询为荷。”（见孙伏园《鲁迅先生二三事》第77~78页）李霁野也曾经谈到过鲁迅为了他的稿件如何修改的问题和他商量的情景：“在收到我的一篇题作《生活》的小说时，他立即回信说：我略改了几个字，都是无关紧要的。可是结束一句说：这喊声里似乎有着双关的意义。我以为这‘双关’二字将全篇的意义说得太清楚了，所有蕴蓄，有被其打破之虑。我想将它改作‘含着别样’或‘含着几样’，后一个比较好，但也总不觉得恰好。这一点关系较大些，所以要问问你的意思，以为怎样？”（见李霁野《回忆鲁迅先生》第19页）

对读者的需要，鲁迅总是设身处地地考虑得很周到。他很重视和读者的联系，凡有来信，都立即答复，从不积压。他办刊物总是多方为读者设想。办《莽原》时，规定“凡在《莽原》上登过而印成单行本的书”，对《莽原》订户“给以特别权利”，或免费赠送，或只收半价。办《奔流》时，提出了以下几条编辑原则：（1）每一年的最后一期尽可能地“使内容有一点小小的结束，以便读者赠阅或停或续”，连载的稿件尽可能地在年内结束，能不跨年的就不跨年。（2）“倘若登载将要印成单行本的译作，便须全部在这里发表，免得读者再去买一本一部分曾经看过的书籍”。（3）按期出版，不拖延。此外，还不时针对稿件中提到的问题，以编辑部名义为读者开列参考书目。这些措施和前面提到过的，把目录放在刊物的前面等措施，都是为了照顾读者而采取的“便民措施”。

对印刷工人的劳动，鲁迅也是十分尊重的。他编刊物的时候，经常自己跑印刷厂，对工人态度谦和，平易近人，从来不摆大编辑大作家的架子。由于衣着朴实，有时被人家当成是“商店里的跑街或伙计”，他也“并不恼怒”（许广平：《关于鲁迅的生活》第2页）。为了便利排字工作，他自己所写的稿子，总是书写得非常工整，偶有涂改，也勾勒得清晰可辨。他对那种满纸涂鸦，只顾自己方便，不顾工人困难的稿件很不满意。凡是纸张过薄，字迹难认或涂改得太厉害的来稿，他总要重新抄写一遍再发排，有时候他自己抄，有时候让许广平帮着抄，体现了他对印刷工人的深厚的无产阶级感情。

最后，还要提一下的是，对报刊的美术编辑工作，鲁迅也是十分重视的。鲁迅从小喜欢美术，也画得不错，对美学有很深的造诣。他曾经代教育部起草《拟播布美术意见书》，积极推广木刻艺术，支持创办美术杂志，对和美术有关的各项工作，都极力提倡。主编刊物的时候，他很注意封面的设计和版面的美化和装潢，他主张书和杂志不要编排得太挤，字号要大一些，天地要留得宽一些，不然“会使读者看了透不过气来”。他主张文章的开头要空五六行位置，必要时还可以在一些空白处“加上一点小的图案花样，美化刊物”。他提倡在杂志内插刊木刻版画。世界上版画出现得最早的是中国。他对中国历代的版画、图像拓片很留心，收藏很丰富。对西方近代的优秀版画作品也作过研究，经常在他所主编的刊物上选刊一些思想性艺术性都较强的进步版画作品，配合文字稿进行宣传，在白色恐怖严重的情况下，有时起到了文字稿所难起到的战斗作用。例如，《北斗》所刊的那幅版画就是这样。鲁迅后来回忆说："1931年——我忘了月份了——创刊不久便被禁止的杂志《北斗》第一本上，有一幅木刻画，是一个母亲，悲哀的闭了眼睛，交出她的孩子去。这是坷勒惠支教授的木刻连环画《战斗》的第一幅，题目叫作《牺牲》，也是她的版画介绍进中国来的第一幅。这幅木刻是我寄去的，算是柔石遇害的纪念。……后来知道，很有一些人是觉得所含的意义的。"（《且末·写于深夜里》1936年作）鲁迅之所以看重木刻版画，原因之一是他认识到，"当革命时，版画之用最广，虽极匆忙，顷刻能办"（《集外集拾遗·新俄画选小引》1930年作）。他的这一认识，后来被证明是很有远见的。他所提倡的木刻版画，在抗日战争时期的陕甘宁边区和各敌后抗日民主根据地的革命报刊宣传活动中，发挥了很大的战斗作用。在他的培育和关怀下成长起来的一大批木刻艺术工作者，也充分发挥了木刻版画的这一特点，为那一时期的革命报刊的美术编辑工作，作出了一定的贡献。

二

鲁迅一生写作了约700万字的作品，他写得好，写得快，既有质量，也有数量，字字珠玑，篇篇锦绣，当代的中国作家和报刊工作者几乎没有一个人能够像他这样，为后人留下了这么宝贵这么丰富的精神财富。但是，鲁迅的写作态度是非常严谨非常审慎的。他从不率尔操觚，粗制滥造。他认为写作是"严肃的工作""并且也不十分容易做"（《集外集拾遗·做杂文也不易》）。早在青年时代，他就告诫过他的诸弟们："我有一言应记取，文章得失不由天"（《集外集拾遗·附录一，别诸弟三首之二》1900年作）。他不相信世界上有"天成"的文章，也不相信世界上有天生的会写文章的"妙手"，他认为要写好文章，不能靠碰运气。不能靠一时的灵感，即所谓的，“烟士披里纯”，只能老老实实地“用一点苦功”，讲一点“技巧”，最后还要不惮反复地进行一些必要的修改。

在回答别人对他的文章的议论的时候，鲁迅说过，“我这些文章虽然短，是绞了许多脑汁，把它锻炼成极精锐的一击，又看过许多书，这些购置参考书的物力，和自己的精力加起来，是并不随便的”（转引自许广平《欣慰的纪念》）。这段话和他平时常谈的“多看看，不看到一点就写”和“选材要严，开掘要深”等，都说明他写文章“成如容易却艰辛”，是下了“苦功”的，是作了充分的准备了的。

这种准备工作不是要等题目到手开始动笔的时候才着手的，而是时刻在进行的。由于远离革命“旋涡的中心”，又受到白区条件的种种限制，鲁迅不可能深入工农革命的实际，只能通过看报、看电影，参观展览会和与有关同志座谈等方式积累感性材料。这是一种准备。另一种准备则是读书。首先是读马列的书，用“窃来的火，煮自己的肉”，兼以剖析问题，纠正别人的“偏颇”。鲁迅后期杂文之所以“最深刻有力，并没有片面性”，正是因为他学习了马列主义，学会了辩证法的缘故。其次是读一般的书。鲁迅生活很朴素，身无长物，但是藏书近万卷，可以算得是“读书破万卷”的人。他读的书以文学、历史、哲学、艺术等方面的为主，有时是有目的的带着任务的读，有时则是不带任务的“泛览”。他一直认为“应作的功课已完而有余暇，大可以看看各样的书，即使和本业毫不相干的，也要泛览”。其目的是为了“用人类创造出来的全部知识宝藏来丰富自己的头脑”（列宁），以利于战斗，而不是为了消遣装点门面，他的最后一项准备工作是构思。“就算是三五百字的短评，也不是摊开纸就动手”（许广平《欣慰的纪念》第101页），而总是要经过反复的构思。就这样，学习理论，和“实际社会接触”，积累“感性知识”“静静地读书”“默默地思索”“暗自打腹稿”，就构成了他的准备工作的全过程。为了做好这些方面的准备，他是很刻苦很勤奋很用功的。他从来不浪费一点一滴的时间，把别人喝咖啡的工夫都用在了工作上，鲁迅的文章之所以能够题材广泛，联想丰富，涉笔成趣，触处生春，并不是由于“天才”，而是由于他做了较充分的准备，用了一点“苦功”的结果。

正因为这样，等到真正动手的时候，就不犯难了。和别的作家不一样，“鲁迅在写作前不写提纲，甚至一些较长的文章也不写提纲”，而且“从不临时找材料”（许广平：《鲁迅先生怎样对待写作和编辑工作》）。因为材料早有积累，提纲虽然没有形诸文字，却已早有格局。写的时候往往是水到渠成，一挥而就。那种“十步九回头”，硬挤硬憋的写法是他所不取的。

鲁迅认为一篇好的作品，必须是“充实”的内容和“上达”的技巧的统一，即革命的政治内容和尽可能完美的表达形式的统一。他反对不顾内容的“徒然玩弄技巧”，也反对光有革命的词句完全不讲技巧。对那些“一说‘技巧’”就“又要讨厌”的“革命文学家”，和他们的那些“内容并不怎样有力，却只有一个可怕的外表”的作品，鲁迅是并不欣赏的。他认为：“单是题材好，是没有用的，还是要技术”，光有革命的“招牌”，不一定就有好的宣传效果，“‘稻香村’‘陆稿荐’已经不能打动人心了，‘皇太后鞋店’的顾客，我看也并不比‘皇后鞋店’里的多”（《三闲·文艺与革命》）。

鲁迅的文章就是革命的政治内容和尽可能完美的表达形式的统一的典范。他的不少作品，既有革命的思想内容，又有极大的艺术魅力。他的语言准确、鲜明、生动，而又为他所要表现的内容服务，讲究技巧，而又并非玩弄技巧，注意词章，而又不卖弄词章，作到了内容和形式的有机的统一。

作为文学和语言的巨匠，鲁迅在写作上是很下功夫的。他卓越的写作艺术，已经有不少人作过分析，这里只简单地介绍一下他在长期的写作实践中积累起来的关于怎样写好文章的点滴意见。

（一）“文章且须放荡”

这是他在《书苑折枝》一文中转引的梁简文帝《诫当阳公大心书》中的话。全文是“立身之道，与文章异。立身先须谨重，文章且须放荡”。他很同意梁简文帝的这个观点。所谓的“放荡”，指的是写文章不要受过多条条框框的束缚，不要写来写去老是那么一个套套，而要时时有所突破，有所创新。这和他在《肖红作“生死场”序》一文中所赞赏的“越轨的笔致”，是一个意思。文章写得“放荡”，写得“越轨”，八股气也就自然的会少了。

（二）文章要“接近语言”，“明白如话”

从五四新文化运动以来，鲁迅就坚持写白话文，和种种语言文字上的复古倾向作斗争。对那些提倡写古文的人，他是深恶痛绝的。他曾经表示：“我总要上下四方寻求，得到一种最黑最黑的咒文，先来诅咒一切反对白话，妨害白话者，即使人死了真有灵魂，因这最恶的心，应该堕入地狱，也将决不改悔，总要先来诅咒一切反对白话，妨害白话者”（《朝花夕拾·二十四孝图》）。他认为好的文章应该“明白如话”。为此，应该虚心地向群众学习语言，“从活人的嘴上，采取有生命的词汇，搬到纸上来”（《且二·人生识字糊涂始》）。他反对那种半文半白的文体。当有的人提出要写好白话文须先读好古文并举他的文章为证时，他很反感。他分析说，“别人我不论，若是自己，则曾经看过许多旧书，是的确的，为了教书，至今也还在看。因此耳濡目染，影响到所作的白话上，常不免流露出他的字句、体格来。但自己却正苦于背了这些古老的鬼魂，摆脱不开，时常感到一种使人气闷的沉重”（《写在“坟”的后面》）。他比喻自己所写的白话文是“小脚放大脚”，比喻自己文章中时时夹杂着的“古怪的字眼”是“砂砾”，而不是“金子”，他诚恳地劝告那些“还没有受过古董的毒的年青的一代”，不要再走他的老路“不必更在旧书里讨生活”，而应该“将活人的唇舌作为源泉，使文章更加接近语言，更加有生气”（参看前文及俞荻：《回忆鲁迅先生在厦门大学》。刊1956年10月《文艺月报》）。

（三）和“明白如话”相联系，鲁迅主张写文章要“有真意，去粉饰，少做作，勿卖弄”(《南腔北调·作文秘诀》)

他反对文绉绉的学生腔，反对为了炫耀博学而卖弄词藻。认为那样的文章虽然华丽，但不过是“满身都是珠光宝气”的“古墓里的贵妇人”（《准风月谈·难得糊涂》）。没有多少生人气息，打扮得再华丽也不过是一具尸体。

（四）辞达理举，不取冗长

鲁迅提倡多写短文章，少写长文章，他是宁可把足够写小说的材料写成速写的。鲁迅一向不悔其“少作”，但对年青时候受当时风气影响而写的那些长文章，却作过自我批评。他曾经把“好作长文而不善于短文”，作为“女性”作者的通病来进行过指摘（见《两地书》十）。他认为短文虽短，“也说不尽森罗万象”然而却较之长文章更有骨力。他为报刊所写的文章，从《越铎日报》上的“稽山镜水”，《新青年》上的“随感录”，到后来发表在《自由谈》上的大量文章，绝大多数都是短文，简练，遒劲，虽然不过“寥寥几句”，却“时见匕首的闪光”。

但是需要指出的是，鲁迅并不绝对地排斥写长文章。他不像有些主张写短文的评论家那样，把写短文章说得那么绝对化。他认为文章的长短应该根据战斗的需要，它的内容和具体情况来决定。应短则短，应长则长。收入《伪自由书》《准风月谈》里的那些文章，受《自由谈》篇幅的限制，一般都很短。收入《南腔北调》里的那些文章，因为多数在《北斗》《萌芽》等期刊上发表，就相对地长一些。《半夏小集》《无花的蔷薇》和《随感录》里的一些短文，一事一议，有的短到只有几十字，《病后杂谈之余》和《答徐懋庸并关于抗日统一战线问题》等文则都长在6 000字以上，《伪自由书后记》甚至超过了1万字，因为不长不足以尽其意。题目也是这样，《沙》《火》等题，短到只用一个字，但《魏晋风度及文章与药及酒的关系》《由中国女人的脚，推定中国人之非中庸，又由此推定孔夫子有胃病——学匪派考古之一》则都长在十几字以上（后一个题目长达34字）。前者意在揭出所谈的不过是古人的“风度”“文章”“药”和“酒”，与时事无关，使那些力图在文章中找出点纰漏的文化特务们失望，后者则是故意地模仿胡适派考古学家们的繁琐考证进行讽刺，从战斗的需要考虑，都是必要的。文字的精练也是这样。鲁迅行文非常简洁，虽然娓娓而谈，却很少废话，结束的部分只要把意思说完了就戛然而止，绝不硬添个尾巴。但是并不排斥个别文句的必要的重复。《野草·秋夜》里的“在我的后园，可以看见墙外有两株树，一株是枣树，还有一株也是枣树”，写出了工作之余游目骋怀时的那种略不经意的闲适心情。《祝福》中的祥林嫂的“我真傻，真的……”那段关于阿毛被狼叼走了的故事，先后重复了4遍，加强了祥林嫂这个深受封建礼教迫害的劳动妇女形象的悲剧气氛。《华盖集续编·马上日记》中的“上午出门，……走到丰盛胡同中段，被军警驱入一条小胡同中，少顷，看见大路上黄尘滚滚，一辆摩托车驰过，少顷，又是一辆，又是一辆，又是一辆”，烘托出了刚上台的北洋军阀（吴佩孚）的骄横煊赫，有了这些必要的重复，文章才波澜曲折，跌宕生姿。如果一味求简，把重复的句子通通删掉，也就味同嚼蜡了。

鲁迅的严谨的写作态度还表现在他的认真修改自己的稿件上。尽管他写文章时胸中早有成竹，但写成后总要进行反复的修改，直到自己完全满意了为止。毛主席很赞赏鲁迅的这种严谨认真的写作态度，说，“鲁迅说‘至少看两遍’，至多呢？他没有说，我看重要的文章不妨看它十多遍，认真地加以删改，然后发表”（《反对党八股》）。

现存的鲁迅手稿就是鲁迅的这种严谨的工作态度的见证。每一页手稿都留下了他反复修改字斟句酌的痕迹。逝世前两天所写的《因太炎先生而想起的二三事》，一共修改了53处；删去28处，增加25处，表现了一个伟大的革命家生命不息战斗不止的革命精神和一丝不苟的写作态度。

怎样进行修改？鲁迅自己谈到了两点，即：（1）“竭力将可有可无的字、句、段删去，毫不可惜”（《二心集·答北斗杂志社问》）。（2）“自己觉得拗口的，就增删几个字，一定要它说得顺口”（《我怎样做起小说来》）。

“将可有可无的字、句、段删去”，是为了使文字更加精练，更加严密。例如《且二·再论“文人相轻”》一文中有一句话，原稿是，“例如白话文中，有些是诘屈难读的，确是一种‘短’，于是有人提了小品或语录，向这一点昂然进攻了，但不久就露出狐狸尾巴来，暴露了他们连对于自己所提倡的文章，也常常点着破句，‘短’得很”。其中的“狐狸”两个字，修改时就删掉了，因为后文已经讲得很清楚，光“露出尾巴来”就行，没有“狐狸”也足够了。整段删去的情况也有。例如《且介·说面子》一文的结尾部分原来有这样一段话：“为了‘面子’，中国人真可以一切弄得精光，而永远只留着‘面子’的”。这段话在修改时全部删掉了，因为前文已经把意思表达充分，没有必要再硬拖上这么一个尾巴了。

“觉得拗口的就增删几个字”，是为了使文章更加口语化，更能够朗朗上口。例如《且介亭杂文编后附记》一文的最后两句话：“我们活在这样的地方，我们活在这样的时代”，原稿作“我们活在这样的时代，我们活在这样的地方”，经删改后，把“地方”和“时代”调换了过来。这样不仅先空间后时间，合乎行文习惯，也更有音乐感，稳定感，读起来也更顺口了。

从手稿增删的实际情况来看，鲁迅的修改，更多的是为了使文章更加鲜明，更加准确，更加生动，使文章的思想性和艺术性得到进一步提高。

例如把“横眉冷看千夫指”，改为现在的“横眉冷对千夫指”；把“而憎恨我的如所谓正人君子也者”（《写在“坟”的后面》），改为“而憎恨我的东西如正人君子也者”；或调换了一个字，或增加了两个字，把“冷看”改为“冷对”，把“正人君子”比为“东西”，就使得原来的文意更为鲜明，思想性战斗性也得到了加强。

例如把“民国元年革命告成”这句话，改为“民国元年革命后”（《且末·关于太炎先生二三事》）；在“万不可去做文学家或美术家”这句话中增加了两个字，成为“万不可去做空头文学家或美术家”（《且介·死》），就使得文意更为准确。因为辛亥革命是一个失败了的革命，用“告成”两个字，就不那么妥帖。而“文学家”和“美术家”按说是不必反对去作的，只有“空头”的才要反对，加上了这两个字，就避免了绝对化的毛病，同时也使得文意更为确切。

例如，《半夏小集》原稿有这样一段话，“养胖一群癞皮狗，在世界上有什么用”。定稿时改为，“养胖一群癞皮狗，只会乱钻，乱叫，多么讨厌！”《藤野先生》的最后一段，“每当夜间疲倦，正想偷懒时，仰面在灯光中瞥见他黑瘦的面貌，似乎正要说出抑扬顿挫的话来，便使我忽又良心发现，而且增加勇气了，于是点上一支烟，再继续写些为‘正人君子’之流所深恶痛疾的文字”。其中的“而且增加勇气了，于是点上一支烟”这两句话是修改时加上去的。这两段文字经过这样一修改，比原文更为生动形象，丑恶的更加丑恶了，正面人物的形象也更为丰满了。

从以上的例子，可以看出鲁迅修改文章是很认真很精心的，他的每一篇稿子都是经过这样反复修改以后，才交出去的。刚脱手的稿子一下子改不动怎么办？那就“搁它几天，然后再来复看”（《书信·致叶紫》1935年作）。总之，一定要认真修改。刚刚写好，看也不看就推出去不管的情况，在他是从来没有过的。

（1977年为北京大学中文系新闻专业起草的讲课提纲）

鲁迅对某些报刊的批判

一、撕破“压迫者”喉舌的画皮

鲁迅在他的战斗的一生中，不仅和资产阶级的军阀、官僚、政客和他们的御用文人作斗争，也和一些报刊作过面对面的斗争。曾经受到鲁迅指名批判的报刊，约有二十几种，其中有《顺天时报》《益世报》等帝国主义的，以及和帝国主义有关的报纸；有《中央日报》《时事新报》等四大家族直接掌握的报纸；有《社会新闻》《微言》等文化特务们主办的报纸；有《醒狮》《国魂》等国家主义派的报纸；有《人言》《现代》等资产阶级文丐们主办的报纸；也有《循环日报》《武汉日报》等一般报纸。他鄙夷地称呼那些报刊是“屁志”“狗报”，对它们的反动嘴脸，作过深刻的刻画、揭露和批判。

对于外国人“学了中国人的口气”办给中国人看的报纸，即帝国主义在中国创办的那些中文报刊，鲁迅很早就看出它们“居心”的“卑劣”（《华盖集·公理的把戏》）。指出它们比某些中国人自己办的报刊，更反对“改革”，更热衷于“崇拜道学，保存国粹”（《华盖集·忽然想到六》），更不希望中国有任何进步。他支持1925年北京人民发起的，抵制日本帝国主义机关报《顺天时报》的运动。说“它的好恶，每每和我的很不同”，在中国的土地上，决不能“任这样的报纸跳梁！”

蒋介石上台后，国民党反动派一方面对革命的报刊进行反革命的文化围剿，颁布出版法，实行新闻检查，加紧迫害；一方面，挟其雄厚的财力和物力，办起了大量的官报，为他们的反动统治作鼓吹。1934年，全国国统区共有1186种报刊，共中2/3以上是官报。正如毛泽东所说的：“中国反动派只能提出所谓‘以数量对质量’的办法，来和新文化对抗。就是说，反动派有的是钱，虽然拿不出好东西，但是可以拼命出很多。”（《在延安文艺座谈会上的讲话》）对这些以量取胜，多如牛毛，其实并没有人要看的官办报刊，如各地的《中央日报》《民国日报》和国民党上海市政府委员市区党部委员朱应鹏所办的《前锋》月刊，国民党淞沪警备司令部侦缉队长兼军法处长范争波所办的《前锋》周刊和《社会新闻》等之类的刊物，鲁迅称它们是“迷阳聊饰大田荒”。在《偶成》一文中，鲁迅还引他的家乡乡民不愿看群玉班的戏的故事，对这些报刊作了淋漓尽致的嘲笑：

> 前清光绪初年，我乡有一班戏班，叫作“群玉班”，然而名实不符，戏做得非常坏，竟弄得没有人要看了。乡民的本领并不亚于大文豪，曾给他编过一支歌：
>
> “台上群玉班，台下都走散。连忙关庙门，两边墙壁都爬坍。连忙扯得牢，只剩下一担馄饨担。”
>
> 看客的取舍，是没法强制的，他若不要看，连拖也无益，即如

有几种刊物，有钱有势，本可以风行天下了，然而不但看客有限，连投稿也寥寥，总要隔两个月才出一本（《准风月谈》）。

在《上海所感》《写于深夜里》等文中，鲁迅还用大量的事实，刻画了这些报刊反共卖国的丑恶嘴脸。指出它们对外认贼作父，卖国投降，充当“洋大人的跟丁”（《南腔北调·萧伯纳在上海序》），对内实行“文化围剿”，为蒋介石的法西斯统治造舆论。对于主编这些报刊的潘公展、朱应鹏、朱大心等人，鲁迅告诉大家：他们不过是一伙党棍、特务、暗探、反动军官和御用文人：“他们的善于‘解放’（按指屠杀革命者）的名誉，都比‘创作’要大得多”（《二心集·黑暗中国的文艺界的现状》）；他们倚仗官方的权势，“从指挥刀下骂出去，从裁判席上骂下去，从官营的报上骂开去”（《而已集·革命文学》），表面上似乎是“伟哉一世之雄”，其实是无比的“怯懦”和“残忍”；他们是“压迫者”的喉舌，他们所写的那些个“新闻”和评论，和官府的告示、官僚的通电和法官的判词一样，都不过是“压迫者”的“文学”，是“压迫者”的官样文章。

二、揭穿帮闲者的嘴脸

对于《现代评论》《新月》《现代》《人言》《大晚报》等资产阶级报刊和主编它们的陈源、徐志摩、梁实秋、杨村人、苏汶、崔万秋等一伙人，鲁迅着重揭穿了他们的帮闲者的嘴脸。

资产阶级报刊惯于用“公正”“客观”“不偏不倚”等外衣欺世盗名，美化自己，掩盖他们反动的阶级实质。这些报刊也是这样。《现代评论》吹嘘“本刊的精神是独立的”，只是，“有善恶是非的”“是所有的批评都本于学理和事实，绝不肆口谩骂的”，《新月》宣扬自己的办报原则是“不妨害健康”的，“不折辱尊严”的，是“纯正”的、“容忍”的、“稳健”的、“合乎理性”的。对它们的这些自我标榜，鲁迅一律嗤之以鼻。他写道：“丑态，我说。倒还没有什么丢人，丑态而蒙着公正的皮，这才催人呕吐”（《华盖集·答KS君》）。他援引无数的事实，说明这些“公正”的资产阶级报刊其实并不“公正”：《现代评论》《新月》的“正人君子们”是明显地站在段祺瑞、章士钊和后来的蒋介石一边的。《晶报》《现代》《入言》等报刊对“当局”的禁止刊物，杀戮作家不置一词，却一味地“献检查之秘计，施离析之奇策，起谣诼兮中权，藏真实兮心曲”（《准风月谈后记》）；还经常用拿“卢布”“受莫斯科的命令”等莫须有的罪名对革命作家记者进行陷害、诬蔑和侮辱，它们的屁股也是完全坐在国民党反动派一边的。它们“自在黑暗中，偏说不知道，替暴君奔走，却以局外人自居，满肚子鬼胎，而装出公允的笑脸”（《华盖集·并非闲话》），所谓的“公正”，完全是一个骗局。

对那些“自称‘无枪阶级’，而其实是拿着软刀子”（坟·题记》）的资产阶级记者，鲁迅也作了深刻的刻画。指出他们那一伙人不过是一些“虽然是狗，又很像猫，折中、公允、调和、平正之状可掬”的“巴儿狗”，是“奉主子之命”“发现了这许多奴隶，拿鞭子来抽”的“工头”（《且介亭杂文二集·题未定草之五》）；是“在指挥刀的保护之下”的流氓文人；是“自称超党派”的资产阶级“右派”（《书信·致增田涉》1933年）。

为了欺骗读者，不少资产阶级报刊在帮闲之余，也偶尔在无关紧要处对自己的主子偶刺几下，摆出一副似乎是平正公允的样子，这就是所谓的“小骂大帮忙”，是有一点欺骗性的。但是这种手法，骗不了鲁迅。他用马克思主义的观点一分析，立即看穿了他们的鬼蜮伎俩。他把这种骗人的手法形象比喻为“二丑艺术”。指出：所谓“二丑”，或称

“二花脸”，“倚靠的是权门，凌蔑的是百姓”，他们在“冷笑”“吓唬”“吆喝”百姓之余，“大抵一面又回过脸来，向台下的看客指出他公子的缺点，摇着头装起鬼脸道：你看这家伙，这回可要倒霉哩！”“这最末的一手，是二丑的特色”，其目的在于“当受着豢养，分着余炎的时候，也得装着和这贵公子并非一伙”（《二丑艺术》）。在前引的文章中，鲁迅进一步指出，只要有“权门”，有“恶势力”，就一定会有“二丑”和“二丑艺术”。对于他们只要多观察观察，就能识别出来。“我们只要取一种刊物，看他一个星期，就会发现他忽而怨恨春天，忽而颂扬战争，忽而译萧伯纳的演说，忽而讲婚姻问题，但其间一定有时要慷慨激昂的表示对于国事的不满；这就是用出末一手来了”（同上）。

在发表在《语丝》《萌芽》等刊物上的杂文中，鲁迅还根据确凿的材料，揭发了某些资产阶级报刊“讨得官僚津贴或银行广告费”的事实，揭穿了这些报刊收受贿赂，为人帮闲，却“仍都自称为公论”的内幕（《华盖集·不是信》）。

当《新月》派的梁实秋跳出来分辩说：“我还不知道我的主子是谁，我若知道，我一定要带着几份杂志去到主子面前表功，或者还许得到几个金镑或卢布的赏赉呢”时，鲁迅嘲讽说：“这正是‘资本家的走狗’的活写真”。因为，“凡走狗，虽或为一个资本家所豢养，其实是属于所有的资本家的，所以它遇见所有的阔人都驯良，遇见所有的穷人都狂吠。不知道谁是它的主子，正是它遇见所有阔人都驯良的原因，也就是属于所有的资本家的证据”（《二心集·丧家的资本家的乏走狗》）。

30年代以后，《现代评论》《新月》的骨干们，纷纷由“政府”的“诤友”进而为国民党反动政权的新贵。主办《现代》和《新上海半月刊》的“第三种人”和“改悔的革命作家”们也纷纷“坐上了检查官的椅子”。证明了鲁迅分析的正确。同时也证实了它们一伙确实是资产阶级的帮闲和帮凶。

曾多次发表过张春桥、江青文章的资产阶级报纸《大晚报》和它的种种表演，鲁迅也作过揭露和批判。《大晚报》创刊于1932年，起初是研究系的报纸，后来为孔祥熙所收买，在“九一八”以后到鲁迅逝世以前的这一段时间，是蒋介石的不抵抗主义和“先安内后攘外”政策的鼓吹者。在崔万秋的主持下，它的副刊《火炬》《辣椒和橄榄》是某些反动文人向鲁迅进行文化围剿的重要阵地。鲁迅说过：“只要看一看就知道，在我的发表短评时中，攻击得最烈的是《大晚报》。”（《伪自由书后记》）张春桥就是这家报纸的一个打手。江青也用蓝苹这一名字在这个报上发表过《在垃圾堆上》等三篇文章。鲁迅在《以夷制夷》《止哭文学》《三月的租界》等文中，对《大晚报》的这种充当反动派帮凶的卑劣行径，作过严肃的批判。指出它的《火炬》没有几丝毫光，充量至极也不过照出了他们自己的“真实的嘴脸”（《伪自由书·案语》）。它的《辣椒和橄榄》，不过是给人民以“一点爽利和慰安”的“鸦片”。其目的不过是给人以“一辣而不死，‘制止他讨厌的哭声’，静候着拔都元帅”的精神上的毒药。它的作者们装出一副“正确或公平”的样子，其实是在向国民党反动派“献媚”，或替他们“缴械”（《三月的租界》）。它所自我标榜的“既非‘商办’又非‘官办’”，当然“在报界里很难得”的，但也正如“吸风饮露，带了自己的家私来给社会服务的志士”在世界并不存在一样，只不过是骗人的鬼话而已。（《伪自由书·后记》）

三、辨所谓“言论自由”

言论自由是有阶级性的，在阶级社会里，有资产阶级的言论自由，就没有无产阶级的言论自由，否则反是。

但是资产阶级国家却吹嘘他们给“全民”以言论自由，资产阶级报刊也喜欢标榜在他们那个社会里所有的报刊都享有充分的言论自由。鲁迅对他们的这些鬼话作了有力的揭露和批判。

鲁迅当他还是一个激进的资产阶级的革命民主主义者的时候，对资产阶级所鼓吹的“言论自由”这一口号是曾经向往过的。1912年，资产阶级的临时政府颁布《临时约法》，宣布“人民有集会结社论出版自由”，他是拥护的。1912年1月他在给《越铎日报》写的《越铎出世词》中，就揭示这个报纸的宗旨是“抒自由之言议，尽个人之天权，促共和之进行，尺政治之得失。”同年11月在给绍兴《天觉报》的贺电中，也提出了“敬祝天觉出版自由”的祝愿。

但是事实告诉他，所谓的言论自由不过是反动统治阶级骗人的鬼话。他们自己倒是有充分的言论自由，多如牛毛的官报、半官报，满天飞的通电和文告，一个劲儿地向读者灌输，不管你是否愿意，至于劳动人民，革命的知识分子，则完全被剥夺了发表言论的机会。他自己在北洋军阀统治时期就亲身体验过这种言论受禁锢的痛苦，由“莫谈国事”，到“连发表思想都要犯罪，讲几句话也为难”（《热风·来了》）。稍有言谈，就得准备“钻网”——钻“政府”已经张起来的“压制言论的网”（《两地书》）。每一执笔，都感到立论的困难。

蒋介石上台后，搞两面手法：一方面，颁布恶出版法实行报刊检查制度，禁锢言论；一方面，在《宪法草案》中写进“言论自由”的词句，发布“对新闻事业人员应切实保护”的通令，假惺惺地致电全国各报馆，鼓励昌言，征求“尽情批评”（1929年12月27日）。但是，经过大革命的洗礼，被反革命的屠杀惊得“目瞪口呆”的鲁迅，不再相信这一套骗人的鬼话了。所有这些两面派的手法，在鲁迅看来，都不过是“黑暗的装饰”是“人肉酱缸上的金盖”，是“鬼脸上的雪花膏”（《夜颂》，1933年6月8日《自由谈》）。

事实证明，鲁迅的观察是正确的，蒋介石的反动统治比中外历史上任何一个暴君的统治都更为黑暗。蒋家王朝对言论和新闻出版事业的禁锢，只有法西斯的希特勒和专制的阿拉伯皇帝才差可拟比（参看《准风月谈·华德焚书异同论》）。正因为如此，当《中学生杂志》向鲁迅提出“假如先生面前站着一个中学生，处此内忧外患交迫的非常时代，将对他讲怎样的话，作努力的方针”的问题的时候。鲁迅的回答是：“编辑先生：请先生允许我回问你一句，就是：我们现在有言论的自由么？假如先生说‘不’，那么我知道一定也不会怪我不作声的。假如先生竟以‘面前站着一个中学生’之名，一定要我说一点，那么，我说。第一步要努力争取言论自由。”（《二心集·答中学生杂志社问》1932年）

在国民党反动派加强对报刊的控制的情况下，不仅革命的进步的报刊被迫停刊，一些资产阶级的报刊也受到了打击和压制。例如，《新月》月刊，就曾经遭到过没收，新月社北京分社遭到过查抄，不少托派、叛徒、第三种人和资产阶级色情文学家的某些作品，也都遭到过查禁。这是怎么回事？鲁迅的分析是：（1）这些报刊和办报人，实际上是焦大式的人物，它和他们是忠于“贾府”的，偶有非议，也是为“贾府”好，意在补天而不是革天；（2）它和它们的所以受到处分，“并非反动”，只不过是由于奴主之间有些“隔膜”，做奴才的“越俎代庖”，“不识讳忌”，说了些不合主奴之分的没大没小的话；（3）它和他们最终还是得到主子的宠爱的。鲁迅的分析，部分地阐明了马克思在《路易波拿巴的雾月十八日》一书中所提出的下列论点，即：资产阶级的政治代表人物，为了实现其权力欲，也会对本阶级的报刊和记者采取某种压制措施，但他们之间的根本利害是一致的。

鲁迅在他战斗的最后10年，对国民党反动派的禁锢言论和第三种人等的为虎作伥，十分痛恨，写过很多文章和他们进行激烈的斗争。他曾经准备写一部《围剿十年》，来记录反动派对他的包围封锁，还曾经打算把他1934年和叭儿们斗争的杂文集定名为《狗儿年杂文》（1934年是甲戌年）。他深信人民大众总有一天要起来冲破反动派所设置的压制言论的重重罗网，“蒙蔽是不能长久的，接着起来的又将是一场血腥的战斗”（《且介亭杂文集·中国文坛的鬼魅》）。

四、驳“有闻必录”

“有闻必录”是中国资产阶级记者惯用的一句“口头禅”，历史悠久，可以上溯到前清。这句口号是有欺骗性的，其欺骗性在于用貌似超然客观的不负责任的态度和自然主义的手法来掩盖报刊及其记者的倾向性。

鲁迅认为凡表观总有倾向，总有选择，绝对的自然主义是没有的。“譬如画家，他画蛇，画鳄鱼、画龟，画果子壳，画字纸篓，画垃圾堆，但没有谁画毛毛虫，画癞头疮，画鼻涕，画大便”（《且介亭杂文末集·半夏小集》）。报纸上的报道也是这样，实际上并不是所有的新闻都报道了出来。即如1931年2月7日夜或8日晨的左联五烈士的被杀，“上海的报章都不敢载这件事，或者也许是不愿，或不屑载这件事”（《南腔北调·为了忘却的纪念》）；1933年9月世界反对帝国主义战争委员会远东会议在上海召开，鲁迅在会上被选为主席团名誉主席，但有关这个会议的“各种消息，报上都不肯登，所以在中国很少人知道”（《书信·致肖军肖红》1934年），可见所谓的“有闻必录”，是虚伪的、虚假的。实际上，“它是有选择的，有作用的”（《且介亭杂文二集·论人言可畏》）。此外，对资产阶级报刊以“有闻必录”为名进行的那些不负责任的报道，鲁迅是很反感的。他认为这种报道，“在强者是毫不要紧的，只消一封信，就会有正误或道歉接着登出来”。对于弱者，对于那些没有“机关报”给自己当喉舌的人，则可能造成很大的伤害。当著名电影演员阮玲玉由于资产阶级报刊对她的婚姻上的不幸，进行所谓“有闻必录”的其实是大肆渲染的报道，使她感到“人言可畏”而自杀的时候，鲁迅的同情是在阮玲玉一边的。在《论“人言可畏”》一文中，鲁迅替受害者申诉道：“她被额外的画上一脸花，没法洗刷。叫她奋斗吗？她没有机关报，怎么奋斗；有冤无头，有怨无主，和谁奋斗呢？”他认为阮玲玉的死，“和新闻记者有关”，以所谓“有闻必录”或“并无能力”为自己辩解，“都不是向上的负责的记者所该采取的”态度（《且介亭杂文二集·论人言可畏》1935年）。

五、斥资产阶级报刊的造谣

鲁迅痛恨资产阶级报刊的造谣，认为造谣是“鬼蜮的手段”，是“畜类的武器”（《华盖集·并非闲话》）是“杀人不见血的武器”（《南腔北调·谣言世家》）。其目的，在于欺骗群众，使“粪便增光，蛆虫成圣”（《华盖集·并非闲话》），使他们所压迫的人受到伤害。报刊而至于靠造谣过日子，完全是它所属的阶级在政治上虚弱的表现。他在自己的战斗一生中，和北洋军阀、国民党反动派的御用报刊，和“正人君子”、叛徒、特务们的报刊的造谣活动作过尖锐的斗争，对它们的恐吓、煽动，中伤和诬陷，作过深刻的揭露和批判。

鲁迅指出，封建军阀和国民党反动派统治下的中国，完全是“撒谎国和造谣国的联邦”（《集外集从拾遗·来信》）。为了从舆论上维护他们的反动统治，他们的报纸和他们所间接控制的报纸。在“撒谎”和“造谣”上，无所不用其极。通常的做法，是“驱使着真伪杂糅的记事”（《伪自由书·后记》），抓住一点事实，制造“一些谣言”。更多的情况则是完全的虚构。“一·二八”前后上海资产阶级报刊上所刊登的“我方飞机”从苏州、广州出动的消息和长沙共产党对商人实行酷刑的消息就都是虚构的。鲁迅在所写的杂文中曾经对这些完全子虚乌有的谣言作过揭发，戳穿了他们的画皮，使“造谣的和帮助造谣的，一下子都显出本相来了”（《二心集·再来一条“顺”的翻译》）。

在长期和资产阶级报纸打交道，对它们进行了认真的观察以后，鲁迅得出了一个结论：“中国的报纸上看不出实话”（《南腔北调·辱骂和恐吓决不是战斗》）。他有一个经验：对资产阶级报刊上的有些报道，只能反看。在《推背图》一文中，鲁迅提出了他的“正面文章反看法”，并举出“近几天报章上记载着的以下‘要闻’”为例，说明这些文章都只能反着看，才能得其真：

“一、××军在××血战，杀敌××××人。

二、××谈话，决不与日本直接交涉，仍然不改初衷，抵抗到底。

三、芳泽来华，据云系私人事件。

四、共产党联日，该伪中央已派干部××赴日接洽。”

虽然反看起来，未免“太骇人”，但却是事实。鲁迅对当时苏区红军几次反围剿战斗情况的了解，就都是采用这种办法通过那些极尽欺骗歪曲、诬蔑之能事的此地无银三百两式的报道，从反面“辩别出一些真实的情况来”的（参看冯雪峰《回忆鲁迅》第97页）。

在相当长的一个时期内，鲁迅本人也是资产阶级报刊经常造谣的对象。有的属于人身攻击，如1925年北京的几个报纸谣传鲁迅在要求关税自主的示威游行中被打落两个门牙；1934年上海、天津、东北几个报纸哄传鲁迅因患脑膜炎住院；有时还“祸延孩子”和“贱内”，连海婴和许广平也受到攻击。有的则是在政治上的诬陷。或妄传鲁迅拿了苏联的“金卢布”；或捏造鲁迅给高尔基的创作生活40年发了祝贺电，或谣传鲁迅是“红军领袖”，已经“被捕”和“已经刑讯”：或诬指鲁迅是“日探”，是“汉奸”，甚至捕风捉影地说什么鲁迅已“逃往青岛”“已往日本做‘顺民’去了”，等等（《书简·致肖军》）。这些谣言，或者是迎合某些人的意旨，给他们以“快意”；或者是恶意中伤，“以图构陷”。对这些飞扬而来的“可鄙”“可恶”的谣言，鲁迅对付的方法：第一，是不予理睬。因为“倘使一一注意，正中其计”（《书信·致窦隐夫》1934年），只是在顺便中“偶刺之”（《书信·致郑振铎》）1934年）。第二，是要研究。研究造谣者在报刊上进行造谣的手法，和他们的“狐鼠鬼蜮伎俩”（《书简·致台静农》1933年）。鲁迅说：“我就是常看造谣专门杂志之一人，但看的并不是谣言，而是谣言作家的手段，看他有怎样出奇的幻想，怎样别致的描写，怎样险恶的构陷，怎样躲闪的原形。”（《准风月谈·归厚》）在这方面，“造谣专门杂志”确实是很好的反面教材。可惜的是多数报刊的造谣手法并不高明，它们“大抵没有这样的才能，作者在谣言文学上，也还是‘滥竽充数’”（同上）。倒是研究造谣者的“思想和行动”方面，它们是可靠的。因为“谣言这东西，却确是造谣者本心所希望的事实，我们可以借此看看一部分人的思想和行动”（《华盖集续编·无花的蔷薇之三》）。第三，是提高警惕，采取一些必要的措施。鲁迅深深知道，“众口铄金，危邦宜慎”。在北洋军阀和国民党反动派统治下的旧中国，“谣言也足以谋害人的”（《书信·致韦素园》1931年）。所以，当特务们办的小报以《惊人的重要新闻》为题，报道了捏造的“鲁迅被捕”的谣言以后，鲁迅认为是一种信号，就“不住在旧寓里了”（《书信·致李小峰》1931年）。

尽管资产阶级报刊上谣言如云，鲁迅是蔑视它们的，是不相信它们能够成大事的。他认为任何谣言都经不起事实的甄别。即如上海一些资产阶级报刊所时时捏造的某某“主张无产阶级文学”的作家拿了“苏俄的卢布”的谣言，有时连卢布的数目也登了出来了，“但明白的读者并不相信它，因为比起这种纸上的新闻来，他们却更切实地在事实上看见只有从帝国主义国家运到杀戮无产者的枪炮”（《二心集·黑暗中国的文艺界的现状》1931年）。因此，多数的谣言“只能作报销，在实际上很少功效”（《且介亭杂文二集·后记》1935年）。那些“谣言世家的子弟”们，也是很少有好下场的。

六、析资产阶级报刊上的广告

鲁迅自称是一个“爱看广告者”，对经常订阅的几份资产阶级报刊上的广告，看得很细心。《语丝》的一个读者从江西寄给他一束广告剪报，他很赞赏，立即加上编者按语，以《剪报一斑》为题，在《语丝》上全文发表。鲁迅所以“爱看广告”，是因为报刊上的那些广告能够帮助他了解国民党统治下的半封建半殖民地社会的人情世态，和帮助他撷取观察和批判那个世界的第一手材料。

另外，他还有一个经验，就是只要看看一个刊物登了那些广告，就可以大体上看出这个刊物的性质。“‘正人君子’们所办的《现代评论》，就会有金城银行的长期广告。南洋华侨学生所办的《秋野》上，就能见‘虎标良药’的招牌。虽是打着‘革命文学’旗子的小报，只要有那上面的广告大半是花柳药和饮食店。便知道作者和读者、仍然和先前的专讲妓女戏子的小报的人们同流”（《三闲集·我和语丝的始终》1929年）。不仅敏锐地看到了报刊通过其所登的广告反映出来的它对某一资本家财团在经济和政治上的依附关系，也看到了它们之间在精神和思想文化上的一致。

鲁迅对资产阶级报刊上的那些花样繁多、故弄玄虚、耸人听闻、欺骗读者的广告，是很反感的。对于那些以文章或新闻形式出现的变相广告，也十分讨厌。1931年10月25日的《申报》副刊上出现了一篇注明是“苏民自汉口寄”的通讯。其中说到这位“苏民”因为长期生病，当不了义勇军，非常遗憾，他的上海朋友知道后，“竟以灵药一裹见寄。云为培生制药公司所出益金草，功能治肺痨咳血，可一试之”，等等。一试之后“则咳果止”，健康也恢复了，于是乎可以“身列戎行”。“灭此朝食”“一展平生之壮志”了，云云。鲁迅在《沉滓的泛起》一文中引了这段文字，嘲讽地指出：这那里是什么通讯？“不必是文学青年，就是文学小囡囡也会觉得逐段看去，即使不称为‘广告’的，也都不过是出卖旧货的新广告”。其目的是为了趁“国难声中”“将利益更多地榨到自己的手里”。对资本家在宣传上的不择手段和资产阶级报刊对资本家的钱袋的依附，都作了有力的揭露和批判。

从以上的认识出发，鲁迅严格控制自己所编报刊上的广告，拒绝收登那些名不副实的商业广告和不负责任的医药广告。他的著作交给出版商出版，也必以书中的“广告须先给我看一遍。加以改正”，作为先决条件（《书信》第38页）。他和《语丝》经理人李小峰的破裂，以及最后的辞去《语丝》主编。和《语丝》脱离关系，主要的原团之一就是和李小峰在收刊广告的内容上有分歧。对于自己所编报刊的出版广告，鲁迅也力主慎重。反对浮夸。他鄙薄邵洵美、高长虹之流在广告中把他们自己所编的刊物吹捧为“舆论界的新权威”，和加“假冠以欺人”的做法。嘲讽说，似乎“一看杂志的广告，作者就个个是文豪。中国文坛也真好像光焰万丈”了（《准风月谈·商定文豪》）。斥责这种做法是“轻薄卑劣，不成人样”（《两地书》）。他历来主张办刊物“不要贴大广告。却不妨卖好货色”（《书信·致聚仁》1934年）。《莽原》出版前，邵飘萍代拟了一个广告，在《京报》上登了出来，他觉得过于“夸大可笑”，就另拟了一个“硬令登载”“不许改动”（《两地书》）。刊登在《国民新报》上的《莽原》半月刊出版广告，也是鲁迅亲自拟的。这些广告不夸大、不自吹自擂、完全是实事求是的介绍，体现了对读者负责的精神，和那些华而不实耸人听闻的、当时一般报刊上的广告，形成了鲜明的对比。

七、嗤资产阶级报刊的低级趣味

鲁迅在一些文章中。对当时资产阶级报刊上的低级趣味，也作过深刻的揭露和批判。他认为这些所谓的“趣味”。其实都是毒害人民的精神腐蚀剂。他经常告诫青年读者，要提高警惕，抵制这种腐蚀。

鲁迅斥为低级趣味的主要是当时报刊上的以下几类文字：

一种是见于某些大报副刊和《礼拜六》《红玫瑰》《长春》《快活》等他称为“笑眯眯的期刊”上的一些无聊作品。这些刊物的主持者，都是所谓的“洋场才子”。他们“闻鸡生气，见月伤心”，所写的大抵是一些卿卿我我顾影自怜的言情小说和互相唱和喋喋不休的旧诗词。鲁迅在小说《高老夫子》中所虚拟的那份《大中日报》上的一些来稿，也正是这一类作品。

一种是被资产阶级记者们“铺张扬厉起来”的猎奇式的社会新闻，如“某阔人如何摸牌，某明星如何打嚏”（《准风月谈·帮闲法发隐》）和“某将军饭量，某先生的体重，蜈蚣精和人面蛇”（《且介亭杂文·随便翻翻》）之类。其特点是“无论怎样惨事，都要说得有趣——海式的有趣”（《集外集拾遗·某报剪注按语》）。

一种是有意识地在“女士”们身上做文章。新闻中一碰到女性，就“发挥才藻”，大肆渲染。画刊上除了大人先生们之外，也一定以女性为中心。

鲁迅认为资产阶级报刊上的这些被认为是符合他们的“趣味性”的文字，“那无聊，无耻与下流”“是世界上不可多得的”（《且介亭杂文二集·题未定草》）。他指出资产阶级报刊之所以热衷于刊载这些东西，除了供资产阶级的“市侩们”和“少爷们”消闲之外，还有为反动的统治者帮闲的目的。“但他的帮法，是在血案中而没有血迹，也没有血腥气的”（《准风月谈·帮闲法发隐》）。其手法或者是“收罗废料”“装进读者的脑子里去”，使他们满脑子奇闻逸事，再也搁不下别的东西；或者是用“开心”和“打诨”“将人们的注意拉开去”，转移他们对重大政治问题的注意，使人世“完结在这些欢迎开心的开心的人们之中”（同上）。鲁迅呼吁人们不要小觑了资产阶级报刊在这方面的消极作用。他沉痛地指出：“中国民族的心”，有些是早已经被这一类“帮闲之辈”征服了。“在南方呢，恐怕义军的消息，未必能及鞭毙土匪，蒸骨验尸，阮玲玉自杀，姚锦屏化男的能够怂动大家的耳目罢？”（《且介亭二集·田军作“八月的乡村”序》）

鲁迅对林语堂主办的《论语》《人间世》等专门提倡“幽默”“性灵”“闲适”的刊物，也作过尖锐的批评。《论语》创刊于1923年，《人间世》创刊于1934年，是封建文化买办资产阶级文化的一双孪生子。《论语》初创时，鲁迅由于“老朋友”的关系，曾经给予过支持。为这个刊物写过《由中国女人的脚推定中国人之非中庸又由此推定孔夫子有胃病——学匪派考古学之一》《学生和玉佛》等文章。希望引导这一标榜“幽默”的刊物，走向“对社会的讽刺”一边。但是未能如愿。当《论语》《人间世》死抱住“幽默”不放，一个劲儿地刊登《苏秦吃咸蛋的故事》和《中国究有臭虫否》之类的所谓幽默文章，“牛角尖”钻得“滋滋有味”，拖也拖不出来时，鲁迅才断然和他们决绝。事实上这两个刊物都并不“闲适”，《论语》第2期就发表过《马克思风》一文，讽刺和诬蔑马克思主义在中国的传播。《人间世》也译载过宋美龄在外国杂志上发表的攻击工农红军“杀人放火”的文章。他们所标榜的“幽默”，不过是“将屠户的凶残，化为大家的一笑”（《南腔北调·论语一年》），其目的仍然是在读者身上注射“麻醉品”，解除他的思想武装。鲁迅在给朋友的信里说的很明白，“专读《论语》或《人世间》一两年，而欲不变为废料，亦殊不可得也”（《书信·致郑振铎》1935年）。

出于爱护，鲁迅也经常劝告他所支持的进步报刊“存学者的良心”，不要受资产阶级报刊的影响，追求庸俗的趣味。《猛进》主编徐炳昶想办通俗小报，鲁迅一方面表示赞同，一方面也告诫他一旦办了起来，切勿刊载“皇帝何在，太妃安否？”之类的无聊新闻，像坊间出版的黄色小报那样。左联的《文艺新闻》向他征求意见，鲁迅对它所刊登的国内外文艺通讯很赞赏，但对它所刊载的“谁在避暑，谁在出汗”、某外国作家“被打了一个嘴巴”之类的逸闻，却作了诚恳的批评。认为有的是“没有也可以”，有的则是“简直可以不登的”（《集外集遗·我对于“文新”的意见》1932年）。

从以上鲁迅对资产阶级报刊的批判中可以看出鲁迅完全懂得报刊作为舆论工具在政治经济文化等各方面所起的重要作用。在新闻战线上，他敢于斗争，也善于斗争。特别是由于从旧营垒中来，情况看得比较分明，他对资产阶级报刊的反戈一击，是深中肯綮的，是值得我们很好地学习的。

（1977年为北京大学中文系新闻专业起草的讲课提纲）

俞颂华先生二三事

湘文先生来信，谈到今年是颂华先生诞生的90周年，我才想起，颂华先生离开我们已经36年了。俞颂华的名字，今天的青年人也许不完全知道，但在旧中国的新闻界，他却是一个很有点口碑很受人尊敬的长者。在新闻史上，他是有一定地位的，他是不应该被忘却的。

颂华先生从事新闻工作垂30年，担任过《申报》《星洲日报》《光明报》《广西日报》《大刚报》等多家报纸的总编辑、代理总编辑，《时事新报》的《学灯》《申报月刊》《申报周刊》以及《国讯》等刊物的主编，运笔如椽，言满天下，毕生的业绩，是非常丰富的。然而在他的一生中，最值得注意和最有影响的，我以为还是这样几件事，即：（1）主编五四时期的著名副刊《时事新报》的《学灯》；（2）受《晨报》和《时事新报》的联合派遣，和瞿秋白、李仲武一道，担任中国最早的驻苏记者；（3）主编《申报月刊》《申报周刊》，和孙恩霖一道以记者名义访问延安，成为西安事变后，进入陕北革命根据地进行采访活动的少数几个内地记者之一。

《学灯》是1918年3月4日创刊的，到1925年12月为止，先后换过近10个主编。颂华先生担任主编的时期，是1919年4月26日至同年的9月中旬，大约五个月左右光景。9月中旬以后，他就忙于编辑张东荪主办的另一个刊物《解放与改造》，不久又应聘到海参崴工作去了。受研究系和张东荪的影响，《学灯》这个副刊资产阶级改良主义的色彩比较浓厚，而且越到后来，越热衷于空谈，办得也越来越沉闷，越来越脱离实际，可以说是每况愈下。然而颂华先生主编的那一段时期，却是它比较风光的一段时期。在颂华先生的主持下。这个副刊办得还是很有生气的。担任主编后的第三天，他就在刊物上发起有关“社会主义”的征文。一个多月以后又刊出启事，宣布“本栏特别欢迎关于（一）社会问题，（二）劳动问题，（三）产业组合，（四）妇女问题，以及关于其他社会改良诸问题之著作与译稿”（1919年6月17日《学灯启事》）。不少研究和探索社会主义和马克思主义的文章，如河上肇的（（马克思的唯物史观》《社会主义之进化》《马克思社会主义理论的体系》等著作的译文，和刘南垓的《社会党之泰斗马格斯之学说》等，就都是在他主编的这一时期发表的。这一时期的《学灯》上还刊载了李大钊、杨昌济、陈望道等人所写的有关政治、伦理、教育和语言学方面的文章。他自己也为《学灯》写作了近40篇评论和时事短评。对方兴未艾的新文化运动，这一时期的《学灯》是极力支持的。有关新文化运动的书刊介绍，几乎每期都有。另外，它还为新文学的创作提供园地。郭沫若最早的两首新诗《抱和儿浴博多湾中》《鹭鸶》，张闻天的处女作《梦》，以及叶圣陶等一些“五四”作家的早期作品，就都是在他担任主编时期的《学灯》上发表的。郭沫若第一次“诗的创作爆发期”，就是在这一时期的《学灯》上开其端绪的。对马克思主义在中国的传播和五四新文化运动的进一步开展，这一时期的《学灯》和它的主编颂华先生，是有功劳的。当然，当时的颂华先生对马克思主义、社会主义，还缺乏认识，在有些问题上，例如在有关五四运动期间学生罢课复课的问题上，也说过一些错话，这些都应该从他的思想和历史的局限上，去寻找原因，加以说明，是不必苛求于前人的。

访问苏俄担任驻苏记者的那一次，是和瞿秋白一块去的，同行的还有一个李仲武，他们是作为北京《晨报》和上海《时事新报》联合派出的驻外记者，到苏俄去的。发起这次派遣活动的是和这两个报纸都有密切联系的梁启超，他刚刚从欧洲访问归来，深感有必要向国外派驻记者，了解国外情况，扩大报纸的影响。在经济上负责为两报筹措这次派遣费用的，则是与研究系有密切来往的财阀张嘉璈。当时，中苏还没有正式建交，道路阻长，交通困难，他们一行1920年10月16日从北京出发后，走了三个多月才到达莫斯科。途中他们曾经对抵苏后的活动作过大致的分工，瞿秋白在《饿乡纪程》一书中，对此有过以下的一段记载："途中……和颂华商量调查俄罗斯的方法。新闻记者的责任，照实说来，我是无能力的；颂华说：'我们此行，本是无牛则赖犬耕，尽我们自己的力量罢了。'……我与颂华说，请他负通信事务指导的责任，我当竭力帮助；——成败不问，尽力而已。我个人呢，定了一勉力为有系统的理论事实双方研究的目的。研究共产主义，俄共产党，俄罗斯文化。"（见《瞿秋白文集》第一卷第55页）这是因为三个人当中，当时只有颂华先生一个人曾经在报纸工作过，相对地说来，对新闻业务比较熟悉的缘故。也正因为这样，访苏初期，以两报驻苏记者名义共同发回国内的那几十条新闻专电，估计很大一部分是出于颂华先生的手笔。通讯是署名的，因此谁写的比较容易查考。除了几篇和瞿秋白，以及和瞿秋白、李仲武合写的通讯外，颂华先生单独署名写作的旅俄通讯，至少有以下五篇：《与二个俄国人的谈话》（刊1921年6月20日至22日北京《晨报》）、《旅俄之感想与见闻》（刊1921年7月9日至9月5日北京

《晨报》）、《俄国旅程琐记》（刊1921年8月22日至29日上海《时事新报》及1921年9月6日至9月15日北京《晨报》），以及《劳农俄国之观察》《俄国之再造问题》等。这些新闻和通讯都对革命后俄国国内各方面的情况作了如实的报道，后来被辑入《晨报》编印的《赤俄见闻记》一书，在读者中广为流传。在访苏期间，颂华先生还见过列宁和莫洛托夫，参观过克里姆林宫，是曾经见过列宁的为数不多的几个中国新闻记者之一。颂华先生不通俄语，只能用日语、英语和别人交谈，他的许多采访活动，是在俄文专修科毕业、精通俄罗斯语文的瞿秋白和李仲武两人的协助下进行的。在莫斯科只待了3个月左右，颂华先生就经波兰转往德国，改任两报驻德国的特派记者，苏俄方面的采访任务，就留给瞿秋白、李仲武两人去完成了。由于在苏逗留的时间不长，留下的通讯报道相对地说来不如瞿秋白那么多，近30年来谈早期新闻记者访苏活动的，只注意于瞿秋白一个人，颂华先生的名字因而不彰，这是不公平的。实际上，他在访苏期间所作的有关苏俄情况的报道，在帮助中国人民加深对“十月革命”的了解和粉碎帝国主义宣传机器对第一个苏维埃政权和第一个社会主义国家的诽谤和诬蔑等方面，是有很大贡献的。作为中国报纸派往苏俄采访的第一批记者中的一个，他的名字是应该载入史册永远铭记的。

写到这里，想到有必要代俞师母订正一个记忆上的失误。事情发生在新近在上海出版的《报刊文摘》上。这个文摘在一篇介绍老报人的文章中，提到颂华先生的名字，下注：“笔名澹庐。”随后不久又刊出了署名“俞颂华夫人钱梅先”的更正函。声明“颂华从未用过任何笔名。”由于是俞师母亲自出面，所起的影响是很大的，不少人因此以为澹庐和俞颂华不是一个人。其实，这回倒是俞师母失记了。颂华先生原名垚，平生写文章只署颂华或俞颂华，很少用笔名，是事实。但他早年使用过澹庐这一笔名也是事实。担任《学灯》主编的时候，颂华先生使用的就是澹庐这一名字。他为《学灯》所写的近40篇文章中，署名澹庐的33篇，署名俞澹庐的一篇，只有另外5篇署名颂华。同时期他为《解放与改造》所写的《社会主义的特质与趋向》一文，也署名澹庐。奉派赴苏访问期间，也用过澹庐这一名字。刊于1920年11月27日北京《晨报》和同年11月29日上海《时事新报》上的那则两报联合派出驻外记者的启事（《新闻学论集》第5辑所刊蓝鸿文的《记者类型小考》和《新闻研究资料》总第7辑所刊同一作者的《瞿秋白赴苏俄采访文章中的几个史实》等两篇文章，均引有这则启事的全文），提到颂华先生时，用的就是俞澹庐这一名字。他从苏俄发回的几篇通讯中，有一些就署名澹。可见澹庐即俞颂华，前者为后者早年使用过的笔名，这一点，应该说是没有疑义的。

颂华先生参加《申报》工作担任《申报月刊》（1936年1月起改为《申报周刊》）的主编，是出于黄炎培的介绍。时间在1932年7月至1937年底。在他的主持下，这个《申报》的附属刊物，连载了翁照垣的《淞沪血战回忆录》，出版了纪念"九一八"特辑，发表了许多声援绥远抗战的文章，在舆论上给抗日爱国运动以很大的支持。此外，他还积极提供版面刊登鲁迅、茅盾、巴金等人的文章，使《申报月刊》成为黎烈文主编的《自由谈》以外的又一个进步的文化阵地。值得提一下的是这一时期他和鲁迅的交往。鲁迅应他的邀请为《申报月刊》写稿，起始于1933年的6月，持续达一年之久，先后在这个刊物上发表了《关于女人》《真假堂吉诃德》《偶成》《漫与》《世故三昧》《谣言世家》《揭鬼心传》等14篇杂文，全部用的是洛文这一笔名。鲁迅在1933年底写给朋友的信中，曾经谈到这一情况："投稿于《自由谈》久已不能，他处颇有函索者，但多别有作用，故不应。《申报月刊》上尚能发表，盖当局对于出版者之交情，非对于我之宽典，但执笔之际，避实就虚，顾彼忌此，实在气闷，早欲不作，而与编者是旧相识，情商理喻，遂至今尚必写出少许。”（《鲁迅书简·致台静农》）其中所说的“旧相识”，指的就是颂华先生，他们是在五四时期就相稔的。《鲁迅日记》1933年12月8日有“至新雅酒楼，应俞颂华、黄幼雄之邀，同席共九人”的记载，说明他们之间在当时的来往还是很密切的。主编《申报周刊》时期值得提起的另一件事，就是去延安采访。时间是1937年4月9—25日，往返共16天；其中在延安逗留的时间为3天，同行的是《申报》的另一位记者孙恩霖。他们一行在到达西安的时候，受到了中共驻西安代表叶剑英同志的热情欢迎，抵达延安后，受到了毛泽东、朱德、周恩来、徐特立等同志的亲切接待。对毛泽东同志进行的一次采访，从向晚一直持续到凌晨3点，听取了毛泽东同志关于当前形势和抗战前途的分析，和对他们所提问题的回答、他们还利用机会拍摄了大量有关陕北革命根据地和革命领导人的照片。这次访问的成果，见于《申报周刊》的有12张照片和由颂华先生执笔的长篇通讯《从上海到西安和陕北》。其中，以延安城门为背景的一张照片，是在《申报周刊》第2卷第12期（1937年5月9日出版）的封面上刊出的，城墙上的“和平统一”“团结御侮”和“停止内战”等大字标语，赫然在目，是对党的抗日民族统一战线政策的形象化的宣传。颂华先生所写的那篇通讯，发表时被迫作了删节，但仍保留了5 000多字，其中有关延安的部分约千余字，对他在陕北革命根据地的见闻，作了真实的反映。这一次的陕北之行，是一次秘密的采访活动，虽然受到了很多限制，回来以后又不能尽言，但仍然给读者透露了不少春天的消息，增强了全国人民抗战必胜的信心，因此也是一次成功的采访。它的时间在西安事变后不久，上距范长江的延安之行仅两个多月，是内地报纸对陕北革命根据地进行的最早的几次采访活动之一，这在中国新闻史上也是很值得记述的。

颂华先生是一个非常正直，非常爱国，非常富于正义感的人。他没有加入过任何党派，但他并不是无所是非的。他对党的事业的同情和支持，就表明了他的所是所非。他做了很多有利于党的事，他是党在民主革命时期的忠实朋友。

颂华先生毕生从事新闻事业，有很好的学识素养，有很好的职业道德，有为新闻事业奋斗至于“衣带渐宽终不悔，为伊消得人憔悴”的那种献身精神。为了办好报纸，他不顾家，不顾自己的身体，刚过50，就已经老态龙钟。晚年生活在国民党统治区，体弱得不到足够的营养，多病得不到很好的治疗，贫病交困，“才54岁就过早地离开了我们，是很惋惜的”。

颂华先生晚年从事新闻教育工作，我忝列门墙，深受教益。他去世后，我曾经参加执绋，随俞师母和湘文、彪文、思恩诸先生送葬到灵岩，深为这位德高望重的新闻界前辈和老师的早逝而悲痛。从那时到现在，36年过去了，对这位曾经为新闻事业作出过贡献的老新闻工作者，我仍然十分景仰十分怀念。他将永远活在我们的心里。

（原载1983年11月第22辑《新闻研究资料》）

一代报人成舍我

1998年是成舍我100周年诞辰。100年前的8月28日，当他在南京呱呱坠地，来到这个世界的时候，中国正处在“百日维新”的高潮。多少致力于改革的那一时代的志士仁人们，正在为中华的振兴而努力奋斗。他们当中的6个人，在一个月以后，也就是1898年的9月28日，终于献出了自己的生命。刚刚出生的成舍我，就是他们的事业的继承者。在此后的93年的漫长岁月里，中国几代的志士仁人们，在寻求振兴的道路上曲折前进，成舍我也在不断地探索思考和实践，有过彷徨和蹉跌，也有过成功和收获，但始终处于振兴中华者的行列，在自己的岗位上，竭尽全力地为中华的振兴而奋斗。

成舍我是一代报人，他以毕生的精力从事新闻工作，在中国近现代新闻事业的历史上占有十分重要的地位。他拥有中国新闻事业的多项纪录：

1. 从事新闻事业时间最长的人

从1913年他为安庆《民岩报》撰稿，到1988年他以91岁的高龄在台北创办《台湾立报》，直至1991年他逝世，先后从事新闻工作近77年。

2. 参与和创办新闻媒体最多的人

他一生中参与和创办了近20家新闻媒体，包括报纸期刊通讯社和广播电台。其中，由他直接创办的达12家。

3. 为了办报受到挫折最多的人

在旧中国，截至1945年，他为了办报就“坐牢不下20次，报馆封门也不下10余次”。（见1945年11月20日《世界日报》所刊成舍我《我们这一时代的报人》一文）。1926年的那一次，要不是曾任北洋国务总理的孙宝琦出面力保，还险些断送在军阀的屠刀之下。到台湾后，受“报禁”的限制，有近30年的时间办不成自己想办的报纸。

4. 旧中国发行量最大的报纸的创办人，和旧中国时期北京地区发行量最大的日报的创办人

他创办的上海《立报》和北京《世界日报》，分别发行达20万份和3.5万份，是当时全国发行量最大的报纸和当时北京市发行量最大的日刊报纸。

5. 中国历史上培养学生最多的新闻教育机构的创办人

这个新闻教育机构，就是世界新闻专科学校（现已改制为大学）。累计培养学生已接近4万人。

正因为这样，新中国出版的第一部《中国大百科全书》为“成舍我”设置了专门的词条，列出了他的照片，对他的业绩，作了很高的评价，称赞他“在中华人民共和国建立前的中国新闻界和1949年以来的台湾新闻界有较高的声望和影响”（见1990年中国大百科全书出版社版《中国大百科全书·新闻出版卷》第56~57页）。

作为一代报人，成舍我表现突出的主要有以下三个方面。

一、爱国的新闻工作者

成舍我的一生是爱国者的一生。早在青少年时代，他就参加了资产阶级革命民主派的外围团体，追随伟大的革命先行者孙中山，致力于振兴中华的爱国活动。参加新闻工作以后，他所致力的，仍然是爱国思想的宣传，在他从事新闻工作的一生中，始终贯串着一条爱国的主线。

成舍我的爱国思想，首先体现在他对帝国主义的态度上。

《世界日报》创刊不久，发生了震惊中外的“五卅惨案”。在成舍我的主持下，他所办的这家报纸，立即对制造这起惨案的英、日帝国主义者，进行了猛烈的抨击。一方面通过新闻报道，对屠夫们的罪恶进行揭露，一方面向社会发动募捐，援助上海罢工工人。在此期间。成舍我还以笔名发表时评《沪案惟一之目标》，提出了惩凶、赔偿等强硬主张。声援了共产党领导下的这场反帝斗争。

1928年5月3日，日本帝国主义为了阻挠北伐军北上，强行出兵，制造了野蛮的“济南惨案”。成舍我立即在他所办的《世界日报》上先后发表了《中国不会亡国，敬告野心之国民》《吾人将何以自处？》等社论，斥责惨案的制造者日本帝国主义为“人类公敌”，对后者的暴行进行了强烈的谴责。

“九一八”事变爆发后，成舍我又在他所办的《世界日报》上，以要闻版的整版篇幅，对事变进行了详细的连续报道。并用“国难至矣，速起御侮！日军昨陷沈阳”为标题，揭露了日军的侵华暴行。同时，还以“百忧”为笔名，撰写了题为《国人抗日应有之认识》的社论，积极宣传抗日，支持抗日救国的群众运动。

1932年“一·二八”淞沪战争期间，成舍我作为爱国的新闻工作者，在他所办的《世界日报》上大量刊登了赞颂十九路军抗日胜利的消息，和各界对十九路军祝捷声援的新闻。同时还发表了题为《谁谓我革命军人不堪一战》的社论，指出："暴日不足畏，国军不可侮，最后之胜利必属于我。"

伪满洲国成立后，成舍我和他所办的《世界日报》坚决反对，拒不承认，并极力反对平沈通车。曾因此被勒令停刊三天。

1937年"七七事变"爆发后，成舍我通过他所办的北平《世界日报》《世界晚报》和先后在上海、香港两地出版的《立报》，积极支持抗战。在整个抗日战争时期，他多次毁家纾难，始终坚持抗日宣传不动摇，直到抗战胜利。

1946年冬，驻华美军强暴北大女生沈崇事件发生后，成舍我主办的北平《世界日报》首先得到信息，立即派记者到现场采访。当时的北平行营主任李宗仁听说后，曾亲自到报社，要求成停发这一消息。成不为所动，坚持以"美国兵强奸北大学生沈崇"为题，在报纸的显著位置刊出，引起了读者的严重关注。此后又连续发表了大量的评论和报道，声援了北平和全国学生抗议美军暴行的正义斗争。

成舍我的爱国思想，还表现在他对北洋各系军阀的态度上。作为新闻工作者，成舍我和北洋各系军阀以及依附他们的政客们，都有所接触。和他们当中的个别人，还有一定的私交。但在爱国的问题上，则坚持原则，绝不宽假。

对袁世凯的卖国活动，成舍我早在沈阳《健报》当主编和在上海《民国日报》当编辑的时候，就进行过揭露和抨击。这两份报纸都是革命民主派手中的重要的反袁舆论阵地。

对直系军阀的卖国活动和镇压学生爱国运动的暴行，成舍我异常愤慨，经常在报纸上进行揭露。《世界晚报》创刊不到一个月，就发生了北京各校学生在天安门集会，纪念日本帝国主义向袁世凯卖国政府提出二十一条的国耻日，被直系军警打伤数十人的事件。成舍我当即在晚报上以头条位置报道了事件的详细经过，并发表评论，对直系当局的暴行，进行了激烈的谴责。

对奉系军阀和某些帝国主义势力的勾结，和他们进入北京以后的种种倒行逆施，成舍我也丝毫不假辞色。他因此曾被张宗昌关押了4天，几乎被送上刑场，经北洋元老孙宝琦出面说情后，才得以幸免。

成舍我由于历史的原因和个别的皖系政客有过来往，有一定的人际上的渊源，在办报过程中，也曾经得到过他们的帮助。但从不拿原则做交易，对皖系的媚外活动，始终持批判态度。五四运动爆发不久，他就在《益世报》上发表了《安福与强盗》一文，支持学生的爱国运动，对皖系政府的卖国勾当，提出了强烈的谴责。《益世报》因此被罚停刊三天。1926年“三一八”惨案发生后，成舍我立即在他所办的《世界日报》上，刊登了有关这次惨案的大量新闻和照片，报道了事实的真相，并发表了署名“舍我”的时评《段政府尚不知悔过耶》，在痛斥皖系政府镇压学生爱国运动的同时，还提出了段政府引咎辞职，惩办凶手和抚恤死难者等三项严正要求，表达了人民的心声。

这些都说明，成舍我的爱国感情是真挚的，也是贯彻于他的新闻工作之始终的。

作为一个资产阶级的新闻工作者，他提倡新闻自由，主张民主政治，要求自己的报纸公正客观，不偏不倚，为大众说话。这一点，虽然实际难以完全做到的，但他刻意追求，坚持不懈，在当时的条件下，也是有一定的积极意义的。

在政治上，他支持进步，反对倒退。早在20年代初，他就曾经在一篇文章中指出：

“舆论家是要往前进的，不可随后走的。他是要秉公理的，不可存党见的。他是要顾道德的，不可以攻阴私的。他是要据事实的。不可以臆想的。他是要主知识的。不可以尚意气的。”（1920年4月《时

事新报》）

这些话，实际上已经成为他的一贯的办报主张。在这一主张的指导下，他所办的报纸，多数情况下是倾向于进步的，经常刊登一些带有明显“左”倾色彩的新闻和文章。整个报纸的倾向，中间而偏左，带有一点“粉红色”。这在20世纪30年代国民党一党专政时代白色恐怖时期，是十分难能可贵的。

对政党，他持超脱和无所偏倚的态度。

从历史上看，他和国民党有过一定的渊源。早在1912年他14岁的时候，就集体加入过国民党。但在1927年就公开宣布自动放弃党籍。此后，一直以无党派的“社会贤达”的名义参加各项活动。在大陆期间，国民党当局曾希望他出任官办的《扫荡报》总社社长，他拒不受命。去台湾后，为个人办报的事，有人建议他给蒋介石写信，求得支持，他坚决不干。蒋经国曾有意拉他重新入党，也被他断然谢绝。目的都是为了保持较为超脱的地位，以免在言论上受制于当局。

以他的资历，他与国民党的历史渊源，他和众多的国民党元老之间的私人交谊，他和国民党之间自然不可能没有来往。但他始终持超脱的态度，经常对国民党的内外政策提出尖锐的批评。“九一八”事变后，他在《世界日报》上以“百忧”为笔名发表的社论《国人抗日应有之认识》，就对蒋介石的“不抵抗主义”表示了强烈的不满。指出：“不抵抗三字，直可为民族崩溃之别解”。认为“立止内争，协力御侮，实为今日最迫切之惟一要务。”呼吁国民党当局停止内战，一致对外。抗战爆发后，他又通过所办的报纸，发表言论，鼓吹：“国民党应结束党治，还政于民”“公开政权，建立国民联合政府”“对中共采取较宽容政策”和“确立抗日联合战线”。

正因为他采取了言论上不为国民党当局所左右的态度，他的办报活动也很自然地受到了国民党当局的掣肘。他在南京办的《民生报》，就曾两次遭到迫害。一次被罚停刊3天，一次被彻底查封。他也因此被当地的宪兵司令部拘押了40天，并宣布永远不许他在南京办报。

到台湾后，他仍然保持了这种超脱的态度，曾多次以“立法委员”的身份，向台湾当局提出“保障人权和言论自由”的要求，并在自己所办的学校内，以聘任方式保护了王晓波、陈鼓应、吴盛木、傅正、胡学古、张化民、黄珏等一大批被台湾当局列入“政治观察名单”的学者。使他所办的学校，成为戒严时期台湾唯一的“自由学府”和台湾的“政治思想犯大本营”。

他和共产党也有一定的历史渊源。1918年在北大学习的时候，就曾经参加过李大钊在校内建立的马克思主义研究小组。与陈独秀、李大钊等中共早期的领导人，有过密切的来往，和他们有师生之谊。由于同是国民参政会参政员的关系，和周恩来、董必武等中共领导人也相稔。1926年他险遭不测，当时被扣的就是一顶“赤化通敌”的红帽子。这当然是军阀们罗织来的莫须有的罪名，是冤枉的，他并没有加入过共产党。但是，在很多方面，例如停止内战，团结抗日等方面，他是拥护共产党的主张的。1937年，当他的侄子准备从香港结伴去延安参加抗日工作的时候，他就曾表示过支持，说过“去延安也是参加抗战，并无不可”之类的话。他所办的报纸也很注意有关边区、抗日民主根据地和解放区情况的报道。解放战争时期，他为了扩大报纸的消息来源，经常让报务人员注意“收听四台”，即英国的BBC、美国的美国之音、苏联的莫斯科广播电台和延安新华广播电台，以便使国统区的读者能够及时地得到有关解放区的消息。他所办的《世界日报》也因此受到了读者的欢迎。

在共产党内，他也有很多非常要好的朋友。在办报的过程中，成舍我对他们非常信任、对他们的工作十分支持，他们之间合作得非常默契，非常愉快。请看已故的中共地下党员、老新闻工作者、后来担任过中共中央华北局秘书长和解放后的北京市副市长的张友渔，讲过的这样两段话：

> 成舍我明知我是共产党员，还把我安置到重要岗位，不但让我自己写社论，另外两个主笔雷季尚、丁作韶写的社论，也要我审定，有决定取舍、修改之权，任我把一些左倾思想通过社论发表出去。此外，还让我担任“社会科学副刊”主编，……让我把一些马克思主义的理论发表出去。报纸出版前的清样，每夜也由我审查，给我以大权。
>
> 我除了自己利用《世界日报》进行合法斗争外，还介绍了不少人进《世界日报》，如裴丽生等。裴当时叫裴孝明，是清华大学学生，共产党员。（见1982年重庆出版社版，张友渔著《报人生涯30年》第30、34页）

以上的这两段话，讲的是1925至1935年张友渔应邀在成舍我主办的北平《世界日报》工作时的情况。从1925年起，张友渔一共在这家日报工作了10年，直到他因为工作需要自动离开。

对像张友渔这样的来自共产党的和接近共产党的进步的朋友，还可以举出许多。萨空了就是其中的一个。成舍我即使在白色恐怖极其严重的情况下，也总是对他们施以援手、给予保护，雪中送炭的事情，不胜枚举，落井下石的事情，一次也不曾有过。例如上面提到的张友渔，干到1932年后，地下党员的身份暴露，在北京当权的张学良，在一次宴会上点了他的名，并就此事向成提出过警告，再待下去就有危险了，成立即把他派往日本，聘任他为《世界日报》驻东京的特派记者，直到1933年，风头过了，才把他重新请回北京，改任《世界日报》的总主笔。萨空了在桂林被国民党特务拘捕后，成舍我也曾经积极地进行过营救。

当然，在一些个别的具体的问题上，他和共产党之间，也有看法不完全一致的时候。这正是他所属的民族资产阶级政治上的两面性的反映。作为民族资产阶级的新闻工作者，他对革命有感到困惑和不理解的一面，也有需要和赞成的一面。在有的情况下，在成舍我的身上，后一方面的表现，是主要的。

正因为这样，中国共产党也一直把他当作团结的对象。1972年周恩来总理在接见他的小女儿成露茜，回忆往事的时候，曾经说过："我们之间有些误会"，并十分肯定地说："他还是民族资产阶级！"（见《报海生涯——成舍我百年诞辰纪念文集》第122页，成思危《成舍我的四种精神》一文，和刊于1998年8月19日《光明日报》的同一题目的文章）并且要成露茜代他向她的父亲问好。说明老一辈的中共领导人，一直是把他当成朋友看待的。

二、杰出的报业活动家

成舍我在办报活动上，是一个罕见的多面手。当过校对，当过记者，当过编辑，当过主笔，也当过经理，总经理，总编辑，社长乃至于董事长。新闻事业的各个层次的方方面面的工作，他都干过，也都拿得起来。但从整体来说，他是一个杰出的报业活动家。

成舍我的办报活动，总体来说，分两大时期。

第一个时期，从1913年到1920年，共7年，是他帮别人办报的时期。这一时期内，他为安庆的《民岩报》写过稿，在沈阳的《健报》当过校对和副刊的主编，在上海的《民国日报》当过要闻和副刊的编辑，在《太平洋杂志》当过助理编辑，在北京的《益世报》当过总编辑，此后又在《新潮》杂志和《真报》等报刊从事过编辑撰稿工作。基本上是在为人作嫁衣裳，但时间相对较短。

第二个时期，从1921年到他去世，共70年，是他自己办报的时期。早在1914年，他就曾经有过自己办报的计划。1916年，又再次打算在安徽办报，都没有实现。1921年，他在《新人》杂志上发表了《文化运动的意义与今后大规模的文化运动》一文，提出了“文化运动最大的武器，就是报馆”的观点，重申了他自己办报的愿望。这一愿望终于在这一年内实现了。此后的70年，他所办的都是自己的报纸。按时间的先后，可以分成7个阶段。

（一）北京三报阶段，时间从 1924 年到 1937 年，先后办了三家报纸：《世界晚报》《世界日报》《世界画报》。号称成舍我的“三个世界”

最先办起来的是北京《世界晚报》。这份报纸创刊于1924年4月16日，社址即设在成舍我位于北京西城手帕胡同内的家中，全部开办费仅200块现大洋，是他辞去《益世报》总编辑后领到的最后一个月的薪水。第一次圆了他个人办报的梦。这家报纸初创时候，只出四开四版一小张（后增至四开八版两小张），全社只有三个人，龚德柏当总编辑，张恨水编副刊，他当社长兼外勤记者。后来才逐渐的增加力量。他给这家报纸定下了四项宗旨：（1）言论公正；（2）不畏强暴；（3）不受津贴；（4）消息灵确。使报纸在读者中赢得了信誉。他很注意新闻的时效性。当时，直皖、直奉等系军阀们正在混战，他力争做到每天中午以前的战讯在当晚见报。副刊连载了张恨水所写的《春明外史》等长篇小说，深受读者的喜爱。这些，都使他的报纸销量日增，不到一年，就猛增到了1万份，可谓首战告捷。

接着办起来的是北京《世界日报》。这份报纸的资金，来自晚报的盈余和部分银行的贷款。社址初在石驸马大街甲90号，后迁到西长安街32号。主要的印刷设备是天津《大公报》更新下来的一部德国进口的轮转机，代价是8 000块大洋。这也是北京报纸使用的第一部轮转机。成舍我自任社长，龚德柏任总编辑，吴范寰任经理。初创时日出对开四版一大张，两个月后即增至对开八版两大张。这张报纸保持了《世界晚报》“言论公正”“不畏强暴”的好传统，所发评论敢于仗义执言。编辑上有自己的特色，标题醒目，版面灵活。采访上能够出奇制胜。特别注意教育新闻、妇女新闻和体育新闻的报道。其中如有关教育经费、学生运动、教育主管部门发放教师欠薪的日期等方面的连续报道，都极受关注。特设的“学人访问记”专栏，很受青年读者的欢迎。各种副刊，在张恨水、刘半农、石评梅等人的主持下，办得也各有特色，吸引了不少读者。报纸的发行数字，也急剧上升。“九一八”前后，达到1.5万份；“七七事变”前夕，超过了2万份；最多的时候接近3.5万份。成为解放前北京地区发行量最大的对开大报。

最后办起来的是《世界画报》。《世界日报》创刊时，成舍我就十分重视图片报道。曾辟该报的第五版为图片版。后来即以这一版为基础，从日报独立了出来，另行出版了一份单张的画报《世界画报》，时间是1925年的10月1日。成舍我兼社长，褚保衡任主编。这是一家周刊，每星期日出四开一小张。所刊有关奉直大战前线战况的新闻照片和西北地区荒原地貌的照片，都很受读者的重视。

这三家报纸都陆续办到抗战爆发北平沦陷才被迫停刊。“三个世界”的出版，奠定了成舍我一生办报活动的基础，和一人独办三报的当时全国最大的报业活动家的地位。

（二）南京《民生报》阶段，时间从 1927 年到 1934 年，这是成舍我开始南下办报的第一个回合

北伐军到达江浙一带后，政治重心自北京南移，成舍我决定南下办报。《民生报》是他南下创办的第一家。这家报纸创刊于1927年4月18日，和南京国民政府的成立同一天。她是一家小型报纸，初创时日出四开一小张，后发展到日出四开四小张，开创了成舍我此后以创办小型报为主的新历程。和《世界日报》不同，《民生报》以“精、简、全”为原则，篇幅虽小，但编辑十分精心，内容十分严肃，同时保持了《世界日报》信息量大、报道及时的特点，使读者耳目为之一新。这种新的风格，很快就为读者所认同，也为成舍我此后创办小型报纸积累了经验。《民生报》创办仅一年，即由日发行3 000份，陡增到3万份，可见其受欢迎之一斑。可惜这家报纸只办了7年，就因揭发行政院政务处长彭学沛贪污舞弊事，触怒了彭的后台汪精卫，被迫停刊。但也使成在新闻界中赢得了敢言的声誉。

（三）上海《立报》阶段，时间从 1935 年到 1937 年，这是成舍我南下办报的第二个回合

《民生报》停刊后，成舍我和朋友们立即策划在上海创办一份小型报。对即将创办这份小型报，成舍我有过这样的设想："虽然办一张小型报，但所有规模，必须力求完备。重要新闻绝不能比大报少，且每天更有几条任何大报没有的特讯，地点必在报馆中心区，有整栋房屋，足以容纳营业、印刷、编辑等部分，俾能精神贯注，集中管理，印刷部分，最少应自置两部轮转机，每小时可出报10万份，在报馆销路未达到10万份以前，拒登任何广告。"（成舍我《我们的宣言》。见《报海生涯——成舍我百年诞辰纪念文集》第49页）

上海《立报》，就是按照成舍我的上述设想创办起来的。这份报纸创刊于1935年9月20日，由成和他在新闻界的朋友们集资合办。成的股份占30%，并声明："绝不招半份官股，绝不请一文津贴。"创刊前在上海各报刊出广告和发表文章，解释其报名的用意是"立己""立人""立国"；宣布其宗旨是"对外争取国家主权独立，驱逐敌寇；对内督促政治民主，严惩贪污。并确定了以下的办报原则：凭良心说话；用真凭实据报告新闻；永远保持廉价报纸的最低价格；把报纸办得通俗易懂，使读者能读，必读，爱读。

新创刊的这家小型报纸，日出四开一小张，后改为四开一张半，由成舍我任社长兼总经理，萧同兹任董事长，张友鸾任总编辑。在成舍我的主持下，这份报纸以“立场坚定，态度公正”，内容丰富，版面活跃，采访报道及时，副刊多，专栏多，小品文多，和定价低廉而受到读者的热烈欢迎。发行员最多时，达到20万份，居当时全国报纸之冠。成为中国新闻史上小型报纸的翘楚和典范。从1935年9月创刊，到1937年11月它因抗战爆发上海沦陷而被迫停刊，这份报纸共出版了两年零两个月。这是成舍我一生中办得最成功的一份报纸。这一时期，也因而成为成舍我一生办报活动的巅峰时期。

（四）香港《立报》阶段，时间从 1938 年到 1941 年，这是成舍我南下办报的第三个回合

上海《立报》被迫停刊后，成舍我立即南下武汉，酝酿在华南办报。1938年4月1日，《立报》香港版在当地创刊。它仍然是一份小型报纸，日出四开两小张。成舍我任社长，萨空了、吴范寰先后任总编辑。初创时，出于经费困难，曾经得到过中共香港工委的支持、当时的条件比较艰苦，报社的社址附设在中环大道中175号生活书店的楼上，经理部、编辑部、排字房、印刷厂挤在一个楼内，但仍保持了上海《立报》的传统和特色，深受读者的欢迎。这份报纸一直坚持到1941年太平洋战争爆发香港沦陷，才被迫停刊。

（五）重庆《世界日报》阶段，时间从 1945 年到 1949 年

这份报纸是以中国新闻公司的名义集资创办的。成舍我任公司总经理兼报社社长。这份报纸日出对开一大张，仍然保持了“小型报”的特点，信息量较大，“本报特讯”较多，所辟的“人民论坛”专栏，接受来稿，吸引了不少作者，也深受读者的欢迎。为了表示无所偏倚，这家报纸对国共两党都有所批评，因此触怒了国民党当局，于1949年7月被后者查封。由于处在战争时期，这份报纸的物质条件极差。成舍我后来回忆说：“我这一生中办报，最辛苦、最累人的时候，就是《世界日

报》在重庆复刊的时候。”（转引自马之骕《新闻界三老兵》一文）

（六）北平《世界日报》复刊阶段。时间同样是从 1945 年到 1949 年

抗战胜利后，成舍我立即恢复在北平办报。《世界日报》的北平版于1945年11月20日正式复刊。成舍我任社长，张慎之任总编辑。在抗战胜利的新形势鼓舞下，当时，成舍我还曾经有过一个在全国十大城市同时办报的宏伟计划，由于内战爆发而成为泡影。北平《世界日报》也于1949年2月25日停刊。

（七）台湾《立报》阶段。时间从 1988 年到 1991 年他去世

台湾报禁解除后，成舍我立即申请办报，台湾《立报》于1988年的7月12日正式创刊。这时，他已是91岁的老人。这也是他一生中创办的最后一份报纸。在此之前，他还在香港创办过短期的《自由人》三日刊、在台北创办过一份供学生实习用的《小世界》周报。后者开始只在内部发行，1965年后改为公开发行。

成舍我的办报活动，绝大部分都是在激烈的竞争中进行的。创办《世界晚报》的时候，要和《北京晚报》和《华北日报晚报》竞争；创办《世界日报》的时候，要和《晨报》和《华北日报》竞争。创办上海《立报》的时候，更要面临着《申报》《新闻报》等上海几家老牌报纸的竞争。但他都能左右逢源，应付裕如，由打破垄断，挤进市场，占得一席之地，到脱颖而出，后来居上，形成反超的格局。

成舍我之所以能够在办报活动上，战胜他的侪辈，取得优异的成绩，主要由于他拥有丰富的办报经验和重视办报的艺术。成舍我的办报活动，具有以下的一些特点：

1. 坚持报纸的大众化方向

成舍我从开始办报活动的第一天起，就十分注意报纸的大众化方向。30年代初，赴欧美考察报业归来之后，更坚定了他的这一信念。成舍我所坚持的大众化报纸的方向，主要表现为：政治上，“立场坚定，态度公正”，能为振兴中华和大众的福祉而奋斗，能够唤起大众的思想感情；经济上，价钱便宜，“只要少吸一支烟，你准看得起”；文字上通俗浅显，“只要略识几百字，你准看得懂”；内容上，小报大办，质量并重，所登材料与读者休戚相关，使读者“能读，必读，爱读”。

2. 重视报纸的新闻报道

成舍我认为报纸的主要功能之一，就是为读者提供他们所需要的信息，因此他十分注意新闻报道，舍得在这方面投入力量。《世界日报》《世界晚报》时期，这两家报纸的政治新闻、社会新闻、经济新闻、体育新闻都十分出色。由于读者中各校的师生占了很大的比重，教育新闻办得尤为突出。凡是有关学生运动以及教育经费等方面的消息，靡不备载。所辟“学人访问记”专栏，很受青年学生的欢迎。上海《立报》时期，在他组织下进行的有关“七君子案”的连续报道，有关“一二·九”运动的连续报道，都曾经引起读者的广泛关注。他尤其重视独家新闻的采访报道。《世界日报》时期，由于总编辑龚德柏曾经留学日本，精通外语，可以经常从北京外国使领馆那里先期得到有关各系军阀互相倾轧的内部消息，独家刊出，很受读者瞩目。《立报》时期，所刊的有关上海黑社会大亨顾竹轩因涉嫌暗杀被捕判刑，旋又获释一案的连续报道。和西安事变期间，西北剿总司令蒋鼎文被张杨释放由西安飞抵洛阳的有关消息，都是曾经轰动一时的独家新闻。成舍我鼓励他所办的各报记者在新闻采访上，多投入力量。他常说的一句话，就是：“只要保证真实，对社会没有危害，什么新闻都可以刊登。如果出了什么事，你们不负责任。打官司，坐牢，归我去”（见张友鸾《报人成舍我》一文，载《报海生涯——成舍我百年诞辰纪念文集》第157页）。

3. 重视报纸的评论工作

评论是报纸的声音，是舆论的反映。成舍我历来十分重视报纸的评论工作。即在北洋军阀和南京国民政府对言论出版事业进行严密控制的时期，他仍然坚持运用评论这一武器，对社会政治与时事，进行公正的批评。每一次重大的政治运动、社会事件和问题，他都通过社评和评论性言论，做出及时的反映。筹办上海《立报》，拟定《发刊要旨》，规划报纸内容的时候，他明确的把评论放在第一位，并规定每天不得少于3篇。他还要求这些评论“说大家要说的话，绝无任何背景，及为金钱势力所左右”。《世界日报》创办初期，每天报纸上的社论都由他亲自撰写，很少假手别人。“他的主张就是报的主张，他的言论方针就是报的言论方针”（见《世界日报兴衰史》28页所刊吴范寰文）。后来事务渐繁，实在忙不过来了，也请别的主笔代为捉刀。有时也邀请一些进步人士和专家学者分头撰写。成舍我通过这些社论和评论，表现了报纸的政治倾向，也从而树立了报纸的形象，扩大了报纸在读者中的影响。

4. 重视办好报纸的副刊

成舍我开始办报的时候，五四时期的四大报纸副刊已经相继问世，取得了很大的影响，也深受读者的欢迎。成舍我从中得到启发，从一开始就十分注意办好自己报纸的副刊。《世界晚报》初创的时候，他特邀张恨水担任副刊《夜光》的主编，刊载小品、杂文、诗词、随笔等文艺作品，为该报吸引了很多的读者。这一副刊所连载的张恨水撰写的长篇小说《春明外史》，每天五六百字，连载一年以上，更是风靡一时，为报纸赢得了众多的读者。《世界日报》创刊以后，又相继办了《明珠》《蔷薇》《世界日报副刊》等副刊。其中《明珠》仍由张恨水主编，连载了《新捉鬼传》《荆棘山河》《金粉世家》等长篇小说。他认真审读报纸的大样，对全部稿件进行细致入微的批改，包括对编辑们漏校的个别错别字的纠正，更是他每日必做的功课。在他的一生中，这种敬业精神，是身体力行，贯串始终的。

二是他的重才精神。成舍我非常爱惜人才，也非常注意网罗人才。先后被他聘请来参加办报活动的张恨水、张友鸾、盛世强、黄少谷、左笑鸿、万梅子、萨空了、张友渔、恽逸群、谢六逸、卜少夫、吴秋麈、严谔声、褚保衡、胡春冰等，都是当时中国新闻界的一时之选。在选聘人才问题上，他用人唯贤，不拘一格，也从不搞什么论资排辈。张友鸾应聘担任《世界日报》总编辑的时候，才22岁，还是个正在念书的大学生，一边到报社上班，一边还要到平民大学新闻系去听课。萨空了应聘南下到上海《立报》担任总编辑的时候，也才29岁。在当时中国的新闻界，还是个晚辈。但都得到了成舍我的重用，也都为成舍我所办报纸的发展作出了突出的贡献。从这点来说，成舍我确实可以称得上是旧中国新闻界的一位重才爱才也善于保护人才的伯乐。

三是他的勤俭办一切事业的精神。成舍我在办报活动中，注意节省每一分经费，真正做到铢积寸累，决不胡乱花钱。这种勤俭，有时达到锱铢计较的程度。例如初办《世界晚报》的时候，稿费低到每千字只有两毛钱；初办《世界日报》的时期，副刊《明珠》每个月的稿费，总共才40元。其他的零星开支，也事事处处节省。但确实该花的钱，却绝不吝惜。为了扩大报纸的信息量，他每创办一家报纸，都不惜巨金，首先建立自己的电台。上海《立报》时期，他为了使学生运动的消息能够及时见报，特准在第一线采访的记者，用巨额的租金，乘祥生出租公司的汽车，从无锡赶回上海送稿。创办台湾《立报》的时候，他不惜巨金，买进了当时最先进的印刷设备。用他的话来说，就是："要把办报看作主妇管家，应该节省时，粒米寸布，不许浪费，不应该节省时，子女教育，或急病开刀，几千几万，也毫无吝惜"（见前引成舍我文）。这种勤俭办一切事业的精神，贯彻于他的办报活动的始终，给他的事业带来了成功。

正是由于以上的这些特点和精神，才使得成舍我在报业活动上，取得了辉煌的业绩，成为中国新闻史上杰出的报业活动家。除了已经创办的那些报纸之外，成舍我在办报活动上，还有过更大的抱负和更宏伟的设想，他曾经组建全国性的新闻公司，并计划建立一个庞大的报业集团，使自己成为北岩爵士式的中国的报业大王。由于形格势禁，他的这一计划，没有来得及实现。

三、卓越的新闻教育家

在中国新闻史上，成舍我是以个人力量从事新闻教育，时间最长，影响最大，成绩最突出的卓越的新闻教育家。

早在1932年，成舍我就策划在北平创办北平新闻专科学校。1933年这所学校正式成立。校址在北平石驸马大街90号《世界日报》旧址。成舍我自任校长。校训是“德智兼修，手脑并用”。首先办起来的是排字和编辑两个初级班。由于不收学费，要求入学的非常踊跃，原定招收40名，竟有600人报名。此后，一直到1937年抗日战争爆发，这所学校先后办了报业管理夜校、无线电特班、高级职业班、本科和初高级职业班等好几个班。培养了一大批既有新闻理论和业务管理知识，又有很强的动手能力的新闻人才。这是成舍我从事新闻教育的第一个阶段。

抗日战争爆发和北平沦陷后，北平新闻专科学校被迫停办。但不久就在西南后方恢复，时间是1942年春，地点在广西的桂林。学校的全称是“私立北平新闻专科学校桂林分校”，校长仍然是成舍我。这所学校位于桂林城东20里左右的尧山附近，是借用广西壮族自治区政府干训班的旧校舍和附近农家的桌椅板凳办起来的，条件十分简陋。原计划兼办初高级班和本科班，实际上只办了一个印刷职业班。由于当地的流亡学生较多，原定招50名学生，就有近400人报名。这所学校仍然以“手腕并用”为校训，要求学生既要学好文化知识，也要学会铸字、排字、打版、印刷等技术。1944年，由于日军向湘桂黔进犯，桂林紧急疏散，这所学校被迫再迁重庆，直到1945年抗战胜利后，才宣告结束。这是成舍我从事新闻教育的第二个阶段，也是他办新闻教育最为艰苦的一个阶段。

抗战胜利后，成舍我回到北平，先是在1945年的11月20日恢复了《世界日报》北平版，紧接着就恢复了北平新闻专科学校。他自己兼任校长，黄金熬任副校长。设有印刷和编采两个班，共招了80名学生。这个班只办了两年多，就因为形势变化而自行结束。这是成舍我从事新闻教育的第三个阶段。

1952年，成舍我到台湾定居。1955年起，又开始筹划在台湾从事新闻教育。1956年夏，在台北创办了世界新闻职业学校，他任董事长兼校长。这所学校于这一年的10月15日开学。设有编采、管理、印刷、广播等四个班。第一届只招了63名学生。这时，他已经是年近花甲的老人了。

从1956年到他逝世，成舍我担任这个学校的校长达35年之久，被师生们尊称为“老校长”。在他和他的接班人、女儿成嘉玲的努力下，这所学校在此后的42年间，有了飞速的发展。

1960年，由世界新闻职业学校升格为世界新闻专科学校。先后设置了报业行政、编辑采访、广播电视、电影制作、印刷摄影、公共关系、图书资料、观光宣传等八个科。

1991年，改制为世界新闻传播学院。成为“全世界学生最多，分科最细，最注重专业实习的第一所新闻学校”（见成舍我《我如何创办世新》一文）。

1997年，再改制为世新大学，设有传播学院、管理学院、人文社会学院、法学院等四个学院。新闻、广播电视电影、公共关系、传播管理等16个系，以及三个培养硕士、博士研究生的研究所，在校学生达8 000人。

在成舍我和他的接班人成嘉玲校长的共同努力下，“世新”毕业生的就业率高达95%。校友遍布台湾各大报社、电台、电视台、电影制片厂、印刷厂和企事业单位的公关部门，并多次获得台湾传媒系统的各种奖项，在台湾新闻传播界有很好的口碑和很大的影响。这是成舍我从事新闻教育的第四个阶段，也是最为辉煌的一个阶段。

成舍我在从事新闻教育的过程中，十分注意抓以下四点：

1. 组织好教学队伍。办好一个学校，首先要有一个好的校长，其次要有一支好的教师队伍。这一点，成舍我是深有认识的。他在每次办学过程中，对学生们作出的第一个许诺，往往就是“聘请最好的老师”。在北平新闻专科学校时期，他所请的教师如张友渔、左笑鸿、萨空了、赵家骅等，都是有丰富学识和办报经验的人。他自己也经常挤出时间为学生们上课，《新闻学》《世界新闻史》《世界报业管理概况》等这些课，他都上过。每次上课，他都自编讲义，不假手他人，准备得十分认真。在台湾办世界新闻职业学校、世界新闻专科学校期间，他聘请了程沧波、阮毅成、端木恺、蒋匀田、陶百川、蒋复璁、胡秋原、叶明勋、沈云龙、陈纪滢、王蓝、邵镜人、王晓波、朱传誉等到校授课，其中相当多的一部分，都是台湾新闻界的知名人士和著名的新闻学者，为学校的教学质量，提供了最根本的保证。

2. 加强学生的素质教育。“世新”的校训之一，就是“德智双修”。一个“德”，一个“智”，就是学生素质的基本体现。他非常重视对学生进行新闻道德的灌输，把德育放在教学工作的首位，使学生在校学习期间，就能够明辨是非，恪守新闻工作者的职业道德。在“智”育方面，除了一般的必修课程之外，他十分强调文字基本功的训练。他认为做一个新闻工作者，必须首先把文字基本功打好。为了强化这一点，办北平新专的时候，他还亲自出马给学生上过国文课。

3. 加强学生的动手能力。新闻传播学是一门实践性很强的学科，它要求学生在校期间，就有接触实际的机会，毕业后很快就能适应工作的需要。“世新”的校训之一“手脑并用”，强调的正是这一点。应该说，成舍我在这方面抓得很紧很紧。在校期间就注意实践，和学生动手能力的训练，已经成为“世新”办学的一个传统。“北平新专”时期，学生的学习是和办报活动紧密结合的。“桂林新专”时期，无报可办，就与桂林商务印书馆的出版工作相结合。一个学期下来，美国前总统《弗兰克林自传》和《超人》两本准备公开出版的书，就排了出来。到台湾后，“理论与实务并重”仍然是“世新”办学的一项重要方针。为了使学生在校期间有更多的实习机会，这所学校率先创办了世新广播电台、《小世界》周报、彩色与黑白兼备的闭路电视实习台、铅印工厂、彩色印刷厂、电影摄影棚等，使学生有充分的实践的机会。1988年创办的台湾《立报》，从某种意义来说，也具有一定的教学实习报纸的作用。像“世新”这样重视学生实习，为学生提供如此众多的实习场所的学校，在中国的新闻教育界，是不多见的。

4. 勤俭办学。和办报一样，成舍我在从事新闻教育的过程中，也坚持勤俭办一切事业的原则。他常说的一句话是“该花则花，当省则省”。他严格控制学校的一切开支，不允许有一丁点浪费。他的控制，有时达到了十分苛细的程度。例如办公室使用的圆珠笔，必须以旧换新；学校里的教室，白天不许开灯；私人使用公家电话，必须投币付费；盥洗室里的肥皂，限量供应；上级主管部门派人来校视察，只以茶水招待，不上茶点；等等。但他涓滴归公，自奉甚俭。长期穿的西装，就是那一套，衬衫和毛衣领口破了也照穿不误，每天上班时乘坐的始终是那一部台湾产的旧车。“世新”师生中传颂着很多有关他这位老校长一贯勤俭的故事，对他的铢积寸累纤芥不苟的精神，怀有至深的敬意。因为他把节省下来的每一分钱，都用于办学了。正是这种勤俭办一切事业的精神，加速了“世新”的发展。使这所学校在没有财团背景，没有宗教背景，没有政治背景的情况下，仅仅用了十来年的时间，就由只有3间教室和30万募集来的资金起家的穷学校，发展成为拥有26万多平方米土地、3.3万多平方米建筑物，基金和不动产累计超过20亿元“新台币”的实力雄厚的学校。而且最后把全部校产无私的捐赠给了“财团法人”。饮水思源，他的这种勤俭办学的精神，深为“世新”的师生们所感念。

成舍我从事新闻教育活动，如果从1932年算起的话，近60年。前期和他的办报活动紧密结合，更多的是服务于他个人的办报事业。后期则成为他的主业，为整个新闻界培养人才。在将近60年的时间里，成舍我通过他所办的学校，为中国新闻界培养了近4万名新闻工作者。他不愧为新闻教育的巨擘，不愧为卓越的新闻教育家。

成舍我的晚年是在台湾度过的，但一直怀念着祖国大陆，怀念着自己的家乡。他在《六十自寿》一诗中所写的“垂暮天心怜夕照，思归乡梦忆科莼”，表述的就是这种心情。他是主张国家统一的。早在1929年，他在评论时局的文章中，就曾经谈论过这个问题。他认为“恢复国内的和平，确立国家的统一，不仅在国内是万分重要，国际间的关系也是刻不容缓”（见1929年6月4日《世界日报》）。海峡两岸相互隔离后，他仍然坚持国家统一的主张。他常说他是国家统一的乐观派，而且预言要不了多久，两岸的当局就会坐下来商谈如何统一的问题。1983年他和成幼殊在美国分手的时候，就相约在内地再见。1988年他和成思危在香港告别的时候，也期待着下一次能在内地相聚。遗憾的是这些愿望，在他的生前，都没有来得及实现。今天，他的众多的子女、家属、乡亲、同事、朋友、学生和晚辈们，相聚在海峡这一侧的祖国大陆，和他学习、生活工作了20多年的地方，纪念他的百年冥诞，缅怀他的丰功伟绩，使逍遥于九天之上的他，能够魂兮归来，重返故土，在精神上和大家相聚。这对于以振兴中华为己任和长期期待国家统一的他，恐怕也是一个极大的安慰。

成舍我以毕生的精力从事新闻工作，他的业绩早已彪炳于中国新闻事业的史册。他给后人留下的未竟的事业，已经得到了进一步的发展。他给后人留下的宝贵的精神财富，将为人们所继承和发扬。他的事迹将长久地为人们所传颂，民具尔瞻，永垂无疆之休。

（原载1999年12月第18辑《新闻学论集》）

怎样评价胡政之

（为《大公报》创刊100周年作）

在建国前的《大公报》领导集体中，胡政之占有重要地位。他两次入主该报，先后在该报工作27年，是和该报渊源最深，贡献最大的一人。《大公报》香港版的创刊和战后的复刊，都是在他领导下实现的。胡政之是新闻事业的全才，也是一个执着的爱国者，更是资产阶级民主和法治的追求者。他的言论主张表现了民族资产阶级政治的两面性。对他的评价，直接涉及建国前《大公报》的历史功过，应该力求公正，而不宜苛求于前人。

胡政之是中国新闻事业史上不会也不应该被忘记的人物。他名霖，笔名冷观，字政之，四川成都人。出身于封建官僚家庭。安徽省立高等学堂毕业。1905年赴日留学，入东京帝国大学学习法律。1911年回国。1912年应聘加入章太炎主办的上海《大共和日报》，担任翻译和编辑，工作不久，就深受章的赏识，被擢为总编辑，这时他才24岁。1916年王郅隆接办《大公报》后，他被聘为经理兼总编辑，仍亲自参加采访工作。1920年前后与著名报人林白水合作，当上了后者主办的《新社会报》的主编，此后又成功的创办了著名的《国闻周报》“国闻通讯社”。1926年，他又与吴鼎昌、张季鸾合作，组成新记公司，正式接办了在现当代中国报坛上有重大影响的《大公报》，担任总经理兼副总编辑，成为新记公司《大公报》的核心人物之一。从1912年参加《大共和日报》工作，到1949年辞世，他在旧中国的新闻界拼搏了近40年，在同时代人中有“报业祭酒，论坛权威”之誉。此外，他还曾经参加过1919年召开的巴黎和会，是采访这次会议的唯一的中国记者。又曾经以中国代表团团员的身份参加过1945年在旧金山召开的联合国成立大会。这样的经历，在旧中国的新闻界，似乎也是并世无两。

胡政之和与他同时代的邵飘萍、成舍我等一样，都称得上是新闻事业的全才，和新闻工作的多面手。他首先是一个杰出的记者。入道之初，就参加过有关“二十一条约”幕后交涉情况，和有关马厂誓师及前线交战情况的重大采访活动。他有很强的新闻敏感，善于发现线索，捕捉战机，分析判断也很准确。能够亲自用电码发消息，写通讯，拍照片。其次，是一个杰出的报刊政论家。他有很好的文史根底，从小受过桐城派古文的熏陶，笔力雄健，意简言赅，条分缕析，鞭辟入理。《大共和日报》《新社会报》和《国闻周报》上的很多社评和专论都出自他之手。仅发表在《新社会报》上的评论文章就在百篇以上。1916年应聘主持《大公报》笔政，五年内发表的论评文字不下500篇。接办新记公司《大公报》以后，他仍然笔耕不辍，经常为该报撰写社评和各种评论文章。再次，是一个熟练的编辑工作者。报纸编辑的各个环节，他都十分在行。各版新闻的编排调度，副刊和专论的组织策划等各项工作，他都优为之。新记公司《大公报》开办以后，由于担任了报社的总经理兼副总编辑，工作重点转到报纸的印刷、发行、广告、营销等方面，又充分发挥了他在经营管理方面的才干，成为蜚声于时的报业企业家。正因为有如此多方面的新闻工作的才能，才使得他在旧中国的恶劣的办报条件下和激烈的行业竞争中，既能运筹帷幄，决胜于千里之外，又能在关键时刻披坚执锐，奋战在第一线，使报纸的质量不断提高，使个人和集体的事业得到充分的发展。

胡政之从1916年受聘担任王郅隆时期《大公报》的经理兼总编辑，到他去世，除了有5年多的时间集中精力办《国闻周报》外，先后在《大公报》名下工作达27年之久，是新记公司《大公报》吴鼎昌、张季鸾、胡政之三个主要领导人中和《大公报》渊源最深，相处历史最久的一人。在担任新记公司《大公报》总经理兼副总编辑的23年中，他全身心的拥抱着这个他十分钟爱的事业，为之奉献了一切。他的同事是这样描述他在报社内的工作的："胡每天清晨七八时即到报馆，巡视经理部，了解发行和广告情况，细读报纸，包括本市其他报纸。中午在经理部吃饭，打一个盹，一时许就重上班，督促白班的编辑（如副刊等版）、记者工作。三时，规定夜班编辑都要集中编辑部看报。他自己则认真阅读京沪及其他各地报纸，好的新闻，用红笔圈出，供各地新闻版参考。对外文报，日文、英文、法文报他也一份不漏。晚上在编辑部一起吃饭，饭后即开始工作。每星期他要写两篇社评，有时也写点新闻稿。八时左右，吴鼎昌总来到编辑部，和张胡漫谈时局，大约十时前后即回去。那时张季鸾先生即忙于看稿、撰文，胡则去经理室细审账目，对各地办事处作指示，直到深夜一两点才回家。他有过人的精力，每天只睡五六小时，工作时间则长达十三四小时。真可说把全部身心都扑在事业上了。"（见徐铸成《报人张季鸾先生传》64页）这是在天津工作时期的情况。《大公报》上海、香港版创刊后，由于业务发展，头绪纷繁，他投入的时间更多，每天工作十四五个小时是常事。后期由于吴鼎昌的离职和张季鸾的去世，独自掌握全局，日理万机，更几乎是以报为家。《大公报》的各项制度，包括人才录用管理制度、奖金制度、编辑经理两部人才通用内外互调制度的制定；“大公剧团”“大公篮球队”的组建，和各项社会服务活动的开展；大都出于他的擘划。《大公报》上海、香港、桂林等版的创办，和战后各版的恢复，都出于他的指挥。他还知人善任，能千方百计的延揽人才，大胆的提拔和使用人才，范长江、萧乾、陈纪滢、徐铸成、梁厚甫、朱启平、李侠文等骨干力量的发现、引进和录用，都出于他的慧眼和决策。在他的主持下，新记公司《大公报》各版的总发行数字，由1926年初办时的几千份，增加到1949年的20万份；报社的资产，由初创时的5万元，增加到1949年的6亿元（相当65万美元）；这份报纸也由华北地区的大报，发展成为拥有天津、上海、汉口、重庆、桂林、香港等几个版的全国性大报。这一切，当然不能完全归功于他个人。因为这是《大公报》全体工作人员共同努力的结果。吴鼎昌的慷慨投资，张季鸾的凌云健笔，和他们两人的参与统筹策划，也都功不可没。但无疑以胡政之出的力气为最多，因而相对的说来，贡献也最大。

怎样评价胡政之的一生？过去曾经有人把他归入政学系的吹鼓手，蒋介石的御用文人，和国民党政权的维护者的行列，并且还一度给他加上了“无耻之徒”的恶谥。这是不对的，也是很不公正的。

作为一个具有高度敬业精神的新闻工作者，胡政之首先是一个爱国者。他和张季鸾都有朴素的文章报国的思想。他们合作办报的目的，是企图以“文人论政”为手段，来实现他们那一代知识分子振兴中华的理想。在外侮日亟民族危机日益严重的时刻，他们对发动反侵略战争的时机和方法也许有不同的看法，但御侮图强的意志，是十分坚定的。张季鸾写过不少坚决抗日的文章，胡政之在这方面也不多让。早在日本发动全面侵华战争的前两年，他就曾经在《国闻周报》上公开宣布：“我们要吃下砒霜，毒死老虎，以报国仇。”激愤悲壮的爱国之情，溢于言表。“七七事变”后，他和他所在的《大公报》都立即转为“百折不挠的主战派”，并且表示，将“不惜牺牲营业，抛弃财产，擎起一枝秃笔，天南地北，播迁流离的巡回办报，和日寇撕拚。”（见胡政之为李纯青《日本春秋》一书所写的序）天津、上海相继沦陷后，两地的《大公报》拒不受日本的箝制，先后宣告停刊，并郑重声明“我们是中国人，办的是中国报，一不投降，二不受辱。”在他的领导下，《大公报》在整个抗日战争时期，不顾资产和设备的损失，曾经多次毁报纾难，没有屈服于日本人的压力，在他们的统治下出过一天报。

在国内政治问题上，胡政之追求的是资产阶级的民主和法治。在新记公司《大公报》所倡导的“不党、不卖、不私、不盲”的“四不”办报方针中，他特别强调的是“不私”和“不盲”。希望他所办的报纸在国内各派军阀和政治派系的纷争中，处于比较超脱的地位，以保证言论的公正。作为新闻记者，他结识过政学系中的一些人物，但绝无组织上的联系，也从未在言论上接受过他们的指挥。国民党掌权和南京国民政府成立后，他仍然保持上述的那种超脱的地位。他不像张季鸾那样和蒋有私交，对蒋有知遇图报的所谓“国士”情结。相反的，倒是经常就事论事的对国民党当局的一些举措，有所批评。在和朋友们的私下谈话中，也多有对蒋介石的尖刻的评语。在他领导时期，《大公报》社内没有一个国民党员。倒是确确实实的有不少地下的共产党员。新聘的工作人员，一旦被发现和国民党有关联，就立即予以辞退。为了营救被逮捕的《大公报》记者，他还曾多次出面和国民党当局作抗争。他之所以参加国民大会，完全出于被迫和无奈，是为了《大公报》的生存，有其不得已的苦衷。而且只签了个名，连一天会也没有参加，就立即退席，完全是一种敷衍应付的态度，并不是真心实意的为国民党捧场。

胡政之不是马克思主义者，对社会主义道路和共产党领导的民主革命也有所疑虑，但他并没有追随国民党进行疯狂的反共叫嚣。倒是经常可以从他主持的《大公报》上，看到对共产党及其领导下的抗日民主根据地和解放区的较为客观的报道。在他的领导下，后期的新记公司《大公报》确实发表过一些不利于革命的错误言论，并因此遭到过共产党机关报的严厉批评。这其实也正是他所属的民族资产阶级政治上具有两面性，即需要和赞成革命的一面，和怀疑和畏惧革命的一面同时并存的一种反映。

胡政之的晚年在政治上曾经有过困惑，他对共产党领导的民主革命这么快的取得胜利，没有足够的思想准备，感到无所措手足，但又不愿追随国民党政权，为其殉葬。他曾经幻想和追求过“民主个人主义”的第三条道路。这也正是他所属的阶级的局限性的反映。但是人的认识是可以改变的。不少曾经幻想过走第三条道路的知识分子，就是在共产党的帮助下，经过学习，认识了自己的错误，改变了观点，加入革命行列的。即如王芸生那样的曾经发表过一些有严重错误的文章的《大公报》负责人，也转变了立场，得到了共产党的谅解，被邀请进解放区，参加了新中国的建设。继王芸生到解放区后不久，《大公报》这个胡政之为之奋斗一生的事业，也溶入了革命的洪流，得到了新生。遗憾的是胡政之本人却在临近解放的前一年突然患病，并长期卧床不起，他的生命也在新中国成立的前夕，宣告终结。历史没有再给他提供重新思考和改弦更张的机会。这对他个人说来，无疑的是一个很大的损失。

对于胡政之这样的一位正直的，爱国的，敬业的，对共产党领导的革命事业作过公正和客观报道的旧中国的新闻工作者，应该充分地肯定其对中国新闻事业的贡献和影响。对他思想上存在的阶级和认识上的局限，则应给予一定的宽容和理解。可以剖析和评价其是非得失，而不宜过分的责备和苛求于前人。这才是马克思主义者评价历史人物的正确态度。

（原载2001年12月12日香港《大公报》）

北大新闻学研究会学术文库 12

方汉奇文集（增订版）下

方汉奇 著

清华大学出版社
北京

图书在版编目（CIP）数据

方汉奇文集／方汉奇著．—增订本．—北京：清华大学出版社，2018
（北大新闻学研究会学术文库）
ISBN 978-7-302-51329-2

Ⅰ．①方…　Ⅱ．①方…　Ⅲ．①新闻学－文集　Ⅳ．①G210-53

中国版本图书馆 CIP 数据核字（2018）第 224005 号

责任编辑：纪海虹
封面设计：郭宏观
责任校对：宋玉莲
责任印制：杨　艳

出版发行：清华大学出版社
　　网　　址：http://www.tup.com.cn，http://www.wqbook.com
　　地　　址：北京清华大学学研大厦 A 座邮编：100084
　　社 总 机：010-62770175 邮购：010-62786544
　　投稿与读者服务：010-62776969, c-service@tup.tsinghua.edu.cn
　　质量反馈：010-62772015, zhiliang@tup.tsinghua.edu.cn
印 装 者：三河市君旺印务有限公司
经　　销：全国新华书店
开　　本：160mm×230mm　　印　张：68　　字　数：1135 千字
版　　次：2003 年 10 月第 1 版　2018 年 10 月第 2 版
印　　次：2018 年 10 月第 1 次印刷
定　　价：280.00 元（上、下册）

产品编号：071757-01

目录

上　册

第一系列（六篇）

第二系列（五篇）

第三系列（九篇）

第四系列（九篇）

下 册

第五系列（三篇）

第六系列（三篇）

第七系列（二篇）

第八系列（报史札记 13 则）

第九系列（新闻史书序选20篇）

第十系列　新闻史书序选续篇（30篇）

第十一系列　发言与讲座新篇（25 篇）

第十二系列　自述与访谈（6 篇）

第五系列

（三篇）

中国新闻传播事业一百年

100年前，一个世纪之交的月黑人静的深夜，一位中国的报人，正坐着船旅行在由日本到美国途中的太平洋上，蓦然想起自己正处在“新旧两世纪之界线，东西两半球之中央”，触景生情，感慨万端，写下了下面的诗句：“海底蛟龙睡初起，欲嘘未嘘欲舞未舞深潜藏，其时彼士兀然坐，澄心摄虑游窅茫……胸中块垒突兀起，斗酒倾尽荡气回中肠。独饮独语苦无赖，曼声浩歌歌我二十世纪太平洋。”[1]当时，这位报人刚刚经历了一次失败的政治改革运动，被迫流亡海外，新办的一份报纸，又因失火而陷于停顿，家事国事天下事俱无可为，中心摇摇，惄焉如捣。上面的诗句，反映的正是这样一位中国新闻工作者，在上一个世纪之交的，难以排遣的寂寞和压抑的心情。

一个世纪过去了。同样处在世纪之交，今天的中国新闻工作者，却

1 梁启超《二十世纪太平洋歌》。见《饮冰室合集·文集》之45下17页。

是另一番心态。三座“大山”已经推倒，新中国已经跻身于世界民族之林，综合国力正在不断提高，国家繁荣昌盛，建设有中国特色的社会主义的宏伟事业和整个国家的新闻事业都在蓬勃发展，在不久前结束的世纪之交的奥运会上，又以28块金牌，一雪“东亚病夫”的耻辱，进入了体育强国的行列。同样的抚今追昔，今天的中国新闻工作者，意气风发，豪情满怀，再也不会有上个世纪之交的那位报人的那些感慨了。

过去的100年间，随着国家民族的翻天覆地的变化，中国的新闻事业也在发生着巨大的变化。这100年来的中国新闻事业，以1949年中华人民共和国成立为标志，可以分为新旧中国两个阶段，大体上各占了半个世纪。

前一个阶段是旧中国办报活动的时期。这一阶段，又可以分为3个小阶段：即1900年至1911年的清朝政府统治时期；1912年至1928年的北洋政府统治时期和1928年至1949年的南京国民政府统治时期。清朝政府统治时期约11年，是中国的新闻工作者冲破封建统治者的网罗，在海内外广泛开展办报活动的时期。这一时期内，资产阶级的维新派和民主革命派竞相办报，立宪党人主办的报刊、各类政府官报陆续出台，外国人投资创办的报刊也有一定的发展。北洋政府统治时期约16年，是资产阶级的政党报纸和各种政治倾向的报纸全面发展的时期。受第一次世界大战及战后时期中国民族资本主义经济有所发展的影响，民办的商业报纸进入她的黄金时期。在新文化运动、五四运动和中国共产党成立的推动下，各种宣传新思潮的报刊相继问世，党的报刊也由此诞生。北洋政府统治时期，以袁世凯为首的几任民国总统都曾对新闻出版事业进行过迫害，出现过“癸丑报灾”那样的办报活动的低潮，但并没有遏制各类报刊发展的势头。中国早期的广播事业也诞生在这一时期。南京国民政府统治的时期约22年，其中包括抗日战争的8年，是国民党各级党报大发展的时期。京津沪等大城市和抗日战争时期大后方几个主要城市的民办报纸，在夹缝中求生存，也获得了一定的空间。共产党主办的报刊，先是在白区秘密出版，继而在苏区边区各抗日民主根据地和解放区公开出版，由小到大，发展更为迅速。通讯社和广播事业，也有长足的进展。国民党当局曾颁布过近百种各式各样的法规，对进步和革命的新闻出版事业实行限禁，但都未能得逞。

后一个阶段是中国共产党领导下的新中国办报活动的时期。这一阶段也可以分成四个小阶段：即1950—1957年建国初期的阶段；1957—1966年开始全面建设社会主义时期的阶段；1966年“文化大革命”爆发至1978年中共十一届三中全会召开以前的阶段和1978年至今的阶段。建国初期的阶段共7年，主要做了两件事：一是有步骤地进行了新闻事业的恢复和改造工作；二是建立起初具规模的社会主义新闻事业体系。1957—1966年的阶段共9年，是新中国的新闻事业有较大发展的阶段。这一阶段，适应社会主义建设全面发展的需要，报纸和广播电台大量增长，同时开办了电视事业。1961年起，受调整国民经济发展速度的影响，一度压缩了新闻事业的规模。60年代中期以后，又重新得到恢复。1966—1978年的阶段共12年，其间，“文化大革命”的那10年，新闻事业特别是其中的报刊出版事业，受到了很大的影响。相对于报刊来说，这一时期的通讯社广播电视事业，有一定的发展，但也远未达到应有的水平。1978年至今的这一阶段，近22年，则是中国新闻事业变化巨大、发展极为迅速的时期。为适应建设有中国特色社会主义的需要，新闻事业加快了改革的步伐，报纸的种类和期发行量成倍增长，收音机和电视机的社会拥有量急剧增加，新闻媒体的总体结构也发生了变化。由以报纸为主体，逐渐转移到电视、报纸、期刊、广播、通讯社、新闻摄影、新闻电影等多种媒体互相配合、互相促进的新格局。形成了一个多层次、多品种、多特色、多功能，能够满足各种受众需求的新闻媒体体系。

这就是过去100年间，中国新闻传播事业发展的简单的历史。概括的说，这100年中国新闻传播事业的历史，是中国新闻传播事业由近代化向现代化发展的历史，是中国人民由被剥夺了在新闻传播媒体上发言的权利到成为新闻传播媒体的主人的历史，是中国的新闻传播事业由单一的媒体向多媒体发展的历史。

回顾中国新闻传播事业100年来的历史进程，有以下几个突出的特点：

一、发展的速度越来越快

以报纸为例，世纪初的1901年只有125家，1912年，受民国临时政府成立的影响，发展到250家。在北洋政府统治时期，报纸的种数，大多数时间维持在1 000种以下，最多的一年是1921年，一度达到过1 124家。1927年南京国民政府成立时，报纸总数是628家。在此后22年的国民党统治时期，全国报纸的总数徘徊在1 000种左右，最多的一年是1936年，一度达到1 503家。抗日战争爆发后，数量锐减。战后有所恢复，到1949年南京国民政府垮台的前夕，国统区的报纸只有1 024家。[1]新中国成立后，改变了原来的报业架构，建立了以中国共产党各级党报为主的报业体系。1950年全国专区以上报纸的总数为179家，1952年为276家，[2] 1955年为392家，[3] 这是建国初期的情况。此后，随着经济建设的发展，逐年递增，1960年一度达到1 274家。[4]“文化大革命”中，报纸的出版受到极大影响。1978年十一届三中全会以后，又重新恢复。此

---

1 以上所引数字，统见方汉奇主编的《中国新闻事业编年史》，2000 年，福建人民出版社。

2 据中央人民政府国家统计局发布的统计数字，《人民日报》1953 年 9 月 29 日。

3 据第三次报刊推广工作会议公布的数字，见 1956 年 3 月 9 日新华社所发消息。

4 见《中国大百科全书 · 新闻出版卷》485 页，1990 年，中国大百科全书出版社。

后20年，一直保持着旺盛的增长势头。80年代初期出现了第一个高潮，1980年1月1日至1985年3月1日的4年多时间里，平均每一天半就有一家报纸问世。1985年的全国报纸总数达到2 191家。90年代初期出现了第二个高潮，1995年的全国报纸总数一度达到过2 202家。此后，经过适度调整，到2000年基本上稳定在2 053种左右。综上所述，发展的过程虽然有曲折，但发展的趋势十分明显。只用了100年的时间，中国报纸的总数即由125家增加到2 053家，增加了16.4倍。这在世界各国新闻史上，是十分罕见的。应该指出，这只是单就报纸的种数而言，并没有涉及报纸的印数。20世纪初的那些报纸印数极少，1901年全国125家报纸的总印数，不会超过10万份，而新中国成立以后出版的报纸的印数动辄以亿计，1950年为8亿，1980年为163亿，1999年为300亿。[1]后一个数字是1901年全国报纸印数的30万倍。如果按照这一方式来比较的话，发展的速度更为惊人。

广播事业发展的速度，也是惊人的。中国的广播事业肇始于1923年，第一座广播电台是美国人的公司创办的，1926年才开始有中国人自己办的广播电台。在1928—1949年的南京国民政府统治时期，广播事业主要在一些较大的城市内发展。据统计，整个国统区1937年共有广播电台78个，总发射功率100多千瓦，收音机拥有量约20万台；1947年共有广播电台131个，总发射功率460千瓦，收音机拥有量100万台左右。此外，从1940年起，以延安新华广播电台为代表，在一些抗日民主根据地和解放区，也开始有了党领导的人民广播事业。建国前夕，全国各地已经有了40个人民广播电台。新中国成立后，经过对旧广播事业的改造，广播事业完全由国家经营，1950年全国共有广播电台65个；1960年增加到135个；1987年增加到386个，收音机拥有量2.6亿台，广播人口覆盖

---

1 见 1999 年 9 月 22 日《光明日报》所刊《中国记协负责人答本报记者问》。

率达到68%。90年代后期经过调整，到1999年，全国共有广播电台298个，县台1287个，中短波发射台和转播台740个，收音机拥有量近3亿台，人口覆盖率达到90.35%。[1] 20世纪20年代初开始有广播的时候，收听的范围仅限于广播台所在城市的核心地带。到世纪末，不仅覆盖了国内的绝大部分地区，而且冲出了国门。在北京的中国国际广播电台，现在每天用43种语言广播211个小时，听众已经遍布全世界。

电视事业的发展更为迅速。中国从1958年起开始兴办电视，当年播放的只有黑白画面，1979年以后，才有彩色电视。从一开始起，中国的电视事业就以非常快的速度发展。1978年全国电视台只有32家，社会电视机拥有量300万台。还没过10年，到了1987年，全国就有了各级电视台366家，社会电视机拥有量11 601万台，全国电视覆盖率达到总人口的73%。再过10年，到1997年，全国已有电视台932家，社会电视机拥有量3.2亿台，电视覆盖率达到总人口的87.6%。两年后的1999年，经过整合，电视台集中为368家（另中短波发射台和转播台740个），而全国电视覆盖率则达到了总人口的91.95%，电视的受众接近11亿，其中有线电视的受众为8000万。[2] 后面这两个数字，均属世界第一。仅仅20年的时间，电视台就增加了12倍，电视机的拥有量就增加了107倍，电视的人口覆盖率就增加了近10倍，这样的速度在全世界也是十分罕见的。

通讯社事业的发展幅度也很大。中国人自办的通讯社起始于1904年，到1947年，全国共有各类通讯社647家，除了国民党办的中央通讯社和共产党办的红色中华通讯社（新华通讯社的前身）外，多数通讯社的规模都很小。特别是其中的不少民营的通讯社，往往一块钢板、两三个人就能办起来。新中国成立后，通讯社一律由国家经营，保留下来的只有新华社和中国新闻社两家。在50年代以来的近半个世纪的时间里，

1　见 1999 年 9 月 16 日《中华新闻报》及 2000 年 9 月 28 日《新闻出版报》。

2　见 1999 年 9 月 16 日《中华新闻报》及 2000 年 9 月 28 日《新闻出版报》。

两家通讯社发展的速度都很快。50年代初期，新华通讯社只有国内6个总分社，28个分社，外加香港分社和志愿军分社，工作人员仅2 000来人。经过50年的努力，现在的新华社已经拥有32个国内分社，48个支社和记者站，在世界90多个国家和地区建有5个总分社和101个分社，用户超过5 000家，日发稿量超过200万字；另外还办有35种报刊，工作人员超过8 000人，已经实现了建立世界通讯社的目标，并跻身于世界四大通讯社的行列。中国新闻社也由1952年前后的只有少数几个工作人员，每日仅播发口语广播5 000—8 000字，发展到在国内设有22个分支机构，设有4个分社，面向海内外200家华文媒体和各国新闻机构，拥有500多名工作人员的大社。

一个世纪以来的中国新闻传播事业，就是以如此高的速度发展起来的。这一高速度，到20世纪的最后20年，发展到了极致。

二、科技含量越来越高

过去的一个世纪，是新闻传播事业飞速发展的一个世纪，也是新闻传播事业的科技含量不断提高，传播的技术和手段越来越现代化的一个世纪。20世纪初期，新闻传播媒体只有一种，即印刷报纸。20年代发明的、通过无线电波传送声音的技术，促进了广播事业的发展。30年代发明的、通过无线电波和导线传送声音和图像的技术，促进了电视事业的发展。60年代发明的、通过电脑联网实现高容量信息流快速交互式传递的技术，促进了互联网事业的发展。后几种科学技术的发明和引进，使得新闻传播媒体，由传统的报纸一种，发展成多种。出现了报纸、广播电台、电视台和互联网等多种媒体并存的局面。

这一进程，是在加速度的状态下完成的。印刷报纸从雕版印刷，发展到用平板印刷机印刷，用了1 000多年。而由有线电报发展到无线电报，由无线电报发展到无线电广播，由无线电广播发展到电视，由电视发展到网络和电子报刊，都只用了不到30年的时间。这个世界由只有报纸一种新闻媒体，发展到4种新闻媒体，在过去的一个世纪内，仅仅用了不到100年的时间，就全部完成了。

广播、电视对中国新闻事业的影响，已经昭昭在人耳目。互联网由于相对晚出，刚刚引起人们的重视，但其发展势头的迅猛，已经锐不可当。它作为一种全新的互动式的信息载体，作为人类有史以来最伟大的发明之一，正在深刻地影响着全人类的生活和新闻传播事业的发展。中国开始引进互联网络始于20世纪80年代末。90年代初，上网的人数还不超过1 000人。此后即以加速度的方式发展。1995年为8万人，1996年为20万人，1997年为67万人，1998年为210万人，1999年为400万人。2000年的年初，还只有890万人，到当年的6月份，就已猛增到1 690万人。1997年起，国内开始出现网站。当年只有1 500个，1999年发展到15 153个，截至2000年6月，已发展到27 300个。[1]与此同时，全国已有273种报纸上网，占全国报纸总数的七分之一。办得比较好的几个媒体的网站，如《人民日报》的网站，新华社的网站，中国国际广播电台的网站等，都以其网页设计之精美，栏目之众多，内容之丰富，信息量之大和信息的迅速、准确、及时，受到了国内外点击者的高度重视。在这一回合的传播技术和手段的“革命”中，中国基本上做到了和世界同步，差距非常微小。而这一切，都只不过是过去那一世纪的最后十年间的事。

在互联网技术闯进中国新闻传播事业的前后，其他传统的新闻媒体也大量引进最新的科学技术，来改造旧的设备，增加传播手段的科技含

1　据《日本经济新闻》2000 年 7 月 31 日报道，见 2000 年 8 月 24 日《参考消息》。

量。不少报纸已经告别了铅与火，告别了纸和笔，实行激光照排，实行电脑拼版、传版，实行胶印、彩印，实行整个编辑部工作的电脑联网络化。80年代中期以后，不少报纸和电视台普遍利用卫星接收文稿、照片和图片，利用卫星进行电视转播。到20世纪末，全国利用卫星传送的电视频道已达到41个，使不少电视受众，能够在家里看到其他省市的卫星频道节目。与此同时，不少媒体还引进了数码传送技术，实行新闻摄影的数码化，广播制作、传输、播出的数码化，和电视后期制作和演播的数码化。

科技含量增加的结果，使新闻传播媒体的信息量越来越多，越来越快，社会效益和经济效益也随之提高。时至今日，新闻传播媒体已经成为全国应用高新科学技术最为快速有效的部门之一。

三、与各个时期的社会政治生活始终保持着紧密的联系

新闻传播事业是社会上层建筑设施中的重要组成部分，她每日每时都在迅速全面地反映着作为经济的集中体现的社会政治生活，并和后者保持着相依相存的紧密联系。这一点，在20世纪中国新闻传播事业发展的过程中，表现得尤为突出。

从20世纪的最初几年开始，中国政治舞台上的各个阶级各个政党各个政治团体和各派政治力量，都无不和报纸保持着密切的关系。他们或者自己办报，或者以直接间接的方式控制报纸，力图把报纸掌握在自己的手里，为他们的政治利益服务。其他社会上的报纸，尽管有不少以不偏不倚为标榜，也无不有它们各自的政治倾向。

最先叱咤于20世纪中国报坛的，是资产阶级的维新派和民主革命派。这两派的领导人都十分重视办报，都不讳言他们所办报纸的政治倾

向，甚至公开承认他们所办的报纸就是他们自己的“党报”。革命派的同盟会在东京，其分支机构中部同盟会在上海开会时，讨论的第一个议题，都是办报。孙中山后来总结辛亥革命的经验时，曾经充分地肯定报纸的作用，认为辛亥革命之所以能够取得胜利，报纸宣传工作的功劳占了九成，武装起义的功劳只占了一成。

民国成立以后，受临时约法保护公民言论出版自由的影响，在全国范围内掀起了一股办报热潮，其中绝大部分都是资产阶级政党报纸。不仅国会中的同盟会（国民党）和共和党（进步党）两大党团各自办了一大批报纸，连党员人数不多、很不起眼的大同民党、东社、中国社会党、自由党、工商勇进党、中华共和宪政会、中华平民党等十几个小党，也纷纷办起了自己的报纸。

在野的政党和政客们办报，掌权的封建军阀也办报。如袁世凯，就采取两手策略，一方面，对反对他的报纸严行查禁并迫害相关人员；另一方面，自己派人办报。先后在北京上海两地出版的《亚细亚报》，和在北京出版的《民视报》，就是直接为他造势的御用报纸的代表。

北洋政府统治时期也是这样。国会内的各个政治派系，北洋系统内的直系奉系皖系等各路军阀，分疆而治的各个地方实力派，都办有自己的报纸，为自己鼓吹。奉系的《东方时报》，皖系的《公言报》，直系的《正义报》是其中突出的代表。这一时期北京先后出版过90多家报纸，几乎均有上述的政治背景。有人对当时的情况作过这样的描述：“每一次政局变动，同时就有一大批报纸连带倒坍，但是过了几时，又有一批新的日报出现在大栅栏的报摊上了。”[1]

国民党统治时期，国民党当局十分注意利用报纸为自己的“军政”“训政”“宪政”活动造势为自己的内外政策作宣传。不仅中央和

1 张静庐：《中国的新闻纸》，64页，上海，光华书局，1928。

地方各级省市党部办报，政府各部门办报，各级部队系统办报，连复兴社之类的特务组织也办报。此外还利用投资、津贴、配纸和战后接收敌产等各种手段，对民办的报纸进行控制。据1946年南京国民政府内政部公布的材料，当年国统区共出有报纸984种，其中国民党各级党部办的党报400多种，国民党各级部队办的报纸229种，以“国民党同志”个人名义主办的数十种。这三部分加起来就不下650多种，占了70%。剩下的30%中，还有不少是间接受其控制的地方派系报纸。[1] 共产党报纸允许出版的，只有作为点缀的重庆《新华日报》一家。这唯一的一家，也在1947年被强迫停刊了。

新中国成立以后，关闭了有帝国主义侵略者背景的报纸和国民党系统的报纸。通过公私合营等方式，对少数民办的报纸进行了社会主义改造。同时，建立起了在中国共产党集中领导下，由各级党委机关报、部队报、行业报、民众团体报和民主党派报共同组成的社会主义报业体系。在1949—2000年的半个世纪中，这些报纸在党的领导下，坚持为人民服务，坚持为党的工作大局服务，坚持正确的舆论导向，坚持真实性的原则和实事求是的原则，严格遵守党的政治纪律和宣传纪律，当好党和人民的耳目喉舌，为建设有中国特色的社会主义，做出了巨大的贡献。新中国的报纸强调政治家办报，调政治意识，具有很强的政治色彩。

不论古今中外，新闻传播与政治的关系，历来十分密切。新闻传播制度向来都是政治制度的一环。但像中国近百年来的新闻传播事业这样，如此密切地和各时期的政治保持着联系，在世界新闻传播史上，也是比较突出的。

---

1 参见曾虚白：《中国新闻史》，461~500 页，台北，政治大学新闻研究所，1966。

四、与各时期的社会经济辅车相依同步发展

过去一百年来，中国新闻传播事业的经营管理，是和各时期的社会经济紧密联系，同步发展的。

世纪初的一段时期，各资产阶级政党各派军阀政客和各地方实力派主办的报纸，在当时的中国新闻传播事业中，占有较大的比重。这些报纸大多有公款支持，旨在为各自所属的小集团的利益服务，不计盈亏，不注意经营管理。和这些报纸相联系的，还有一些依附于各派军阀政客的报纸，它们“仰给于津贴”，规模不大，“凡具数百元资本即可创办”。[1]后一类报纸，对发行和广告都不太经心，“尝有每日仅印十余份，分送给予津贴之主人翁，而外间绝未一纸者”[2]，同样不重视经营管理。比较重视经营管理的是一些老牌的商业报纸，但受当时经济衰敝的影响，经营的效果并不理想。

第一次世界大战期间和稍后的一段时期，受民族资本主义经济有所发展的影响，一些老牌的商业报纸才有了较大的发展。其中的代表是《申》《新》两报。《申报》销量一度达15万份，《新闻报》销量一度达20万份，是当时发行量最大的两家报纸。《申报》还在上海市中心区自建了五层楼高的馆舍，购置了当时最先进的印刷设备，增出了《申报月刊》《申报年鉴》等附属刊物，编印了《申报丛书》和质量很高的全国地图，兴办了《申报》流通图书馆等社会文化事业，使《申报》的业务进入了它的鼎盛时期，报社的声望和影响空前提高。在《申报》的带动下，狄楚青在上海办的《时报》，邵飘萍在北京办的《京报》，胡政之等在天津办的《大公报》，也都在经营管理上有所创获，取得了很好

---

1 熊少豪 :《五十年来北方报纸之事略》,《最近之五十年》，刊《申报》，1922。

2 观棋 :《北京报业偶谈》，刊《社会日报》，1926-05-01。

的效果。与此同时，在当时新闻出版事业最发达的城市上海，还出现了由史量才投资的包括《申报》《新闻报》和天津《庸报》在内的报业集团；由张竹平牵头的，包括《时事新报》《大陆报》《大晚报》和申时电讯社在内的“四社”集团。这一段时期，是旧中国的民营报纸经营成绩卓著，经济效益最好的一段时期。

新中国成立初期，报纸的经营管理问题，曾经引起过主管部门的重视。为了解决全国公营和民营报纸的经营亏损问题，新成立的中央人民政府新闻总署曾经召开过一个全国报纸经理会议，通过了一个《关于报纸经营的决议》，规定全国报纸都必须实行“企业化”的经营方针。“公营报纸必须把报社真正作为生产事业来经营……条件较好的公营报纸应争取全部或大部自给，条件较差者，亦应在政府定期定额的补贴下，争取最大可能的自给程度。”“私营报纸亦须在已有基础上，进一步改善经营方法。”[1]此后不久，经过社会主义改造，私营报纸相继改组，转为公营，新闻总署撤销，不设专门的政府机构管理报纸，报纸经营管理问题，也不再列入政府议题。

“一五”以后，全国的经济纳入计划经济的轨道，报纸的经营管理也按计划经济的模式运作。经费按主管部门核定的预算，逐月或逐季拨付，统由国库开支。基建和增添设备的费用，另行申报，专款专用。由于生产资料按计划调拨，生活资料按计划供应，除了书刊出版文艺演出以及少量公告之外，根本没有什么广告，报纸除了发行的收入之外，没有其他的进账。事业的发展，只能按国库拨款的多少，量入为出，没有多少回旋的余地。这种情况，一直维持到改革开放以前。

1978年十一届三中全会以后，由于执行了“一个中心两个基本点”的国策，和建设有中国特色的社会主义市场经济的基本路线，情况有了

1 新华社消息，见1950年1月1日《人民日报》。

翻天覆地的变化。按照马克思早就提出的新闻媒体既有上层建筑的性质，同时也有经济基础的性质的观点，新闻传播事业正被纳入社会主义市场经济的轨道，实行企业化，使新闻媒体既是党和人民的喉舌，也是一个个独立核算的经济实体。随着观念上的变化，在新闻传播行业内进行了一系列的改革。新闻报道的思路更加开阔，新闻的信息量不断扩大，媒体的服务功能全面拓宽，多种经营蓬勃发展，在媒体之间和媒体内部引进了竞争机制，结构和布局也根据市场和受众的需要作了适当的调整。经过近20年的改革，已经形成了一个多层次，多品种，多特色的媒体结构。以报纸为例，既有日报，也有早报、午报、晚报；既有各级党和政府部门的机关报，也有行业报、专业报、都市报、农村报，以及经济、法制、科教文卫和社会生活等各方面的报纸。力图全面地满足不同职业不同文化层次的受众的需要。

由于实行了以经济建设为中心，社会主义的市场经济空前繁荣，营销两旺，广告的需求大增。从1979年起，各种媒体纷纷刊播广告。当年各新闻媒体的广告收入即达1 500万元。此后，逐年递增。1980年为1.1个亿；1990年为25亿；1991年为35亿；1992年为50亿；1993年为100亿；1997年为200亿；1998年为259亿。[1]进入2000年后，发展更快，仅前6个月就达282个亿。[2]广告的收入使媒体的经济效益逐年递增，截至1999年，全国已经有33家报纸的广告收入过亿元，其中收入最高的《广州日报》，年广告收入近10个亿。[3]电视台由于拥有世界上最多的电视受众，广告的收入增加得更快，仅中央电视台一个台1997年的广告收入即达42个亿，1999年底拍卖13块黄金时段的标版广告时，仅其中的第

1 见1993年11月30日、1995年3月24日《人民日报》，1993年1月21日、1998年11月27日《光明日报》。

2 见2000年8月7日《人民政协报》。

3 见2000年9月25日《新闻出版报》。

一块标版，就收入1 800万元。[1]丰厚的广告收入和多种经营的收入，使各种新闻媒体的经济实力倍增。不少媒体逐年减少来自国库的拨款，不少媒体已经完全实现经费自给，其中不少媒体还能够向国家上缴利税。同时还纷纷以所得的收益，建造馆舍，更新设备，增加编辑、采访、印刷、发行、社会文化事业和社会公益活动的投入，使新闻事业的发展进入了良性循环。

为了发挥群体的优势，加强新闻传播媒体的现代化经营，1996年出现了全国第一个报业集团——广州日报报业集团。截至2000年10月中旬止，全国已经有了16个报业集团。这种报业集团不同于以追逐利润为唯一目标的资本主义报业集团，而是在产业属性之外，兼有国家属性、政治属性、时代属性，具有中国特色的社会主义的现代化的报业集团。

近20年来的中国新闻传播事业经营管理的发展，不仅发展了新闻传播事业自身，也使得由多种新闻传播媒体组成的新闻信息产业，成为中国的新的经济增长点。

五、新闻工作者的队伍越来越壮大，新闻工作者的素质越来越提高

20世纪的最初几年，全国新闻工作者只有区区几百人。经过民国初年时期、北洋军阀统治时期和国民党统治时期三个阶段近50年的发展，全国新闻工作者的总数，增加到了几千人。

新中国成立后，随着人民新闻事业的建立，新闻工作者队伍迅速扩大。但到60年代初，全国新闻工作者总数也只有1万人左右。[2]

---

1 见1999年11月9日《北京晚报》。

2 见1999年9月22日《光明日报》所刊《中国记协负责人答本报记者问》。

新闻工作者队伍的迅速扩大，是改革开放以来近20年间的事。随着这一时期新闻传播事业的全面发展，新闻工作者的人数急剧增加。据1985年公布的统计材料，截至当年3月底，全国报业系统的新闻工作者已经陡增到103 223人。[1] 1985年以后，全国新闻工作者队伍继续保持着旺盛的增长势头，到1999年，全国新闻工作者的人数已经达到了空前的55万人，[2]是建国初期的55倍，是20世纪初期的600多倍。

新闻工作者的社会地位和文化素质也有了相应的提高。20世纪初期，中国新闻工作者的社会地位和各方面的素质普遍偏低。当时的情况是“全国社会优秀分子大都醉心科举，无人肯从事于新闻事业。惟落拓文人，疏狂学子，或借报纸以发抒其抑郁无聊之意兴；各埠访员，尤鲜高贵”[3]。梁启超、于右任等人的报刊政论活动和黄远生、邵飘萍等人的新闻采访活动，提高了新闻工作者的社会地位，但新闻工作者的整体素质仍然不高。这以后，随着众多高层次的人才进入新闻工作领域，新闻工作者的整体素质，逐步有所提高。据研究工作者对20世纪部分名记者的文化程度所作的抽样统计，具有秀才以上功名的，占8%；具有国内大专以上学历的，占22%；曾经出国留学具有国外学历的，占30%；学历不详，但曾在中等以上学校担任过教职的，占5%；曾经学习过一门以上外语的，占54%。[4] 这虽然只是新闻工作者群体中最杰出的一部分人的情况，但也足以反映这一时期新闻工作者整体水平之一斑。

建国以后，强调政治家办报，新闻工作者的政治素质受到高度重视。在此基础上，文化素质也有所提高。据1986年公布的数字，全国报

1 见1986年7月9日《人民日报》。

2 见1999年9月22日《光明日报》所刊《中国记协负责人答本报记者问》。

3 雷瑨：《申报过去之现状》，《最近之五十年》，刊《申报》，1922。

4 曲长缨：《论中国名记者产生的内外因素》135页，1987年打印本。

业系统的社长、总编辑有大专以上学历的占67%；在457名社长中，具有大专以上学历的共299名，占65%；15 245名总编辑中，具有大专以上学历的共1 060人，占69%。[1]这一情况，在以后的十来年间，随着20世纪80年代中期以后，建国初期新闻骨干的大量离退休，有很大改变。拥有大专以上学历的新闻工作者的比重，逐年递增。

在提高新闻工作者队伍的整体素质方面，新闻教育事业的发展，起了很大的作用。中国的新闻教育起始于20世纪的第二个10年，到20世纪中叶，曾经先后在50多所大专院校设立新闻系或专业，为旧中国的新闻事业输送过人才。但培养出来的学生人数很少，累计不超过1 000人。建国初期，经过院系调整，仍有4所大学新闻系和两所新闻专科学校继续招生。其中包括1955年新创办的中国人民大学新闻系。新闻教育的大发展，是改革开放以来的20年间的事。1978年全国只有不到10所大学新闻系，在校学生只有五六百人。经过20年的不断发展，截至2000年9月，全国设有新闻传播学类专业的高等学校已超过60所，大学新闻专业点已超过100个。此外，还在高等学校和社科院研究生院设立了新闻传播学硕士点40个，新闻学和传播学博士点8个、博士后流动站1个。在校的各类学生接近1万人。充分发挥了新闻人才摇篮的作用。

与此同时，新闻学和传播学的研究也越来越受到重视。20世纪的上半叶，只有少数几所大学设有研究机构从事新闻学研究，公开出版的新闻学专著不过数十种。新中国成立后的前30年，这方面的研究也只限于高等学校，累计出版的专著和教材也不过数十种。改革开放以后的20年，新闻传播学的研究空前发展。据有关方面的统计，截至1999年，除高等学校外，全国还有200家左右新闻研究机构和新闻研究社团，40多家公开发行的新闻专业期刊，累计出版的新闻传播学专著

1 见 1986 年 7 月 9 日《人民日报》。

达2 000多种。[1]对新闻人才的培养，和新闻事业的发展，都起了一定的推动作用。

在新的世纪之交的时刻，回顾过去100年中国新闻传播事业的发展，中国的新闻工作者深受鼓舞，也深感责任的重大。

中国新闻传播事业的发展，是与国家和社会的发展同步的。随着建设有中国特色社会主义事业的不断前进，中国的新闻传播事业正面临着广阔的发展前景。到21世纪的50年代，中国不仅将发展成为一个经济上的大国和强国，也将发展成为一个新闻传播事业的大国和强国。在可以预见的这一段时间内，中国的新闻传播事业，在党的领导下，将继续坚持正确的舆论导向，继续坚持实事求是的思想路线，继续坚持社会效益与经济效益的统一和社会效益第一的原则，继续按照为人民服务，为社会主义服务的方针，和社会主义市场经济规律的要求，时刻倾听群众的呼声，反映群众的意愿，诚心诚意地为人民谋利益，完成由单一的功能和角色向多种功能和角色的转变，沿着有中国特色社会主义新闻事业的发展道路阔步前进。

中国的新闻传播事业任重而道远，中国的新闻工作者应该加倍地努力。

（原载2000年第6期《国际新闻界》）

1　中国新闻事业五十年成就展组委会：《建设一支高素质的新闻队伍》，刊《中华新闻报》，1999-09-30。

改革开放以来的中国新闻事业
（1999年11月在日本龙谷大学国际文化学会上的演讲稿）

改革开放以来的21年（1978—1999年），是中国新闻事业飞速发展的21年。由于摆脱了“左”的思想的影响，和“四人帮”政治上的禁锢，中国的新闻事业以前所未有的速度迅猛发展。其间，经过了1983—1985年和1992—1995年两次发展高潮。截至1999年10月底止，报纸已由1978年的186家，增至2 053家，增长了近12倍。总印数达3 000.38亿份。广播电台已由1978年的114个，增至294个，增长了2.57倍。电视台已由1978年的32家，增至650家，增加了25倍。电视的覆盖率，则由1.5%增至89%，增加了59.3倍，电视的受众，由1 500万人，增加到10.8亿人，电视机的拥有量达3亿多台。仅仅21年，就有如此迅猛的发展，其速度，不仅在中国新闻史上是罕见的，在世界新闻史上也是找不到前例的。种种情况表明，这一时期，确实是中国历史上新闻事业空前繁荣的一个时期。

在迅猛发展的同时，这一时期的中国新闻事业也出现了许多明显的变化。主要集中在以下几个方面：

一、新闻观念的变化

首先是对报纸的属性的认识有了变化。由过去只看到报纸作为阶级斗争工具的政治属性，发展为既看到它的政治属性，也看到它的文化属性和商品属性。

其次是对报纸的功能的认识有了变化。由过去的只看到报纸作为政党喉舌的功能发展为既看到它的喉舌功能，也看到它在传递信息、普及知识、文化娱乐和舆论监督等方面的功能。

再次是对新闻价值的认识有了变化。由过去的只重视其政治价值，发展到既重视其政治价值，也重视它在经济文化等方面的价值。新闻的时效性也受到越来越多的注意。

此外，新闻保密的观念，也有所改变。除了确属国家的机密，不得泄露外，一般的不涉及机密的新闻，不再层层设防。新闻出口转内销的情况大大减少。

二、报业的结构和报纸体制上的变化

由单一的各级党报的结构，变为以党报为中心，其他各类报纸并存的结构。形成了以各级党委机关报为主体的，经济、法制、体育、商品营销、科教文卫和社会生活等各种报纸并存的多门类、多层次和多品种的报业的新格局。

由单一的党委宣传部管理，发展为党政双轨管理。在国务院中恢复了专门管理报纸的政府机构新闻出版总署。

由按政府部门对口设立编采部组，到根据需要自设部组。由计划经济时代的计划按部门跑新闻，逐步地转变为按新闻的规律跑新闻。

实力较强的一些党报开始创办大量子报。都市报、行业报、专业报、文摘报大量涌现。出版的时间，由只有日报一种，发展到日报、晨报、午报、晚报等多种。其中，晚报由改革开放初期的三五家，发展到现在的140多家，与都市报一道，成为新时期的两个办报的热点。

三、版面内容的变化

篇幅增加。由一般的对开4版，增至8版、12版不等，最多的可达到100多版。版面的处理更加灵活。由通常的政治新闻放头条转为重要新闻放头条。照片的大小也由所拍内容的新闻价值来决定，不再取决于所拍人物的官级。专刊、专栏、专版日益增多，各有特色，改变了千报一面的局面。信息量加大。内容则由以一般的政治新闻为主，转为以经济建设为中心，以有关经济的各方面的报导和评论为重点。更加重视新闻的时效性、接近性。更加重视有关科学、文化、历史、地理、法律、哲学等有关知识的介绍，特别是电子网络方面的知识的介绍。更加重视和市场经济有关的股票、期货、信贷、利率、税收等业务知识的介绍。更加重视有关婚姻、家庭、老年保健、子女教育、消费指导、产品产销信息、求职招聘信息等贴近读者生活的内容，以及电影、戏剧、音乐，美术、体育、旅游等读者喜闻乐见的内容。更加强调新闻媒体的服务功能。不少报纸的有关栏目和中央人民广播电台的午间半小时、中央电视台的“为您服务”、北京电视台的“电视红娘”“电视商场”等栏目，在以上几个方面都有出色的表现。

四、报导方法的变化

报导的方法也在逐步地转变。有人把这种转变概括为13个方面，即：变封闭式为开放式，变总结式为进行式，变工作式为信息式，变指导式为服务式，变计划报导式为市场竞争式，变向下灌输式为上下结合式，变主观组织式为客观反映式，变大轰大嗡式为启发诱导式，变板块式为交叉式，变被动坐等式为主动出击式，变向内式为内外结合式，变长篇大论式为短小精悍式，变单色调式为多色调式。

新闻的写作和文风也有显著改进。走出了呆板的和公式化的窠臼，写得更为生动活泼了。有的人主张新闻散文化，有的人主张新闻杂糅化，各自都在进行探索，各擅胜场，并不强同。在近年的各项新闻评奖活动中获奖的作品，也都在写作上有所创新。

五、传播手段的变化

大多数报纸已经结束了铅与火的时代，实行激光照排胶印印刷及彩色印刷。实现了全报社电脑联网，使用卫星传送版面和传送电视画面、电脑写作、电脑传送稿件，以及新闻照片拍摄和传送的数码化等先进科学技术，使报纸的编辑采访工作日趋现代化。新闻的时效和质量也有了很大的提高。

六、报业经营管理上的变化

表现为由计划经济模式向市场经济模式的转变。由重宣传轻经营，向宣传经营并重的方向的转变。由只算政治账不算经济账，到既算政治账也算经济账的转变。报纸的经济效益开始受到了重视，报纸的经营管理被推到了十分重要的位置。

这方面的转变，主要表现在以下几个方面：

首先，是报纸的发行。为取得较好的经济效益，一些报纸开始自办发行。国内各报自1949年起，全面实行邮发合一。即报纸的订阅派送等发行工作交邮政部门代理，报纸订费的25%到35%左右归邮政部门所有。这一做法，从建国初期到“文化大革命”后，实行了30多年。其优点是报社不再为发行的事操心；缺点则是邮政处于垄断的地位，提成越来越高，工作效率越来越低，服务态度越来越差，读者收看报纸的时间越来越晚。这一问题，在报社加强经营管理以后，显得越来越突出。进入20世纪90年代以来，不少以城市读者为主的报纸开始扔掉邮局这条拐杖，实行自办发行。率先走出这一步的有天津的《今晚报》、广州的《广州日报》等。目前实行自办发行的报纸已占报纸总数的1/3。邮局掌握报纸经济命脉一统天下的局面，已经被打破。

其次，是广告。对广告的认识有了很大的变化。建国初期，由于以阶级斗争为纲，实行严格的计划经济和学习苏联，广告被戴上了资本主义的帽子，受到歧视，报纸上很少刊登广告。后来有了一点，但只限于政府通告、书刊广告和公益性的广告，总的数量极少。1978年以后，对广告的认识开始改变，媒体上的广告逐渐增多。但开始的一段时期发展缓慢。到1979年，全国新闻媒体的广告总营业额，仅数百万元，1980年就陡增到1.1亿元。此后，每年以40%的幅度递增，到

1998年，达到259.5亿元，占全国广告总营业额的48.2%。其中，报纸为104.4亿元，期刊为7.0亿元，广播为13亿元，电视为135亿元。有36家报社的广告收入过亿元，两家报社的广告收入过5亿元。在收登广告的活动中，电视由于发展迅速，后来居上，在各媒体广告收入的比例中，越占越大，收益也越来越高。中央电视台春节晚会播送期间每15秒钟的广告标价，1991年还只有3 000元，1996年竟猛涨到400万元，发展之快，身价之高，为其他媒体所望尘莫及。新闻媒体广告事业的发展，也带动了整个广告行业的发展。据截至1997年底的统计，全国已有广告经营单位5.7万家，广告从业人员54.5万人，广告总营业额达462亿元，并形成了北京、上海、广东三大广告经营中心。实力较强的大型广告公司已超过100家。

再次，是报业集团的建立。组建报业集团的活动开始于1996年，组建的目的是为了发挥集团的作用，实行集约化经营，创造更大的经济效益。第一个建立报业集团的是《广州日报》。它的组建活动是在新闻出版总署的领导下进行的。根据新闻出版总署的规定，组建报业集团的报纸必须是党报，并且要具备五个条件：较有影响的传媒实力，较雄厚的经济实力，较充足的人才实力，较过硬的技术实力，和较通畅的发行渠道。《广州日报》正是因为具备这5项条件，才被批准充当试点的。广州日报报业集团成立后，在集约化经营上进行了积极有益的探索，取得了成功，带动了整个报业集团发展的势头。1998年是中国报业集团发展最快的一年。这一年，相继成立了南方日报、羊城晚报、光明日报、经济日报、文汇报·新民晚报五个报业集团。连前，全国现已有六家报业集团。预计到2010年，全国将会拥有10家以上的报业集团。报业集团的成立，是中国报业迈向新世纪和现代化的重要飞跃，标志着中国报业的改革和报业的集约化经营，已经达到了一个新的水平。

此外，不少新闻媒体还开始开展多种经营。除本身的业务外，还兼营出版印刷、餐饮、宾馆、房地产等业务。多数都取得了较好的经济效益，为自己增加了收入，缓解了经费上的困难。由于重视了经营管理，这20年来各新闻媒体的财力大大增加。不少媒体逐渐减少了来自公库的拨款，正朝着经费全部自给的方向努力。不少媒体还利用自己的创收，自建大量馆舍，依靠自己的力量，改善了工作和生活条件，完成了设备的更新。

七、新闻工作者队伍的变化

由于建国前参加新闻工作的老一代新闻工作者相继离退，目前在第一线主持工作的骨干力量，已经是建国以后培养起来的新一代的新闻工作者。整个队伍正在日趋年轻化，整体的文化素质，特别是整个队伍的学历，也有所提高。随着新闻事业的飞速发展和大量新报刊的问世，新闻工作者的队伍正在不断的扩大。建国初期，全国的新闻工作者只有区区1万人，到1999年已经发展到了55万人。新的形势对新闻工作者提出了不少新的要求。其中之一，就是不仅要求媒体的骨干们有政治头脑，也要求他们有一定的经济头脑，既懂得如何办报，又懂得如何经营。不少媒体在工作人员的管理上引进了竞争机制，实行优存劣汰，分配上也实行和业绩挂钩的原则，多劳多得，不再捆在一起吃大锅饭。随着新闻事业对人才需求的不断增长，为第一线培养后备力量的新闻教育事业，这20年来也有了飞速的发展。改革开放之初，全国只有四五所大学设有新闻系。在校学生只有五六百人。截至1998年，全国设有新闻系的高等学校已增加到60余所，专业点已超过100个。每年毕业的学生超过1万名。新闻教育的体系，也已从单一的本科教育，发展到本科、大专、成人教育和硕士、博士多层次培养并举的新格局。

随着改革开放的逐步深入和形势的不断发展，中国的新闻事业在前进的过程中，也出现了一些问题。主要表现在以下几个方面：

（一）新闻媒体的各方面功能发挥得还不够完全

信息量有所增加，但仍嫌不足。舆论监督的功能受到了重视，中央电视台的《焦点访谈》和中央人民广播电台的《新闻纵横》等栏目，受到了受众的欢迎，也得到了国家领导人的支持。但一般媒体的舆论监督作用，发挥得还不够充分。

（二）部分媒体片面追求经济效益

热衷于刊载影星歌星的婚恋故事和社会上的奇闻轶事，有的则热衷于炒作一些煽情的新闻，降低了报纸的质量、报纸的格调和品位。这种情况在一些报纸的周末版上表现得尤为突出。

（三）新闻法制的建设滞后

既缺乏对新闻工作者行为的法律上的约束，也缺乏对新闻工作者正常职业活动的法律上的保护。新闻界的官司有增无减，新闻报导被控侵犯名誉权的案件层出不穷，新闻工作者的正常报导经常受到困扰。按照法定程序制定出一部符合中国国情的新闻法，已经成为人们的共识。

（四）新闻工作者的道德自律有待加强

由于市场经济的发展，不少记者旁骛过多，敬业精神有所削弱；还有一些记者公然收受红包，搞有偿新闻；有的则公然违背职业道德搞所谓的“假新闻”。这些都引起了社会上的不满。1993年以来，中共中央宣传部、新闻出版总署和全国记协曾多次发出通知禁止有偿新闻。1997年全国记协还公布了《中国新闻工作者职业道德准则》和新闻工作者接受社会监督的公告。这方面的工作，还有待进一步加强。

总之，改革开放以来的21年，是中国新闻事业迅猛发展的21年。随着社会主义市场经济的进一步发展，社会对新闻传播事业需求的日益增加，新闻改革的日益深化，和新闻工作者自身素质的不断提高，在即将到来的新世纪中，中国的新闻事业仍将保持着旺盛的发展势头。它将继续发挥引导正确舆论导向的作用，更好地为建设有中国特色的社会主义服务。

中国加入 WTO 后内地报业所面临的发展机遇与挑战

（“世界报业发展论坛”发言稿）

2001年12月11日，中国正式加入了WTO，成为世界贸易组织的正式成员。加入WTO，意味着中国已经接受了WTO的以下原则，即：无歧视待遇的原则，最惠国待遇的原则，国民待遇的原则，贸易自由化原则，互惠原则，取消数量限制原则，市场准入原则，透明度的原则和国际贸易中公认的其他的一些游戏规则。

中国是以发展中国家的资格“入世”的。在“入世”谈判的过程中，中国并没有就新闻传播事业特别是报业的开放，作任何承诺。在15年的时间内，新闻传播业的开放与否，完全取决于中国自己。但在和新闻传播事业有关的以下几个方面，中国是作出了承诺的。即：

1. 逐步减让和降低新闻纸、激光照相排版设备、胶印机、打印机、复印机、光导纤维、各种摄影器材等和新闻传播业务有关的物品的进口关税

有的立即取消，有的顺延两至三年，其余的顺延至2006年，届时所有这些产品的最终约束关税都将降为零。

2. 三年内逐步开放图书报纸和期刊的分销服务

第一年，外国服务提供者可在中国经济特区和有关城市设立中外合资的书报刊零售企业。第二年，开放所有的省会和重庆、宁波两市，并允许外资对上述零售企业控股。第三年，取消对外资从事书报刊分销服务企业在地域、数量、股权及企业设立形式方面的限制。但五年内，超过30家分店的书报刊连锁企业暂不准外资控股。

3. 逐步开放广告市场

允许外资与国内企业合作，开展广告代理和广告服务业务。“入世”的第一年，只能以合资的方式进行，外资所占的比重不得超过49%。第二年以后，允许拥有多数的股权。第四年以后将允许设立外资独资子公司。

4. 开放电信服务市场

允许外资在所有电信服务业中占有49%的股权，在增值服务和寻呼服务中占51%的股权。境外资本可以全面进入互联网市场，实现网络媒体和传统媒体的逐步融合。

5. 开放音像和娱乐软件市场

允许外国服务提供者与中方伙伴合作设立合资企业，在不损害中国审查音像制品内容的情况下，从事音像制品和娱乐软件的分销活动。

6. 全面执行《与贸易有关的知识产权协定》(即《TRIPS 协定》)

注意维护知识产权，加强反盗版行为，加强知识产权案件的审理。使中国对中外著作权人的保护水平，与这个协定的规定基本一致。

上述这些承诺，表明中国政府已经同意其某些行政行为愿意接受世贸组织规则的规范和约束。愿意通过贸易政策审查机制和贸易争端解决机制，接受世贸组织及其成员的监督。同时也表明中国的新闻传播事业，将部分的融入世界贸易的机制，在某些方面，将按国际公认的游戏规则办事。

加入WTO，对中国的报业说来，既是极好的发展机遇，也是严峻的挑战。

机遇主要表现在以下几个方面：

1. 加入 WTO 以后，中国的报业将会加强与国际的交流与合作

在广泛吸纳世界各国优秀文化的同时，更好地发展与传播中国的先进文化，使中国的报刊出版物能尽快地走向世界，使世界能够更好地了解中国。同时也有利于更好地引进国外有关新闻出版的先进技术和管理经验，提高中国报业的整体素质，增强中国报业的活力，壮大中国报业的实力，提高中国报业在世界上的竞争力。

2. 加入 WTO 以后，和报业有关的一些进口产品的关税税率将大幅下调，有些产品的配额将逐步取消

其中和报业关系最密切的新闻纸，“入世”前的关税税率为15%~25%，“入世”后将降至5%~7.5%，而一些和报业关系密切的信息技术产品，则将由“入世”前的平均13%，逐步降为零。其结果，将使报业的经营成本进一步降低，使已有“暴利行业”之称的这一行业，拥有更高的投资回报率。

3. 加入 WTO 以后，广告的投放量将持续增长

改革开放以来，中国的广告市场发展迅猛。根据AC尼尔森国际媒介研究总部最新发布的数据显示，2000年中国广告市场营业额已达800亿人民币，比前一年增长36%。增长的速度，在全世界名列前茅。“入世”后，由于中国将在3年内开放大部分产品的批发和零售市场，面向媒体的广告投放数量，将有大幅度的增长。广告的种类，广告的质量，广告的业务运作，将有较大的变化和发展。外资广告机构将会增多。国内广告客户压倒国际品牌客户的情况，也会有所改变。其结果，将给中国报业带来更大的经济效益。

4. 加入 WTO 以后，中国报业将面临许多新的变化和新的情况，许多传统的理论观念，传统的方针政策，传统的管理方法，将随之作出相应的调整

这将改变新闻理论滞后于新闻实践的局面，增强人们新闻改革的紧迫感，促使业内人士和主管部门共同站在一个相对较高的平台上，来思考有关新闻改革的一系列问题，加快新闻改革的进程。

但是，加入WTO后，中国的报业也面临着严峻的挑战。具体表现在以下几个方面：

1. 外国资本特别是跨国资本的大量涌入

中国的报业市场，是一个利润相当丰厚的市场。其平均利润的增长速度一直高于国民经济的增长速度，许多国外资金一直想进入这一领域。"入世"以前，著名的国际新闻界大亨默多克领军的报业集团，发行《财富》杂志的美国威卡姆公司，发行《读者文摘》的美国唐纳利父子公司，美国的时代华纳公司和IGB公司，德国的出版业巨擘贝塔斯曼股份有限公司，法国索夫瑞公司等，都已经开始了对中国传媒市场的进军。他们从以合资的方式投资办互联网办电视节目和内销刊物开始，逐步的进入中国的传媒市场，渗透到传媒的广告、印刷、发行、分销等各个环节，将对中国的报业市场有所影响，形成一定的冲击。

2. 原有的报业体制难以适应新形势的发展

改革开放以前，大陆的报业属于单一的机关报的体制，报纸只有政治宣传的职能，只讲政治效益，不讲经济效益。改革开放以后，由于实行了社会主义市场经济，大陆的报业结构发生了重大的变化，形成了以党委机关报为主，都市报、行业报、特定对象报（如书法报、残疾人报等）、生活指导类报等多种类报纸并存的格局。报纸不仅负有政治宣传的职能，还兼有传播信息、传播知识、经营谋利等多种职能。在管理上，也由党委宣传部门的一元化领导，转为各级党委主办单位和政府主管部门的双重领导。由国家的新闻出版总署对全国的报业实行总量的宏观调控。这种体制，和改革开放以前比较起来，已经有了很大的改变，但仍然是一种条块分割的体制。中央有中央的报，省、市、县有省、市、县的报，各行各业有各行各业的报，各部委局有各部委局的报。全国报纸的总数虽已超过2 000份，但绝大多数的报纸规模不大，抵御市场风险和竞争的能力不强，没有太多的开拓进展的空间。由于有部门后台的庇荫，缺少淘汰机制，“良”的发展不了，“莠”的也消灭不了。加以各种媒体之间壁垒森严，分工明确，搞广播电视的，不能办报办刊，办报办刊的，不能兼营广播电视。凡此种种，都难以适应“入世”后所面临的信息全球化和国际传播竞争的新形势。

3. 知识产权责权利不明的状况必须改变

在“入世”谈判的过程中，中国知识产权保护的情况，一直受到参加审议的工作组成员们的关注。中国方面已明确表示，将把有关知识产权保护的立法工作，纳入社会主义法制建设的重要组成部分。并承诺，将修改有关法律法规，包括《著作权法》《商标法》《关于禁止侵犯商业秘密行为的若干规定》等单行法中涉及知识产权的条文，以保证外国权利持有人，在所有知识产权方面，享有《TRIDS协定》（《知识产权协定》）所规定的国民待遇和最惠国待遇。“入世”以后的近半年来，中国方面已采取严厉措施打击侵犯知识产权的盗版行为，并加强了有关知识产权案件的审理。这些都意味着今后所有的报纸必须恪守尊重知识产权的相应条款。中国的报刊，特别是那些都市报和小报，将不能随意译载外报外刊的文章，包括从互联网上下载的文章。那种无视知识产权，随意译刊外报外刊和从网上下载文章的做法，将被视为侵权行为，受到法律的制裁。

4. 意识形态在内地报业中的主导作用将受到一定的冲击

在计划经济时代，内地的报业一直是意识形态挂帅，所有报纸都是各级党委的机关报，所有报纸都必须坚持党性原则，坚持正确的舆论导向。改革开放以后，宣传和经营分离，成为双驾马车，但长期形成的意识形态在报业中的主导作用，并没有改变。“入世”以后仍然如此。报纸仍然是党和人民的喉舌，国家对报业实行严格的准入制度，必须由国有单位主办，不开放私人办报，以保证意识形态的主导地位，这是一个方面。另一方面，“入世”以后的一些举措，不可避免的将会引发一些新的思想动向。主要表现为：①西方的非新闻类书刊、杂志、音像、电影、广告等精神产品，和与文化有直接关联的物质产品的大量引进，将对国人的价值观念产生潜移默化的影响。人们在思考问题的时候，将会更多采用全球性的眼光。②国民的知晓欲和知情权的意识可能迅速增长，某些新闻法规和政策的法理，将会受到质疑。③外资涉入报刊发行业和广告业后，将凭借强大实力争夺和控制发行广告市场，进而影响报纸的舆论导向和办报方针。这些都将会对传统的意识形态和价值观，造成一定的冲击。

为了应对以上的挑战和加入WTO后出现的新情况新问题，当前需要抓紧进行的，有以下几个方面的工作：

1. 解除一些传统思维的条条框框的束缚，突破一些旧的新闻理念的影响

例如，过去习惯的认为报业必须国有独资，党报的发行不能依靠市场。这些观念都应该逐步改变。事实已经证明，除了新闻舆论外，广告、发行、印刷和其他实务并不一定都需要国有独资，在这些方面实行与内地非国有资本和外资的合作，既能增强报业的实力，又能加快报业的发展，是完全可行的。党报的发行，也完全可以逐步摆脱党和政府的扶持，变政府行为为企业行为，变行政行为为市场行为，跳出党报发行不能闯市场的误区。此外，还应该在观念上由以传者为本位，逐步转向以受众为本位，把国内外的受众作为自己的服务对象，实现信息主体的平民化，让人民的关注点进入主流媒体，逐步扩大公民的知情权和加大新闻的透明度。

2. 加快报业体制上的改革，促进报业结构的调整

首先，报业部门要尽快实现由事业单位向企业单位的转轨，摆脱事业单位的身份，取得现代企业的独立法人的地位，和市场主体的资格，尽快建立股份有限公司，以增强自身的经营上的活力。其次，要加快报业资源的整合和报业集团的组建。截至今年上半年，内地已经组建了16家报业集团和4家发行集团。在如何实现集团内报刊结构的优化，增强集团的核心竞争力，整合资源发挥优势集约经营，以及实现投融资结构的优化等方面，已经积累了一定的经验。但还需要继续做大做强，以增加和国外及境外报业集团抗衡的能力。再次，要调整报业的产业结构，提高产业的集中度，形成新型的市场竞争主体。利用市场规律和兼并、联合等手段，推动新闻事业的优化重组，把北京、上海、广州、成都、沈阳等几个大城市建设成为能够影响和辐射区域乃至全国的新闻出版中心。逐步撤除禁止跨媒体经营的藩篱，按市场规律整合传媒产业，建立以报业为中心，融报纸、杂志、广播、电视、网络、电影、音乐文化等多媒体于一炉的综合性传媒集团。支持具备条件的报业集团到境外和国外办报办刊办社，逐步走向世界。最后，党和政府对报刊出版事业的管理体制和管理方式，也必须有一个大的转变。加入WTO后，党和政府对报业的调控体系必须建立在与WTO要求相适应的现代经济规则、法律规则和行业惯例的基础之上。主管部门在减少直接发号施令的同时，可以通过对报业企业资产的控制，以派出出资代表的方式任免主要干部，并通过自己任命的干部掌握重大事项的决定权，来掌握报纸的发展方向和舆论导向。在这方面，主管部门还可以借鉴国外的经验，通过一些报业的中介组织，利用国际通行的发行稽核制度、评议制度、“吹风会”制度等管理制度，实行对报业的调控，使政府的行为法制化、透明化。

3. 加快新闻法制的建设

有关新闻法的研讨和草拟工作，从20世纪80年代初开始以来，已经进行了近20年。目前已经制定颁布的和报业有关的单行法，可以举出的有《中华人民共和国著作权法》《出版管理条例》《音像制品管理条例》《印刷业管理条例》和《计算机软件保护条例》5种。但至今还缺少一部完全针对报业的单行法。为了适应“入世”后的需要，大陆有必要加快这方面建设的步伐。尽快制定出一套与《宪法》第35条有关公民享有言论出版自由的规定，以及第41条有关公民对任何国家机关和国家工作人员有提出批评和建议的权利的规定相配套的有关报业的单行法。这部单行法，应该既能保障公民的言论自由，也能防止公民对言论自由的滥用。既能保障新闻业者的权利，也彰显和强调了他们的责任和义务。此外，对外资进入本国报业的方式，资格的限定，在合资企业中所占资本的比例，以及经营者必须具备的资格等方面，也必须有相应的规定，逐步实现和WTO有关的相应法律规则的接轨。

4. 加快人才的培养和引进

加入WTO以后，报业之间的竞争进入一个新的阶段，报业对人才的争夺也将越演越烈。这是因为报业的竞争，归根结底是人才的竞争。人才是报业品牌经营战略中至关重要的因素。为了适应“入世”后报业竞争形势的需要，报业经营者必须摒弃地域和门户之见，树立开放型人才的观念，培养一批年纪轻、能力强，熟悉报业情况通晓国际规则的复合型人才，包括一大批新闻采编人才、经营管理人才和资本运作人才。这些人才，可以不拘一格的从本单位或业内选拔，也可以以攻读学位和充当访问学者的方式，送出去培养。此外，还应该不惜代价，从国外引进一些急需的人才，以满足参与全球媒介竞争的需要。在培养和引进人才的同时，必须进一步深化报业人事制度的改革，加大对有突出业绩的业务骨干包括采编人员和经营管理人员的激励力度，拉开分配档次，创造吸纳人才和留住人才的良好环境。

中国已经“入世”，中国报业已经“入世”。这是中国改革开放的必然趋势。“狼”是我们自己请进来的，我们不但要“引狼入室”，而且还要学会“与狼共舞”。“入世”对内地报业说来，机遇与挑战并存。从短期看，机遇大于挑战。从长期看，挑战大于机遇。内地报业只要充分利用加入WTO最初几年的保护时间和渐次开放的机会，坚定信心，沉着应对，趋利避害，为我所用，千方百计地壮大自己的经济实力，就能够赢得主动。只要能抓住有利条件，从实际出发，积极开拓进取，内地报业的发展就会迎来一个绚丽璀璨的春天。

（刊于2002年8月11日新加坡《联合早报》）

第六系列

（三篇）

东瀛访报记（上）

1988年11月10日至12月9日，我应日本上智大学新闻学科的邀请，去日本进行为期一个月的访问，先后到了东京、横滨、大阪、京都、奈良五个城市。其间，参加了几天国际新闻教育研讨会，列席了一次日本新闻学会的学术年会，在上智大学、创价大学、朝日新闻、大阪新闻学会等处，作了五六次有关中国新闻史的学术演讲，此外，还利用这次难得的机会，挤出时间，走访了几家藏有中文报刊的图书馆和中国人从事办报活动的旧址。这篇“访报记”，记的就是走访中的见闻。所谓“报”，既指在图书馆里看到的那些旧报，也指目前还能够找到的中国人办的那些报社的遗址。当然，经过将近一个世纪的风风雨雨，这些遗址早已非复旧观，只能在它们原来的地理位置上，寻觅前人的足迹，缅怀他们的业绩，遥瞻他们的风采，为这一段新闻史的研究撷取一点感性的素材而已。

由于中日两国有着深远的文化历史渊源，近代以来又有过密切的交往，日本的不少图书馆都收藏有中文报刊。其中数量最多的要数国会图书馆。这家图书馆创建于1948年。其前身是帝国图书馆，目前藏书总数为500万册，是日本最大的国家图书馆。

顾名思义，国会图书馆隶属于国会，是为国会的议员和工作人员们服务的，但也向社会开放，任何人只要在它的入口处填一张读者登记表，写明本人的姓名、年龄、住址和职业，换领一张卡片式的临时阅览证，就可入内。凭这张阅览证，馆内的全部收藏，包括书刊报纸、各类善本古籍和已开放的政府各部门的档案材料，都可免费借阅，不过只限在馆内阅览，不能携出。借阅的手续很简便。一般图书，从填写索书条到借到书，10分钟就行了。图书馆是全天开放的，中午不休息。饿了渴了可以在馆内供读者使用的餐厅或休息室中用餐或购买各种饮料，价钱比外面便宜。当天看不完的书，下班时打个招呼，可以留在借书处的柜台内，第二天接着看。第二天万一有事去不了，打个电话招呼一下，还可以继续代为保留。需要复印或拍照，随时都可办理，立等可取。前者每张收费10日元，后者每张收费200日元。这个数目，和日本人的一般收入比较起来，是微不足道的。

因为路不熟，前几次去，都请现在上智大学攻读新闻学博士课程的孙琪刚陪同。后来，去的次数多了，路也熟了，就自去自来放“单飞”了。

国会图书馆收藏的中文报刊大多存放在馆内的亚洲资料室。据该室负责人提供的数字，共藏有中文报纸134种，中文期刊约2 300种。看目录，发现1979年8月创刊到现在的新闻研究所编辑的《新闻研究资料》也赫然在内。试填了一张索书单，5分钟后，就全部送了出来。最近的一期是1988年9月出的第42辑。1988年以前出版的各辑，每一年合订一册，硬面精装，保护得非常好，说明馆内的管理和服务工作都是无可挑剔的。

我所关注的，主要还是在历史上有较大影响和在新闻史研究工作中有较高资料价值的那些报刊。翻了翻目录，深为它庋藏的丰富而惊叹。举例来说，属于封建官报系统的，有清朝中晚期的邸报、《政治官报》《学部官报》等；属于外国传教士办的，有《六合丛谈》《中外新报》《香港新闻》《中西闻见录》《格致汇编》《格致新报》和《万国公报》等；属于资产阶级改良派办的，有《循环日报》《时务报》《清议报》《新民丛报》《时报》等；属于资产阶级革命派办的，有《中国日报》《浙江潮》《江苏》《苏报》《民报》和《民呼日报》《民吁日报》《民立报》等；属于老牌商业报刊的，有《申报》《新闻报》等；属于中国共产党成立以后的革命报刊的，有《中国青年》《红旗》《红旗日报》《列宁青年》《真理》《无产者》《布尔塞维克》《上海报》和延安《解放日报》，等等。日本人在中国的重要报纸如《同文沪报》《顺天时报》《盛京时报》等，也搜集了不少。入藏的这些报刊，多数都比较齐全，其中如《时务报》《清议报》《新民丛报》《江苏》《浙江潮》《警钟日报》，以及有“竖三民”之称的于右任办的那三家“民”字头的报纸，都是从创刊到终刊的全本。有些报刊如《万国公报》《中国日报》《顺天时报》等，虽然不够完全，也都有一定的数量，可供学者研究。有些报刊入藏的数量虽然不多，但所藏的那一部分较为关键，因而也有较高的资料价值。例如《苏报》，它只藏有1903年5月6日至7月7日两个月，而这两个月恰恰是《苏报》革命色彩最强烈、和清廷的斗争最尖锐，终于遭到清廷查禁的时期，其资料价值是不言而喻的。此外，还有不少报刊，如1907年以前的《顺天时报》，1904年以前的《俄事警闻》等，国内收藏很少，或虽有收藏，但不完全，对中国的新闻史研究工作者说来，也都有重要的参考价值。

受时间的限制，我着重翻检的，主要是国内没有收藏的那一部分报刊，值得记述的有以下几种：

首先是清朝中期的邸报。国会图书馆收藏的邸报，主要集中在乾隆、嘉庆两朝。乾隆朝的藏报，起始于三十六年（1771年），截止于四十一年（1776年），每一年都有一些，但很零碎。例如，乾隆三十六年的藏报，就只存有六月二十四日至二十九日五天，嘉庆朝的藏报限于嘉庆六年（1801年）一年，六月、九月、十月各有一些。这两朝的邸报，因为时间接近，所以外观和格局差不多。从外观看，所有这些邸报都没有报头，没有封面，每天一册，每册六七页不等，每页长宽约为24厘米×18厘米。用木活字印刷，每册第一页的第一行印有出版那一天的年月日，版心部分印有“题奏事件”四个字。从内容看，主要是上谕、题奏、任免这么几项，有时还以“纶音”为题，报道皇帝和礼部太常寺等部门有关祭祀活动的消息。每天的栏目和栏目的顺序并不完全一样。以乾隆三十六年六月二十四日（1771年8月4日）的邸报为例，打头的就是“题奏事件”。这一天的邸报共10页，首刊署云贵总督印务湖南巡抚德某“特参衰老废弛三都司以肃戎政”的题奏，末附朱批：“该部知道。”次刊山东巡抚周某“为要缺亟需干员奏恳圣恩升署事”的题奏，末附朱批“该部议奏”。一共登了3份题奏，占了前6页。后4页则是乾隆三十六年六月的文选单和武选单。看内容，似乎是文武官员的任用名单，先记某缺，再记某人，最后记从什么渠道升上来的，如“顺监升”“直贡升”等。嘉庆朝邸报的格局，也大抵类此。乾隆的邸报，国内有一些，但数量极少。嘉庆的邸报虽然晚出，但国内各图书馆似乎都未见著录。国会图书馆的这批邸报，可补中国内收藏之不足，对邸报史的研究，有一定价值。

这批邸报，值得注意的还有三点：一是每册邸报第一页和最后一页的空白处都印有“公慎堂”字样，这大约是出版这份邸报的民间报房的堂名，可见它们是民间报房的出版物。其性质属于清末的报房京报，并不是封建官僚机构内部传抄的官报。邸报云云，乃是人们对这种报纸的混称，因为它们在内容上和官方的邸报没有多大差别。二是受篇幅限制，一些较长的题奏稿并不一定在一天内刊完。例如嘉庆六年九月二十六日（1801年11月2日）的那份邸报，就有一篇未刊完的题奏稿，末有“此稿未完”字样。可见齐如山在谈报房京报时所说的“一份奏折一天必须登完，不许今天登一半，明天登一半，果如此，则大家是要问罪的”（见齐如山《清末京报琐谈》，刊1952年8月台北《报学》杂志一卷三期）话，并不符合事实。至少在乾嘉时期并不如此。三是对比两朝的邸报，内容上无大区别，印刷上却稍有改进，主要是字体有所不同。嘉庆朝的较乾隆朝的字体笔画细一些，工整一些。可见明清两代的报房京报在印刷业务上还是有所改进的，只是改进不大而已。编印发行这份邸报的公慎堂，为已出版的新闻史专著所不载。目前已知的清朝报房堂名仅有聚兴、聚升、合成、杜记、集文、同顺、天华、公兴、聚恒、同文、信义等11家。这一批邸报的发现，不仅为古代报刊史的研究提供了一些新的实物，也使已知报房的堂名增加到12家，这也算是一个收获。

其次是在日本翻印出版的几家中国报纸：《六合丛谈》《中外新报》《香港新闻》。

《六合丛谈》是英国伦敦教会的传教士们在上海出版的一份中文报纸，它创刊于1857年1月26日，由伟烈亚力（Alexander Wylie）主编，每月出版一册，墨海书馆印刷发行。后者创办于1843年，是上海第一家有铅印设备的印刷出版机构。在中国新闻史上，《六合丛谈》占有重要地位。它是上海有史以来的第一种中文报刊，同时也是国内第一家用铅版排字和用机械印刷的报刊。

国会图书馆收藏的《六合丛谈》，是根据从中国运去的原报，在日本翻印的。翻印过程中对原报的内容作了筛选，因此封面的题签有《官版六合丛谈删定本》等字样，以示和原本有别。和原本的另外一个区别，则是每行汉字的右侧，都加有日文的训读符号和假名，以便利日本读者阅读。翻印本每期线装一册，长宽为20厘米×14厘米，接近于原本大小，和后来在日本出版的《清议报》差不多。每页10行，每行22字，每页版心处印有“六合丛谈”4个字，每期14页~22页不等。封底里页印有“老皂馆东都竖川三之桥万屋兵四郎”等字样。

这批“删定本”，保存在国会图书馆的共13卷，每卷为一期，共13期，起止日期是咸丰丁巳年正月朔日至同年十二月朔日（1857年1月至1858年1月），与北京图书馆收藏的该报原本，在数量和时间上都吻合。从“删定本”每卷的页数不同，每卷的印刷款式也小有不同等种种迹象看，它不大像是凑齐了以后一次删定一次印刷发行的，而是逐期删定、印刷、发行的。

和原本比较起来，删定本保留的是大量有关国际时事的报道，和介绍西方国家政治、经济、历史、地理以及自然科学知识方面的文章，删去的只是少量的有关宗教教义方面的文章。例如，它的第一期，除伟烈亚力写的那篇《六合丛谈小引》（戈公振《中国报学史》在附录中刊有这篇小引的全文）外，还刊有《丁巳元旦列国历记》《地球形势大率论》《希腊为西国文学之祖》《泰西近事纪要》《印度近事》《金陵近事》《粤省近事述略》等篇和属于商情性质的“进口货单”“出口茶价单”“银票单”“水脚单”等。删去的，只有韦廉臣写的介绍圣经的《约书略说》一篇。其中，《金陵近事》是有关太平天国发生内讧，杨秀清、韦昌辉等相继被杀事件的报道。《粤省近事述略》是有关亚罗号事件和事件发生后英方和粤督叶名琛进行交涉情况的报道。选刊这些稿件，反映了删定本的编者对发生在近邻中国的重大政治、军事、外交事件的关心。值得提一下的是删定本的第九卷还选留了王韬所写的《反用强说》一文。这篇文章发表时，署的是王韬的原名王利宾，当时他正在墨海书馆担任编辑，并协助伟烈亚力处理《六合丛谈》出版发行事宜。

这篇文章是针对该刊第四卷韩应陛的《用强说》一文而发的，韩应陛在那篇文章中提出了“刚必缺，亢必悔”，“弓用则敝，刀用则钝”，因此不必过分争强的观点。王韬大不谓然。他在这篇文章中强调一个国家应该极力争强，做到“不示天下以可犯之机，不与四邻以可乘之隙。静可自守，动可制人”，否则就会受制于人。这是王韬这位中国历史上的第一个报刊政论家在报刊上发表的第一篇政论作品。从中已可以明显地看出他的变法自强思想的端倪。这篇文章不见于《弢园文录外编》，是王韬的一篇佚文，因而有一定的文献价值。

过去，不少新闻史论著在介绍《六合丛谈》时，都有创刊一年后迁日本出版之说。例如，戈公振的《中国报学史》说它“次年，迁至日本”（第3章第5页），胡道静的《印刷术反馈与西方科学第二期东传的头一个据点上海墨海书馆》说它“出至下一年就停刊了。以后用此名义在日本继续出版过，亦是不久就停止出版了”（见《出版史料》1988年第1期）。从国会图书馆收藏的这批删定本看，以上说法都不正确。实际情况是上海和日本两个版，在相当长的一段时间内，是并存的，上海的停了以后，日本的也跟着停了，并不存在上海版停刊后迁日本出版的事。戈、胡之所以有此误解，是因为他们都没有看到过这批删定本的缘故。

《中外新报》是美国传教士在宁波创办的，以报道国内外新闻为主的时事性期刊。初由玛高温（MacGowan，Daniel Jerome）负责，后由应思理（Luslee，Elias B.）主编。宁波是鸦片战争后划定的五口通商的沿海口岸之一，又是外国教会印刷出版中文书刊的一个中心，这也许就是《中外新报》选择在那里出版的原因。这份刊物在宁波出版后，面向全国，在当时是有一定影响的。

国会图书馆收藏的《中外新报》只有五册，出版时间分别为1859年的10月、11月，1860年9月、12月，1861年1月。其中1859年10月的那一册，是它的第6号。和官版《六合丛谈》一样，所有五册都是在日本翻印的。翻印本用黄色棉纸作封面，线装，一册为一期，长度宽度和《六合丛谈》差不多。封签有“官版中外新报”等字样，下注出版的年月，中西历并刊。封底的里页刊有和官版《六合丛谈》相同的“老皂馆东都竖川三之桥万屋兵四郎”等字样，不同的是在刊有“老皂馆”的下列书刊广告：“发阅目录舶来番书类官版原书类同翻译类”，说明了这一翻印出版机构的业务范围。正文部分每册8页，每页10行，每行汉字的右侧都附有日文训读符号和假名，一如官版《六合丛谈》。每册第一页的下端都印有“浙宁应思理撰”等字样，意在表明它是由应思理主编的。

《中外新报》的内容，据戈公振在《中国报学史》中讲，有“新闻、宗教、科学与文学”（第3章第5页）等项。从现存的五册翻印本看，则似乎大部分是新闻，宗教的一篇也没有，其余的也不多，大约是被删略了。所刊新闻多以新闻发生的地点为题，如宁波、上海、广东、安南、暹罗、日本、新加坡、天竺等。亚洲以外的国际新闻，则笼统地以“外国新闻”为题，或以欧罗巴、亚美利加、亚非利加等为题。国内新闻有相当一部分是报道太平军和捻军动态的。也刊登过一些社会新闻，如下面这一条。

> 北门外张姓者，昔在石浦间设酒行。有儿13岁，在行学业。时有戚元开，素与伊家来往，其子阿三有事往石浦，寓于张姓行内，不料阿三诱赌，13岁小儿勒写欠票4万贯，迄今10余年，小儿虽属长成，然已忘却前事。伊之父兄更属不知其情。前月间，戚阿三欲籍典索欠，恐难得志，将欠票交与广人代索，张氏因数巨，不能抵债，只得呈控县主。（刊1859年11月《中外新报》第7号第1页，文前以“宁波”两字为题。）

说明新闻采访的触角，已深入市井闾巷。不少新闻以“探得”两字打头，行文用第一人称，说明已经有了专业的新闻访事者。有些新闻，就一个战役一个事件的经过作综合报道，有事实有分析有评论，夹叙夹议，洋洋洒洒，从体例看，已经接近现代报刊上的新闻通讯，如1860年9月1日该报第11号所刊的有关英法联军进攻京津，遭到“满兵”强烈抵抗的报道。这些都是值得注意的。

宁波的《中外新报》，国内已经失存。国会图书馆收藏的这五册，虽然是翻印本，又经过删节，但多少保存了一点原貌，对这一时期中国新闻史的研究，仍然有重要价值。另外，利用这批藏报，还可以订正戈公振《中国报学史》有关《中外新报》记载中不够准确的地方。如刊期，戈书作“半月刊……（后）改月刊”，实际上名为月刊，实为不定期刊；每期的篇幅，戈书作“四页”，实为8页；停刊的日期，戈书作1860年，宁树藩曾订正为1861年，这批藏报证明后一说法是对的。

《香港新闻》是在香港出版的中文报纸。戈公振说它是香港英文《孖刺报》（*Daily Press*）的副刊（见《中国报学史》第3章第5页），是继《遐迩贯珍》之后在香港出版的又一份有影响的中文报纸。国会图书馆藏有该报两卷，合订线装一册，版式与《中外新报》等相同，两卷的篇幅不一样，卷一共21页，选录了咸丰辛酉七月初五日至十二月十六日（1861年8月10日至1862年1月15日，报纸编号为591–664）该报所刊的新闻。卷二共10页，选录了同治壬戌正月初一至五月初二日（1862年1月30日至5月29日，报纸编号为666–717）该报所刊的新闻。从编号不衔接来看，收录时是经过了筛选的。从各号出版日期看，1861年1月以前似是两日刊，以后大体上是三日刊。这两卷《香港新闻》也都是在日本翻印的。封面有“官版香港新闻”题签，封底里页有“老皂馆东都竖川三之桥万屋兵四郎”的题记，和老皂馆的“发阅目录”，正文各行汉字的右侧有日文训读符号和假名，这些都与《中外新报》相同。翻印本所收录的全部是新闻，除照录了一些清帝的“上谕”外，涉及的有太平军与官兵作战，英法联军进攻北京，咸丰逝世，同治即位，端华、载垣等大臣获谴，美国南北战争，日本商情，留美华工情况等政治、经济、军事等各方面的内容。有的新闻前面还加有下面一类的“帽子”，如“兹有颠地行火轮船名鲤鱼门于八月初三晚到港，带来上海新闻纸云”（八月初六日，604号），“昨火轮船由上海到本港，带来新闻纸云”（八月初八日，605号），“前数日有二花旗船由旧金山到香港，带来新闻纸云”（八月十日，607号），等等，说明了新闻的来源和传递的方式。

《香港新闻》的原本，国内已经无存。国会图书馆收藏的这两卷翻印本，对了解该报的性质、内容具有一定价值。此外，利用这批翻印本，还可以订正戈公振《中国报学史》记载的失误。如该报出版的时间，戈书说是“自咸丰十一年（1861）起”（第3章第5页），实际上咸丰十一年七月初五日（1861年8月10日）已出至591号，按两日刊推算，开始出版的时间至少应在三年以前，即1858年前后。又如该报的内容，戈书说是“专记船期、货价，系纯粹商业性质之杂志”（同上），实际上除船期、货价之外，还刊有大量新闻，并不以商业信息为限。可见，对新闻史研究者说来，翻印本还是有重要资料价值的。

日本最早的近代化报纸诞生于1868年，即明治天皇即位的那一年，以柳河春三在东京创办的《中外新闻》作为标志。这是日本人创办的最早的民办日文报纸。日本的第一家近代化日报《横滨每日新闻》，则迟至1871年才问世。国会图书馆收藏的《六合丛谈》等三种中文报纸翻印本，都是在日本近代化的报纸诞生以前出版的。

近代的日本和中国有着共同的遭遇，都曾经遭受过西方资本主义国家的侵略。在中国遭到两次鸦片战争的冲击和蒙受严重耻辱的时刻，日本也正在遭到西方国家的炮舰政策的困扰：天保十五年（1844），荷兰国王威廉二世写信敦促日本立即开国；弘化三年（1846），英、法、美军舰驶入日本港口；安政元年（1854），日本在美国炮舰的威胁下，被迫签订了第一个不平等条约《日美神奈川条约》；安政五年（1858），日本在美国驻日总领事哈里斯恫吓下，被迫签订了承认对方享受协定关税、领事裁判权等特权的又一个不平等条约——《江户条约》，荷、俄、英、法等国也相继效尤，纷纷取得最惠国待遇。在严重敌国外患的逼迫下，日本朝野人士都积极地寻求对策。他们当中头脑比较清醒的人，认识到只有向外国学习，进行变法改革，才能免蹈中国的覆辙。学习外国，首先要了解外国。因此从19世纪50年代起，不少日本的有志之士就致力于这方面的工作。由于长期执行闭关锁国政策，和西方国家的直接来往不多，了解国际形势和信息的主要渠道只能依靠中国。魏源写的介绍五大洲几十个国家的历史地理和总结鸦片战争经验教训的《海国图志》，徐继畬写的介绍世界地理的《瀛寰志略》，成为这一时期日本新派人士了解世界的重要参考书。这两部书都是由中国商船带进日本的。到日本以后，就立即被翻刻或翻译成日文出版，受到日本有识之士的欢迎。与此同时，来自中国的报纸，由于刊有不少有关中国和其他国家的信息，有助于了解国际形势，也受到重视。最先被带进日本的是英国传教士在香港办的中文月刊《遐迩贯珍》，这是1853年12月，到琉球出差的鹿儿岛藩士乡田仲兵卫、川上式部从那霸港的外国船上偶然得到的，一共只有两册，立即就被呈送给幕府的有关人士阅读。限于条件，当时并没有翻印传播。《六合丛谈》《中外新报》《香港新闻》三报的翻印本，就是在这样的历史背景下产生的。翻印的目的是为了满足日本朝野人士对国际形势的了解和国外各方面信息的需求。它们的历史意义在于填补了日本近代新闻史上的这一段空白。等到19世纪60年代后期，大量日文的近代化报纸创刊以后，这一批经过删定和训点的客报，也就完成了它们的历史使命，“秋扇见捐”了。

负责删定、训点和翻印这三种中文报刊的，是幕府下属的蕃书调所。这个所成立于安政三年（1856），最早称为蛮书和解所，文久二年（1862年）以后，又改称洋书调所，专门负责洋学的研究和洋书的翻译工作。删定训点和翻印中文报纸只是它的一部分任务。因为是官方机构，所出的书报才称为“官版”。至于那个万屋兵四郎则是一个专为蕃书调所和后来的洋书调所发行洋书的商人。“东都竖川三之桥老皂馆”是他的“发卖所”。万屋兵四郎的名字见于春原昭彦的《日本新闻通史》。他的具体情况已不可考，只知道他除了发行这三种中文报纸翻印本之外，还发行过日文《官版·巴达维亚新闻》三十二卷，《官版·海外新闻》九卷和《官版·海外新闻别集》三卷（见宁新《日本报业简史》第4页）。这是一批根据荷兰人提供的材料翻译出版的官方报纸，出版时间在1862年以后，说明这个人在日本近代新闻史上还是做过不少有益的工作的。

江户时代，日本幕府严禁日本人乘船去外国，只有少数在沿海航行遇到风暴漂流到海外的人，才偶尔有机会接触外面的世界，但这种联系是不经常的。和国外的经常性联系，主要还是靠来自中国的商船。19世纪50年代初期，太平天国建都天京，占据了江南一带的传统外贸基地，中国商船和日本间的往来一度中断，19世纪50年代中期以后，才逐渐恢复。这以后，经常航行上海长崎、上海兵库这几条航线的中国商船有丰号和源丰号，每一个单程，需要10天左右。60年代以后，日本幕府为了开展对华贸易派出千岁丸、健顺丸两条船，由官员押送货物，往来上海和日本各港，使两国间的贸易和信息的交流得到加强（这一段中日交往的情况，可参看王晓秋《近代中日启示录》49~57页）。《六合丛谈》《中外新报》《香港新闻》三报的中文版，估计就是通过这些商船捎到日本去的。由于商船的航班无定，这些报纸的到期和翻印本的刊期也无定。从这些翻印本各期的间隔不规则，有时间隔的时间很长这一点，也可以看得出来。但无论如何，有了这么一批翻印加训点的报纸，日本的读者们总算可以及时地了解国际的形势和得到国外的信息了。

《六合丛谈》等三报官版删定本的出版，适应了日本变法维新的需要，给要求抵御外敌革新内政的日本志士们以一定的思想启迪，开拓了他们的视野，增扩了他们的见闻，为后来的明治维新运动作了舆论上的铺垫。这一点，恐怕是它们的中文版的原编撰者们所始料不及的。被保存下来的这批官版删定本还弥补了中国旧报收藏上的不足，为这一阶段中国新闻史的研究，提供了一些间接的原始材料。这恐怕也是它们的中文版的原编撰者们所料想不到的。

一批在甲国出版的报纸，经过编辑加工，被乙国拿去再版发行，这在世界新闻史上是十分罕见的。这种事只有在中日这样的文化交往历史十分悠久、关系十分密切的国家之间，才有可能发生。这也可以算是两国新闻史上的一段共同的佳话吧。

香港《循环日报》创刊于1874年，王韬、黄平甫等人主办，是一份在中国近代新闻史上有重要影响的报纸。

这份报纸的早期部分，即从1874年创刊到1930年以前近半个世纪的这一部分，国内早已失藏。1934年以后的部分，北京、上海两地的图书馆有一些，但也很少，很零碎。这给这份报纸的研究工作带来不少困难。此前就出版的所有新闻史专著对这份报纸的情况介绍得都很简单，都只能依靠二手材料作一些粗略的分析，时感根据不足，原因就在这里。

国会图书馆收藏的香港《循环日报》共约5年，起止的时间为1880年7月5日至1884年12月29日，恰恰属于国内所没有的那一段时期。对中国新闻史研究具有重要价值。

由于时间限制，5年的报纸不可能全部看完，更不可能细看，只把1880年下半年的报纸匆匆翻一遍。初步的印象，当时的这份报纸是用铅活字白报纸平版印刷机两面印刷的。它每天出两张，每张正反两面各一个版，共四个版，每版的尺寸略小于现今的对开报纸。四个版的安排是这样：头版为报头、船期、“香港目下棉花纱匹头杂货行情”和各公司股份行情。这一版横剖为六栏，报头占一栏，其余占五栏。二版排在头版的反面，竖剖为五栏，主要刊载新闻和评论。三版、四版合为另一张，除少量“宪示”和私人告白之外，全部为各类广告。这一安排，和后来我从别处看到的1874年的《循环日报》版面照片，完全一致。可见这就是早期《循环日报》版面的基本模式。以上事实，动摇了对该报的两种传统的说法。其一是“新闻常占篇幅1/3”（戈公振《中国报学史》第4章第7页）。实际上，新闻的篇幅经常小于1/4，从来没有达到过1/3。其二是“以政论为主”（《中国近代报刊史》66页）。实际上是以广告、商情、船期之类的经济信息为主，其次是新闻，然后才是政论。可见管窥蠡测的研究方法和想当然的分析判断，是多么地靠不住。

这一时期的《循环日报》的新闻主要集中在第二版，设有“选录京报”“羊城新闻”“中外新闻”等几个栏目。其中，“选录京报”只是照登新近收到的报房京报上的题奏、上谕和官员任免消息，顺序发排，没有标题。“羊城新闻”主要刊载来自国外和其他省市的消息，每条消息前面都有一个一句话的标题，如《中国创造机器》《中国兵可使》《电音汇录》《西陲近耗》《形迹可疑》《赌徒自误》《因狗判罚》《贩烟滋讼》《犬噬毙命》《窃门系狱》等，字数不定，字体的大小和正文相同，只用下空一个字的办法和正文保持距离，以示区别。消息的取材，既有军国大事，也有社会琐闻，不少消息用第一人称写作，于叙事之余，时时发表议论。这些都保持了早期新闻写作和新闻编辑工作的风貌。

这一时期《循环日报》的评论，多数刊于“中外新闻”栏内，并没有特设的评论专栏。每篇评论，通常为1 500~2 000字，文前都有一个标题，字体的大小同正文，题文之间只留有一个字的空白，编辑的处理手法和新闻一样。就已翻阅过的这一部分报纸来看，这一时期的《循环日报》，除休刊日外，几乎天天都有评论。以1800年7月9日至26日这一段时期的该报为例，先后刊出的评论就有《论习西学宜知变通》《论改装换束》《录杞忧生蠡测罪言》《论禁鸦片宜行之以渐》《书英京电报后》《论法在因时变通》《论亚洲已半属欧人》《论电气宜避》《论驾驶轮船宜责成统带员弁》《论御俄宜用土勇》《论查核幕友》《论出使》12篇。涉及的范围很广，其中的不少评论，带有明显的呼吁救亡和鼓吹变法的色彩。说明以往的一些新闻史专著对《循环日报》致力于维新变法思想宣传的评价，大致不差。说这份报纸比较重视评论工作，注意发挥政论的宣传作用，也大体符合实际。由于这些评论全部未署撰人，它们的作者究竟是哪些人，已经难以确指，但肯定有王韬的作品。例如上引的《论亚洲已半属欧人》（刊1880年7月16日该报）一文就被收入王韬的文集《弢园文录外编》，题目被简化为《亚洲半属欧人》。《论禁鸦片宜行之以渐》《论出使》两文，也见于论文集，题目分别被简化为《禁鸦片》《遣使》。其余各篇虽然不见于他的文集，但也不排除是文集外的佚文。

这一时期的《循环日报》还刊有不少告白，其中有一些涉及报纸的性质和出版、发行等方面的情况，试抄几段如下：

> 行情新闻日派，星房虚昂停印。（见1880年7月8日该报报头两侧告白）
>
> 启者：本局倡设《循环日报》已历有年，局内一切事务，皆我华人操权，非别处新闻纸馆可比，是以特延才优学博者主司厥事。凡时势之利弊，中外之机宜，皆得纵谈无所拘制。兹特于省会市镇及别府州县并外国诸埠凡我华人所驻足者，皆有专人代理，如各行

店及外埠士商欲惠顾本局新闻纸者，请赴就近代理人处先为挂号，自当如期送至，决不有误。（见1880年10月22日该报所刊中华印务局告白）

启者：本局设在港中环百步梯，除发行《循环日报》外，兼印售月份牌、黄遵宪《日本杂事诗》、王韬《蘅华馆诗集》、代售《米利坚志》《法兰西志》等书籍。（见1880年11月24日该报所刊中华印务局告白）

这些，对研究《循环日报》的业务工作，都有一定的资料价值。

《循环日报》是王韬一手创办起来的。从1874年创刊，到1884年4月他告别香港重返上海，这个报纸一直由他负责。国会图书馆收藏的1880年夏至1884年底这一段时期，也正属于由他主持的时期。因此从当时报纸的版面上，时时可以找到他的痕迹。除上文提到的代印代卖他写的书，发表他写的不署名的评论之外，报纸上还有一个不定期出现的专栏，题为“弢园撰述”，专门发表他的旧作。另外在这一时期的每一天《循环日报》第三版的下端，还刊有以下一行公告式的文字：“此新闻纸由香港歌赋街第五约门牌第二十五号中华印务总局王韬刊印。”明确地认定了他在报社中的主要负责人的地位，说明他和这份报纸的密切关系。

写到这里，感到有必要提一下王韬1879年的日本之行。那次访日归来之后，王韬曾写有《扶桑游记》三卷问世，但是这部书似乎并没有引起两国新闻史研究者的重视。其实这是中日两国新闻工作者之间的第一次交流。王韬当时是《循环日报》的负责人，职务相当于今天的社长兼总编辑，以报纸总编辑的身份访问日本，和日本的新闻界人士进行接触，在中国，王韬实为第一人。仅此一点，就足以载入两国的新闻史册。王韬的那一次访问，起始于1879年4月29日，终止于同年8月31日，共约100多天。在日本期间，他先后访问过长崎、神户、大阪、京都、横滨、东京等地，但大部分的时间在东京。到达东京后，他最初的下榻地点是上野附近的精养轩，这就是后来章太炎等人发起举行支那亡国242周年纪念会的那个地方。一个月以后，就迁住日本桥附近的报知新闻社，在那里住了80多天，直到他离开东京。报知新闻社当时的全称为《邮便报知新闻》，创刊于1872年，创办人是日本首任邮政长官前岛密，以散布全国各地的邮务工作者为主要对象。王韬访日时期，这份报纸由藤田茂吉担任社长、栗本锄云担任总编辑，日发行量约8 000份，政治上倾向于“自由民权运动”，反对接近政府的官权派，是一份和日本维新派知识分子关系密切的报纸。当时，东京的新闻事业正处在蓬勃发展的阶段，和《报知新闻》同时出版的还有《东京日日新闻》《读卖新闻》《朝野新闻》（不是《朝日新闻》，这时东京的《朝日新闻》还没有创刊）和新创刊的《东京横滨每日新闻》等。王韬在众多的报纸当中，选择了《报知新闻》作为自己的活动基地，反映了两国维新派报人之间的相濡以沫的亲密关系。在东京期间，王韬和栗本锄云等赞成维新讲求西学的新闻界人士有过密切来往，他们当中的大部分人，都看过王韬访欧后所写的《普法战纪》一书，对王的学识和文字都十分钦服。王韬不通日语，他们之间的交谈是用笔来进行的。语言虽然不通，心却是相通的。这一次访问，沟通了中国和日本新闻界的联系，对两国新闻事业的发展，都产生了积极的影响。

由此想到一个问题，国会图书馆入藏的这批《循环日报》和王韬的这次访日活动有没有关系？会不会是他回港后特意赠送给新结识的那些日本朋友们的？所以有这种想法，是因为时间上有些巧合。这批报纸始于1880年，这恰是王韬访日回港后的第二年；终于1884年，这正是王韬辞去《循环日报》工作离开香港的那一年。王韬访日以前，日本的朋友们没有订阅这份报纸，所以没有收存。王韬离开该报后，接替他主持报纸工作的负责人不再送阅，因此也没有收存。这样一来，保存下来的就只能限于这一段时期内的报纸了。当然，这只是一种猜想，是不能作为定论的。

早期的《循环日报》，除日本国会图书馆收藏的这一部分外，伦敦的不列颠图书馆也藏有一些，主要是1874年创刊后不久的那一部分，新加坡新闻史学者卓南生博士曾利用后一部分藏报写过专门的论文。充分利用海外收藏的这些旧报，对于中国新闻史的研究，是十分必要的。

除以上这些国内失藏的旧报外，我还利用国会图书馆借阅手续简便这一有利条件，借阅了一些国内虽有收藏但轻易看不到的报刊。如《中西闻见录》《杭州白话报》等。其中如《中西闻见录》，创刊于1872年，是北京最早的近代化报刊，北方一家著名的图书馆藏有36册，但始终藏之金匮，秘不示人，借阅十分困难。这次在国会图书馆，只填了一张索书条，5分钟后就看到了。在国会图书馆看报的那几天，正赶上馆内举办日本印刷史展览。日本最早的印刷品公元770年出版的《百万塔陀罗尼经》，日本最早的日报1871年创刊的《横滨每日新闻》和东京最早的日报1872年创刊的《东京日日新闻》等，都公开陈列，有的还是它们的创刊号，使人大饱了一次眼福。其中，《百万塔陀罗尼经》卷是日本的国宝，能够看到真是意外的收获。

国会图书馆之外，日本的东京大学图书馆、京都大学图书馆、早稻田大学图书馆和东洋文库等单位，也藏有一些中文报刊。利用这次访日的机会也去看了看。比较起来，东洋文库收藏的《衡报》（1908年）、《秦中官报》（1904—1905年）、《藏文白话报》《蒙文白话报》（1913年）、《北方红旗》（1932年）、《（晋冀鲁豫）人民日报》（1946—1948年），早稻田大学收藏的《俄事警闻》（1904年）、《救国时报》（1935年）等较有价值，其余的多与国会图书馆的收藏重复，数量质量都远逊于国会图书馆，就不一一赘述了。

东瀛访报记（下）

访《清议报》和《新民丛报》旧址

这次访日，东道主提出的活动方案是先在东京参加会议和讲学，然后去关西地区的大阪、京都和奈良参观访问。在征求意见，问还有什么要求的时候，我只提了一条，就是希望去横滨看看梁启超办报活动的旧址。这一要求，在到东京后的第7天就实现了。

这一天是11月17日，东道主方面由上智大学新闻学科资料室的负责人伊藤阳子小姐陪同，因为她曾在横滨住家，对那里的情况比较熟悉，担任翻译的则是台湾中国文化大学新闻系的讲师萧素翠小姐，她正在上智大学新闻系攻读博士学位。我们一行上午十点在国铁东京站聚齐，从那里乘车出发。

横滨在东京之南，是东京湾南端的一座港口城市，北距东京市中心区约30公里。这里历来是东京的门户，19世纪中叶以后，从中国大陆浮海而来的，多数在横滨登岸，然后沿陆路去东京。王韬、梁启超、宋教仁等人就是这么走过来的。本世纪初，横滨东京之间已有铁路和公路相通，乘汽车大约需两小时左右，票价只要三角来钱。[1]《宋教仁日记》1904年12月13日条所记的“十二时（在横滨）登汽车，未正抵东京新桥”，就是当时旅行情况的实录。现在这两个城市已经连成一片了，从东京坐京滨急行线的快速电车，只要16分钟就能到横滨市的中心，从那里换乘根岸线的电车，经过高岛、樱木、关内三站，在石川町站下车，走不远就到了我们的目的地横滨山下町。这一路上，公司、企业、商店、工厂、体育馆场和居民自建的和式两层小楼鳞次栉比，作为间隔的只有一些小块的种满了各种乔木和灌木的绿地，已经看不到一块农田了。

山下町又名居留地或元居留地[2]，位于横滨市中心南部偏东一点的地方，现属横滨市的中区。再往东走一点，就是横滨的港区。19世纪60年代以来，这里曾是旅日外国侨民落脚的地方，后来发展成为华侨的聚居地。现在町南一带还保留有一片当地人称为外国墓地的地方，说明这里是传统的外国侨民的居住点。我们一行从石川町车站出来，往北走不远，首先看到的是横滨公园。沿公园前的大街东北行数百米，到一个十字路口，就看到一座中式牌楼，上面写着“中华街”三个字。从这里走进去，就是中华街。以中华街为中心，以两侧纵横交错的道路为外围，组成的一片街区，就是我们要访问的山下町。

根据有关记载，从1898年到1907年，梁启超在日本从事办报活动的地点一共有3个，都在山下町。这一带，1907年以来经历过两次大的破坏：一次是1923年的关东大地震，95%以上的房屋倒塌；一次是第二次世界大战后期的大轰炸，又有不少房屋被毁，因此原来的地面建筑已经

1 章宗祥：《日本游学指南》，28 页，广州，岭南报馆，1901。

2 19 世纪末曾被称为唐人街或南京町，见《清议报》第 71 期、72 期告白。

荡然无存，现在的建筑大多是战后陆续盖起来的，非复旧观，但街区街道和门牌号码没有变化，还可以大体找到当年的位置。

梁启超在日本从事办报活动第一个地点是横滨山下町139号。这一地址见于《清议报》第7期的封底，印作横滨居留地139番馆。这里既是《清议报》的编辑部，也是它的发行所，同时也是梁启超早期在横滨的住处。《清议报》就是在这里创刊的。日本的町，通指某一片街区，有点类似古代长安的坊。丁目指町内的小片街区，番地或番馆则指街区内各户的门牌号码，因为是按街区而不是按道路编号。所以门牌不太好找。我们一行几经打听，才找到了139号这个号码，位置在中华街南侧与它平行的另一条街上，属于目前町内相对说来比较僻静一点的地区。梁启超是在戊戌政变后的一个月，即1898年的10月21日到达日本的。在日本的第一个月，他由大隈内阁的进步党负责接待，住在东京牛込区的马场町。第二个月就迁往横滨。同年12月23日在这里创办了《清议报》。此后，有半年多的时间，他经常住在这里，早期《清议报》所发的攻击“逆后贼臣”的那些文章，就是在这里写作和编发的。这个地点位于山下町的东南隅，往西北方向走，穿过中华街，再拐两个弯，就是山下町53番地[1]，冯镜如的文经书店就设在这里。他是《清议报》经济上的支持者之一，这家书店也代理《清议报》的发行业务，1900年被火焚毁。从《清议报》馆往西南方向走到路口，再往北拐不多远，就是横滨的大同学校，梁启超主编《清议报》的时候曾在这里兼课，有时也住在这里，他写给蕙仙夫人的不少家信，就是从这里发出的，那些信的末尾都注有发自“横滨大同学校”等字样。现在这里仍然是当地华侨子弟学习中文的学校，校门上的“国父纪念学校”等几个字是严家淦题的。《清议报》离以上这两个地方都不远，到文经书店大约要六七分钟，到

1　刘大年的《赤门谈史录》误作五十二番地。

大同学校三五分钟就够了。这是《清议报》创办初期梁启超经常走动的两个点。

这一时期的山下町139番地，还是梁启超和旅日爱国人士广泛交游的地方。在这里，他不但和康门的弟子们有过密切的来往，还接待过孙中山和章太炎的来访。1905年以前，孙中山曾多次到过横滨，先后住过山下町53番地的文经书店、山下町130番地、121番地和前田桥121番地等地。其中山下町130番地和121番地，是1898年、1899年这两年他经常下榻的地方，离清议报报馆都只有几步之遥。当时兴中会的日本分会设在山下町175番地，位于《清议报》的西南方向。从现场勘察，孙中山每次从住处步行到分会理事，都必须从清议报馆门前经过。为了争取梁启超参加民主革命运动，这一时期的孙中山曾多次到《清议报》找梁恳谈。《梁启超年谱长编》1899年条载有梁启超写给孙中山的一封信："前日承惠书，弟已入东京矣，昨天八点始复来滨。知足下又枉驾报馆，失迎为罪。又承今日赐馔，本当趋陪，惟今日六点钟有他友之约，三日前已应允之，不能不往。尊席只得恭辞，望见谅为盼。下午三点钟欲造尊寓，谈近日之事，望足下在寓少待，能并约与杨君衢云同谈，尤妙。"这封信作于1899年夏，反映了这一时期两人之间接触的密切。信中提到的孙中山曾多次"枉驾"的报馆，就是当时设在山下町139番地的清议报馆。章太炎则是1899年6月从台湾乘船到日本的，这是他的第一次日本之行。这一次，他走的是基隆、神户、名古屋、东京那一条线，先到东京，然后来横滨，最后从横滨乘神九号船返回上海。在横滨期间住的是清议报馆。负责跟踪他的日本地方当局曾为此向外务大臣作过如下报告："清国亡命者章炳麟于本月15日由东来此，住居留地百三十九番《清议报》馆。昨（16日）在本市住吉町六丁目海漕业华侨处小憩。同日正午十二时乘轮解缆，向上海出发。滞在中如有异状，当续报告”。[1]可见梁启超在《清议报》和革命党人交往的这些活动，是受到日本官方的监视的。

1899年10月27日《清议报》不慎失火，被迫搬家，新址在山下町253番地。同年12月13日出版的第32期《清议报》封底刊有告白，对愆期出版和搬家事作了如下说明：“本馆偶于九月二十三日（10月27日）夜被火，故近期报刊迟未刊发，今渐次复业，除将本年例刊三十三册补足外，仍陆续出报。本馆现迁往横滨山下町253番地，如有惠寄函件，祈按此寄下可也”。这一期的封底也印有该报新馆的地址：横滨元居留地253番馆。这是梁启超在日本从事办报活动的第二个地点。印在封底的那一个地址，证实了山下町和元居留地是一个地点的两个异称。《清议报》的这一新馆址位于山下町的最西南端，离现在的石川町国铁车站不远，原馆舍已经不存，现在的地面建筑是一座新式的十层楼的旅馆，对面是横滨公园和一座体育场，南距国铁根岸线的高架过街线路只有五十公尺左右。和旧址比较起来，这里离文经书店和中华街稍微远了一点，但和大同学校的距离却差不多，只是由原来的学校的东北方向，换成了西南方向。从这里去学校，步行三五分钟就到了。迁到新址以后，《清议报》的日常工作仍由梁启超主持，但没有多久，他就去了檀香山，接着又去新加坡和澳大利亚，其间还一度为所谓勤王事去过一趟上海，直到1901年的5月才回到横滨。在此期间，他仍然为《清议报》撰稿，并以“著论求为百世师”自励，报社的日常编辑工作则由麦孟华代劳。由于康梁都不在，这一时期往来《清议报》的客人较少，值得记述的事情只有一件，就是《开智录》的出版。《开智录》是郑贯公、冯自由、冯斯栾等人以中国留日学生团体开智会名义创办的。它是一个半月刊，创刊号出版于1900年12月22日。由于主持人郑贯公当时是《清议

1　明治三十二年六月十七日神奈县知事浅岗须则上外务大臣报告，见日本外务省档案《各国内政关系杂纂》支那部《革命党关系》甲秘，113号机密授1390号。

报》的助理编辑，这个刊物的编辑部就设在《清议报》新址内，印刷发行工作也由《清议报》代理。从现存《开智录》原件的封面上，还能够看到"本会在横滨山下町二百五十三号"等字样，这一地址和《清议报》的新址完全一样。《开智录》的言论主张和《清议报》并不完全一致，只出版半年左右就停刊了。

梁启超在日本从事办报活动的第三个地点是横滨山下町152番地。这是《清议报》再次搬家后的地址。搬家的时间是1901年2月23日[1]《清议报》的这个新址就在中华街上，西南距中华街口的那座牌楼只有200米，处于山下町商业最繁华的地区。中华街是一条东北西南走向的大街，街面不宽，只能容两辆小汽车并行，但商店十分密集，多数为餐馆，其次为水果店、点心店、药店、杂货店以及其他各式各样的小店。临街的店面房屋不算太高，通常只有二至三层，但装饰得非常华丽，各式店招、广告和霓虹灯五色缤纷，有点像北京的大栅栏。商店的门面上没有门牌，我们在附近的几条街上东奔西走地转了好几个圈，问了好几位当地人，才找到山下町152番地的位置。这里现在是一座四层的红色小楼，临中华街的那一部分，是一家药店，店名更生堂药局，药局的西南侧有一条和大街垂直的小巷，巷的另一侧是山下町154番地，现在开着丰明楼、中华楼两家饭馆。其中中华楼是一座飞檐雕梁的中式塔楼，这就是《清议报》旧址和它左邻右舍目前的状况。我们访问了更生堂药局的一位老人，据他回忆，明治时代这里是一座三层楼房，出版过报纸，大正（1912—1925年）以后，就改为一般商店了。

梁启超选择这个地址作为《清议报》的新址，主要是为了工作方

---

1 1901年3月11日（光绪二十七年正月二十一日）出版的《清议报》第72期上刊有该报迁居告白如下："敬启者：本馆于中历辛丑元月初五日迁往山下町（又名南京町）152番地，此后各处书信电信新闻纸等，请向新迁地步惠寄，不致误。"辛丑元月初五日即公元1901年2月23日。

便。这里距离文经书店、大同学校都比前两个地点更近，和町内的一些华侨人士来往，也比前两个地点更方便。正因为这样，1901年11月以后，这里一直是梁启超从事办报活动的基地：1901年底以前，是《清议报》的地址；1902年以后，又成为新创办的《新民丛报》社址；梁启超和罗孝高合办的《新小说》月报，在1905年1月迁往上海以前，也在这里编辑出版。[1]其他海外的改良派报刊也以这里为代销机关。它的知名程度，远远超过了前两个社址。

在1901年初至1907年夏将近6年的时间内，梁启超除了1903年1—10月去了一趟美国和加拿大，1904年1—3月去了一趟香港和上海外，大部分时间都在这里主持报务。1902年曾经短时期地住过箱根风景区的塔泽环翠楼，1906年曾经短时期住过须磨风景区的怡和山庄，其余时间，他都住在这里的三层楼上。发表在两报一刊上的署名任公、饮冰室主人、中国之新民的那些脍炙人口的鸿篇巨构，多数是在这里完成的。这一时期的梁启超还在大同学校兼课，讲中国历史。大同学校离这里只有半里多路，西南行经中华街南口的大牌楼，再往左手一拐，用不了3分钟就到了。

这一段时期内，山下町152番地的这个旧址，还是资产阶级的改革家和革命家们冠盖往来、风云际会的场所。1902年章太炎第二次访日期间，曾经在这里下榻。近代史上著名的那次纪念明朝亡国242周年的政治活动，就是他离开这里后不久在东京发起的。1904年以后，杨度、邓孝可、廖仲恺等人，也都是这里的常客。从1902年到1905年，高朋满座，胜友如云的盛况，曾经在这里持续达3年之久，直到1905年以后才逐渐消歇。不论从新闻史还是从文化史的角度看，这里都是一个不应该被忘却的地方。

1　阿英：《晚清文艺报刊述略》13页谓《新小说》在东京出版，误。

3个地点走完，已经是中午1点了。我们就在中华街上靠近《新民丛报》旧址的地方找了一家中国料理店，入座就餐。一边吃着，一边想象着当年梁启超等人在这一带辛勤笔耕和痛斥后党、歌颂少年中国、介绍西方最新思潮的种种情景，不禁心向往之。山下町这一带是华侨比较集中的地区，梁启超在这里办报的时代，这里有3 000多名华侨，占当时旅日华侨总数的60%。不少商店的招牌全都是汉字，一条主街也以“中华”命名，在后街堆放垃圾袋的地方，还能看到居民们用汉字写的“禁止乱扔垃圾，不要给中国人丢脸！”的标语，说明这里确实是炎黄子孙们聚居的地方。梁启超当年之所以把他的舆论阵地选择在这里，这恐怕也是一个原因吧。

访《浙江潮》《江苏》旧址

11月18日，横滨归来后的第二天，我又开始了在东京寻访中国人办报遗址的活动。访问的第一个目标是1903年创刊的两家著名的期刊《浙江潮》和《江苏》，由上智大学新闻学科的台湾留学生宣圣芳陪同。小宣毕业于成舍我在台北办的世界新闻专科学校，现在是山本透教授的研究生，正在攻读广播电视方面的硕士学位。他原籍江苏，是一个热情的年轻人。

《浙江潮》《江苏》这两个刊物的社址，据刊物自己的记载，均为东京神田区骏河台铃木町18番地。神田区的建制现在已经撤销，原属神田区的那一大片街区现在划归千代田区管辖。从我所住的小石川后乐宾馆往东走，到国铁的神田站，只有3站路光景，在东京，这是很近的距离了。

我和小宣先乘国铁到神田，然后步行去骏河台，这两处都很好找，没有碰到什么问题。再往下找铃木町就碰到困难了，因为铃木町是1903年前后的老地名，早已废弃不用，现在叫什么，在什么位置，问了很多当地人都摇头说不知道。转了半天，转到了附近的日中友好协会，就进去请教。友协的高桥景子小姐帮助查了一下明细街区地图，没查出来。她介绍我们到神田警察署去问，到了警察署，也没问出来。又去千代田的区役所（即区政府）打听，在那里碰到了地籍办公室的有马先生，承他热心帮助，终于在区役所收藏的明治年间的老街区图上查到了铃木町的位置，大约相当于现在的神田骏河台二丁目，铃木町的18番地，则相当于现在的神田骏河台二丁目九番地。从地图上看，那里离我的住处不远，只有两里多路，比去神田站还要近。但这时已经过了中午，下午还另有约会，来不及去了，只好暂时作罢。

此后几天，日程排得很满，直到11月20日，才抽出空来作第二次访问。这一次因为地点已经查明，路并不远，手头又有一本从留学生那里借来的东京市区街道地图，可以作为向导，就自己一个人去了。从住处出发，我沿着和神田川平行的外崛通[1]东行不远跨过水道桥，再沿着神田川往东走一里多路，就到了当年的神田骏河台铃木町18番地。

神田骏河台位于东京都中心千代田区的东北隅，在横贯东京市区的神田川的南岸，介于水道桥和御茶之水桥两桥之间。明治初年这里和北面的本乡、汤岛都被称为御茶之水。御茶之水这一地名起源于江户初期，以地内有一个专供将军德川家康饮茶用的涌泉而得名，是当时江户的名胜风景区之一。北边不远的上野、田端，东边不远的浅草，都是幕府时期东京人文荟萃的地方。夏目漱石、厨川白村等日本近代的著名文学家，都曾在这一带寄寓。明治初期，在神田川上架设了御茶之水桥，沟通了本乡、汤岛和骏河台之间的道路，使这一带成为东京中心地区北

1 通是日本对大街的习惯称呼。

端的交通枢纽。明治以后，在它的北边创办了东京大学，又使这一带逐渐地发展成为东京的文教中心之一。从国会图书馆收藏的明治时代的东京街道风光画中，可以看出当年的神田骏河台是一条东西向的街道，路北的沿河一带淡烟笼渚，林木蓊郁，一座座两层的和式小楼掩映在袅娜婆娑的绿杨影里，颇有点诗情画意。铃木町18番地就是这些小楼中的一座。它东距御茶之水桥只有200多米。《浙江潮》《江苏》创刊前，这里是清国留学生会的会馆。两刊创刊后，即以这里为自己的社址和编辑发行机关。

清国留学生会是在中国留日学生早期的组织励志会的基础上发展起来的，成立于1902年。冯自由《革命逸史》曾有文记其事云："及辛丑年……遂有中国留学生会馆之组织，馆址设于骏河台，外观颇宏伟，由各省学生开全体大会选举干事若干名以处理之。开幕之日，鄂省士官学校学生吴禄贞宣布开会辞，谓此会馆之于中国，无异美国之独立厅云。会馆成立后，以经费支绌，乃请清公使蔡钧拨款补助，蔡钧要求须将中国二字改为清国，始允所谓，干事会不得已许之。"[1]所说情况，大体符合事实，只是把建馆的年份错记为1901年。会馆成立后，这里成为中国留日学生的集会活动，如抗议限制留学生入成城学校和反对清国留学生取缔规程的两次集会，就都是在这里举行的。这里还办有专为留学生补习日语服务的日语讲习所，以及专供留学生从事文娱活动的地方。正像鲁迅后来回忆时所写的，"但到傍晚，有一间的地板便常不免要咚咚的响得震天，兼以满房烟尘乱斗，问问精通时事的人，答道，那是在学跳舞。"[2]

此外，这所会馆还是留日学生们从事报刊出版活动的重要基地。除《浙江潮》《江苏》外，《游学译编》的编辑部，《译书汇编》《湖北

1　冯自由 :《革命逸史（第四集）》，104~105 页，北京，中华书局，1981。
2　鲁迅 :《朝花夕拾 · 藤野先生》，见《鲁迅全集》，二卷，271 页。

学生界》（后改《汉声》）、《洞庭波》《二十世纪之支那》的出版发行部，都设在这里。当年的会馆是一座两层楼房，楼房底层的进口处有一间门房，负责传达、收发和代售书刊等事宜。不少留学生办的报刊，就是在这里零售和接收订阅的。宋教仁所写“至会馆，与门番勘定《二十世纪之支那》代售账目讫”[1]就是这一类活动的记录。它实际上已经成为不少留学生刊物的共同的发行所。其中有些刊物，由于主办人是穷学生，没有力量单立门户，也只好把地址或编辑部挂靠在这里。《浙江潮》《江苏》等就是这样，会馆实际上成了他们编辑发行机关和对外联系机关。

这所会馆是清国留学生会向日本房东租用的。1905年12月中国留学生为反对日本政府颁发的清国留学生取缔规程，决定全体罢学回国，会馆退还给了房主。1906年大部分留学生重来日本恢复学业，会馆又重新建立了起来。辛亥革命后，会馆仍然保存，但已改清国为中国。原址于1935年1月毁于大火。

现在的铃木町18番地属于神田骏河台二丁目9番地，矗立在那里的是一座五层楼的洋式建筑，门口挂的招牌是日法会馆。虽然已与中国留学生无关，但仍属国际文化交流性质，保存了多半个世纪的传统。此处背靠神田川和国铁中央线，国铁御茶之水站，地铁千代田线新御茶之水站和地铁丸之内线御茶之水站就在它东边不远，西侧是东京外语专门学校，南面隔一条马路，是东京艺术大学音乐学部附属音乐高等学校，再往南几步到神田骏河台的另外两个丁目，就是日本典型的学校街，比邻而设的就有日本大学、明治大学、东京医科齿科大学、顺天堂大学、中央大学、文化学院、日法学院、骏台预备学校等七八所学校。这一带的街道安静清洁，往来的都是莘莘学子，颇有洙泗之风。

---

1 见《宋教仁日记》1905 年 8 月 30 日条。

11月20日以后的3天，我又利用早上的时间，多次到旧神田地区寻访以下几家清末留学生刊物的遗址，它们是《粤西》（东京神田区猿乐町二番地）、《晋乘》（东京神田区猿乐町五番地）、《云南》（东京神田区西红梅町六番地）。寻访的结果，发现它们原来也都在清国留学生会馆旧址附近。其中《粤西》《晋乘》两刊的旧址和现在的神田骏河台一丁目9番地，都只隔着一片小小的街区。由此得出的印象是：以原东京神田骏河台铃木町八番地清国留学生会馆为中心的这一片街区，是辛亥革命时期资产阶级革命派办报活动较为集中的一个地区。

现场勘察，这一地区除了学校密集之外，还有以下两个特点：

第一，中国人往来和活动较多

这一带在清末是中国留学生最集中的地区，他们当中的相当大一部分在这一带寄宿。因此早就有“在外国的中国”[1]之称。此外，资产阶级革命党人的一些较大的集会活动，也都在这一带举行。曾经举行过励志会新年庆祝会的上野精养轩，从这里往北走，只有3站路。曾经举行多次集会，包括欢迎章太炎出狱后来东京的那次2 000人集会的锦辉馆，就在南面不远的神田锦町，离这里只有几步之遥。

第二，书刊印刷出版业比较集中

日本的印刷出版业集中在东京，东京的印刷出版业又集中在神田。其他地区的著名的出版社，也都在这里设有事务所。戊戌辛亥之际中国人在东京创办的各类报刊，大多在这里付印，承印早期《民报》的秀光印刷社也在这一带。此外，这一带还是东京书刊发行的中心。以神保町为中心的著名的神田书店街，就在这里。鲁迅当年经常去的丸善书店，也在这一带。这一特点，一直保留到现在。目前，这一地区仍然是东京书刊印刷出版发行的中心，日本最大出版社集英社就在这里，包括三省

1 见实藤惠秀《中国人日本留学史》61 页。

堂、东京堂、旭书屋、东方书店、内山书店在内的近1 000家书店，就集中在这一带的神保町、九段、骏河台、水道桥和锦町一丁目二丁目等街道上。说明这一带在东京的书刊印刷出版发行行业中，占有极为重要的地位。

那么多的中国人办的报刊选择在这里出版，上举的这些特点，起了决定性的作用。

访《民报》旧址

《民报》是中国近代新闻史上起过重大影响的资产阶级革命派机关报，到东京后一直惦记着寻访它的旧址。据《民报》每期封底所载，它的社址在日本东京市牛込区新小川町二丁目8番地。查了查东京市区地图，发现牛込区的建制早已撤销，新小川町这一片街区现在划归新宿区管辖，位于新宿区的东北隅。在东京市内，它处于市中心区偏北偏西一点的位置，离我下榻的小石川后乐宾馆很近，步行大约只要10分钟就能走到。

11月14日清晨，我利用其他活动的间隙，按照地图所标示的位置，对《民报》旧址作第一次访问。离开宾馆往西走，经过饭田桥北的高架人行过街桥，沿神田川和五号高速公路往北走半里多路，往西拐进一条小路，再往前走不远就到了新小川町。二丁目也找到了，在新小川町的西南端，但走遍了整个丁目，只找到了1、3、5、9、10、11等几个门牌，4、6、7、8号却没有。这一次是一个人去的，因为不通日语，不能问路，也没法向别人求教，只得废然而返。

第二天，恰好台湾地区中国文化大学新闻系讲师萧素翠小姐来看我，她日语很好，就邀她陪同作第二次访问。两个人沿着昨天走过的路线，再次来到新小川町二丁目的那片街区，挨着户地走了一遍，证明确实没有8号。问了在附近作坊作工的工人，也不知道有这个门牌。最后在二丁目东南把角处的臼井断截所株式会社请教了一位老住户，才知道几年前这里调整了街区，现在用的是新街名，原新小川町二丁目还要往北走，距离这里大约二百公尺左右。这位老住户还取出他保存的早期这一带的明细街区图，给我们指点了原新小川町二丁目八番地的位置。从图上看，原新小川町二丁目那一小片街区标为8号的一共有三处地方，我们一一记了下来。这次访问虽然没有找到原址，但是有进展。

第三天，11月16日，我按照从老街区图上了解到的情况，在另一位留学生的陪同下，终于找到了《民报》当年所在的街区。这里现在已改称新小川町五丁目。街区南面是一条东西走向的小街道，出东口往南不到半里路，就是附近的交通中心饭田桥。往东跨过隆庆桥可以去小石川。西口是一个十字路口，有一条南北向的小街和它相交，经十字路口南行100米左右，有一处一亩地大小的街区公园，牌子上写的是新小川公园，再往南走就是前两天去过的新小川町二丁目了。回到当年《民报》所在的旧二丁目，仔细地观察了一下，发现这里的街道不宽，楼房不高，建筑较陈旧，沿街的房子多数为两三层楼的小商店、小作坊，也有一些住户。作坊中以印刷业居多。在从东到西不到100米距离的街面上，就有东协制版社、片贝印刷株式会社、青柳装订社、博文印刷机械社、精美印刷株式会社、泰马制版社、富田印刷机械研究所等十几家中小规模的印刷厂店。西口的那条南北街上也有不少印刷店。看来这一带已经形成了一个从机械制造、制版、印刷到装订互相配套的小小的印刷业中心了。除印刷厂店外，这条小街上还有不少其他行业的小商店，各式餐馆也不少，路南有一家门面比较大的中华凤园料理，西行穿过十字路口的路北，有一家门面不大的中国饭店。说明这一带还有不少华侨定居。

找到了原新小川町二丁目的街区以后，需要进一步落实8番地的位置，这是确定《民报》旧址的关键。1980年刘大年同志访日时，曾到这里来看过，他在介绍寻访经过时写道：

> 《民报》旧址：新小川町二丁目街道东西行。8号在路角，离街道东口约七十步。门面不宽，三层楼房。一楼入口处刻着醒目的字迹“仲俣齿科”（即仲俣牙科医院），因非交通要道，来往车辆较少。但街道西口往北一拐，另有一个8号，建筑物比较宽敞。两处相距约二百步，方位也不同。《民报》旧址是哪个8号，现在无法确定。[1]

因为相距二百步方向又不同的一片街区内有两个8号，难以确指，他曾专门写信给曾在民报社住过的黄兴之子黄一欧先生求教，信刚刚发出，就收到了黄去世的讣告。此事遂成悬案。

上引刘文有两点值得商榷：一是说旧二丁目有两个8号。实际上是三个，不是两个。二是把路南的刻有“仲俣齿科”字样的那个8号，当成旧二丁目的一个8号。实际上路南属于另一个街区（现属三丁目），不宜与旧二丁目的8号相淆。根据前述老住户提供的旧街区图，我在现场作了仔细勘察，发现旧二丁目的8号有以下三处：（1）东口路北把角处，现在是一座高层建筑，为伊藤印刷所所在地；（2）西口路北把角处，现在是专卖和式饮食的千都世寿司店；（3）西口往北走几十步路东靠近双和印刷所的一座四层楼房，现在是一家不大的百货食品店。后一处就是刘文所说的“街道西口往北一拐”的那一个8号了。从地理位置看，第一处面临饭田桥到池袋的南北通衢，不够隐蔽，第三处又稍嫌局促和偏僻，比较起来，似乎以第二处的位置为最好。这里现在是一座和式的两层楼房，位于旧二丁目西口小十字路口的东北角，比第一处隐

1　刘大年：《赤门谈史录》，153页，北京，人民出版社，1987。

蔽，比第三处方便，估计很可能就是当年《民报》的社址。当然，这只能是一种推测。为什么一个街区内会有三个位置不同的8号呢？问了一些人，都说不清楚。我猜想，也许是由于房产兼并后造成的。房子被兼并后，原号码就为兼并者的号码所取代，因此才会出现有的房号消失了，有的又多了起来的现象。是否如此，已经难以查考了。同样，由于当时人并没有对《民报》社址的确切位置作过记录，唯一活到20世纪80年代的见证人黄一欧又已去世，《民报》的确切位置，恐怕已难以落实了，但它就在这片街区和街区南端的这条东西不过100米的小街上，则是无可置疑的。

第二次世界大战期间，《民报》所在的这一带街区受到过轰炸，旧建筑多数无存，现在的沿街房子大部分都是新盖起来的。街区的风貌，据当年住在附近的老住户的回忆是，“商店、作坊都很少，而且住户较多。住户大都是学校的教师和政府机关的公务人员，是一处极为恬静的所在。……当年这一带还有许多小岔路。每条小岔路中必有井，并栽种着杨树或柳树”[1]。写这段回忆文字的是东京大学教授佐伯有一先生的母亲伊势老太太，她当年在东五轩町住家，与《民报》所在的新小川町毗邻，距离不过200多米。所记的是当年《民报》附近街区的情景。经过了多半个世纪以后，现在这一带的外观稍有改变，杨树柳树和路中的井没有了，商店、作坊多了，但整个街区的风貌没有太大变化。给人的印象，这里仍然是一片楼房不多，不太繁华的以中下层居民为主的旧式街区。

当年住在这一带的除了学校的教师和政府机关的公务人员之外，还有不少清国留学生。这是因为附近有两所专门招收中国学生的学校，一是设在和《民报》只有一街之隔的东京高等大同学校，这是梁启超创办的，郑贯公、冯自由、蔡松坡、范源濂等均曾在这里就读。这所学校

1　刘大年：《赤门谈史录》154~155页，北京，人民出版社，1987。

开设在东五轩町，从民报社往西走不远，再往北一拐就到了，距离只有200多米；一是和《民报》只隔两条小街的弘文学院，这所学院设在东五轩町西边和它相平行的西五轩町，是专为中国留学生开设的预备学校，鲁迅、许寿裳等均曾在这里就读，离《民报》只有五六分钟的路程；此外，从民报社往西，沿神田川或早稻田通到早稻田大学，往南，沿外崛通经饭田桥到法政大学，都只有两三站电车路的距离，步行的话，10~20分钟就能到。为准备进入陆军士官学校学习的中国留学生提供预备教育的振武学校和成城学校，也在《民报》附近，和《民报》同属旧牛込区。说明这一带和东面的神田、小石川、本乡和南面的赤坂、四谷一样，都是中国留日学生比较密集的地方。

《民报》旧址的建筑已经被更新了，原来的模样缺乏文字和图片资料，难以考察，只知道它是一座两层的小楼，内部的格局和设备是和式的。楼下主要是会客室和编辑部，楼上则是同盟会的总部，楼上楼下都有住房，《民报》的主要编辑一般不住在这里。同盟会的不少骨干“都在报社里共同生活”。[1]同情中国革命的日本友人宫崎寅藏还特地让他的妻子津知和妻姐前田卓子住进报社，照顾编辑部每人的起居。[2]这里还曾经留住过越南的革命志士庞希和接待过俄国的民粹党人彼尔斯特基的来访。[3]除编辑《民报》外，还曾一度充当过《洞庭波》杂志的编辑部和《复报》的代派机关。

《民报》一共出版了26期，最后两期的情况不详，前24期的社址一直在这里，时间是1905—1908年。在此期内，和《民报》的这个社址有过来往的人物不胜偻指，值得提起的是孙中山、黄兴、宋教仁和

1 宫崎寅藏 :《三十三年之梦》，282 页，台北，水牛出版社，1984。

2 宫崎寅藏 :《三十三年之梦》，310 页及《湖南文史资料》，第 10 辑 40 页所刊黄一欧《辛亥革命杂忆》一文。

3 见《宋教仁日记》1906 年 2 月 6 日、2 月 9 日条。

章太炎。

孙中山第一次到东京是1897年，住过麴町区的平河町五丁目三十番地和早稻田鹤卷町的四十番地，这时《民报》还没创刊。第二次到东京是1905年，先是住在新宿番众町宫崎寅藏家。同盟会成立前后，迁住牛込区的筑土八蟠町二十一番地，这时《民报》刚刚出版。从那时起到1907年，他曾多次往来于欧、美、南洋和日本等地，每次来日本都以高野长雄的化名在这里下榻。筑土八幡町现在划归新宿区管辖，离民报社很近。11月15日我第一次踏勘《民报》社址时，曾和萧素翠小姐一道专程去寻访过。以后又多次利用早晚空闲的时间，在《民报》旧址和这一带散步。筑土八幡町以当地有一座筑土八幡神社而得名，这一片街区东面的街道较宽，北面的较窄，而且还有一点坡度。这个町的二十一番地就在北面这条街路南的位置上。1980年刘大年同志访日时，曾到这里来过，并作过如下的描述："筑土八幡町二十一号在侧面大道西口路南，后墙紧靠神社高地。三层楼小楼房，第一层分成两个门面。一个叫光雅写真制版株式会社，另一个看样子像住宅。往东隔三个门，一座日本式小房，招牌上写旅馆筑土。"[1]根据是什么？没有说。我们在现场所见的筑土八幡町二十一番地却不是这个样子。从外观看，它是一座西式两层小楼，临街而筑，坐南朝北，当中只有一个门，因为路面有坡度，门前还有东西向的一段台阶。这里现在是潼沢公寓所在地，门前还挂有一家书道研究所即书道教室和儿童习字教室的招牌。户主人叫潼沢芳云。由于前几年这一带的地籍有所调整，这里现在的门牌是筑土八幡町16号，主人为使只知道旧门牌的来访者不致扑空，特地在市政部门新钉挂的搪瓷门牌上面添挂了一块相当大的自制木牌，用毛笔写有"潼沢芳云筑土八幡町21番地"等字样，表示这才是这里原来的门牌号码。两处旧

---

1 刘大年：《赤门谈史录》，153页，北京，人民出版社，1987。

址，何者为是？因为没有官方的档案为佐证，难以判断。我们的倾向是后者。这里和民报社的旧址只有300多米的距离，从原新小川町二丁目8番地出发，南行到现在的新小川町二丁目，再西行一小段距离，就到了。步行只需要五六分钟时间。孙中山在这里居住期间，《民报》诸子经常到这里来向孙中山求教。冯自由的《革命逸史》中还记有一段章太炎在这一带迷路的故事："章与胡汉民、汪精卫诸人每日恒至孙宅叙谈。以好学深思之故，来往数月，仍不识道路。有一次只身独行返报社，竟误投日人家宅，经民报社派人四索，始觅得之。"[1]几百步的距离，居然还会迷路，足见这位笔下生风，令人神往的政论家在生活上是多么的不经心。这一期间，孙中山也经常去《民报》看望大家。宋教仁的日记中就保留有这方面的记录："四时，至《民报》社……谈次，始知孙逸仙已回东，今日当来社云。未几，孙逸仙果来，言此次自欧洲而新加坡，而香港，始来东者。说良久，遂留晚餐。"[2]"十一时；至《民报》社，晤得孙逸仙，到东才二三日者也。"[3]

黄兴从《民报》筹备出版到1908年被迫停刊这一段时间，曾多次往来日本和香港等地。在日本期间他对《民报》出版事一直很关心。把《二十世纪之支那》改为《民报》就出于他的倡议。1906年12月2日锦辉馆召开的《民报》创刊周年纪念会，也是他主持的。1906年以前，黄兴在东京的住处是牛込区的若宫町27番地[4]。1906年9月11日从南洋回到东京后才赁居牛込区东五轩町49番地。这个地方，据前面提到的伊势老太太的回忆，是她的邻居林谷家。[5]据黄兴之子黄一欧的回忆是林馆，[6]

1 见《革命逸史》初集56页。
2 见《宋数仁日记》1906年5月21日条。
3 见《宋教仁日记》1906年11月9日条。
4 这里后来成为章士钊的寓所。
5 刘大年：《赤门谈史录》，154页，北京，人民出版社，1987。
6 中国人民政治协商会义湖南委员会文史资料研究委员会：《湖南文史资料选辑（第十辑）》，37页，黄一欧文。

唯独宋教仁记为“伊势屋”，并有“室在楼上，甚广大”之类的描写。[1]林谷、林馆音相近，显然是一个地方的两种称谓。伊势屋云云，恐怕是因为周围有几处伊势家的房子的缘故吧。黄兴的这一住处离《民报》只有100多米，离孙中山的寓所筑土八幡町21番地也很近，因此，他在1907年2月去香港准备武装起义以前的这一段时期内，经常去《民报》会晤同志联系工作。这一时期的宋教仁日记中就有“至《民报》社，访黄庆午”的记载。[2]黄兴不在日本时，黄一欧也曾在《民报》寄住。由此也可以看出他和《民报》这一故址往来的密切。

宋教仁是1904年底到东京的，最早的住处在麴町的小金楼。《民报》创刊初期，他担任该报的业务干事，和担任发行人的张继等人一道，都住在新小川町二丁目8番地的民报社内。《宋教仁日记》曾记有他这一时期在民报社内受到日本警方监视的情况：“是日，日政府派有巡查三人守《民报》社，云因载泽来东，防掣革命党甚严密，故出此手段。并言余等出门，亦尾之于后云。……未正，至神乐坂劝工场购诸小间物，一巡查果随余后。申初回，彼亦随来。是日余遂不出门矣。”[3]“是日，警察终日守《民报》社，余未外出。”[4]前一条日记中提到的神乐坂，是《民报》附近的一条商业街，位于新小川町之南，从民报社步行到那里只要六七分钟，是《民报》工作人员经常去的地方。日本的街道，凡带有坂字的，都有坡度，神乐坂也是这样，这是一条西北东南走向的小街，西北高东南低，路面不宽，但铺面众多，极为繁华。这条街上当年有一家凤乐园餐馆，是孙中山和黄兴第一次会面的地方。《民报》诸子也经常在这里宴客和小酌。《宋教仁日记》1907年3

1 见《宋教仁日记》1907年2月17日条。
2 见《宋教仁日记》1906年2月15日条。
3 见《宋教仁日记》1906年2月15日条。
4 见《宋教仁日记》1906年2月16日条。

月8日、4月21日、5月2日等条就有在这里和《民报》同人便酌的记载。因为这一带离我所住的小石川后乐宾馆不远，访日期间经常利用晨晚饭后的间隙到这里散步，当年的凤乐园餐馆已经不见了，但街上的其他餐馆仍然很多，其中还有不少中华料理，印象中这是一条保留了浓郁的日本特色的商业小街。《宋教仁日记》中提到的巡查和警察是从附近的牛込区警察署派出来的，这个警察署现在还在，只是把区字去掉了，改称牛込警察署，位置在民报社西边一点的大久保通上。后来执行封禁《民报》命令和对章太炎实行传讯的，就是这个警察署。我们去看了一下，从《民报》到那里，相距只有两里多路。宋教仁在《民报》住宿的这一段时期，还在法政大学选修经济、民法等课程。法政大学在麹町区的富士见町，从民报社经神乐坂步行到那里只需要十来分钟。1906年2月，他转学早稻田大学的留学生部预科，为了上学方便，在早稻田大学附近的丰多郡下户家找了一处房子，这一年年底又一度搬到新宿番众町宫崎寅藏家暂住，在此期间，他经常去《民报》送稿、会见同志、处理有关校对出版发行等事宜。这一时期《宋教仁日记》上类似"至《民报》社""又至《民报》社"的记载，就不下五十余处之多。从日记上还可以看出，他经常在《民报》进餐、留宿。1907年2月，黄兴离开东京去香港筹备武装起义，宋教仁为了就近照顾《民报》和同盟会的工作，搬进了前面提到的黄兴在东五轩町49番地的那一处房子。搬进的日期是1907年2月17日，这一天的《日记》上对这件事作了如下记载："拟今日移居于黄庆午寓处。午餐讫，清检行李。四时，遂辞宫崎氏及夫人。五时至庆午寓。其处名伊势屋，与《民报》社甚相近。……余既入，安置行李，良久讫。复至《民报》社，时庆午已清检行李将起行矣，乃以一切要物交余。"新寓离《民报》实在太近，因此他几乎天天都要从这里往返报社处理各项事宜。前两天，还在日记上记上一笔，第三天起，就不记了。这一天的日记上留下了这样一句话："九时，至《民报》

社。是后每日晨午晚必往，不记也。”[1]以后这一类活动就不再见于日记，直到1907年5月5日他离日回国。

“辛亥革命”时期章太炎曾经3次到东京。前两次一在1899年，一在1902年，先后住过小石川区表町百九番地钱洵家、牛込区元神町65番地朱菱滨家和牛込区原町71番地静思馆；第三次是1906年，这一次是在他因《苏报》案被捕入狱释出后，由孙中山派人专程去上海接来的。到达东京的初期，在新宿宫崎寅藏家附近暂住。接任《民报》总编辑后，才搬进民报社，时间大约在1906年的9月中旬。此后一年，章太炎一直工作和生活在这里。由他担任社长的国学振起社，也设在这里。鲁迅兄弟、许寿裳和钱玄同等人从章太炎学文字学，就在这个时期。当时，鲁迅等人住在本乡区，先是在汤岛町二丁目的伏见馆，后是在东竹轩町的中越馆，这两处坐电车去民报社附近的饭田桥都只有三站路，步行走直径，只需要十来二十分钟。他们几个人每次去，都围坐在民报社楼上一间八张日本席的房间里，听章太炎宣讲。1907年9月至1908年4月这一段时间，章太炎曾一度搬出民报社，先后住进小石川久坚町六丁目27番地和麴町区坂田町六丁目21番地。这两处同时也是国学振起社和刘师培夫妇主办的《天义报》的社址。1908年4月以后，才又搬回民报社，直到1908年10月《民报》被迫停刊。

其他如朱执信、廖仲恺、汤增璧、汪东、刘师培等人，也都和《民报》的这一社址有过紧密的联系。《民报》出版期间，廖仲恺和何香凝一家先是住在神田，后来搬到大久保，后一住处离《民报》和早稻田大学都较近，廖仲恺经常往来报社和早大之间，兼顾学业和革命宣传工作，直到他1907年衔命回国。

《民报》设在新小川町二丁目8番地的这个社址，只进行对外联系

1　见《宋教仁日记》1907年2月19日条。

和编辑撰稿方面的活动，没有自设印刷厂。《民报》的印刷，主要由设在神田区中猿乐町四番地的秀光印刷社承担。《宋教仁日记》中经常有“至秀光舍，催其速印《民报》也”“至秀光舍，送交《民报》原稿也”等之类的记载。这家秀光印刷社由日本人藤泽牧吉开设，能够承办铅印石印照相制版等各项业务，1908年以前用瓦斯机器印刷，1908年以后改用电动印刷机印刷，是当时日本设备较好的印刷厂之一。《民报》除第15期一度由丸利印刷合资会社承印外，其余各期都由秀光社承印。丸利印刷合资会社的社址也在神田区。当时的新小川町一带可能没有现在这么多的印刷厂，否则就不会舍近求远了。《民报》的发行所设在丰多郡内藤新宿字番集町34番地，那里是日本友人宫崎寅藏的寓所，现属新宿区，离新小川町的民报社较远，但只挂了一个招牌，是为了对付日本人的，大量的发行工作还是在新小川町的民报社内进行。

11月24日至27日我应邀参加在上智大学召开的国际新闻教育讨论会，会议期间由东道主安排住进了千代田区市谷驿附近的私学会馆，这里位于《民报》旧址之南，离那里只有两站电车的距离，借此机会，我又利用会前会后的时间踏勘了附近的几处中国人办报的旧址。从私学会馆出发，往南步行约一站路，就是麴町的卧龙馆，这里是宋教仁、田桐、陈天华等人主办的《二十世纪之支那》的旧址，当年的地名是麴町区饭田町三丁目1番地。往北从政法大学和靖国神社之间穿过，步行不到一站路，就是秦力山、王宠惠等人办的《国民报》和愍生等主编的《江西》的旧址，当年的地名一个是麴町区饭田町的六丁目24番地，一个是同一个区和町的五丁目11番地。麴町区已经撤销，饭田町的地籍也有变化，它们的旧址是根据事先查阅的旧街区图判定的。从那里再往北走几步路，就是赵世钰主编，于右任、张季鸾等人经常撰稿的《夏声》，当年的地名是小石川区第六天町40番地，现在这一片地区已划归文京区管辖。从私学会馆沿外崛东北行不远，穿过新见附桥和外崛通上的小街往西走，大约100多米，就到了一片稍有点坡度，南高北低的市谷左内坂町，那里的34番地，是当年吴永珊创办《四川》杂志的旧址。吴永珊是吴玉章青年时代的名字，他在《从甲午战争前后到辛亥革命前后的回忆》一文中提到的“我特地给《四川》杂志社租了一处比较宽大的房子，它后来不仅用作了出版机关，也用作了革命机关”。[1]指的就是这里。从市谷左内坂町向西南方向步行100多米，就到了市谷加贺町，这里的一丁目12番地是刘成禺等主办的《湖北学生界》的旧址。这一带和市谷左内坂町一样，属于丘陵地形，西南高，东北低。附近有一片小绿地，现为加贺町公园。这里历来是印刷业比较集中的地区。当年曾经承印《二十世纪之支那》的秀英印刷社就设在这里。现在，这一带仍有很多规模较大的印刷厂，著名的大日本印刷厂就在这个町的东南角。从布谷加贺町西北行经外苑东通、早稻田通步行二十几分钟，就到了原牛込区的喜久井町，这个町的20番地，是雷奋、杨荫杭等人主办的《译书汇编》的旧址。由此西行不远，就是刘青霞、燕斌等主办的《中国新女界杂志》的旧址牛込区马场下町20番地。这两处地址离早稻田大学很近，一在校区的南边，一在校区的西边，和校区相距都只有一里多路。以上这些刊物的旧址分布在《民报》旧址的南、西、东三个方面，它们和《民报》旧址的距离，近的如《国民报》《江西》，不过咫尺之遥，远的如《译书汇编》《中国新女界杂志》，坐地铁也只有两三站路。它们以众星拱月之势，围绕着《民报》，形成了中国人在东京从事办报活动的又一个中心。

和它的东边旧神田区的那一片比较起来，以《民报》为首的这一片，也有类似的特点，即：（1）附近的学校较多，留学生比较密集；（2）职业革命家们往来比较频繁；（3）印刷业相对比较集中。这些已

1　中共四川省委党委委史工作委员会：《吴玉章文集》（下册），999页，重庆，重庆出版社，1987。

成为中国人办报活动比较集中地区的共同特点了。

访日一个月，看到了一些旧报资料，寻访了一些报社旧址，得到了一些感性知识，收获是不少的，但毕竟过于仓促了，还来不及作深入的研究。中日两国是一衣带水的邻邦，两国之间的文化交流，历史悠久。两国新闻事业、新闻工作者和新闻学者之间的交流，源远流长。近代早期的中国报纸，曾经填补过日本新闻事业的空白，给日本新闻工作者提供过借鉴，日本的新闻事业和新闻研究活动，也曾经给中国以重大影响。留日学生曾经对中国新闻事业的发展起过重要作用，他们当中的佼佼者如邵力子、黄远生、林白水、邵飘萍、张季鸾、胡政之、俞颂华、何云等，对中国新闻事业所作的贡献，是众所周知的。中国人在日本办过报，日本人也在中国办过报。当然，这两类报纸的性质、目的、效果并不相同。我想说明的只是这样一点，即中日两国新闻事业、新闻学和新闻工作者互相交流交往的历史，是两国新闻史研究中十分值得重视的一个课题，在这个领域内是大有文章可作的。

（原载1989年《新闻研究资料》第47辑）

美国记者的爱恨中国情结
——对100年来美国记者有关中国报道的回顾与反思

1784年，第一艘美国商船驶达中国的广州口岸，由此揭开了中国和美国这两个国家，和这两个伟大的人民之间相互交往的序幕。从那时到现在，已经227年过去了。在这一段时期内，在两国人民和两种文化之间，起着沟通作用的，中国方面主要是华工和留学生，美国方面主要是商人、传教士和新闻记者。其中以新闻记者所起的作用和影响为最大。

美国媒体派遣记者到中国采访，起始于1894年中日战争期间。这一年，纽约《世界报》的记者詹姆斯·克理尔曼（James Gralman）衔命来华，在中日交战的前线进行采访活动。此后不久，汤姆斯·密勒（Thomas F'. Millard）又被《纽约先驱论坛报》以特派记者的名义，派遣到中国来采访有关义和团及八国联军的消息。这是最早的两个来中国采访的美国记者。此后，直到20世纪末，相继来华的美国记者中，知名度较高的，还可以举出《芝加哥论坛报》的鲍威尔（J.B.Powell）、美联社的葛尔德（Randall Gould），和雅格比（Aunalee Jacoby）、斯诺（E.Snow）、费希尔（M.Fisher）、窦丁（T.Durdin）、史沫特莱（Agnes Smedley）、斯特朗（Anna Louies Strong）、沃陶（Maurice Votaw）等人。除了20世纪的50至70年代近30年的这一段时期，由于两国邦交中断，美国记者被挡在边境的另一侧，只能隔海眺望和在外围徘徊以外，20世纪的大部分时间内，中国的这块土地，始终是他们关注的热点，和他们采访活动的重点。

到中国来的美国记者们，几乎全部受过良好的高等教育，其中有相当大的一部分人毕业于密苏里大学新闻学院和哥伦比亚大学新闻学院等名牌的新闻院系，有很好的职业修养和很强的敬业精神。为了亲临现场，采访到第一手材料，他们不辞辛劳，不怕困难，不畏艰险，始终活跃在新闻发生的第一线。近百年来中国抵御外侮的多次反侵略战争，各系军阀之间的明争暗斗和无数次的厮杀与火拼，国共两党之间的三次大规模的内战，以及发生在中国这块土地上的重大的政治、经济、文化事件，重大的社会问题，都曾经是他们的采访重点。各个社会阶层各个政治派系的代表人物，都是他们的采访对象。从运筹帷幄的府院，到指挥作战的前线司令部，从现代化程度较高的中心城市，到生活条件很差交通十分不便的穷乡僻壤，包括连中国国内的记者们也很少去的一些地方，几乎处处都有他们的身影。他们的报道，记录了一百年来中国人民遭受到的凌辱和灾难，也记录了一百年来中国政治经济文化发展的历史进程，他们自己也因而成为近代中国的一些重大事件的亲历者和见证人。

为了搞好采访和写好相应的报道，他们在每次出访前都作过大量的案头准备工作，对中国的历史和中国的政治、经济、文化，有相当深入的了解，加上他们深谙中国的国情，熟悉中国的现况，使他们当中的不少人，如密勒（Thomas Frank Millard）、鲍威尔等，逐渐地成长为中国通。其中的一些人，在回到美国，离开了新闻工作岗位以后，仍然继续从事中国问题的研究，成为美国著名的中国问题专家。白修德（Theodore Harold White）、鲍大可（A. Doak Barnett）等，就是其中的代表。他们对中国形势的分析，深受美国当局的重视，成为后者制定对华政策的重要参考。在这方面表现最为突出的，当属1999年3月去世的鲍大可。他是1947—1950年这一段时期的《芝加哥每日新闻》的驻华记者，参加过国共内战的采访，目击了中华人民共和国的成立。回国后，从事中国问题研究，历任哥伦比亚、约翰·霍浦金斯大学的教授，出版了十几本研究中国问题的专著，指导过60多位研究当代中国的博士和硕士生。自50年代末美国对华决策开始考虑松动以来，在每一个转折点的重要政策讨论过程中，几乎都能看到他的影响。

美国记者们的对华报道，向美国公众介绍了中国的历史、中国的文化和中国的情况，促进了中美两个伟大国家和人民之间的相互了解，特别是美国人民对中国和中国人民的了解，使美国公众开始关注中国的事情，不再如秦人视越人之肥瘠。这是他们的一大功绩。他们当中的一些人，由于种种原因，如父辈曾经在中国经商传教，本人出生于中国等等，有着特殊的中国情结。他们了解中华民族所遭受的历史劫难，太息中国民生之多艰，对他们视为第二故乡的中国，怀有特殊的感情，这种感情，时时流动在他们所作的报道之中，给读者以一定的感染。

20世纪三四十年代前后来中国采访的一些美国记者，虽然并没有上述的特殊的中国情结，但他们有过较长时期在中国生活和工作的经历，对中国的情况比较了解，其中一些人还曾经以同盟国记者的身份，在中国战区参加过反法西斯战争的报道，和中国人民同过呼吸，共过患难，有一定的感情。这些美国记者由于了解情况，加之采访深入，往往能够比较公正、比较客观地看待在中国发生的事情，对当政者的不少举措，有所批评，对中国的新生力量和新生事物则寄以希望，对中国的进步和发展，乐观厥成。美国亚利桑那大学麦金农教授（Stephen R.

Mackinnon）称为“浪漫的一代”的，正是这样的一些人。但是，也有一些美国记者，是抱着各种各样的成见和偏见到中国来的。这种成见和偏见，在他们的报道中，时时有所流露。这也是这一时期美国记者笔下的中国人，时而是苦难深重的“善良的农夫”，时而是义和团和“傅满洲”式的“恶棍”的一个原因。

1949年以后的半个世纪，情况有了很大的变化。由于新旧政权的更迭，和中美邦交的中断，美国记者在中国的活动，出现了近30年的空档。中国改革开放以后，局面打开，老一代的熟悉中国情况对中国具有特殊情结的美国记者，除了个别的应官方的邀请，得以再续前缘之外，多数已经谢世或退休。到中国来的是一批对中国完全陌生的记者。这些记者一旦面对和他们暌离了20多年的这一东方大国，顿时感到眼花缭乱，就像当年的马可波罗来到这里一样，觉得这个和他们完全不同的社会，样样都很新鲜。他们的笔下，因而出现过不少带有猎奇性质的和牧歌式的报道。此后，由于意识形态和价值观的歧异，由于形势的变化和某些政治风波的爆发，又随之涌现了大量的“妖魔化中国”的报道。后一类报道的大量出现，也是远在美国的媒体总部预设的一些框框，对他们的影响的结果。两种报道的交替出现，“导致中国在美国人心目中的形象忽正忽邪，美国舆论对中国忽爱忽憎，这种左摇右摆，至今仍然未能尘埃落定”。（见麦金农教授所作的《浪漫的一代》一文。载2000年香港大学新闻及传播研究中心出版的《爱恨中国》一书第16页）与之俱来的是两种情况，一种是中国的形势并没有变，只是美国记者们报道的“风”变了，另一种则是中国的形势变了，而美国的记者们却还自囿于他们自设的框框之下没有任何改变。两种情况的出现，都是这些记者们过于主观，过于情绪化和看问题过于简单化的结果。

100年来的“爱恨中国”的报道，就是这样产生的。也是这样发展起来的。

到中国来访问的美国的记者们，首先是美国人，他们理所当然地认同美国的主流价值观和意识形态。我们不能要求美国的记者们改变他们的立场和观点。只是期望他们发扬他们前辈的好的作风，多看重一点事实，多了解一点实际，多进行一点调查研究，少一点偏见，少一点情绪化，少一点简单化，少一点先入为主的成见和想当然和随声附和。

21世纪的钟声已经敲过。和过去的一个世纪比较起来，由于科技的发展，特别是信息产业的飞速发展，地球村相对地变得越来越小了。但世界毕竟是多元的。多一点沟通，少一点误解；多一点宽容，少一点对抗；多一点务实的报道，少一点“妖魔化”的恶意攻讦；在和谐的氛围中和和平的环境下，共同发展，是符合世界各国人民的利益的，也是符合中美两国人民的利益的。“旌旗不动酒旗摇”，让世界多一点“爱”，少一点“恨”，这是古往今来的明智的政治家们的共同追求。新闻媒体和新闻记者们在这方面是可以有所作为的。全世界的新闻工作者，特别是中美两国的新闻工作者，应该为此而努力。

（原载2002年第2期《国际新闻界》）

第 七 系 列

（二篇）

电脑网络、电子信和发展中的电子报刊

（为河南大学编辑专业学生所作的一次演讲）

一

1950年代初期，美国把建造一个州际公路系统（Inter-state Highway System）作为国家的一项重要任务，在联邦政府策划、资助和监督下，建成了一个覆盖全国、沟通东西海岸工业城市和中部、南部穷乡僻壤的高速公路网。它永远地改变了美国的面貌。由于运输的方便，第二产业（加工业）逐步地从邻近资源产地或商品集散地的东西海岸移到劳动力低廉的地区，从而促进了贫困地区的经济繁荣，造就了今天我们所看到的各地经济均衡发展的美国。

随着发达国家进入所谓“后工业化”社会，各行各业对信息的依赖日甚一日。尤其是第三产业（服务业等非生产行业）在国民经济中所占比例越来越大。它们对公路运输依赖不多，但各个行业间有大量信息往来。要使国民经济在信息时代得以均衡发展，就要帮助“信息穷”的地区或行业走上“信息富裕”的道路，一个“信息高速公路”的设想也就呼之即出了。

1993年9月，美国克林顿政府发表了题为《国家信息基础结构：行动计划》（*National Information Intrastructure Agenda of Action*）的报告，动员美国社会各界积极参与，力图用20年时间和4 000亿美元资金，建设成美国国家信息基础结构，即人们通常所说的信息高速公路。英、德等发达国家争相效仿，相继提出了发展本国信息高速公路的计划。1994年，中国提出了“三金工程”计划，即以“金关”（外贸专用信息网）、“金卡”（电子货币）、“金桥”（国家公用经济信息网）三大项目为中心，在3~5年内建成覆盖全国各省、自治区首府及500个城市的公用数据网，在2010年前后发展为宽带网，最终成为中国的信息高速公路。

信息高速公路的计划在20世纪90年代提出，不仅是由于工业社会进入信息时代的自然要求，也是由于信息高速公路所依赖的几项核心技术日臻成熟的结果。

既然称为高速公路，信息传输的速度当然要快。计算机工业和通信工业这一对孪生姊妹，一个管信息处理，一个管信息传输。随着微电子技术的发展，二者的速度都在提高，但几十年来传输速度的发展总赶不上处理速度的发展。光纤的出现，改变了这一局面。

光纤进入电信网络始于1980年。1986年全世界光缆总长仅300万公里，1994年发展到1 800万公里。一条细细的光纤线路可以传送往来于美国和欧洲的所有电话，而费用仅为铜线电缆的1/10。“环球光纤通信线路”计划投资18亿马克，将于1997年9月完成。这一光纤网将联结从亚洲到欧洲（包括中国在内）的所有国家。信息高速公路对人类的影响并不仅限于工业世界。在信息时代，信息的占有程度和对其他自然资源、社会资源的占有程度一样，是各国整体国力消长的重要因素。“信息富有”的将走向富裕；“信息缺乏”的则难以摆脱贫穷。而未来的信息高速公路将突破国界，全球信息沟通机构的实现，从某种意义上来说，将使人类走向“地球村”。

与此同时，覆盖全球的网际网（Internet）在近两年内取得了令世人瞩目的发展。

Internet，原意是Inter-Network，所以通译为网际网。有人译为“互联网络”，也有人译为国际网，虽不十分确切，但也反映了该网的一大特征——网际网。目前它是覆盖全球发达国家和包括中国在内的先进的发展中国家的一个国际大网。

最先出现的网际网，是美国国防部在1969年开发的一个国际电脑网络，目的在于加强其遍布全球的基地之间的联系。在网上的除了军方机构外，还有少数名牌学府。后来，军民分网。民用网部分以美国自然科学基金会网（NSFNET）为干线，联网的单位逐步增多。到1993年为止，网际网基本上还是学校和科研机构互通信息的工具。远程联机（telnet）、文件传输（ftp）等应用软件自建网初期就有，没有太多改进。

万维网（World Wide Web，简称WWW）的出现改变了网际网的面貌。成千上万的用户蜂拥而来，把网际网当成一个窥测世界信息资源的窗口，以获取多种媒体的各种信息。电脑网络和信息高速公路的不同在于它是非政府的、自发的活动，是信息高速公路的一种非政府方面的试验。全世界目前约有4 000万部电脑用户加入电脑网络：1989年为160万部；1993年即增至800万部；目前估计为3 300万部；1998年将超过1亿部。

那么，电脑网络到底能给使用者带来什么呢？1995年5月24日的《新民晚报》曾登载过一篇《当我接通了网络》的文章，对此作过十分生动的描述。文章说：

最令我惊讶的是Internet网络上大量的信息资源，我试着与美国、日本和英国的医学科研机构接通，于是他们给我送来了美国疾病控制中心的最新消息，艾滋病研究进展，新药消息，日本的医疗科研信息，英国的公共卫生信息，等等。

我对国外的一些优秀影片很有兴趣，对于我所欣赏的演员，也总想知道有关他们的资料，于是Internet网络就给我送来了国外许多演员、导演、电影作曲家和剧本作者的各种资料及生平介绍，这样我就可以在自己的计算机上为我所喜爱的演员建立一个资料库。股票已经是大都市中人们关心的热点之一，国际股票市场更是如此。如想了解国外市场的状况，有人就会送来大量股票市场报告，如果还想知道得更详细一点，譬如某个股票现时的价格，也是很快就能得到的。我甚至可以查阅最新版本的《韦伯大词典》中一个词的解释，查找某个用户的网络地址，CD唱片的资料库，参与一些令我感兴趣的专题讨论会，等等。总之，我的视野整个地开阔了，“世界是一个地球村”成为了现实。

电脑网络的主要用途，在于供使用者检索所需要的多方面的信息。具体说来可以归纳为以下几个方面：

其一，用来交换学术情报，查阅图书资料，远程拷贝网上提供的资料。

其二，运用电脑网络进行医疗会诊。如 1995 年 12 月 22 日，北京解放军 514 医院就曾经通过电脑网络接通了美国著名外科权威斯蒂芬教授的电脑终端，对一位 54 岁的刘俊芹老人进行会诊。刘骑车摔跤，把脖子摔歪了，正不过来。诊断结果是神经肌肉方面的病变，可以治疗。

其三，传送和接收音乐、图片、动画和电影，收看体育比赛。

其四，了解最新的交通信息和天气形势。据 1995 年 8 月 12 日的《世界日报》报道，从 1995 年 8 月起，伊利诺伊州交通局将通过电脑网络

Internet，向大家提供地区交通消息。一旦该系统实施后，将会每隔 5 分钟报告一次芝加哥地区高速公路的交通情形。

其五，收听学术报告、课程讲座。前引《当我接通了网络》一文介绍说："我报名参加一个网络指南讲座，其中的课程都是为我这样的初学者所开设的，我的老师是一位我从未谋面的美国小伙子，他开设的这门课程通俗易懂，非常实用，文字简练且不深奥，并充满了幽默，很适合于我这样的外国人学习。……他在网络上开设这门课，在短短的两个星期里，报名者多达 1.7 万人，来自全世界 65 个国家和地区，甚至还有两位从南极的科学考察基地来报名参加讲座……在 Internet 网络上，这类的远程教育课程是很普遍的，并且有不断发展的趋势，例如美国的 Walden University 已经在 Internet 网络开设了正式的博士学位课程，包括行政管理、教育、人类服务和健康服务四个领域。由此可见，不用几年，人们就可以在自己家里修习国外的高等教育课程，事实上，网络的用户今天就可以报名参加上述的博士课程。"

其六，购物。近年来电脑购物服务在美国有较大发展，全美电脑购物服务的订户已达 390 万人。有的利用电脑网络代客订购比萨饼，送货上门；有的用它购日常生活用品，一般比市场零售要便宜三成。中国留学生武正，就在美国麻省剑桥开设了一个电脑连线市场，为麻省理工学院的学生及剑桥一带的住户提供购货服务。他从批发商处购进食品杂货，加上很少的利润出售。顾客可在订货的第二天收到送到家中的杂货，并在门口付给现金。使用电脑购物的人可以对货物的规格品种等加以选择。目前他共有 400 户顾客。

更有趣的是，通过电脑网络，你不仅能向花店订购鲜花作为送给你情人的生日礼物，明年此时此刻，花店还会通过网络提醒你是否还要送花给去年的那位情人。如果你在网络上能找到白宫的话，不仅能听到克林顿总统的讲话录音，还能一睹美国第一猫"小白袜（Socks）"的风采（是一段MPEC编码的录像）。

总之，电脑网络的功能在于“建立渠道寻找天下的资讯”。它不强调集天下知识于一身，而只强调建立一道桥梁（电脑联线），方便人们自行寻找所需资讯。它的资讯概念是分散式的，任由知识分散于地球的不同资料库内，只要有一部联网电脑，就会拥有天下知识。它不同于“光碟版百科全书”，后者是集合式的。因此有人说：电脑网络的出现，标志着百科全书的消亡。“百科死了！”

当然，商业性的电脑网络服务公司是收费的，收费的标准各地不一。其中有些地方也有免费服务的。

电脑网络在给人类带来诸多好处的同时，也出现了许多负面影响。主要有以下三点：

（一）在国外，主要是色情材料的侵袭

（色情不只是裸体女人，因为别的渠道也能看到，还有被捆绑、被虐待的裸体女人，口交、兽交等）匹兹堡大学的马丁·芮姆教授一年半来就此问题领导了一个20多个研究人员参加的课题组进行研究，他们在网络上共发现了917 410幅色情图片、故事及动画。他们发现利用电脑网络传播色情十分普遍。电脑网络上的色情资料消费者98.9%是男性。

1995年6月，华盛顿的一名两个孩子的母亲派翠西亚发现居然有人在Internet上向她的13岁的女儿调情。1995年12月慕尼黑的一位母亲到检察院哭诉，她的14岁女儿看电脑色情材料后与一男子出走，至今下落不明。

马丁教授还发现电脑色情消费者无所不在。在全世界40多个国家、全美50个州的2 000多个城市，都有电脑色情消费者。

电脑色情之所以泛滥，在于：A.电脑色情有受众市场。B.电脑色情是赚大钱的生意。某些电脑网络服务公司总是在设法吸引顾客观赏他们的X级录像，通常每月收费10~30元，而且接受信用卡。5个大的此种公司年收入已超过100万美元。

以上的这一类电脑色情服务已经引起了社会的重视。1995年6月美国众议院以305票对117票通过了一项法案，规定对透过电脑网络散发色情及淫秽图像者判处重刑及大笔罚金（10万元罚款和两年徒刑），但是，对电脑网络进行检查，并不容易做到。更好的软件工具可能有助于检查严重的色情污染，但是无法完全切断它。

（二）是利用电脑网络从事盗窃等刑事犯罪活动

1995年6月12日的《新民晚报》登载了一条来自伦敦的新华社消息说，英国警方最近破获一起中学生计算机犯罪案，案犯为伦敦一所中学的6名男学生，他们利用计算机交互网络窃取了一家餐馆的信用卡密码并非法购得数千英镑的货物。美国花旗银行也曾出现类似事件：1994年被人通过电脑网络盗走10万美元。1995年8月17日，俄罗斯某大学的一个数学系学生（24岁，弗拉基米尔·莱温）曾通过电子网络闯入花旗银行在纽约华尔街的电脑系统，从该行盗走278万美元，转入他的同伙在加州及以色列的账户。结果被控，在伦敦接受审理。

（三）在国内，则主要是有些人利用电脑网络，从国外向国内传送反动的政治性宣传材料

如台独、西藏问题、“6·4动乱”等之类的材料。1994年4月和6月份，中国预防医学科学院工业管理研究室、科学院高能物理研究所就曾先后收到过这样的反动材料。

二

电脑网络经常被使用的有两大部分：资料库和信件箱。通过资料库，可以检索自己关注的材料，也可以把自己希望别人知道，愿意与别人交流的资料、文章、调查研究成果等输入资料库，供公众使用。电子信件

（E-mail）是电脑网络的第二大组成部分，通过E-mail可以收发信件。

E-mail是如何发出的呢？首先是个人电脑与个人的私用电话相连接，通过电话与Internet相连接，输入自己的E-mail密码（与电脑联网时，自己设置的），输入收件人的E-mail地址（可以一个，也可以多个），打出需输出的信件，按钮后，即可发出。

E-mail又是如何接收的呢？开动电脑向联网中的mail部分检索，凡是按你的电子信地址发给你的电子信，已经储在信箱内，一索即得。屏幕上显示的电子信（含文字及图片），可供阅览，也可以通过印刷机同步复印出来。利用Internet传递E-mail，既方便快捷又经济实用。1995年在北京召开世界妇女大会期间，便启用了1 200个电子信箱，供3万多与会者使用，“比历次联合国会议使用的都多”受到与会者的称赞。1995年3月15日报道的北大生命科学院有关恐龙蛋基因的研究，就通过电子信，与欧美的生物基因研究人员进行过交流。1995年4月北京大学力学系的几名本科生为清华大学21岁的女同学朱令所生的怪病，发出E-mail向全世界医学科学界求援，得到迅速反应，确诊了朱令的病。

另外，中国新闻社香港分社就曾在电脑网络上设有电子信箱，便于和用户对话交流，互通信件。对于用户的咨询，一般24小时内就可以答复。更富有人情味的是，人们开始运用E-mail互相拜年。1995年这种活动在电脑网络上普遍出现。

三

伴随着E-mail的出现，电子报纸（Electronic Newspaper）应运而生。这是在电脑网络的基础上，利用电子网络和电子信发展起来的一种新的新闻媒体。它和E-miai是一对孪生兄弟。

电子报纸的诞生和发展是近年的事，它首先产生于美国。在美国，由于电脑网络的普遍发展，电脑联网户越来越多，于是，新闻界在报纸编排方面也适应新技术的发展，首先实现了报纸的电子版。据美国报纸协会公布的一项调查，美国现已有78家报纸发行电子版，有40家报纸计划在近期推出电子版，包括《纽约时报》《华尔街日报》。发行电子版的杂志，包括《新闻周刊》（News Weekly）在内，也已有几十家。除英文的报纸杂志电子版外，还出现了中文的报纸电子版。继美国之后，其他国家和地区也相继出现了报纸的电子版，如香港的《星岛日报》和新加坡的《联合早报》。《联合早报》1995年7月入网，已有1万订户。中国的《杭州日报》1995年11月也发行了电子版，向杭州市1万个电脑入网户发行。全国性电子日报《中国贸易报电子版》于1995年10月20日创刊，每周一、五全天播出，每次播出中文1万字、英文5千字。

报纸电子版的出现是竞争的产物，是报纸面临着广播电视的竞争和纸张、印刷、邮发费用急剧增长等困难，企图从电子化方面找出路的结果。电子版报刊和印刷报刊相比有费用低、时效快、容量大等优点，可以省去印刷、发行等手续和费用，还可以24小时不间断地更新内容。

但是，电子版报刊的发展，也有其局限：1.受家庭拥有电脑比例还不够大的限制（读者群限于电脑族），电子版报刊的读者目前还不到读印刷报刊的1%。2.调阅的速度较翻阅印刷报刊为慢。3.图片、文字，特别是图版的清晰度还难以和印刷报刊比美。4.突出了时效性（24小时随时更新），却使报道的深度、广度受到影响，失去了报纸优于广播电视的特点。5.保证了编辑着意提供的部分，使报纸的其他方面失去了与读者见面的机会。6.经济效益不高。目前愿意在电子版报纸上作广告的客户很少。

继电子版报刊之后，陆续出现的是电子报纸与电子刊物。

1995年7月，中文电子日报在美国正式发行。据《人民日报·海外版》报道，美南报业传播机构从7月22日起在美国正式推出中文电子日报《环球电子日报》。它采用网络通讯技术，通过信息高速公路用中文将新闻发往各地。内容包括国际重大新闻、重点报道美国、中国内地、港澳台及金融、天气等新闻。中文的电子刊物目前全世界已有20余种，遍布于美国（6种）、英国（2种）、加拿大（4种）、法国、丹麦、荷兰、日本（各1种）、瑞典（2种）等地。中国大陆方面主办的《神州学人》也于1995年1月创刊，主要以留学生为对象。这些刊物中比较有影响的刊物主要有《华夏文摘》《枫华园》《红河谷》《美人鱼》《郁金香》等。尤其是《华夏文摘》，被称为"全球首家中文电脑期刊"。它于1991年4月5日创刊，每周五出版，现已出到250多期。每期十几页到几十页不等，平均1.5万余字，通过国际电脑网络发行，免费订阅。现在其直接订户为1.01万人，读者总数约为3.54万人，遍及40多个国家和地区，以中国留学生为主。

《华夏文摘》的编辑部由30余人组成，多数为留学生，大多具有硕士或博士学位或正在攻读以上学位。编辑互不见面。绝大多数编辑人员互相从未见过面，也没有机会电话交谈。目前的编辑部成员分布在6个国家（美国、加拿大、澳大利亚、芬兰、英国、法国）的20几个不同的城市，通过电脑网络相识，通过电脑网络处理编务和稿件，并且全部义务工作，没有报酬。其特点是：1.发行速度快。借助Internet，每一期《华夏文摘》可以在几分钟或一两个小时内送往全球所有订户，无须邮递。2.打印、复印方便。可以随时打印复印，愿意印多少就印多少。3.占用空间少。全年的《华夏文摘》共52期约80万字，只需两片电脑磁盘便可储存，用费1美元。占用空间少，便于储存，也便于复制，只要两片磁盘及两分钟时间，便可拷贝一套。4.检索提取方便。创刊以来的全部文本，永久地存于Interrnet的资料库中。电脑用户通过联网，使用国际电脑网无记名文件提存的指令（FTP），便可免费获取任何一期的

《华夏文摘》。

电子报刊的发展前景，总体来说是乐观的。随着家庭电脑拥有量每年以两位数的百分比递增和加入Internet的电脑用户的不断发展，据专家预测，到21世纪初将有2亿台电脑联网。另外，电脑的质量也在提高，而且日趋微型化。荷兰飞利浦公司正在设计一种可以佩戴在手腕上就可入网的微型电脑（含可视电话），预计2002年可以完成商业化设计改进。电脑使用的文字也可以多元化，通过“统一码”，实行互译。这些都给电子报刊的发展带来了广阔的前景。

与印刷报刊相较，电子报刊在发展过程中值得注意的有以下几点。

1. 这是以最新科技手段为依托的、覆盖面最宽的可视性的新闻传播媒体。

2. 传递迅速，单位时间传递的信息量也最大。

3. 没有国界，不大容易控制。中国邮电部门的研究人员认为："阻止这种系统扩散，在技术上不成问题。”但是，一般认为“一旦连线，用户取用的资讯数量无从限制”。某些香港人士也认为:“与网络连线后，只要进入一部外国电脑，就可以收到被禁止接触的任何资讯，特别是当局将很难制止大陆透过香港与国际网络连线。”

美国方面也表示：“国际电脑网络的运输方式，造成天涯若比邻的结果，根本不是任何一个国家的政府能够单独管制的。”因此，如何控制有害信息的传入，对很多国家说来，都是一个需要面对的新问题。鉴于此，世界各国，尤其是发展中国家都在研究和制订有关限制措施，中国在这方面也作出了积极的努力。1995年12月31日，中共中央办公厅、国务院办公厅就电脑网络国际联网管理的有关问题发出通知。通知指出，需采取统筹规划、统一标准、分级管理、促进发展的原则，加强对联网的管理。要依照国家法律的有关规定加强管理和服务，防止和控制淫秽色情等有害信息进入。新加坡资政李光耀也主张进行控制，他说：“我们不能让社会受到传媒或可联网络送给我们的好坏不分的东西的影响。”

4. 可以利用，为我所用。对电子报刊的发展有些人持谨慎的看法，认为随着科技的发展，今后新闻传播媒介会是什么样子，还难以确定，电子报刊也许只是一种过渡性的事物。有的则认为，网际网的成功在于其无政府状态，但它迟早会因为过分成功而失败。目前在网上传输文件的速度勉强可以忍受，但网上的用户仍在成倍增加。网际网的资源终究会因用户过多而枯竭。到那时认真严肃的用户将另择出路，而剩下的网际网会被信息垃圾所淹灭。但是这种目前最新的传媒手段，无疑是值得重视的。

（本文是作者为河南大学编辑专业学生所作的一次演讲，由郭奇根据录音整理。刊载于1996年5月第36卷第3期《河南大学学报》）

互联网络与中国新闻事业的发展

互联网络的发展，已经成为世纪之交人们关注的一个热点。它的发展，标志着新闻传播活动，已进入一个崭新的时期。

过去的一个世纪，是新闻传播事业飞速发展的一个世纪。也是新闻传播事业的科技含量不断提高的一个世纪。从印刷报纸，到有线电报，到无线电广播，到电视，到互联网络和电子报刊。所有这一切科技手段上的改进，只用了一个世纪就完成了。

发展是加速度的：印刷报纸从诞生到完善，从雕版到活字版，从铅印到胶印，从黑白到彩色，从平板印刷机印刷到轮转印刷机印刷，用了1 000多年的时间。而由有线电报发展到无线电报，由无线电报发展到无线电广播，由无线电广播发展到电视，由电视发展到网络和电子报刊，都只用了不到30年的时间。

投入商业应用的进程也是加速度的：从开始营运，到拥有5 000万用户，报纸花了近1 000年，广播花了38年，电视花了13年，互联网只花了4年。

时至今日，互联网络带给全世界新闻传播领域的是一场深刻的革命。它集报纸、期刊、电台、电视台等传播媒体的功能于一身，并加以优化。从而在传播速度、信息量、覆盖面等方面，都对普通媒体提出了挑战。电脑已经成为公认的“20世纪至尊的发明品”，网络则成为公认的“第四媒体”。截至1999年底，全球已经有近1 800家网络报刊，网民数字已达1.76亿，今年预计将增长到2.2亿，未来5年内将达到3.5亿，10年后，估计将达到5亿。

在美国，由于是互联网的策源地，从1987年第一家网上报刊《圣荷塞信使报》创刊到现在，网络技术发展很快。电脑软件和网络服务公司之间的竞争也越来越激烈。据截至1999年底的统计，全美每100个家庭拥有61台个人电脑，拥有28个因特网账号，上网人口已达到6 300万人。网络经济已经成为美国经济发展的重要支柱。1998年美国网络产业的收入达3 014亿美元，以网络企业为主的全美信息产业的产值，已占GNP（国民生产总值）的45%~60%。90年代以来，美国经济以每年2.7%~3%的增幅持续增长，这种势头，有1/3以上是由以电脑网络为主的信息产业带动起来的。微软公司成为美国信息产业中的龙头企业。比尔·盖茨则以364亿美元的净资产成为美国乃至全世界的首富。

在中国，互联网络也发展得很快。1987年才开始有第一个上网的人。经过10年，到1997年，上网的电脑数就达到29.9万台，1998年增至54.2万台，1999年再增至146万台，2000年1月份达到350万台，3年内增加了12倍。上网的户数也由1997年的62万户，猛增到今年1月的890万户，3年内增加了14倍。由中国互联网信息管理中心管理的网站，也由1997年的1 500个，陡增至两个月前的15 153个，3年增加了10倍。目前，中国上网的人数已经占到全国总人口的0.78%，几乎每100个中国人中，就有1个人上网。其中新闻工作者占1.8%。截至1999年7月，新创的网络报刊已达250家。网络的广告收入，1996年还几乎为零，1998年就陡然增加到4 800万元人民币，1999年已经逼近1亿元。

随着网络科学技术的发展，网络在人们的政治经济文化和社会生活中已经无所不在。人们普遍利用网络收发电子信件、取得资讯、交换信息、举行网上会议、讨论问题、发表意见、购物、转账、购票、定票、购书、借书、读书、听课、查阅资料、申请留学、申请签证、择偶、举行时装表演、看病、会诊、立法、司法、刑侦、呼救及从事各种各样的科研活动。范围越来越广，作用及影响越来越大。

不仅人们的正常活动利用网络，一些邪教组织也在利用网络，如法轮功。尽管李洪志说过“电脑网络是外星人用来毁灭人类的工具”之类的话。但在他的控制下，法轮功始终十分重视网上的宣传。1996年法轮功刚刚开始在美国活动时，就利用网络来布法。李洪志的《转法轮》等书，当年就在美国上网。到1999年7月22日中国政府宣布法轮功为邪教时止，这个非法组织已经在全世界包括美国、澳大利亚、奥地利、德国、加拿大、丹麦、俄罗斯、欧盟、中国香港、日本、马来西亚、新西兰、新加坡、英国、瑞典、中国台湾等在内的17个国家和地区设有网站。其中仅美国一地，就在50个州中的阿拉巴马、亚利桑那、阿肯色、伊利诺斯、爱达荷等40个州中设有网站。这些网站同时使用中英两种文字，上面有李洪志的巨幅彩色照片，有“紧急消息”“各地最新消息”等栏目。打开网页，就可以看到李洪志的巨幅彩色照片，他的历次重要讲话，有关李洪志在美国各地访问的图片和文字报道，全美各地法轮功练功点的详细名单、练功的时间、集中的地点和联系人的电话。7月22日国内的法轮功组织被查禁后，法轮功在国外的这些网站仍然十分活跃，除继续提供上述信息之外，还刊登过署名“大陆法轮功成员”的《上党中央万言书》，和署名海外法轮功成员的《致各国大使馆公开信》，报道了7月22日、24日、28日和29日法轮功成员在我驻华盛顿大使馆门前、华府国会前草坪及纽约联合国前广场举行抗议和集体练功的消息。7月28日那次集会的前一天，还在网页上向全美法轮功成员发出号召，要大家“走出来，到华盛顿DC去！”可见，法轮功在海内外的那些个辅导总站、辅导站、练功点和众多的成员，有相当大的一部分是通过网络来进行联系的。

其实，利用网络进行串连的并不止法轮功一个邪教组织。不少其他的邪教也都在利用网络进行宣传和串连。例如澳洲昆士兰省的一个邪教组织“圣母颂感恩运动”，去年8月，就曾经在网上向散处全世界73个国家的500多万成员发出号召，要他们在1999年9月9日这一天，追随他们的女教主盖尔斯姬自焚殉教。这些邪教组织之所以利用网络，正是由于看中了网络的那些特殊的功能。这些功能是其他传播体所难以伦比的。

互联网络对传统的新闻传播事业的影响，是不言而喻的。

据美国第三大媒体公司贝塔斯曼公司的调查，受互联网络提供的大信息量的影响，现在在美国，上美国在线（American on-line），月平均上网时间在24个小时以上的，一般就不再看CNN了。据另一家权威的公司的调查，互联网的用户中，有46%减少了读报的时间，23%减少了读杂志的时间，23%减少了看电视的时间。

和传统的媒体比较，互联网络的优势表现在以下三个方面：

第一，跨时空传播。不受时间、地点、频道、国界和气候的限制。只要一网相通，信息就会迅速地通向那里，并可及时地更新内容，扩大传播的范围和信息量，提高新闻的时效，有利于越来越小的“地球村”内人民的及时而广泛的交流。

第二，实行多媒体和多元化的传播。使传统媒体的各种传播方式高度融合，给受众提供全方位的、多维的、图文并茂和音像俱全的信息。

第三，交互性传播。为受众提供开放的、双向的具有交互性质的信息传播渠道。

上述这些优势，都是其他传统的媒体所难以比拟的。因而对传统的媒体构成了威胁，形成了一定的冲击。

但是，就和广播和电视不能取代报纸一样，互联网络也同样不能取代报纸、广播和电视等传统的媒体。美国密苏里新闻学院院长狄恩·米尔斯就持这种观点。他认为在互联网络问世以后，平面印刷的报纸仍然会保存下来，"媒体的角色是永远不会改变的"，新闻记者永远要了解新闻，了解事实，记者的本位与原则不会改变。当然，他也认为传统的媒体也必须接受网络技术，作相应的调整。

目前形势的发展正是这样。传统的媒体（主要是报刊）正在迎接网络的挑战，并积极地利用最新的网络科学技术来壮大和完善自己。主要表现在以下两个方面：

首先，是利用网络技术创办网络报刊，即电子报刊或称报刊的电子版。中国从1993年起就开始尝试报纸的电子化，第一个试刊报纸电子版的是《杭州日报》，上距美国的第一家电子报刊（《圣荷塞信使报》）的创刊只有6年。第一家专业化的上网电子刊物是1995年创刊的《神州学人》。到1999年初，全国已有127家报刊发行了电子版。其中以《人民日报》的电子版发展得最快。它创刊于1997年1月1日，已经成为目前中国国内信息量最大、更新速度最快的新闻媒体网站。它囊括了《人民日报》系统的十家报刊的全部信息，并根据时事报道需要，及时推出新的信息。每天从凌晨4时至21时更新15次新闻。目前存有约18MB（兆）约900万汉字的数据量，最高的一天的流量达到40GB，相当于200亿个汉字的信息量。去年科索沃危机爆发期间它的最高网页访问量曾达到124万（pageview），最高日点击量达到1 258万次。在全世界的中文报刊电子版中首屈一指。此外，新华社的网站和《光明日报》《证券时报》的网络版，也都以内容取胜，深受网民的欢迎。

其次，是利用网络技术通过互联网来采集新闻和有关的信息。报纸从互联网上取得大量的新闻资料，以此为基础改写成新闻或大块文章，已经不是什么秘密。凤凰卫视还专门设立了一个“网络传真”专栏，由主持人在银屏中现场上网，向受众通报网上的最新信息。此外，不少媒体也利用互联网来播发消息。上海电视台、中央电视台从1998年12月31日起，还利用互联网来播发节目，当天的中英文双语元旦晚会节目就是通过互联网播发出去的。

正像德国IFRA研究发展协会总经理冈萨·包却尔所说的：“报纸必须善用科技，高品质的报纸，才是有竞争力的报纸。”只要充分地利用了最新的网络科技，包括互联网在内的新旧媒体是可以并存的。就像电视兴起以后，收音机和报纸变得比以前更好了一样。互联网是不可能完全取代电视、广播和报纸这些传统媒体的地位的。

互联网络的发展，也对新闻工作者和新闻教育部门提出了新的要求。对于新闻工作者来说，除了政治、思想作风、知识、业务等方面的要求外，还应该学会熟练地操作电脑，并具有快速利用各种电脑软件检索资料的能力，有条件的还要学好英文，直接进入因特网。对于新闻教育部门来说，在课程设计、教学计划等方面必须作相应的调整。在高等学校的新闻系和新闻学院开设网络方面的课程，使未来的新闻工作者人人掌握网络技术，同时增设互联网络专业，培养这方面的专门人才，已经成为必然的趋势。

互联网络已经向我们走来，它对中国新闻事业的影响，是此前的传播手段所难以比拟的。但挑战与机遇并存。只要充分地掌握最新的网络技术，为我所用，中国的新闻事业必将在新的形势下得到更大的发展。

（原载2000年第4期《新闻战线》）

第八系列

（报史札记13则）

中国早期报纸上的长篇连载

张恨水先生在《我和长篇连载》（刊《新闻业务》1962年第5期）一文中，谈到了报纸连载长篇小说的历史。有云："报纸长篇连载小说这种形式，早在民国初年就出现了。"又云："第一个在报上写长篇连载的是陈慎言，后来我也开始写起来。"这两段话和事实是有出入的。以我所知，报纸长篇连载小说这种形式，并不自民初始，民国以后才开始执笔的陈慎言，也并不是给报纸写长篇连载的第一人。这种形式和这方面的作者，至少在上一个世纪就已经出现了。

追本溯源，最先使用长篇连载这种形式的报纸是《申报》。这个报纸从1873年1月4日起，即在副刊《瀛寰琐记》中连载蠡勺居士翻译的英国小说《昕夕闲谈》。稍后，1879年创刊的上海《汇报》和1882年创刊的上海《字林沪报》，也都刊有连载小说。这些都可以算是报纸"长篇连载"这种形式的初步尝试。不过，当时所连载的，以聊斋式的怪异小说居多，内容陈腐，又多恶趣，编者既不经心，读者也并不怎么感兴趣。

最先注意在报纸上连载小说并确定小说的社会地位的，是康、梁为首的资产阶级改良派；1897年改良派在天津的机关报《国闻报》发表了严复、夏曾佑所写的《国闻报附印说部缘起》，这篇文章和梁启超在1902年所写的《小说与群治之关系》，都极力强调小说的社会作用，强调小说的思想性，要求小说要有维新变法的思想倾向，能够为改良派的政治服务，成为他们宣传变法维新的重要工具。在这种理论指导下，报纸“长篇连载”这种形式受到了较多的重视，改良派的报刊活动家们不仅在新创办的专业文学期刊中大量刊载小说，也在自己的机关报中开辟专栏，发表“长篇连载”。《清议报》上的《经国美谈》，《新民丛报》上的《十五小豪杰》和《爱国女儿传奇》等，就是其中的代表作。这些长篇连载，一方面，在不同程度上暴露了当时丑恶的社会现实，表现了或多或少的爱国思想；另一方面，也宣扬了不少封建的糟粕。在同盟会成立后，更大肆宣传其君主立宪的主张，成为保皇党人抵制革命潮流的工具。

除改良派的机关报外，这一时期的其他报纸，也普遍地采用了长篇连载的形式。晚清小说中有广泛影响的《老残游记》，就是首先在1903年的《天津日日新闻》上连载的。

兴中会和同盟会领导下的资产阶级革命派报刊，借鉴了改良派报刊这方面的经验，也很重视长篇连载，知道怎样利用这种形式配合报刊上的新闻和评论，来扩大资产阶级民主主义思想的影响，进行民族民主革命的宣传。早在兴中会时期，不少革命派的报刊就已经开始发表长篇连载。在1901年到1911年的10年间，在港澳和海外出版的资产阶级革命派报刊，如《中国日报》《民报》《有所谓报》《少年报》《湖北学生界》《浙江潮》《江苏》《醒狮》《汉帜》《云南》《河南》《豫报》《粤西》《夏声》和在国内出版的资产阶级革命派报刊如《民立报》《神州日报》《杭州白话报》等，都辟有专栏，发表连载小说，初步估计总数当在一百种以上。这些连载小说的内容十分丰富。有鼓吹反清革命的《狮子吼》（刊《民报》，陈天华作）、《逐日演义》《飞艇恨》（刊《民立报》，谈善吾作）、《孽海花》（刊《江苏》，署麒麟作），有利用历史宣传革命和爱国思想的讲史小说《洪秀全演义》（刊《有所谓报》《少年报》，黄世仲作），《南宋亡国演义》（刊《中国日报》、黄世仲作）、《仇史》（刊《醒狮》，痛哭生第二作）。它们都在不同程度上宣扬了资产阶级的革命思想，揭露了清政府的庸劣窳败，批判了改良主义的道路和保皇党分子关于君主立宪的主张，对资产阶级民主革命事业的发展，起了一定的推动作用。

大部分连载小说的篇幅并不长，通常为万把字或三五万字，也有多至30万字以上的，但极个别。陆秋心为《民立报》写的《葡萄劫》曾经连载3年，这在当时是十分罕见的。由于写作的时间仓促，不少“连载”都比较忽视形象的塑造，艺术上的加工显得有些粗糙，不能和其思想上的成就相称。但也有佳构。陈天华的《狮子吼》自称为“新理想小说”，采用了积极浪漫主义的创作方法，描写了革命党人的革命宣传活动，创造了许多可爱的有理想的革命青年和革命先驱者的形象，表现了作者的爱国激情和革命乐观主义的精神，文笔美畅，寓意深微，别有一种感人的力量。黄世仲的《洪秀全演义》以太平天国的革命领袖洪秀全为主人翁，借洪秀全起义事，宣传反清的种族革命思想，气氛悲壮，语言流畅，所写洪秀全、冯云山等农民革命领袖的形象，非常生动，艺术上也比较成熟， 1907年在香港《少年报》连载时即已受到读者的热烈欢迎，1908年7月，经同盟会香港分会机关报《中国日报》汇印成单行本后，“风行海内外，南洋美洲各地华侨几乎家喻户晓，且有编作戏剧者，其发挥种族观念之影响可谓至深且巨”（《革命逸史》第2集第47页）。

值得提一下的是当时在日本留学的青年时代的鲁迅，也在革命派报刊上以连载的方式，发表过他的处女作品。他所译述的希腊爱国小说《斯巴达之魂》，就是以自树的笔名在1903年出版的《浙江潮》上连载的。

为了扩大读者的眼界，革命派报刊的连载小说中有一部分是属于翻译作品。例如，大仲马的《基度山恩仇记》，就曾经在1907年的《中国日报》上连载。此外，雨果、契诃夫等人的作品，也通过连载的形式被介绍到中国来。高尔基的名字（当时译作“俄国郭尔奇”）和他的作品的译文，也曾在广西同盟会支会在东京出版的机关报《粤西》的“连载”栏中出现。年轻的资产阶级革命党人，之所以对这位无产阶级的文学大师和社会主义现实主义开山人的作品感兴趣，无疑的是企图从中汲取一些可以鼓舞自己斗志的精神力量。

由于作家世界观的局限，革命派报刊上的连载作品，不可避免地有其先天的思想缺陷：狭隘的种族偏见；对帝国主义封建主义的本质认识不清，存有依赖、妥协心理和无视人民群众的力量，等等。它们虽然和封建主义文化交过锋，作过斗争，对民主革命的发展和人民的觉醒起过促进作用，但是一经还击，就被打得偃旗息鼓，一蹶不振。辛亥革命以后，革命派报刊“连载”作品中的那种凌厉无前的蓬勃之气，已经消失殆尽，其末流更堕入魔道，开鸳鸯蝴蝶派之先河，同盟会系统的上海《民权报》所连载的李定夷的《霄玉怨》、徐枕亚的《玉梨魂》、吴双热的《孽冤镜》《兰娘哀史》等，更是其中的始作俑者。

但是，早期报纸的长篇连载，特别是资产阶级革命派报刊中的长篇连载，毕竟还有一些好的传统：为进步的革命的政治服务，鞭挞庸陋，追求理想，在读者中灌输优美的情操，进行民族气节和热爱祖国的思想教育，等等。此外，长篇连载这种形式，也逐渐地在实践中被证明是一种读者喜闻乐见的有效的辅助宣传形式。“五四”以后，这种形式继续为进步和革命的报刊所采用，早期报刊连载小说中的那些好的传统，也被它们批判地继承，并且在新的基础上，有了进一步的发展。

（原载1962年9月《新闻业务》）

中国早期报刊上的新闻照片

中国报刊上什么时候才开始出现新闻照片呢？这是新闻摄影工作者和一般编辑工作者都感兴趣的问题。

以我所知，最先刊登新闻照片的是中国人在日本创办的一些报刊。1902年资产阶级改良派在横滨创办的《新民丛报》，是其中的第一家。1900年在香港出版的《中国日报》和1903年以后在东京创刊的资产阶级革命派报刊如《湖北学生界》《浙江潮》《江苏》等，也都刊有新闻照片。当时，这些报刊上的新闻照片，以风光和建筑物为题材的居多，然而也是和他们的文字宣传紧密配合，服务于既定的政治目的的。例如，《新民丛报》刊载的《加拿大下议院议事之图》（16期）、《英国议院图》（17期）等，是和它关于君主立宪的宣传相配合的。《江苏》所刊登的《明太祖之陵》（2期）、《浙江潮》所刊登的《会稽大禹之庙》（6期）、《岳飞墓》（10期）等，是为了借此启发读者光复“旧物”的“革命”激情。1905年同盟会成立以后，在日本出版的革命报刊上的新闻照片，数量增多，新闻性加强了。《云南》第2期刊登的法帝国主义迫害越南人民的照片，是直接从现场拍得的，《洞庭波》第1期刊登的《失败英雄马福益》（在萍浏醴起义中牺牲的会党首领）、《大烈士姚宏业》（在上海为悲愤国事而投江自杀的华兴会员），都是当时的新闻人物。同盟会机关报《民报》，在先后出版的26期中，刊有新闻照片59幅，都具有较强的新闻性。

国内报刊中最先刊有新闻照片的，是1904年在上海出版的《日俄战纪》。这是一个专门报道日俄交战情况的时事性半月刊，它的创刊号上即有日本天皇睦仁、俄国沙皇尼古拉二世和俄国关东总督阿加客塞夫等人的戎装照片。同年在上海创刊的《东方杂志》，也刊有自制铜版图片。这些照片的出现，说明中国当时已经具备了摄制和印刷铜版照片的能力。

国内日报刊用新闻照片的，以我所见，当以彭翼仲在北京创办的《京话日报》为最早。1906年2月22日南昌知县江召棠被法国教士王之安杀害，当地人民在盛怒之下，将凶手围殴至死，造成所谓“南昌教案”。法帝国主义方面在“教案”发生后，曾经捏称江令自刎，企图抵赖他们的罪行。对此，《京话日报》于1906年3月29日，以显著地位刊出了江召棠遗体颈部以上的放大照片，下注：“江西南昌县知县江大令召棠被天主教请酒谋杀，凶手便是劝人为善的教士，教士既下毒手，又施毒心，捏造情形，说是自刎，本馆再四辩白，今特把江大令受伤的照片做成铜版，印入报内，请大众看看，有这样自刎的没有？”有力地粉碎了敌人的谰言，显示了新闻摄影在对敌斗争中的威力。

国内日报普遍刊用新闻照片，当是1909年前后的事。这以后，不仅《申报》《新闻报》《时报》《中外日报》等报纸开始刊登新闻照片，资产阶级革命派在国内创办的机关报刊如《民国日报》《民立报》《神州日报》等，也竞相以新闻照片进行革命宣传。1911年广州起义失败后，《民立报》和《神州日报》都刊登了方声洞、喻培伦等死难烈士的巨幅照片，表彰他们的英雄行为。

在“武昌起义”以前，中国报刊上的新闻照片，题材还比较狭窄，手法也过于简单，静态的“肖像”式的人物照片较多，现场的和反映人物动态的照片较少。这和当时一般报纸缺少专职的摄影记者和当时清朝政府对摄影活动限制较严有关。在封建王朝加强对出版物的限制的情况下，公开的摄影采访活动是有困难的。以端方那样的一品大员，尚且以摄影获罪[1]，一般的布衣百姓就更不免动辄得咎了。这种情况在清朝覆灭前的最后一两年略有改变，1911年10月在河北永平举行的清末规模最大的一次陆军演习，就破例准许京、津、沪、汉四地报馆“共同派遣记者二人，照相者二人”参加，实际上承认了摄影记者的活动权利。

“武昌起义”时期，报刊新闻照片的数量激增，题材也更为广泛。上海、武汉、广州等地报纸几乎每天都有照片见报，有的报道各地光复情况，有的报道“民军”作战和人民群众支援“民军”的情况，大多拍自现场，有较强的新闻性。同盟会在上海出版的《警报》，仅仅在10月20—23日的4天内，就刊出了《革命军都督黄兴》《革命军占领蛇山轰击衙署时之写真》《两军必争之武胜关》《军用钞票之影》等十几幅新闻照片。“武昌起义”和“反正前后”，各报刊登的大量新闻照片，有的出自专职的新闻摄影记者之手，有的则出自业余摄影家之手。当时大部分新闻照片发表时是不署名的，只有《神州日报》的李少穆署有姓名，他是中国报纸上有姓名可考的第一个摄影记者。

南北议和后，新闻照片已经成为报刊上的一项固定内容。有的报纸

1 端方，字午桥，又字陶斋，满洲正白旗人，1908 年任直隶总督。1909 年以在迎送慈禧、光绪的灵车时“擅自”摄影，被劾“大不敬”，革职。两年后，他以 40 万元的巨额贿款，买通亲贵大臣，解除处分，改任川汉铁路督办。他因摄影而丢官的事，是当时官场中的一大新闻。

还把同一性质或同一事件的几张照片，编组配套发表，有的报纸则增出以新闻照片为主的“专页”或“画刊”。以新闻照片为主的综合性时事画报也开始出现。同盟会会员高奇峰主编，1912年6月5日在上海创刊的《真相画报》（旬刊），则是其中的佼佼者。这个画报每期都刊有十几幅时事照片，用重磅道林纸套色印刷，开现代大型画报之先河。

（原载1962年第11期《新闻业务》）

早期的新闻电讯

电报是生产力特别是科学技术发展到一定阶段的产物。利用电报这种现代化的通讯手段来传递或发布新闻，在世界上已有134年的历史。在中国也有100年出头的历史。

19世纪70年代初期，有线电报传入中国。最先铺设的是来自海外的海底线路。当时，在外商的垄断下，电报收费标准很高，因此大部分报纸所载国际电讯，都是从上海各洋行往来的商电底稿中摘抄出来的，还没有报社自己的新闻专电。

1873年开始在中国陆地上架设电报线路，上海几家报纸最先利用电报传递新闻。1882年1月16日，上海《申报》首先列出该报记者从天津拍发的一条"上谕"，报道云南候补道张承颐因为欠解铜本遭到降级处分的消息。这是中国报纸上刊载的、由本报记者拍发的第一条新闻电讯。

在此以前，北京方面的消息，全靠驿马和快船传递，往往过十几天才能到达上海。同治于1875年1月12日病死，到26日，上海各报才印蓝报，发讣告。这以后，北京消息用快马送往天津，用电报转发上海，一般两三天后就能见报了。

1881年以后的四五年间，国内电报事业发展很快。随着电报通讯网的建成，国内各报的新闻传递工作也得到了很大的发展。在这方面处于领先地位的仍然是《申报》。

1882年起，《申报》就利用电报传送苏州、南京、北京等地乡试、会试、殿试的中榜名单。1882年“壬午科顺天乡试题名录”和1883年“癸未科金榜状元题名全录”，从在北京公布，到在上海发表，都不超过24小时。

与此同时，一些地方新闻也广泛使用电报进行传送。1884年6月3日苏州发生大火，《申报》第二天作了详细报道，并附编者按语称：“按苏沪相去约三百里，平时民船往来约需两日路程，今因创设电报，本馆请托访事人如遇地方上有紧要事件，立即由电传音，纵费信资亦所不吝。故顷刻间便可传递消息，虽无费长房缩地之术，而聚千里于一室，亦足快人意也。”

1884年至1885年“中法战争”期间，电报在加快新闻传送速度方面得到了充分发挥。《申报》驻北京、广州记者和派往福州、宁波等地及越南前线进行战地采访的记者，都充分利用新设的电报线路拍发电讯，及时向读者报道有关和战的消息。这个报纸当时报道的《闽海将有大战》《镇海大捷》等十几次号外，都是利用本报记者拍回的新闻专电及时编发的。

新闻电讯事业的发展，对报纸工作起了很大的影响。19世纪80年代以后，不少报纸都加派驻外记者，加强新闻采访工作；新闻的时间性受到了更多的重视；编辑部为了等候当日的电讯，截稿时间大大推迟；各报之间在新闻的采访和传送速度上，展开了激烈的竞争。这一情况，在

1901年马可尼发明无线电，各报普遍采用无线电发报设备拍发新闻电讯以后，又有了进一步的发展。

（原载1981年第14期《新闻理论与实践》）

记 莫 利 逊

近代历史上，活跃在中国的外国记者当中，有过3个马礼逊。前两个是英国人，而且是父子。他们的活动时间在“鸦片战争”前后。父子两人先后在中国待了40多年。他们的事迹，有梅益盛的《马礼逊传》、清洁理的《马礼逊小传》和郑天挺的《马礼逊父子》详为叙述，可以参看。

第三个马礼逊，就是本文要介绍的马礼逊，一般译作莫利逊。

他是澳大利亚人，20多岁来到中国，在中国活动近30年，是“戊戌维新”到五四运动前夕这一段时期，在中国较有影响的一个外国新闻记者。

莫利逊出生于1862年。青年时代就喜欢利用旅行来开阔眼界。在墨尔本大学学习期间，曾经利用假期，驾自制独木舟，从马累河上游的急滩悬瀑处一泻千里，直奔河口，行程达2 400多公里。此后，又到南洋诸岛及非洲部落地区旅行。去非洲的那一次，遭到土人狙击，头腹部受重伤，几濒于死。回来后，开始入爱丁堡大学学医，成为一名职业医生。

行医后不久，他又自费出游，从西班牙出发，至摩洛哥，随后又辗转来到中国，由上海，经湖北、四川、贵州、云南到缅甸，在中国的华东、中南、西南腹地绕了一个大圈。到缅甸后，他把此行见闻写了一本《一个澳大利亚人在中国》，受到伦敦《泰晤士报》主人的激赏，聘他为该报特约记者，先驻缅甸，后驻中国。他因此成为一名专业的新闻记者。

莫利逊是1897年来到北京的，此后十几年，他一直是《泰晤士报》的驻北京记者。在此期间，他广交各界人士，了解各方面情况，对中国的情况了如指掌，为《泰晤士报》提供了不少有关中国时局动态的报道。

作为一个老牌资产阶级报纸的记者，莫利逊的立场是完全站在垄断资产阶级一边的。他极力支持帝国主义的侵华政策，也极力支持帝国主义者所豢养的那些封建走狗。对中国人民的革命运动，则一贯采取敌视态度。

1900年"义和团运动"期间，他不仅发回很多诬蔑性的专电，而且还亲自挥枪上阵，和包围北京东交民巷的义和团对垒，后来还撰写了长篇通讯《拳乱始末记》，发回伦敦连载。当使馆区被围与外界消息隔绝时，伦敦《泰晤士报》以为他已经丧命，还特意为他开了追悼会，并"作文数千言，颂其功"。

1915年袁世凯帝制自为期间，他极力为之鼓吹。袁世凯感恩图报，特聘他为法律政治顾问，赐玉印一颗，并宣布将王府井大街改名为"莫利逊大街"，以为酬庸。袁世凯下台后，才改了回去。

莫利逊任《泰晤士报》驻北京记者期间，月薪1 000英镑，待遇极为优厚。他长期独身，在北京的住所只有他一个人，却雇佣了6个仆役为他服务，生活极为阔绰。由于手头宽裕，出得起大价钱，他在北京旧书商的协助下，搜集了不少古今图书，累计达2.4万余册，另地图画片1 000余张，报刊百余种，其中有不少有关中国政治、经济、历史、地理、文化等方面的文献资料。这批藏书被称为莫利逊文库，后来以3.5万英镑的代价出让给日本的岩崎男爵，捆载而去，成为今天日本东京东洋文库的一部分。1981年第20期《新观察》上刊载的郑超然的《话说东洋文库》一文，对此作过介绍，可以参看。

莫利逊于1917年辞职回国，1920年死于他的家乡。

半封建半殖民地的旧中国，是资本帝国主义冒险家的乐园。3个马礼逊就都是怀着侥幸的心理，舶来于华，从事冒险活动的冒险家。3个人当中，以莫利逊的能量和影响为最大。他一生的活动，在旧中国的文化侵略者当中，是颇有一点典型意义的。

（原载1982年第13期《新闻理论与实践》）

早期报刊上的社会调查

中国报刊刊载社会调查之类的稿件，是从“戊戌维新”时期开始的。当时出版的《经世报》（杭州）、《农学报》（上海）上，就刊有关于各地物价、土产和税收等方面情况的调查材料。

设置“调查”专栏，定期发表有关社会调查稿件，则是从辛亥革命时期留日学生创办的那些革命报刊开始的。首先办起来的是《湖北学生界》，办得最活跃的是《浙江潮》和《江苏》。以后，在国内出版的《警钟日报》《神州日报》等，也都设置了“调查”专栏。

从当时各报的“调查”栏稿看，主要内容集中在以下几个方面：

一、有关社会一般情况的调查

《江苏》所刊《上海学堂一般》《扬州教堂表》《高邮之生计》，《浙江潮》所刊《杭州金融机关组织表》《绍兴当业》《湖北学生界》所刊《大冶县矿山》等属之。其目的，如它们自己所说，是为了研究和了解中国的国情，以便“知弊之所在”“图补救之方”（《湖北学生界》第1期《湖北调查部纪事叙例》）。

二、有关工商业情况的调查

《江苏》所刊《癸卯年上海商情述略》，《神州日报》所刊《最近白丝出口之调查》等属之。《神州日报》还为此增设“外埠商务调查”专栏。其目的都是为了促进民族资本主义经济的发展。

三、有关帝国主义侵略活动和封建政府黑暗腐败情况的调查

《云南》所刊的《法人增兵安南之实况》，《江西》所刊的《看！看！看！贵溪知县刘光贺》，《神州日报》所刊的《官场吃烟调查》等属之。其目的是为了揭露帝国主义侵略者及封建官僚们的昏庸凶残，加深读者对他们的憎恶和痛恨。不少报纸都十分注意这类来稿的征集工作。例如《鹃声》杂志，就曾经要求地方通讯员：“将四川之贪官污吏惨无天日之不法行为，调查确实，函告本社”，以供“四百兆同胞”之“裁判”。

此外，不少报刊还刊有反清革命运动进行情况的调查。《警钟日报》关于广西会党情况的详细调查、《神州日报》关于陕西民变情况的详细调查等属之。其目的则是为了扩大革命的影响，推动民族民主革命运动的开展。

利用报刊进行社会调查，向读者提供社会各方面情况的第一手材料，以加深对国情的了解和培养探索中国革命问题的兴趣，这是近代革命民主主义报刊的一项好的传统。但由于它们的认识有局限，立场、观点、方法也都离不开资产阶级的窠臼，因而没有也不可能从调查中找到解决中国革命道路问题的正确答案。

（原载1982年第47期《新闻理论与实践》）

鲁迅与邵飘萍

鲁迅与邵飘萍是同时代人，鲁迅生于1881年，邵飘萍生于1886年，相差只有5岁。他们有一些相同的经历，都是浙江人，都是留日学生，都长期从事文字工作。但是，在1924年以前，他们之间没有什么接触。他们之间的紧密合作，是1924—1926这两年的事，没有多久，邵飘萍就被害了。

鲁迅和邵飘萍互相认识，是从筹办《京报副刊》开始的。1924年11月，主编《晨报副刊》的孙伏园因为鲁迅的新诗《我的失恋》被扣发，和《晨报》方面闹翻，愤而辞职。邵飘萍知道后，立即找到孙伏园，邀请他到《京报》来办副刊。孙伏园嫌《京报》当时的发行数字和社会地位不如《晨报》，有点犹豫。但鲁迅却极力主张他去，说："一定要出这口气，非把《京报副刊》办好不可。"孙伏园接受了鲁迅的意见，答应了邵的要求。《京报副刊》就在这一年的12月5日创刊了。新创办的这个副刊，得到了鲁迅的全力支持。他在不到两年的时间内，先后为这个副刊写作了37篇杂文，翻译了5篇文章，其中有《咬文嚼字》《忽然想到》《青年必读书》《我还不能带住》等，都是脍炙人口的作品。当时，邵飘萍的经济比较困难，有时连稿费都发不出来，鲁迅并不计较，仍然像当年支持《晨报副刊》一样地支持《京报副刊》，使它一跃而成为那一时期的四大副刊之一。《京报》的发行数字，也由三四千份，陡增到五六千份，而《晨报》的销数却一落千丈。这是他们两个人的第一次合作。

《京报副刊》打响之后，邵飘萍又约请鲁迅在《京报》上主编一个周刊。鲁迅当时也认为多一个对于中国的社会、文明“毫无忌惮地加以批评”的“发言之地”是好的，就答应了。这就是1925年4月21日创刊的《莽原》。在鲁迅的主持下，《莽原》作为《京报》的一个周刊，出版了32期。他的《春末闲谈》《灯下漫笔》等41篇杂文和小说，就是在这上面发表的，很受读者欢迎。这是他们两个人的又一次合作。

这以后，直到邵飘萍被害，鲁迅一直是这个报纸的积极撰稿者和支持者。他和邵飘萍之间的合作是十分默契的。女师大风潮爆发后，鲁迅和其他女师大教员联合在《京报》上发表《对于女子师范大学风潮宣言》，抗议杨荫榆对学生的迫害。邵飘萍除了在《京报》上刊出大量同情学生风潮的消息之外，还亲自撰写了《五七潮杂感》等评论文章，声援进步师生的斗争。“五四”运动爆发后，邵飘萍立即撤掉《京报》上的英日商品广告，用几个整版的篇幅刊载有关这一运动的消息、通讯和图片，并亲自撰写了《愿国民注意根本问题》等二十几篇时评，谴责帝国主义的暴行。鲁迅则在《京报》上发表了《忽然想到》《杂忆》《补白》等杂文，鼓励中国人民发挥坚韧的精神，和帝国主义进行长期的坚决的斗争。“三一八”惨案发生后，邵飘萍在陈毅同志主持的群众大会上慷慨陈词，并在《京报》上发表《诛人类之蟊贼》等著名时评，怒斥横暴凶残的段祺瑞政府。鲁迅则义愤填膺地把“三一八”这一天，称为

“民国以来最黑暗的一天”，并在《京报》上发表了《可惨与可笑》《如此讨赤》等杂文，揭露段政府陷害和屠杀革命者的罪行。正因为这样，他们同被段祺瑞的警宪们纳入黑名单（邵名列第十六，鲁迅名列第二十一），遭到通缉。他们还都以同是浙江人的关系，而被陈源之流纳入所谓的“某籍”集团，作为攻诋的目标。

鲁迅和邵飘萍之所以能够密切合作，是因为他们有共同的政治立场：他们都接受中国共产党在民主革命时期的政治纲领，都支持中国共产党领导下的人民革命斗争，在当时都是激进的革命民主主义者。但是比较起来，在有些问题上，鲁迅的认识更深刻一些，态度更坚决一些。当邵飘萍在评论中指责帝国主义用“赤化”诬人，申辩中国并无所谓“赤化”问题的时候，鲁迅却铁骨铮铮地抗言，“我不解为什么中国人如果真使中国赤化，真在中国暴动，就得听英捕来处死刑？”这是鲁迅的可贵之处。在书刊广告问题上，两个人之间也有过不同意见。邵飘萍代《莽原》刊发的广告，写得过于“夸大”，鲁迅不赞成，另拟了一个，“硬令登载”，并且“不许改动”，但结果还是被邵加上了“几句无聊的按语”。在这个问题上，鲁迅是对的，是对读者负责的，而邵飘萍则是接受了资产阶级广告学的影响，有点言过其实。

从结识到分手，鲁迅和邵飘萍只有两年左右的交往，时间是短暂的。但是，他们相濡以沫，互相支持，既是战友，又是诤友的这一段共同战斗的经历，还是值得纪念的。

（原载1983年第2期《光明日报通讯》）

明星在这里陨落

——黄远生被刺现场踏勘记

1915年12月25日晚6时左右，旧金山中国城的一家酒楼内，突然响起了三响枪声，有“报界之奇才”“通讯界之大师”之美称的中国新闻史上的第一位名记者黄远生，遭到了狙击，倒在血泊之中，结束了他的还不到31岁的年轻的生命。我从青年时代起，就十分欣赏黄远生的通讯，惋惜他的早逝，很想有机会到他遇难的现场凭吊一下。1992年5月，访友路过旧金山，才终于实现了多年的愿望。

黄远生是在由拥袁转为拒袁，三次声明拒绝担任袁党报纸上海《亚细亚报》的总撰述以后出国赴美的。离开上海的时间是1915年的10月24日，乘的是日轮佐渡丸。10月27日抵日本，在神户登岸，31日乘火车到东京。11月3日到达横滨、重新上船，第二天离开日本，经太平洋于10日抵达加拿大的维多利亚，22日在西雅图进入美国，23日又自西雅图改乘火车，经波特兰、奥克兰等市，于11月24日晨，抵达他此行的目的地旧金山（参看《远生遗著》卷四，《游美随记》）。在此前后，他曾为上海《申报》写过11篇旅行通讯，最后一篇是12月10日从旧金山发出的，下距他的被刺仅15天。综合各方面的材料，已知他在旧金山期间的活动情况大抵是：（1）先是住在远东旅馆59号，后移至沙达街伯克莱旅店；（2）和他作伴的有一位同船离沪赴美的张姓宁波人。此人英文很好，但不通日语，黄则相反，日语十分娴熟，英语则只学过几个月，因此一路上，他们互相协助，互为翻译；（3）游览了正在旧金山举行的巴拿马赛会，和参加赛会的中国方面的工作人员有过酬酢往来；（4）曾在旧金山出版的国民党美洲总支部机关报《少年中国晨报》上刊登启事，声明反对帝制，并表示此行旨在游憩，并无政治目的。前此不久，这张报纸上曾刊有多篇谴责他助袁称帝的文章，他的声明，明显是为给自己辩解。

黄远生被刺的原因、地点及有关的一些细节，过去众说纷纭，直到1986年9月，黄远生学术讨论会在江西省九江市召开时，才基本上弄清楚。黄流沙、孙文铄两位同志在那次会上，宣读了他们写的论文《关于黄远生之死》，以经过调查研究得来的大量的确凿材料，证明黄远生是被流亡海外的国民党人，误当作袁党刺死的。发此指示的是当时担任国民党美洲总支部负责人的林森，他是旧金山华人中唯一见过和认得黄远生的人。执行刺杀任务的则是他的警卫员、先后加入过同盟会和国民党的刘北海，一个侨居美国的耕园工人。刺杀的地点，是在旧金山中国城内都板街和唐人街夹角处的广州楼。刺客先是跟踪到这家酒楼，守候在门口，等黄吃完饭从楼梯上下来时，伺机开的枪。正如当时报纸所报道的："黄君……餐毕出门之际，因燃吸雪茄，曾稍停立，忽背后人丛中有人连发三枪，悉中黄君背部，即倒地殒命。"（见1919年1月26日上海《申报》）刺客行刺后立即从唐人街逃走，绕过干泥街，把枪扔进干泥街和企李街夹角处的一个垃圾箱里，进而绕到企李街与都板街夹角处的一个水果摊前，买了一个金山橙，用橙汁擦掉了手上的火药味，然后绕回广州楼，挤进人群，见黄确已被打死，才离开现场。这些细节，都是和刘北海有义兄弟关系的容兆珍老人提供的，其根据则是刘北海生前和他的多次谈话。孙文铄同志另写有《七十多年悬案已解决》一文，连载于1988年11月30日至12月4日香港《新晚报》，详记其事，可以参看。

旧金山的中国城，共有两处。一处在市区的东北隅，属于老中国城，当地华人称为华埠或大埠；另一处在市区西南隅的落日地区，则是近几十年来发展起来的，住户多数为新近迁来的华裔移民。

黄远生被刺的地点在旧金山的老中国城。这里离海很近，往东走五个街区往北走十个街区就都可以看到海，著名的海湾大桥、金门大桥、渔人码头都离这里不远。拘禁和检查入境移民的天使岛和禁闭犯人的克里门特岛，只要走到不远的圣弗兰西斯科海湾边上，就遥遥可见。旧金山城区是由北往南逐渐扩展而成的，中国城位于它的东北端，这一点，正好说明华人属于最先到这个城市的移民。

所谓的中国城，其实并没有城。例如旧金山的这一处中国城，就是由市德顿、都板、唐人、企李、百老汇等八条东西大街相交叉的范围内的20多个街区共同组成的，早在20世纪初就是华人聚居之处。1906年旧金山遭到强烈地震，整个中国城成为一片瓦砾。黄远生是在地震后十年的光景来到旧金山的，那时，中国城经过重建，已经整饬一新了。

从补市街的大牌楼沿都板街北行，经过两个路口，在右手处可以看到一座始建于1854年的大教堂，这是1906年的地震中附近地区硕果仅存的一座建筑。再过一个路口，就到了唐人街，这里就是黄远生遇难的地方。这一带，大体上属于中国城的腹心地段，也是中国城最繁华最热闹的地段。容兆珍老人指出的黄远生被刺的地点在广州楼，就在都板街和唐人街的夹角处。以广州楼命名的酒家，现已无存，但建筑还在，是一座旧式的四层楼房，楼下的铺面现在开了一处旅游礼品店，三四层楼似乎是住家或办公用房。二层楼的层高最高，窗户也最大，现在仍继续开着一家饭馆，招牌上写的是“冠园酒家”，这大概就是黄远生最后一次赴宴和毙命之处了。

广州楼旧址的这座楼房，西临都板街，南临唐人街，二层楼酒家的上下楼和进出口处都在其南端唐人街这一侧。这一格局说明容兆珍老人所提到的黄在楼上用餐，餐毕下楼，在楼梯下端的门厅附近被刺这一说法，是符合实际的。同时也说明，刺客行刺后沿唐人街向东逃逸的说法，也是符合实际的。因为第一，酒家的出入口在唐人街这一侧；第二，整个中国城的地形是西高东低，坡度较大，从唐人街往东到干泥街是下坡，往西到市德顿街则是上坡。刺客为迅速脱离现场，自然要选择省力也省时的下坡路。中国城内的街区比较规整，每一个街区的东西南北方向都面临一条街。刺客行刺后所走的由唐人街经干泥街、企李街、沿都板街再回到唐人街口的这一条路线，实际上是围绕着这个街区转了一圈，其起点和终点都是广州楼。我和同行的友人沿着这条路线走了一遍，步测了一下，总长大约700多米，从从容容地走，十几分钟足够，倘是快跑，则要不了五分钟。由于时过境迁，刘北海当年丢弃手枪的垃圾箱和购买金山橙的水果摊，都已不见踪影了。

勘察完黄远生被刺的现场以后，我们又在中国城内漫步了一番，发现附近还有不少值得注意的地方。例如，写有“国民党美洲总支部”字样的一座旧式楼房，就在企李街和唐人街之间的那一段市德顿大街上，从那里到广州楼旧址，距离约仅300多米，只要三五分钟就能走到。刘北海当年大约就是从那里出发去执行任务，然后又回到那里向林森销差的。此外，从一些文献资料和有关人士的回忆文章中，还了解到这一带也是同盟会时期革命党人活动比较集中的地区。例如，同盟会美洲支部的成立大会，就是在干泥街的一家戏院里召开的；同盟会的机关报《少年中国晨报》的社址，就在企李街；孙中山1910年来旧金山期间的住处也在企李街；他还经常到唐人街和市德顿街夹角处的一家小餐馆里进餐和约见一些革命党人，这些地方都离黄远生被刺的地点不远。

种种情况说明，黄远生把旧金山的中国城当作自己在海外的避秦之地，实在是一个错误的选择。这里的华人过去曾分隶于保皇、革命两派。民国成立以后，革命民主派占了绝对上风，在国民党和袁世凯的斗争中，绝大多数人都是国民党的支持者。1914年这里还曾发生过抵制袁世凯派来笼络华侨的宣慰使的活动。黄远生则和国民党的关系一直不好，流亡海外的不少国民党人仍然记得他指责国民党批评孙中山和支持袁政府的一些言论，对他最后和袁世凯决裂的一些言行，则由于信息不通，毫无所知。在筹安活动甚嚣尘上，帝制声浪日益高涨，海外的政治流亡者积极进行反袁斗争的时刻，被拥袁之恶名，蒙代表筹款的种种猜疑和诬谤，来到这个地方，实际上是陷自己于危地。刚到不久，他就受到跟踪，这一点，他自己也有所觉察，所以才有由远东旅店搬到伯克莱旅店的举动。从12月10日起，到被刺之日止，一向勤于笔耕的黄远生，竟有将近半个月的时间，没有再为《申报》写一个字。这也说明他已经感受到了生命的威胁，正处在难以解脱的惶遽状态之中，但是已经晚了。

在中国城漫步的过程中，我们向路上的不少老年华人动问黄远生和77年前发生在广州楼上的那次事件，竟然没有一个人知道。他已经被他杀身之地的人们彻底地遗忘了。但是，在中国的新闻史上，他是不会被忘却的。

（原载1992年9月《中国记者》）

喜见明代报纸

新一期的《新闻与传播研究》刊出了尹韵公同志写的《急选报：明代雕版印刷报纸》一文，介绍他在北图善本室发现了一份明代印刷报纸原件的经过，引起了国内外新闻史和文化史研究工作者的重视。

关于这份新发现的报纸，我同意已故明史专家谢国桢的这一观点："此即为邸报之一种。"也赞成尹文的另一个说法："极有可能是明代邸报的一种不定期的增刊或者说号外。"总之，它是一份实实在在的明代邸报类报纸原件。

过去，国内的新闻史研究工作者能够看到的古代报纸原件，最早的只到乾隆年间，再早的就没有了。明代报纸的出版发行和收藏情况，明人多有记载。但所提到的那些报纸，都没有留传下来。明人文集中收录的《天变邸抄》和北京、台北两地图书馆收藏的《万历邸抄》，都只是明时邸报的辑录件。曹雪芹的祖父曹寅的藏书目录中有《天启邸抄》若干册，后来不知去向，但估计也很可能只是明时邸报的抄件。因此，研究明代报史，深以无报可查为苦。这份明代报纸的被发现，意义深远。举其大者，约有四端。（1）为新闻史研究工作者提供了一份明代报纸的实物。道理见前，不赘。（2）过去认为明代民间报业起始的时间不晚于万历十年。这份报纸出版于万历八年，证实了这一说法。但从其体例模式已经十分成熟这一点看，明代民间报业的起始时间，还可以往前提到万历初年乃至于隆庆、嘉靖以前。（3）研究印刷史的学者过去谈到中国印刷报纸起始的时间时，能够引为根据的只有顾亭林文集卷三《与公肃甥书》中所说的“忆昔时邸报至崇祯十一年方有活版”一段话。至于什么时候开始有雕版印刷的报纸，则不清楚。这份报纸的发现，证明早在顾文所说的活版邸报诞生的58年以前，就确切地有了雕版印刷的报纸了。（4）近年来，新闻学界曾经有过一种“邸报非报”的说法，认为近代报纸的鼻祖不在中国，而在欧洲。这份报纸的发现，为反对这种说法，提供了一个有力的物证。中国近代的报纸确曾从西方得到过借鉴，但怎么可能没有一点自己历史上的影响呢?

这次的发现，又弥补了我研究中的不足。雏凤清于老凤声。快哉快哉!

（原载1994年4月7日《北京晚报》）

在大英图书馆看报

今年春天，初访英国。到伦敦后，首先想去的地方是马克思的墓，这是每一个来自中国的人，都十分向往的圣地。排在第二位的，就要数大英图书馆了。去那里的目的，主要是为了看报。看那些国内早已失藏、只有在这里才能看到的早期的中文旧报。

从我的住地伦敦北郊的圣保尔斯沃顿驱车约一小时，便来到了著名的大英图书馆。这所图书馆，位于伦敦市区北部新牛津大街的罗素广场，始创于1753年，原来隶属于大不列颠博物馆，1973年后从博物馆分出，单立门户，但仍和博物馆在一起，是博物馆那组建筑群的重要组成部分。收藏中文旧报的，是它的东方室。1927年，著名的新闻史学者戈公振曾经专程来这里看过，在他的《英京读书记》这篇文章中，留下过下面这样一段记录："英国博物院，其中一部分为图书馆，而东方室又别为图书馆之一部分，储中国、日本、印度旧籍綦富，凡欲往观者，须有人郑重绍介。"进入图书馆以后，一打听，才知道那个东方室，现在叫东方及印度部，不久前已经搬到市区的另一端，泰晤士河以南，属于英国图书馆的另一处地方去了。看看时间已经不多，只好另作安排。但是这一趟并没有白来。一是借此机会参观了拥有400多万件文物的博物馆；二是看到了马克思曾经在那里博览群书的那座十分有名的大阅览室。

一个星期以后的一天，我起了一个大早，专程到伦敦南区寻访。这次是坐地铁去的。先是在因电影《魂断蓝桥》而著名的那座滑铁卢桥桥堍下车，然后按事先打听好的地址，找到了布米克费尔路167号，一座十来层高的方形大楼，这就是藏有大量中文旧报，曾经令众多的中国新闻史研究工作者寤寐思服、辗转反侧的那个大英图书馆东方及印度部了。

办完各种手续以后，我首先调阅的是《察世俗每月统记传》《特选撮要每月统记传》《东西洋考每月统记传》《中外新报》《旧金山唐人新闻纸》等报刊。这些都是最早的一批近代化的中文报纸。其中的《察世俗每月统记传》，还是公认的世界上第一份用中文出版的近代化报纸。调阅它们，并不是为了研究。因为这些报刊，国内外已有不少学者作过深入研究，它们的缩微胶卷，近年来也已被引进到国内，借阅并不困难。这次来，主要是想看看它们的原件，找一点从一般复制件上得不到的真实感觉。这一目的，还真的达到了。例如那个《察世俗每月统记传》，看过原件以后，就有三点十分深刻的新印象。一是版面的尺寸比想象中的要小，这样的设计，估计和方便发行有关；二是前后各期的字体不完全一致，起码有四五种以上的不同的笔迹，说明写工和刻工绝不止已知的梁发一人；三是发现了一幅以民间有关“痘娘”的传说为题材的插图。这幅中国新闻史上的第一幅报刊上的插图，似乎还未曾引起新闻史学者的关注。此外，还有一个值得注意的发现，即这份报纸的封面是用黄色的毛边纸印刷的，外观很像国内报房出版的黄皮京报。这一点，已出版的新闻史专著和有关的论文，都没有提到。在缩微胶卷和已发表的黑白对比的照片上，也很难看出来。但是其中所提供的信息，还是值得重视的。我认为，这和在它的封面上印有孔子说的“多闻择其善者而从之”那句话一样，都是一种包装。用孔子的话，是一种思想上的包装；用黄纸作封面，则是一种发行上的包装，目的都在迎合中国读者的习惯。一个是思想上的习惯，一个是阅读上的习惯。

其次调阅的是编号为S1156的《敦煌进奏院状》。这是唐僖宗光启三年（公元887年）发行的一份古代报纸，是现存的中国的、同时也是世界上的最早的一份报纸。是英国人斯坦因从中国的敦煌石窟中劫走后，入藏到这家图书馆的。我曾经托别人抄录了它的全文，对它进行过研究，写过论文。这次调阅，也只是想看看它的原件，对这份流落国外近一个世纪的中国新闻史上的瑰宝，摩挲一番。唯一的新发现，是它背面抄录的那部600余行的《季布骂阵词》，是分成三栏抄写的，字迹较为零乱。这恐怕可以算作中国古代最长的一首叙事诗了。

大英图书馆东方及印度部，现在还收藏着来自中国、日本、印度等国家和地区的近90万册书，近12万册报刊和近6.5万件手稿。调阅材料和到开架的部分取阅书报，十分方便。并不像戈公振在《英京读书记》中所说的，“须有人郑重绍介”。但限制还是不少的。例如，只准空着两只手穿着衬衣或毛衣进馆，其余大到外衣、上衣、书包，小到笔记本和自来水笔，都有专门的地方存放，不得带入。照相是绝对不允许的。馆内备有复印机，一般的书籍付费后可以复印，被馆方视为善本的材料，如我调阅的上述那些材料，就不准复印。说明馆方还是十分清楚这些材料的价值的。

出来接待我的是一位精通中文的赫德先生，他对我调阅的那些材料十分熟悉，通常在提出要求后5分钟内，就能把材料送出来。据他说，几天后，有可能去北京出差。问他有何公干？回答是，向中国方面交涉如何归还西什库教堂内的属于英方的藏书问题。这使我想起了某些人的奇怪的逻辑，“你的是我的，我的还是我的”，我倒很想问问那位赫德先生，你们打算什么时候把你们从中国巧取豪夺的那些东西还给我们呢？话到口边，怕他难堪，只好欲说还休了。

（原载1996年12月《新闻战线》）

印象最深的一次学术研讨会

和新闻史有关的学术讨论会，近半个世纪以来，已经记不清参加过多少次了，但关涉《天变邸抄》的学术讨论会是其中印象最深，也是最奇特的一次。

这次学术讨论会的名称是“1626年北京地区特大灾异综合研究学术研讨会”。开会的时间是1986年5月30日，即这次特大灾异事件发生的第360周年。地点在明代兵工厂遗址所在地的北京西内大街桦皮厂胡同内的燕川餐厅。参加这次学术讨论会的，有来自各个部门从事天文、地理、地质、地震、军工、古兵器、历史、科技史和新闻史等方面的研究工作者。北京市领导部门也很重视这次会议，当时担任北京市副市长的陈昊苏，曾到会认真地聆听了专家们的发言。

我是作为新闻史研究工作者的代表，被邀请参加这个会的。原因是在这次特大灾异事件发生后不久，立即出版的一份明代的报纸，曾详细地报道了这次事件的经过，为各方面的研究工作者所广泛引用，被认为是研究这次事件的重要原始材料，具有重大的历史文献价值。而我早在20世纪50年代时，就对这份报纸作过研究，写过文章。

这次特大灾异事件，又称王恭厂大爆炸事件。和印度3 000年前发生的“死丘”事件，及1908年在西伯利亚通古斯地区发生的大爆炸事件，曾被人称为世界三大自然之谜，受到举世的关注。事件发生的时间，在明熹宗天启六年五月初六巳时，即公元1626年5月30日上午9时许。中心地点在北京内城西南隅的王恭厂，即今北京西城区新文化街以南，宣武门西大街以北，佟麟阁路以西，南闹市口以东的这一片地区。受灾较重的是以此为中心，直径约750米，面积约2.25平方公里的这部分街区。位于宣武门西大街路北的新华社总社新盖的那一片楼群，就在当年的这次事件的重灾区之内。这次事件造成的破坏十分严重。根据各方面的记载，大约伤亡2万多人，塌房10万余间。王恭厂受到的破坏尤为严重。所谓的王恭厂，是当时的一座为明朝廷直辖由宦官管理的手工业军火工场。在这次受灾后，改称安民厂，迁至西直门附近的桦皮厂胡同。这也是这次讨论会选择在桦皮厂胡同召开的一个原因。

详细地报道了这一次特大灾异事件的，是一份由当时北京的民间报房编辑出版发行的报纸。这份报纸的原件，现已无存。但它的全文，被不少明人的文集，作为附录保存了下来。成为研究这次事件的重要原始材料。《天变邸抄》，则是当时人对这份报纸的一个习惯性的称呼。

这份被称为《天变邸抄》的报纸，全文2 000余字，从新闻学和新闻史研究的角度来看，有三点值得注意。一是记下了不少有关这一次事件的具体情况。如“须臾大震一声，天崩地塌，昏黑如夜，万室平沉”“东自顺城门大街，北至刑部街，长三四里，周围十三里，尽为齑粉”“长安街一带，时从空堕人头，或和鼻，或连额，纷纷而下”，等等。这些都是有关事实的报道。二是涉及的人物。上自皇帝、各级政府官员，下至吏目、蒙师、一般士绅、小监、庙祝、道士、赤脚僧、巡更逻卒、长班、轿夫及卖棺者等社会各阶层人士。说明编写前经过较为深入的采访。三是全文的第一段，是对事件基本情况的综述，有点像现代新闻的导语。下面的报道，地点上由近及远；时间上以事件发生当天的情况为主，然后追溯到事前，延伸到事后，十分接近现代新闻所习用的倒金字塔式的写法。

对于与会的自然科学研究工作者们来说，他们所关注的，主要还是这份报纸所提供的那些事实的细节。在这次学术讨论会上，他们根据这些细节，经过各种不同意见的交锋和反复讨论，得出了这样的共识，即这次特大灾异事件，是一次可燃气体溢出，地光、静电异常，和有强烈震感的地震，所引起的火药库爆炸。是地震（包括震前可燃气体溢出、地光、静电异常）、火药及可燃气体爆炸、爆炸后冲击波产生的强静电力和旋风（火龙卷）共同作用的结果。是一次地震次生灾害。

有趣的是，这份报纸中的有些在此以前被我认为是荒诞不经的报道，在与会者们的讨论下，居然得到了科学的解释。如关于事件发生前、后宰门火神庙的看门人“忽闻音乐之声”“忽见有物如红毬旋殿中滚出”；有人在白天发现“云气似旗，又似关刀……其色红紫”；有人在夜间发现“鬼火见于前门之角楼，青色荧荧，如数百萤火”等报道，都被认为是地震的前兆。关于事件发生前，“京师鬼车鸟夜叫，其声甚哀，更聚鸣于观象台”的报道，被认为是地震前的动物异常。有关爆炸后“所伤男妇俱赤体，一丝不挂”的报道，则被认为是强静电力作用的结果。从而得出的结论是，《天变邸抄》所报道的内容，除了个别的属于道听途说之外，大部分是符合实际的。

参加这样的学术讨论会，对我来说实在是一件新鲜事。除了加深对

《天变邸抄》的认识之外，体会较深的还有以下两点：第一，新闻学确实是一门边缘学科，它和任何学科都能搭得上关系。第二，今天的新闻，就是明天的历史。新闻只有坚持事实第一性的原则，才能经得起历史的检验。这一点，对古今的报纸来说，都是一样的。

（刊1997年1月《新闻战线》）

爱国报人彭翼仲

为了纪念清末民初的报界奇人彭翼仲诞生132周年，由著名文史专家姜纬堂和彭翼仲的两个孙女彭望宁、彭望克共同编辑的《爱国报人维新志士彭翼仲》一书，最近由大连出版社出版了。书的主体部分，是彭翼仲自述、诚厚庵记录、姜纬堂校注的《彭翼仲五十年历史》。这是一部只有上编没有下编的未完稿，初印于1913年，流传下来的很少。其中对他自己的家世、经历、办报的过程、因办报而获罪的原委、狱中的见闻、起解途中的遭遇、戍边的生活等，都有较详细的叙述，是研究和了解彭翼仲这位新闻界历史人物的重要原始材料。为了祝贺它的出版，我应望宁、望克两位同志之请，为这本书写了两句话的题词："铁肩担道义，热血荐轩辕。"这其实也正是对这位将近一个世纪以前的报界奇人的一个确切的评价。

彭翼仲生于1864年，卒于1922年，名诒孙，号子嘉，苏州人。他出身于官宦家庭，先世即以科甲盛于吴中，在当地有过"祖孙会状"的佳话。苏州城内葑门附近的三元坊，就是他们家的。他虽然有过显赫的家世，但自己的仕途并不顺利，先后下过七次考场，没有得到过多大的功名，只当过八品左右的小官。丁母忧后，弃官不为，长期客居北京。八国联军占领北京期间，他生活无着，被迫流落街市，因而对下层人民的生活有了更多的了解，十分同情他们的疾苦。在此期间，他还亲身遭到过侵略者的凌辱，因而激发了强烈的爱国感情。在政治上，他赞成改革，主张渐进，是康梁等人的变法维新运动的支持者。

彭翼仲的办报活动，就是在这样的背景下开始的。从1902年起，他先后以个人的力量，创办了三家报纸：《启蒙画报》《京话日报》《中华报》。其中，《启蒙画报》创办于1902年，是以少年儿童为对象的，内容以传播科学知识为主。梁漱溟、萨空了等人在回忆文章中，都曾经提到过这份画报对他们的影响，萨空了甚至认为它是“一个中国画报史中值得大书特书的画报”。《京话日报》和《中华报》则创刊于1904年，都以成年人为对象。前者用白话，后者用文言，以适应不同文化层次读者的需要。

在彭翼仲所办的这些报纸当中，办得最好的，同时也是他倾注力量最多的，是《京话日报》。这家报纸的社址在今北京和平门外的琉璃厂附近，是当时北京发行量最大，最受读者欢迎的报纸。

在办《京话日报》的过程中，彭翼仲给人们留下了深刻印象的是他的以下两方面的宣传。

首先，是爱国主义思想的宣传。这份报纸从一创刊起，就标榜自己是中国人办的报纸。特地在报头上端印有“华商”两个字，并且声明：“机器、铅字、纸张、油墨，样样咱们不会做，都得到外洋去买”，但“作报的心是中国的”。它所刊载的新闻评论和文艺作品，字里行间，无处不充满了对帝国主义列强“夺人的土地”“灭人的国”“亡人的种”的恨，和对祖国悠久历史和壮丽河山的爱。在1904—1906年这两年内，它曾经先后发动三次规模较大的反帝宣传。第一次，是 1904 年 10 月到 1905 年 4 月的反对南非英国当局虐待华工的宣传。当时英国的驻华公使，曾为此对清廷施加压力，要求禁止该报发行。第二次，是 1905 年 5 月到第二年春天的抵制美货宣传。除发动读者拒购美货外，还宣布拒刊美商广告。第三次，是 1906 年二三月间的关于南昌人民反洋教斗争的宣传。对法国传教士无端杀害南昌县令江召棠的暴行，进行了强烈的谴责。此外，它还发表过不少反对和揭露帝国主义列强的新闻和评论。在读者中引起了强烈的反响。

其次，是有关揭露封建腐恶势力和反映人民疾苦的宣传。《京话日报》从创刊之日起，就一再声明："我们这《京话日报》是一个胆大妄言，不知忌讳，毫无依傍，一定要作完全国民的报""本报不怕得罪人，知道的就要照直说""凡衙门八旗的弊病，明说暗说，毫不留情"。为了实践以上的诺言，它刊载了不少揭露性的评论和报道。对某些王公、贵族、军阀、官僚、豪绅、地主、流氓、恶霸们恃强凌弱、草菅人命、营私舞弊、贪赃枉法的丑闻和暴行，作了严厉的谴责和抨击。《京话日报》的这些评论和报道，少数是读者的来稿，多数是该报的编辑和记者们自己编写的。例如有关那王府的王爷在王府内活埋侍妾的报道，就是该报记者在王府内外进行了 20 多次深入的采访以后，才陆续编发出来的。

正因为《京话日报》敢于和帝国主义及封建腐恶势力作斗争，所以深受广大读者特别是中下层读者的喜爱。报纸初创时，销仅千份，1年后就超过了1万份。不少读者自愿协助该报推销，不少读者自愿在公共场所捐贴报纸，供众阅览，或充当义务讲报人。1907年4月17日，当彭翼仲因言论获罪，被清朝当局发配新疆，即将离开北京的那一天，居然有几千名读者聚集在拘押他的大佛寺附近，为他送行。其中还有1位名叫郭瑞的读者，自愿随他到新疆。这是中国新闻史上，很有点戏剧性的十分动人的一个场景。

彭翼仲受出身和所受教育的影响，有他的局限。他的最高政治理想，只不过是君主立宪和开明专制。但是他毕竟作过一些有益于人民的事情，并且在中国新闻史上留下了颇有闪光点的一页。这样一位特殊的历史人物，是不应该被忘却的。

（原载1997年2月《新闻战线》）

研究中国新闻史的外国留学生和访问学者

改革开放以来的十几年间，我接待和指导过不少以中国新闻史为研究方向的外国留学生和外国访问学者。

最先找来的是澳大利亚的访问学者特瑞·纳拉穆尔，时间大约是1984年。见面的时候，送给了我一张名片，上面印着“穆德礼”三个字，这大约就是他的中文名字了。通过交谈，知道他是墨尔本大学历史系的副教授，打算研究20世纪二三十年代的中国新闻史，希望我能够给他提供帮助。我给他开了一个参考书目，并回答了他提出来的一些疑难问题。他只待了大约一个月，就回国了。1995年，穆德礼在相隔10年之后第二次来中国。送给了我一份他最近用英文写的、长达30余页的、有关1927—1934年上海《申报》的研究论文。从再次递给我的名片上得知，他已经是澳大利亚塔斯马尼亚大学的教授了。

第二个找来的是苏联的访问学者谢尔盖耶夫。他是莫斯科卢蒙巴人民友谊大学历史系的副教授。按照当时中苏两国的文化交流协定，他曾经两次来中国进修。一次是1987年9月—1988年9月；一次是1990年12月—1991年6月。都在中国人民大学，都由我负责指导。其中的第一次，是和夫人一起来的。他的夫人是莫斯科一所中文学校的汉语教师。谢尔盖耶夫在国内就从事中国现代史的研究，写过有关大革命时期武汉国民政府的论文。这两次来，则主攻中国新闻史。1987年来的那一次，主要研究中国新闻事业的通史，回去后不久，就完成了一部用俄文写的《从邸报到人民日报——中国新闻史的两千年》。曾经送过一本给我，厚厚的一册。这恐怕是外国人写的在国外出版的第一部中国新闻史的专著了。1990年来的那一次，主要研究中国民主党派报纸的历史。我除了给他开出阅读书目外，还曾经介绍他去访问过民革办的《团结报》的老总王奇等一些同志。他两次来进修，都住在人大校内的留学生楼。第一次来的时候，大约以为中国还是什么都缺，竟然带来了足够两夫妻吃半年的灌肠，弄得满屋子都是难闻的肉腥味。后来发现中国什么都有，才知道上当。第二次来，不仅没有再带灌肠，反而大包小包的往回带吃的和用的东西。多得足够他们一家人吃用好几年的。第一次来的时候，一谈起戈尔巴乔夫和所谓的“新思维”，就眉飞色舞。再来的时候，再谈起戈尔巴乔夫，就只剩下摇摇头、摊摊手和耸耸肩膀了。

第三个找上门来的是德国的娜塔莎·费汀霍夫。中文名字叫费南山。她是1995年9月至1996年8月根据中德文化交流协定，专程到中国来进修的。早在两年以前，我就接到过从德国发来的用中文写的一封信，查询有关中国新闻史研究的一些情况。署名是费南山。名字后面的头衔是“汉学家”。我当即回了一封信，抬头写的是费先生。这完全是望文生义和想当然。因为按照习惯和印象，费南山似乎应该是一位上了年纪的老先生的名字，何况还是专门研究汉学的。等到见面以后，才知道这位“费先生”，原来是一位年轻的小姐。我曾经笑着对她说，你这个名字中的“山”字如果改成“珊”字，就不会被误会了。费南山来自德国的海德堡大学，这是一所具有610年历史的古老的大学。那里有研究汉学的传统。她的未婚夫和她是同学，是专门研究庄子的。她自己精通德英瑞（典）日等国语言，中文也很好。来之前，正在攻读博士学位，是以高级进修生的名义，到人大来进修的。主攻中国近代新闻史。我被指定为她的指导教师。费南山很用功，刚来不久，就参加了在武汉举行的有关海外华文报刊的一次学术研讨会和在夏威夷举行的一次有关汉学的学术研讨会。并且先后到北京、上海、香港等地的图书馆搜集资料。她的有关中国近代记者职业演变史的学位论文，在她回国以前，就已经基本完成了。

在此期间，我还应来访的外国留学生之请，为他们解决过一些研究中出现的问题。先后找上门来的，有意大利的留学生萨曼莎、白丽，日本的留学生原田繁、田中光辅和韩国的博士后李练等。其中，来自意大利的白丽，是专门研究中国近代画报史的，她的论文题目是《点石斋画报研究》。来自日本的原田繁，是专门研究抗战时期大后方的新闻事业史的，他的论文题目是《武汉时期的新华日报》。他们已学成回国，但仍和我保持着通信联系。

上面提到的这些外国留学生和访问学者，都有这样的一些共同的特点：（1）都十分了解中国的情况，来中国以前就学过中文，有比较好的现代汉语和古汉语的基础，能够自如地阅读各类中文的文献资料；（2）对中国新闻事业的历史有着浓厚的兴趣，绝大部分后来都加入了中国新闻史学会，成为这个学会的外籍会员；（3）对所研究的课题，有比较深的开掘，有的成果对国内的研究者也不无参考价值。

外国留学生和访问学者研究中国新闻事业史，这是改革开放以来新闻学研究中的新事。中国有两千年以上的发展新闻事业的历史，拥有世界上数量最多的报纸和数量最多的读者，它越来越多地受到世界新闻学研究工作者的关注，是理所当然的事情。这也许正是来自世界各地的外国留学生和访问学者们，热衷于中国新闻史研究的一个原因吧。

（刊1997年3月《新闻战线》）

徐凌霄和他的《古城返照记》

徐凌霄，原名徐仁锦，笔名霄、汉、凌霄、凌霄汉阁主、彬彬、烛尘、一尘等，徐凌霄这个名字，就起源于他的一个最常用的笔名。他原籍江苏宜兴，祖父那一辈起，因应顺天府乡试而入了宛平籍，成了北京人。他出身世家，父兄辈中有不少人在晚清的政坛中赫赫有名。他的伯父徐致靖，官至礼部右侍郎，堂兄徐仁铸官至湖南学政，另一个堂兄徐仁镜，官至翰林院编修，都倾向于维新变法，都是著名的维新派官员，也都因此在戊戌政变中获罪。一个被判绞监侯，两个被革职永不叙用。受家世的影响，徐凌霄青少年时代受过很好的儒家传统教育，长于文学，娴于经史。后来又考入了北大前身的京师大学堂，学习的是土木工程，但他一生中主要从事的，还是人文社会科学方面的活动。

徐凌霄的成就是多方面的。他首先是一个著名的新闻工作者。从1916年起，他从事过近20年的新闻工作。曾先后为上海的《时报》《申报》、北京的《中国新报》《京报》《实报》和天津的《大公报》等著名报纸撰写过通讯和评论。并担任过北京《京报》《晨报》和天津《大公报》的副刊主编。在应聘为上海《时报》驻北京特派记者期间，他用彬彬这一笔名，为该报撰写了大量的北京通讯，以观察细致，剖析入微，才思敏捷，文笔美畅，蜚声于时。一度和黄远生、刘少少并称为民初三大名记者。刘少少脱离报坛后，又和黄远生、邵飘萍一道，被当时的新闻界誉为“报界三杰”。其次，他还是一个著名的历史掌故家。他亲身经历过戊戌以来的一系列重大的政治事件，结识过不少清末民初的朝野政要和遗老遗少，既熟悉中国近现代的历史，又十分注意相关资料的积累，对清代历史烂熟于胸。他在北京《京报》、上海《时报》等报上开辟的《凌霄汉阁随笔》《凌霄汉阁谈荟》等专栏，以及和他的胞弟徐一士合作在上海《国闻周报》等刊物上开辟的《凌霄一士随笔》《曾胡谈荟》等专栏，所写的就是这一类历史掌故文章。这些文章，累计达100多万字，后来都结集成书，成为海内外清史和近代史研究工作者必不可少的重要参考读物。再次，他还是著名的诗人和剧评家。作为诗人，他所擅长的是旧体诗词，青年时代就以诗名于时，经常在报刊上发表他和袁寒云、沈南雅、徐半梦等人的唱和之作，曾被当时人誉为“京师四才子”。作为剧评家，他对京剧的历史、流派、剧本、角色和唱腔，都有十分精湛的研究，他在上海、北京等报上发表的以“凌霄汉阁评剧”为栏目名称的剧评，和他在主编《国剧月刊》时所写的剧评，都脍炙人口，拥有众多的读者，并深为演艺界所推重。青年时代的著名京剧演员如余叔岩、奚啸伯、梅兰芳、程砚秋等，都曾经得到过他的指点和奖掖。

除了上面提到的这些成就之外，徐凌霄还是一个有影响的小说家。其代表作就是他所写的《古城返照记》。这部小说从1928年9月1日起，每天在上海《时报》上连载，到1931年2月才全部刊完，是一部80余万言的鸿篇巨构。内容从1793年即乾隆五十八年英国使臣马嘎尔尼到热河行宫觐见引起的一系列纠葛写起，到1916年袁世凯帝制失败结束，时间跨度达100多年。全书以这一段时期的历史为经，以虚实相间的人物和故事为纬，在这样的一个框架内，结合有关的情节，对北京这座古城的社会、历史、政治、经济、文化、教育、建筑、戏剧、宗教、伦理、语言和民情民俗等各个方面，用文学的语言，作了详尽的描述。其间，还穿插了不少和北京这座古城有关的、趣味盎然的逸闻逸事和历史掌故。新闻工作者的丰富阅历，历史掌故家的渊博学识，戏剧评论家对京昆艺术及其发展源流的深刻了解，以及小说家写人叙事状物的生花妙笔，在这部小说中，都得到了充分的展现。从某种意义来说，这部小说不啻是一部全面了解清末民初的北京的百科全书；是一部可以与吴趼人的《二十年目睹之怪现状》和曾朴的《孽海花》等名篇比肩的皇皇巨著。是应该在中国近现代的小说史中占一席之地的。

在中国，自从近代化报纸诞生以来，报刊和文学就始终保持着十分密切的关系。利用报刊的版面长篇连载小说，有着100年以上的历史。最先使用长篇连载这种形式的报纸是上海的《申报》。这家报纸从1873年1月4日起，即在副刊《瀛寰琐记》中连载蠡勺居士翻译的英国小说《昕夕闲谈》。稍后，1879年创刊的上海《汇报》和1882年创刊的《字林沪报》，也都刊有连载小说。这些都可以算是报纸“长篇连载”这种形式的初步尝试。此后，这种方式逐渐为各报刊所普遍采用。不少著名小说家的作品，如巴金的《家》《春》《秋》、茅盾的《腐蚀》、老舍的《四世同堂》、张恨水的《春明外史》《金粉世家》《啼笑因缘》等，都是先在报刊上连载，受到欢迎，最后才由出版部门结集出版的。徐凌霄的这部《古城返照记》也属于这样的作品。刚开始连载，就受到读者的广泛关注。当时就有不少读者致函《时报》，询问全书出版的消息。遗憾的是由于种种原因，未能及时安排付印，此后迭遭战乱，遂被搁置，这是很令人惋惜的。

现在，经过各方面的努力，这部小说终于由北京日报同心出版社编辑出版了。这是很值得高兴的一件事。小说的作者徐凌霄已于1961年逝世。这部充满了知识和趣味的文学作品的出版，不仅为读者们提供了一份高品位的精神食粮，也将是对徐凌霄这位在中国新闻史上以通达古今渊博多识著称的老新闻工作者的一个很好的纪念。

（原载2002年8月7日《中华读书报》）

第九系列

（新闻史书序选20篇）

夏林根等著《近代中国名记者》序

历史是由众多的人物扮演的，研究历史，理所当然地应该研究人物的活动。杰出的历史人物，由于在历史上有过突出的贡献，有过较大的影响，更应该成为研究的重点。中国史学界历来有重视人物研究的传统，一部二十四史，就有70%以上的篇幅是人物传记；和人物有关的谱、牒、表、传，在各个时期的历史文献资料中，始终占有较大的比重。

但是，在“左”的思潮影响下，历史人物的研究，没有得到重视。新闻史人物的研究，尤其不被重视。五六十年代出版的新闻史教材和专著，对中国历史上杰出的报刊政论家、报刊活动家、报刊编辑、记者等人物的研究和介绍，都很不够。在相当长的一段时期内，新闻史人物和名记者的研究，几乎成了禁区。报纸是人办的，然而办报的人的活动，在新闻史上却很少介绍，有一些则干脆不能介绍，资产阶级的报人不能介绍，有这样那样问题和缺点的人不能介绍，被无端地戴上了某种帽子的人不能介绍。一部几十万字的新闻史，除了有关报纸的记载以外，几乎不见有人物的活动。能够幸运地被提名介绍的人，屈指可数。即使有幸被提名介绍了，也叙述得十分简略。这种情况，在史无前例的“文化大革命”动乱时期，发展到了极端。所谓的“牛鬼蛇神”，越揪越多，能够在新闻史中被提名介绍的，更是凤毛麟角。这种不正常的情况，直到拨乱反正以后，才逐步地得到改变。由于坚持了实事求是的学风，不断地肃清了“左”的思想影响，原来的禁区被逐渐冲破，新闻史人物和名记者的研究，才逐渐地受到了重视。近10年来，特别是党的十一届三中全会以来，不少新闻史研究工作者开始致力于新闻史人物特别是名记者名编辑名报人的研究，被重点研究并写出专文加以介绍的新闻界人物，到1985年年底止，已有188人。其中，发表在《新闻研究资料》《新闻界人物》两个刊物上的，就有50余人。不少新闻业务刊物开始设置“新闻界人物”“报坛人物”之类的栏目，有计划地对历史上的和至今还战斗在新闻战线上的新闻界著名人物，进行系统的介绍。《中国新闻年鉴》从1983年版起，还增设了“新闻界名人介绍”专栏，对中国新闻史上的名记者作每人600字左右的简介，当年介绍了133人，1984年版介绍了149人，1985年版介绍了92人，1986年版介绍了161人，连前已经累计介绍了535人，今后还将以每年100至150人的进度继续介绍下去。近年出版的新闻史专著，也开始重视新闻界人物活动的介绍，被《中国近代报刊史》提名的近代新闻界人物，达1 500余名；被《世界日报兴衰史》提名的仅《世界日报》一个报纸的著名编辑记者，就有57名；其余如《大刚报史》《大众日报史》等个别报纸的专史，也都设置了专门的章节，重点地介绍了为这些报纸作出过特殊贡献的人物。有关新闻界名人传记的编写工作，这两年也在加速进行。已经脱稿付梓的有《史量才传》《张季鸾传》和《名记者范长江》，即将完成的还有《邵飘萍传》和《邓拓传》。正在编写中的《中国大百科全书·新闻出版》卷也将为100个左右的中国新闻界人物设立条目，作出介绍。新闻史人物的研究，出现了前所未有的繁荣局面。

呈现在读者面前的这部《近代中国名记者》，是新闻史人物研究的一项新的成果。和已出版的各式各样的新闻史人物传记比较起来，这部专著有以下的一些特点：（1）覆盖的面比较宽。被集纳到这部专著里来的四十几个人物，涉及的方面很广。既有蜚声中外的已故的新闻界耆宿，也有至今活跃在新闻工作第一线笔耕不辍的新闻界老战士；既有擅誉于旧中国报坛的资产阶级报人，也有来自抗日民主根据地和解放区的革命新闻工作者；既有杰出的报刊活动家、报刊政论家和杰出的报纸编采工作者，也有杰出的新闻学者、新闻教育工作者和杰出的报业经营管理工作者。总的人数虽然不多，却都有一定的代表性。（2）内容比较翔实。凡是健在的人物，一般都向传主本人进行过采访，掌握了不少第一手的材料，脱稿后，还请本人过目，加以审定。已故的人物，除了征引权威的文献资料外，还尽可能地约请其家属帮助审查定稿。因此，所叙述的人物经历，比较准确可靠，还补充了不少过去不为人所知的新材料。（3）写作的态度比较严肃认真。没有游谈无根的道听途说，没有子虚乌有的向壁虚构，也没有欺世媚俗的夸饰溢美之辞，比较实事求是。因此，我认为这是一部有一定阅读和研究参考价值的人物传记专著。作者们的劳绩，是值得肯定的。

阅读研究历史上的新闻界人物传记，可以丰富新闻史学习的内容，可以帮助我们总结历史上新闻工作者在新闻事业各个领域的丰富经验，可以帮助我们研究新闻工作者应该具备的素质、修养和知识构成，可以帮助我们了解历史上的新闻工作者的成才之道，使青年一代的新闻工作者得到激励和借鉴。更多的这样的专著问世，对新闻史的研究，对青年一代新闻工作者的成长，都将是十分有益的。

（1986年4月作，《近代中国名记者》已于1990年8月由福建人民出版社出版。）

吴廷俊著《新记大公报史稿》序

以“大公报”命名的报纸，在中国新闻史上先后有过7家。1902年始创于天津，目前还在香港继续出版的这一家，是硕果仅存的一家，也是其中最著名的一家。

这家大公报，由地方报纸，发展成全国性的大报，全盛时期有天津、上海、重庆、香港、桂林5个版，每日发行近20万份，不仅在中国新闻史上占有十分重要的地位，在世界新闻史上，也有一定的影响。

这家大公报还有很多值得重视的地方。

第一，它是近代中国新闻史上寿命最长的一家中文报纸。从1902年创刊到现在，中间经过了英敛之、王郅隆、新记公司时期，宣布新生以后在天津、上海、北京等地出版的时期，以及作为爱国报纸在香港继续出版的时期，92年间累计已经发行了3万余号，至今还在继续出版。其寿命已经远远超过了旧中国的申、新两报，不久就要超过早已停刊的有101年历史的上海英文字林西报。后者是中国近现代史上寿命最长的一家报纸。

第二，它是一家以少数无党派的职业报人为核心创办起来的。以“文章报国”自诩，以“文人论政”为主要特征，以“不党、不卖、不私、不盲”为标榜的政治性大报。这是就1949年以前旧大公报的情况而言。所谓的“文人”不可能是没有倾向的，他们“论政”的立场，也不可能是超脱的。质言之，它是中国民族资产阶级中的一些高级知识分子们论政的讲坛，所反映的也基本上是中国民族资产阶级的观点。

第三，它积聚了一批在旧中国有较大影响的新闻工作者。列入《中国新闻年鉴》“中国新闻界名人介绍”栏的大公报编辑记者，累计达36人。被《中国大百科全书·新闻出版卷》列为条目加以介绍的大公报编辑、记者达12人，占全部人物条目108条的1/10强。其中，如英敛之、张季鸾、胡政之、王芸生、范长江、杨刚、子冈、徐盈、萧乾等，都有很大的知名度。被誉为“文坛巨擘，报界宗师”，坚持“团结抗战，功在国家”的张季鸾，更享有很高的声望，“为士林所矜式”（以上引文均见张季鸾逝世时毛泽东、周恩来所发的唁电）。他们的敬业精神和职业道德，也长期为人们所称道。

第四，它积累了丰富的办报经验。在编辑工作上，社评、新闻通讯、新闻标题和星期论文，曾经被称为旧大公报的四大特色。它的各种副刊、专栏、专刊、特刊办得也很精彩，国际新闻报道、国外长篇通讯和国内旅游通讯，尤为读者所欢迎。这些，都曾经为同业所瞩目，成为学习的榜样。它的任人唯贤的一系列爱惜、培养和保护人才的人事制度，如通过考试选拔人才，大胆放手使用人才，编辑记者定期互换，任命编辑记者担任经理等，以及它在经营管理上的一些成功经验，也为后来的同业们提供了有益的借鉴。

此外，它还获得过密苏里大学新闻学院1941年颁发的最佳新闻事业服务奖，并得到该学院颁发的荣誉奖章。这是反法西斯战争时期，美国的一所著名大学给予正在和日本帝国主义作殊死斗争的一家亚洲国家报纸的最高荣誉。这件事曾经在当时中国的新闻界引起轰动，使大公报获得了很大的声望。

在历史上，这家报纸有功有过。功，表现在它支持戊戌前后的变法维新，要求慈禧归政，支持抵制美货，反对袁世凯称帝，反对军阀混战，较早地向中国读者报道革命后的苏联的情况，较早地介绍红军长征和陕北革命根据地的情况，坚持抗战，反对投降，支持学生运动，主张国共合作；要求言论自由，以及勇于揭露北洋政府及国民党当局的腐败和丑恶，为人民说过一些公道话等方面。过，表现在它在“辛亥革命”时期反对过暴力革命，在反帝问题上不够坚决，1928年以后，长期以蒋介石政权为正统、主张蒋对苏区的“围剿”，支持蒋的“安内攘外”政策，指责张杨发动的西安事变。抗日战争期间拥护蒋的“国家中心”论，解放战争时期发表过《东北的阴云》《可耻的长春之战》之类的袒蒋反共的社评等方面。在历史上的一些大的是非问题上，大公报的言论主张，瑕瑜互见，这其实也正是民族资产阶级政治上的两面性的一种反映。

对于这样一份在历史上有过重大影响的报纸，是应该花大力气进行深入研究的。遗憾的是，受“左”的思想的影响，建国以来的前30年间，这方面的研究很不够。偶尔看到一些有关它的回忆和评述性的文章，也是指责、贬抑和批判的居多，实事求是的、全面的介绍和评价较少。作为民族资产阶级的政治大报，大公报和它所代表的这个阶级一样，有其两面性，即需要和赞成革命的一面，和怀疑及畏惧革命的一面。它的言论主张也自然有得有失，有功有过，但是功过不相掩。从整体上看，大公报功大于过。而且最后以自己的行动实现了立场的转变，完全站到人民的一边，对于这样一家报纸，过去的一些片面性的分析和评价，有很多是不够实事求是和不够公正的。

十一届三中全会以来，由于解放了思想，克服了“左”的影响，大公报的研究逐渐受到重视。李纯青所写的《为评价大公报提供史实》《抗战时期的大公报》，徐铸成所写的《对大公报的几点个人看法》，李侠文、王文彬、张蓬舟、方蒙、何炳然、谢国明等人所写的有关大公报的文章，以及周雨著的《大公报史》，方蒙、谢国明合编的《大公报与现代中国》，徐铸成著的《报人张季鸾先生传》等，都是这方面的新成果。这些文章和专著都根据各自的理解，对大公报的历史和评价问题，提出了自己的看法。

吴廷俊同志的这部《新记〈大公报〉史稿》，是继上述那些文章和专著之后，有关大公报研究的又一个新的成果。这部书着重叙述和评论的是1926—1949年新记公司时期的大公报的历史。全书以时代为经，以这一时期新记公司所属津沪汉渝港桂各版大公报的活动为纬，对这一时期大公报的政治倾向、言论主张、它与朝野各方面的关系、它的业务活动的特点以及它的是非功过。作了全面的深刻的剖析。作者的治学态度是严谨的，实事求是的。前者表现在他重视第一手资料的研究，不是想当然地凭印象说话，不人云亦云，力求做到言必有征，字字有出处有根据。为了掌握第一手材料，他曾经用4年的时间，通读了新记公司时期几乎全部的大公报，作了详细的札记，订正了不少前人的文章和专著中的史实上的夺失。仅徐著《报人张季鸾先生传》一书，就被他订正了53处。后者表现在他力图用辩证唯物主义和历史唯物主义的观点，对这一时期的大公报进行剖析，不掩过，不溢美，如实地评介其得失，还历史以本来面目。正因为这样，这部书具有较高的学术水平，它标志着有关大公报历史的研究，已经达到了新的高度。对希望了解中国新闻史特别是大公报历史的读者来说，它具有重要的参考价值。

对大公报的性质、各个时期的政治倾向、言论主张、以及个别人物的评价，目前还有不同的看法，这些都是学术问题，可以通过争鸣的方式，互相沟通，逐渐得到认同。本书所阐述的某些观点，虽也只是一家之言，但只要持之有故，言之成理，这种一家之言越多越好。它将促进大公报史研究工作的开展，使中国新闻史研究的整体水平得到进一步的提高。对此，我是乐观厥成的。

（1994年7月作，《新记大公报史稿》已于1994年12月由武汉出版社出版。）

陈昌凤著《香港报业纵横》序

香港地区位于祖国东南海陬，连新界在内，只有600多万人口，1 074平方公里土地，面积只有北京的1/15，堪称“弹丸之地”，但是，却有着相对发达的报业。报社的总数，最多的时候曾经达到128家，最高的发行数字，曾经达到210万份，平均不到3个居民就拥有1份报纸。这一比例即使和世界上报业最发达的地区相比也是名列前茅的。

在中国新闻事业发展的历史上，香港还拥有着特殊的地位。具体表现在以下几个方面：

1. 它是中国近代报业的发祥地。中国最早的一批近代化的中文日报、英文日报和中国人自己办的中文日报，如《香港船头货价纸》《孖刺西报》《华字日报》等，都是首先在香港创办起来的。内地的不少近代化的报纸，在创办前，都曾从香港的同行中得到过借鉴。

2. 它曾经是国内各种政治力量共同的舆论基地。由于香港所处的特殊地位，从清末以来的各派政治力量，包括进步的、中立的和反动的，都曾经在香港办过报，把香港作为自己的舆论基地，使历史上的香港报业，呈现出左中右并存的多元化的格局。

3. 它是中国大众化的商业报纸起步较早，发展较为充分的地区。中国资产阶级的商业报纸起步于20世纪的最初十几二十年，华东地区的上海和华南地区的香港，曾经是这一类报纸相对集中的地区。20世纪30年代前后，上海、香港两地的资产阶级商业报纸，都曾有过比较大的发展。直到抗日战争和太平洋战争爆发，才归于沉寂。中华人民共和国成立后，经过社会主义改造，内地的资产阶级商业报纸已经风流云散，而香港则由于实行资本主义制度，这一类报纸仍然保持着强劲的发展劲头。

4. 不少香港报纸，立足香港面向内地和海外，其影响不仅限于香港一隅之地。维新运动前期王韬在香港主办的《循环日报》，“辛亥革命”时期孙中山在香港创办的《中国日报》，抗日战争时期廖承志在香港创办的《华商报》，就是其中的佼佼者。直到现在，还有不少香港的报纸除了在香港出报之外，还有自己的美国版、加拿大版、欧洲版和澳洲版，把触角和影响延伸到祖国内地和四面八方。

以上情况表明，香港的新闻事业，是中国新闻事业的重要组成部分，香港新闻事业的历史，在中国新闻事业的历史中，占有十分重要的地位。

然而，迄今为止，我们对香港新闻事业的研究，特别是对香港新闻事业史的研究，还很不够。已经出版的有关香港新闻事业史的专著，不论是港台的，还是内地的，或失于偏颇，或失于简略，都很难满足各方面的需要。不少希望对香港报业有更多的了解的读者，对此都有所期待。

陈昌凤博士的这部专著，在很大程度上弥补了这一研究领域内的不足。这部专著，是在她的博士论文的基础上，经过增删和修改后写定的。在完成这部书稿的过程中，她曾多次利用出访机会，到香港和国外查阅有关资料，走访香港报界耆宿，掌握了充分的第一手材料。写作时，既有一定的定性分析，也有充分的定量分析。全书资料翔实，立论精当，既有对香港报业历史的回顾，也有对香港报业现状的剖析和对香港报业发展趋势的展望。不论在广度、深度和篇幅上，都远远超过此前出版的同类著作。是迄今为止，有关香港报业历史，特别是当代香港报业历史的最有分量的一部专著。

“九七”已经到来，中国即将恢复对香港行使主权。“九七”前香港报业的历史和现状如何，“九七”后香港报业的前景如何，香港报业的特殊地位，在中国恢复对香港行使主权后是否会有所改变？这些都是大家关注的问题。陈昌凤博士的这部专著，对关注上述问题的读者，具有重要的参考价值，是值得向广大读者郑重推荐的。

（1997年2月6日作，《香港报业纵横》已于1997年6月由法律出版社出版。）

王士谷著《海外华文新闻史研究》序

《海外华文新闻史研究》即将付梓。这是作者继主编完成100多万字的《华侨华人百科全书·新闻出版卷》之后整理出的一本论文汇编。内容有关于海外华文报刊宏观的或微观的论述，也有作者对这一研究工作的体会和思考。我为海外华文新闻史研究的这一最新成果的问世感到高兴。

世界上的近代中文报刊产生于19世纪第一个10年，源远流长而又同源异流。长时期里，港澳台报刊、海外华文报刊同中国内地报刊具有大体相同的品质和外貌。这是因为，海外华文报刊中许多是国内各派政治力量派人去办的，当地华侨办的也多从国内延聘人才、采购设备、购买电讯、学习经验。例如，上海《申报》创刊8年之后而有新加坡《叻报》的出版。《叻报》的印刷设备是原厦门《鹭江日报》的；在《叻报》任职40年的首任主笔叶季允则是原香港《中外新报》的编辑。上海《同文沪报》创办《同文消闲录》6年之后，

《叻报》亦创办《叻报附张》。另据新加坡学者王慷鼎考证，马来亚《槟城新报》自1895年创刊至1911年期间，有案可查的20位编采人员“全部来自中国，没有一个土生土长”。在海外华文报刊鼎盛时期的20世纪30年代，应聘或被派往海外办报的中国文化人更多。从某种意义上说，海外华文报刊曾是中国国内报刊的延长。在这种情况下，海外华文新闻史曾经完全作为中国新闻史的一部分而存在，就是十分自然的了。

而自第二次世界大战以后，由于形势的发展，特别是由于中华人民共和国的成立，中国内地实行了社会主义制度、港澳台报刊同内地报刊成为一个国家内两种不同制度下的报刊；又由于海外华侨的大多数陆续选择了所在国国籍而成为外籍华人，海外华文报刊同中国报刊则已成为分属于不同国度的报刊。也可以说，中国内地报刊、港澳台报刊和海外华文报刊是世界中文报刊中三种不同的类型。这种情况，给新闻史研究工作提出了新的任务和新的课题。从20世纪80年代起，中国陆续出版或发表了一批关于港澳台新闻史、海外华文新闻史的著述，丰富了新闻事业史的研究成果，正是这一形势发展的必然产物。

海外华文新闻史的研究虽然已经取得一批可观的成果，但仍然需要我们继续给以重视和使之得到加强。我在1993年为《港澳台及海外华文报刊名录》所写的序言中说：“从1815年《察世俗每月统记传》在马来亚的马六甲创刊，至20世纪90年代初的170年间，先后在海外出版的华文报刊，累计已达1 400余家。”1995年我在世界华文报刊与中华文化传播国际学术研讨会所致的开幕词中，这一数字增加到近3 000种。而据本书所引统计，这个数字已是近4 000种。这个变化，一方面是由于近年来海外新创办的华文报刊很多，累计数自然会随着下限的延长而增加；另一方面，更重要的是由于，随着研究工作的深入，过去未曾进入我们视野的报刊还在不断被发现。又据本书所引统计，

1995年海外存在的华文报刊共有490种，其中日报78种，也比过去每年存在数的统计为多。在可预见的将来，海外华文报刊不仅不会消失，而且将作为华人的信息来源和舆论载体而发挥不可替代的作用，有着很强的生命力和广阔的前景。至于过去较少涉及的海外华语广播和华语电视，新近兴起的以计算机互联网为载体的海外华文电子报刊，更是有待研究的新领域。这些都说明，海外华文新闻史还是一个未曾穷尽也不可能穷尽的研究课题。

我们所以需要重视海外华文新闻史研究，首先是因为，海外华文报刊和华语广播电视是世界传播大军中一个独具特色的部分。它既不同于中国国内新闻事业，又区别于所在国主流新闻事业，有其自身产生、存在和发展的客观规律。研究它们，有助于我们对世界新闻史全局的了解，它们的许多经验，也可供我们借鉴。

我们所以需要重视海外华文新闻史研究，还因为海外华文报刊和华语广播电视是华侨、华人的舆论工具。它们记录了海外炎黄子孙艰苦奋斗的历史进程，是华侨华人史的第一手资料来源；其自身的发展变化也是华侨华人文化史中最重要的一部分。

我们所以需要重视海外华文新闻史研究，最后还因为，海外华文报刊和华语广播电视是我们使世界了解新中国的重要渠道之一。研究它们的历史和现状，掌握其各自的特点，能为我们做好对外报道工作和对外新闻交往提供不可缺少的参考信息。

本书作者20世纪80年代起结合中新社的工作从事海外华文新闻史的研究，直到退休后仍专注于此，在这一领域内有很深的开掘，有很多新的创获，其成就远远超过前人。这本专著中的大部分文章，我都有幸拜读，并且深受教益。《华侨华人百科全书·新闻出版卷》的完成和本书的出版，将成为中国海外华文新闻史研究的一个重要的里程碑，标志着中国海外华文新闻史研究已经达到了一个新的高度。我相信，本书的出版，不仅会引起广大读者对海外华文新闻事业的兴趣和关注，促进海外华文新闻史研究的发展，对中国新闻史和世界新闻史的研究也将起到一定的推动作用。作者的劳绩，是值得重视的，也是值得感谢的。

（1998年4月作，《海外华文新闻史研究》已于1988年5月由新华出版社出版。）

程思远等著《桂系报业史》序

军政派系办报，是中国现代新闻史上值得重视的一个现象。袁世凯垮台以后，北洋系统的奉、皖、直等系军阀都曾大量地办过报。20世纪20年代北京的《东方时报》《晨报》、天津的《大公报》（王郅隆控制时期），即是其中的翘楚。除几大军阀派系外，一些中小军阀如张宗昌、孙传芳、刘湘等，也都经营过自己的报纸。在旧中国的新闻史上，这类隶属于某个军政派系的报纸，始终占有相当的比重。研究旧中国的新闻史，必须研究这一部分报纸的历史，否则难以窥其全豹。

国民党改组以后，党内的蒋桂冯阎各派也都纷纷投资于报纸，力图多掌握一些舆论工具，为自己鼓吹。四派当中，蒋派以中央为标榜，以国库资挹注，创办和控制的报纸最多。其次，就要轮到桂系了。桂系有新旧之分。以陆荣廷、沈鸿英为代表的，称旧桂系；以李宗仁、黄绍竑、白崇禧为代表的国民党内的桂系，则被称为新桂系。后者自1924年从旧桂系中析出起，至1949年在解放战争中被消灭止，一直是国民党内有很大实力的军事政治派系。这个派系在掌握军队，争夺地盘，问鼎中枢的同时，十分重视抓舆论工具。在当时，主要是抓报纸。先是在自己的家门口办报，继而在本派系直接控制的省份地区办报，进而发展到在南京、香港和海外办报。其中，以抗日战争时期在广西境内的那一段办报活动，最为辉煌。战时的广西省会桂林一度成为国民党统治地区的西南文化中心。

新桂系的报纸，一般情况下是为国民党反动政治，特别是本派系的政治经济利益作宣传的。但也有不少反蒋和揭露国民党统治集团的评论和报道，对国民党中央的某些政令和举措，并不完全苟同。抗日战争爆发后，民族矛盾上升为主要矛盾，新桂系所办报纸在宣传抗日，呼吁救亡，鼓吹团结御侮，反对磨擦倒退等方面，还是作了大量的有益的工作的。这当然还和这一时期的新桂系报纸吸收了一大批像俞颂华、金仲华、刘思慕那样的进步报人参加办报活动有关。收集新桂系报业的有关资料，研究新桂系的办报活动，深入地解剖几个典型，实事求是地评价其功过，不仅对广西新闻事业史的研究说来，是必要的，对整个中国新闻事业史的研究，也是十分必要的。

本书所汇集的50余篇文章，就是有关新桂系报业的回忆和研究成果。参加撰稿的有不少是曾经在新桂系报纸工作过的老报人，其中有不少是海内外知名的新闻工作者。他们的文章，保存了不少有关新桂系报纸的第一手材料，具有重要的史料价值和学术价值。

围绕某一个军政派系的报纸进行综合研究的新闻史专著，过去还不曾有过。本书是这方面的第一部。这是中国新闻史的研究工作开拓向纵深发展的一个标志。张鸿慰等同志，为此作了大量的工作。他们的劳绩，是值得感谢的。

（1993年6月15日作，《桂系报业史》于1997年12月由广西新闻史志编辑室出版。）

程曼丽著《蜜蜂华报研究》序

176年前，在中国新闻事业史的漫长画卷上，出现了一个里程碑式的亮点，它像彗星那样倏然而来，飘然而去，停留得非常短暂，却闪烁出耀眼的清辉。这就是在澳门出版的葡文《蜜蜂华报》。

《蜜蜂华报》创刊于1822年9月12日，终刊于1823年12月26日，寿命很短，只出版了67期，一年零三个月，但在长达1300年以上的中国新闻事业史上，却占有极其重要的地位。它拥有3个第一：中国境内出版的第一份近代化报纸、外国人在中国境内创办的第一家报纸、澳门有史以来的第一家报纸。任何讲述和研究中国新闻事业史的书和人，都不能无视它的存在，都要在它的身上投下重重的一瞥。

我第一次知道《蜜蜂华报》的名字，是在52年前初读戈公振《中国报学史》这本书的时候。在这本被称为中国新闻史的开山之作的书中，我读到了作者关于它的简短的介绍。简短到只有寥寥数行，除了年份和外文报名之外，全部内容还不到30多个汉字。直到5年以前，我所知道的有关《蜜蜂华报》的情况，仅仅限于这些。

1994年，香港地区的一位朋友来看我，送给了我一本新近由澳门大学和澳门基金会影印的《蜜蜂华报》精装合订本（28.2cm × 21.5cm × 3.2cm），除了失藏的一期之外，澳门地区和葡萄牙本土公私图书馆中收存的全部《蜜蜂华报》尽在其中。我披卷摩挲，大喜过望。因为终于可以一亲芳泽，瞻仰它的风采了。它就在我的面前，不再十分遥远了。研究它已经成为可能了。但随之而来的，是深深的遗憾：不懂葡文，难窥堂奥。

这以后，陆续看到了一些港澳学者所写的涉及这份报纸的文章，对它的情况，稍稍多了一点了解，而且知道已出版的中国新闻史专著对它的记述，多有差错，仅戈公振《中国报学史》那30多个字的介绍中，就有4处错误。这些，都使我感觉到，非常需要有人投入力量，对这份报纸进行一番仔细的研究。“原报”俱在，和以前比较起来，条件也已成熟。

因此，当本书作者以在职副教授的名义攻读新闻史方向的博士学位和选择学位论文题目的时候，我就向她推荐了这个题目。同时提供给她，供她选择的还有别的一些题目。但她最后还是选定了这个题目：《蜜蜂华报研究》。

我很赞赏本书作者的勇气，但也为她能否顺利完成任务感到过担心。因为写这个题目，有一定难度。突出的有两点：一是外文，二是资料。但在她的努力下，两个难点都顺利的解决了。

首先是外文。《蜜蜂华报》是用葡萄牙文编印的，不通葡文，就无从下手。本书作者的外语基础很好，俄语英语都十分娴熟，但从来没有碰过葡语。为了完成这一选题的研究，她下决心突击学葡语，结果只用了不到一年的时间，整部《蜜蜂华报》就都能够看下来了。这一情况，有点像当年的苏步青教授。后者在东京大学念学位的时候，为了学好解析几何，仅用了半年时间就攻下了德语，仅用了三个月的时间，就攻下了意大利语。隔代学人在学习外语这个环节上的刻苦攻坚精神，是相同的，也是同样令人赞叹的。

其次是资料。除了这部报纸的影印本外，有关《蜜蜂华报》的情况，中葡历史文献中都很少记载。连《蜜蜂华报》出版前后在澳门定居的外国传教士所写的有关澳门的专著中，也竟然没有提及。这给研究者带来不少困难。通过阅读和征引大量有关葡澳历史的外围材料，和其他二手材料，这一难题也终于得到了一定程度的缓解。

从已完成的论文看，本书作者对《蜜蜂华报》创办的历史背景、创办的客观原因、它的内容、它的信息的传播渠道、它的传播手段、它的特色以及它的影响的论述和分析，是十分深入的。她已经接近完美地完成了对这份报纸的全面研究，给渴望了解这份报纸、对这份报纸的各方面情况存有种种疑问的读者，特别是其中的中国新闻史教学研究工作者，提供了一个很好的答案。

呈现在读者面前的这本专著，就是本书的作者在上述论文的基础上扩展而成的。它是迄今为止专门就《蜜蜂华报》这份报纸进行全面深入的个案研究的第一部专著。对中国新闻事业史的研究，中国近代史的研究和中外文化传播交流史的研究，这部专著都将具有重要的参考价值。鉴于澳门一年后即将回归，有关澳门政治经济文化和新闻出版事业的历史，受到更多的人的关注，这部专著的出版，具有特殊的意义。应该说，它的问世，也是对澳门回归祖国的一个很好的纪念。

外国人在中国从事办报活动，是中国新闻事业史上的一个特殊的篇章，继《蜜蜂华报》之后在中国境内出版的外国人办的中外文报刊，不下数百种，出版时间长的，甚至超过一个世纪，这是很值得研究的一个群体。然而，迄今为止，这方面的研究，特别是其中一些有代表性的报纸的个案研究，是很不够的。本书的作者在这方面开了一个好头，我希望有更多的学者，关注和投入这方面的研究。这对整个中国新闻事业史的研究，是十分必要的。

（1998年夏作，《蜜蜂华报研究》于1998年11月由澳门基金会出版。）

张赫玲等著《中国地市报报业史志汇编》序

中国早期的报业，首先发轫于首都。唐朝的《开元杂报》，宋朝的《邸报》，明朝的《急选报》，清朝的《京报》等，就都是在当时的首都长安、开封和北京出版的。海禁大开以后，包括港澳在内的华南沿海的一些城市，开始涌现了一大批新式报刊，那些地方因而成为近代化报刊的策源地，并一度成为报刊出版事业的中心。此后，中国近代化的报业，沿着由南到北，由沿海到内地的顺序，逐步发展，终于覆盖了全国。这一过程，大约用了将近一个世纪的时间。和首都及沿海城市比较起来，一般地市报纸的发展，相对滞后。但从19世纪末最早的地市报纸（当时称府县报纸）诞生到现在，也有100年以上的历史了。

中国共产党创办的地市报纸（党的地市组织的机关报），起始于土地革命时期。有将近70年的历史。目前还在出版的地市报纸，据截至1997年5月的统计，共326家。其中，最先问世的是1929年10月在广西百色创刊的《右江日报》。这是邓小平同志在百色起义前夕，亲自领导创办的。当时是红七军党委的机关报，现在是中共百色地委的机关报，是现存的地市委机关报中，历史最长的。现存的地市委机关报中，历史较长的还可以举出1936年创刊的《鄂尔多斯报》，1938年创刊的《塔里木报》（创刊时名《战声报》）、《拂晓报》《陇东报》，1943年创刊的《盐阜大众报》，1945年创刊的《烟台日报》，1947年创刊的《石家庄日报》等。这些报纸，大多经历了抗日战争时期和解放战争时期，在当时就有很大的影响。例如，《拂晓报》，初创时是新四军第四师的机关报（不久后改为中共淮北区委机关报），以编排新颖、报道及时闻名于时，除华中地区外，还行销延安、西安、重庆、上海等地，它的油印版，刻印精美，令人惊叹，曾被送到莫斯科去展览，蜚声于海内外。《盐阜大众报》在动员和组织盐阜人民建设革命根据地、支援革命战争、夺取新民主主义革命的伟大胜利中，曾经发挥了重要作用，并在报纸的通俗化、大众化方面，形成了自己的特色，曾受到刘少奇同志和广大读者的充分肯定。《石家庄日报》（初创时名《新石门日报》）则是解放战争时期党在新解放城市创办的第一家报纸，曾经为后来党在城市的办报活动，积累了一定的经验。可见，地市报纸不仅历史悠久，而且业绩昭彰，在整个中国新闻事业史中，占有光辉的一页。是中国新闻事业史的重要组成部分。

党的十一届三中全会以来，中国新闻史的研究工作有了很大的发展。不少地市报纸组织专人，编写和出版了自己的报史，但为数还不多。为了全面地反映全国地市报纸的历史和现状，为希望了解地市报纸情况的人和广大地市报工作者提供必要的历史资料和历史的借鉴，拥有300多家会员单位的中国地市报研究会，决定发动全体会员，合作编写出这部《中国地市报报业史志汇编》。参加撰稿的，大多是曾经在报纸工作多年的老新闻工作者和报社中从事新闻研究工作的人员。呈现在读者面前的这部皇皇巨著，就是他们共同劳作的结晶。

了解中国新闻事业的历史，必须了解中国地市报纸的历史。《中国地市报报业史志汇编》的出版，既为中国新闻事业史的研究提供了丰富的资料，它本身也是中国新闻事业史研究的一项重要成果。中国地市报研究会和全体撰稿人的工作是值得充分肯定的。

（1998年4月作，《中国地市报报业史志汇编》于1999年6月由新华出版社出版。）

万枚子等著《张友鸾先生纪念文集》序

友鸾先生生于1904年11月10日，卒于1990年7月23日，享年86岁，是20世纪中国新闻史上著名的新闻工作者，同时也是中国历史上的第一代大学新闻系毕业生，是他那一代的老报人当中，为数不多的几个曾经受过正规新闻教育的人。他从1921年在《申报·自由谈》上发表文章，到1985年因老病被迫搁笔止，除了建国后的一段时期改行从事古典文学的编辑校刊和研究工作外，几乎和报纸打了一辈子交道。其中，披坚执锐，战斗在办报第一线的时间，近30年，是他一生中最辉煌的一段时期。

友鸾先生在旧中国的新闻界中，出道很早。他十五六岁开始向报刊投稿，17岁做报纸地方通讯员，21岁参加报纸工作，22岁就当上了报纸总编辑。初任总编辑的时候，他还是平民大学新闻系高年级的在校学生，是同时期报纸总编辑中最年轻的一个。此后，他先后在14家报纸工作。担任过北京《国民晚报》、南京《南京早报》的社长，北京《世界日报》、南京《民生报》《新民报》《南京人报》、和上海《立报》的总编辑，和重庆《新民报》、南京《南京人报》的经理、总经理。他才情敏捷、渊博多识，天生一副做新闻工作者的材料，甫登报坛，便脱颖而出，在侪辈中享有盛誉。蜚声20年代新闻界的“平大三鸟”，蜚声30年代新闻界的“南京人报三张”，蜚声三四十年代新闻界的“新民报三张一赵”，他都被包括在内。在旧中国新闻界，他与和他齐名的几位老先生们一道，共领风骚数十年，被后生辈尊为“大先生”，在当时的新闻界，真个是“天下无人不识君”。

友鸾先生受过五四运动的洗礼，从青年时代起就追求进步，追求真理。1921年中国共产党成立前夕，他就在安庆加入了社会主义青年团的组织。1926年又再度申请加入CY（社会主义青年团）。在整个大革命期间，他和李大钊、恽代英等党的领导同志都有过一定的联系和交往，和当时已经是地下党员同时是他的老师的邵飘萍，联系往来，更为密切。此后，虽因指定的联系人遇难，和组织的关系中断，但仍在自己的岗位上，默默地“遵从先驱者的将令”，和北洋军阀、国民党反动派及社会上的封建帮会势力，进行长时期的斗争。为争取言论自由和民主革命事业的胜利，贡献自己的力量。正因为这样，他的办报活动，曾多次受到反动当局的限禁和迫害。他主持工作的报纸，先后有4家被查封，有两家受到过威胁和恫吓，他自己也曾经遭到过被地方当局驱逐出“境”和寓所被搜查的厄难。稿件被扣，报纸被迫“开天窗”和受到警告的事，更是司空见惯。但他对横逆之来，始终处之泰然。在他从事办报活动的近30年中，他始终是一个站在爱国立场，坚持真理和正义的新闻工作者，并且在解放战争前后的那一段时期内，最终完成了从一个民主主义的报人，到人民新闻战士的转变。

在新闻业务活动上，友鸾先生和他的老师邵飘萍一样，都是出了名的多面手，是办报的全才。从当“伙计”给“老板”打工，到自己集资办报；从当编辑、记者、到当总编辑、总经理，他都优为之。当记者，他有高度的新闻敏感，善于捕捉战机，曾经采访到过不少在当时备受关注的重大新闻。当编辑，他既编要闻也编副刊，从版面安排，到评论、小说、诗词，无所不能，样样出色当行。他所拟的一些标题，文情并茂，构思新颖。他所写的一些言论，精神笔力，两面俱到。他所写的一些长篇连载，情节生动，曲折有致，于细微处透视人生，剖析世情，皮里阳秋，隐寓褒贬，吸引了一大批固定的读者。他所主编的社会新闻版，丰富多彩，贴近生活，尤为读者所喜爱。在他的主持下，不少报纸的社会效益和经济效益都很好。其中如《南京人报》，创刊不久发行就达1.5万份；上海《立报》，创刊不久发行就达7万份；重庆版《新民报》，创刊不久发行就达4万份。这在当时都是一个不小的数字。在他和其他合作者的共同努力下，这几份报纸，连同他工作过的北京《世界日报》和另外几个版的《新民报》，都成为当时在全国范围内有很大影响的报纸。

早在抗日战争时期，我就是友鸾先生一度主持过的重庆《新民报》的读者。抗战胜利回到南京，又一直看他主办的《南京人报》。对这位新闻界的前辈，可谓心仪已久。但第一次远距离地瞻仰他的风采，还是在一次新闻工作座谈会上。时间是1957年“反右运动”的前夕。这次会，就是后来被形容为“黑云压城城欲摧”的那个会。他在会上发表了著名的题为《是蜜蜂不是苍蝇》的讲话，慷慨陈词，为新闻工作者辩诬，给我留下了很深的印象。这次讲话，也给他带来了厄运，付出的代价，是当了20多年的“右派”和“摘帽右派”。第二次瞻仰他的风采，是在改革开放以后的1987年。地点在北京团结湖他的女儿张钰家。这是一次近距离的面对面的会见。当时他刚刚发作了一次脑血栓，但看去仍然银须拂胸，精神矍铄，眉宇秀朗，翩翩如少年。夫人崔希孟也在座，虽然同属80开外的人，仍然和易温粹，使人如沐春风。知道他们之间的佳话，不免多觑了一眼，给我的印象是“依旧张郎，依旧崔娘”。可惜这时的友鸾先生，受脑血栓后遗症的影响，处于失语的状态，已经不能深谈了。这是最后一次和他见面。此后不久，他就南下定居。再过两年，就接到他的噩耗。没有在他生前，向他从容请教，这是我深感遗憾的一件事。

收入这部文集的，除了友鸾先生的年谱和墓志铭之外，一部分是回忆他的纪念文章，还有一部分则是记述他的生平和逸事的文字。作者既有他各时期的同事和战友，也有他的学生和晚辈。这些文字，既是对他的深深的怀念，也是对他一生战斗业绩的介绍和表彰。这对了解20世纪中国新闻事业的历史，帮助今天的新闻工作者学习前人在新闻工作领域的丰富经验，继承和发扬他们的好的传统，都是大有裨益的。是为序。

（2000年6月13日作，《张友鸾先生纪念文集》于2000年10月由文汇出版社出版。）

冯并著《中国文艺副刊史》序

报纸的副刊，在中国，有100年以上的历史。它是由报纸的编辑们，在新闻的后面，刊载少量的旧体诗词和散文、随笔、小说等文学作品，逐步发展起来的。

从第一份正式的报纸副刊《字林沪报》附出的《消闲报》创刊到现在，中国报纸的副刊走过了一条漫长的道路。在这个新闻史上，形成了一条绵延不绝靓丽多彩的风景线。存世的中国报纸副刊，累计已经超过5000种。《中国日报》的《鼓吹录》、《申报》的《自由谈》、《新闻报》的《快活林》、《晨报》的《晨报副镌》、《时事新报》的《学灯》、《民国日报》的《觉悟》、《京报》的《京报副刊》、《大公报》的《小公园》、《立报》的《小茶馆》《花果山》，以及《解放日报》《新华日报》的副刊等，就都是其中的代表。在这些报纸副刊上，传播了进步的革命的思潮，弘扬了科学与民主的思想，针砭了时弊，呼唤了救亡，促进了文学的改良，繁荣了文学的创作，发展了文学的流派，培养了好几代的青年作家，同时也教育和滋养了整整一个世纪的报纸读者。对于后者说来，报纸副刊，不仅丰富了他们的知识，启发了他们的智慧，陶冶了他们的情操，也为他们提供了丰富的文学美学上的享受和精神上的营养。在中国，报纸的副刊和报纸的正刊可以是密切配合的，也可以是相对独立、相对游离的。在密切配合的情况下，报纸的副刊可以与其正刊桴鼓相应，相辅相成，以其自身的特点，配合正刊完成报道任务和舆论导向任务，实现办报人的办报目的。在相对游离的情况下，报纸副刊也可以摆脱正刊的影响，单独发挥作用。时至今日，报纸的副刊已经不再是可有可无的“报屁股”了，它已经成为报纸的一个重要的组成部分。每一个打算办好报纸的人，都必须同时办好它的副刊，这也已经成为新闻界的人们的共识。

因此，非常有必要认真地研究一下中国报纸副刊的历史。通过对报纸副刊历史的研究，了解它的衍变轨迹，寻绎它的发展规律，总结它的丰富的办刊经验，从中汲取营养和借鉴，这不仅是中国新闻史研究工作者的需要，也是目前在第一线从事办报活动的广大新闻工作者的需要。只有对中国报纸副刊的历史进行了深入的研究，总结了正反两方面的经验和教训，才能做到以史为鉴，把我们报纸的副刊办得更好。

呈现在读者面前的这部《中国文艺副刊史》，就是这样一部系统研究中国报纸副刊历史的专著。书的作者曾在社科院研究生院攻读过新闻学硕士学位，毕业后在《人民日报》文艺部工作多年，现任《经济日报》总编辑，既有坚实的新闻学方面的理论基础，又有丰富的从事报纸编辑工作的经验，由这样的作者来从事报纸副刊历史的研究，是再合适不过了。我有幸在本书出版前，拜读了它的手稿，深感这是一部功夫下得很深的专著。它的作者不仅掌握了有关中国报纸副刊的大量的第一手材料，也充分地借鉴了国内外有关报纸副刊特别是有关中国报纸副刊的论著。全书内容翔实，条理清晰，论述精辟，是我所看到的有关专著中，最有分量的一本。它的出版，不仅丰富了中国新闻史的内容，为中国新闻史的研究工作者提供了重要的参考，而且对广大的近现代史研究工作者、文学艺术史研究工作者、文化史研究工作者和广大的新闻工作者，也是很有裨益的。

（1999年10月12日作，《中国文艺副刊史》于2001年5月由华文出版社出版。）

程曼丽著《海外华文传媒研究》序

“海外华文传媒”，是对使用华文或华语，在海外编辑、印刷、出版、发行和播放的各类新闻传播媒体的总称。这些媒体以3 000万海外华人华侨及其社区为服务对象。它们所使用的，是拥有五千年历史、有“21世纪第一语言”之美称的汉语文及其方言。它们是海外炎黄子孙艰苦奋斗历史的见证者和记录者，是海外华人华侨社会维系华夏文化，增加凝聚力的重要支柱，是海外华人华侨发表政见维护族群利益的舆论载体，是世界新闻传播体系中，极具民族特色的一个重要的分支。

“海外华文传媒”发端于19世纪初叶。1815年在马六甲创刊的《察世俗每月统记传》，是世界上第一份近代化的华文期刊。1854年在旧金山创刊的《金山日新录》，是世界上第一份近代化的华文报纸。1856年在萨克拉门托尔创刊的《沙架免度新录》，是世界上第一份近代化的华文日报。它们的出版，不仅在当时当地的华人华侨中起了重大的影响，对中国近代化的报刊的诞生，也起了一定的催化作用，在新闻史上占有一定的地位。

从1815年到今天，海外华文传媒已经有186年的历史。它们的发展大体上经历了三个阶段：19世纪初至19世纪末，是初始发展阶段；20世纪初至20世纪70年代，是逐步发展阶段；20世纪70年代到现在，是加速发展的阶段。这种发展，和近现代华人华侨海外移民进展的情况，是同步的。时至今日，海外的华文传媒已经遍布以东南亚、北美、欧洲、大洋洲为主的全世界的54个国家，累计出版的报刊达4 245家，累计创办的华语广播电台达60余家，累计创办的华语电视台达35家，累计创办的电子网络报刊达30多家（以上据本书和《国际新闻界》2000年第6期所刊王士谷的《海外华文报刊的量化分析》一文所作的统计）。其中，有的国家历年创办的华文报刊的累计数，已经超过同时期其他文种报刊的累计数，如新加坡；有的国家华文报刊目前的总销量，已经超过这个国家其他文种报刊的总销量之和，如马来西亚（见前引王士谷文）。海外华文传媒的发展，已经受到越来越多的有识之士和海内外新闻传播研究工作者的关注。

有关海外华文传媒的研究，起始于20世纪的二三十年代。我们还可以从戈公振的《中国报学史》、胡道静的《新闻史上的新时代》、冯自由的《革命逸史》等书中，看到那一时代的学者们在这方面积极耕耘的成绩。但这只能说是一个发端。研究者们有所开拓，但还远远不够深入。大量的这方面的研究工作，是从第二次世界大战后开始的。拥有众多华文传媒的新加坡成为这方面的重镇。涌现了以卓南生、陈蒙鹤、王慷鼎为代表的一大批这方面的研究工作者，出版了以《中国近代报业发展史（1815—1874）》《新加坡早期华文报章（1881—1912）》《新加坡华文日报社论研究（1945—1959）》等为代表的一大批专著。据王慷鼎先生1994年所作的统计，截至1993年，新加坡学者已完成的有关当地华文报刊的研究成果，就有专著52本，系统论文11篇，单篇论文268篇。洋洋洒洒，蔚为大观。国内这方面研究的大量开展，则是20世纪80年代以后的事情。方积根、胡文英、杨力、吴庆棠、王士谷等先生，都为这方面的研究做出过贡献，出版过不少有分量的研究成果。其中，王士谷先生的工作尤其值得称道。他从80年代起，就致力于海外华文新闻史的资料积累和研究工作，先后出版了题为《海外华文新闻史研究》的论文集，和由他主编的拥有2 872个词条和110万字释文的《华侨华人百科全书·新闻出版卷》。使这方面的研究上了一个新的台阶，达到了一个新的水平。总体说来，近20年来，国内这方面的研究成果是十分令人鼓舞的。稍感不足的是，迄今为止，还缺少一部全面介绍和论述海外华文传媒历史和现状的专著。

呈现在读者面前的这部《海外华文传媒研究》，弥补了这方面的不足。这部专著，按照历史的顺序，对1815年以来海外华文传媒发展的各个阶段，作了全面的概括和总结。对现阶段华文传媒在全世界五大洲50多个国家的发展情况，作了系统的介绍和分析。对海外传媒的界说，研究方法，海外华文传媒在世界传媒体系中的地位、作用、影响，以及海外华文传媒的发展前景，作了深入的探讨。是迄今为止，以全景式的手法，历史地、全面地论述介绍和研究海外华文传媒的第一部专著。

我和本书的作者程曼丽教授有近20年的学问上的交往。曾长期在一个学校合作共事，共同完成教学任务，共同进行学问上的切磋。她才情敏捷，冰雪聪明，渊博多识，好学深思，在学术上时有新的创获，是一位很有潜力的中青年学者。本书是她继《蜜蜂华报研究》《外国新闻传播史》出版之后，完成的又一项新的研究课题。海外华文传媒是世界新闻传播事业中，深受人们关注的一个领域。本书的出版，既是这一领域的一个新的重要的成果，也将对这一领域的研究、世界新闻传播史的研究、中国新闻传播史的研究、跨国以及跨文化传播的研究，起到一定的推动和促进作用。这是完全可以预期的。是为序。

（2001年5月作，《海外华文传媒研究》于2001年6月由新华出版社出版。）

朱世良主编《岁月留痕——“老新闻”讲述的故事》序

黄山市所属的地区，不仅澄江如练，千峰竞秀，拥有绚丽璀璨的世界级的自然景观，而且有着丰富的历史文化底蕴，是以徽学徽剧徽商为代表的徽文化的孕育诞生之地，抗日战争解放战争时期的重要的抗日民主根据地及敌后游击区，和东南地区的政治经济和文化的重镇。

这里的新闻事业也有着十分悠久的历史。早在抗日战争时期，这里就曾经是东南地区新闻出版事业的一个中心，一批沿海省市的大报，曾经内迁到这里，并以此为基地向大后方和敌后发行。一些由中国共产党领导和主办的抗日的革命的报刊，也经常出没在这一带，以公开或秘密的方式在公众中传播，宣传党各时期的政治主张。

由于山川钟秀，人文荟萃，这里还诞生和向全国输送过一大批杰出的新闻工作者。其中如在辛亥革命时期主持过在上海出版的《警钟日报》和《神州日报》工作的汪允中；主持过在东京出版的革命报刊

《二十世纪之支那》和同盟会机关报《民报》工作的程家柽；担任过全国性大报上海《申报》的采访部主任，上海英文《大陆报》、香港英文《虎报》的总编辑，及香港星岛报业公司董事长的吴嘉棠；担任过南京、重庆、成都、上海等地《新民报》的副刊主编达二十余年，与张恨水、张友鸾、赵超构等著名新闻工作者合称“三张一赵”，有“副刊圣手”之誉的张慧剑；抗日战争时期、解放战争时期和建国初期活跃在中国共产党领导的革命新闻战线上的吴象、叶诚、王允渊，以及改革开放以来活跃在新闻战线上的许大均、汤己生、汪洋等。他们不仅在省内有一定的声望，在全国乃至海内外，也都有重大的影响。

除了上述的那些在黄山市地区内出生，在省市和地区之外有影响的著名新闻工作者外，这里还拥有一大批长期在地方从事办报办广播电视和各种新闻传播活动的老新闻工作者。他们热爱这片土地，坚持在这片土地上生根发芽。他们生活于斯，工作于斯，战斗于斯，以毕生的精力或者是一生中最富于青春活力的那一段时间，从事他们所钟爱的新闻工作，为这片热土的新闻传播事业的发展，作出了巨大的贡献，创造了光辉的业绩。由黄山市老新闻工作者协会编辑出版的这本书。就是由这样一大批老新闻工作者分别执笔的。其内容涉及他们对民主革命时期和建国初期的革命新闻工作，以及建国以来地区新闻事业和新闻工作者队伍发展情况的回忆；他们自己在新闻编辑、采访和新闻通讯写作中的一些难以忘怀的人物、事件及他们的感悟和体会；以及他们所经历的有关新闻美编、新闻摄影、新闻摄像、新闻制片等新闻业务和新闻生活的方方面面。既是他们工作的记录，也是他们生命的记录。

革命的薪火需要传承，新闻事业的薪火也需要传承。这本书的出版，不仅为地区新闻史乃至全国新闻史的研究保存了大量珍贵的材料，也为这个地区的年轻的新闻工作者提供了丰富的启迪和借鉴。是对年轻的新闻工作者和有志于从事新闻工作的青年同志们进行革命新闻传统教育的一个很好的教材。

我和本书的作者们，有的相识逾30年，有的尚未觌面，但神交已久。对这本书的出版，我感到非常高兴，并相信它一定会受到省市乃至全国新闻工作者的欢迎。是为序。

（2001年9月20日作，《岁月留痕——“老新闻”讲述的故事》于2001年10月由天马图书有限公司出版。）

徐培汀著《二十世纪中国的新闻与传播学》序

20世纪是中国新闻传播事业空前发展的一个世纪。从20世纪之交到21世纪之交的100年间，中国的新闻传播事业，有了飞速的发展。新闻传播媒体的品种，由只有印刷报纸一个门类，发展到报纸、广播、电视和互联网络四大门类。新闻传播媒体的数量，由125家发展到5 000家。新闻传播事业的从业人员，由3 000人发展到超过55万人。新闻传播事业的影响，已经深入到山陬海隅，边陲僻壤，深入到每一个部门，每一个家庭，深入到人们政治经济文化生活的方方面面，受到越来越多的关注。

20世纪也是中国新闻与传播学的研究空前发展的一个世纪。随着新闻传播事业的发展，新闻与传播学的研究工作，也受到了越来越多的社会科学研究工作者的重视。经过100年的奋斗，这方面的研究，已经由早期述而不作的零星翻译介绍，发展为密切联系中国实际的，一篇篇自出机杼的精思谠论和一部部绵密严谨的皇皇巨著。人才济济，硕果累累。时至今日，新闻传播学已经脱颖而出，由曾经被社会上的一些人刻意贬抑的所谓的“无学”，发展为公认的“有学”。由弱学发展为显学。前不久，经国务院学位委员会审定，新闻传播学还被由二级学科，提升为一级学科，并载入国务院颁发的学科目录。可以说，经过一个世纪的发展，新闻传播学已经由初始阶段的涓涓细流，逐渐的汇聚成江河。她已经由某些学科的附庸的地位，蔚然成为大国了。

呈现在读者面前的这部《二十世纪中国的新闻与传播学》，就是一部研究过去一百年间中国新闻传播学发展历程的专著。它详细地展示了中国新闻传播学研究的师承和源流，历史与现状。勾画了一百年来，这门学科在中国发展的基本轮廓。并分别就理论新闻学研究，实用新闻学研究，历史新闻学研究，广播电视新闻学研究，边缘新闻学研究，新闻教育与新闻学研究，以及台港澳地区的新闻学研究等方面的情况，作了深入细致的介绍、论述和分析。是对20世纪中国新闻传播学研究及其发展情况的一个全面的概括和总结。它的出版，对希望了解20世纪中国新闻传播学有关情况的新闻工作者、文化工作者、和新闻传播学教学研究工作者，具有重大的参考价值。

本书的作者徐培汀教授，是我十分推重的新闻传播学研究工作者。他品行诚悫，渊博多识。虽遭困厄，而操持不苟。拨乱反正以来，他日穷万卷，淬砺十年，勤治和新闻传播有关的各项学问，终于脱颖而出，成为这一领域内的专家。他所著的《中国新闻学术发展史》《新闻心理学漫谈》《历史新闻学研究》等书，深受新闻传播学界的关注，产生过一定的影响。本书是他的又一部新作，是他对中国新闻传播学研究的又一贡献。它的出版，对新闻传播学的教学和研究工作，都将会起到一定的推动作用，这是完全可以预期的。是为序。

（2000年9月8日作，《二十世纪中国的新闻与传播学》于2002年12月由党建读物出版社出版。）

张守宇等著《东北新闻史》序

涵盖1899年至1949年近半个世纪东北地区新闻事业历史的《东北新闻史》一书，经《黑龙江日报》社新闻志编辑室诸同志们10余年的辛勤耕耘，终于杀青问世，这是中国新闻史研究领域的又一项值得注意的新成果，是值得中国新闻史研究工作者欢迎的一大喜事。

这一段时期的东北地区新闻史，在中国近现代新闻事业的历史中，具有十分重要的地位。近代东北地区的新闻事业，肇始于1899年，论时间，比关内的华南、华东、华北、西南等地区都略晚，但一发端就进展很快，而且具有十分突出的特殊性。快，首先，表现在数量上，仅仅半个世纪就创办了近1 000家报纸，近60家通讯社和近40家广播电台，较之关内的任何地区都毫不逊色；其次，表现在媒体品种的发展上，中国历史上的第一座国人自办的广播电台，就是率先在这里诞生的。特殊性，则是这一段时期东北地区复杂的历史情况决定的。和关内的其他地区比较起来，东北地区除了清末民初革命与保皇激烈斗争的那段时期，北洋军阀割据的时期，国民党统治的时期和几次国内革命战争时期之外，还多出了日、俄两大帝国主义在那里开战和战前战后划地割据的时期，以及1932—1945年东北全境沦陷和伪满统治的那一段时期。这是关内的其他地区所没有的。正因为如此，东北地区新闻事业的历史情况异常复杂，清末的革命派保皇派立宪派，民国时期的各系军阀各资产阶级政党各级政府和下属的各个部门，大革命时期以后的国共两党，入侵的各个帝国主义势力和他们下属的机构，各宗教团体，各政治经济文化实体和相关的社团，以及定居在那里的各国侨民，都曾经在那里办过报。后期还办有不少广播电台。媒体所使用的语言文字也十分繁杂，仅哈尔滨一地，就出版过12种语言文字的外文报纸。这些情况，也是关内的其他地区所罕见的。

因此，东北新闻史的研究和撰写工作，具有很大难度。迄今为止，除了对这个地区的某一个时期某一范围内的新闻事业作过介绍，和对个别报纸或某一类型的报纸作过论述分析及个案研究之外，还没有一部完整的全面的介绍东北地区新闻史的专著问世。难度大恐怕也是一个原因。

《东北新闻史》的出版，结束了这一局面。以张守宇同志为首，林怡、邢世良、刘达英、周铭等同志参加的这个编写组，从1985年起就致力于东北地区新闻史的研究和资料积累的工作。他们跑遍了哈尔滨、长春、沈阳、大连、锦州、承德以及北京上海等地的图书馆档案馆，查阅了大量的中外文报刊原件，搜集了大量的图书档案资料，从个案研究开始，逐步向面上展开，经过近15年的披阅和增删，终于完成了这部皇皇巨著，填补了中国新闻史研究上的一个空白，他们的这种迎难而上孜孜以求的精神，是很值得钦佩的。

地区新闻史的研究是全国新闻史研究的基础。《东北新闻史》的出版，对整个中国新闻史的研究工作必将起到一定的推动和促进的作用。

我们祝贺它的出版。同时也希望它的续篇即1949年至20世纪末的那一部分早日问世。是为序。

（2001年9月24日作，《东北新闻史》于2001年12月由黑龙江人民出版社出版。）

萨空了著《萨空了文论选集》序

空了先生出生于1907年，逝世于1988年，是20世纪中国政治和文化领域中，有重大影响的杰出人物。

他具有多重身份，从事过多方面的活动。作为一个社会活动家，他早在1935年就参加了救国会的发起活动，1941年民盟在香港成立后，又积极为民盟工作，由民盟的中央委员、中央常委、总部联络委员会副主任、宣传部长当到民盟的副主席。1949年第一届中国人民政治协商会议召开时，他就以救国会代表的名义参加，此后，又担任过第二届全国政协委员、第三至第六届全国政协常委和第一、二届全国人大代表。作为一个国务活动家，他担任过中央人民政府的第一任新闻总署副署长兼新闻摄影局局长、出版总署副署长和国务院民族事务委员会的副主任。作为“新中国民族文化工作的开拓者”，他担任过民族文化指导委员会、民族出版社、《民族画报》《民族团结》杂志、民族歌舞团、民族文化宫、中央民族语文翻译局等机构的创建和领导工作。

但是，在他的一生中，从事时间最长，投入力量最多的，仍然要属新闻工作。

早在1925年18岁左右的时候，他就开始为报纸投稿。1927年，他刚满20岁，就正式参加新闻工作。从那时起，到全国解放时止，他先后在北京的《北京晚报》《世界日报》，上海的《立报》，香港的《立报》，新疆的《新疆日报》，重庆的《新蜀报》，香港的《华商报》《光明报》等报，参加了近20年的办报活动。新中国成立前后，他又衔命参加《光明日报》的创办工作，是这家著名报纸的创办人之一。此后20来年，一度中断了和新闻工作的联系，但最后又接受了创办《人民政协报》的任务，从1983年起，一直倾全力于这家报纸的工作，直到离休。他可以称得上是一个以新闻工作始，以新闻工作终，毕生都在关注着中国新闻事业发展的一个人。

在20多年的办报活动中，空了先生当过记者，当过编辑，当过主笔，当过经理，也当过社长、总编辑、总经理，和先于他出道的邵飘萍，和与他同时代的邹韬奋、戈公振等一样，都是中国新闻史上不可多得的多面手和新闻工作的全才。他以高度敬业的精神和极其认真负责的态度从事新闻实践，在编辑、采访、印刷、出版、发行等新闻工作的方方面面，都有所创获。在他的主持下，上海《立报》实行精编，重电讯，重新闻报道，坚持大众化的办报方向。所发的新闻和评论，支持进步爱国运动，鞭笞黑暗邪恶势力，贴近读者的生活。所办的“言林”“花果山”“小茶馆”等副刊，为读者提供了高品位的评论和小说、散文、新诗等文学作品，充分反映了人民群众的疾苦和呼声，发行数字一度达20万份，破当时报纸发行的最高纪录。这是中国现代新闻史上的一个亮点。也是空了先生一生办报活动中的极其辉煌的一页。这一段经历，使担任这家报纸总编辑的他，从此蜚声于海内外，成为深受读者喜爱的著名新闻工作者。

有了一定的新闻工作实践以后，空了先生也开始注意新闻学理论的研究。20年代在《世界日报》工作的时期，他就主编过该报的《新闻学周刊》。这是一份研究新闻理论与实践的刊物。与此同时，他开始在中国大学、民国大学新闻系，北平新闻专科学校等校任教，讲授新闻学方面的课程，还曾应邀赴燕京大学新闻系作过有关新闻事业的专题报告。此后，他一直注意这方面资料的积累，并利用被国民党当局关押的那一段时间，从事这方面的著述。他强调新闻应该以事实为第一性，认为新闻必须真实。他强调评论的时效性，现实性，认为报纸的评论，特别是社论，应该成为读者“行动的直接指导”。他强调报纸“必须有益于人类”，强调办报的目的在于“使每一个国民都知道本身对国家的关系”。他还十分强调报纸的经营管理，主张引进先进的企业管理方法来管理报业，并十分注意报纸的经济效益，但反对报纸“纯以营利为目的”。他强调报纸的社会责任和报纸的舆论导向作用，认为“对民众讲，它是他们的精神食粮；对社会讲，它是军队的最有利的武器”。他的这些观点，具有明显的历史唯物主义和辩证唯物主义的色彩。他是在三四十年代的国民党统治区，第一个力图用马克思列宁主义思想为指导，进行新闻理论研究的新闻学者。

除新闻工作和新闻学研究工作外，空了先生对绘画摄影等艺术门类的历史和理论也有着浓厚的兴趣。他很早就致力于画报的研究，曾经积累了大量有关画报的资料，对19世纪末叶以来中国画报发展的历史作过深入探讨。他还担任过多家画报的主编，从事过艺术方面课程的教学工作，作过有关绘画艺术和画报历史的学术报告。建国后，他曾兼任过人民美术出版社的社长，参与策划过多家画报的创办工作，并一直关注连环画的创作和连环画类出版物的出版。

收入这本文论集的一些文字，就是从空了先生20年代以来，历年撰写的众多的新闻理论、艺术理论和新闻评论艺术评论文章中筛选出来的。这些文章，既反映了他多年来在上述领域进行探索的历史轨迹。也是他在上述领域长期实践和进行深入研究的成果。对今天的新闻工作者和艺术工作者说来，具有重大的学习借鉴和参考价值。

我始识空了先生是在1938年，地点在香港。具体地说，是在九龙太子道的萧乾先生家。是随着和他相知相稔的我的一位亲属长辈一起去的。当时，空了先生30刚出头，翩翩少年，风华正茂，正在主持香港《立报》的工作，已经是一位名闻遐迩的新闻工作者。而我，则仅仅是一个刚刚踏进中学门槛的乳臭未干的学生。此后，我虽然看过不少他写的文章和书，但一直到"文革"结束，都仅只是从报纸上获知他的行止，和从与他长期保持联系的几位表弟妹处，了解有关他的情况，长期同在北京，却无缘相见。第二次见到空了先生，是在1980年社科院新闻研究所召集的一次座谈会上。这也是我第一次亲承謦欬，和他当面对话。这一次，我们就共同关注的一些问题谈了很久，谈得十分投入。会后，还建立了联系，到他家作过客，有过几次信件来往，互寄过一些共同感兴趣的图片资料。《中国大百科全书・新闻出版卷》的编写工作上马以后，他是编委会的主任，我是编委和"中国新闻事业"部分的主编，为这一卷的编写工作在一起开过几次会，也因而有了更多的来往。《中国大百科全书・新闻出版卷》中的《萨空了》这一词条，也是我负责执笔的。论新闻学的教学与研究，他是我的前辈。论年龄，他是我的长辈。我对他一直十分敬重。他完全依靠自学成才的经历，使我深受激励。他的考虑周到、雷厉风行的工作态度，宽以待人、严以律己的道德作风，也使我无限感佩。我一直把他当作自己学习的一个榜样。

空了先生逝世已经快12年了。作为一个杰出的社会活动家，杰出的国务活动家，杰出的民族文化工作者和杰出的新闻工作者、新闻学者，他的历史功绩和他对国家和社会的贡献，已经垂范史册，昭昭在人耳目。这本文论选集的出版，将是对他逝世12周年的一个很好的纪念。它将作为一笔宝贵的精神财富，嘉惠后人，促其奋进，并将进一步推动和促进新闻学研究和艺术研究工作的开展。这完全可以预期的。是为序。

（2000年7月4日作，《萨空了文论选集》于2002年5月由上海科学技术文献出版社出版。）

于友著《记者生涯缤纷录》序

刚刚过去的一个世纪，是中国新闻事业蓬勃发展的一个世纪。也是中国新闻工作者群星灿烂人才辈出的一个世纪。于友同志在这部书的“师友印象”“学习笔记”两部分中，所提到的范长江、胡愈之、刘尊棋、成舍我、张友鸾、萨空了、恽逸群、夏衍、羊枣、黎澍、朱启平、彭子冈、浦熙修、陆治、李纯青等，都是其中的佼佼者。他们当中，有的是名记者，有的是名编辑，有的是著名的报刊政论家，有的则是著名的报刊活动家和社会活动家，都深受他们所在的那一时代的读者们的爱戴和同行们的敬重，他们的事迹，已被一一载入中国新闻事业史的史册。他们当中的绝大多数，还曾被作为人物词条，收入《中国大百科全书·新闻出版卷》和《中国新闻年鉴》，垂范于后世，成为一代新闻工作者的楷模。

和一般的人物传记不同，于友同志在书中所记述的，并不一定就是这些人毕生的全部的业绩，但确实是他们一生中和新闻事业有关的最精彩的片断。正像书中所交代的，作者和他所记述的这些人，或曾经共事，有过战友、宾主、领导被领导的关系，或彼此相知，谊兼师友。因此凡所记述，都出于亲炙。多的是亲见亲闻的第一手材料，少的是道听途说和辗转传闻之词。文字鲜明生动活泼，材料真实准确可靠，既是充满着感情的散文，也是翔实的历史记录。对研究和了解这些杰出的新闻工作者，学习他们的风范和精神，具有重要的参考价值。

于友同志从1935年离开学校后，就从事新闻工作。在新闻战线，他从练习生做起，当过记者、编辑，翻译、校对主任、副总编辑和主编，离休后还继续为报刊撰稿，继续关注新闻事业的发展，曾应聘担任过一些报社的咨询委员，在新闻工作岗位摸爬滚打了半个多世纪，是一位经验丰富的对新闻事业有着深厚感情的老新闻工作者。这部书的“经历片断”“多样感受”两部分中一些文字，所写的主要是他个人从事新闻工作的经历、见闻和体会，他对当前的新闻工作和他所接触的海内外新闻媒体的观感、思考和看法，其中不乏鞭辟入里的分析议论，和直抒胸臆的真知灼见。这些，对目前还在奋战在第一线的新闻工作者，新闻学研究人员，和新闻院校的师生们，都将会有一定的启迪作用。

我很早就知道于友同志的名字。半个世纪以前，当我还是大学新闻系的学生的时候，就读过于友同志翻译的书。对这位大我10岁的新闻界的长者，我一直十分敬重。拨乱反正以后的20年间，我开始在各种场合和于友同志有所接触，并长期保持通信联系，对他有了进一步了解。他和这本书中所提到的胡愈之、萨空了等人一样，都是依靠自学成才的。外文是自学的，从事新闻工作的那些本事是自学的，晚年的电脑也是自学的。他恂恂谦谨，气度雍容，与人和易温粹，颇有长者的风范。我在和他交往的过程中，深受教益。最近几年来，他以耄耋之年，笔耕不辍，时有新作问世，《记者生涯缤纷录》就是继他不久前出版的《胡愈之传》之后问世的又一部新作。我祝贺这部书的出版。并相信每一个读过它的新闻工作者和现在还在大学新闻传播学系学习的未来的新闻工作者，都将从中得到教益。是为序。

（2001年6月10日作，《记者生涯缤纷录》于2002年8月由新华出版社出版。）

陈扬明等著《台湾新闻事业史》序

《台湾新闻事业史》作为国家“七五”期间的社科规划重点课题，在众多台湾研究工作者和新闻学、新闻史教学研究工作者的关注下，经过10年的努力，终于由陈扬明、陈飞宝两先生完稿并交付出版，这是很值得高兴的一件事。

台湾旧属福建，和海峡另一侧的大陆，相隔仅130多公里。是祖国的一个宝岛。作为中央政府下属的一个地方，台湾地区和内地的其他省市，在政治经济文化等方面，始终保持着密切的联系。两岸的新闻事业，也息息相通。1884年以前，台湾地区还没有出版报纸，那时候的台湾老百姓看的主要是内地的报纸。1885年起，台湾地区开始有一些在当地出版的报纸问世，基本上是当地人按照当时内地的报房“京报”和近代化报纸的模式创办起来的。日本踞台时期，两岸的新闻事业一度脱钩，台湾地区光复后又重新恢复。台湾地区现存的报纸、通讯社和广播电台中，有一些就是40年代后期从内地迁去的。两岸的新闻工作者之间，从19世纪末以来，也一直保持着紧密的联系。内地的新闻工作者到台湾地区办报和台湾地区的新闻工作者到内地办报及从事其他新闻传播活动的，所在多有。前者如19世纪末赴台的章太炎和20世纪40年代末以后赴台的曾虚白、马星野、成舍我、程沧波、黎烈文等人。章太炎是1898年12月4日到达台北的，在台北的《台湾日日新报》当了半年多的编辑和记者。到台湾之前，他已经在内地担任过好几家报纸的主笔，被台湾报界誉为“千言立成的大文章家”。到台湾后，曾受到当地新闻界和文化界的热烈欢迎。曾虚白等人，则是同时期众多的去台湾地区办报、办通讯社的外省籍新闻工作者的代表。他们赴台前，就已经在内地的一些省市的报坛上工作多年，蜚声于时。赴台后，或继续办报，或从事新闻管理和新闻教育工作，不少人都成为20世纪末叶台湾地区新闻界“大佬”级的人物。后者如日本侵台时期来内地的连横和20世纪中叶来内地的吴浊流、李纯青、苏新、陈真等人。连横是台南人，字雅堂，是连战的祖父。他1903年就到上海办报，曾主持过陈独秀任主编的著名革命派报纸《国民日日报》副刊“黑暗世界”的编辑工作，1905年又到厦门创办了鼓吹反满民主革命的《福建日日报》。中间一度回台，撰写《台湾通史》。晚年定居大陆，1933年逝世于上海。在当时的内地新闻界有一定的声望。吴浊流是新竹人，李纯青是台北人，苏新是台南人，陈真是高雄人，都是三四十年代就来内地从事新闻传播工作的。他们有的办报，如吴浊流、李纯青。有的办广播，如苏新、陈真。直到80年代才陆续离退。其中，李纯青的知名度最高。他1937年考进上海《大公报》，先是作日文翻译，后从事社评和短评写作，担任过上海、香港、重庆等版《大公报》的社评委员。1953年以后，还当上了天津《大公报》的副社长。他的文章条理明晰，论述精辟，在老新闻工作者和当时的读者中有很大影响。经过30多年的中断以后，两岸新闻界的这种交往，在80年代后期，又重新得到恢复。新闻业者、新闻记者、新闻学者和新闻教育工作者之间的交流和互访络绎不绝。上述情况，从一个侧面说明，台湾地区新闻事业是中国新闻事业的重要组成部分，台湾新闻事业史是中国新闻事业史的重要组成部分，一部完整的中国新闻事业史，只有把台湾地区的这一部分包括在内，才是完全的。

遗憾的是，在此以前，在祖国大陆的新闻史研究领域中，有关台湾新闻事业史的研究，还很不够。相关的研究成果也还不多。改革开放以前出版的有关中国新闻事业史的教材，其内容都不涉及台湾地区。改革开放以后出版的同类教材和专著中，这一状况有所改变。通常的做法是，每叙述到一个历史时期，都对同时期台湾地区新闻事业的发展状况作相应的介绍。当代部分则另立章节，集中介绍。近年出版的《中国当代新闻事业史》（1992年新华出版社版）、《中国新闻事业简史》（1995年中国人民大学出版社版）和《中国新闻事业通史》（三卷本）（1992—1999年中国人民大学出版社版）等，大体上采取的就是这一种作法。限于材料，一般字数不多，内容也较为简略，不够丰满。尤其令人遗憾的是，迄今为止，还不曾出版过一部有关台湾新闻事业史的专著。这一点，和近年来各省市地区新闻事业史及香港地区新闻事业史专著的大量问世，形成了巨大的反差，表现得尤为突出。

陈扬明、陈飞宝两先生的这部《台湾新闻事业史》的出版，改变了这一状况。它的问世，结束了迄今为止祖国大陆还没有一部全面完整的介绍台湾新闻事业史的历史，填补了中国新闻事业史研究中的一个重要的空白。

我和厦门大学新闻传播系有一定的学术渊源，18年前曾经应邀为该系的研究生们讲过短时期的课。和二陈中的陈扬明先生也有过40年以上的交往。对这项由厦门大学新闻传播系申报的国家社科课题进行和完成的情况，一直十分关注。从这部书的“前言”和“后记”中，我了解到本书的两位作者，在曾经参加过这一课题的众多的教学研究工作者的支持下，为这部书的完成，付出了艰巨的劳动。作者中的一位，曾为此三赴台湾。从这部书的书稿中，我还发现作者们的工作十分细致。收集的材料，十分丰富。有关的统计数字，下限到1998年，十分贴近现实。这些都使我深受感动。我相信这部书，对希望了解台湾地区新闻事业历史和台湾地区新闻事业近期发展情况的人，将会有重大的参考价值。它的出版，必将受到广大文化工作者、新闻工作者、新闻学和新闻史的教学研究工作者的重视和欢迎。是为序。

（2001年3月5日作，《台湾新闻事业史》于2002年9月由中国财政经济出版社出版。）

卓南生（新加坡）著《中国近代报业发展史》序

近20年来，新加坡的卓南生教授以国际问题评论家和新闻史研究专家蜚声于海内外。作为国际问题评论家，他的文章毛举鹰击，纲领昭畅，议论豪健，字挟风霜，经常以如椽之笔，剖析形势，使奸邪为之辟易，使公理和正义得到伸张。作为新闻史研究专家，他对近代中国新闻事业史的发展，特别是19世纪初叶到19世纪70年代中叶的那一段新闻事业的历史，有十分独到的研究，在中外新闻史学界有很大的影响。呈现在读者面前的这部《中国近代报业发展史》，就是他在这一领域内的重要成果。

卓南生教授有关中国近代报业发展史的研究，是从20世纪70年代开始的。他是在日本江户传播史权威及日本新闻学与新闻史开山祖小野秀雄教授和日本著名新闻学教授平井隆太郎两位大师级学者的启发和引导下，进入这一领域的。最先接触的，是被小野秀雄称为“我邦（指日本）报纸的祖先”的那一批“官版翻刻汉字新闻”，即所谓的“官版翻刻报纸”。这是当时的日本人为了获取国外信息，用日文摘编翻印的一些在中国境内外出版的汉文报纸。他是从关注这些“官版翻刻报纸”开始，逐步地转入了对中国近代早期在海内外出版的汉文报纸的研究的。从1970年开始，到1986年止，他在一度担任《星洲日报》执行编辑和社论委员的同时，用了近16年的时间进行这方面的研究，取得了很多阶段性成果，陆续在日本学术刊物上发表，并在此基础上完成了博士论文，获得了日本立教大学首名社会学（主修新闻学）的博士学位。1990年出版的日文本《中国近代新闻成立史（1815—1874）》一书，就是以他的博士论文为基础，经讨修改和补充后完成的。1998年4月由台北正中书局出版的《中国近代报业发展史》，是由他自己编译的这部书的中文繁体字版，呈现在读者面前的这部《中国近代报业发展史》，则是经过他自己审定的上述那部书的中文简体字版。

20世纪80年代中期以后，卓南生教授在日本学术刊物上发表的有关中国近代报业发展史的一些论文，开始被译成中文，在中国内地的《新闻传播》《新闻大学》《新闻研究资料》等专业杂志上刊出，立即引起了中国新闻史研究工作者的高度重视。这些论文中所提出的一些观点，如中国历史上并不曾有过一份戈公振在《中国报学史》中称为《香港新闻》的报纸；香港《中外新报》创刊的年份是1857年11月3日，而不是戈公振《中国报学史》中所说的1858年；创刊时的报名是《香港船头货价纸》，而不是《中外新报》，若干年后才改称《香港中外新报》；香港《华字日报》创刊于1872年4月17日，其前身是1871年3月11日创刊的《中外新闻七日报》，而不是戈公振在《中国报学史》中所说的1864年。这些论文和论文中的上述观点，都引起了中国新闻史研究工作者的震惊。我也是其中的一个。因为长期以来，戈公振的那部书，一直被认为是中国新闻史研究的权威，其中的一些论据和观点，经常为在它以后出版的各种新闻史专著和教材所引用。我自己也一直奉它为圭臬，从来没有对它的论述有过怀疑，从来没想到过这部权威性的著作，在如此关键的问题上，会出现如此严重的失误和差错。

1992年中国新闻史学会在北京举行学术研讨会，卓南生教授从日本东京赶来参加，在会上宣读了已在日本发表了的有关香港《循环日报》研究的论文，提出了该报创刊于1874年2月4日，而不是通常认为的1874年1月5日，并对该报人员的组成，版面的安排，新闻和评论的内容，以及王韬在该报的活动情况，作了全面的介绍和剖析。纠正和补充了中国内地学者在《循环日报》研究中的一些不正确的和不够全面的看法。他的这次发言，同样也在中国新闻史学界引起了石破天惊的效应。

之所以出现上述的情况，是因为前面提到的那些报纸和刊物，除了《遐迩贯珍》《六合丛谈》等少数几家在中国国内有少量存留外，大部分在两岸三地都已失藏。除了戈公振在20世纪二三十年代，曾经专程到伦敦大英博物馆查阅过它们的部分原件外，其他的中国新闻史研究工作者都没有接触过这些原始材料。从1935年戈公振逝世，到20世纪70年代末80年代初中国实行改革开放的近半个世纪期间，由于国内外战争和被迫中断国际间的正常文化交往等众所周知的原因，中国两岸三地的新闻史研究工作者，特别是中国大陆的新闻史研究者，没有机会到海外去搜访相关的资料。研究这一段时期的新闻史和涉及这部分报刊的时候，只能重复戈公振已经作出的结论，或根据一些十分有限的二手材料，作进一步的诠释和演绎。错误、缺失和局限都在所难免。这也正是卓南生教授的那些论文和发言引起轰动的一个重要的原因。

卓南生教授的上述论文，现在已经全部收入本书。它们所提出的一些观点，所作出的一些论证，对中国两岸三地新闻史研究的影响，是不言而喻的。20世纪90年代以后出版的各类中国新闻史专著和教材，纷纷根据他的上述研究成果，作了相应的修订，使半个多世纪以来，在中国近代早期报业史研究的某些重要的问题上，以讹传讹的局面宣告结束，使已出版的中国新闻史专著和教材中的夺失得到纠正，就是一个明显的证明。

收入本书的卓南生教授有关中国近代报业发展历史的众多研究成果，体现了作者在治学问题上的两个突出的特点。

首先，是重视第一手材料的开掘和利用。为了掌握第一手的原始材料，他不仅跑遍了日本各大学的图书馆，东京神保町附近的旧书店，东京的东洋文库、东京大学的社会情报研究所图书馆、明治新闻杂志文库和东洋文化研究所图书馆，而且横跨东西两洋，访遍了世界各地的几个主要的图书馆，包括英国的大英博物馆东方图书研究室，伦敦大学亚非学院图书馆，剑桥大学图书馆，美国的麻省Essex Institute图书馆，夏威夷东西中心图书馆和香港大学图书馆。在这些公、私图书馆和文献资料收藏中心，翻阅了它们所庋藏的大量的近代早期中文报刊的原件，并对这些原件进行了深入细致的分析和研究。这种"上穷碧落下黄泉"，不达目的决不罢休的孜孜以求的精神，是十分令人钦佩的。

其次，是坚持严谨求实的学风。他对他所提出来的每一个观点，都作了认真深入的推敲和论证，探赜求索，勾微阐幽，条分缕析，考订精详，确实作到了言必有征，无一语无根据，无一语无出处。这种严谨的求实的学风，在本书有关《察世俗每月统记传》《特选撮要每月纪传》等宗教月刊和《遐迩贯珍》《香港船头货价纸》《香港华字日报》《循环日报》等中文报纸的研究中都得到了充分的体现。

正因为有了以上两个突出的特点，加上它所征引的大量原始材料，附在各章正文之后的详细注释，和插刊于书前书后和正文之间的大量的罕见的报刊原件照片，使得卓南生教授的这部专著具有很高的学术价值和研究使用价值。它不仅如日本立教大学的平井隆太郎教授所说的，"首次填补了日本在这研究领域之空白"，也填补了中国新闻史学者在这一领域研究的空白。它和日本著名学者小野秀雄、小野川秀美等有关中国新闻史研究的著作一样，都体现了中国新闻史研究的国际化，都达到了中国境外学者研究中国新闻史的新的高峰。

我和卓南生教授相知相识近20年，曾经多次在国内外学术会议上进行切磋和交流。中国新闻史学会成立之初，他就参加了学会主办的各项学术活动，是学会境外名誉会员当中最积极、最活跃的人士之一。1988年我应东京上智大学和《朝日新闻》社的邀请赴日讲学，1998年又应京都龙谷大学的邀请赴日讲学，两次活动都得到过他的热情接待和帮助。从近15年的交往中，我深深感觉到，他既是才情敏捷、议论风生的报刊政论家，岳峙渊渟、渊博多识的教授和新闻史学家，也是一位宽厚朴挚的谦谦君子。他的这部专著得以在中国内地出版，对他自己、对中国内地渴望看到他的论著的广大新闻史研究工作者和正在接受新闻教育的莘莘学子，都将是一个好的消息。谨罄一瓣心香，预为祝贺。是为序。

（2002年1月17日作，《中国近代报业发展史》于2002年9月由中国社会科学出版社出版。）

李磊著《述报研究》序

李磊博士的专著《述报研究》（以下简称《述报》）即将由兰州大学出版社整理出版，这是中国新闻史研究的一项新的成果，值得关注和庆贺。

《述报》是1884年年初在广州出版的一份报纸，日出四版一小张，寿命不长，只存世不到一年，就销声匿迹了。但是，在中国近代新闻史上，这是一份不能被忽视的报纸。它在中国新闻史上的重要地位，表现在以下几个方面：第一，它是中国人自己主办的创办时间较早的一份近代化报纸；第二，它是同时期在编辑出版业务上，包括版面、标题、插图、印刷等方面，远远超过侪辈，表现十分突出的一份报纸；第三，它是中法战争时期，报道中法交战情况和省港地区人民群众抗法斗争情况最详尽的，信息量最大，评论最及时的一份报纸。

我第一次接触这份报纸，是在半个多世纪以前。具体地说，是1948年前后。地点在苏州护龙街（今人民路）的一家旧书店里。当时，它被店主人和一大堆残破的线装书一道混放在旧书架上，一共八册，我粗翻了一遍，发现是这家报纸的大约半年多的分类汇订本，是以前从未看到过的，就买了下来。它由此成为了我的寒斋的一项藏品。我是在买到了手并拿回家细看以后，才发现它的价值的。除了上面提到的三个方面之外，它还是境内各大图书馆都失藏的和众多的权威新闻史专著都失载的一份报纸，是中国近代新闻史上的珍品和新闻史研究的境内孤本。

知道它的价值以后，我曾经两次把它介绍出去。一次是1959年，我把它所收刊的有关中法战争时期香港地区人民抗法斗争的报道全部摘出，送交社科院近代史所主编的《近代史资料》，介绍给近代史研究工作者。刊出后，深受欢迎。因为这是有关这方面的第一手材料，是中国史学会主编的那套《中法战争》资料丛书所不曾涉及的。戴逸同志就不止一次的提到这些报道，认为对中法战争史的研究大有裨益。

另外一次是20世纪80年代的初期。暨南大学新闻系的孙文铄教授到北京来看我。我想到他在作中国新闻史方面的教学研究工作，又恰好落户在广州，可以充分发挥地利的优势，就近对这份报纸作深入研究，就把这份报纸的研究任务连同全部报纸都交给了他。他回广州后，立即动手。先是查阅了大量的地方文献资料，继而又对这家报纸的遗址进行了实地调查，寻访了不少街巷耆老，可惜都无大进展。只发表了几篇小文章，就画了句号。那八册原报又重新回到了我的寒斋。

1987年台湾当局宣布解除戒严令。1988年海峡两岸恢复来往。1989年第一个台湾新闻教育工作者代表团到内地访问，海峡两岸的新闻教育工作者和新闻学者由此开始了频繁的交往。我和台湾地区的李瞻教授和朱传誉教授，就是在这一年相知和相识的。两位教授都送给了我很多台版的新闻学著作。从这些著作中，我才知道原来台湾的图书馆中也藏有近十册《述报》，其中有一些和我收藏的那八册重复，也有一些则是我收藏的八册中所没有的，我收藏的这八册中，也有一些是台湾的那十册中所没有的。从这些著作中，我还获知朱传誉教授已经对台湾的那部分《述报》作过研究，写过文章，取得了一定的成果，但同样因为藏报数量过少，资料匮乏，而难窥全豹。我知道后，大喜过望。因为两岸的收藏，可以互补。《述报》的研究，将因已知的存世报纸总量的增加，而得到新的进展。台湾学者的研究成果，则可以为祖国大陆同一题材的研究，提供必要的借鉴。

因此，当李磊博士在新闻史研究领域内寻觅“战机”的时候，我就把《述报研究》这个题目推荐给了他。呈现在读者面前的这部专著，就是他经营了近三年的研究成果。应该说，他的研究是十分投入的。他不仅熟读了两岸收藏的存世的全部《述报》，参考和借鉴了两岸学者有关《述报》研究的阶段性成果，而且开辟了很多新的领域，对《述报》的方方面面，作了十分深入的剖析和研究。其间，还曾专程到广州作实地的调查和寻访工作。他是中国新闻史上对《述报》这份重要报纸作如此全面深入研究的第一人。中国新闻史的研究，需要一个个重点报纸的个案研究作基础，他的这部《述报研究》，就是一项奠基之作。它的出版，既填补了中国近代新闻史研究的一个空白，也将会对整个中国新闻史的研究，起到一定的推动作用。

由于文献失征和原始资料匮乏等原因。李磊的这部《述报研究》，也留下了一些遗憾。其中最大的一个，就是仍然没有查实这个报纸的创办人，和参与这个报纸办报活动的编辑人姓名和他们的相关情况。我希望中国新闻史的研究工作者们，继续这方面的研究，使这一遗憾，在不长的时间内，能够得到弥补。是为序。

（2002年5月10日作，《述报研究》于2002年10月由兰州大学出版社出版。）

徐培汀著《二十世纪中国新闻学与传播学·新闻史学史卷》序

中国是一个十分重视历史研究的国家。在历史研究领域，中国拥有着众多的灿若群星的历史学家，保存有一大批记述详赡、事昭理辩、充满了奇情壮采的历史典籍。中国的新闻学研究也是从新闻史的研究开始的。早在19世纪的上半叶，在当时出版的一些中文报刊上，就已经出现记述和探讨中国新闻事业发展历史的文章。20世纪初叶，就已经出版了以记述地方新闻史为主要内容的专著。如果从第一篇有关中国新闻史的专文发表之日算起，中国的新闻史研究已有160多年的历史，如果按第一本和中国新闻史有关的专著出版的那一年算起，中国的新闻史研究也已经有了80多年的历史。

80多年来，中国的新闻史研究，经历了好几个阶段，而以1978年中国实行改革开放到20世纪末的近22年的这一阶段，成果最多，发展最快。据不完全统计，这22年间，累计出版的新闻史方面的专著和教材达

138种，累计发表的新闻史方面的论文和文章，达5 023篇，是前几个阶段研究成果总数的几倍乃至几十倍。这一阶段的中国新闻史研究，其规模之大，研究成果之多，不仅在中国新闻学研究的历史上是空前的，在世界新闻学研究的历史上，也是空前的。可以毫不夸张地说，在新闻史研究的领域，中国的速度和成就，已经遥遥地领先于世界上任何一个国家。中国已经是新闻史研究的大国。

中国的新闻史研究，为什么在不长的时间内，特别是在最近的这22年时间内，会有如此迅猛的发展呢？我想主要是由于以下几个原因。

1. 新闻事业的发展需要历史的反思和经验的总结。这100年来，中国的新闻事业经历过无数次风雨，有过无数次的劫难，走势跌宕起伏，道路漫长而修远，新闻工作者曾经为此付出过不少代价。新中国成立以后，有过近20年的平稳发展，但“史无前例”的那场运动一来，又陷入停顿。“文革”之风乍起的那段时期，新闻事业跌进了谷底，整个中国一度只剩下了寥寥42家报纸，直到拨乱反正和改革开放以后，才开始步入高速发展阶段。回顾近100多年来，特别是近50年来中国新闻工作者走过的这条道路，不少新闻工作者都感到，有必要通过新闻史的研究。进行一番历史的省视，回顾其历程，总结其经验，盱衡其得失，做到以史为鉴，使我们变得聪明一点，使我们在今后的工作中，见微知著，少走弯路。

2. 克服和摆脱了“左”的影响和思想束缚。改革开放以前近30年的那一段时期，整个哲学社会科学的研究，都深受”左”的影响，新闻史的研究也不例外。在如何对待传统继承的问题上，如何处理史和论的关系问题上，如何看待和评价新闻史人物的问题上，都存在着很多束缚思想的框框和禁区。其结果，使写出来的新闻史议论多于史实，缺少史的特点，缺少有关报纸编辑、采访、评论、广告发行和经营管理等新闻业务活动方面的内容，缺少对新闻界人物活动及其影响的介绍论述和评价，缺少对报纸作为传播工具在传播科学文化知识和从事思想启蒙活动等方面所起作用的论述和分析，也缺少对各个历史时期党的报刊和进步报刊以外的其他政治倾向报刊和通讯社的研究。存在视野狭隘、乱贴标签、因人划线、无限上纲、夸饰溢美、随意贬低，用一棍子打死代替实事求是的科学的具体的分析等情况。正是由于克服和摆脱了上述的“左”的束缚和影响，才使新闻史的研究步入坦途，有了空前的发展。

3. 有了一支不断发展壮大的新闻史研究工作者队伍。“文化大革命”前，全国从事新闻史研究工作的人员寥寥无几。只有少数几个党校和大学新闻系的教师，及个别业余从事新闻史研究的新闻工作者在从事这项工作，总数不过十来个人。“文化大革命”中新闻史研究被迫中断，这一支十来个人的队伍也顷刻瓦解。新闻史研究工作者队伍的空前壮大，是1978年改革开放以后的事情。从1978年到20世纪末的22年间，全国从无到有地先后创办了近100个新闻学研究机构和新闻学研究团体，创办了60多个大学新闻学院和新闻系，有近200位专门从事新闻史研究的研究人员和从事新闻史教学与研究的教师。1978年以后，一些高等学校和社科院研究生院开始招收新闻史硕士和博士研究生；到20世纪末，全国高校和全国性的研究机构中，新闻史已有6个博士点和近20个硕士点，培养出来的新闻史方向的博士和硕士研究生已接近100人。加上80年代初期以来，随着各地修史修志的热潮涌现出来的一大批地方新闻史志编写工作者。和90年代后期以来逐步形成的、以离退休的老新闻工作者为主的各种报史的编写工作者及名记者传记的编写工作者，这一支新闻史的研究工作者大军，累计已接近500人。有这样一支专业队伍从事新闻史的研究，这也是这一时期中国新闻史研究的新成果不断涌现和新闻史研究得以迅猛发展的一个重要的原因。随着地方新闻史志编写工作的陆续完成，一批临时组建的新闻史编写机构的解散和临时参加这项工作的老新闻工作者的隐退，新闻史志编写工作者的队伍，在未来的两三年内，将会有所缩小，但其他几个方面的新闻史研究工作者队伍，仍在持续发展，在可以预见的相当长的一段时期内，全国的新闻史研究工作仍将会保持着一个稳定的发展势头。

随着新闻史研究的全面发展，新闻史研究工作者队伍的不断扩大，新闻史这门学科本身发展历史的研究，即一般所说的新闻史学史的研究，也开始受到新闻学者的关注。近年来，已经有不少新闻学者，就近100多年来中国新闻史研究发展的分期，各时期新闻史研究的特点，各时期的代表性著作和有代表性的新闻史学者，他们的成就、贡献和影响，他们的局限、不足和阙失等，作过专门的研究，写过不少文章，但还缺少一部全面总结这方面研究情况的专著。本书则是这方面研究的集大成者，它的出版，弥补了这一缺憾。

本书的作者徐培汀教授自1955年在复旦大学新闻系毕业留校起，就致力于新闻学的教学与研究工作。40多年来，他执着地沉浸于新闻学的学海之中，提要钩玄，细大不损，焚膏继晷，兀兀穷年，虽历经劫难，而笔耕不辍。1978年以后，他迎来了政治上的同时也是学术上的第二个春天。这以后的20多年间，他更加勤奋地从事教学和科研工作，先后发表了400多篇新闻学方面的论文，出版了《新闻心理学发凡》《中国新闻传播学说史》等多部新闻学方面的专著，并多次获得国家级的重大奖项，成为腹笥甚丰、学殖很深的新闻学者。我和他结识于改革开放初期，20多年来，始终保持着过从不多但十分相知的君子之交。我深信，他的这部专著的出版，将有助于广大读者对近百年来的新闻史研究情况的了解，对新闻学研究工作者特别是历史新闻学的研究工作者把握新闻史研究的规律，省视其经验和得失，推动整个新闻学研究和新闻史研究的发展，都将是大有裨益的。是为序。

（2000年1月22日作，《二十世纪中国新闻学与传播学·新闻史学史卷》于2001年10月由复旦大学出版社出版。）

“曹聚仁研究会”主编《曹聚仁研究》序

曹聚仁出生于1900年7月7日，逝世于1972年7月23日，毕生活动于20世纪，是这个世纪在众多方面都有重大影响的一位杰出人物。

曹聚仁的成就是多方面的。他既是一位名教授，名记者，名编辑，名作家，也是一位著名的社会活动家。作为一名学者和作家，他博学审问，著作等身，于史学、国学、传记文学和散文小品等方面无所不精。作为一名新闻记者，他主办过好几家报刊，并亲冒锋镝，出入抗日前线，发表过不少激励人心的消息和通讯。作为一名教育工作者，他从二三十岁起就当上了教授，讲授国学、史学和新闻学，培养了好几代文学工作者和新闻工作者。作为一名社会活动家，他联系两岸三地，为祖国的统一作了大量的秘密工作，被周总理尊为“爱国人士”，并被具体联系这项工作的罗青长同志称赞为“为祖国统一大业贡献了毕生精力”的人。

曹聚仁的一生，是多姿多彩的一生。这种多姿多彩，使他具有多方面的学殖和素养，成为具有多学科交融的通识专家。在国学家中，像他这样能够走出书斋，于读万卷书之余，兼行万里路，有丰富的社会阅历，做到皋牢百代，卢牟六合，贯穴古今，笼罩中外的学者，堪称罕见。在新闻记者中，像他这样腹笥丰富、渊博多识的饱学之士，并世无两。在社会活动家中，像他这样广交各界朋友，有广泛的人际关系，和左中右不同政治倾向的人都有很深交情的人，也实不多觏。正是这种多姿多彩，才使得他在20世纪的文坛、报坛和政坛中，具有某种特殊的传奇色彩。

曹聚仁没有念过大学，他的最高学历只不过是浙江第一师范毕业。他是靠长期不懈的勤奋自学来积累知识进而成才的。当然，曹聚仁的学问也是有师承的。尽管他自谦为章太炎的“后辈又后辈”，但他确实曾经从章太炎那里得到过亲炙，是章太炎的及门弟子。和同时代的青年人一样，他也私淑过梁启超，接受过饮冰室主人的熏陶。在他的身上，时时处处都可以看到这两位跨世纪大师的影子，即章太炎的邃密、严谨、深沉、执着，和梁启超的热烈、伉爽、敏给、渊博。他的文章、道德和学问，既有他的父辈师长们在他青年时代为他打下的基础，也有他个人的刻苦积累。同时，也是他“转益多师是吾师”的结果。

和侪辈们不同一点是，曹聚仁是一个喜欢独立思考的人。他平和中正，不偏不倚。不论是指点江山，还是臧否人物，他都有自己的看法。他和他所在的那个时代的不少伟人和文化界的旗手们都有很深的交往，却并不完全以他们的是非为是非。这一点，使他的文章往往具有一定的独特见解，避免了由于过分趋附而带来的事后尴尬。他这样做，虽然曾经引起过误解，也受到过一些人的指摘，但并不影响他最后“决意收起自由主义的旗帜”，“听从先觉者的领导”，成为一个维护祖国统一大业的和与时俱进的人。

在20世纪的学术史、文学史、新闻史和政治活动史上，曹聚仁无疑都是一个值得纪念的大师级的人物。今年是他诞生的100周年，这部《曹聚仁研究》的出版，就是对他的一个很好的纪念。它将使曹聚仁一生的道德文章和他的业绩为更多的人所了解。这是忝列门墙的我，深感欣慰和高兴的一件事。是为序。

（2000年6月6日作）

第十系列

新闻史书序选续篇（30篇）

李建新著《中国新闻教育史》序

中国的新闻教育萌芽于20世纪初，肇始于五四运动前后，至今已有80多年的历史。是和中国近代、现代及当代的新闻事业同步发展起来的。中国的新闻教育不仅服务于中国的新闻事业，源源不断地为后者培养和输送了大量的人才，使整个事业薪火相传，后继有人，也为中国新闻学和传播学的师承研究及发展奠定了基础。没有新闻教育，就没有今天恢宏壮阔的新闻事业发展的大好局面，就没有今天的新闻传播学研究的空前繁荣。

在中国新闻教育史上，曾经涌现过一大批以徐宝璜、汪英宾、戈公振、顾执中、谢六逸、陈望道、俞颂华、蒋荫恩、温济泽、恽逸群、王中、安岗、罗列、何梓华、丁淦林等为代表的好几代的新闻教育家。他们在新闻教育这块园地上辛勤耕耘，广树桃李，各领风骚若干年，为新闻教育的发展作出了不少贡献。他们当中的不少人，对他们从事新闻教育的那一段经历有过较详细的回忆和记录，保存了不少和中国新闻教育史有关的文献资料。其中有些人还有志于中国新闻教育史的研究和著述。出于慎重，至今尚未完篇。近20年来，也有一些新闻史研究工作者，尝试对中国新闻教育发展的历史作一些探索，发表过一些文章，但迄今为止，还缺少一部全面总结和论述中国新闻教育史的专著。

李建新这部书的出版，填补了这方面研究的一个重要的空白。这部书，对中国新闻教育史进行了全面、深入的概括和总结。从时间看，起始于1918年北京大学开始设置新闻学课程，止于2001年中国加入世贸组织以后，近80余年。从地域看，兼及祖国大陆和港、澳、台。从内容看，既对“萌芽与创立时期”“初步发展时期”“调整与发展时期”“灾难时期”“复苏与热潮时期”“繁荣时期”等各时期的中国新闻教育自身的发展变化作了细致的描写和勾画，也对各时期中国新闻教育的基本特点、各时期有代表性的新闻教育家的教育思想作了精湛的论述和剖析。这一切，都是在近100年来中国新闻事业、中国教育事业和中国社会制度不断发展变化这一大背景下展开的，为读者提供了一幅介绍中国新闻教育发展全过程的繁复曲折而又绚丽多彩的历史画卷。

为了完成本书的写作任务。本书的作者焚膏继晷，兀兀穷年，做了大量的案头准备工作和资料搜访工作。为了寻找有关材料，他几乎跑遍了南北几大城市的主要的图书馆和档案馆，并走访了不少至今还健在的老一辈的新闻教育工作者。得到了不少珍稀的文献资料和口述资料，使这部书更加丰富、翔实，对希望了解中国新闻教育史的读者，具有重要的参考价值。

我和本书的作者是忘年之交。曾经就他所研究的这一课题进行过切磋和交流。这本书得以问世，我乐观厥成。这不仅是作者个人的一项研究成果，也是新闻学研究、特别是新闻教育研究领域的一项重要成果。是值得重视的。

方汉奇

2003年4月于北京宜园

孙旭培著《当代中国新闻改革》《中国传媒的活动空间》序

中国近代的新闻事业，如果从外国人办的《察世俗每月统记传》算起，有近200年的历史。如果从国人自办的《循环日报》算起，有130多年的历史。不论是近200年，还是130多年，它的发展都是与新闻改革同步进行的。这是因为，没有改革，新闻事业就会停滞不前，没有活力。在中国新闻史上，从王韬、邵飘萍到史量才，从瞿秋白、恽代英到邓拓，每一个杰出的报刊活动家，都同时是新闻改革的大家。毛泽东就亲自指挥和擘画过几次大的党的新闻事业的改革。他也是一个新闻改革的大家。

新闻事业之所以时时需要改革，是因为它与一个国家的政治、经济和文化有着十分紧密的联系。新闻事业是一定的经济基础通过新闻手段的反映，是政治的风向标，是文化的载体。它必须随着一个国家政治、经济、文化的发展而发展，必须随着一个国家政治、经济、文化的改革而改革。从某种意义来说，一部中国新闻事业史，就是一部新闻改革史。

孙旭培同志著的《当代中国新闻改革》和主编的《扩展中国传媒活动空间》这两部书，就是专门总结、研究和探讨新闻改革的书。前一部书虽然也回顾了历史上的几次新闻改革，但着重研究的还是十一届三中全会以后近25年来的新闻改革，涉及改革开放以来中国新闻事业的重大变化、舆论监督的兴起和发展、报业体制和广电体制的改革、报纸业务和电子业务的变化，以及网络媒体的勃兴和影响等问题。对中国这一段时期新闻传播业的改革和发展作了一次全方位的扫描，并提出了不少改进意见。是迄今为止还不曾见到过的涵盖面如此宽广、内容如此丰富地论述新闻改革的专著。后一部书则是以华中科技大学文科办的课题《加入世贸对中国新闻传播的影响及对策》的研究成果为基础，吸收了教育部的课题《网络传播条件下报纸的报道和评论改进之研究》和深圳市科技局的课题《入世和网络条件下深圳新闻传播业的挑战及对策》的研究成果，归纳铺陈而成的。这三个课题都是以孙旭培同志为主，在华中科技大学新闻与信息传播学院、天津师范大学新闻与传播学院、汕头大学新闻传播系的十几位教师和十几位研究生的参与下共同完成的。由此汇辑而成的这部书，同样是一部探讨在新形势下如何进行新闻改革的专著。

孙旭培的这两部书对新闻改革的论述，具有以下的共同点：（1）力图从《宪法》中找到改革的法律依据，从革命导师和领袖的思想中找到改革的理论根据；（2）力图在学术研究和学理探讨的基础上对改革未来的发展提出看法；（3）力图做到理论性和实用性的结合。这些特点，有利于坚定新闻改革者的信心和决心，也为改革者提供了理论上的支持和运作上的参考与借鉴。

近20多年来，孙旭培一直关注新闻改革进程，不断地进行这方面的研究、探索和思考，写过不少有关新闻改革的文章，这两部书，则是他从事新闻改革研究的最新成果。在科学研究上，孙旭培不唯上、不唯书，敢于发表自已的独立见解。他的文章既体现了他的睿智和机锋，也体现了他的缜密和严谨。只要不抱任何偏见，就应该承认他是一个既有一定的学术底蕴和学术勇气，又有强烈的社会责任感的忠于党和忠于人民的事业的学者。“千士之诺诺，不如一士之谔谔”。多听一点这类学者的声音，对他们的观点多一点理解和支持，择其善者而从之，这对我们的事业将会是十分有益的。

方汉奇

2003年月10日28日

童兵主编《中国新闻传播学名家自选本》序

新闻传播学是人文社会科学众多门类中的一门新兴学科。在中国，新闻学的研究有近一个世纪的历史，传播学的引起关注和广泛研究也有近30年的历史。由于新闻传播学者们的努力，中国的新闻传播学已经由被某些业界人士妄自菲薄的“无学”，变成了“显学”。在国家颁布的学科目录中，从无到有，由附属在中国语言文学之下的二级学科，变成了独立门户的一级学科。

改革开放以来的20多年，是中国新闻传播学迅猛发展的时期：新闻学理论、新闻史、新闻法治、新闻职业道德、广播电视和舆论监督的研究全面铺开；新闻理论的研究，也由纯党报理论的研究扩展到一般新闻学理论的研究；传播学的研究，则外与社会学、心理学、人类学、法学、经济学相渗透，内与新闻学相融合，也有了很大发展；传播学基本理论的研究、传播学批判学派的研究以及传播舆论学、符号学的研究等也都受到人们的关注；新传媒的研究、媒介经济的研究也开始成为热点。新闻传播学已经进入与其他人文社会科学相互交融、“多角度学术发展的阶段”。

中国新闻传播学今天的繁荣发展，是几代学人筚路蓝缕、辛勤耕耘的结果。从20世纪初到现在，中国新闻传播学界薪火相承，代有传人，各领风骚若干年。他们当中的佼佼者都堪称名家，都为中国新闻传播学的繁荣和发展作出过贡献。

纳入这一系列“自选本”的作者们，则是改革开放以后涌现的新一代的中国新闻传播学的“名家”。他们大多来自高校或其他教学研究岗位，都是当代新闻传播学界某一个方面的领军人物，都是术业有专攻，腹笥丰硕、蜚声于时的新闻传播学界的佼佼者。和他们的前辈们比较起来，他们这一代的“名家”们具有以下特点：（1）具有较深厚的人文理论根底；（2）具有较合理、较全面的知识结构；（3）具备必要的学科前沿知识；（4）思想活跃，不刻舟求剑，不作茧自缚；（5）接受过改革开放的洗礼，接受过中西文化交融的浸润，具有较开阔的学术视野。他们是开拓创新的一代，也是青出于蓝而胜于蓝的一代。

让新闻传播学的“名家”们出“自选本”，这是一个很好的出版创意。首先，都出自“名家”。既是“名家”，就有了一定的质量上的保证，避免了在数量众多新出的各类专著中挑花了眼或挑走了眼。其次，都出自“自选”。既是“自选”，选出来的必然是个人满意的自认为可以传世的精品。不会灾梨祸枣，不会误人子弟，也可以大大减少读者和学子们的经济负担。这对社会、对学术、对文化的发展都将会是十分有益的。

我祝贺这套《新闻传播学名家学术论文自选本》的问世，并相信它一定会受到海内外新闻传播学者和学子们的关注和欢迎。

方汉奇

2004年2月19日于北京宜园

倪延年著《中国报刊法制发展史》序

中国的报刊，如果从唐、宋时期的邸报和进奏院状算起的话，有1000年以上的历史。如果把早期的近似报刊的传播媒介也计算在内的话，则有2000年以上的历史。中国报刊的法制史和中国报刊的事业史，基本上是同步发展的。早期的报刊一经问世，就有相应的法制和类似于法律的诏旨、文告及条令出现。一部中国报刊事业的发展史，也是一部中国报刊法制的发展史。

中国的历史文献中，蕴藏着异常丰富的有关报刊法制的材料。它们散见于“二十五史”的本纪、表、志、列传、通鉴、通典、各朝的会典、会要、实录、时政记、政府公报和大量的野史及私人的诗文集中。从零星的诏旨、条例、文告，到系统的《报章应守规则》《大清报律》《民国暂行报律》《报纸条例》《管理新闻营业条例》《出版法》和《图书杂志审查办法》等单行法，代有师承，绵延不绝。多数以查禁、约束和限制为主，如上引的早期的各项律令，带有明显的封建专制体制的特征。西风东渐以后，又稍稍增加了带有资产阶级民主性质的若干保护性的内容，如《临时约法》中的个别条款。从整体看，查禁、约束和限制是主要的、具体的、经常的，保护是个别的、抽象的、往往被忽略的。这种情况，在南京国民政府统治时期，表现得尤为突出。这就是建国前的一部中国报刊法制发展史。

新中国成立后，中国人民在中国共产党的领导下推翻了三座大山，人民大众享有充分的言论出版自由。从《共同纲领》到现行的《宪法》，都有维护人民这项权利的相应条款。但有关报刊出版事业的单行法至今尚未出台，和其他领域已经制颁了大量单行法的情况比较起来，这方面的法制建设相对滞后。

为了促进社会主义民主与法治的发展，新闻法制的建设越来越受到人们、特别是新闻传播学研究工作者们的关注。新闻法的研究已经开展了近20年，已有不少这方面的研究成果问世，但迄今还缺少一部从历史角度省视中国新闻法制发展轨迹的专著。有之，自这部《中国报刊法制发展史》始。它的出版，不仅丰富了中国新闻史研究的内容，为新闻传播学者及新闻法研究者和制定者提供了历史的镜鉴，对新闻领域内的法治建设也将起到一定的推动作用。

我和倪延年教授相稔10余年，深知他是一个十分勤奋的学者，在新闻史研究、特别是古近代中国新闻史方面作过深入的探索，已有很多成果问世。这部近140万字的皇皇巨著，是他的又一新的成果。对此，我乐观厥成，并期待他不断地有所开掘、有所发现、有所前进，为中国新闻史的研究作出新的贡献。

方汉奇

2004年4月3日

赵永华著《在华俄文新闻传播活动史》序

众多的外国人在中国从事新闻传播活动，办报、办刊物、办通讯社，充当本国政府、本国的某一个政党、某一个政治派系、某一个经济利益集团、某一个宗教团体的喉舌，充当他们在华的某一部分侨民的喉舌，宣传他们的意识形态和政治主张，弘扬他们母国的文化，维护他们相应的权益，传播和报道他们共同关注的信息，这在旧中国，是十分常见的一种现象，是当时中国半封建半殖民地社会的性质所决定的。世界上还不曾有一个国家，像旧中国那样，容许那么多的国家和那么多的外国人在自己的国土上，在不平等条约赋予的治外法权的庇护下，不受任何拘束地使用他们自己的语言文字，从事他们自己的新闻传播活动，特别是办报、办刊活动。

在众多的在华外国人用自己的母语创办的报刊中，俄文报刊是其中的一个重要群体。它们起始的时间，和其他外国人办的外文报刊比较起来并不算早，但从它们的数量和它们在当时的影响来看，都超过法文、德文和葡文的报刊，仅次于英文和日文报刊，居在华外文报刊中的第三位。这一批俄文报刊在中国活动的时间肇始于19世纪90年代，终止于20世纪的四五十年代，绵延近半个世纪，出版的地点遍及东北、华北、华东的几大城市，而且颇具规模，是这一阶段中国新闻事业史上值得特别关注的一个群体。

但是，由于语言文字的隔阂和国内各图书馆的收藏不足等原因，长期以来，对这一报刊群体的研究没有受到重视。除了20世纪二三十年代出版的戈公振的《中国报学史》、赵敏恒的《外人在华的新闻事业》和新近出版的《东北新闻史》等个别专著设有专节专目作过简单的介绍外，多数中国新闻史的专著都很少涉及，或虽有涉及也语焉不详，因而成为中国新闻史研究的一个严重的缺口。

这部《在华俄文新闻传播活动史》填补了这一重要的缺口。这部书除了按历史发展顺序对在华俄文报刊表面情况作了综合考察之外，还选取了一家在华出版时间最长、最有影响的俄文报业集团“连比奇的《柴拉》报系”和它先后出版的《霞光报》（1920年创刊于哈尔滨）、《上海柴拉报》（1925年创刊于上海）、《俄文霞报》（1928年创刊于天津）三家报纸，作了深入的个案剖析，回答了本书前言中提出的“在华俄文报刊何时诞生？”“是在什么背景下创办起来的？”“它们沿着什么样的轨道向前发展？”“沙俄在华新闻事业产生、发展与灭亡的过程如何？”“它们的政治倾向如何？”“办报活动有哪些特色？”“怎样在复杂动荡的局势中求生存图发展？”“苏联在华新闻活动从什么时侯开始？”“内容和形式有哪些特点？”“中苏关系对俄文媒体有什么影响？”等一系列问题，成为第一部全面研究在华俄文新闻传播活动历史特别是在华俄文报刊历史的专著。它的出版，不仅对中国新闻史、沙俄新闻史和苏联新闻史的教学研究具有重要意义，而且对中国近现代史、中俄中苏文化交流史、在华俄侨史和跨文化传播史的研究工作也有一定的参考价值。

我和本书作者初识于20世纪末，有过相当长一段时期的学术上的切磋和交流。她恂恂谦谨，胸怀皓洁，积学酌理，博闻强记，长期浸润于中俄两种文化之间，对两种文化都有较深的造诣。为了从事这一课题的研究，她投入了近四年的精力，走访了多处在华俄文报刊出版的重点城市，并利用以访问学者名义赴俄罗斯访问的机会，用一年的时间在莫斯科等地的图书馆查阅了大量能够找到的在华俄文报刊的原件，为这方面的研究奠定了基础。呈现在读者面前的这部专著，就是她的研究成果。这是一部有分量的学术专著，相信它的学术价值，随着时间的推移，将会日益彰显，日益为学者们所认同。是为序。

方汉奇

2004年7月23日于北京宜园

彭兰著《中国网络媒体的第一个十年》序

彭兰的《中国网络媒体的第一个十年》几经增删，终于问世。这是全面介绍网络媒体在中国从诞生、发展到现在的详细历史进程的第一部专著，也是深入研究和探讨中国网络媒体在第一个十年中出现的与理论和实践有关的众多问题的第一部专著。

1994年，中国正式全面接入互联网，这一事件被列入当年的国家十大科技新闻之一。从这一年起，中国进入了网络时代，中国网络媒体的发展也从此揭开序幕。到2003年，中国网络媒体的发展完成了第一个十年的历程。在这十年间，网络媒体的发展经历了跌宕起伏，既有辉煌，也有坎坷。十年的风雨，不仅反映出中国网络媒体变革的轨迹，也折射出中国传媒业格局的变化历程以及中国社会的变迁。对中国网络媒体起步这十年的历史进行系统的回顾与梳理，总结其中的经验教训，对于网络媒体的未来发展是十分必要的，这也是记录中国社会变革的一种重要方式。

在这十年间，中国的新闻传播学者对于网络媒体的发展给予了高度的关注，网络媒体和网络传播的研究始终是一个学术热点，研究成果也非常丰富，但绝大部分侧重于理论与业务的探究，对网络媒体发展的史实记录、梳理及系统研究明显不足。目前在这一方向中，主要的研究者是中国社科院的闵大洪研究员，他的相关研究成果体现在《数字科技纵横》《数字传媒概要》等著作中，也散见于他的研究论文中。可以说，闵大洪在这一研究领域中做了不少开创性工作，并积累了一定的研究基础。但是，相对而言，网络媒体发展史的研究仍然是网络媒体研究中一个有待进一步开掘的领域。

因此，当彭兰决定以中国网络媒体的第一个十年作为她的研究对象和博士论文题目时，我完全赞同，也希望她能充分利用这些年的研究积累，发挥跨学科的优势，在新闻史的研究中开辟一片新的领域。总体来看，她十分出色地完成了这一任务。

彭兰的这部专著以网络媒体的发展阶段、网络媒体事业的基本格局、网络媒体新闻业务、网络媒体经营及网络舆论与社会生活的关系等多个角度，对中国网络媒体的第一个十年这一重要的历史阶段首次进行了全景式、全程式的历史记录，并进行了全面深入的研究，在一定程度上填补了中国网络媒体宏观发展史研究方面的空白，对于网络新闻传播的研究，以及当代中国媒体发展的研究具有重要的意义。

这部专著所引述的众多史实，具有重要的历史文献价值，为今后的中国新闻传播学的研究工作特别是网络媒体的研究工作提供了历史背景和进一步研究的基础。对于中国网络媒体的业务发展、经营发展以及社会作用等方面所作的系统理论研究，也具有很强的开拓性及现实针对性。

这部专著对于中国网络媒体发展所作的记录与分析，对于认识中国网络媒体发展中所面临的矛盾、冲突，探索中国网络媒体的未来发展道路是有重要参考价值的。对于网络媒体工作的实践，也具有一定的指导意义。书中记录了大量与网络新闻传播发展相关的事件，这些事件的记录与分析，既有助于认识中国网络媒体的发展进程，也有助于人们认识中国新闻传播事业改革发展的进程和这一时期中国社会改革与发展的进程。不仅丰富了中国当代网络媒体发展史的内容和中国当代新闻传播事业发展史的内容，也丰富了当代中国史研究的内容。

我和彭兰相识近15年，有过较长时期学术上的切磋和若干次研究工作上的合作。深知她是一个胸藏锦绣、腹隐珠玑，文理兼容、好学深思的青年学者，也是国内较早从事网络传播研究的新闻传播学者。《中国网络媒体的第一个十年》这部专著是她把网络传播研究和新闻传播史研究结合起来的一次尝试，不仅是网络传播研究的一项新的成果，也是新闻传播史研究的一项新的成果，对这两个学术领域的教学与研究工作都有所贡献。相信它的出版，不仅嘉惠学子，也将会受到专家学者们的重视。

是为序。

方汉奇
2005年1月13日

李彬著《全球新闻传播史（公元1500—2000年）》序

李彬的《全球新闻传播史（公元1500—2000年）》经过多年的经营，终于杀青问世了。这是新闻传播史研究的一项新的成果，可欣可慰。

随着全球一体化进程的加速，“全球化”越来越成为诸多学科关注的历史情境与学术话题，新闻传播学也不例外。特别是21世纪以来，国内外新闻传播学界有关全球化与全球传播的探究及其成果，不仅构成新闻传播学科的重要研究内容，而且也在研究视角或范式上产生了广泛影响。

不过，由于时间仓促、积累有限，加之涉及广泛、论题繁杂，新闻传播学界对全球化与全球传播的研究虽然时有精彩篇章，但是总体看来多为就事论事，既缺乏理论上的深入思考，又缺少学术上的细致考察。换言之，基础理论方面的研究还非常欠缺，特别是对全球新闻传播的历史分析几乎付之阙如。

当然，过去与现在都不乏冠以“外国新闻史”“世界新闻史”乃至“全球新闻史”的教材，其中有些内容属于全球新闻传播史的研究也为这方面的教学和科研提供了必要的基础。比如，大陆的张隆栋教授、梁洪浩教授、张允若教授、李良荣教授、陈力丹教授、张昆教授、程曼丽教授、明安香教授和中国台湾地区的李瞻教授等都有堪称典范的著述。

不过，既有的许多教科书往往存在两个问题：一是史学理论以及新闻史观的不足，而且经常不自觉地体现着萨义德所说的“东方学”意识；二是内容体系、篇章架构、材料使用等方面往往形同“一盘散沙”，既缺乏内在的思想逻辑，又忽略外在的历史关联，往往形同国别新闻史或地区新闻史的集成或集纳。

另外，国外的一些相关研究及其动态也存在类似问题，虽然总体的学术水准有时略高一筹。如新近出版的美国普渡大学教授叶海亚·R.伽摩利珀的《全球传播》（清华大学出版社，2003）、美国学者罗伯特·福特纳的《国际传播：全球都市的历史、冲突及控制》（华夏出版社，2000）、法国批判学者阿芒·马特拉的《世界传播与文化霸权：思想与战略的历史》（中央编译出版社，2001）、英籍印裔学者达雅·屠苏的《国际传播：延续与变革》（新华出版社，2004）、日本学者左藤卓己的《现代传媒史》（北京大学出版社，2004）等。不过，这些新作虽然各有千秋、参差不齐，但都体现着越来越显明的“全球传播”视野和视角，都将全球范围的新闻传播纳入一种整体的、系统的、联系的研究框架。

李彬的这部《全球新闻传播史》，在前人研究的基础上，力图以马克思、恩格斯在《共产党宣言》等经典著作里揭示的一系列“全球化”命题为指导，同时吸取20世纪以来“新史学”的理论，特别是James Harvey Robinson的“新史学”、Marc Bloch、Fernand Braudel等的“年鉴学派”、Hayden White的“叙事理论”、Immanuel Wallerstein的“世界体系”等，针对全球新闻传播的历史演化、社会动因、专业背景、内在逻辑及发展趋势等展开全面系统而不失深入细致的分析，点面结合、史论结合、历史与逻辑结合，以期勾画一幅有机的而非机械的、整体的而非割裂的、联系的而非分离的全球新闻传播史，从而既为新闻传播学研究提供必要的学术支撑，又为中国新闻传播界积极应对全球化的挑战和机遇提供科学的历史参照。

另外，为了突破此类著述往往“养在深闺人未识”的窘境，本书在叙事环节、行文特征及表述风格上进行了改进，以期达到深入浅出，雅俗共赏。其实，前辈大家在这方面有着深厚而良好的传统，我们应该发扬光大。比如，翦伯赞先生的《中国史纲》、张荫麟先生的《中国史纲》，陈旭麓先生的《近代中国社会的新陈代谢》、费孝通等先生翻译的《世界史纲》等，都将学术性、思想性和通俗性（或可读性）有机地融为一体，读来不仅开眼界、长见识、受启发，而且文采斐然，轻松有趣。

我和李彬相知相识近20年，有过在一起共同砥砺和切磋的经历。他焚膏继晷，兀兀穷年，淹博多识，好学深思，不仅有深厚的中外文史根底、坚实的新闻传播学和相关学科的基础，也有广阔的学术视野。这部专著是他穷20年心血的又一部新作。我乐观厥成，并乐于向关注全球新闻传播史的学者和从事这方面学习的学子们推荐。

是为序。

方汉奇

2005年7月于中国人民大学

陈昌凤著《中国新闻传播史：媒介社会学的视角》序

新闻传播史是一门考察和研究新闻事业发展规律及其衍变规律的学科，是新闻传播学的重要组成部分。中国新闻传播史的研究已经有100多年的历史。从1917年第一部新闻传播史专著问世，到建国前，这方面的专著已不下50种，其中最具代表性的是1927年出版的戈公振的《中国报学史》。中华人民共和国成立以后，特别是1978年十一届三中全会以来，新闻传播史的研究取得了空前的进展，通史、断代史、编年史、专业史、地方史、专题史、媒介史、新闻教育史等方面的研究全面开花，研究思路和视角不断拓展，新闻传播史方向的教学研究工作者新人辈出，不断有厚重的佳作问世，教材也不断更新，为新的研究奠定了坚实的基础。

新闻传播史研究，隶属于人文社会科学领域。传统的新闻学，基本上是纳入人文科学范畴的，注重的是其人类的文化特质。之后新闻学经过拓展，逐渐引用社会科学理论和方法，通过传播学延伸到比较广阔的领域，从而使人文科学与社会科学在新闻传播学中汇流。关于新闻传播学科渊源的问题，本书作者的另一部著作《中美新闻教育：传承与流变》中有过阐述。传统的新闻学是以人文科学的思想、方法为取向的，重视描述性，也有一些解释和分析。随着社会的不断变迁，新闻学的内容也变得更加复杂，社会科学的理论和方法，甚至自然科学里的统计和计算方法也都引用到新闻传播学里，在此背景下，新闻史和传播史的研究，从领域、视角到方法都变得更加多元了。

新中国成立以前的数十部新闻史专著，主要以传统的描述性研究方法为主。1949年至1978年，中国新闻史研究的重点是中国共产党的党报、党刊史，对于共产党报刊以外的一般报刊的历史研究明显不足，偶尔提到那些报刊，也是把它们作为共产党报刊的对立面，当成靶子进行批判，缺乏实事求是的辩证分析。由于思想、理论与方法的局限，整个新闻传播史的研究，既不够全面，也不够深入。1978年以后，新闻传播史的研究才有了空前的进展，从单一的中共党报史研究扩展到包括国民党在内的其他党报史的研究，以及地区新闻史、军事报刊史、企业报刊史、报业经营管理史、广告事业发展史、广播电视史、通讯社史、新闻学术发展史、新闻教育史、新闻编辑史、新闻评论史及新闻界历史人物等方面的研究。这些研究，视野拓宽，成绩显著。近一二十年、特别是20世纪90年代以来，西方传播学的专著开始被大量地译介到中国来，西方人文社会科学的一些理论和研究方法也逐渐被大量引进，这些对新闻传播史的研究也正在起着一定的影响。

呈现在读者面前的这部专著，就是在新形势下诞生的一部新的新闻传播史著作。这部书从传媒社会学的视角展开，从体例、内容到研究手段上，都有令人耳目一新的感觉。全书基本上是在三个层次下展开的：第一个层次，主要从传媒与社会的宏观框架里谋篇布局；第二个层次，着重从传媒的社会功能考察中国历代传媒的变迁，确定各章的主题和论述的线索；第三个层次，则是从现代化的视角深入地考察传媒的社会功能。全书按照这样的层次进行剖析，如抽丝、如剥茧，层层深入，颇具逻辑性。

这部书每个章、节、目的标题，基本上就是观点的提炼。一些章节如果单独成篇，也会是论证周密、颇有见地的论文。全书抓住了中国各个历史时期新闻事业的特征和规律，不同时代各有其主题，比如：古代部分侧重在新闻事业对古代中国社会形态的维护；近、现代部分着重阐明新闻事业对中国现代化的影响，包括在中国物质的现代化、制度的现代化、思想的现代化中传媒扮演的角色；当代部分侧重在泛政治化，以及改革开放以后传媒生产力的释放。在全书中，还能感觉到有一条贯穿始终的线索，即中国自古至今的各种政治力量对传媒的控制和利用，而在社会的政治、经济、文化诸方面合力作用下，各个时期的新闻传媒各有表现，使新闻思想和理念得以形成，传媒的社会功能得以发挥。全书以这种论题方式来结构布局，同时又兼顾到历史发展的时间线索，做到内容丰富、旁征博引而有条不紊，显示了作者对新闻史料的融通和驾驭能力。

这部著作不仅注重研究的视角和方法，而且重视新闻的专业性。过去有些新闻史的研究往往以政治、思想、文化或其他问题作为主要元素，而忽略了其作为专业史的特性。如有些历史上的报刊，虽然意义重大，但可能只出过几期，存在的时间很短，影响其实很有限，只是因为某种原因才被放大到不恰当的地位。这部著作不存在这个问题，它从专业的角度出发，尽可能实事求是地去阐释和面对。比如，对于现代的新闻业，本书用三章篇幅概括提炼了文化视角、经济视角、政治视角为主要取向的传媒及其功能、理念，对于五四时期报刊（文化视角）的论述，着重在文化启蒙、文学革命、民主科学、文化思潮等方面，将马克思主义的传播当作主流文化思潮之一（而不是全部），对其他文化思潮也有比较公允的评价。对于民营商业性报刊（经济视角）的论述，除了阐述其宗旨方针、业务特色外，还强调了其经营模式和自由主义的新闻理念，重视商业报刊的企业化经营，对生产力大发展的当代传媒有借鉴价值。对于政党报刊（政治视角）的论述，着重论述了国共两党的传媒及其新闻思想，对这一时期国民党新闻业的阐述相对来说也比较充分。书中还专门论述了中国新闻专业化的形成。

这部著作还有不少值得关注的地方。比如，对现代史上曾经一度在中国有过一定影响但不为人关注的日伪报刊，书中作了较深入而且专门的研究；对发行量巨大，短时期内曾经风行一时的“文革”小报，也有所论述；研究中能够吸收国内外最新的成果；对当代正在发生中的历史梳理得相当全面、丰富、新鲜，时限直达2006年年底；对于历史上的知识点，书中或扼要介绍、或以注解补充，要言不烦；书中征引和参阅颇广，涉及历史、新闻史、文化史、政治史、经济史、社会学、传播学等多个领域。在资料的梳理方面也下了功夫，自制了不少图表，便于读者征引和省览，一些琐细的知识点整理得井然有序、一目了然。虽然本书作为系列教材之一公开出版，其实其研究性和学术性还是很强的。

值得一提的还有一点，就是这部书的视野非常开阔。正如书的“绪论”中所说的，本书的作者考察借鉴了美国等西方新闻传播史研究的范式和方法，并密切联系中国新闻传播的自身规律，研究思路比较开阔。近现代的一些问题在书中被置于国际视野下，在与美、英、法、日等国比较后，分析中国新闻传播发展水平和态势。作者曾多次出入国门，访问过欧、美、亚多个国家和地区，她勤于学习和借鉴，能够把所学、所感运用到自己的研究中，这种精神是值得称道的。

我和本书作者相知、相识近20年，在新闻史研究领域有过长时期的交流和切磋，对她的好学敏思、博闻强识、注意积累、勇于探索的精神有着很深的印象。20世纪90年代中，她从我攻读新闻史方向的博士学位，所作博士论文《香港报业纵横》（论文的原题是《当代香港报业史研究》）公开出版后，曾获北京市和北京大学“哲学人文社会科学”奖。此后，她又主持和参与了多项新闻传播史方面的课题及项目的研究，迭有新著问世。近年来，她在北京大学国际关系学院、新闻与传播学院任教，对新闻传播教育充满了理想和热情，曾深入研究过国内外新闻传播教育的潮流、课程设置、教育者和受教育者、业界的人才需求等方面的问题，为中国新闻教育的发展倾注了自己的心血。她正当盛年，富于春秋。不论在新闻教育还是在新闻传播学研究，特别是新闻传播史研究方面都将有广阔的发展前景，希望她在自己熟悉的领域不断地作出新的贡献，这是相关领域内的学者和学子们的期待，也是我的期待。

是为序。

方汉奇

2007年元月于北京宜园

涂光晋著《时代之“声”：新时期中国新闻评论研究》序

本书是涂光晋的博士论文，也是一部研究新时期中国新闻评论的专著。

中国是一个有着悠久政论传统的国家，从先秦、两汉到现代、当代，以政论文章鸣世的大家辈出，不少名篇佳作，不仅传诵于当时，而且蜚声于后世。近代以来，由于新闻事业的迅猛发展，发表在各时期和各种新闻媒体上的评论文章，自始就受到了当时受众的广泛关注。曾经产生过“举国趋之，如饮狂泉”的社会效果，在一个时代一个时期的政治、经济、文化等方面产生过巨大的影响。这种强烈的作用和影响，在改革开放以来的近30年间，由于国内外形势的变化和媒体的发展，似乎表现得更为突出和彰显。中国的新闻学者，早在20世纪的30年代，就已经有人尝试着对中国新闻评论的历史现状和发展规律作过初步的研究。改革开放以来，特别20世纪的90年代以来，这方面的研究日趋深入和全面，陆续有不少这方面的成果问世。但迄今为止，还没有一部专门就改革开放以来这一段时期中国新闻评论发展变化的情况进行深入研究的专著。有之，自涂光晋的这部专著始。

作为涂光晋的老师，自她1978年2月进入北京大学中文系新闻专业学习以来，我与她相识已有33年。1982年1月起她毕业分配到中国人民大学新闻系（现为新闻与传播学院）任教，29年来，一直从事新闻评论的教学与研究工作，这本书可以看作她长期跟踪关注、投以巨大热情讲授和研究新闻评论的一个阶段性总结。

“文革”10年耽误了她和一代人最好的青春年华，恢复高考又使她有幸走进大学的校门。她不仅亲历了“十年动乱”，而且见证了改革开放30多年来中国社会、中国新闻事业和中国新闻评论的巨大变迁与发展，特定的人生经历和工作经历成为她选择本项研究的动因，也成为她从事本项研究的基础。

1978年改革开放至今，是中国社会和中国新闻事业发生重大历史性变迁的时期，也是中国新闻评论的变革最为集中、显著和剧烈的时期。而延续了三分之一世纪的新闻评论的巨大变化，既是社会变动的产物，也是时代变迁的缩影。在这些变化中，各类媒体的新闻评论始终充当着时代发展的观察者、思考者、监督者与建设者的角色。

在发生一系列巨变的同时，中国社会也先后出现了诸多无法回避的矛盾和问题，这些矛盾和问题，先后进入了中国新闻评论关注的视野，成为各类媒介上各种评论的主要议题。这一时期新闻评论的视点与观点，直接折射出中国社会和中国新闻事业发展变化的主要特征与基本走向。

30多年来，反映时代变化的新闻评论本身也发生了巨大变化，不仅表现为评论范围的拓展、题材内容的丰富、体裁样式的增加、方式手段的变化，也表现为传播系统的扩充、意见表达者的扩展、传播功能的健全和传播理念的变革。

这本专著以1978年改革开放以来中国新闻评论（包括报纸、杂志、广播、电视及网络评论）的发展为研究对象，试图通过对中国社会变化剧烈时期最为敏感的传播系统的专门性研究，梳理中国新闻评论发展的历史与现状，评析在重要新闻事件或社会问题上新闻评论的反应与得失，审视不同类型传播媒介评论系统的生成与发展，探究其传播规律、现存问题与未来走势，寻觅这一特殊的传播系统与中国当代社会和中国新闻传播事业发展变化之间的关系。

在具体研究中，本书以30多年来中国新闻传播的历史为经，以不同类型传播媒介的评论，包括代表性评论体裁、栏目、作家、作品为纬，研究新闻评论在传播理念、内容、体裁、手法等方面的发展与问题；以这一时期重要或影响重大的国际、国内事件中的相关评论为点，以当时的时代背景、社会状况为面，并以相关新闻报道为参照，研究新闻评论在传播功能、传播策略及传播效果等方面的变化与局限；不仅对新闻评论的源流进行了必要的回顾，同时着重对1978年以来新闻评论的发展作了比较深入的研究，力求将新闻断代史研究与新闻体裁史研究相结合，将新闻史研究与新闻理论、新闻实务研究相结合，为当代新闻史研究充实新的内容，为新闻实务研究探索一种新的视角，为当前中国新闻评论的实践提供较为具体而系统的借鉴，本书的理论意义和现实意义也在于此。

本书的创新之处，首先，表现在能够以开拓的勇气和严谨的学风进行新时期中国新闻评论的研究，既源于实际，又能以高屋建瓴之势盱衡实际、评点实际，实现了从实践到理论的升华。其次，表现在能够从浩繁的原始材料中，理出思考的线索，较好地运用历史分析与比较分析结合、纵向梳理与横向分类结合、资料分析与文本分析结合、定量分析与定性分析结合、分析与概括结合的科学研究方法，使全书论据翔实、论点正确、富于新意。再次，表现在有学术性而无学究气——在概括文体发展历史轨迹的同时没有受编年史研究框架的限制；在研究不同媒体评论演变脉络时，没有陷入孤立静止的文体研究的窠臼；在分析代表性评论栏目、作者、作品时，没有止于具体的文本分析层面，而是将对中国新闻评论发展的研究置于宏观的社会背景、重大的社会变革和不断变化的新闻传播实践中加以考察与分析，使宏观研究与微观解析、史料研究与文本分析有机结合。

从事新闻评论教学科研29年来，涂光晋注意紧跟国内外新闻评论实践的最新变化，在国内率先将新闻评论的教学与研究内容从传统的报刊评论向广播、电视和网络评论延伸，从评论写作方式向言论整合方式延伸。她长期参与报刊、广播、电视等媒体的评论策划、业务交流、学术研讨等活动。攻读博士学位后，除广泛收集整理新闻评论相关资料外，还与诸多评论时务界领导及代表性人士进行了大量研讨、访谈与交流，使本书的写作有了长期、深入、丰富的积累。

此外，还应该指出，在攻读博士学位期间，涂光晋曾两获中国人民大学“十大教学标兵”称号，还被评为北京市教学名师，她担任课程负责人的“新闻评论”课，先后被评为学校、北京市和国家级的“精品课程”。当好教师，使自己所教的课程成为“精品课程”，是需要一定的科研上的投入作支撑的。涂光晋在这方面做得很好。在教师与学生、教学与科研之间的角色转换与协调中，她始终没有放松对自己的要求。这本专著的出版就是一个很好的例证，证明她既是一个好的教师，也是一个优秀的有着丰硕的学术成果的学者。是为序。

方汉奇

2007年2月16日于北京宜园

吴果中著《良友画报与上海都市文化》序

《良友》画报是中国新闻史上具有重大影响的画报。

这家画报始创于1926年2月15日，1941年10月暂时休刊，1945年10月一度复刊，先后在上海、香港两地出版了19年计174期。20世纪70年代以后，又在香港恢复出版。是中国新闻史上办得最成功的、影响最大的、声誉最隆的一家画报。

《良友》是一个以图为主图文并茂的刊物。图的部分，充分调动了摄影、书法、绘画、剪影等艺术手段，刊出了大量有关新闻事件、新闻人物的照片和中西美术名作以及大量原创的漫画作品，累计刊出彩图400余幅、照片3.2万余张；文的部分，除新闻和言论外，还发表了大量的诗歌、散文、小说等文学作品，涵盖了鲁迅、茅盾、郁达夫、周瘦鹃、曹聚仁等众多的现代名家和大家。支持了现代几个重要文学流派的发展，为它们提供了发表的园地。

正因为有如此丰富的内容，《良友》从一问世起，就受到了公众的热烈欢迎，它的最高发行数字曾达4万份。代售处遍及全世界。成为中国现代新闻出版史上出版时间最长、发行范围最广、发行数量最大、报道信息最及时、内容最丰富的一部大型的综合性新闻画报。

在世界画报史上，《良友》也占有显赫的地位。它的创刊，比同类型的美国著名的大型画报《生活》画报早10年，比苏联著名的大型画报《建设画报》早4年，它不仅是中国画报史上较早出版的深受读者欢迎的大型综合性画报，也是世界画报史中的巨擘。

然而长期以来，中国新闻史学界还没有人对如此重要的画报进行过专门的研究。存世的有关《良友》的文章，以曾经参与《良友》创办和编辑工作的老人们的回忆文章为主，有一些片断的办刊过程的描述和工作的回顾，但还缺少一部全面介绍和评价《良友》的历史地位和它的辉煌业绩的专著。

前年秋，中国新闻史学会主办的海外华文传媒与华夏文明学术研讨会在香港召开。《良友》国际发展有限公司文化顾问、《良友》画报社社长伍福强先生设宴款待了全体与会成员。我也躬逢其盛。伍先生是《良友》创办人伍联德先生的哲嗣，曾任北京大学新闻专业的摄影教师和中国人民大学新闻系摄影教研室主任。在北大和人大两校工作期间，和我既是同事，又是近邻。相稔逾20年。席次，谈到了《良友》创刊80周年即将到来，理应有所庆祝一事，我当即向他建议立即组织力量撰写《良友八十年史》，并答应回京后代为物色作者。他欣然同意，并表示愿意在查阅资料、接受访谈等方面给予支持。遗憾的是不久之后，福强先生就赍志以殁，这一计划未能在他生前如愿实现。

本书的作者吴果中，就是我回京后推荐给福强先生负责《良友八十年史》一书撰写事宜的作者。为这部计划中的书稿的撰写工作，她曾和《良友》事业机构的主席王立兴博士及总经理王惠珈女士有过多次接触，并拟出了相应的程序和计划。这一计划的执行，由于福强先生的突然逝世而宣告中辍。呈现在读者面前的这部《良友画报与上海都市文化》，则是她在取消了原定的《良友八十年史》的写作计划以后进行的有关《良友》历史的一个侧面的个案研究。

之所以选择《良友》与“上海都市文化”作为研究的主题，是因为《良友》既是现代都市文化的衍生物，同时也是上海都市文化的一个载体。它诞生于上海都市文化的土壤和氛围之中，又为上海都市文化的孕育、繁衍、滋生、汇聚、弘扬和发展作出了特殊的贡献。除了各时期国内外的政治、经济、军事、外交、文学、艺术以及人文地理等方方面面的内容之外，有关都市文化特别是上海都市文化的纪录、描绘、演绎、报道和介绍始终是《良友》绵延数十年经久不衰的一项中心内容。在《良友》所刊发的近4万幅图片中，和上海都市文化有关的内容始终占有较大的比重。在上海都市文化引领全国都市文化新潮流的时代，《良友》的这一特点，也成为它能够深受公众青睐的一个重要原因。

《良友》画报历史的研究，这两年来开始受到新闻史研究工作者的重视。前不久在北京召开的纪念《良友》创刊80周年的学术研讨会上，就有十几位研究工作者就《良友》的“历史地位”“成功之道”和“抗日宣传”等问题，提交了十几篇有关《良友》研究的论文。近年提交答辩的博士学位论文中，也有不少是以研究《良友》为主要内容的。但是，迄今为止，还不曾出版过有关《良友》研究的专著。有之，自吴果中的这部《良友画报与上海都市文化》始。它的出版，在《良友》研究的历史上具有里程碑式的作用，将会推动《良友》研究的进一步开展。是为序。

方汉奇

2007年7月14日

唐海江著《清末政论报刊与民众动员》序

唐海江的这部以清末政论报刊与民众动员为题的专著，是一部以近代史为背景，研究甲午至辛亥政论报刊的舆论导向及其作用和影响的专著。研究近代新闻史和近代报刊政论的专著，近年来问世的不少，但从政论报刊的导向与民众动员这一角度立论的还不多见。有之，自本书始。

本书在遵循历史唯物主义和辩证唯物主义方法的基础上，以清末政论报刊的社会动员功能为切入点，以政治文化为研究视角，力图分析清末政治文化与政论报刊事业之间的历史联系，主要特色表现在以下三个方面。

其一，积极借鉴和引入社会科学理论来解决中国新闻史中的基本问题，表现出良好的问题意识和学术创新意识。利用社会科学理论作为史学研究的框架，这一趋向在20世纪中叶的西方史学界就已突显，并已在中国文学史、环境史、政治史和社会史的研究上有所体现，然而在中国新闻史学界还缺乏这种意识和尝试。本书作者紧跟当代史学发展的新动向，引入了西方政治文化动员理论，针对新闻媒介与社会运动之间的关系这一困扰中国新闻学界的突出问题，以1895—1911年中国政论报刊业为个案，全面揭示了清末政论报刊进行民众动员的独特机制。同时，还从大众传播的角度对戊戌以来的社会政治运动，特别是“辛亥革命”的发生进行了崭新的评价，其结论发人深省，使人耳目一新。总体而言，这一新的研究尝试不仅为解释中国大众媒介与社会运动的关系提供了一个成功范例，具有较强的学术范式意义，而且也将推动社会科学理论与中国新闻史研究的融合，推动中国新闻史研究的深入开展。

其二，开拓了新闻史研究的一个新视角，即政治文化视角。关于清末的政论报刊，海内外新闻史学界研究者不少，迭有专著问世，使后来者常有前人备述之叹。本书作者却独辟蹊径，在前人注重政治经济学的宏观分析和现代化分析视角的基础上，侧重从社会群体、传播者和受众群体的政治心理、政治思维和政治观念等层面，分析了清末政论报刊的产生和发展、组织化、传播观念、言论体制和传播形式等方面的特征。在本书中，政治文化既是一种历史内容，也是一种研究方法，作者将其融会贯通于全文，持之有故，言之成理，使得全书结构严密自成体系，历史与逻辑达到有机的统一，每节、每目都提出了不少颇有创见的观点，新意迭出，发人深省。

其三，史论结合紧密。作者改变了以往新闻史著作重史料的罗列征引和轻论述分析的作法，在阅读国内可以寻找到的报刊原件，特别是阅读大量报人的传记、文章、回忆录、书信等史料的基础上，从政治文化角度对史料进行重新解读，挖掘出其中的新意，使本书具有较为浓厚的思辨色彩，增加了新闻史研究的厚度和思想性。同时，作者着重从人的政治文化特征入手，特别是从群体政治文化入手来分析清末政论报刊业，这使得本书的书写更加具体化、立体化，深刻之中富含活跃、生动和丰富的内容。因此，呈现在读者面前的新闻史是一个“动起来”的新闻史。

我和本书作者有过多年的学术上的切磋和交往。深知他才情敏锐、淹博多识，有较强的文史根底和哲学思辨能力。这部专著，是他牛刀初试的第一个成果。目前，他正在启动新的研究课题，期待他钩沉探赜，神思飙举，不断有新的著述问世。延跂以待，有厚望焉。

方汉奇

丙戌岁末于北京宜园

蒋建国著《消费意象与都市空间——广州报刊广告研究（1827—1919）》序

蒋建国长期从事广州地区社会文化史和新闻传播史的研究，如今呈现在读者面前的这部《消费意象与都市空间——广州报刊广告研究（1827—1919）》，是他继不久前出版的《广州消费文化与社会变迁（1800—1911）》之后问世的又一部这方面的专著。

近年来，地方新闻传播史的研究取得了较大进展，出版了一批较有影响的学术成果，一些新的研究领域得到了开掘。但是，目前对地方报刊广告史的整体研究尚未引起足够的关注。早在新中国成立以前，中国早期的新闻史学者就对报刑广告研究较为重视，徐宝璜、戈公振、赵君豪、如来生等学者都曾对报刊广告作过精彩的评述。建国后，由于受“左”倾思想的影响，报刊广告史研究一度被长期忽略。改革开放以来，陈培爱、刘家林、许俊基等人开始对中国广告史作较为全面的研究，一些从事社会史研究的学者也重视报刊广告的个案研究，尤其是在对《申报》广告进行研究方面，近年有数十篇论文进行了专题探讨。但是，由于史料收集、研究视野等方面的原因，以近代地方报刊广告为主题的研究还差强人意。

在近代地方新闻传播史研究中，广州是一个值得特别关注的城市。它不仅是中国近代报刊业的发源地，也是近代报刊业较为发达的少数城市之一。值得一提的是，目前在中山图书馆、国家图书馆等处保存了数十种清末民初时期广州地区的零散报刊，这些报刊为研究广州地方新闻传播史提供了宝贵的一手史料。蒋建国利用在广州工作的地利之便，自2002年便开始从事广州新闻传播史和消费史的研究，他的博士论文主要是利用近代广州的报刊史料研究消费文化问题，取得了可喜的成果。博士后研究期间，他在原有史料积累的基础上，继续从事近代广州报刊广告研究，并陆续研读了北京、香港、台北等地图书馆所藏的近代广州报刊缩微胶卷。这种潜心史料搜集的治学态度是值得肯定的。现在他将博士后研究报告修改整理后出版，我乐观其成，相信也一定会受到关注这一领域研究成果的专家学者和学子们的欢迎。

蒋建国十分注重从传播学、社会学、历史学等跨学科的视角研究近代报刊广告，他将报刊广告视为都市文化变迁的历史见证，并深入探讨近代报刊广告对民众消费行为和生活方式的深刻影响。他从近代广州商业经济发展与传媒业的互动、报刊广告形态与受众消费的延伸、洋货与国货广告的社会化进程、地方性媒介与报刊广告的本土文化建构、报刊广告与消费文化形塑等方面进行了深入研究。因此，本书在一定程度上深化了报刊广告史研究的领域，开拓了一些前人所未关注的问题，为近代报刊广告史研究提供了新的思路和方法。另外，书中辑录了100余幅图片，增强了报刊广告文化的视觉形象，弥足珍贵。它的出版，对关注广州地方史、广州地区新闻传播史和中国近、现代社会经济文化史的读者，具有重要的参考价值。

在新闻传播史研究方面，我最近一直强调要“多打深井”，多做深入的个案研究。蒋建国的这部专著，就是一部深入个案研究的成果。他“三年不窥园”，长期在图书馆里和故纸堆打交道，沉得下心、耐得住寂寞，终于有所成就，这一点是值得赞扬，也是值得同年龄段的中青年学者们学习的。当然，对于他说来，这些都只应看作是阶段性的成果。希望他不畏艰难，不断开掘、不断进步，在新闻传播史研究方面取得更大的成绩。

方汉奇

2008年7月于北京宜园

白润生主编《中国少数民族新闻传播通史》序

“和实生物，同则不继”。当“和谐”成为中国社会的时代强音，“多样化”也不可避免地再次被提上历史发展的日程。对于一个国家——中国来说，少数民族为其提供了更多的可能和发展空间；而对于一个学科——新闻传播学来说，少数民族新闻传播学的出现和发展也为其提供了新的元素和动力。

兴起于20世纪初叶的中国少数民族新闻事业，已有100多年的历史。启蒙、革命、建设、改革，它与整个国家、整个中华民族的新闻事业一起同呼吸共命运。从报纸到广播、电视、网络，从一种语言到多种语种；从民间觉醒到国家重视，中国少数民族形成了多语种、多层次、多渠道的新闻传播体系，呈现出满园春色、欣欣向荣的大好局面。它如一朵绽放的鲜花，成为党和政府与广大少数民族同胞的桥梁和纽带，成为中国新闻传播事业中一支不可或缺的生力军。

然而与中国少数民族新闻传播事业的星火燎原之势相比，中国少数民族新闻传播研究却在很长一段时间里都是一个盲点，直到1988年白润生教授的出现。29载，弹指一挥间。他一头扎进中国少数民族新闻传播史的研究里，勤奋治学、笔耕不辍，中国少数民族新闻传播史的研究从此跟上了中国少数民族新闻传播事业前进的脚步。

当中国少数民族新闻传播事业迈上新的台阶、进入新的轨道时，中国少数民族新闻传播史研究也有了新的突破。白润生教授主编的这部《中国少数民族新闻传播通史》，就是这样一个突破。

它回顾、研究了中国少数民族新闻传播事业100多年来兴起、发展、繁荣的历程，寻绎其轨迹，总结其规律，尤其对新时期中国少数民族新闻传播事业的新发展进行了提炼。它不仅对中国少数民族新闻传播事业的繁荣有重要意义，而且也对整个中国新闻传播事业的发展有积极意义。

这部学术专著有两个突出特点：

1. 紧扣“少数民族”，遵循历史唯物主义、辩证唯物主义的原则，对中国少数民族的新闻活动作了全面的历史描述。其内容涉及少数民族报刊产生前的传播活动及第一份少数民族文字报刊的问世到现在四个重要发展时期，为读者展示了一幅中国兄弟民族多元文化格局大新闻传播史画卷。

2. 蕴含时代意义，突出实际效用。它在对中国少数民族新闻传播事业（报刊、广播、电视、网络、新闻教育与研究、队伍建设）的兴起、发展、繁荣的历史进行全景式记录的同时，及时分析和总结了西部大开发的新闻传播现象，明确了少数民族新闻传播事业在建设具有中国特色的社会主义经济、文化事业的实际效用，以及如何发挥这种效用，提供了新形势下少数民族新闻传播事业的发展方向、任务与规律，并为其深入发展提供了丰富的经验，促进了少数民族新闻传播事业的大发展。

这部《通史》，是中国少数民族新闻传播史研究的一部皇皇巨著。

除绪论、附录外，分为四编12章65节，约计100多万字。值得特别关注的是，附录中收录了两篇关于少数民族地区办报经验与发展策略的会议纪要，为当今的少数民族报业提供了借鉴；同时还收录了25篇少数民族报刊发刊词（代发刊词）为史学家提供了宝贵的资料。附录的参考文献部分附有书目近百种、辞书工具书9种、期刊与报纸41种、网站13个，全书另有论文与文章索引400余篇。因篇幅限制，才被略去。该书还配有40多幅图片，图文并茂，定能吸引读者的眼球。参与写作的50多名作者来自汉族、蒙古族、回族、藏族、维吾尔族、苗族、彝族、布依族、朝鲜族、满族等10多个民族，堪称是多民族作者集体劳动的结晶。为了搜集资料，他们的足迹踏遍了大江南北、长城内外、东部沿海和西部边陲的22个省、市、自治区，深入民族地区采风，挖掘有价值的史料。其内容涵盖地域之广、民族之众、新闻传媒之多都远远超过了前此已出版的同类著作，填补了中国新闻传播史研究的重要空白，具有较高的学术价值和文献价值。

我和白润生教授相识、相知逾20年，和参与本书编写工作的崔相哲、阿斯买·尼牙孜等教授也长期相稔。对他们在少数民族新闻传播史研究方面的学术成就始终怀有至深的敬意，我衷心地祝贺这部专著的出版，并祝愿他们在这一领域内继续开掘，不断有新著问世。

方汉奇

2007年2月15日于北京宜园

王敏著《上海报人社会生活（1872—1949）》序

拜读了王敏教授从大洋彼岸发来的《上海报人社会生活（1872—1949）》的书稿，深感这是一部有分量、有价值的学术著作。

新闻事业，是新闻工作者即所谓报人们的事业。一部新闻事业的历史，其实就是报人们从事新闻工作实践，履行他们的办报宗旨、办报理念，焚膏继晷、经之营之取得成功或失败的历史。要很好地了解新闻事业的历史，就必须全面深入地了解报人这一社会群体的知识结构、文化底蕴、办报主张，以及他们的社会关系、社会地位和社会生活。没有对报人这一群体方方面面的了解，就不可能正确、全面地诠释和解读一个时期新闻事业的历史。而这一点恰恰是建国以来许多新闻史专著和教材的缺失。

上海是晚清以来中国报业最发达的一个城市，也是报人相对集中的一个城市。上海的报业，特别是其中知名度较高的报纸，其影响绝不限于上海一隅之地。上海报人中的杰出者也因此蜚声于宇内，其影响也绝不限于当地。王敏教授的这部专著，对这一群体的社会生活的描述和剖析，不仅对了解晚清和民国时期的上海报业史有重大意义，对研究同一时期中国新闻事业的历史和近、现代中国的政治史、经济史、社会史、文化史也具有重大的参考价值。

20世纪50年代初，我在上海工作过三年，曾经和旧上海的报人有过一段时期较亲密的接触。这是因为：（1）我的一位亲属中的长辈是二三十年代上海《申报》的老编辑、老记者，抗日战争爆发上海沦陷的那一段时期，曾因反日遭到日伪当局的缉捕，列名于那份著名的被通缉者的名单。和他同一时代的上海报人，大多是他的知交和同事，于我则为前辈。由于他的关系，使我有机会得到引荐，和那些老报人们有了较多的过从和交往。（2）我当时的工作单位是上海新闻图书馆，这是建国初期专门为安置一批有影响、有声望的老报人而设的一个临时性的机构。馆长是曾任史量才时期《申报》总经理的马荫良，他是我念大学新闻系时的系主任。我到这个图书馆工作，就出于他的安排。除我之外，馆内的其他馆员全都是从清末民初到建国前的上海老报人，其中就有不少王敏教授这部书中提到的人物。我和他们朝斯夕斯地共事于一个馆内，亲承謦欬，如沐春风，也由此知道了不少报业和报人的往事，对上海老报人的工作和他们的社会生活也有了较多的了解。

但是，在拜读王敏教授的这部专著以前，我对旧上海报人群体的了解，主要还是偏于感性方面。读了她的这部专著以后，才使我对这一群体的其他侧面，有了更理性的、更全面的、更深入的了解。

我和王敏教授相识于台湾世新大学召开的一次学术研讨会上。她的深厚的文史根底、敏捷的思维、无碍的辩才，给我留下了很深的印象。拜读了她的这部专著以后，更对她严谨的治学态度和爬梳剔抉、钩深探赜的学术功力，感到由衷的钦佩。我祝贺她的这部新作问世，并祝愿她在近现代新闻史文化史的研究上不断有新的斩获！是为序。

方汉奇

2007年11月18日于北京宜园

吴廷俊著《中国新闻史新修》序

拜读了吴廷俊教授《中国新闻事业史新修》一书的书稿，眼前一亮，觉得这是和中国新闻事业史有关的同类专著中的佳觏，是一部从史实出发，不落窠臼、言所欲言，充满了新意的好书。

中国新闻史的研究，正规地说来是从1927年戈公振的《中国报学史》出版开始的。中经几个阶段，到20世纪80年代，进入了它的繁荣期。从那时到现在，据有关专家统计，以“中国新闻事业史”或类似的文字命名的专著和教材已不下60种。早出的几部，处在拨乱反正的时代，能使人耳目一新，觉得与“文革”和“文革”以前的那一时代的写法毕竟两样。但后续出版的，在形式和内容上逐渐趋同，使读者难有新鲜感。

吴廷俊教授的这部新著则反是。它给人以耳目一新的感觉。

首先，是框架新。它把一部中国新闻史分成“帝国晚期”“民国时代”“共和国时代”3个大的板块，分别用形象化的语言“八面来风”“五方杂处”“定于一尊”作标题，以为区隔。其中的“帝国晚期”部分，以回溯的方式追记了“集权制度中的古代报纸”，即把古代报纸历史的那一部分也囊括在内。这种大的区分格局，完全打破了传统的按古近代史、新旧民主革命史和中国革命史写新闻事业史的模式，既符合中国新闻事业发展历史的实际，又颇具匠心、颇有新意。

其次，是体例新。例如古代部分，不是按照朝代的先后顺序写，而是按“朝廷官报”“非法民报”和“合法民报”3种类型分别开来综合写。这是纵的方面。横的方面，则每章必设专节，以“本章概要”打头，以“本章简论”作结，以便于读者省览。其中，后一部分的内容，有点像《史记》中的“太史公曰”，和《资治通鉴》中的“臣光曰”。沿用的其实是中国史家的传统，因为前此未被重视，使读者反而有新的感觉。

最后，是内容和观点新。这方面的例子俯拾即是，不胜枚举。举其荦荦大者，如绪论部分提出的，“中国近代报纸不是在外报的根基上产生和发展起来的，而是中国原有的报，在近、现代环境下借西方之报导形式生长起来的”观点；上编部分提出的3种媒介的观点，即认为“喉舌媒介、官营媒介、利器媒介是中国新闻事业发展进程中的主流”的观点；以及中编部分提出的，把媒体区分为“营政”“论政”“营利”等3种类型的观点及这一编和下一编中提出的，有关中国媒介生长的特征和各时期政党报刊具有不同类型的种种观点，都颇多新意。此外，第7、第9两章，两次为半个世纪前一度被斥为旧政权“罪大恶极的帮凶”，建国后又屡遭批判的胡适设置了专目，一个题为“文学革命的首举义旗者”，一个题为“想为国家尽一点力”，对这一历史人物作了正面的评价。这些也都极富新意。

所有这一切，都充份体现了作者的真知灼见及他开阔的视野、他的实事求是的治学精神、他的理论勇气和他对整个中国新闻事业史研究的全局的和准确的把握。中国的史家历来有讲究史胆、史识、史才的传统，作者于此三者都有所追求，也都有所表见，是十分难能可贵的。

文史是相通的。这一点在作者的这部专著中也得到了印证。其表现是既注意到史学专著所要求的严谨，字里行间又不乏文采。但和作者曾获吴玉章新闻学奖的那部《新记大公报史稿》比起来，这部专著的严谨程度有所增加，文学的语言则有所减少。这一迹象表明，作者作为一个出身文学，转而治史的文史兼通的学者，他的史学家的倾向更为明显了。

“多打深井，多做个案研究”，是我不久前对新闻史研究工作者提出的一项建议。现在我仍然坚持这样的观点，即新闻史研究必须以多“打深井”和多做“个案研究”为基础。本书的作者，就是打过“深井”和做过“个案研究”的。他为了研究新记公司时期的《大公报》，曾经用4年的时间，通读了1926—1949年这家报纸的全部藏报，对有关的背景和相关的材料作过深入的研究。此后，又从事过有关中国新闻史众多选题的个案研究。呈现在读者面前的这部书，正是他长时期“打深井”和做“个案研究”的结果。没有由此而得到的积累和功力，这样一部涉及整个中国新闻事业史的专著，是写不出来也是难以写好的。是为序。

方汉奇

2008年4月14日于北京宜园

王润泽著《北洋政府时期的新闻事业及其现代化（1916—1928）》序

呈现在读者面前的这部《北洋政府时期的新闻事业及其现代化（1916—1928）》，是作者从事新闻史教学与研究以来完成的又一部学术专著，是以她的博士论文为基础，经过补充、修改和加工后付梓的。

在中国现代史上，北洋政府时期，通指民初到“北伐”结束和南京国民政府成立前约20来年的一段时期。这段时期的历史，长期以来是经常被简单化和妖魔化的。例如，一提到这段由北洋军阀统治的时期，浮现在眼前的往往是一幅幅“城头变幻大王旗”和各系军阀“你方唱罢我登场”、尔虞我诈、穷兵黩武的混乱场景。具体到新闻史，经常想到的也往往是这段时期发生过的多少家报纸被封、多少家报纸被传讯、多少家报纸被捣毁、多少名记者被杀、多少名记者被捕入狱的“癸丑报灾”、给报纸出版以诸多限制的1914年颁布的《报纸条例》和1918年颁布的《报纸法》，以及邵飘萍、林白水等著名报人在不到100天内双双被捕遇害等场景。总之，那是中国现代史上一个极端黑暗的时期。

其实，这是把历史过分地简单化了。上述的那些史事都完全属实，但只反映了北洋政府时期历史的一个侧面。因为那个时代毕竟是一个在渐进中的和多元化的时代，是一个五色杂陈、瑕瑜互见，各种国内外的政治力量、社会力量及各种主义、各种学术观点、各种思想主张、各种宗教信仰，乃至于各种文学艺术流派都在各自的领域内寻求发展的时代。每一个方面都拥有自己的活动空间。一切正面的或负面的事物和观念都在充分地展示自己，都在通过各种媒介大喊大叫扩大自己的影响，都在争取社会的认同，都在以各种方式进行着较量。除了负面的事物和观念之外，这一时期其实也还有不少非负面的东西。新文化运动的勃兴、各种社会思潮如马克思主义在中国的传播、新兴政治力量的诞生如中国共产党的成立、军事“北伐”和大革命的发动、“兼容并包”的大学办学理念和“自由之思想，独立之精神”的学风的建立、学术上的“百家争鸣”、媒体上的“文人论政”和“处士横议”，所有这些都发生在这一时代，都是这个多元化时代的产物。在当时，各派军阀、政客和政治势力之间，既要研究拳经，也要讲点“行规”和游戏规则，他们之间不仅打武仗，也打文仗。看看那一时期报纸上登载的连篇累牍、互相声讨的“通电”就可以看出，他们每一个人都把自己描写成真理和正义的化身、国家利益和宪政的维护者，而把罪恶和责任推给别人——好人和坏人并不是简单地刻在人们的脸上，让人一望而知的。在经济上，这一时代也被认为是“中国资本主义的黄金时代”：对外贸易总值从1918年的10.4亿两增至1923年的16.7亿两，现代工业的增长率达到13.8%。[1]这样高的增长率，在中国近、现代史上绝对是空前的，在以后的一段时期内，似乎也不曾有过。总之，这段时期虽然是军阀混战的

1 参见费正清总主编：《剑桥中华民国史》，上册，736~737页，北京，中国社会科学出版社，2006。

时代，但是，教育、文化、经济、社会等领域仍然出现了史无前例的繁荣，现代工商业、现代大学、现代学术、现代社会的组织形态仍在迅速发展。其间的某些成就，是可以载入史册垂之久远的。

新闻事业也是这样。北洋政府时期，除了个别报人的无端被害凸显了屠夫的凶残之外，总体上看，这段时期其实是近代中国新闻事业发展得比较快的一段时期。《中华民国临时约法》和1923年的《中华民国宪法》，给办报活动提供了象征性的支持，办报因此是可以自便的，只要你不怕赔钱和被无端查封，也还可以改头换面再办。实际上，民办报纸在袁世凯以后相当长的一段时间内，也确实有了比较大的发展：数量由1912年的250种增长到1927年的628种；旧中国资格最老、影响最大的《申报》《新闻报》，都在这段时间内进入了办报历史上的黄金时期，两报的大楼，旧中国最好的两座报业建筑，都落成于这一时期；20世纪上半叶影响较大的几家报纸，如北京的《京报》《世界日报》，天津的《庸报》和新记公司的《大公报》等，都创始于这个时期。中国最早的报业集团出现于这个时期；国共两党不少有影响的党报创办于这一时期；最早的新闻学团体、最早的新闻教育，也都肇始于这一时期……以上这些都说明，北洋政府时期的新闻事业在中国新闻事业史上占有极为重要的地位，它应该是中国新闻史上很值得深入研究的一个时期。

但是长期以来，这一时期新闻事业史的研究，除了中国共产党早期办报活动的历史和个别大报的历史外，大部分都被忽略了、被淡化了、被简单化了。这不能不说是整个中国新闻史研究，特别是中国现代新闻史研究的一个重大的缺陷。

作者的这部专著，在一定程度上弥补了这方面的不足。虽然她把重点放在1916—1928年这个时间段，略去了民初特别是袁世凯执政的那段时期，但并不妨碍她对整个北洋时期新闻事业情况的把握和由此作出的全面深入的概括与分析。这部书不仅对这一时期的官办报纸、政党报纸、商业报纸、宗教报纸、通讯社及广播电台等各种媒体分门别类地作了介绍和研究，也对这一时期中国新闻事业运营模式的现代化、新闻理论和新闻理念的现代化作了一定的探讨，它将有助于对这一时期中国新闻事业的全面了解。

作者早年从事过新闻工作，曾经是一位出色的电视记者。20世纪90年代以来，转而从事中国新闻事业史的教学与研究，成绩斐然。她治学严谨，开掘较深，注意掌握第一手材料，力求做到言必有征，有几分证据说几分话；与此同时，她还有较开阔的学术视野，善于借鉴人文社会科学及其他学科的研究方法从事新闻史的研究。所有这些，使得这部书具有较高的学术价值。它的出版，弥补了中国现代新闻史研究的不足，是值得欢迎的。

方汉奇
2009年3月15日于北京宜园

王绿萍著《四川报刊五十年集成》序

四川省（1997年以前包括现今的重庆市）历来是中国人口密集的一个大省，是中国西南地区的政治经济文化中心。在中国的近、现代史上，四川虽然深处内地，却屡屡成为影响全国、举足轻重的地区。“辛亥革命”前夜的四川保路运动、20年代前后长期的军阀混战、抗日战争时期成为中国的大后方，都使四川在全国有着独特的历史地位。这一切，也使四川报刊成为中国新闻事业史中一个非常重要的组成部分。自1897年四川出现近代报刊到新中国成立前的半个多世纪中，四川报刊的发展和演变纷繁多彩，反映了社会历史的进程，为后人留下了可贵的史料。各种报刊的新旧更迭、存亡兴衰，自然是新闻史研究的重要内容。呈现在读者面前的这部《四川报刊五十年集成》，搜集有1897—1949年间几近全部的四川报刊和川人在外地所办报刊6 600余种，编纂成书，而且除了说明每种报刊的办刊时间、地点、主办人、报刊性质、内容栏目、发展演变等基本情况外，还力求反映报刊的特点及其社会影响、新闻业务方面的发展，以及现知的馆藏情况等。这是一项非常有价值的工作，它不仅有助于四川新闻史和全国新闻史的研究，对于中国近、现代史研究以及从事政治、经济、文化史研究等无疑也具有明显的参考价值。

本书的作者王绿萍，长期任教于四川大学新闻系，长期从事中国新闻史的教学研究工作，焚膏继晷，成绩斐然，在四川地区的新闻史研究领域内早已脱颖而出，名满天下。因为我与她是从事新闻史教学、科研的同行，所以相识较早，也很早就知道她在多方搜集四川旧报刊的资料，准备整理出一套比较完整的关于四川历史上报刊情况的工具书。当年我就曾热心鼓励和支持她的这一工作，因为新闻史研究是一项庞大的系统工程。凡做学问，必须打基础，必须具体掌握最基本的情况和最基本的数据。但这种打基础的工作，需要花费很大的精力和时间，甚至会令人望而生畏。据我所知，20多年来，作者不离不弃，付出了极大的艰辛，始终不渝地、实实在在地做着这项工作。为了查找有关资料，她除了充分利用京沪等地图书馆和四川省图书馆的收藏外，还深入省内20多个地区查阅实物和史料，走访有关人员。这本《四川报刊五十年集成》能够问世实属来之不易，值得庆贺。对于作者执著、认真的治学态度和高度敬业的精神，我是深为敬佩的。

目前，在中国类似的成果尚属罕见。我认为，如果各省、市、地区都能够有这样的成果问世，那势必会将中国新闻史的研究推向一个新的阶段。

方汉奇

2009年5月于北京宜园

张之华辑录《张祉兹翰墨拾遗》序

祉兹先生名锡福，字祉兹，以字行，四川雅安人。他生于1889年，卒于1961年，事迹已载入史册，见于 1996年出版的雅安市地方志中的畜牧志人物栏。他是近、现代中国一个爱国的和积极参加过旧民主主义革命的知识分子，一个忠诚于教育事业的教育工作者及一个积极拥护和支持党的各项工作的民主进步人士。

祉兹先生早在20世纪的第一个10年就被公派到日本留学，5年后学成回国，是当时的“海归“。在此以前，他6岁开始读私塾，14岁入高小，17岁考入雅州府立中学校，以最优等成绩毕业。1910年他20岁的时侯，四川总督锡良招考各府中学生公派赴日本留学，获遣者22人，他也膺选。到日本后，他考入了东京帝国大学农学兽医科，是清末雅安第一个官费派赴日本学习农学畜牧兽医的留学生。他在日本先后留学5年，直到25岁才学成回国。祉兹先生赴日留学的时间，晚于周树人即鲁迅8年，早于周恩来7年，和两周一样，都是同一个时代派赴日本留学的学生，也和他们一样，都是怀着振兴中华和“邃密群科济世穷”的愿望负笈东渡，力图以“面壁十年图破壁”的精神，勤奋求学，报效祖国的。

在日本学习期间，他担任了四川留东学农学生的学长，积极参加留日学生的各项社会活动，并接受了孙中山的民主革命思想。武昌起义后，他立即纠合部分同学赶回国内，先到上海，继经河内到云南，在那里参加了“辛亥革命”活动，并经蔡松坡等人的介绍，在河口加入了孙中山领导的革命组织同盟会，成为隶属于“同盟会海外第二支部”的一名革命党人。对他的这一段经历，他在晚年所写的回忆录中曾经有过如下描述：“我在日本东京亲聆孙总理的号召，便欲投身革命事业，推倒满清政府。所以在武汉起义那个时侯，我们留东同志，全部都到了上海。我是四川人，四川的同志便在熊克武先生领导下组织革命武力，叫作蜀军。当时，有两个同学系云南人，他们便劝我一道往云南，参加蔡松坡领导的革命武力。我好奇心切，认为走到云南必定经过安南，我就在安南看一看亡国人的惨状。因此，便在河口遇着赵又新同志，咱们才在河口正式做了革命党员。”（《六十年来回忆录》）这次行动的时间不长，很快就重新回到日本，继续他在东京帝国大学农学兽医科的学业。这是他一生中的第一个亮点。

全国解放后，他对共产党领导的新民主主义革命运动和新中国的成立是积极拥护和支持的。他曾经说过以下一些由衷感叹的话：“翻天覆地而来之解放战争，三年半中苦斗完成，新中国从此诞生。遥望前途，乐观之至。余躬逢其盛，不复歌长夜漫漫何时旦矣。”“依照政协纲领做去，使中国民主、独立、和平、统一、富强，指顾间事耳。”“由小康而大同，由贫弱而富强，前途之光明坦荡，固须群策群力以赴之，始可得也。余既生于新时代，对于新中国之前途，义当竭尽智能，倾心努力，拥护之，推进之。”（《六十年来回忆录》）这些，都说明他的思想是与时俱进的。也正因为有这样的思想认识和他在地方上的影响，他很早就是党的统战对象，从1953年起，雅安市委的统战部门就曾关注过他的生活，逐月有所补助。1956年，中国人民政治协商会议雅安市委员会成立后，他就被遴选为第一届委员。此后又连任一届。他逝世后的安葬活动，也得到了市委统战部和市政协领导的关注与帮助。这是他一生中政治上的又一个亮点。

以上这些，都说明他是100年前那次让亚洲的第一个皇冠落地的伟大革命运动的参与者，一个“辛亥革命老人”和一个新中国的爱国、进步的知识份子。

然而，最使他名垂史册深受后人敬重的，则是他对发展东北地区畜牧事业和对四川地区教育事业的贡献。

祉兹先生于1915年6月毕业回国。一回国后就在黑龙江省从事畜牧养殖工作，以留日期间所学的专业知识报效国家。从1915—1919年，他先后在黑龙江省工作达4年之久。在此期间，他先后担任该省巡按使公署委员、省牧畜筹办处帮办等职务。曾亲自到该省西部地区的军畜牧养殖场进行实地考察，写成了《黑龙江省畜牧调查报告书》，详细介绍了这一地区各类畜群的生活状态、畜牧场的建造布置、畜群常患的内外科病和传染病种类、饲养标准等方面的情况，并据此拟定了全省畜牧业发展的5个方面规划，为全省的畜牧发展打下了初步的基础。与此同时，他还曾写出过有关省军畜牧养场有关情况的调查报告，草拟过试办公用肉食厂以维牧政以畅国货的计划书，并曾上书当时的黑龙江省巡按使朱庆澜，提出大力发展畜牧事业，以强国富民和建设好黑龙江这一国防重镇的主张，深受当局重视。

1919年7月，祉兹先生回到家乡四川。从这一年起到1950年止，他一直在四川从事教育工作。以抗日战争爆发为界，分为前后两个阶段。前一个阶段主要在成都的高等学校从事农学和畜牧学方面的教学工作。在四川省公立农业专门学校（后为四川大学农学院，今四川农业大学的前身）任教授，先后讲授过畜产学、兽医通论、动物学、昆虫学、生物化学、害虫论、动物实验等课程，并担任过畜产专科主任、校务委员、院农业技术推广部主任、大学预科部主任、农学主任兼教务长等职务。其间，还曾两度带队送两批川农学生赴日本，作短暂的交流考察。这一阶段，他还曾兼任四川国学专门学校、存古学堂、四川外语专科学校等校的教席，教古文和日文。1937—1950年，是他从事教育工作的后一个阶段。这一阶段他因抗日战争爆发回到故乡雅安，开始服务于桑梓，致力于当地的中小学教育。曾先后担任明伦女子小学的校长和县立中学、省立中学、西康省立雅安女子中学的语文、历史课教员，直到1950年雅安县中、省中、省女中三校合并为雅安中学后，才最后离职，其先后在这些学校任教达14年之久。

从1919—1950年，祉兹先生从事教育工作逾30年，把后半生中最好的年华奉献给了家乡的教育事业。他学为人师，行为世范，力倡“崇俭朴、习勤劳、研学理”的学风，曾自称“只要一天存在，便要为国家教育一批良善分子，等第二代多多诞生好人”。因此深受社会各界和学生们的敬重，在雅安一带有“张家大老师”之称。除了课程教学之外，他还十分注意课外教育，向学生灌输爱国思想，鼓吹“团结抗日”，并经常向自已的子女们讲岳飞的《满江红》，文天祥的《正气歌》，要他们从小懂得“精忠报国”“抗击日寇”。抗美援朝战争爆发后，又积极支持两个儿子参军。

从以上情况可以看出，祉兹先生是一个典型的以所学知识和毕生精力奉献于社会的爱国知识分子，他力图以他的知识富国裕民、乐育英才，目的是使国民的经济得到发展，使民族的精神和文化得到传承。他的一生，虽然并没有建立足以惊天地泣鬼神的大的功业，但始终是在为振兴中华而默默地奋斗。他虽然只是一介书生，并非革命家，但和鲁迅所称道的“那切切实实，足踏在地上，为着现在中国人的生存而流血奋斗者”一样，都称得上是中国的脊梁。

祉兹先生有很深的文史根底。他6岁发蒙，青年时代起就“从西昌张桂亭先生学文史，略识门径，从余聘卿余芸鏊先生学春秋周礼，更知种族国家政治经济之大凡，从李心畬先生学词章，已能作长歌律绝”（《六十年来回忆录》）。对诸子百家的学说都有所涉猎，对诗词歌赋有很深的造诣，曾经编选过晚清遗老李景复的诗集《纯庐遗稿》。晚年最大的嗜好是临池挥毫和写作旧体诗词及楹联，在侪辈中深受推重。平居以诗、茶、酒自娱，与年青人倾谈，“言必先秦诸子百家，诗必唐诗宋词”。他所写的“马甸前途无知己，落花满地马蹄忙”“苍坪绣障风光丽，蒙顶仙芽雨露多”“孔孟早成旧角色，马列创造新文章”“地覆天翻人尚在，水流花谢鸟何伤”等诗句，或写青年时代的戎马生涯，或写巴蜀山河的秀美壮丽，或赞颂新中国的新面貌、新气象，或表达一个以天下为已任常怀忧国忧民之心的知识分子与时俱进的心声。这些都严守格律，中规中矩，显示了作者的底蕴和才华。

呈现在读者面前这部文集，就是祉兹先生一生翰墨文字的辑录。其中，既包括早年在黑龙江工作时为发展当地畜牧事业所写的调研和规划；中年以后在四川从事教育工作时所写的有关教书育人方面的文字；留存下来的各时期撰写的诗词楹联，有关他的传记材料，以及家属及亲友们所写的怀念和纪念他的文字。所有这些，都从不同的角度，反映了他的高风亮节，他的云水襟怀，他的敬业精神和以他为代表的一代知识份子忧国忧民的拳拳赤子之心。

负责全书辑录工作的张之华，是中国人民大学新闻学院的教授。她从青年时代起，就向往革命，追求进步，入了团、入了党，当上了团干部，又以调干生的名义考进了中国人民大学新闻系，毕业后留校任教，历任助教、讲师、副教授、教授和硕士研究生指导教师，直到退休。她是祉兹先生的三女。建国后的前十来年，由于受“左”的思想影响，她对大半生生活和工作在旧社会的父亲既不完全了解，也不够理解，又因为学习和工作的地点在北京，远离家乡，亲子之间很少勾通。拨乱反正以后，才逐渐提高了认识，对祉兹先生和以他为代表的那一代知识份子的立身行事，以及他们的心路历程有了更多的认知和体会。近20年来，她积极地通过组织为祉兹先生澄清若干历史问题。并多次到东北、四川等地查阅档案，弄清楚祉兹先生早年求学和工作的经历，收集了祉兹先生的大量翰墨资料，并辑录出这部文集，使祉兹先生的立身行事和平生著述得以传之后世，垂之久远。她对祉兹先生的这份亲情和“还父清白一儒生”的壮举，不仅足以慰藉已逝的长者于地下，也在侪辈中传为美谈，有“孝女”之誉。诗云：“孝子不匮，永锡尔类”。她的这一行动，必将对社会的和谐和亲情的弘扬，起到正面的和积极影响。

我和之华相识相知近50年，对她为祉兹先生所作的这一切，十分敬佩。对她所辑录的这部《张祉兹翰墨拾遗》的出版乐观厥成，爰为之序。

方汉奇

2010年1月30日于北京宜园

吴廷俊主编《中国新闻传播史（1978—2008）》序

教育部人文社会科学重点研究基地重大项目“中国新闻传播发展史研究（1978—2008）”，在13位参与者通力合作下，已经全部完成，书稿《中国新闻传播史（1978—2008）》即将交付出版，全书洋洋80万字，是研究当代近30年来中国新闻传播事业发展史的一部鸿篇巨构。

1978—2008这30年的中国新闻传播事业，是在改革开放的大环境下发展起来的。一般地说，新闻传播事业属于上层建筑的范畴，是一定的经济基础通过新闻传播手段的反映。由于改革，我们的经济基础，和建国后的前30年比较起来已经有了较大的调整。由于开放，我们的内外环境和格局也与前此有了很大的不同。这一切，加上“地球村”的逐步形成、科学技术的迅猛发展，以及以互联网牵头的多种新媒体的涌现，我们的新闻传播事业正在发生着重大的变化。呈现在人们面前的，是中国新闻传播事业有史以来从未有过的一场大的变局。

“中国新闻传播发展史研究（1978—2008）”这个项目所要研究的，是这30年中国新闻传播事业在不断地改革中变化发展的历史，它是中国当代新闻事业史一个崭新的重要组成部分。

这部书具有以下特点：（1）体例新颖。全书分绪论、总论、分论、补论四大部分，不是按照历史时期，而是按照和新闻传播事业有关的几个部门、几个体系、几个板块、几个方面分别进行研究。其间，还借鉴了中国传统历史著作的体例，既有“概述”和“年表”，也有“人物”和“媒体个案”，使这段时期的整个新闻史宏观上脉络清晰，微观上能见度高，媒体运作、人物活动跃然纸上，既见树木，也见森林，让读者能够对这30年的新闻事业有全面的、多方位的了解。（2）史料翔实。尽可能地使用最新的第一手材料，大部分数据都力争截至2008年年底，凡有歧说，都进行了认真核对，做到真实可靠，力求经得起时间的检验，成为“信史”。（3）注意历史规律的探讨和经验教训的概括与总结。除了史事的叙述之外，行文所至时时有所反思，做到如梁启超在《中国历史研究方法》一书中所说的：“将过去的真事实予以新意义或新价值，以供现代人活动之资鉴[1]。”

我一直认为，新闻史研究和一般历史研究一样，首先，必须充分地占有第一手材料，作好史实的甄别和订正工作，作到言必有征和无征不信。胡适说的“有七分证据，不说八分话”，我认为是对的。否则就难以成为“信史”。其次，要注意传统的继承，使进步的、革命的、优良的办报传统和办一切新闻传播事业好的传统薪火相承，得以弘扬。再

1 梁启超：《中国历史研究法》，122页，北京，人民出版社，2008。

次，要重视历史经验的总结。这种总结，既包括前人丰富的成功经验，也包括大量的被实践证明为不成功的经验，即所谓的教训。过五关、斩六将的事当然要写，华容道、走麦城之类的事，也不必回避。不论是正面的经验，还是反面的教训，都可以使我们增长智慧、获得教益、少走弯路，使前此出现过的失误，不再重演。这里就需要在史实的记述之外有所分析和评论。这种“论”，其实是历史研究中的应有之义，简言之，就是对历史的反思。“太史公曰”“臣光曰”是一种“论”法，顾炎武、黄宗羲、梁启超、戈公振式的夹叙夹议，也是一种“论”法。不论哪一种“论”法，都应该史论结合、论从史出，而不应该以论带史，或以史代论。在这方面，我们有过深刻的教训，不宜重蹈覆辙。历史是需要反思的，只有反思到位，才能真正做到以史为鉴，才能真正做到司马光所说的“鉴前世之兴衰，考当今之得失”，才能做到李大钊所说的“立在过去的世界上，寻出来的新世界”。这部著作在上述几方面，特别是进行历史反思和总结经验教训方面投入的力量较多，也是做得比较好的。

参与本书编撰工作的13位作者，是一个老、中、青结合的学术团队。他们中的大部分都是长期从事新闻传播学教学研究的专家学者，都是他们所承担的相关章节内容的知情人和这方面研究的行家里手，因此写起来得心应手、举重若轻，使全书的质量能够得到有力的保证。前人论述史家的修养，有史德、史学、史才、史识之说。史德是第一位的，我认为本书的作者们，是坚守了史家的道德底线的。至于史学、史才、史识，则是他们的共同追求，这一点，在本书的各个章节中时时有所体现，并经常成为亮点。

20年前，我曾经和50位新闻史方面的专家学者们一道共同编写过一部3卷本的《中国新闻事业通史》（以下简称《通史》），其内容涉及的时间上限只到1987年。1987年以后的史事则付阙如。本书的出版，在内容上弥补了那部《通史》的不足。它既是那部《通史》的延伸，也在很多方面超过了那部《通史》。长江后浪推前浪，一代新人胜旧人，我对此深有体会，也深感欣慰，爰为之序。

方汉奇

2010年3月10日

一部早期新闻从业者的心灵史
——樊亚平著《中国新闻从业者职业认同研究（1815—1927）》序

樊亚平这本《中国新闻从业者职业认同研究（1815—1927）》，是一部以中国早期“记者”职业意识与职业认同发育过程为考察对象的专著。有关中国早期记者、报人研究的成果近30年来问世者不少，但从“职业认同”视角开展的研究，还未曾见。有之，自本书始。

本书在遵循历史唯物主义与辩证唯物主义方法的基础上，以“职业认同”为视角，对近代报纸诞生至北洋军阀统治末期这一历史时期中国记者、报人的职业心灵史进行了描画，梳理了中国近代记者、报人职业发育与成长的轨迹，呈现了中国早期新闻从业者独特的精神世界。其主要特色表现在以下三个方面。

1. 借鉴和引入西方社会科学理论观照新闻史中的问题，体现出良好的学术创新意识。以往的新闻史人物研究多集中在对记者、报人的新闻思想、新闻实践、历史贡献等问题的宏大叙事与宏大概括方面，难以深入人物内心。本书作者紧跟当代史学发展动向，引入“职业认同”这一社会学理论，从职业动机、职业态度、职业情感、职业认知、职业忠诚度、自我身份认同等方面剖析中国近代记者、报人的精神世界，有效突破了以往新闻史人物研究难以深入人物内心，无法感知人物内心矛盾与张力之缺憾。这一新的研究尝试，不仅为新闻史人物研究开辟了一个新的视域，也为中国新闻思想史、观念史研究提供了一个新的切入点。

2. 作者极力追求和强调的“还原历史情景”“回归历史现场”的史学研究理念与方法，使本书显现出浓郁的历史感。作者一开始即申明，将把“还原历史情境”“回归历史现场”作为本书追求的目标。为达到这一目标，作者广泛蒐集第一手资料，如记者、报人的自传、日记、年谱、回忆录、文存、文集等，从中钩沉、探微、推敲、连缀；同时，大胆借鉴西方心理史学方法，一方面，深入人物内心，努力呈现人物生活和职业生涯中的个人情景，另一方面，力图呈现人物成长和从业生涯中的社会、时代及文化情景。尤为可贵的是，在这种呈现中，作者明确反对“以今观古”“以今评古”的治史路子，尽力将人物放在其成长和生活的具体历史情景中去认识、去把握，从而使研究的历史感更强，历史味道更浓。

3. 史论结合紧密。与以往一些人物研究中重事实罗列、轻论述分析的做法不同，作者从“职业认同”视角出发，对大量史料进行了重新“烛照”，从人们熟悉的大量史料中挖掘出了新意义，许多分析令人信服，不少结论令人眼前一亮。由于本书研究的目标是考察中国早期新闻从业者职业心灵史，因此对人物心态和心理的分析贯穿于本书主体研究部分的全过程。这些分析，由于建立在富有解释力的丰富史料基础上，因此具有相当的说服力。如，对早期寄身外报的华人主笔身在报馆却心恋科举的矛盾心态的分析、对有着强烈用世之心的王韬不得已选择报馆生涯的无奈与矛盾的分析等，均较为细致，令人信服，值得回味。

新闻史是历史的科学，它需要在综合最广泛史料的基础上尽力还原历史。同时，它更是今人立足“当下”、对话古人、叩问历史的过程。能够站在实事求是的立场提出和钻研“真问题”，十分重要。从这个角度看，本书具有历史和学术研究的双重价值。

我与本书作者相识有年，深知他在新闻学术领域志存高远，富于热情、充满激情，尤其对新闻思想史、观念史研究兴味较浓，用功颇深。这本专著，是他多年思考、厚积薄发的又一成果，充分显示出他已具有的学术功底和潜力。期待他探赜索隐，神思飞扬，不断有新的成果问世。

方汉奇

戈公振著《中国报学史》再版序

戈公振的《中国报学史》是中国新闻史研究的开山之作、奠基之作。这本书自1927年初版问世后，曾经多次重印，并且曾经被日本新闻史学者小林保译为日文在日本出版，是中国新闻学著作中唯一有外文译本的一本书。新中国成立以后，这本书曾在20世纪50年代和80年代，两次重印，是建国60余年来唯一再版过的旧中国的新闻学专著。台湾地区，也于20世纪80年代重印了这本书的繁体字版。两岸学者都如此看重的新闻学方面的专著似乎只此一本，再也找不出第二本。

说它是开山之作，是因为它是第一部全面系统讲述中国新闻事业史的书。说它是中国新闻史的奠基之作，是因为它为中国新闻史的研究打下了基础。建国前出版的中国新闻史方面的著作不下六七种，大部分的内容都比较单薄。或仅限于一个地区，或局限于一个时间段，字数不多，篇幅也不大。真正作到史料翔实、考订精详，能够皋牢百代、卢牟六合、总括全局的只有戈公振的《中国报学史》这本书。它以作者亲自搜访到的大量丰富的第一手材料和作者对中国新闻事业发展的历史系统、全面的论述与剖析轰动一时，影响了近一个世纪的中国新闻学界。它的出版，不仅夯实了中国新闻史研究的基础，也由此奠定了中国新闻史研究在中国新闻学研究中的学术地位。

受时代的局限和主客观条件的影响，戈公振的这本书也有一些缺失，经后人订正的讹误就不下200余处，有些观点也未必被后人全部认同，但无疑是建国前中国新闻史研究方面最杰出的成果。它对中国自秦汉以来各时期报刊历史的论述，对封建官报、外国人在华办的报刊、近、现代民办报刊的介绍和论述，以及对20世纪二三十年代中国报纸印刷、出版、发行情况的论述和分析及穿插于正文中大量的注释、附录和图片，对后来的中国新闻史教学研究工作者具有重要的参考价值。这也是这本书之所以被多次重印，长时期以来享有盛名的一个原因。

我和建国以后的几代中国新闻史教学研究工作者，都是站在戈公振的肩膀上起步的。我们都曾经从他的这本《中国报学史》中受到过教益，得到过参考和借鉴。我个人还和这位曾经被上海报界同人誉为“漂亮的苏北人”的戈公振先生有过一点间接的因缘。先岳黄寄萍曾经是他在《申报》工作时最亲密的同事。他英年早逝后的后事，就是先岳帮助操办的。作为对这位前辈哲人的纪念，我至今还珍藏着一些和他有关的小物件，包括他的一两张照片、他旅欧期间从日内瓦寄给先岳的明信片和他赠送给先岳的刻有上下款的一只北京特制的铜墨盒。至于他从苏联（他译为“庶联”）回国时送给内人的一套苏式玩具套娃，则可惜已经丢失了。对于他的这部传世之作的再次出版，我乐观厥成，并相信它一定会受到学子们的欢迎和重视。是为序。

方汉奇

2011年3月于北京宜园

邓绍根著《美国在华早期新闻传播史（1827—1872）》序

我曾在2002年撰写过《美国记者的爱恨中国情结》一文，其中写道："1784年，第一艘美国商船驶达中国的广州口岸，由此揭开了中国和美国这两个国家及这两个伟大的人民之间相互交往的序幕。从那时到现在，已经218年过去了。在这一段时期内，在两国人民和两种文化之间起着沟通作用的，中国方面主要是华工和留学生，美国方面主要是商人、传教士和新闻记者。"其中部分商人、传教士和新闻记者来华后创办报刊，从事新闻传播活动。他们的对华报道，"向美国公众介绍了中国的历史、中国的文化和中国的情况，促进了中、美两个伟大国家和人民之间的相互了解，特别是美国人民对中国和中国人民的了解，使美国公众开始关注中国的事情，不再如秦人视越人之肥瘠。这是他们的一大功绩。他们当中的一些人，由于种种原因，如父辈曾经在中国经商传教、本人出生于中国等，有着特殊的中国情结。他们了解中华民族所遭受的历史劫难，叹息中国民生之多艰，对他们视为第二故乡的中国怀有特殊的感情，这种感情，时时流动在他们所作的报道之中，给读者以一定的感染”。但是，学界对该领域的研究一直不够深入，成果鲜有问世。因此，我一直期待研究者能够以美国在华的新闻传播活动为整体研究对象，系统梳理美国在华新闻传播历史，全面总结美国在华新闻传播活动的发展规律和特点，实事求是地评析其历史影响，为当今中、美之间的新闻交流活动提供借鉴作用。

现今，呈现在读者面前的这部《美国在华早期新闻传播史（1827—1872）》，是作者在博士论文《美国在华新闻事业的兴起（1831—1872）》的基础上进行修补、加工后付梓的，是这一领域研究的阶段性成果。它角度新颖，开掘较深，系属中国新闻史学领域的填补空白之作。

作者的这部专著，有两个鲜明的特点：（1）史料丰富新颖。新闻史是历史的科学，每一个从事新闻史研究的人都必须对新闻历史上的事实和他所研究的对象进行详细的调查研究，充分占有第一手材料。没有对“史料”的充分掌握和过细研究，没有对重要的“史料”考订和甄别，是不可能对历史事实作出正确的分析和论断的。在多年研究过程中，作者钩沉抉微，时有新的创获，展现出扎实的搜集、发现和分析史料的能力。他从美国搜集到国内已经散佚的《广州记录报》（*The Canton Register*）、失佚的《中国差报和广州钞报》（*The Chinese Courier and Canton Gazette*），发现了一批珍贵资料，大大填补了国内的资料空白。作者完整地阅读了全套《中国丛报》（*The Chinese Repository*）20卷，也提供了许多新的史料。（2）填补了部分研究空白。如美国在华的报刊、报人研究，中国第一位英文报刊《广州记录报》编辑威廉·伍德的生平事迹、美国在华第一份报刊《中国差报和广州钞报》和《中国丛报》的个案研究，再如，外报在华突破办报禁区的研究。作者对外报在华的发展历程，从点到面，步步深入，富有新意。

作者系我在中国人民大学新闻学院指导的中国新闻史研究方向的博士生。他品行诚悫、为学深思、治学严谨、敬业乐群、与人为善。毕业后，进入北京大学历史学系做博士后，继续在美国在华新闻传播史研究领域耕耘；同时兼任中国新闻史学会副秘书长，广结善缘，热诚为新闻学界服务，受到多方赞誉。希望作者再接再厉、厚积薄发，不断有新成果问世。

方汉奇

于北京宜园

2011年3月25日

程曼丽、乔云霞主编《中国新闻传媒人物志》序

近代以来的中国新闻传播事业，由点滴开始的涓涓细流发展为洪波涌起的汪洋大海，由区区几家报纸、寥寥几个报人的报业小国发展为期发数、网民数和受众数均位列世界前矛的传媒大国，都只用了不过100多年的时间。这是四至五代的中国新闻传播业者，包括他们当中的鼓吹者、擘划者、主持者和众多的编辑、主笔及记者们共同奋斗的结果。一部近、现代中国的新闻传播事业史，就是一部中国新闻传播界“人物”创业、战斗和拼搏的历史。写历史，离不开人物。一般历史是这样，新闻传播史也是这样。

然而曾经有过一段时期，我们的新闻传播史出于对报纸是“集体的宣传者、组织者、鼓动者”的片面理解，只突出集体的作用，不重视人物的活动和相关的记述。建国后的前20年，有关新闻传播史的著作中，只是偶而地、有限地提到一些人，通常只点到他们的姓名，指明他和某报、某刊之间的关系，很少展开来作深入全面的叙述。到了史无前例

的那10年，由于上述人物中的很多人都被扣上了各式各样的帽子，沦为“牛鬼蛇神”，又由于普遍的反对所谓的“三名三高”“名主笔”“名编辑”“名记者”都在打倒和反对之列，新闻传播史上能够提得起来的人物寥寥无几，最后只剩下了“伟人”“旗手”和被指为“法家”代表人物的区区几个人了。

1978年拨乱反正以后，这种情况才得到了根本改正。历史人物的研究普遍受到了重视。新闻传播史的研究中也开始增加了大量的有关人物的内容。我在1978年动手写作《中国近代报刊史》一书时，就开始做了点尝试，在相关的章节中，为一些近代的报人加入了他们简单的小传。此后，新闻传播史人物的研究开始逐步受到新闻史学界越来越多的重视。1990年出版的《中国大百科全书·新闻出版卷》（萨空了主编），在其中的“中国新闻事业”部分设置了109个人物词条；1993年出版的《新闻学大辞典》（甘惜分主编），在其中的“中国新闻事业”部分设置了近300个人物的词条；社科院新闻所先是办了一个《新闻界人物》专刊，连续出版了十几辑，每辑介绍一至几个新闻界人物，继而又从1983年起，在它们主办的《中国新闻年鉴》上，设置了“中国新闻界名人简介”专栏，以人物词条的方式，每一年介绍几十到一百来位“新闻界名人”，到2010年止，这部《年鉴》累计已经介绍了3 000多位“名人”。与此同时，新闻界人物的个案研究，也受到关注。近30年来累计出版的人物传记，已不下数十本，其中有一些还是经过修改和补充后问世的博士学位论文。新闻传播人物的研究，已经成为中国新闻传播史研究的一个重要的方面。

《中国新闻传媒人物志》这部书，就是一部专门研究和介绍中国新闻传媒人物的专著。

这部书的编著者们认为，对中国新闻界人物的历史进行全面系统整理，是对历史的尊重，是向后人展示新闻前辈们的才华、勇气和对事业的操守，是对当今新闻界乃至整个社会具有重大意义的事情。纳入这部专著的中国新闻传媒人物，都是各个时期社会变革最前沿的参与者和见证者，他们当中有著名的记者、编辑、时事评论家和报业活动家，都是近、现、当代中国新闻传播事业历史中具有较高声望和影响的代表性人物。

值得特别提出的是，参与本书人物编写工作的作者们，绝大部分都是长期从事中国新闻传播史教学与研究的专家、学者。其中，有一些还是对所写的人物作过长期深入研究的专家。个别人物的亲属和后人，由于对其前辈作过全面的研究，有相关的专著问世，也应邀参与了这部书的编写任务。这些，都使得这部书的质量得到了充分的保证。它的出版，将会对中国新闻传播史研究起到一定的推动作用。是为序。

方汉奇

2011年6月

方汉奇主编《民国时期新闻史料汇编》影印本序

所谓的民国时期，在中国大陆主要指的是从1911年“辛亥革命”、1912年南京临时政府成立，到1949年10月中华人民共和国成立前的这一段时期。历时近40年。这是中国新闻业，包括报纸、期刊、通讯社和广播电台由开始起步到有了较大发展的一段时期，也是中国新闻学研究，包括新闻理论、新闻史以及新闻业务研究由开始到形成一定规模的一段时期。

这一时期最先问世的有关新闻业和新闻学方面的著作与出版物，是1913年上海广学会翻译出版的美国人休曼著的《实用新闻学》。这是中国境内较早出版的新闻学专著，从时间看，仅稍晚于民国前的1903年商务印书馆翻译出版的日本人松本君平的《新闻学》。这一时期公开出版的中国学者自行编写的新闻学方面的专著，属于新闻史方面的则以1917年商务印书馆出版的姚公鹤的《上海报纸小史》（收入《上海闲话》一书内）为最早；属于理论方面的则以1918年北京大学出版的由校长蔡元培亲自作序以为倡导的徐宝璜的《新闻学》为最早。

从民初到抗日战争爆发前夕的这20多年，是民国时期新闻学专著出版最多、最集中的一段时期。其代表性出版物，属于新闻学理论的有任白涛的《应用新闻学》（1922年杭州中国新闻学社出版）、邵飘萍的《新闻学总论》（1924年北京《京报》馆出版）、戈公振的《新闻学撮要》（1925年上海新闻记者联欢会出版）、黄天鹏的《现代新闻学》（1930年上海联合书局出版）、梁士纯的《实用新闻学》（1936年上海商务印书馆出版）等。属于新闻史方面的，有戈公振的《中国报学史》（1927年商务印书馆出版）、蒋国珍的《中国新闻发达史》（1927年世界书局出版）、黄天鹏的《中国新闻事业》（1930年联合书局出版）等。属于新闻业务方面的有邵飘萍的《实际应用新闻学》（1923年《京报》馆出版）、郭步陶的《时事评论作法》（1937年正中书局出版）等。此外，这一时期还出现过一些和新闻事业有关的具有历史文献价值的出版物，如1922年上海《申报》为纪念建馆50周年编印的《最近之五十年》、1930年光华书局出版的黄天鹏主编的《〈新闻学刊〉全集》、1934年申时电讯社为庆祝该社创办10周年出版的《十年》、1936年上海复旦大学为举办“世界报纸展览会”出版的纪念刊《报展》等。

1937年抗日战争爆发以后，由于战火的纷扰、国土的沦陷、纸张、油墨、铅字等印刷器材的匮乏，新闻业、新闻学的研究以及和新闻业有关的各种出版物都受到了很大的影响。但是在后方各省市和一个时期的上海“孤岛”以及沦陷区等地，也还有一部分报刊和与新闻业有关的书籍与文集陆续问世。其中，属于后方各地出版的，有王新常的《抗战与新闻事业》（1938年长沙商务印书馆出版）、程其恒的《战时中国报业》（1944年桂林铭真出版社出版）、余戾林的《中国近代新闻界大事记》（1941年成都新新闻报出版）、新闻战线社的《新闻事业建设论》（1941年重庆侨声书店出版）、田玉振的《新闻学新论》（1944年重庆新闻出版社出版）等；属于上海“孤岛”时期出版的，有赵君豪的《中国近代之报业》（1938年上海《申报》馆出版）、王文彬的《报人之路》（1938年上海三江书店出版）等；属于沦陷区出版的有1942年南京伪中央通讯社调查处编印的《东亚记者大会特辑》和1943年文化汉奸管翼贤在北平编辑出版的那一套《新闻学集成》等。

1945年抗战胜利到1949年中华人民共和国成立前这一段时期，虽然只有四年多一点的时间，也出版了一批和新闻事业有关的有影响的出版物，如胡道静的《新闻史上的新时代》（1946年上海世界书局出版）、马星野的《新闻自由论》（1948年南京《中央日报》出版）等。

以上所列举的，都不包括同时期在北洋政府、国民政府统治地区，以及在各个苏区、陕甘宁边区、各抗日民主根据地和各解放区公开或秘密出版的党的报刊及相关的出版物。这些报刊和出版物不属于本“汇编”编辑出版的范围。

长期以来，对研究民国时期的政治、经济、文化史的学者们，特别是研究新闻事业史的学者们，经常感到困扰的一个问题，就是很难看到原报、原书和相关的研究资料。原因是：（1）这一时期的新闻史料，包括报纸、图书和各种专辑，留存下来本来就不多，收藏的也比较分散。（2）大部分民国时期的书、报、刊都面临着纸质老化的问题，其中有的已经发黄、变脆，有的已经老化到一触即碎的程度。为保存计，不得不停止或限制阅览。近年来，不少收藏部门已经通过缩微和影印等手段对所藏的旧报进行了复制，以复制件为公众服务，便利了读者的阅读和利用。但尚未普及到民国时期的一般书籍，特别是和新闻史料有关的一些书籍。

国家图书馆出版社主持出版的这一部《民国时期新闻史料汇编》影印本，弥补了这方面的不足。它的出版，对研究民国时期的政治、经济、文化史的学者们，特别是研究新闻事业史的学者们，是一个福音。

这一系列“汇编”的问世，不仅有利于民国书、报、刊的保存，对民国史料的利用，对民国时期的政治、经济、文化史的学者们的研究工作，特别是新闻事业史的研究也将起到积极的作用。是为序。

方汉奇

2011年6月

方汉奇主编《21世纪新闻传播学系列教材》总序

中国人民大学出版社策划出版的这部“21世纪新闻传播学系列教材”，是一套在新闻传播学领域内皋牢百代卢牟六合贯穴古今笼罩中外，密切联系新闻传播工作实际，广泛吸收新闻传播学最新研究成果，高挹遐揽、取精用宏，供21世纪高等院校新闻传播院系教学使用的系列教材。

20世纪初以来的100年，是世界新闻传播事业飞速发展的100年。这100年来，随着科学技术的不断发展，继报纸、期刊、通讯社之后，广播、电视、网络和多种新媒体相继问世，新闻传播的媒介日趋多元化，新闻传播的手段日趋现代化，“地球村”变得越来越小，新闻传播事业对世界政治、经济和文化的影响则变得越来越大。

这100年，也是中国新闻事业飞速发展的100年。其中最近的30年，即中国改革开放以来的30年，发展得尤为迅猛。

进入21世纪以后，中国新闻事业发展的势头更为迅猛。报纸、期刊、通讯社、广播电台、电视台的数量在宏观调控下虽无大变化，但软、硬件的实力都有了很大的提高。据2011年12月出版的《中国新闻年鉴》最新统计数字，2010年全国共出版报纸1 939种，平均期印数2.14亿份；共出版期刊9 884种，平均期印数1.63亿份；全国共有广播电台227家、电视台247家、广播电视台2 130家、教育电视台44家。广播综合人口覆盖率为96.78%，电视综合人口覆盖率为97.62%。

另据2012年1月中国互联网信息中心（CNNIC）发布的《第29次中国互联网络发展状况统计报告》，截至2011年12月底，中国网民规模已达5.13亿，互联网普及率达到38.3%。其中，手机网民数量为3.56亿，博客和个人空间用户数量为3.19亿，微博用户数量为2.5亿，社交网站用户数量为2.44亿，网络视频用户数量为3.25亿。中国居民中具备上网条件和技能的人已经基本转化为网民，大专及以上学历人群中互联网使用率已达96.1%。中国网站总数为230万个，网页数量为866亿个。

这样大的发展规模，这样快的发展速度，在世界和中国新闻事业史上都是空前的。回顾既往，盱衡未来，新闻传播事业在21世纪还将会保持着旺盛的发展势头。新闻传播，作为上层建筑和意识形态的一个重要组成部分，在全面准确地宣传党的基本理论、基本路线和基本方针以及各项决策，反映人民群众的伟大业绩和精神风貌及推动改革开放和社会主义现代化建设等方面，必将继续发挥重要的作用。

与新闻传播事业的发展相配合，这100年来，为中国新闻战线培养和输送人才的中国新闻教育也有了相应的发展。中国的新闻教育起始于20世纪初，迄今有近90年的历史。新中国成立前的30年，虽然先后在个别院校中设立了新闻系或新闻专科，但规模都不大，设备也不够完善，在校学生的人数最多的时候不超过400人，30年间累计培养出来的毕业生还不到3 000人。新中国成立后，为了为新中国的新闻事业培养人才，新闻教育有了新的发展，但到20世纪60年代中期为止，全国的新闻教育机构也还只有14家。当时全国只有343家报社、78家广播电台和13家电视台，革命老区来的新闻工作骨干正当盛年，足以支撑大局，新闻系和新闻专业的学生统招统分，基本上能够满足中央和省、市以上新闻单位梯队建设方面的需要。“文化大革命”爆发后，新闻事业进入低谷，新闻人才的培养也被迫中辍。拨乱反正之后，新闻事业有了飞速的发展，但新闻工作的人才却出现了断层，明显供不应求，因而极大地推动了新闻教育的发展。中国的新闻教育得以重振旗鼓并得到空前迅猛的发展，主要是改革开放以来的这30多年间的事情。30多年来，中国新闻教育和中国新闻事业同步发展。截至2011年，全国设有新闻传播学类院、系、专业的高校已由改革开放之初的两三所增加到800所以上，各种类型和层次的专业教学点已不下1 000个。新闻专业的教学已从单一的大学本科教育发展到博士生、硕士生、本科生、大专生、成人教育、函授教育等多层次的格局，不少院系还设置了新闻传播学方向的博士后流动站。改革开放之初，全国在校新闻系科学生总共只有500来人，现在仅在校本科生就有16万人左右，硕士和博士研究生3万人左右，办学层次、办学规模、办学水平都有了很大的提高。进入21世纪以后，随着新闻传播事业的加速发展和新闻战线人才需求的不断增加，中国的新闻教育还将会有更大幅度的发展。

一般说来，新闻教育质量的高低，起决定作用的主要是两个因素：一个是师资；一个是教材。两者之间，教材的作用更大。这是因为，师资的多少和良窳，往往受办学主客观条件的限制，而教材一旦完成，就可以直接嘉惠于学子，风行四海，无远弗届。进一步说，一部好的教材，不仅可以满足教学的需要，培养出一大批人才，而且还可以同时拥有一定的学术含量，推动新闻传播学研究的发展。1919年出版的徐宝璜的《新闻学》、1927年出版的戈公振的《中国报学史》，就是这方面很好的例子。这两本书都是作者在高等学校从事新闻学理论和新闻史教学时作为教材编写出来的，出版之后，立即引起世人的关注和推崇，一再重版，历久不衰，至今仍然是公认的新闻学理论和新闻史方面的传世之作和经典之作。正因为这样，新闻教育的前辈们，历来十分重视教材的建设。新中国成立初期的10来年，坊间出版的新闻学方面的书籍绝大部分都是教材。改革开放以后，新闻传播学研究空前繁荣，新闻学方面的书籍大量问世，但教材仍然在其中占了很大的比重。这些教材，覆盖了新闻传播学的方方面面，经过出版家和众多作者们的长期努力，门类和品种基本配套齐全，曾经为同时期的新闻教学作出过重要的贡献。但是，随着时间的推移和新闻工作实际的飞速发展，这些教材的体例日显陈旧，观点和内容也亟待调整和更新。一些属于学科前沿和科技含量较高的新开课程的教材尚付阙如，使现有的教材出现了不少缺口。在21世纪已经到来之际，集聚力量，重新编写出一套体系完整、门类齐全，能够为21世纪新闻教育和新闻人才培养服务的新闻传播学系列教材，已经成为人们的共识和新闻业界与新闻教育界的迫切需求。

呈现在读者面前的，就是应这样的需求而产生的一套系列教材，它将涵盖新闻学、传播学两个二级学科方方面面的内容，满足新闻、广播、电视、广告、媒体经济、新媒体等多个专业的教学需要。负责这些教材编写工作的，是中国人民大学、复旦大学、北京大学、清华大学、中国传媒大学、中国青年政治学院等多所著名院校长期从事新闻传播学方面教学与研究工作的专家、学者，其中有相当大的一部分编写者都是相关学科的国家级的学术带头人，堪称一时之选。收入本系列的教材中，既有国家级重点教材，也有部级重点教材，其他的也都是经过严格筛选的精品，所以，本套系列教材的质量是有保证的，其权威性也将会得到社会的认同的。

21世纪是一个高度信息化的时代，是信息经济和知识经济占主导地位的时代。信息经济和知识经济有两大支柱，一是以高科技为代表的传播技术产业；二是从事新闻和信息产品生产的媒体产业。新闻传播学作为将这两大领域有机联结的桥梁，在今后的国家建设和社会发展中必将发挥越来越重要的作用。中国人民大学出版社经过精心策划隆重推出这套系列教材，是具有高度的前瞻性和战略眼光的。在这里，我谨代表编委会和全体作者向中国人民大学出版社表示由衷的感谢。

这部系列教材开始策划于20世纪的最后一年，21世纪初起陆续问世，迄今已编写出版了50余种。在体例和内容的创新与开拓等方面，远远超过同时期出版的同类教材。其中的有些教材，还根据整个新闻传播理论与实践的发展和新闻传播学教学与研究的发展，陆续作了必要的补充和修订重新出版，实现了内容的与时俱进。

这批教材的问世，将会为新闻传播事业和新闻教育事业的发展与繁荣、为21世纪新闻传播人才的培养作出它应有的贡献。这是出版者和全体作者共同的希望。是为序。

方汉奇

2012年3月15日于中国人民大学宜园

方汉奇主编《中国新闻史研究辑刊》总序

新闻史是一门科学，是一门考察和研究新闻事业发展史及其衍变规律的科学。它和新闻理论、新闻业务一样，都是新闻学的重要组成部分。新闻史又是一门历史的科学。属于文化史的范畴，是文化史的重要组成部分。由于新闻业的特殊性，新闻史的研究和各时期的政治、经济、文化都有着紧密的联系。

在中国，近代以来的重大政治运动和文化史上的许多重大事件，都和当时的新闻业有着密切的联系。从“戊戌维新”到“辛亥革命”，哪一次重大的政治活动都离不开媒体的宣传和鼓吹。近代史上的几次大的思想启蒙运动、哲学和文学领域几次大的论战、新文化运动的诞生和发展、各种文学流派的形成及其代表作品的问世、著名作家、表演艺术家的崭露头角和得到社会的承认，以及某些科学文化知识的普及与传播，也都无不和报刊的参与有着密切的联系。各时期的经济发展，也有赖于媒体在舆论上的酝酿、推动和支持。

新闻史，从宏观的角度来说，需要研究的是整个人类新闻传播活动的历史；从微观的角度来说，则是要研究一个国家、一个地区、一个时代、一个时期、一类报刊、一类报人，乃至于具体到某一家报刊、某一个报刊工作者和某一个重大新闻事件的历史。研究到近代以来的新闻史的时候，则还要兼及通讯社、广播电台、电视台和各种现代化新闻传播机构及新闻传播手段发展的历史。

对于中国的新闻史研究工作者来说，需要着重研究的是中国新闻事业发展的历史。中国是世界上最先有报纸和最先有印刷报纸的国家，中国有将近1 300年的封建王朝办报的历史，有1 000多年民间办报活动的历史，有近200年外国人来华办报的历史。曾经先后涌现过数以千万计的报刊、通讯社、广播电台、电视台和各种各样的新媒体，以及数以千百计杰出的新闻工作者，有过几百次大小不等的、有影响的和媒体及报人有关的重大事件。这些都是中国新闻史需要认真研究的对象。由于中国的新闻事业历史悠久、源远流长，中国的新闻史因此有着异常丰富的内容，这是世界上任何国家的新闻史都无法比拟的。

在中国，新闻史的研究，已经有100年以上的历史。1873年《申报》上发表的专论《论中国京报异于外国新报》和1901年《清议报》上发表的梁启超的《中国各报存佚表序》，就是中国研究新闻史最早的篇什。至于新闻史的专著，则以姚公鹤写的《上海报纸小史》为最早，从1917年此书的出版到现在，中国新闻史的研究经历了以下三个时期。

第一个时期，是1917年至1949年。这一时期出版的各种类型的新闻史专著不下50种。其中属于通史方面的代表作，有戈公振的《中国报学史》、黄天鹏的《中国的新闻事业》、蒋国珍的《中国新闻发达史》、赵君豪的《中国近代之报业》等；属于地方新闻史的代表作，有姚公鹤的《上海报纸小史》、项士元的《浙江新闻史》、胡道静的《上海新闻事业史的发展》、蔡寄鸥的《武汉新闻史》、长白山人的《北京报纸小史》（收入《新闻学集成》）等；属于新闻史文集方面的代表作，有孙玉声的《报海前尘录》、胡道静的《新闻史上的新时代》等；属于新闻史人物研究方面的代表作，有张静庐的《中国的新闻记者》、黄天鹏的《新闻记者外史》、赵君豪的《上海报人的奋斗》等；属于新闻史某一个方面的专著，则有赵敏恒的《外人在华新闻事业》、林语堂的《中国舆论史》、如来生的《中国广告事业史》和吴宪增的《中国新闻教育史》等。在这一时期出版的新闻史专著中，以戈公振的《中国报学史》影响最大。这部新闻史专著根据作者亲自搜访到的大量第一手材料，系统、全面地介绍和论述了中国新闻事业发展的历史，材料丰富，考订精详，是中国新闻史研究的奠基之作。至今在新闻史研究工作中，仍然有很大参考价值。其余的专著，汇集了某一个地区、某一个时期、某一个方面的新闻史方面的材料，也都各有一定的参考价值。

第二个时期，是1949年至1978年。这一时期海峡两岸的新闻史研究工作都有长足的发展。大陆方面，重点在中共报刊史的研究。其代表作是1959年由中国人民大学新闻系编印出版的《中国现代报刊史》讲义和1962年由复旦大学新闻系编印出版的《中国新民主主义革命时期新闻事业史讲义》。此外，这一时期还出版了一批带有资料性质的新闻史参考用书，如人民出版社出版的《五四时期期刊介绍》、潘梓年等撰写的《新华日报的回忆》、张静庐编辑的《中国近代出版史料》和《中国现代出版史料》、阿英的《晚清文艺报刊述略》和徐忍寒辑录的《申报七十七年史料》等。与此同时，一些新闻业务刊物和文史刊物上也发表了一大批有关新闻史的文章。其中，如李龙牧所写的有关《新青年》历史的文章、丁树奇所写的有关《向导》历史的文章、王芸生、曹谷冰合写的有关《大公报》历史的文章、吴范寰所写的有关《世界日报》历史的文章等，都有一定的影响。这一时期台、港两地的新闻史研究，在1949年前后来自大陆的中老新闻史学者的带动下开展得较为蓬勃，30年间陆续出版的中外新闻史著作近80种。其中主要的有曾虚白、李瞻等分别担任主编的同名的两部《中国新闻史》、赖光临的《中国新闻传播史》《七十年中国报业史》《梁启超与近代报业》和《中国近代报人与报业》、朱传誉的《先秦传播事业概要》《宋代新闻史》《报人报史报学》、陈纪滢的《报人张季鸾》、冯爱群的《华侨报业史》和林友兰的《香港报业发达史》，等等。此外，台湾地区出版的《报学周刊》《报学半年刊》《记者通讯》等新闻学刊物上，也刊有不少有关新闻史的文章。一般地说，台、港两地这一时期出版的上述专著，在中国古代新闻史和海外华侨新闻史的研究上有较高的造诣，可以补同时期大陆新闻史学者的不足。在个别近代报刊、报人和有关港、台地区报纸历史的研究上，由于掌握了较多的材料，也给大陆的新闻史学者提供了不少参考和借鉴。

第三个时期，是1978年到现在大约30多年的一段时期。这是中国大陆新闻史研究工作空前繁荣的一段时期。原因有以下几点：一是随着政治和经济上的改革开放与“实践是检验真理的唯一标准”的讨论，前一阶段的“左”的思想影响逐步削弱，能够辩证地看待新闻史上的报刊、人物和事件，打破了许多研究的禁区；二是随着这一时期新闻传播事业的迅猛发展，新闻教育事业受到高度重视，大陆各高校设置的和新闻传播有关的院、系、专业之类的教学点已超过600个。在这些教学点中，中国新闻史通常被安排为必修课程，因而涌现了一大批在这些教学点中从事教学工作的新闻史教学研究工作者；三是20世纪80年代以后，各省、市史志的编写工作纷纷上马，这些史志中通常都设有报刊、广播、电视等媒体的专志，有一大批从一线退下来的老新闻工作者从事这一类地方新闻史志的编写工作，因而扩大了新闻史研究工作者的队伍，丰富和充实了新闻史研究的成果；四是改革开放打破了前30年自我封闭的格局。海内外、国内外、境内外和两岸三地的人际交流、学术交流、信息交流日益频繁，为中国新闻史的研究提供了有利的条件。1992年中国新闻史学会的成立和下属的“新闻传播教育史”“外国新闻传播史”“网络传播史”“少数民族新闻传播史”“台湾与东南亚新闻传播史”等分会的成立和该会会刊《新闻春秋》的创刊，也对新闻史研究队伍的整合与交流起了很大的推动作用。到21世纪的第一个10年，中国大陆的新闻史教学研究工作者已经由前一个时期的不到数10人，发展到数百人。陆续出版的新闻史教材、教学参考资料和专著，如李龙牧的《中国新闻事业史稿》、方汉奇的《中国近代报刊史》、50位新闻史学者合作完成的《中国新闻事业通史》（三卷本）、胡太春的《中国近代新闻思想史》、徐培汀的《中国新闻传播学说史（1949—2005）》、韩辛茹的《新华日报史》、王敬等的《延安解放日报史》、张友鸾等的《世界日报兴衰史》、尹韵公的《中国明代新闻传播史》、郭镇之的《中国电视史》、曾建雄的《中国新闻评论发展史》、程曼丽的《蜜蜂华报研究》、马光仁等的《上海新闻史》、庞荣棣的《史量才传》、白润生等的《中国少数民族新闻传播通史》（上、下）、吴廷俊的《新记〈大公报〉史稿》和《中国新闻史新修》、陈玉申的《晚清报业史》，钟沛璋的《当代中国的新闻事业》等，累计已超过100种。其中有通史，有编年史，有断代史，有个别新闻媒体的专史，也有新闻界人物的传记。与此同时，还出现了一批像《新闻研究资料》《新闻界人物》《新华社史料》《天津新闻史料》《武汉新闻史料》等这样一些“以新闻史料和新闻史料研究为主”的定期及不定期的新闻史专业刊物，所刊文章的字数以千万计，使大陆新闻史的研究达到了空前的高潮。这一时期台、港、澳地区的新闻史研究也有一定的发展。李瞻的《中国新闻史》、赖光临的《中国新闻传播史》和《七十年中国报业史》、朱传誉的《中国新闻事业论集》、陈孟坚的《民报与辛亥革命》、王天滨的《台湾报业史》和《台湾新闻传播史》、李谷城的《香港中文报业发展史》《香港〈中国旬报〉研究》等是其中的有代表性的专著。但受海归学者偏重传播学理论和实证研究的影响，新闻史研究者的队伍有逐步缩小的趋势。值得提出的，是这一时期海外华裔学者从事中国新闻史研究的也大有人在。其杰出的代表，是现在北京大学任教的新加坡籍的卓南生教授。他所著的《中国近代报业发展史》，有中文、日文两种版本，也出版在这一时期，弥补了大陆学者研究的许多空白，堪称是一部力作。

和台、港、澳地区新闻史研究的情况相比，中国大陆的新闻史研究，目前仍处在蓬勃发展的阶段。为适应新闻事业迅猛发展的需要，20世纪80年代以来，大陆各高校新闻教学点的数量有了很大的发展，档次也有了很大的提高，而师资队伍却出现了极大的缺口。为适应形势发展的需要，几个重点高校纷纷开设师资培训班，为各高校新闻院系输送新闻史论方面的教学骨干。稍后又大力发展研究生教育，设置新闻学、传播学的硕士点和博士点，招收攻读新闻史方向的研究生。到21世纪的第一个10年，拥有博士学位和博士后学历的中青年新闻史学者已经数以百计。这些中青年学者，大都在高校和上述600多个新闻专业教学点从事新闻史的教学研究工作。他们和在中国社会科学院新闻学研究所和各省、市社科院新闻所从事新闻史研究的中青年研究人员以及老一代的新闻史学者一道，构建了一支老、中、青结合的学术梯队，形成了一支数以百计的新闻史研究队伍，不断地为新闻史的研究提供新的成果。其中有不少开拓较深，颇具卓识，填补了前人学术研究的空白。

收入《中国新闻史研究辑刊》的这些专著，就是从后一时期近20年来中国大陆中青年新闻史学者的众多研究成果中筛选出来的。既有宏观的阶段性的历史叙事和总结，也有关于个别媒体、个别报人和重大新闻史事件的个案研究。其中，有一些是以他们的博士论文为基础增益删改完成的，有的则是作者们自出机杼的专著，内容涉及近、现、当代中国新闻事业史的方方面面，既反映了中国大陆改革开放以来新闻史研究蝶舞蜂喧、花团锦簇的繁荣景象，展示了中青年学者们的丰硕研究成果，也为中国新闻史研究的进一步发展提供了不少参考和借鉴。把它们有选择地汇集起来，分辑出版，体现了花木兰出版社在推动新闻史学术发展和海内外以及两岸学术交流方面的远见卓识，我乐观厥成，爰为之序。

方汉奇

2013年4月30日

秦珪著《关于新闻评论与新闻教育》序

秦珪兄是我们这一代人中的老革命，当我在政治上还浑浑噩噩的时候，他就已经在太原参加了地下党的外围组织。1947年到北京念大学后不久，他又积极地投入地下党领导的进步学生运动，早在1952年就成为一名正式的中国共产党党员。此后，他还长期协助过民主党派的工作。他是新中国成立前后成长起来的新一代知识分子中的翘楚。

秦珪兄又是一位著名的新闻学者和新闻教育工作者。他毕业于著名的燕京大学新闻系，毕业后曾先后在北京大学中文系新闻专业和中国人民大学新闻系（现称新闻学院）任教。他淹博多识、诲人不倦，北大中文系新闻专业和人大新闻院系的8 000子弟都曾直接或间接地受教于他。当代中国的名记者如郭超人、艾丰、陈锡添等，都得到过他的亲炙。他传道、授业、解惑，名满天下。海内新闻业者，凡是在两校新闻系念过书的，或看过他编的教材的，未有不知清徐秦氏者。

秦珪兄在从教期间，主讲新闻评论方面的课程。课余的学术研究，也以这方面的开拓为主。收入这本书的，有关中国古代论说文和中国现、当代各时期新闻评论的一系列分析评论文章，就是他在这方面的研究成果。从他有关先秦、两汉、魏晋、南北的政论名家，唐宋八大家，明清和民初等各时期的政论名家作品的分析与评论中，可以看出他非常重视中国古近现代优秀政论家和政论精品的借鉴和传承。真正做到杜甫所说的“不薄今人爱古人”和“转益多师是吾师”。从他对新中国成立以后各时期报刊评论文章的评介和剖析，可以看出他十分重视当代评论写作经验和教训的分析与总结，既有宏观的把握，也有细致入微的的剖析，勾沉探赜，取精用宏，使青年学子知所遵循，得到很好的教益。

秦珪兄还是建国以来新闻教育的笃行者。曾长期担任北京大学中文系新闻专业和中国人民大学新闻系（现称新闻学院）教学方面工作的领导职务。北大中文系新闻专业创办初期，他是这个专业主管教学工作的教研室秘书，是当时的专业负责人罗列的主要助手。人大停办、北大新闻专业恢复招生的那一段时期，他是北大中文系新闻专业教学工作的主要负责人之一。人大复校后，他仍然长期担任教学方面的院系领导职务。从培养目标到教学计划的制定，从课程的设置到外聘讲课人员的联系和安排，从招生、实习到毕业生的分配，他都亲与其事，而且有丰富的实践经验，是新中国新闻教育的行家里手。在这方面，他有很多的心得和体会。收入本书的不少文章涉及新闻教育的方方面面，其中包括有关本科培养目标的论述、有关新闻系学生应该根据专业的特点单独招生的论述、有关课程设置和教学内容改革的论述、有关加强校内教学的实践性环节的论述，以及强调新闻院系学生应该加强基础教育，重视社会实践，实行多层次、多种形式办学的论述，等等。这些，都贯穿了他对新闻教育理论与实践的探索和心得体会，对今天的新闻教育的发展将会起到很好的推动和借鉴的作用。

我和秦珪兄在北大和人大两校相识、相知和共事逾60年，深感他是一个襟怀豁达、宽厚朴挚的长者。他通权达变，与人为善。我在和他共处的过程中，曾经多次得到过他的帮助：“文革”中，我在中国人民大学江西余江的“五七干校”打了三年石头，是他在我回京探亲的时侯把我留下来给北大的工农兵学员们当教员的；“文革”后期，我的一些小小的研究成果写出来后无处可以发表的时侯，是他以教研室的名义打印出来，装订成册，分发给教师们参考的；拨乱反正以后，当我的第一部学术专著正在进行中的时侯，是他介绍给山西人民出版社拿去签约出版的。他的这些义举和善举，对当时已是涸辙之鱼的我说来，都无疑是雪中送炭，让我铭刻在心，永志不忘。现在，他的这部专著即将出版，我乐观厥成，也乐于把它推荐给新闻学研究和新闻教育工作者。

爰为之序。

方汉奇

2014年8月31日于北京宜园

范东升编《中国的西北角》《塞上行》校注本序

20世纪30年代汇辑出版的范长江先生的新闻通讯集《中国的西北角》和《塞上行》，保存了那个时代中国西部极其珍贵的真实历史记录，长期以来一直为世所重，被视为中国新闻史上具有永久价值的经典之作。它们在新闻写作方面所取得的成就，并世无两。在当时和相当长的一个时期内，始终被认为是新闻通讯的典范，风靡了将近一个世纪的好几代的新闻工作者。我就是看了这两本书后，从青年时代起就爱上了新闻事业，考大学的时侯只报新闻系，一心想当一个像他那样的新闻工作者。后来，记者没当成，成了新闻史的教学研究工作者。但对他，始终是高山仰止，心向往之。对他的这两部新闻通讯集，也一直奉为经典，感念不已。

即将问世的这部《中国的西北角》勘注增补本，是由范长江先生的次子范东升教授负责编辑的。他1978年在北京大学就读新闻专业，随后在人民大学新闻系读研究生，其间潜心搜集、整理其父旧作，并协助母亲沈谱编辑出版了《范长江新闻文集》。随后子承父业，多年在国内及海外从事新闻工作。而自2006年之后，范东升教授于汕头大学任教9年，曾6次率领师生循范长江先生当年考察路线重走中国的西北角。今范东升教授所编纂的《中国的西北角》勘注本，对于范长江研究来说，无疑为十分重要之新贡献。

本书最为可贵之处在于，编者为范长江先生后人，却能秉持实事求是的客观态度，恪守尊重作者及保持原著完整性之出版原则，无删削而去粉饰，完全恢复了两部书的原貌，从而有助于读者完整地了解真实的历史，并由读者和新闻史研究者自己去作出分析与判断。两书勘注本在新的史实方面还有重要的发现，例如，范长江先生于1937年3月在陕北之行后所写的《动荡中之西北大局》一文，历来被认为是新闻史上的名篇，但在80年代以后再版的各个版本中却没能使用原作，而是采用了经《大公报》社长胡政之做若干删改后发表的上海《大公报》的版本。但研究界以往则误认为范长江先生在《大公报》发表的文章与两部书所收录的内容应是完全一致的。而两书勘注本则恢复使用了《塞上行》原版书中的记者原作。

这两部书自30年代出版以来，在海内外曾多次再版，但各种版本均缺乏必要的勘校注释，其中文字上的各类差错不少，有些版本对原文做了不必要的删改。作为传世经典，书中有此瑕疵，实为憾事。现经范东升教授详加考证与勘注，纠正了以往各版本中的差错达数百处，为读者提供了迄今为止最为完整、可靠和准确的一个版本。编者还对这两部书添加了1 400余条注释，为当今读者理解书中内容提供了很大的方便。正如对《红楼梦》诸版本之勘校评注乃红学研究之基础，而两书勘注本之问世，对于今后范长江研究之推展和深入，其重要意义自不待言。

长江先生的西部考察，正值西北地区成为国内政治主要舞台，重大事件接踵不断，而记者行经路线漫长而复杂，曲折而艰险。为此，编者制作了长江先生考察行程一览表，详细列出各旅行阶段的时间、地点、路线、作品等，可使读者对记者行程信息一览无余。此外，两部书中包含大量的地理知识，为了帮助读者读懂书中内容，编者根据考证的地理资料，重新绘制了40余幅大小地图，甚至原版书旧图中的一些差错也得以纠正。其中“岷山南北”等若干幅地图，是尘封80年来经重新绘制首次与读者见面。“塞上行记者路线图”则是编者根据书中内容首次绘制的。总之，《中国的西北角》勘注本中的新资料相当丰富，不仅可为各界读者提供很大的便利，本身也是新闻史学研究方面一项珍贵的研究成果。

“江山代有才人出，各领风骚数百年”。范长江就是一位在中国现、当代新闻事业史上领过而且还在领着风骚的人物。《中国的西北角》和《塞上行》这两部通讯文集，则是他留给后人的代表性的成果。它们不仅是20世纪30年代中国历史的一面镜子和那个时期中国西北地区的一部百科全书，也代表了中国新闻记者在新闻通讯报道上曾经达到过的最高水平，体现了中国新闻工作者高尚的职业道德和崇高的精神境界，继承、奠定和弘扬了中国新闻工作者的优良传统。经过范东升教授精心订正、注释、整理和补充的这部勘注本，将更好地帮助读者了解收入这两部文集的新闻通讯的原始面貌，帮助读者更好地向范长江学习和进一步深化对范长江的研究。

欣闻《中国的西北角》勘注本即将出版。从时间看，这将是对范长江20世纪的那次西北考察旅行80周年的一个很好的纪念。我乐观厥成，爰为之序。

方汉奇

2015年10月16日

宁树藩等著《中国地区比较新闻史》序

由复旦大学新闻学院宁树藩教授立项、牵头、主编，姚福申、秦绍德等40位学者通力襄助和协作完成的《中国地区比较新闻史》，经过23年的努力，终于杀青问世。这是中国新闻史研究的一项重大成果，它的出版，值得欢迎，值得重视，值得祝贺。

中国新闻史的研究是从地方新闻史开始的。最早问世的姚公鹤的《上海报纸小史》、项士元的《浙江新闻史》以及胡道静有关上海新闻史的系列著作、蔡寄鸥有关武汉新闻史的专著等，都属于地方新闻史研究范围。20世纪八九十年代，各省市纷纷修撰地方志，其中就有不少地方新闻史的内容，有的还设立了专“志”，或专门的章节。但一部贯穴古今、皋牢百代、卢牟六合，以研究和比较全国各地区新闻发展史为主要内容的综合性的专著，则似乎还不曾有过。这说明中国各地区新闻事业发展的历史是不平衡的，也说明这方面相关资料的搜集、整理和比较研究是有一定的难度的。

现在，这样一部以《中国地区比较新闻史》命名的，以研究和比较全国各地区新闻发展史为主要内容的鸿编钜构，正呈现在读者面前。它不仅对全国三十几个省、市、地区和港、澳、台地区的新闻事业的发展作了全面的历史性的概括、勾画、描述和分析，而且在书的最后部分为读者提供了15项包括“调查表”“分类统计”“报刊名录”等在内的附录，以方便学者作进一步研究时的参考。真是功莫大焉，善莫大焉。主编和作者们的创意，他们的辛劳和奉献是十分值得感谢的。

我和宁树藩教授相知、相识逾60年。深知他是一位德、才、识兼备的新闻史学者。他是学外语出身的，英文很好，这使得他在治学上从一开始就具有世界眼光。抗日战争时期，他为了求学，曾经随着流亡师生步行从浙江经江西、湖南走到广东的坪石，练出了一双能够长途跋涉和吃得起苦的铁脚板，也练就了一身能够适应各种生活和工作条件的本领。到复旦任教后，他由教政治课、教党史转为教新闻史，是因为其有深厚的理论根底和文史基础。20世纪50年代中期以后，他专攻中国新闻史，教学研究成绩斐然，成为一代宗师。我和他虽然不在一个学校，没有在一起参加建国后前30年的各项“运动”，但始终相濡以沫、时时存问，并未相忘于江湖。20世纪80年代以后，改革开放，百废俱兴，又和他有了多次合作和切磋的机会。他是我十分尊敬的长者。由他主持编写的这部《中国地区比较新闻史》是他经营了20多年的传世之作。它的出版，将是对不久前逝世的这位长者的一个很好的纪念。

参与这部专著编写工作的是一个老、中、青结合的班子，既有淹博多识的硕学鸿儒，也有才情敏给的青年俊彦。而姚福申、秦绍德两位学者则为这部书的最后完成和顺利出版作出了重大贡献。没有他们的努力和辛勤付出，这部书不可能这么快收关和出版。他们的业绩，同样值得感念。

《中国地区比较新闻史》经过几十位作者20多年的努力终于杀青问世，我乐观厥成，爰为之序。

方汉奇

2016年6月7日于北京宜园

郭传芹编《〈顺天时报〉影印版》序

《顺天时报》（1901—1930年），是日本“东亚同文会”创办的一份中文报纸，1901年12月*在日本浪人中岛真雄主持下创刊于北京。创办后不久，即因在日俄战争时期的新闻报道中表现突出，由日本公使馆正式接管，并接受日本外务省的资助，成为后者在华的机关报。在“京畿辇毂”之下，这家报纸不断发展，先后出版了30年，曾一度成为华北报界中的翘楚和日本早期在华新闻事业中的重镇。

该报创刊之际，正值义和团运动之后、中国社会大变革的前夜，“该报的问世实开北京新闻界风气之先”。在清末立宪运动中，《顺天时报》曾对朝野的相关举措进行过详细报道，并发表评论表示支持，在当时华北舆论界造成一定的影响，有利于运动的开展。

由于有东亚同文会和外务省的背景，该报经常发表有利于维护日本在华利益的言论主张。

民国建立前后，该报继续关注时局。在“辛亥革命”“二次革命”、袁世凯称帝、府院之争、张勋复辟、护法运动、南北议和、军阀混战、北伐等各个历史关键事件中均进行过大量的报道，并以各种形式发表评论。由于有治外法权的保护，该报的言论较为放肆和张扬，特别是在袁世凯复辟帝制时期所持的反袁立场，获得了社会公众的肯定，使其在读者中的影响达到了顶峰。其后随着日本在华立场的转变，该报在涉及中日关系及利益时积极维护日本，尤其是在1924年以后的大革命中，不顾中国人民日益高涨的民族意识，干涉中国内政，为日本侵华政策辩护，最终招致中国人民的反感和抵制，于1930年3月被迫自行停刊。

《顺天时报》是北京地区发行较早的中文日报，它采用了现代报业的经营管理方式，对中国近代报业特别是北方报业的发展具有一定的影响。它的新闻采访体系较为完善，各地都派有专门访员，加之特殊的身份和地位，消息来源广而灵通，新闻报道往往真实可靠，时事评论敢于放言，在一定时期和一定程度上对北京的公共舆论起了一定的影响。该报所刊载的丰富、翔实的新闻报道和其他各类评论文字，对研究清末民初的历史具有重要的史料价值。

此外，该报副刊“消夏录”“剧评”等栏目也颇有特色，它持续20年关注北京戏剧舞台，保留了丰富的戏剧资料，尤其是京剧史料，已经引起了部分学者的关注和研究。在新闻社论中，也时常关注民国时期的社会风气、文化现象、水旱饥馑、市政建设等，以及对当时社会各阶层形势的分析也颇具参考价值。

以《顺天时报》为代表的日本在华中文报纸，是近代新闻史、中日关系史的一个特殊现象。它们借助新闻媒体的优势，结合内外形势，在舆论上曾造成较大影响，结果不仅牵动着民国政局的走向，也有力地推动了日本对华政策的实施。因此，对此类报纸加以专门研究，无疑可以加深并扩宽对民国史、民国新闻史、中日关系史的认识。但是在资料的使用上，我们需要认清日本的真实面目，辨别真伪，特别是新闻报道中存在着歪曲事实的报道，如1926年4月1日第七版发表的题为《各国佛教家之握手中藏日英佛教联合会》，反映了日本政府别有用心、不可告人的目的。

《顺天时报》的原件在国内的公私收藏都较少，学者使用极为不便，此次国家图书馆和天津古籍出版社、天津教育出版社联合整理影印出版的《顺天时报》，不仅对了解和研究近代日本在华的新闻事业具有重要的意义，对清末民初新闻事业和这一段时期国内政治、经济、社会、文化以及中日关系等领域的研究，也都具有重要的史料和参考价值，是值得充份肯定和支持的。是为序。

方汉奇

2013年12月

* 据《清史·报刊表》，《顺天时报》创刊于光绪二十七年十一月二日（即公元1901年12月12日）。

第十一系列

发言与讲座新篇（25篇）

祝贺北大新闻与传播学院成立

北京大学新闻与传播学院经过一年多的筹备，终于宣告成立。这是中国新闻史特别是新闻教育史上的大事，也是中国新闻史和新闻教育史上的一件喜事，谨向北大新闻与传播学院的全体师生致以衷心的祝贺！

在北京大学成立新闻传播学方面的院系，是期待已久的事情。长期以来，我同不少新闻界和新闻教育界的同志们都有这样一个认识，就是北大应该创办新闻传播学方面的院系。这是因为：

第一，北大有从事新闻学研究和新闻教育的悠久历史和传统，是中国新闻学研究和新闻教育的摇篮，中国的新闻学研究和新闻教育事业是从北大开始的。一直到现在，在中国的新闻学和新闻教育史上，北大还拥有好几个第一：在高等学校开设了第一门新闻学方面的课程，这里指的是1918年9月起徐宝璜为北大政治系等文科各系高年级学生开设的新闻学选修课；建立了中国历史上的第一个新闻学研究团体，这里指的是1918年10月14日在沙滩北大红楼内成立的北京大学新闻学研究会，毛泽东、罗章龙和已故的北大中文系主任杨晦教授等都曾经是这个研究会的会员；出版了中国历史上第一本新闻学著作，这里指的是1919年由北大新闻学研究会联系出版的徐宝璜的《新闻学》；编辑出版了中国历史上的第一部新闻学期刊，这里指的是1919年4月起由新闻学研究会创办的《新闻周刊》。当时的北大，不仅拥有全国第一批新闻学者，而且还拥有全国第一个新闻学教授。后者指的就是最早在北大开设新闻学课程和参与创办新闻学研究会的徐宝璜。当时，他刚刚从美国留学回来，担任教授的那一年才23岁，是迄今为止北大历史上最年轻的教授。

此外，北大还是建国初期的那一次院系调整之后，率先设置新闻学专业的一所大学。也是"文化大革命"后期，率先恢复新闻专业并开始招生的第一所大学。从1918年到现在，北大从事新闻学的教学与研究已有近80年的历史。

第二，有校内众多的其他院系作为依托。北京大学是一个实力雄厚的综合大学，是中国的超一流学府，它皋牢百代、卢牟六合、贯穴古今、融铸中外，兼有数、理、生、化、医和文、史、哲、经、法等众多学科，庋藏丰富，群彦汪洋，有着深厚、宽广的综合优势，曾经为当代中国众多学科学术的发展作出过贡献。而新闻传播学具有一定的边缘学科的性质，它的外沿很宽，涉及的方面很广，需要的正是像北大这样的学术土壤。有北大这样综合大学的众多院系作依托，新闻传播学的教学与研究必然能够得到长足的发展。

我从1953年起，曾经两度在北大的新闻专业任教，一次是1953年到1958年，一次是1972年到1978年，加起来一共10年。我曾经为北大百年校庆时出版的《青春的北大》那本书，写过一篇题为《十年风雨未名湖》的小文章，记述那10年的经历和感想。那10年，风雨如磐，政治运动确实不少，但我仍然从北大这一实力雄厚的综合大学的学术氛围中受到了不少熏陶，得到不少教益。在那10年中第一个5年，我作为一个二三十岁的青年教师，有幸聆听过校内文、史、哲、经各系的诸子百家的课，其中有不少是所在学术领域内的大师级的学者。从他们身上，我不仅获得了知识，也学到了治学的门径。这一期间，我还经常带着问题向校内的那些专家、学者们请教。为了了解新闻学研究会在北大活动的情况，我找过这个研究会曾经的会员——当时担任北大中文系主任、著名文艺理论家杨晦教授；为了了解五四时期四大报纸副刊的情况，我找过担任过《时事新报》副刊“学灯”的主编、哲学系的著名美学家宗白华教授；为了了解鲁迅早期办报活动的一些情况，我找过和鲁迅有过密切交往的徐祖正教授和章廷谦教授；为了解决历史人物评价中的一些问题，我找过当时的历史系主任翦伯赞教授；为了了解敦煌石窟收藏中有关新闻传播方面的材料，我找过这方面的专家——当时担任北大图书馆馆长的向达教授。北大图书馆内收藏的众多的早期外国传教士办的报刊和五四时期的期刊，包括毛泽东在五四时期创办的《湘江评论》，也给我这方面的研究提供了极大的方便。我的大量有关新闻史研究的资料，有不少是在北大工作时期积累起来的。这方面的准备工作，也有不少是在北大工作时期完成的。上面所说的，只是从个人经历的角度体会到的北大的综合优势之一斑。可以想象得到，这样的学术土壤，这样的综合优势，是非常适合新闻传播人才的培养和新闻传播教育的发展的。

今天是北大新闻与传播学院成立的第一天，我祝愿这个学院充分发挥北大这一综合大学的优势，在新闻传播人才的培养和新闻教育的发展及新闻传播学的研究，特别是新闻传播学理论、中外新闻传播史和跨文化传播的研究等方面不断作出自己的新的贡献。

方汉奇

学习·研究·积累
——2001年在清华大学新闻与传播学院的演讲

熊澄宇：今天是清华传播论坛第一次开讲，也是清华传播学前沿讲座的第一讲，我们很荣幸请到了中国人民大学的方汉奇教授给我们讲这第一讲。方教授是国务院新闻传播学学科评议组组长，是国内新闻传播学领域里的首席专家，泰斗级人物。方先生今年已经75岁高龄，他今天非常高兴地来参加我们这个讲座，让我们对方先生的到来表示热烈欢迎（掌声）！下面请方先生作报告。

学　习

今天准备和大家讲这样一个题目，就是：学习、研究和积累。主要是讲讲学习、研究、积累方面很基本的一些东西。因为我听说在座的很多学生都已经进入研究生阶段了，这是一个新的起点，我谈一些这方面的经验体会，对大家也许会有些帮助。先讲讲学习。我们每个人都经历了不少学习，目前和今后也都要学习，关于学习可谈的方面就很多了。对于我们从事新闻传播学研究的同学们，我想主要有三点。

第一点就是，应该有一个正确的政治方向。主要是因为我们新闻传播学和政治的关系非常密切。既然和政治密切就要有一个方向。记得当年北大的老校长严复办报的时候说过这样的话：“一立论不能无宗旨，一举足不能无方向”。一立论不能无宗旨，办报纸、发表评论必然有个宗旨：你支持什么，反对什么；一抬腿就有一个方向问题，腿往哪儿迈，东、南、西、北、中都有个方向问题。梁启超在讲这个问题的时候是和历史合起来讲的，他说办报的人和写历史的人一样，都应该要注意政治。梁启超一辈子写过1 500万字的文章，他说他所写的文章都和政治有关。他办报期间所写的就更不用说了。他在谈报纸和政治之间的关系时说，一个研究历史的人，有主观和客观两性，办报也是这样，“有客观无主观不得谓之报”，这是他的原话，办报的人光是“客观”，没有自己的立场观点，“不得谓之报”。我们从事新闻传播学的研究，必须有一个正确的政治方向。从民族的角度来说，我们要振兴中华，从公民的角度来说，我们要遵守法律，以及执行“四项基本原则”，坚持党的路线方针政策等。如果是党的机关报或者是党的媒体，还要讲究宣传的纪律。这个立场是必须有的，每个人实际上都有自己的立场，关键看你屁股坐在哪个地方。

西方国家的新闻工作者或新闻传播研究者，尽量想淡化这个新闻传播运作中的政治色彩，但实际上是离不开政治的。西方新闻学里，经常谈记者应该有“新闻感”，他们也说成“第六感”，就是五官之外的第六官。“新闻感”，其实它无非就是个政治敏感，对一些客观信息及政治上的评估来作出决断。这个新闻该不该报道，有多大新闻价值，也是从政治上来考虑的。西方国家比较多地强调客观报道，其实客观报道本身里头也是有立场的。客观报道本身虽然报道的是客观事物，但在选择报道哪些、不报道哪些的时候就有个立场。鲁迅讲过这样的话：画家画的都是客观事物，但是你看画家画的或者是山水，或者人物，或者花鸟虫鱼，有哪个画家画大便？画毛毛虫？画鼻涕？没有哪个画家画吧。同是客观事物，画家在画的时候，就有个选择。这个选择就体现了他的好恶和爱憎，画家选择的是真、善、美的事物。

所以，从事新闻学和传播学首先要有个正确的政治方向。和这相联系的，还必须有一个好的人品。具体地说，要讲究职业道德，要讲究新闻道德。日本东京大学一个故去的老新闻学者叫小野秀雄，他说过这样的话：新闻系别的课都可以不开，新闻伦理这门课一定要开。无非就是强调要未来的新闻工作者养成职业道德。此外还要有敬业的精神，在中国历史上那些著名的新闻工作者，像梁启超、邵飘萍、成舍我等人，都是非常有敬业精神的。所以，我想说的第一点就是要有个正确的政治方向。

关于学习我想说的第二点就是，要有比较广的知识面。这一点对于从事新闻传播学研究的同学来说尤其重要。马克思讲过这么一句话，凡是人类感兴趣的事情，我都感兴趣。我想，我们新闻工作者、新闻传播学研究者也应该有这样的抱负，兴趣应该广泛，知识面应该宽，学科的基础要打得宽一些。主要原因是新闻传播学是边缘学科，涉及到人文社会科学的方方面面。因此从事新闻传播学，必须有非常广阔的知识面。过去胡适讲过一句话，叫作：“为学当如金字塔，既能博大又能高”。我想不必因人废言，胡适这句话没错。治学，特别是从事新闻传播学研究，其知识结构就应该像金字塔那样，有非常广阔的基础，然后又有高度。可以说老一辈的新闻工作者或者新闻学者，他们都知识非常渊博，涉猎非常广。

譬如，“戊戌维新”时期的梁启超，他之所以能在《清议报》《新民丛报》《时务报》当时一些维新派的报纸上发表那么多给人以启迪的、充满智慧的文章，主要是因为他有非常渊博的人文社会科学方面的知识。他的文史基础当然是很好的。对于当时的一些新的知识，他也是非常积极地去追求。戊戌政变以后他跑到日本，从1898—1900年，他就看了100多种日文的人文社会科学方面的书。他在《清议报》上发表的文章和他这个时期的广泛涉猎是分不开的。

“辛亥革命”时期的老报人章太炎，知识也是非常渊博的。他自己说，十三经、史传、诸子、说文，21岁前“读之殆遍”。21岁前这些书他统统都看过，十三经是儒家一些基本经典著作，三史、三传、四书、五经这些；诸子、春秋战国的那些，如庄子、墨子、韩非子等人的著作；说文，是语言学方面的。这些他都“读之殆遍”。这些经典的著作当时像章太炎时代的学人，基本上都烂熟于胸，有很多能背诵如流，所以写文章时可以摇笔即来，一肚子都是典故。当时人念书，这些基本功都是相当踏实的，比如，康有为的《辑杜》，就是把杜甫的诗重新组装成他写的诗。说明是辑杜，所以也不算抄袭了。但是需要有点本事啊，杜甫的诗1 400多首，老先生全都背得下来。当时人念书在这些方面的基本功下得是很踏实的。

《大公报》的记者张季鸾的知识是非常渊博的，除了那些基本知识的基础之外，他对国际政治情况也是了如指掌。他1941年去世，所以赶上了第一次、第二次世界大战和抗日战争。对于战争时期的新闻报道、评论和写作他都非常清晰，有关数据他都了如指掌，各个有关交战国家的军事力量的一些数字他都记得非常清楚。譬如恽逸群，这是解放初期《解放日报》的社长，他15岁就基本上把儒家的经典都念完了，20岁的时候念过1 000本书，非常渊博。

在这方面鲁迅也是个榜样。鲁迅在“一·二八”淞沪战争打响的时候开始住在日本租界的外围，后来迁到上海日本租界的核心位置，住在旅馆里。在此时期内他在旅馆里住了将近一个月碰见一个日本的年轻人，这个年轻人经常和他聊天。据这个年轻人后来回忆，他当时并不知道这个老先生是鲁迅，他一会谈进化论，一会谈黑格尔，一会又谈很多自然科学方面的东西，还谈医学方面的东西。这个年轻人谈起日本的酒，老先生就跟他作日本的酒和绍兴的酒的对比，总之是年轻人和鲁迅在一起的这一个月间觉得他真是无所不知。后来这个年轻人也成了一个著名学者。他在回忆录里说，后来知道和他交谈的这个老先生就是鲁迅，他说鲁迅的学问“比日本的五个博士加起来还要多”。可见鲁迅的知识面非常宽。

知识面需要宽，对我们新闻传播学研究生说来，就应该向这方面努力，知识要博。博的对立面就是陋，就是知识不足，知识不足就容易在工作中出现错误，出现笑话。这是应该尽可能避免的。为了避免我们知识面的不足，在学习时我们应该注意，既要把马克思主义的一些经典著作学好，也要把文、史、哲的基础课程学好。作为新闻传播学的研究生，还应该把和新闻传播学有关的一些专业课程、必修课学好，教学计划里规定的这些课程都是我们的知识结构里很需要的课程。除此之外，我们还不妨广泛地涉猎。比如说，也应该看一点文学书，哪怕小说也应该看一点。20世纪50年代的时候在大学里学联共党史时有过一本书，就是联共党史文艺参考书目，书目里开出来的大概都是小说，不下100种。学第一章时可以看哪些小说，学第二章时可以看哪些小说，书目里都给你提供了详细的介绍。因为文学实际上是客观的一种反映，托尔斯泰就是俄罗斯的一面镜子，要了解资本主义方方面面的情况，可以看巴尔扎克的《人间喜剧》。巴尔扎克有一本书叫《幻灭》，里面就写了很多西方新闻工作者的情况。你看小说也可以学到不少历史知识、社会知识。所以，小说有的时候也不妨看看。看书的面不妨放宽一点，鲁迅就曾对青年建议过，扶乩的书、谈婊子的书、谈帝国主义的书都不妨看看，这些作品可以扩大你的知识面。扶乩大家听说过没有？现在恐怕没有了。说的是，树的主干，两个分叉，两个人、分别拿着一边，两个人共同运作在下面沙盘上写字，写一个字拿沙盘的人就摇，沙就平了，再写第二个字。扶乩的时候，谁都可以请，玉皇大帝啊、关公啊、菩萨啊，甚至于把萨达姆请来都可以，在那里写字。这里面当然是装神弄鬼，但是这方面的书鲁迅说也不妨看看，看看它是如何编造。知识面要宽，要做到知识面宽就要多方面“求同存异”，就是杜甫所说的“转宜多师是吾师”，要多方面地去求教，要看方方面面的书。对文学作品来说，不要光看一个作家的书，要看许多人的书、方方面面的书，就像蜜蜂采花一样，采了很多花的花粉之后才能酿出好蜜。

南开大学的陈省身教授，原在美国任教，现已退休并长住南开。他曾说过这样的话：要有广博的知识，不要只念自己本身科目以内的东西，本身科目以外的知识你也应该有所涉猎。用杨振宁的话来说，就是你把天线拉长一点，你就可以得到多一点的信息，“转宜多师”的结果呢，酿出来的蜜才会是好蜜。一个很浅显的道理，大家都知道柴鸡就比肉鸡好吃，老太太养的鸡就比鸡场喂的鸡好吃。因为前者是放养，鸡又吃点草籽儿、虫子，有时吃点石头帮助消化，它的自选动作很多。鸡场的鸡就是非常简单的饲料，再加上激素啊、维生素之类的，鸡长得很胖很重但是没味道。所以，广东菜里的白斩鸡、就指定必须是农家养的“姑娘鸡”，只有还没嫁人的小母鸡肉才嫩，味道才好。

在这方面梅兰芳是个很好的例子，他是京剧艺术大师级的人物，他的艺术非常精湛。虽然大家这个年龄赶不上看梅兰芳本人演出，但现在还能看到他的录像、他的电影，那确实是非常精彩的。我看过梅兰芳演出，他演《贵妃醉酒》那出戏时，先出来四对宫女，再出来四对级别高一些的宫女，然后再出来几个太监，最后才是舞台灯一亮，梅兰芳出场。出来以后只走两步，一亮相，就把八对宫女全都比下去了。眼神的运作、扮相，不是一般的京剧演员能够达到的。为什么梅兰芳有这么高的京剧艺术造诣呢？梅兰芳自己说，他的武功是跟一位大师学的，是著名的武生，是他外祖父的徒弟；他的《贵妃醉酒》——晚年经常唱的一出戏，是跟陆三宝学的；他的那本《红泥冠》是跟王瑶卿学的；《武家坡》是跟他伯父梅雨田学的；他的昆曲是跟乔慧兰学的。他把所有这些大师级的艺术都吸收了，然后融会贯通成为梅派鼻祖。他在《贵妃醉酒》里有一个身段，据他自己说，是跟演曹操的黄瑞申学的，是从曹操的身段里头引用过来表现杨贵妃的醉酒。他在《刺虎》这出戏里有一段唱腔，是跟民国初年的著名武生学的，这段戏全名叫作《贞娥刺虎》，说的是李自成部下的一个将领被一个宫女刺死的故事，因为带有贬低农民起义将领的嫌疑，因此解放后这出戏就不唱了。其中有一段唱腔，就是从武生的唱腔里吸收过来的。梅派艺术就是这样多方面借鉴、吸收的结果。所以，多方面学习、扩大知识面，对我们从事新闻传播学的研究生是有好处的。

除了要有比较广的知识面，还要有一定的专业方向，要处理好“博”和“约”的关系。像胡适说的，既能博大，有广博的知识基础，又有比较高等级、尖端这方面的造诣。这是我想说的第二点。

关于学习我想强调的第三点，是要有比较娴熟的文字基本功。对于从事和将要从事新闻传播学研究或工作的人，培养自己娴熟的文字基本功是终身受用的。历史上很多著名的新闻工作者，都有非常娴熟的驾驭文字的能力。比如梁启超、邓拓这些著名的新闻工作者，他们驾驭文字的基本功都是非常娴熟的。梁启超一生担任过将近10家报纸的主力，写了1 500多万字的文章，平常大概平均每年都得出个几十万字的成果。据说最多的时候他一天写过5万字，这可能是不确实的，但是根据他日记的记载，梁启超一个晚上写8 000字的情况还是有的。在他宣统三年有一天的日记里是这么写的：吃完晚饭以后写了一篇给《国富报》的社论——《美国东方政略记》，论述美国在远东的政策，5 000字。写完之后休息一下，又写了一篇论铁路问题的文章。当时沙皇俄国占领了中东铁路的筑路权，要从锦州修一条铁路，梁启超就此事发表评论，写了2 000多字。写完之后天还没亮，想起《横滨商会报》让他写个发刊词，然后拿起纸来又写了一篇，1 000多字。他的日记上写着：从黄昏的时候到太阳升起方得空闲。用毛笔写的，不要说写一遍，抄一遍都是非常累的，而梁启超都非常轻易地完成了。而这些都是成品，第二天就要发排见报的。梁启超的文章自称是笔锋常带感情，条理非常明晰。他自称写文章有“春蚕食叶之乐”，就像春天进到养蚕的屋子里就听到一片沙沙沙春蚕吃叶的声音，他写文章就听见笔在沙沙沙地挥洒。梁启超不以写文章为苦，而以写文章为乐，这点如果没有非常娴熟的驾驭文字的基本功是做不到的。很多新闻工作者都说写文章是个苦事，成为乐事是印出来成为铅字之后，写的过程中是苦事。很多记者说自己的稿子是挤牙膏式地挤出来的，是憋出来的，是用烟一根一根熏出来的。但是梁启超没有这个问题，而是“春蚕食叶之乐”，这就需要娴熟的文字功底。黄远生也是，这是民国初年的一个名记者，他采访有时候出去，有时候在家里请客。请客过程中宾朋满座觥筹交错、高谈阔论，他请的都是政府高官，谈话中信息量很大。他一边应酬一边交谈，一边拿起纸来写，写完后就发稿，写作技巧非常娴熟。邓拓也属于这样的人，邓拓在抗战期间曾经“八头骡子办报”，就是所有的家当八头骡子就可以拉走。白天就和敌人周旋，敌人在围剿扫荡，报社工作者就骑着马迂回反扫荡。他的那些社论都是骑在马上打腹稿，到了驻地以后真是下笔千言倚马可待。这些老新闻工作者之所以能做到这点，就是因为他们有娴熟的文字基本功。我们将来是从事新闻工作的，媒体工作、虽然现在有的媒体已经不用笔了，不用笔也得形成文字或者形成书面的东西，组织、策划最后形成文字的过程也是需要娴熟的文字基本功来完成的。

与之相联系的，就是我们还需要有好的外语基础。我们面临着入世这么一个新的局面，我们走的是改革开放的路线，外语对我们新闻工作、媒体工作非常重要。全世界现在大概有5 600多种语言，精通一种或两种外语，对于我们未来的新闻传播工作者是不算太高的要求。实际上，老一辈的新闻工作者和学者中不少都是外语很好的。梁启超号称懂两种外语，章太炎别看是老学究，但他是懂日语的。鲁迅懂4种外语，咱们清华国学院的大师陈寅恪是14种，他是能说四五种，能听懂七八种，能看14种。这里外语包括一些少数民族的文字，包括汉、满、蒙、回、藏，包括已经死掉的西夏文。像他这样的学者当然是比较有天分的，不是很多，但我们至少争取精通一种。对于外语来说，伤其十指不如断其一指。有一门第二外语，我想对我们做好新闻传播工作和从事研究都是有好处的。关于学习我想就谈这么三点。

研　究

先说研究。我想讲五点。

第一点，研究要有所师从，就是把前人的学问先接收过来。你不可能样样都自己开始、开创，先把前人的研究成果接过来，然后你才能站在前人的肩膀上起步。

第二点，要有一个好的学风。具体地说，要实事求是，要理论联系实际。可以说人文社会科学都要理论联系实际，但是新闻传播学恐怕更应该理论联系实际。从事新闻传播学理论研究的，要联系实际；从事新闻传播学实务研究的，要联系实际；从事新闻传播学历史研究的，同样也要联系实际。因为历史任何时候都是为现实的，它不是为了发思古之幽情无端地去研究历史，它总是要为现实服务的，所以都要联系实际。

在研究过程中应该有马克思主义理论作指导，但是要勇于去探索。宣传是有纪律的，学术应该是没有禁区的，应该允许探索。因为马克思主义是需要发展的，不能当作教条和僵化的东西。如果是按照把马克思主义当作教条和僵化的东西来学习，这样的观点去学习马克思主义，那么一国两制就不会有，一个中心两个基本点就不会有，三个代表也不会有。马克思主义总是要根据中国的实际不断发展，要经常运用马克思主义的立场、观点和方法去研究新情况、解决新问题。要实事求是，要理论联系实际，要有个好的学风。

第三点，要有一定的胆识。也就是说，要有真正的见解，因此就不要迷信权威，应当不唯上、不唯书。你认为正确的观点就要去坚持，要敢于坚持真理。因为真理往往是存在不同学派之中的。离我们比较近的、两个很有力的例子，就是顾准和马寅初。顾准是在20世纪50年代就对计划经济的一些弊端提出置疑，并提出了商品经济的观点。马寅初是1958年的时候提出了他的人口论，提出要控制人口。马寅初作这个报告的时候我也在场（当时他是北大的校长，那时我在北大），是在北大办公楼礼堂里马寅初阐述他的观点的。当时有一句话给我印象很深。他说，如果我们现在不抓人口，25年以后我们的老百姓就要埋怨我们的领导。这个话不幸让他言中。所以，后来有人说是“错批1人，误增3亿”，其实还不止3个亿。当时把马寅初批得是狗血喷头。1958年4月到1958年7月，在媒体上发表批评马寅初的人口论的文章大概有200多篇。光是《光明日报》就有27篇，所以马寅初当时很生气，说“《光明日报》不光明”，当时的《光明日报》不光明磊落，不是以理服人。当时马寅初还说过这个话：我虽年近80，自知寡不敌众，仍要单枪匹马，直到战死为止，决不向不以理服人而以压力服人的批判者投降。老先生是很有骨气的，很有学术良知的。这是值得我们学习的很好的榜样。没有一定的胆识，他就不可能说出那样掷地作金石声的话。因此要敢于坚持你认为正确的东西。在学术研究上有两种做法我认为是不好的：一种是墙头芦苇，跟风倒，追风，看风向，摸气候，这个不好；还有一种是常有理，什么时候他都有理。前一种类型，我看最典型的就是中山大学的杨荣国和复旦大学的刘大杰。杨荣国在“评法批儒”的时候红得发紫，他就是唯上、唯书，跟着风评法批儒，文章是整版整版地发，他是搞哲学的。文学史方面的刘大杰也是属于这种类型，他那本《中国文学史》就是按照当时的“评法批儒”的观点重新改写的，按照“四人帮”定的那些调子改写的，结果现在成了笑柄。现在谁还看他们的书呢？后一种类型我觉得也不好。有一位已经去世的中央领导，还是我们清华的校友，五六十年代的时候在《人民日报》上发过一首诗，我记得有这么几句话：“甚土偶欺山，妖骸祸水，把西子秀屋半面妆，谁共我以长天宝剑，扫此荒唐。”——用土塑的偶像把西湖的山给欺负了，玷污了；奸佞妖孽的遗骸玷污了西湖的一池春水，使得西子为之蒙羞。谁与我以长天宝剑，扫此荒唐，把这些土偶、妖骸统统一扫而光。西湖的土偶是什么？除了灵隐寺的菩萨还有就是岳飞、秋瑾的塑像。妖骸是什么？妖骸就是岳飞的、秋瑾的、徐锡麟的，还有章太炎的。这些都要扫荡。这位先生在文化大革命初期的时候还写信支持红卫兵破四旧，可是到了80年代他去杭州视察的时候，他又批评杭州当局“你们对历史文物不够重视”“对西湖的历史文化景观好像不够重视”。这位老先生真是“常有理”，我觉得这样也不好。应该是不要跟着风走，应该坚持的是你认为正确的东西，不要迷信权威，也不要唯上和唯书。

第四点，就是研究要有一定的新意。新意来自自己深入的研究。在研究过程中你不妨做出大胆的假设，然后去求证它，这是胡适说过的话，“大胆假设，小心求证”，这个话其实也没错。求证也可能证成功，也可能证不成功，小心求证有什么错？大胆假设，如果你一点胆子都没有，去在学术领域内作出新的假设，那学术如何前进呢？你总要做出一些假设，这个假设还不妨大胆一点。假设之后再去求证它，以科学的态度去论证它。论证成功了，你的假设就成立；论证不成功，你的假设就不成立，不成立就取消你的观点，这就是科学的态度。那么，我想这话没错。

第五点，研究的时候要充分占有材料，要稳扎稳打，要步步为营，要厚积薄发。充分占有材料以后，你才能作出比较准确的判断。充分到什么程度，最好是竭泽而渔。这和生态平衡没有关系，把材料收集得越充分越好。我50年代的时候曾经尝试给太平天国的宣传活动作一下研究，了解一下太平天国到底是运用了什么手段、通过哪些媒体来进行它的宣传活动。太平天国一共15年，从1850年到1865年。那么为了研究这个题目，我当时把所有能够找到的太平天国的书、资料和有关的研究成果从头到尾看了一遍，大概花了4个月的时间。结果写出来的东西只有3 000字。实在写不出太多的东西，但是我比较踏实。因为我自己觉得当时已经是尽了力了。当时能够找到的已经发表的或者图书馆收藏的有关太平天国的资料都看过。后来的事实证明，我的功夫也没白下，因为从那时候到现在半个世纪过去了，关于太平天国的宣传，除了那3 000字以外好像还没有新的观点出来，基本上就是那些了。能够做到这一点，我自己的体会就是，你把所有材料充分占有了，你的观点就比较站得住。所以，在资料占有上要尽可能做扎扎实实的工作，“不积跬步无以至千里”，一步一步地把工作做踏实，不要想一口就吃成个胖子，不要急功近利。

关于怎么进行研究，我就想讲这么五点。那么，下一个阶段就是怎么写论文。研究生总要写文章，写研究的成果。写论文，其实是对研究生学习成果的一个综合检查，平时去学习、去吸收，等到写作论文就像酿成蜜了，出成果了。怎样写作论文呢？我想谈四点。

第一点，就是要选好选题。选题主要抓住三点：一是要了解本学科研究的现状，得了解这个学科领域内现有研究的状况，已经有了哪些成果。用经济术语来说就是你得了解行情，你别做些劳而少功、劳而无功的事情。题目没选好，做了半天，结果是前人走过的路，写过文章了，早就有了成果了，你的功夫就白花了。不要看到那些好的题目就动手，往往路边的李子是酸的。因为路边的李子要不酸早就让别人吃了。所以，要了解学科的研究现状。二是从主观上看要选择能够发挥你优势的突破口，从客观上看要选择资料的储备足够使用的选题。资料有待开掘，但是富矿还是贫矿，这些都需要有数。选题不要选不是自己优势的东西。我们学校有一个博士生，他的选题是研究外国记者在中国的活动。但是他的第一外语是日语，可外国记者在中国的活动大量是使用英语的那些媒体的记者，所以他的主观有先天缺陷，结果他写出来的论文大量是第二手材料，因为他没法使用英文的第一手材料。很多外国记者写的报道他看不懂，有关的传记和文献资料他无法使用，所以他写起来就比较费劲，经过了多次的反复修改。同一届的同学都拿到学位毕业了，而他这个论文却搁浅了，研究生院没有让他通过，让他再加工，结果煮成一碗夹生饭。虽然后来书也出来了，写得也还不错，但是毕竟是没有发挥他自己的优势。如果他把这个题目改成日本媒体在中国的活动，那他就如鱼得水了。这就是因为他的题目没有选好角度。我们还有一个研究生，选了一个题目是研究北京的新闻史，计划三年内完成，可是正好赶上三年内北京图书馆搬家，搬家期间所有报纸封存。所以他这三年就没法利用北京图书馆的馆藏，结果论文就没写成。他如果不选这个题目，也许就写成了。论文没写成，七耽误八耽误，学位也没拿到手。所以这个题目也没选好。因而，选择好突破口这一点很重要。三是题目的大、中、小要适当。要可着料子做衣裳，要量体裁衣。有的题目是适合大题大作的，有些是适合小题大作的，有些是可以大题小作的，怎么个做法要应该有个权衡。比如，在座的李老师（李彬）的那本书

《唐代文明与新闻传播》，他这是大题大作。盛唐的文化浩浩荡荡，内容丰富极了，他也给作出来了，这叫大题大作。和他同一届的有一位老师写的题目是研究一个报纸，是19世纪在澳门出版的一家葡萄牙文的报纸，一共才出了67期，加起来才薄薄的这么一本合订本。这位老师念学位写的博士论文就是研究这报纸，67期的报纸就这么大的一本书，结果写成学位论文还出了书。这就是小题大作，也能写好。大题小作的也有，列宁有篇文章叫作《马克思主义学说的历史命运》，这题目大不大？结果他就写了2 000字。这要是作为博士论文，搁在我们研究生院就通不过，因为它字数不够。实际上这也是研究成果，不能按字数来衡量好坏。可见大题小作也是可以的，就看你怎么做。就是要根据具体的情况来作出选择。

第二点，也就是第二阶段，酝酿。酝酿就是你采来花粉，然后回去就要酿蜜了。广泛收集材料，然后进行深入的个案研究，做些必要的调研，做些定量的、定性的分析。这个过程中还需要重读前人有关的专著和文献。充分利用和借鉴前人这方面的研究成果，这样才能完成酝酿的过程。

第三点，就是谋篇。写论文第三个步骤就是你要给你的论文搭一个结构、搭一个框架，拟一个提纲，做一些规范、宏观的考虑。在这些方面中国的不少作家各人的习惯不一样。茅盾的习惯是提纲拟得非常细，事先考虑得非常周详，哪个环节怎么展开，他每个细节都考虑好才动手；巴金是另外一种类型，他不打提纲；鲁迅也不打提纲。大家看经常有这样的镜头，鲁迅坐在长椅上拿着一只烟斗，眯着眼睛抽烟，实际上他在谋篇，他在构思，他在打腹稿呢。他未必拟一个提纲，但他也会有宏观的考虑。在文学家里头，也确实有些连提纲、谋篇都没有的，这种情况也有，如民国初年那些鸳鸯蝴蝶派的作家，他们写文章、写小说带有很多即兴的性质。比如，有十锦小说，10个人今天你写，明天他写，张三、李四、王二麻子轮着写，10个人合着写一篇文章。事先也没有一个总的规划，各人写各人的。鸳鸯蝴蝶派里有个作家叫包天笑，他实际上也是报人，也是新闻工作者，办《时报》的。他在报上写的连载小说是《空谷兰》，一天写一段。当时有的作家是同时给几家报纸写这种连载小说。其中在上海滩上有个最有名的姓王的，同时给10家报纸写小说，雇一辆黄包车，坐着黄包车到一家报馆给这家报纸写一段，500字，然后再坐着车到另一家报纸那里写一段，然后再到第三家。后来听说这几家报纸在一块印，干脆到印厂一屁股坐下来，分头写几段。包天笑是给《时报》写小说的，《空谷兰》是言情小说，才子佳人什么的。写着写着家里来电报了，他是苏州人，说是老爷子病了，赶快回家去看看。他就赶快回家吧，临走时托付给他的同事，说这个《空谷兰》您就费点神儿接着写吧，然后回家去了。等到一个月他父亲病也好了，回到报社一看，他那个女主角已经让人快写死了。他急坏了，他底下还有很多戏呢，写死了没法唱啊。赶快接过来又把这姑娘写活了，几副药下去又缓过劲儿来，又接着写下去。像这样的一些小说，带有随意性的情况，极个别的也是有的。但文学创作还可以，也不足为训，写论文是不行的，必须要有个规划，要谋篇。写文章除了要有文采，还要有个章法。所以必须事先对你的论文有个宏观的考虑，搭好架子，然后动手。

第四点，就是进入精心写作阶段。这个阶段是前期研究结果的延续，是最后一道工序了。你积累了材料，你作了研究，到写作的时候实际上也是研究的继续，写作过程中也是研究的过程。一般来说有了框架提纲以后，一边写作还可以一边做一些调整。写作过程中要考虑和注意的，一个是“六新”，一个是“四要素”。哪“六新”呢？要考虑怎样作出新的概括，怎样作出新的分析，怎样运用新的语言，怎样补充新的材料，怎样提出新的见解，怎样得出新的结论。在写作过程中要考虑做到这“六新”。同时，也要注意论文的“四要素”。所谓“四要素”，就是论点、论据、论证和论述。也就是观点、材料和立论证明的方法与策略，以及文字表述的要领和技巧。在论点方面，要做到观点鲜明、有破有立；论据方面，要做到充实；在论证方面，要做到分析细致、逻辑严密；在论述方面，要做到文字尽可能简练和明确有力。至于文章的写法，那就不必强求了。每个人可以有自己的文风。譬如北大的朱教授，他的研究面很广，对于中外文化交流史有研究，对于中国哲学史、日本哲学史、朝鲜哲学史、音乐史、戏剧史、宗教史还有目录学他都有著作，比较渊博。他写文章的风格就是快。一般是早上四五点钟爬起来，写到八九点钟为止。一两万字的文章往往是文不加点一挥而就。有的时候引文的原书都不用查，非常有才气。这是一种写法。再比如冯友兰，他是做过清华的文学院长的，晚年在北大教书。晚年因为眼神不好，所以《中国哲学史新编》是用口述的方式，他口述，助手帮着记，记完之后他再看、再整理，一般不需要大的修改就能完成。他的逻辑非常严谨，他的观点你未必同意，但是他的论述绝对不会引起误解，他的逻辑分析的功底很好。这也是一种文字风格。朱光潜，是美学家也是哲学家和语言学家，北大的教授。他写文章是先拟非常详细的提纲，考虑得很周到，资料收集得很充分，准备都做好了以后才动手写，写起来就像潺潺流水一样非常明晰，非常清澈，而且经常用一些诗的语言，既是论述论证的文章，又有诗的语言。朱光潜的散文是写得非常好的。朱光潜和季羡林先生的散文都是写得不错的，但都不是中文系的。他们的语言文字非常好，条理非常明晰，这是一种文风。熊十力是哲学家，后期在北大教书，他写文章非常富于战斗性、批判性。灵感来的时候抓起一张纸就写，有时候就是别人来信的反面，写起来都是狂草。然后一边写一边嘴里还念念有词，写完之后还重新朗读一遍，还浓圈密点，有的时候全都是圈了反而就重点不突出了。这也是一种写法，他的文章非常有气势，像长江大河一样。汤用彤，哲学家，就是汤一介的父亲，乐黛云的公公。我认识他的时候他是北大的副校长，他写文章就是和熊十力相反。非常谨慎，字斟句酌，慢慢推敲。两三千字的文章要写个三五天，一边写一边改。鲁迅常常说，写文章不要十步一回头。怎么叫十步就回头呢？就是写一句，从头再看一遍；写第二句，先把第一句看一遍再写；写第三句，把前面两句都看一遍再写……鲁迅认为写文章不必如此。但是这个汤老先生就属于这一类，写文章非常谨慎，推敲得非常严谨，但是他写的文章看不出不连贯，给人的印象是一气呵成的。所以这个文字的风格是因人而异的，不必求同。有自己的文字风格没有什么不好。但是最好文章写完以后多看几遍，最少要三遍。第一遍作一般的修饰，第二遍在分析上作一定的提高，第三遍作一些推敲，实在改不动了，再放到抽屉里去做一些别的事情，过了几天再来看就能改动了。改到自己改不动了，大概这些文字就是这个水平了。此外，写论文还要注意一些规范的问题：凡是引文都必须注明出处，凡是参考别人的书都应该开列相应的书目，这也是种职业的规范，要尊重别人这方面的劳动。西方国家的一些论著，在这些方面是非常讲究的。比如，剑桥的《中华民国史》，1033页，后面的参考书目是154页；剑桥的《中华人民共和国史》，707页，后面附的参考书目是110页，占的比重是全书的15%。这说明他们写文章非常慎重，对他们参考过的每本书的作者的劳动都是非常尊重的，也说明他们看的书多，下的功夫深，不是非常草率地去完成论著。

积　　累

最后，想讲的是积累。学习也好，研究也好，都必须积累。这一点，社会科学尤其重要。自然科学也许靠一些思想火花啊，靠一些敏锐的洞察啊，社会科学也许也需要，但是更需要长期的积累。积累的功夫是从事人文社会科学研究的人必须要下的基本功。为什么说板凳要坐十年冷，就是因为要去做积累的工作。怎么积累呢？前人有过很多做法。

最简单的做法就是强记。就凭记性好，积累在脑子里就行啦。晋朝有个郝隆，南方人，人家黄梅天过后要晒晒衣裳、晒晒被子、晒晒书，他端着凳子出去晒太阳。人家问，你怎么不晒那些东西啊？他说，书都在我肚子里啦，晒晒太阳就行了。明朝有个叫张溥的人，他的书斋叫“七焚斋”，据说他读完一本书就烧一本书，笼火来做饭。人家问他，你怎么舍得烧啊？他说我都记住了。这两个人记性也许是好的，但是从《晋书·艺文志》和《明史·艺文志》里看，成果都不多，说明都是晒太阳晒的，笼火做饭做的，说明靠记性强记不一定是可行的。学者当中强记的也不是没有，比如，陈寅恪的记性就很好。他是1945年去英国治眼睛的，手术失败后就基本上看不见了。1946年回清华教书的时候给六个研究生讲课，是在眼睛完全失明的情况下讲的，两个讲师给他写板书。他讲到哪的时候，讲出原文，他能把引文出自哪本书的哪卷、哪页都能记住。刚才说过他懂14种外语，这确实是个有天分的人。应该说钱钟书的记性也不坏，他的《管锥篇》是2 000种书，但他家里是没什么书的，起码没有李彬的书多。他的书都看图书馆的，自己不大买书，可是他的《管锥篇》引用那么多的书，这说明他的记忆力是不错。靠强记来从事研究，前人是有这方面先例的。新闻工作者中记忆力好的也不乏其人，邓拓也是记性好的，他写《燕山夜话》时是一个星期发一次，往往是发稿前一天总编辑去他家说明天要发稿了，请你抓紧写一写。邓拓马上请主编在客厅坐坐，喝杯茶、抽根烟等一等，一支烟的功夫，一篇千字文就出来了，而且征引的材料都是一应俱全，基本上靠强记。

但是，第一，不是每个人都有这种天分，有这种天分的人毕竟是少数，我们多数人没有强记的本事。第二，强记这东西有时不太靠得住。

因为记忆力会随着年龄增长而衰退。俞平伯先生本来记忆力是很好的，可是晚年他讲课的时候就记不住了。有一次上课的时候跟学生说，我昨天看到一副对联，好极了。学生问：上联是什么？上联，忘了。下联呢？下联是什么什么什么春。就剩一个字了，虽然他说对联好极了好极了，可是别人也没法跟他一块儿欣赏啊，他记不住啊。原中国科学院哲学所所长，也就是原来做新华日报社社长的潘梓年，年轻的时候写文章那是倚马可待啊，晚年也是记性不行了。人家给他打电话，问他："你是哪位啊？" 潘梓年想不起来了，问他秘书说："我是谁啊？"秘书说，你是潘梓年啊，他才想起来说，哦我是潘梓年啊。记性会衰退的，衰退得连自己的名字都记不住了，所以，强记第一是会衰退，第二是靠不住的。有的时候会有失误的。

比如说邓拓。他的《燕山夜话》基本上不查书，结果他的《燕山夜话》里很多史实是有出入的。如他写的那个林白水之死，这是其中唯一涉及到新闻工作者的一篇文章。林白水是他的老乡，福州人，所以他有点乡土感情，是自己同乡的前辈。但是他写的关于林白水的文章，1 000字就有5处是和历史有出入的。他完全靠强记，这不一定靠得住。1951年武训历史调查的时候最后写总结，参加调查的一个聊城地区的宣传部的副部长也调到北京去参加主编的工作。工作做完了之后被江青请到家里去吃饭，他激动得要死。去了，当然有红烧肉之类的，在座的还有彭真、罗瑞卿、江青和毛主席。毛泽东是主人，问他，你是聊城县来的？你知道寿张县是你们聊城地区的吗？他说是。寿张县现在在地图上已经没有了，位置大概在阳谷县和郓城县之间，相当于现在安徽的前台县。毛主席就说，你知道为什么叫寿张吗？他说不知道，当地人都不知道，他很惭愧。毛泽东就给他讲，之所以叫寿张，是因为这个地方是张九龄的老家，张九龄过90岁生日的时候，武则天就把这个地方赏给他祝贺他90岁的生日，所以叫寿张。他听了以后，觉得这么大一个地方的历史典故我都不知道，而毛主席却知道。他非常惶恐，回去之后到处查，又查省志又查县志到处调查，没有一个地方是这种说法。后来查县城南部有个张庙，一打听，张庙是纪念张百忍的，有个百忍堂张，就是张百忍，这也是个有名的人物，和张九龄没有关系。后来一查再查，才知道这和张九龄没有关系。第一，张九龄是广东曲江人，不是山东人；第二，他只活了68岁，没活到90岁；第三，他27岁的时候武则天就死了，所以还轮不着武则天来给他做寿啊、封地啊。这说明整个事是毛主席记错了，于是这个诗人的诗性一发作就张冠李戴。这个人“文革”还挨过斗，后来做到政协副主席的职务，纠斗时说，他造谣说在毛主席家吃过饭，他说明情况以后造反派就把他解放了，说他50年代初期就和江青同志在一起搞“文化大革命”。但寿张这事是没有的，毛主席讲这个话时还问彭真，你知道吗？彭真说我不知道。问罗瑞卿，罗也说不知道。大家都很佩服。结果是老先生记错了。所以记性有靠不住的时候，不能靠强记。

第二种做法就是在书上做记号，比如朱夫子，朱熹。他看书的时候看第一遍在书上用青笔做记号，第二遍用红笔做记号，第三遍用黄笔，反正用不同颜色来表示他不同的阅读次数。他需要斟酌的、有些新颖想法的，他都用笔做出记号。列宁看书是夹纸条。20世纪50年代的时候我看见很多先生和老师书架上的书都夹纸条。这个夹纸条就跟速记一样，短期内有效。速记符号都是记得声音，记完之后得马上整理，如果不马上整理就成了天书不知所云了。纸条也有同样的问题，你夹少了还可以，夹多了就等于没夹了。如果满架子的书都是纸条，就等于没夹纸条了，就跟阿里巴巴四十大盗似的，在门上都画上圈，踩点的任务就算是白干了。做记号这是前人比较常用的做法，但是也不一定可靠。有一句话说，离山十里，柴在家里；离山一里，柴在山里。烧柴做饭，离山十里家里反而有柴，离山一里家里反而没有柴。以为书都在架子上呢，实际上书还离他远着呢，还不是他自己的呢。

第三种做法就是做笔记。有心得就写成笔记，比较典型的就是王映麟的《困学纪闻》、顾炎武的《日知录》，以及他们的学术著作。宋朝还有一个叫苏子荣的，搞历史，先把史实按年编写一遍，再按事编写一遍，其实就是按通鉴历史本末的写法，分别写一遍，所以他烂熟于胸。这也是前人的一种做法。

第四种做法就是卡片。卡片这种东西是近代才出现的，因为过去中国传统纸张都是很软的，而卡片都是相对有一定硬度，能站起来的。但这种做法在历史上前人也采取过类似的。比如思左，写《三都赋》时，想到一个好的句子，马上写下来贴在墙上；白居易写书的时候有六个瓶子，把写书搜集的材料分别投在六个瓶子里；李贺的锦囊妙句，那个锦囊也是他收集有关材料的容器。元朝有个叫陶宗仪，是种地的，是从事耕种的一个学者，在种地过程中偶然有个心得体会的时候马上拿起笔来写在树叶上，把树叶收藏起来。后来他写了一本《辍耕录》，大部分的材料就是根据他在劳动过程中偶尔想到的那些观点积累起来写成的。司马光编《资治通鉴》时搜集了大量的纸条，一屋子的纸条，这样的一些纸条、树叶子或是投入锦囊、瓶子里记录的这些东西，实际上都是今天的卡片的原始状态，都是一种变相的卡片。我是比较倾向于建议大家在开始研究的阶段去建立起自己的卡片，作为积累自己观点和材料的手段。比较起来，上面几种积累的方法，强记也好、做笔记也好，我认为还是做卡片最好。那么做卡片需要注意哪些要领呢？我举出五点。

第一点，大家看看我带来的卡片，就是这个样子。卡片上摘引的材料要有个标题。

第二点，你必须对摘引的材料注明出处，出处必须是非常详尽的出处。比如，是摘引自哪篇文章，这篇文章刊于哪份报纸或者是哪份期刊。如果摘自某本书，那么书的作者、出版社、出版年份、书名、页数，这些数据都应该非常详细地注清楚。

第三点，卡片要保持一定的独立性，不要和别的卡片有什么亲戚关系。卡片就是卡片，有了标题、有了出处以后卡片可以随便扔，需要的时候再分类，不需要的时候可以随便放。是独立的，不要互相参见，不要这个卡片没完再接另一个卡片，这样就不独立了。

第四点，就是卡片要写单面。为什么反面不写呢？主要是以后你可以把你的相关材料的卡片摆在桌面上分析，如果两面都写就办不到。

第五点，就是卡片要一元化。看书要专注，另外可把别人的来信能包含学术问题或材料的、报剪文章做成卡片形态。字数太多，卡片纸不够，可先用纸延长后，再折叠成卡片大小。

我做卡片是从1945年开始的，到现在已经有55年了，从中受益很多。

我今天给大家讲的只是“游泳术”，要真正在新闻传播学领域内有所成就，大家还得自己下水游泳。谢谢大家。

方汉奇

迅猛的发展 可喜的成就：在“世界华文媒体与华夏文明传播国际学术研讨会”上的发言

主席、各位领导、各位嘉宾、女士们、先生们：

6年前（也就是1995年）的10月12—16日，中国新闻史学会、华中理工大学和新加坡南洋理工大学曾经联合在航行于荆州至重庆之间的白帝号游轮上举行过一次“95世界华文报刊与中华文化传播国际学术研讨会”，就有关海外华文报刊和中华文化传播的问题进行了广泛的探讨。

从那次会议到现在，相隔虽然仅仅6年，但情况已经有了很大的变化。在那次会议的开幕词中，我谈到了和世界华文报刊与中华文化有关的华人和华文的问题，仅仅过了6年，这两方面都出现了不少新的情况。

就华人来说，6年来，海外华人的人数有了新的增长，仅美、加两国的华裔新移民就增加了近50万人。日本的华人也由16万人增加到29万人，增加了近一倍。现在，海外华人已遍布于全世界的140多个国家，累计逾3 000万人，成为美国《国际先驱论坛报》的一篇文章中所说的“历史上人口最多和分布最广的民族团体”和“一个新兴的虚拟的中华”（见2001年3月2日该报所刊的《一个联网的大中华能够与世界相联》一文）。

与此同时，海外华人在政治、经济、科学、文学、艺术等方面也都取得了引人瞩目的进展。

政治上的进展，表现为海外华人在入籍国的政治地位明显提高。以北美的情况为例，加拿大的总督就是华人，在加拿大的华人并没有太大的作客的感觉。美国这6年来，华人参与政治的程度，和前此比较起来也有了很大的不同。出现了参选者多、得胜者多、投票者多和参政意识普遍提高的所谓“三多一高”现象。去年的大选中，从国会议员、州长、州市议员、各级法官到学区委员，都有华人参选。成绩十分可观：骆家辉竞选连任华盛顿州州长成功；吴振伟蝉联国会众议院议员；刘璇卿、陈焕瑛竞选加州议员获胜；余胤良、关振鹏在旧金山和休斯顿的市议员选举中双双告捷。不少在政府中担任公职的华人得到晋升：李亮畴被委任为司法部部长助理；刘百昌被任命为旧金山保险局局长；关惠玲被任命为洛杉矶供水局局长。尤其引人瞩目的，是台北出生祖籍上海的赵小兰今年（2001年）1月被提名为布什内阁的劳工部部长，使美国历史上出现了第一位华裔的内阁部长；5月，原籍广东的原加州财务部部长邝杰灵又被提名为布什内阁的陆军部副部长，成为美国历史上在陆军部任职的华人中职务最高的一人。

经济上的进展，表现为海外华人经济实力的提高。据台湾《全球华人经济力量现况与展望》报告今年初提供的推算数字显示，海外华人的总资产已达11 588亿美元。华资产商的总市值，已达到6 750亿美元。海外华人一年的总所得，已达到约2 718~3 171亿美元。目前整个海外华人的经济力量的总和，已经相当于整个台湾。（见2001年2月22日《报刊文摘》）。2001年的9月17—19日，也就是我们这个会闭幕以后的20多天，一个自称以“弘扬中华民族文化，促进全球华商的交流与合作”为宗旨的“世界华商大会”即将在南京召开，预计将有来自全世界近5 000位华商参加（据2001年4月19日新华社电，刊2001年4月21日《人民日报》）。这将是21世纪第一年在中国召开的第一个重要的国际性、民间性的大会，它标志着全球性华人经济实力的增长。

科学和文学艺术上的进展，表现为众多的华人科学家、文学家和艺术家在自已工作的领域内作出了出色的成绩。这6年来，大约有300名左右的华人科学家活跃在海外的主流学术社会中，他们的许多研究成果已经被国际自然科学界所接受。据杨振宁教授去年所作的统计，美国国家科学院的1 672名院士中，已有华裔院士30名；美国工程科学院的1 348名院士中，已有华裔院士43名（见2000年第11期《百年潮》所刊的刘凌的《科学大师的心路历程》一文）。这些人都已是所在学科的重要骨干力量。这些都说明了华人在自然科学领域内的成就。法籍华人高行健在去年颁发的诺贝尔文学奖中获奖；由李安和来自世界各地的华人电影工作者共同完成的《卧虎藏龙》，在今年3月的奥斯卡电影节中获最佳外语片奖和其他3项大奖，则说明了华人在文学艺术领域内的成就。

就华文来说，这6年来，以汉语为主体的华文的地位有了很大的提高，影响也得以扩大。 在联合国，汉语是6种正式工作语言中翻译人员增加最快的一个语种。目前的汉语翻译人员已由6年前的几十人，增加到100多人。他们集中在联合国大厦的第23层办公，使整个大厦的这一层被联合国工作人员称为“中国楼层”。 在美国，开设华文的大学已由6年前100多个增加到 200多个。在加拿大，使用华语的人数6年前还排在第3位，目前已经超过使用法语的人数，排在第2位。华语已经成为英语之后的加拿大第二语言。

在海外华人移民人数递增和华文的地位日益提高的影响下，海外的华文媒体也有了很大的发展。从20世纪70年代到现在，一直保持着比较高的发展速度。1995年的那次学术研讨会以来的6年间，发展得尤为迅速。一些过去没有华文报刊的国家如意大利、西班牙、瑞士、丹麦、奥地利、匈牙利、罗马尼亚等，开始有了在当地出版的华文报纸。一些长期以来华文报刊较多的地区，也有不少新的华文报纸问世。其中，印尼的情况最为突出。由于瓦希德政府采取的开明政策，苏哈托时代被查禁了30多年的华文报纸正在陆续恢复出版。这6年来，随着无线电广播、卫星电视、“信息高速公路”和网络通讯事业的突飞猛进，海外的华语广播电台、华语电视台和华文电子报刊也有了很大的发展空间。时至今日，海外的华文传媒已经遍布以东南亚、北美、欧洲、大洋洲为主的全世界的54个国家，累计出版的报刊达4 245家，累计创办的华语广播电台达60余家，累计创办的华语电视台达35家，累计创办的电子网络报刊达30多家（以上据本书和《国际新闻界》2000年第6期所刊的王士谷的《海外华文报刊的量化分析》一文所作的统计）。其中，有的国家历年创办的华文报刊的累计数已经超过同时期的其他文种报刊，如新加坡；有的国家华文报刊的总销量，已经超过这个国家其他文种报刊的总销量，如马来西亚（见前引王士谷文）；有的国家华文报刊的发行量，在1995年以来的6年内，增加了几乎一倍，如日本（见《日本华文报纸如雨后春笋》一文，刊2001年4月24日《参考消息》）。海外华文传媒的发展，已经成为海外华人、华侨社会维系华夏文化增加凝聚力的重要支柱，成为海外华人、华侨发表政见维护族群利益的舆论载体，成为世界新闻传播体系中，极具民族特色的一个重要的分支。它们的发展，受到了越来越多的海内外有识之士的关注 。

上一次学术研讨会召开以后的6年来，有关海外华文媒体与华夏文明传播的研究也有了很大的发展。除发表在专业刊物上的论文外，已出版的专著可以举出的有王慷鼎的《新加坡华文报纸社论研究》（1995

年新加坡版）、杨进发编著的《吴钝民政论集》（吴钝民是1919年在新加坡出版的《益群日报》的编辑主任，本书为1995年新加坡亚洲研究会版）、寄丹的《报业豪门（胡文虎、胡仙的传记）》（1995年12月广州版）、杨力的《启迪与借鉴——新加坡华文报业的源与流》（1996年福州版）、吴庆棠的《新加坡华文报灶与中国》（1997年上海版）、卓南生的《中国近代报业发展史》（1998年台北版）、王士谷的《海外华文新闻史研究》（1998年北京版）、《华侨华人百科全书·新闻出版卷》（王士谷主编，1999年北京版）和程曼丽的《海外华文传媒研究》（2001年北京版），还有即将出版的有徐艰奋的《益群报研究》等。堪称硕果累累。其中，卓南生先生的《中国近代报业发展史》是他用日文写作的《中国近代新闻成立史》一书的中文版。这部专著，系统地介绍了19世纪初在南洋等地出版的《察世俗每月统记传》《东西洋考每月统记传》《天下新闻》《各国消息》等华文报刊的创办和出版情况。是近代早期海外华文新闻史研究领域内的重要成果。出版后，受到了海内外新闻史学界的高度重视。王士谷的《海外华文新闻史研究》，是他20世纪80年代以来历年所写的有关海外华文新闻史研究的论文汇编，其中有不少新的创获。他主编的《华侨华人百科全书·新闻出版卷》，共收入2 872个词条，总计80多万字；连同书后附录的《华侨华人新闻出版事业大事记》《海外华文报刊统计表》《当地语文的华侨华人报刊一览表》和《词目外文索引》，共约110万字。是有关海外华文报刊资料最完备的一部辞书。遗憾的是王先生已于去年不幸逝世。没有可能到会和大家进行切磋和交流了。程曼丽的《海外华文传媒研究》，则是迄今为止，第一部以全景式的方式历史地、全面地、系统地介绍、论述和分析海外华文传媒情况的专著。其余的几部专著，或对各时期的海外华文报刊进行深入的探讨，或对近现代的一些有影响的华文报刊进行系统的个案研究，或对海外华文传媒的历史和现状进行论述和分析，都各擅胜场，达到了很高的学术水平。

值得提出的是，这6年期间，不少留美的华裔学者也完成了不少有关海外华文传媒的博士学位论文。其中，包括伊利诺伊大学张少举所写的《跨文化传播与适应》（1996年）、马里兰大学孙玉梅所写的《〈中西日报〉与旧金山中国城》（1999年）等，这些都表明已经有更多的年轻的学者进入了有关海外华文传媒的研究领域。

上述的这些研究成果，具有以下一些共同的特点，即：（1）覆盖的面较广；（2）开掘的较深；（3）具有较高的学术价值。短短6年期间，就有如此丰硕的成果，说明这一时期海外华文媒体的研究工作是有成绩的。同时，也说明这方面的研究工作者的队伍在扩大，这方面的研究正受到越来越多的人们的关注。（注）

我们这次有关海外华文媒体与华夏文明传播的国际学术研讨会，是在海外华文新闻传播事业日趋繁荣和海外华人新闻史及华文媒体的研究空前发展的背景下召开的。参加这次会议的专家、学者们，将就大家共同关心的有关海外华文传媒与华夏文明的问题，进行充分的切磋和交流。我相信通过这次交流，将会进一步推动海外华文传媒与华夏文明研究工作的开展。

2001年4月5日，全世界华人代表在陕西省黄陵县举行了海内外炎黄子孙辛巳清明寻根祭祖活动，并在黄帝陵前宣读了祭文，请允许我引用祭文中的几句话作为这次发言的结束：

桥山灵秀，沮水汤汤。懿维我祖，勋业辉煌，一统九州，文明兴邦。万代千秋，惟宗是仰。泽被后世，日月同光，制礼定乐，历五千年而流芳。我中华文化，源泉远流长。展望未来前程似锦，更加灿烂辉煌。华夏儿女，兄弟情长。愿我炎黄子孙携手共襄。不坠始祖传业，携手并进，再绘历史华章。

谢谢大家！

（注）：去年（2000年）12月22日新加坡中华总商会展览厅曾举办过一次《世界中文报纸展览》，展出了在五大洲50多个国家出版的中文报纸500多种。全部属于新加坡中医针灸研究院院长李金龙先生的藏品。这是海外中文报刊的研究工作受到公众关注的一个例子。我们这个会后不到一个月，即2001年的9月16—18日，中国新闻社和南京市人民政府将联合在南京举办一次世界华文传媒论坛，据说将有近百家有影响的海外华文媒体的负责人参加。这是海外中文报刊的研究工作受到公众关注的又一个例子。

方汉奇

（2001年8月20日　兰州）

清华大学新闻与传播学院成立祝辞

今天是清华大学新闻与传播学院成立的日子，我向清华大学新闻与传播学院的范敬宜院长、全体老师和同学致以衷心的祝贺！

清华大学和北京大学代表中国高等学府中的顶尖层次，是中国千所大学中的领头羊，是辉耀于中国高等教育史上的双子星座，是率领中国一流大学向世界一流大学进军的前锋。北京大学已经在去年成立了新闻与传播学院，今天，清华大学也成立了新闻与传播学院。两个领军的高校都成立了新闻与传播学院，这说明了什么？说明了中国新闻传播事业的发展，也说明了中国新闻传播学研究和新闻传播教育事业的繁荣与发展。它以事实粉碎了所谓“新闻无学”和“传播非学”的说法的虚妄。

清华大学是一个历史悠久，积淀深厚，富有科学、实干、开放和团队精神的大学；是一个学术巨人和科学巨人林立的大学；是一个文、理、工交融，兼有各学科的综合优势的大学；是一个如闻一多在《园内》这首诗里所说的“临照着旧中华的脊骸，临照着新中华的心脏”的大学。水木清华，人文荟萃。在这样的一个学殖深厚的土壤里，播下新闻传播教育的种子，一定可以得到丰富的营养，用不了多少时间就能够长成参天大树。

在这里，我想特别讲一讲新闻传播学研究和新闻传播人才的培养在清华大学的传统。清华大学是1985年起才设立编辑学方向，1998年起才设立传播系的。和兄弟院校比起来，历史并不算长。但是，在新闻传播学研究和新闻传播人才的培养上，在清华大学，特别是1952年院系调整以前的清华大学，是有传统的。清华的老师和同学们在上述领域内的成就，是十分突出的。

老师当中，我想特别提出的是梁启超。他是20世纪20年代清华国学院的四大导师之一。在清华教了将近10年的书，以国学和史学的研究，和陈寅恪、王国维、赵元任等三位大师一道齐名于时。但是，请不要忘了，他也是新闻传播学的大师。在新闻传播的领域内，他的成就是辉煌的。范文澜称赞他是“天才的宣传家”；翦伯赞称赞他是“最有力的政治鼓动家”；吴玉章称赞他的政论文章“有震憾人心的作用”：毛泽东称赞他的政论文章“所向披靡”；徐志摩称赞他的政论文章“力可拔山，气可盖世”；郭沫若称赞他的政论文章“令人心醉”，还说19世纪末到20世纪初的这一代青年人，几乎没有一个不曾接受过他的文章和思想的洗礼的。他一生干了21年的新闻工作，主编过近10家报刊，影响所及“举国趋之，如饮狂泉”，使得他所在的那一时代的人，“虽穷乡僻陬，未有不知新会梁氏者”。办报、办刊之余，他也从事过新闻传播思想的研究，他是19世纪中国新闻传播思想的集大成者。新闻媒体具有“耳目”和“喉舌”作用的观点，在中国，就是他首先提出来的。“自强不息，厚德载物”这一清华大学的校训，也是他首先提出来的。他是研究中国新闻传播理论、实践和历史都绝对不能绕开的人物。

同学当中，目前还找不出从编辑学方向和传播系毕业的有突出成就的知名人物，因为这些方向和系成立的时间还不长。但是，在水木清华这片花气氤氲、生机勃勃的土地上，曾经孕育、诞生和为中国的新闻传播事业输送过一大批的杰出的人才。建国前的重庆《新华日报》的总编辑、新华社香港分社的社长、《前方日报》的社长，建国后的第一任新华社社长、第一任国务院新闻总署的署长、第一任《中国青年报》的社长、第一任《中国青年》杂志的总编辑、20世纪50年代的香港《大公报》的总编辑、新华社云南分社的社长、70年代新华社的副社长、新华社驻日内瓦的首席记者、80年代的北京广播学院院长，不久前在两会期间主持过朱总理的记者招待会的国务院新闻办公室主任和一些知名度很高的名记者，都出自清华大学。他们是历史系的胡鼎新（胡乔木），哲学系的章汉夫、乔冠华、杨述、韦君宜，法律系的王造时、王纬，外文系的李侠文，电机系的唐西民、常振铮、曾建徽和中文系的柏生。最后面的这一位，是和金凤齐名的在新中国知名度很高的《人民日报》的女记者。他们有学文科的，也有学理科工科的，尽管在校期间并没有上过传播系，受过新闻传播理论和实务的教育，但都在清华园这个文理交融、视野开阔，有着勤奋严谨学风的高等学府里受到过众多大师级教师们的熏陶。因而都有坚实的基础和强有力的后劲。

作为新闻传播教育的工作者，我们祝贺清华大学新闻与传播学院的成立！新闻传播教育战线需要像清华大学这样的具有文、理、工综合优势的排头兵。我们和清华大学新闻与传播学院的关系，是战略伙伴的关系，是互相支持、共同提高的关系。就拿中国人民大学新闻学院来说，我们为清华大学新闻与传播学院输送了3位新老博士，我们学院的老院长何梓华和我还荣幸地被聘为清华大学新闻与传播学院顾问委员会的成员；清华的范敬宜院长则是我们的兼职教授，曾多次为我们的研究生讲学；清华的刘建明教授是我们主持的新闻与社会发展研究中心的兼职驻所研究员；清华的李希光教授是我们主办的专业刊物《国际新闻界》的特邀编委兼副主编。我们之间的这种关系，将会更好地促进中国新闻传播学教学与研究工作的发展，提高中国新闻传播学教学与研究的整体水平。这也正是我们的共同愿望。

我的话完了，谢谢大家。

方汉奇

（2002年4月21日　于清华大学）

在第三届世界华文传媒与华夏文明传播国际学术研讨会上的致辞

主席、各位领导、各位嘉宾、女士们、先生们：

由中国新闻史学会、新加坡南洋理工大学、华中科技大学发起的“世界华文传媒与华夏文明传播国际学术研讨会”已经召开过两次，第一次是8年前（1995年）的10月12—16日，由华中科技大学（当时的校名是华中理工大学）承办，地点在武汉和航行在荆州至重庆的“白帝号”游轮上。第二次是两年前（2001年）的8月20—27日，由兰州大学承办，地点在兰州至敦煌之间的丝绸之路上。这一次是第三次，由厦门大学承办，地点在厦门和晋江两地。参加这次大会的有8年前和两年前就已经结识的老朋友，也有不少第一次结识的新朋友。我们将要在今后的两天内欢聚一堂，就世界华文传媒与华夏文明的传播及共同感兴趣的有关新闻传播史、新闻传播理论与新闻传播实践中的问题进行切磋和探讨。中国新闻史学会的常务理事们也借此机会，利用这次会议前的一些时间，就有关会务的问题交换了意见。

华文传媒与华夏文明的传播，最近10年来一直是全世界新闻传播学者特别是华人、华侨新闻传播学者关注的一个热点。从上一次会议到现在的两年间，可以举出的涉及华文传媒及华夏文明传播的新情况有以下几点：

1. “大中华经济圈”正在进一步崛起。“大中华”这一概念出现于20世纪的80年代。现在，这一概念正得到前所未有的扩展，它不仅包括中国大陆、香港、台湾，而且包括全世界的海外华人群体。现在，全世界都在感受到“大中华”的经济影响。据世界银行估计，在购买力方面，“大中华经济圈”在5年内将超过欧盟，其整体国内生产总值会达到12万亿美元，几乎是日本的3倍。

2. “汉语热”的趋势有增无减。这两年来，继美、加两国之后，韩国的“汉语热”又风靡一时。韩国的不少大学，从去年起都把以往的第二外国语日语、法语等改为汉语。汉语考试已被正式列入韩国外语高考项目。许多中学也纷纷开设汉语课程。截止2002年年底，有中文系的韩国大学已达200多所。报读外国语大学中文系的录取比例竟达40∶1。汉语又向世界第二媒体语言跨进了一步。

3. 继南北美洲和东南亚地区之后，欧洲特别是俄国和东欧地区的华文报刊有了很大的发展，出现了又一个华文报刊集中的地区。其中，匈牙利仅有两万华人，而华文报纸却有10家；俄罗斯仅有20万华人，却出版了7家华文报刊。不久前，全欧成立了华文传媒协会，去年召开的年会就有来自奥地利、西班牙、比利时、罗马尼亚、匈牙利、荷兰、英国和法国等17家华文媒体的代表参加。

4. 不少海外华文媒体有了新的举措。凤凰卫视进入北美和欧洲。发行量达39万份的美国最大的中文报纸《世界日报》从去年年初起实行改版，由竖排改为横排。同时也改变了传统的由左向右的翻阅习惯，使过去的头版变成了最后一版。不少美国的华文报纸如纽约的《侨报》、芝加哥的《亚美时报》和华盛顿的《亚美新闻》等，还适应新移民的需要，向大陆和新加坡看齐改用简体字。台湾的《联合报》系和东森多媒体的网络版也相继开设了简体字版。改用简体字后，效果出乎意外的好，纽约《侨报》改用简体字后不久，发行量就猛增了20%。

5. 出现了一批新的具有世界水平的华人媒体巨擘。2000年在香港上市的泛华集团（Global China Group Holdings Ltd.，H.GCG）就是其中的一个。这个集团，仅仅经过3年的奋力经营，就在华人传媒行业中声名陡起。它的主席及创始人何柱国（Charles Ho）立志要让这个集团成为一家服务于全球华人社会的多媒体公司。目前，泛华集团已在澳大利亚、北美和英国出版了16种报刊，在全球的总发行量已达20万份，读者群约200万人，2002年底已实现利润1.6亿港元。张晓卿（Tiong Hiew King）主持的传媒集团则是另外一个。张晓卿是一个橡胶园工人的儿子，自学成才为一个拥有雄才大略的媒体钜子，成为中国和台湾以外地区最大的中文出版商，他的报纸和杂志遍及香港、纽约、温哥华、多伦多以及东南亚。他掌控下的出版物全球发行量约为100万份，读者超过250万人，收入在1.3亿美元以上。马来西亚的《星洲日报》和香港的《明报》在他接办后，都有很大的起色。这位68岁的张晓卿是西方媒体大亨泰德·特纳（Ted Turner）和鲁珀特·梅铎（Rupert Murdoch，大陆译为默多克）的崇拜者，他希望将其媒体帝国拓展至至少有30万华人的悉尼和旧金山，并最终将中国大陆纳入版图。

6. 海外华文媒体之间的横向联系和集体采访活动增加。两年来，仅在大陆进行的就有多次大的活动。由中国新闻社和地方当局联袂主办的“世界华文传媒论坛”，这两年来就连续召开了两次。一次在南京，时间是2001年（2002年）9 月，有来自五大洲30多个国家的130多家华文传媒代表参加。议题是“面对新世纪的海外华文传媒”。一次在长沙，时间是今年（2003年）的9月，有150家来自世界各地的华文媒体和几十家内地主要新闻机构的高层人士与会，议题是如何促进海内外华文媒体之间的联系、沟通与协调、合作。我们这个会开完之后不久（11月3—4日），由胡仙和王必成担任名誉会长、香港《明报》企业主席张晓卿担任会长、台湾《中国时报》发行人余建新担任副会长的“世界中文报业协会”的第36届年会也将在北京召开。与此同时，带有协作性质的海内外华文媒体的集体采访活动也有所开展。今年7月SARS“双解”后在北京举行的来自全世界56个华文媒体记者的集体采访活动，就是其中的一次。

7. 海外华文传媒的研究活动日趋深入。最近一个时期，不少海内外的专家学者呼吁尽快建立“华侨华人学”，认为创建华侨华人学的时机已经成熟。新的华侨华人学必须放在世界大背景下，作为国际移民的一部分进行研究，必须建立在多学科综合研究的基础上进行研究，而海外华文传媒的研究，则是其中一个重要的组成部分。在这一背景下，海外华文传媒的研究日趋深入。继程曼丽的《海外华文传媒研究》一书问世后，今年8月又有一部《第二届世界华文传媒论坛论文集》和一部大型工具书类年刊《世界华文传媒年鉴》（2003年创刊卷）公开出版。后者共120万字，由中国新闻社编辑出版，其详细介绍了全世界50多个国家和地区约300多家华文媒体的情况。北京大学新闻与传播学院还特地成立了由程曼丽主持的海外华文传媒研究中心，并以此为平台有计划地开展这方面的研究。

我们这一次的学术研讨会，就是在这样的背景和氛围下召开的。和前两个会的不同之处，在于它们的参加者以媒体和业者为主，而我们则以学者为主。相信我们的研讨将有更高的学术品位，将会为海外华文传媒研究活动的进一步开展作出应有的贡献。

这次研讨会确定在厦门大学召开还有其特殊的意义——厦门大学新

闻传播系的前身厦门大学新闻学科成立于1922年7月，这是中国人创办的第一个新闻学科。据前厦门大学新闻传播系系主任郑松锟教授的说法，目前还健在的国民党大老前立法院院长倪文亚老先生，就是这一学科1922年招进来的20多名学生之一。据说他还是厦门大学反对帝国主义文化侵略的“非宗教同志会”的主席和厦门大学爆发的第一次学潮中的“学生代表团”的14名成员之一（毛章清对此持异议。见他写的《厦门大学早期新闻教育考析》）。能够在中国人自已创办的第一个新闻学科所在的院校召开与新闻传播有关的国际学术研讨会，这是跑到圣人门前来卖字书了，这是很有意义也深感荣幸的一件事情。

我们这次研讨会之所以确定在厦门召开，还因为这里附近的泉州是海上丝绸之路的起点。泉州有近1500年以上的历史，至迟在南北朝时期就已经是对外交通的港口。1087年起，宋朝政府曾在这里设置市舶司，负责贸易的管理事宜。南宋时期泉州的对外贸易已经超过广州，成为中国最大的贸易港口城市。元朝疆域辽阔，国力强盛，泉州的对外交通四通八达，曾被马可·波罗在他的游记里称为“世界最大的港口之一”。它既是历史上经济贸易的一个中心，也是历史上在跨文化传播上作出过重大贡献的地区之一。我们确定在厦门开会并准备安排大家到泉州去考察，将使我们有机会瞻仰一下这个历史名城的风采，发一点思古之幽情，寻绎一下这个跨文化传播圣地的历史轨迹。

欢迎来自海内外的专家学者参加我们的盛会。感谢以陈培爱教授为首的厦门大学新闻传播系师生对我们的热情接待和为我们提供的良好的会议条件。

谢谢大家！

方汉奇

（2003年10月25日　于厦门大学）

在南京大学新闻传播学院建院庆祝大会上的发言

蒋校长、方院长、段副院长、各位嘉宾、老师们、同学们：

很高兴能够和各位领导、各位嘉宾及老师、同学们一道参加南京大学新闻传播学院的这个建院庆典。3年前，我曾经从蒋校长手里接到过南京大学新闻传播系兼职教授的聘书，今天又从蒋校长手里接到了南京大学新闻传播学院名誉院长的聘书，使我能够以自己人的身份参与这一庆典，我倍感荣幸。

今年（2003年）我已经两次到南大来了。第一次是年初的1月12日，那次是参加南大新闻传播系建系10周年的纪念会，这一次是第二次，是参加南大新闻传播学院建院的庆典。在年初的那个纪念会上，我曾经说过，我和南京与南大十分有缘。70年前我就曾经在南京住过，我接受正规的新闻教育也是在南京开始的，时间是57年前的1946年，地点在南京东北郊的栖霞山，学校就在栖霞寺旁，比我小两岁的星云大法师当时正在那里出家受戒，在1946—1947年将近一年的时间，我几乎每隔个三五天都要穿过栖霞寺的大雄宝殿到山顶的三茅宫跑一个来回，我和这位当时还是一个小沙弥现在已经闻名遐迩的大和尚肯定见过不止一次面。1947年南京爆发了“五二〇”学生运动，当时，我正在南京市内的一家报纸实习，曾经多次到我们现在开会的这个院里采访过院内的师生。另外，我的内人50年代初期也在南京念过书。这一切，再加上我和南大新闻传播系及今天正式建院的南大新闻传播学院的历史渊源使我倍感亲切。

南大新闻传播学院前身的南大新闻传播系，是在改革开放以来的第二个新闻教育发展高潮中诞生的大学新闻系，10年来，这个系在以前系主任丁柏铨教授为首的系领导集体的努力下，以文理兼容、实力雄厚在全国综合大学中名列前茅的南京大学为依托，锐意创新，招生规模不断扩大，教学科研屡创新高，出版了在新闻传播学界有重大影响的学术刊物《新闻传播论丛》，举办过多次在新闻传播学界有较大影响的学术研讨会，完成了不少国家级有重大影响的科研项目，为全国的新闻媒体、政府机关、高等院校和企事业单位输送了一大批高质量的新闻传播人才，在新闻教育的新生代梯队中逐渐跻于前列。

南大新闻传播学院就是在这样的基础上成立起来的。新成立的南大新闻传播学院，在校、院两级领导和全体师生的共同努力下，既加强了师资梯队的建设，也加强了教学科研软硬件的建设，并对学院的整体发展作出了新的规划。我祝贺南大新闻传播学院的成立，并祝愿南大新闻传播学院在原有的基础上百尺竿头更进一步，同时也希望南大校领导给南大新闻传播学院以更多的政策上的倾斜和支持，加强投入的力度，使它能够与时俱进，再创辉煌！

我的话完了。谢谢大家！

方汉奇

（2003年12月18日　于南京大学）

在斯诺诞辰100周年纪念会上的发言

我们以极其崇敬的心情纪念斯诺诞辰100周年，他是和中国人民有过患难之交的美国朋友。

在中国人民的心目中，他首先是一个杰出的新闻记者。从1928年他23岁那一年起，他就在中国从事新闻工作。担任过上海《密勒氏评论报》的记者，《芝加哥论坛报》驻东南亚的记者和英国《每日先驱报》的记者。在中国大地上，从南京、北京到哈尔滨，从呼和浩特到台湾、福建，从广东到云南，到处都留下了他采访的足迹。后来他又进入陕北苏区，行程3 000里，采访了众多的党和红军的领导人及工农群众，完成了影响整整一个时代的《西行漫记》。

另外，他也是一位十分敬业的十分出色的新闻教育工作者。他从1934年1月起，就兼任燕京大学新闻系的讲师。在我们正在开会的这个校园里，他参加了将近3年的新闻教学活动，开过旅行通讯、新闻特写等课程，指导过《平西报》《燕京新闻》等实习报纸的出版，参加过系里举办的新闻学讨论周和燕大新闻学会的各项活动，为中国新闻界培养了一大批像萧乾、黎秀石、蒋荫恩那样的杰出的新闻工作者。他经常用展示他在采访第一线拍摄的照片和他特地制作的幻灯片等方式作为教学的辅助手段，是中国新闻教育史上利用现代化科技手段进行课堂教学的第一人。

不论是当记者，还是当新闻系的教师，他都十分强调新闻的真实性。他在《西行漫记》中展示给读者的，就是他在采访第一线所亲见亲闻的第一手材料。以此打破了当局者对苏区的新闻封锁和种种诬蔑、不实之词，使中国人民看到了自己前进的方向。他在课堂教学中谆谆教导于他的学生们的也是新闻的真实性。他是主张学生们要关心政治的，他曾经用不记名的方式发给听课的13位学生每人一张小纸条，调查他们的政治倾向，但却耳提面命地教导他的学生们，在新闻采访的过程中切不可有先入为主的成见。他强调新闻工作者应该有“求真”的精神，他教导他们在采访的过程中，要把事实放在第一位。他认为，“在掌握事实以前，不可先有定论，而要先寻找事实”（《纪念埃德加·斯诺》140页）。

斯诺对中国，对我们正在开会的这个“燕园”有着深厚的感情。他曾经说过，“中国是世界上充满了新事物的地方”。他认识1 500个左右的汉字，能阅读一些汉文白话作品。他曾经4次来到燕园（1934—1937年、1960年、1964年、1973年），最后把自已的骨灰的一部分埋葬在了美丽的未名湖畔，伴随着湖光塔影永远地和崇敬他的读者及中国人民在一起。

中国人民对斯诺也怀有同样深厚的感情。从1894年第一个美国记者来中国采访到现在，来中国采访过的美国记者已经数以百千计。斯诺是他们当中最杰出的几个人当中的代表。我们感谢斯诺，感谢他为20世纪的中国所作的“求真”的报道，同时也呼唤能够有更多的斯诺式的美国记者问世。这是每一个追求中、美两个伟大民族的长期友好和世界和平发展的善良的人们的共同愿望。

谢谢！

方汉奇

（2005年7月19日下午14：00 于北京大学）

在中国人民大学新闻学院50周年院庆大会上的发言

各位领导、各位嘉宾、老师们、同学们：

在中国人民大学新闻学院举行成立50周年庆典的光辉时刻，我谨代表人大新闻学院的全体教师，包括目前在职的教师，以及已经离退休的教师和离退休后返聘的教师，向我们的学院致以衷心的祝贺！向莅临这次庆祝大会的各位领导、各位嘉宾，特别是来自全国各地的兄弟院校的领导和同行们表示衷心的感谢！

人大新闻学院的这支教师队伍，是一支海纳百川兼容并包的教师队伍。建院初期，担任主要教学任务的是来自解放区的一批被称为具有接办5个省报实力的老新闻工作者。这是人大新闻学院师资力量的基础。50年代后期又增加了来自燕京大学新闻系和北大新闻专业的一批教师。此后，通过毕业生留校和校系有关部门的遴选与延聘，又陆续增加了不少新生力量。其中，除了本院自己培养的之外，还有相当大的一部分来自复旦、北大、前北广等著名院校和社科院等国家级的科研机构。可以说，我们这支术业有专攻和学派纷呈的老、中、青结合的教师队伍是全国新闻界和新闻教育界共同培育的结果。它的存在，自始就离不开全国新闻界、新闻学界和新闻教育界的扶植与支持。

50年来，我们这支队伍和人大新闻学院一道，共同经历了共和国的风风雨雨。“文革”前的12年，在“教育为无产阶级政治服务，教育与生产劳动相结合”的口号指引下，我们经常要和学生们一道忙于参加各种政治运动，忙于参加各种季节性的生产劳动。“文革”期间，又深受批前17年教育黑线和读书无用论的影响，直到“四人帮”垮台以后，才迎来了科学的春天和教育战线的春天，我们所从事的新闻传播学的教学和研究工作才有了可靠的保证，才有了蓬勃的发展。为了忠诚于党和人民的教育事业，特别是党和人民的新闻教育事业，我们历尽劫波而无怨无悔。人大新闻学院曾经为中国的新闻战线培育出了7 000名优秀人才，我们能在其中尽我们的绵薄之力，感到无比的欣慰、骄傲和自豪。

过去的50年间，中国的新闻传播事业有了飞速的发展，新闻教育事业也有了飞速的发展。人大新闻学院初创的时侯，全国只有三五个新闻教学点，现在已经发展到了661个。在校的学生当时只有几百人到千把人，现在已发展到五六万人，办学的层次也由仅限于本科、大专，发展到兼有专科、本科、硕士、博士、博士后等多个档次。我们的这支队伍正面临着空前激烈的挑战：一个是来自兄弟院校的。它们的梯队建设合理，各学科的力量均衡，而且各具特色。我们要见贤思齐，向它们学习。一个是来自自身的。“学然后知不足，教然后知困”，这个“困”，就表现在我们的教学工作还不能适应形势的发展和要求。我们的知识需要更新和拓宽，我们的教学手段需要改进，我们的教学艺术需要提高，我们的教材需要充实。总之，我们的工作还需要不断地与时俱进。这些都是我们所面临的和亟待解决的迫切任务。

教育是百年树人的根本大计。教师是值得为之奋斗终身的光荣的事业。我们这些曾经为人大新闻学院的教学工作奋斗了三五年直至50年的新老园丁们，决心发扬红烛精神，燃烧自已，照亮别人，为新闻教育的发展、为人大新闻学院的发展继续努力，不断地作出不愧于我们的时代和我们的前人的新的贡献。

谢谢！

方汉奇

（2005年11月19日）

在南京师范大学新闻与传播学院建院10周年纪念会上的祝辞

今天是南京师范大学新闻与传播学院建院10周年的喜庆日子，我能应邀参加这次庆祝大会，感到非常荣幸，也感到非常高兴。在此，特向南师大新闻与传播学院的全体老师和同学们表示衷心的祝贺！

南师大的新闻教育可以追溯到1964年政教系接办的新闻专科，距今已有41年的历史。当时是新中国成立以后新闻教育发展的第一个高潮，全国高校共设有12~14个新闻学的教学点，南师大就是其中的一个，堪称得风气之先。1983年前后，是改革开放以后新闻教育发展的第一个高潮，南师大的第一个新闻专业——中文系新闻专业，就是在这一高潮开始的第二年即1984年建立起来的。1995年又在这一基础上建立了新闻与传播学院。最近又在已有本科和硕士点的基础上，被批准增设博士点，进入了中国新闻教育第一梯队的行列。这说明，南师大的新闻教育是有基础、有实力的，是得到业界和新闻教育界的认可的，是不断发展和与时俱进的。

我从1951年起，就在高等学校从事新闻学的教学工作，先后在几所大学的新闻院系当了50多年的老师，曾经经历过建国以来半个多世纪新闻教育的各个不同的发展阶段，经历过它的波峰和波谷，经历过它曾经遭遇过的风风雨雨。我现在还在上新闻学方面的课和带新闻学方向的研究生，是半个多世纪以来新闻教育发展的历史见证人。中国的新闻教育有87年的历史，从我的亲身经历和体会来看，现在是它发展得最好、最蓬勃的一段时期。高等学校的新闻学教学点已由1964年前后的14个，发展到661个。新闻教育发展的基础是新闻传播事业的发展。目前，中国报纸的期发行量达9 350万份（全世界销量最多的100种报纸，中国占了23种），电视受众达11个亿，网络用户达9 400万，手机用户达3.7个亿（每100人26部），2005年全国传媒市场的总产值达3 200个亿。以上这些数字，除了网络用户仅次于美国外，其他都是世界第一。有了这样的基础，才会有新闻教育今天的蓬勃发展。但是，发展中也存在不少问题。我希望南师大的老师和同学们能够充份借鉴兄弟院系的经验，趋利避害，取精用宏，和兄弟院系一道谱写好中国新闻教育的新篇章。

南师大的新闻与传播学院已经走过了自已的第一个10年，这一个10年是辉煌的10年。我祝愿它在未来的10年中继续努力，再造新的辉煌！

谢谢！

方汉奇

中国新闻史研究的几个问题

我今天要讲的是中国新闻史研究中的几个问题。

新闻史是新闻学的重要组成部分，中外新闻学研究都是从新闻史开始的。西方最早的新闻学著作是德国1845年出版的《德国新闻事业史》，美国最早的是1873年出版的《美国新闻业》，中国最早成书出版的是1917年姚公鹤的《上海报纸小史》。改革开放后，新闻学开始招硕士，最早招收的就是新闻史方面的。20世纪80年代后期，中国成立了中国新闻史学会，会址设在北京，会长在北京的教学研究单位中遴选。这是民政部领导下的唯一一个新闻传播学方面的一级学会，鼎盛时期有300多个会员，主要进行海内外新闻史研究。

中国新闻史研究的成绩很大，特别是建国和改革开放后。据统计，建国后累计出版的新闻史专著和教材144种，论文和文章5203类，其中论著的数量是建国前的3倍，论文的数量几乎是建国前的100倍。

中国新闻史的教学与研究工作中有很多值得关注的问题，今天着重谈一谈以下几个问题。

一、关于中国报纸起源的问题

中国是世界上最先有报纸的国家，这一点无可置疑。1921年12月4日，美国密苏里新闻学院院长、美国编辑者出版者协会的会长、有“新闻教育之父”之称的威廉博士到北大作演讲，他的第一句话就是：“中国是世界上最早有报纸的国家，中国的报纸有1000年以上的历史。”但是中国的报纸起源于什么时候，学者们有众多的阐述。

改革开放前的新闻史著作多数认为中国的报纸起源于汉朝。戈公振的《中国报学史》曾经提出过“汉有邸报乎”的问题。他的回答是汉朝已经有邸报（中国古代的官报纸）了。首先，他指出汉朝已经有邸，邸实际上是地方诸侯王等派驻长安的办事机构，负责中央地方间信息沟通、文书传递。《汉书》中有记载，燕王刘旦曾打报告给汉昭帝，说霍光造反，理由是他擅自调动御林军，有谋反嫌疑。霍光因此诚惶诚恐，汉昭帝去安慰他，说我不信，还说燕王驻地离长安那么远，信息不会那么快传到燕王那儿，所以是莫须有的事情。戈公振引用这段史料的意思是说，燕王为什么会知道霍光在长安调动军队，可能是看到邸报了。这只是一种揣测，所以用了“汉有邸报乎”这样的语气来介绍，似乎并不十分肯定。但在之后发表的文章中，戈公振已更多地倾向于汉朝有邸报。之后，蒋国珍的《中国新闻发达史》、曾虚白主编的《中国新闻史》（台湾）都沿用这一说法。也有提出报纸在周朝就有的。建国后，我们新闻史的教材接受的是戈公振的说法。这是出于“反正中国是最早有报纸的国家，说得越早，就越好”这样一种心态。改革开放后，在学术研究上更实事求是些。我们目前更倾向于认定的，是唐朝开始有邸报的说法。

邸报是政府官报，宋朝开始建立起比较规范的邸报发行体制：门下省的给事中（编）——枢密院（审）——上都进奏院（发），最后通过120个进奏官，送达各路州郡，报行天下。这套发行体制在史书中有清晰的记载。唐朝的邸报发行体制则不像宋朝这么完整，但是已经开始有官报。根据之一，是有关《开元杂报》的记载。孙樵在他的《经纬集》中有一篇题为《读开元杂报》的文章，说的是：他做官后回忆起当年在湖北襄汉一带赋闲时，曾经看到的数十幅书（几十页的东西），上面讲的都是有关朝廷政事和祭祀活动方面的事。他不知这是什么，这时有客从长安来，说这就是当年在长安出的报纸。而孙樵所处的历史时期是晚唐。根据之二，是在敦煌莫高窟出土的文物中找到的唐朝的进奏院状，即“敦煌进奏院状”。这是80年代时通过新华社的驻英记者在大英博物馆查到的。《读开元杂报》和“敦煌进奏院状”，证明唐朝已经有报纸，当然是比较原始状态的报纸。

需要说明的是，第一，唐朝还没有邸报的称呼，邸报是宋朝才开始有的称呼。唐朝只有“报状”和“状”等之类的称呼。戈公振曾引用《全唐诗话》中关于韩竑被告知他将升任驾部郎中知制诰一职的记载，其中就提到了邸报，但《全唐诗话》是南宋人写的，不能引来作为唐朝已经有“邸报”这个字眼的确切的根据。第二，唐朝的“敦煌进奏院状”等还不是真正意义上的报纸，它实际上是一种类似“新闻信”的东西，有点像西方国家早期的newsletter。西方的新闻史讲报纸的源头是从新闻信开始的。第三，这些还都不是印刷物，“敦煌进奏院状”从实物看就知道是手写的。清末民初，孙毓修在《中国雕版源流考》中说，在清末民初，曾经有人看到过七张《开元杂报》，是印刷版，“云是唐人雕本”。改革开放前有人认同这一说法，但是并无实物作证。若是真有，那为什么唐朝之后1000年没有人提起它？孙毓修之后也没有人再见过？所以我们说，唐朝已经有的报纸是指原始状态的官报。

由此，改革开放以后的教材和著作大都倾向于这样的说法：中国报纸起源于唐朝，其成形和体系的完善是在宋朝。但90年代后，新闻史的学者有人又重新提出“汉朝就有报纸”的说法。持这种观点的代表人物是复旦的姚福申和中国新闻学院的张涛，他们主要是根据建国后在西北地区出土的木简，木简上的内容涉及到当时的一些政治信息，以此称它们为木简报，或者是叫府报。对他们两位的观点，有支持的，也有反对的。这里主要的问题就出在如何证明这些木简就是报纸，因为它出土时已经是零散的碎片，根据现在木简上能看到的零碎的字句和信息很难断定它是官文书还是报纸。所以，我们在一些正式的新闻史专著和教材中并没有取报纸起源于汉朝的说法。

二、全面学苏联对新闻史教学研究工作的影响问题

中国从清朝末年就开始有人提倡要学俄国，当时强调的主要是学习彼得大帝的政治和经济上的改革。“十月革命”以后，又提出了要学苏联，即所谓的“以俄为师”。建国以后实行“一边倒”的方针，更是全面地学苏联。教育界学习苏联后的一个大的举措，就是进行了1952年的院系调整，调整后的专业分得太细，有的工科大学里甚至细到设置了专门研究如何制作纽扣的纽扣专业。新闻界建国后也是全面学苏联，《人民日报》对口学《真理报》；新华社对口学塔斯社；学校里按照苏联模式成立了教研室，定期聘请苏联专家来讲新闻学方面的课程。当时北大的新闻专业还组织了一批老师突击学习俄文，然后集体翻译了《布尔什维克文集》和苏共中央高级党校有关新闻学方面的讲义，其中就有苏共报刊史教材。全国新闻院校都在学习这些翻译过来的教材。

从50年代到改革开放前，我们新闻史的教材基本上是按照苏共报刊史的模式来编写的，虽然50年代后期中苏关系有变化，苏联方面撤退了专家，但是苏共报刊史的影响仍然存在。这种影响的结果突出地表现为以下几个方面：

首先，用党史、思想史、路线斗争史取代报刊史。我们编出的中国新闻史相当大的一部分是在讲党史、思想史、党内的路线斗争史。当时的苏共报刊史就是这样。

其次，用党报史取代中国新闻史。其结果是使得中国新闻事业史的全貌得不到完整的反映。建国前的那些旧版的中国新闻史的教材很少提到共产党的报刊，如戈公振的《中国报学史》只是几句话简单地提了一下《每周评论》《新青年》，其他的党报、党刊基本没有涉及，从中看不出中国共产党报刊史的发展历程，这是一个极端。而新中国成立后，又走到了另一个极端。即以绝大部分的篇幅去介绍中国共产党报刊的发展历史，而不太重视共产党报刊以外的其他类型和其他政治倾向的报刊的介绍，用中国共产党党报的历史取代了中国新闻史。党报毕竟只是历史上众多的各种类型和各种政治倾向的报刊中的一个部分和一个方面，党报史当然很重要，但党报史不能等同于一个国家的新闻史。

再次，写法上也有不够实事求是的地方。比如，写党报的发展，一开始就是“燎原之势”，而没有考虑到这样的事实：中国共产党党报的历史是和中国革命的历史同步发展起来的，是由星星之火逐步形成燎原之势的。此外，对国民党方面和中间力量的报纸的介绍研究与分析评价也有所不足。

最后，教学方法上的影响。苏联专家讲课的特点是念讲稿，照本宣科，相当长的一段时期，我们的教师也照搬这一做法，一上来就埋头念事先写好的讲稿。这一教学方法一直延续到改革开放以后才完全改变。

所以，新闻史从教学内容到教学方法，都曾经在很大程度上受到了学苏联和苏共报刊史的影响，改革开放后这种影响才逐步弱化，但很多教材到现在为止仍然有苏联的那种模式的影子，这些都还需要继续消除和摆脱。

三、对个别报刊和报人的评价问题

在这方面，我们的教学与研究都曾经有过一定的偏颇。具体表现在以下几个方面：

1. 对近代的外国传教士在中国办报行为的评价不够实事求是。例如有的说，外国传教士在中国的办报活动都属于文化侵略，这种说法就过于笼统，也不完全符合实际。我们知道，从明朝开始就有外国传教士来华，早期的传教士来中国，多数情况下是从事职业宗教活动的，此外的一些活动，如翻译儒家经典、介绍西方的自然科学成果等，都带有跨文化传播的性质。在明末和清初的康、雍、乾时期，他们的这些活动并不存在文化侵略的问题，因为当时我们的国力还居于世界的前列，还不存在他们以强凌弱的问题。“鸦片战争”前后，确实有一些传教士参与了侵华活动，他们所办的报刊上有部分文化侵略的内容。但要具体分析，区别对待。他们并不像一些侵华史所描写的那样，通通都是帝国主义的鹰犬。他们当中的一些人也作过一些对中国人民友好和有利的事，比如，最近的一些研究成果就表明，有不少外国传教士在光绪年间华北地区的旱灾、东北的鼠疫等自然灾害和流行病发作时，做了不少符合人道主义的事情。这些是不必完全否定的。

2. 对以康、梁为首的维新派、改良派从“维新运动”后到民国成立期间的办报活动的评价，都有点刻意贬低。我写的一些书和文章中就有这方面的问题，比如，我对康、梁的一些办报活动，包括对汪康年的办报活动的评价都有点偏低。特别是在拿他们和以孙中山为首的革命派进行对比的时侯。现在看来，这种做法是不够实事求是的。

3. 对个别党的报刊和新闻工作者的评价也有片面性。例如，对后期《向导》的某些宣传过于求全责备，这也是不够公平的。当年《向导》的一些言论、主张和它所宣传的内容，是受第三国际的严密控制的，如果有问题，责任不在刊物和主持刊物工作的某些人，而在第三国际。最近，第三国际的档案解密，有关的情况就更清楚了。在整个第一次国内革命战争时期，中共中央是受第三国际的严密掌控的。建党初期的中国共产党，党员不多，经费也很困难。早期的共产党刊物包括《劳动界》《新青年》《共产党》月刊，还有后来在巴黎办的《救国时报》等，都是共产国际出的钱。当时的共产国际还先后派马林、维经斯基等长驻《向导》，实际掌控刊物的言论。所以对《向导》的评价，如果不考虑到第三国际的影响，作具体的分析，就不能如实地反映当时的情况，也不可能作出准确的评价。

对早期党的报刊工作者的评价也是这样，特别是对陈独秀。陈独秀后期派彭述之主持《向导》的工作，他自己也在党报上发了很多文章。建国以后，给陈独秀扣了很多帽子，其中最重、最常用的两个是右倾机会主义者和右倾投降主义者。实际上在办《向导》的这一段时期和大革命的最后两年，陈独秀完全受制于第三国际。很多观点实际上是第三国际通过陈独秀贯彻，并反映在党报上的。比如1924年国共第一次合作，共产党以个人身份加入国民党，在这个问题上陈独秀持保留态度。他不赞成和国民党靠得太近，希望保持一点距离。1925—1926年，陈独秀三次提出自己的意见，都受到了共产国际的否定。所以在这个问题上，所谓的右倾投降主义，其实是共产国际的主张，陈独秀是代人受过。

说到对陈独秀的评价，有很多是不符合实际的。陈独秀一共被扣了五顶帽子，除了前面讲的右倾机会主义者和右倾投降主义者，还有叛徒、汉奸和托派等。所谓的叛徒是指他1932年入狱以后，投降妥协，投靠蒋介石了。但事实上，陈独秀在监狱中发表的文章和言论坚持了他的革命气节和立场，没有任何妥协言论。当时的《新华日报》在王明的把持下，说他是汉奸，说他一个月拿汉奸组织提供的300块钱，这完全是子虚乌有的事情。

陈独秀倒是的确当过托派。托洛斯基是俄国二月革命、十月革命时期的总指挥，后来斯大林为了争夺政治权利，暗杀了托洛斯基，并诋毁他为叛徒、特务、苏奸、恶棍。中共根据苏共的评价，也将托派看作十恶不赦的敌人。这个帽子也曾经被硬带在陈独秀头上。对陈独秀这样一位在民主革命时期、建党时期一直到抗日战争时期都做出过突出贡献的革命者，我们此前对他的评价还是有欠公道的，但是这不是学术研究能够解决的问题，还需要由中央通过作出新的历史问题决议去解决。

四、对中间报刊的评价问题

社会上的群体在政治上是分左、中、右的，报刊也有左、中、右之别，各时期除了“左翼”和“右翼”的报纸外，都有属于中间这一块的报纸。解放以后我们的新闻史对历史上的“左”派报刊的研究加强了，成果比较多。对“右翼”的报刊特别是“极右”的报刊介绍得不多，但是批判得也不多。因为这一类报刊多数已经是“死老虎”了。解放后在历次政治运动和学术批判活动中批判最多的，反而是中间报刊这一块，因为它还有一定影响。在中国近现代史上，中间力量这一块，从阶级上来看主要是民族资产阶级、小资产阶级；从职业上来看主要是工商业者、民族资本家、企业家、农民和知识分子。其中，知识分子这一块在历次政治运动当中都是受到批评最多的一个群体。连累所及，对中间的报刊批判也因此是比较多的。

其中受批判最多的是《大公报》，因为它是中间报刊中最具有代表性的报纸，影响比较大，得过国际上的一些奖项，受到的推崇比较多，出的人才也比较多。但是历次政治运动中，《大公报》都是批判的对象。过去对《大公报》的批判主要集中在几个方面：第一，说它是政学系的报纸。实际上，《大公报》和政学系没有关系。《大公报》没有拿过政学系的钱，没有接收过政学系的人，也没有宣传过政学系的观点。第二，说它是大资产阶级的报纸，但事实上，《大公报》的创办人英敛之是一位小职员出身的报人，他办报的经费主要靠集资，从教会、法国使馆、商会、民间银行等方面凑的钱。第三，说它小骂大帮忙，替国民党说话。实际上它对国民党也有大骂，有时还骂得很重。比如，骂国民党抗战不力，骂重庆官员贪污腐化，骂抗战胜利后的接收大员搞所谓的“五子登科”，骂孔宋官僚资产阶级怙势揽权，这些都引起了社会的轰动和老百姓对官僚资产阶级的愤慨。要说帮忙，它诚然帮过国民党，但更多情况下是帮了共产党。比如，它派记者去苏联访问，派范长江前往边区和延安作系列报道，增加了民众对中共的了解和支持。虽然在一些评论文章和报道中，《大公报》以国民党为正统，支持蒋介石执政，但相对之下，它对共产党帮的忙更多。

我们历次政治运动当中对知识分子的批判，有一部分是对企图走第三条道路的观点的批判，除了对《大公报》的批判外，也有对《观察》的储安平、《新路》的萧乾等这些中间报刊、中间新闻工作者的批判。《观察》属于解放战争时期，主张走中间道路的报刊。它追求资产阶级利益，但是反对国民党的一党专政，相对的对共产党、对解放区倒是有很多褒意的介绍和言论。在国民党统治的后期，《观察》的言论，客观上对于国民党统治区的青年知识分子接受共产党的主张、向往解放区、投身共产党领导的革命斗争，客观上起到了不小的作用。其言论对国民党是不利的，最后，《观察》也被国民党查封了。但其资产阶级民主的理念在解放后也受到了严厉批判。

历史上这些中间派、中间路线、中间道路、中间类型的报刊在新闻史上还有很多，如《努力周报》《独立评论》等。五四前后，胡适曾在这些刊物上发表过有关《多谈些问题少谈些主义》等之类的文章，妨碍了马克思主义的传播，对他有所指摘和批评是很自然的。连带所及，对中间报刊和报人的研究、分析、评价也因此受到影响。其实对这些报刊在它们所处的那个时代的功过得失，还应该作具体分析，不宜简单地全部抹杀，全盘否定。今天想跟大家讲的有关新闻史研究中的几个问题，主要是上面这四个方面。中国新闻史的研究现在受到了更多的新闻教学研究工作者的关注，也得到了越来越多的扶持。新闻史的研究从面上来看，有了一些基础，相关的教材也出了将近60部，但是在同水平上有一些重复，我们应该把更多的力量放在个别报刊、个别报人的个案研究上，逐步加强研究的深度。只有掌握更多的第一手材料，做好由此及彼，由表及里，去芜存菁，去伪存真的工作，才能比较丰满地完成一个个研究课题。在此基础上再去写文章、编教材，才能使新闻史的研究有一个整体的提高。

方汉奇

（2007年9月在北大新闻与传播学院）

（据2007年9月在北大新闻与传播学院一次讲座上的讲话录音整理）

薪火相传　推动新闻学研究新高点

——北大新闻学研究会恢复成立大会上的讲话

我想讲两点意思：第一点，是祝贺；第二点，是希望。

祝贺方面，我想首先应该祝贺北京大学新闻学研究会经过90年又恢复成立。因为这是一个在中国新闻事业史上、新闻教育史上非常重大的里程碑。虽然这个研究会当年只活动了两年两个月，时间不算很长，但是影响很大：它标志着中国新闻学研究的开端，标志着中国新闻教育的开端，在新闻学研究会的活动期间还出版了中国的第一本新闻学著作，创办了中国的第一份新闻专业的期刊。而且这个新闻学会是和毛泽东、高君宇这样的一些无产阶级革命家的名字联系在一起的。

许校长任会长　意义重大

今天恢复北京大学新闻学研究会，标志着这种历史传承的一种延续，在这个基础上，使得北京大学新闻学研究会的传统得以继承和发扬，这是非常值得祝贺的一件事情。第二件值得祝贺的是许校长出任北京大学新闻学研究会的会长，还有几位先生出任副会长。我想特别祝贺许校长出任北京大学新闻学研究会的会长。许校长出任这个会长，就是第二任会长，第一任会长是蔡校长。这意味着许校长把蔡校长的事业传承下来。蔡元培是在北京大学的历史上、中国教育史上、中国近现代史上口碑最好、最受尊敬的大学校长。他1917年1月4号到校，到1927年7月离开，当了10年半的北大校长，实际上是5年多一点，但是这5年半的时间奠定了北京大学的基础，奠定了北京大学的地位，他的办学理念、办学思想至今还受到社会上的认同和尊重。

他当校长的时候，是五四运动前后，北京大学的社团活动非常活跃。除了新闻学研究会以外，有哲学研究会、国民社、新潮社、共进社、少年中国学会、平民教育演讲团等，不下20个。蔡元培校长最重视的学会是新闻学研究会，并担任会长，然后几次重要活动他都有参加。成立大会，他参加了；改组大会，他参加了，而且都有演说，有讲话。他之所以重视新闻学研究会，不光是因为他自己有过办报的经历，还因为他非常重视新闻学研究、新闻教育和新闻事业。现在许校长把蔡校长的事业接过来了，用奥运会火炬比喻的话，就是把蔡校长手里的火炬跨过了蒋梦麟、傅斯年、胡适、汤用彤，跨过了马寅初、陆平、周培源、张龙翔、丁石孙、吴树青、陈佳洱等，把火炬跨过了11个校长和代理校长直接接过来了。我想这就意味着许校长将会和蔡校长一样，对北大新闻学研究的重视，对北大新闻教育的重视，对培养新闻人才的重视，所以我觉得这是非常值得祝贺的一件事情，既为许校长贺，也为北京大学新闻学研究会贺。

海纳百川　聘海内外十导师

第三，我觉得应该祝贺的是十位导师。北京大学新闻学研究会这一次准备聘请十位导师。导师这个称号是毛泽东生前最喜欢的称号，他有四个称号，他说那3个都讨嫌，就是导师这个称号他最喜欢。北京大学新闻学研究会在今天以前，只有过两个导师，一个是徐宝璜，一个是邵飘萍。今天即将应聘的十位导师是将要与徐宝璜和邵飘萍的名字排在一起的导师。我觉得这是一种与新闻学的大师们并肩的荣誉。徐宝璜是新闻理论的“开山祖”，邵飘萍是新闻实务研究的“开山祖”，在他以前，也有记者。但是研究新闻实务、出书的，他是第一个。所以我觉得，对即将应聘的导师们也应该祝贺。

最后，我想特别祝贺在座的卓南生先生，卓南生先生在这次北京大学新闻学研究会恢复成立会上将被聘请为副会长兼导师。卓先生是中国血统，新加坡国籍，日本龙谷大学的教授，能够请到这样一位先生当副会长和导师，我觉得充分地体现了北京大学的那种海纳百川的精神和传统。卓先生是著名的国际评论专家，是著名的中国新闻史学者，他在中国新闻史的研究上是国际水平，我为学会贺，也为卓先生贺。

说到我自己，只是感觉到荣幸。因为能够成为北京大学新闻学研究会恢复以后的一个会员，是很荣幸的一件事情。北京大学新闻学研究会成立两年多，有姓名可考的会员现在只有五十五位，他们的名字和毛泽东、高君宇、谭平山这样的一些人联系在一起。所以，能够成为北京大学新闻学研究会的一个成员，我觉得是很荣幸的一件事情。

整合资源　迎接新时代挑战

最后，简单地讲一点希望。北京大学新闻学研究会曾经为中国新闻学的发展、新闻教育的发展、新闻事业的发展作出过重大的贡献，它活动的那个时期是中国新闻事业相对比较发展的一段时期，就是20世纪的二三十年代。五四前后的大量报刊是那个时候出现的，建党初期大量的党的报刊是那个时期出现的，民族资产阶级办的民营报刊，那个时期也得到了比较大的发展。北京大学新闻学研究会当时的活动，对中国的新闻教育、新闻学研究和新闻事业的发展这三个方面都有重大影响，都起了很大的推动作用。

今天我们恢复成立了北京大学新闻学研究会，就应该继承这个会初创时的传统，像蔡校长在办会宗旨里提到的，要在“研究新闻学理，增长新闻经验，谋求新闻事业的发展”这三个方面下功夫，为今天中国新闻教育、新闻学研究和新闻事业的发展作出自己的贡献。

相隔90年，我们的新闻教育、新闻学研究、新闻事业已经和90年前大大不同了，发展很快，规模也已经很大了。新闻学研究会刚成立的时候，全国只有550家报纸，现在据记协去年的统计数字是1 931家报纸，外带9 000多个期刊。那个时候只有平面媒体，现在我们除了平面媒体之外，还有广播、电视、网络、手机等诸多的新媒体。面临这样的一个新的形势，我希望恢复成立以后的北京大学新闻学研究会能够集聚全校、全国的力量整合资源，加倍努力，把新闻学的研究推到一个新的高度、一个新的水平。谢谢！

方汉奇

2008年4月15日

两岸光风霁月　四地生意欣然

——在“2008两岸四地传媒与时局发展研讨会”上的发言

主席、各位嘉宾：

能应邀参加上海交通大学媒体学院、东森文化基金会、香港城市大学媒体与传播系、澳门大学传播系联袂召开的这次“2008两岸四地传媒与时局发展研讨会”，我深感荣幸。两岸四地的新闻传播学府和具有新闻传播背景的文化基金会组织，联袂举办“传媒与时局发展的学术研讨会”，在我的印象中似乎还是第一次。我觉得把两岸四地的新闻传播学者和业者聚集到一起到澳门来开这个会，来探讨两岸四地传媒与时局发展的众多问题，具有特殊的意义。

首先，我们选择的这一开会的地点澳门，是两岸四地中最先有近代化报纸的地方。根据澳门大学传播系林玉凤博士的最新研究成果，澳门很可能早在1807年就已经出版了一份葡文报纸《消息日报》，时间早于已知的1822年创刊的《蜜蜂华报》近15年。两岸四地最早的中文近代化报刊，也首先出现在澳门。传统的说法，这份最早的中文近代化报纸是1833年8月1日在广州创刊的《东西洋考每月统记传》，据林玉凤博士的最新研究成果，这个说法也被订正了。不是《东西洋考每月统记传》，而是著名英国传教士马礼逊1833年4月29日在澳门创办的一份名为《杂闻篇》的报纸，其出版的时间早于《东西洋考每月统记传》3个月。可见，澳门是两岸四地近代化报纸的发祥地，是两岸四地最先有中文近代化报纸的地方。此外，澳门还是伟大的民主革命家孙中山先生开始他办报活动的地方。是“戊戌维新”时期康梁等维新派人士和“辛亥革命”时期革命党人从事办报活动的地方。回归以来，澳门还是两岸四地中经济发展较快的地区之一。这里虽然只有27.3平方公里，40万人口，在两岸四地中，幅员最小、人口最少。但近5年经济发展很快，人均GDP已超过香港，位居亚洲第三，令人刮目相看。所以，选择这里作为这次研讨会的开会地点，具有特殊的意义。

其次，两岸四地是世界上新闻传播事业发展最快的地区之一。这里拥有全世界最大的新闻传播事业的规模和全世界最大的受众市场。全世界发行量最高的100家报纸中，两岸四地占了28家，其中大陆23家，台湾5家；两岸四地的电视受众超过了12亿；网民超过了2亿，其中仅大陆地区到上个月底止，就超过了2.23个亿，台湾则超过了1 500万；手机已进入3G时代，两岸四地的手机拥有量已超过5.39亿，手机短信的发送量超过3 500亿条，稳居世界的前列。两岸四地新闻传播事业的发展，已成为全世界新闻传播学界和业界普遍关注的一个焦点。

再次，两岸四地是中华文化的发源地，是海外华侨、华人的父母之邦。两岸四地的新闻媒体，联系着全世界数以千万计的炎黄子孙。以这里为基地的新闻媒体，也已经把它的躯体延伸到全世界。以平面媒体为例，大陆背景的《侨报》、台湾《联合报》系的《世界日报》、香港《星岛日报》系的《星岛日报》，都在美国的东西部出有分版。成为美国华侨、华人获取信息的主要读物。其中不少报纸的发行量，近20年来有了巨幅的增长。发展最快的如《世界日报》，已由20世纪90年代初的16万份，陡增到去年的35万份，远远超过当地华人自办的华文报纸。两岸四地的华文电视台，近年来也通过卫星传输系统在海外的不少华侨、华人聚居的城市落地。以美国为例：香港的翡翠电视台早在1967年11月19日就开始通过卫星无线信号用粤语向包括美国和海外各地正式启播；2001年1月香港的凤凰卫视也在洛杉玑开设了凤凰卫视美洲台，扩大了它在美洲地区的影响；台湾地区的台视（TTV）、中视（CTV）、华视（CTS）从1980年起，开始通过国际卫视向全美转播；台湾的东森电视台则在2003年在洛杉玑成立了“东森美洲电视”（后更名“美洲卫视”），向全美播送新闻等节目；大陆的电视台是21世纪初才进入美国受众市场的，但发展很快；到2004年10月，大陆央视的17个频道，包括CCTV4、9、11等频道和北京、上海、江苏、东方、南方等台的节目，已由美国的艾科斯塔直播卫星平台负责转播；两岸四地中，澳门力量最小，但在这方面也不遑多让，以华语受众为主要对象的澳门电视台，也与澳亚卫视合作，从2004年3月15日起，向全美和整个东南亚地区的华人华正式开播。可以说，两岸四地的华文平面媒体和华语电视台，其受众绝不仅限于当地。它们是以五大洲、四大洋近4 000万的华侨和华人为对象的。它们已经成为全世界华侨、华人的消息枢纽和总汇，在他们当中，具有举足重轻的作用。

当前时局的形势很好。两岸光风霁月 四地生意欣然。形势正朝着对两岸四地人民有利的方向发展。大陆这两年的经济始终保持着旺盛的发展势头，2007年的GDP总额达3.4万亿元人民币，居世界第4位，综合国力有了很大的提高。对办好一个多月后将在北京召开的奥运会和4年后将在上海举办的世博会，都有绝对的把握。今年以来，老天爷不帮忙，先是有雪灾，继而又发生了伤亡和损失惨重的汶川震灾，最近几天，南方各省又暴雨成灾，但国家都应对得及时和得当，既凸显了国家的综合实力，也得到了国际的普遍赞誉，增强了全民和海内外华侨、华人的凝聚力。这次震灾前不久公布的《突发公共事件应对法》（2007年11月）、《政府信息公开条例》（2008年5月），抗震期间有关灾情的及时、透明的信息通报和开放国内外新闻工作者到震灾的第一线采访等举措，也使关注新闻改革的新闻传播业者和学者，看到了这方面的进步。5月20日台湾政党轮替后，台海的局势豁然开朗。两岸通过协商，务实地解决两岸间的有关问题的时代已经到来。海协、海基两会目前正在北京召开，今天正是两会经过3天协商签订协议的日子，我们期待海峡两岸能够建立互信，扩大交流和互惠合作，让两岸之间“旌旗不动酒旗摇”，让两岸四地联起手来争取互利双赢，共同去赚世界的钱。

在这样的大背景下，两岸四地的新闻传播学者和业者，特别是两岸的新闻传播学者之间，也有了比任何时期都更加密切的来往。从1989年台湾新闻教育界组团到大陆访问开始，两岸的新闻传播学者之间的交往就日益密切。台湾的很多大学新闻传播学院接受了大陆的访问学者，开展研究生之间的交流，大陆的一些高等学校的新闻研究中心也聘请了台湾的学者担任学术委员，并接受台湾的教授担任特约研究员。以中国新闻史学会、华中科技大学信息与传播学院、南洋理工大学新闻传播学院等单位的名义联合主办的“海外华文传媒与华夏文明传播学术研讨会”已经举办了5次。一个礼拜前（6月8日），由两岸新闻传播学者联合主办的“海峡两岸新闻与传播研究交流中心”也在厦门正式揭牌。两岸业者之间的往来更加频繁。截止2007年年底，到大陆采访的台湾记者累计已达1.5万人次。大陆记者赴台采访的也达1 000人次。日益密切的两岸新闻学者和业者之间的交流，将对增进两岸的相互了解、促进两岸各领域的交流和往来、推动两岸关系的和平发展产生积极的作用和影响。

这次研讨会，将由两岸四地的学者就两岸四地传媒与时局发展的众多问题进行研讨。能有机会来澳门参加两岸四地四家东道主共同主办的这个“两岸四地传媒与时局发展研讨会”，我感到十分亲切，预祝这次研讨会取得圆满成功。谢谢！

方汉奇

（2008年6月14日于澳门）

赋到沧桑句便工

——简论中国新闻史上的这次里程碑式的灾难报道

中央电视台有关汶川大地震的这次直播报道，可以称得上是中国新闻史上、中国电视史上具有里程碑式意义的一次突发灾难事件的报道。

首先，它是报道最快速、最及时的一次。四川地震是5月12日14:28爆发的，新华网在18分钟之后，也就是14:46就发布了地震快讯。央视新闻频道在14:50左右就以字幕的形式发布了消息，随后又在15:00点的整点新闻中口播了这条消息，4分钟后配发四川汶川的简易图版，6分钟后开始了直播特别节目。此后的报道，央视记者在第一时间就赶到了第一现场，在汶川，在都江堰，在映秀，在北川，在青川，在绵阳，在唐家山堰塞湖，往往在第一时间就可以看到央视记者的身影，及时地看到了他们对广大受众进行的现场直播式的报道。

现场直播是中国电视幼年时期曾经使用过的播出手段。早期的电视节目，有不少就是用现场直播方式播出的。但在当时，只是一种原始状态的、限于条件的、因陋就简的直播。而这一次的直播则不是，它不仅动用了直升飞机、卫星车、海事卫星电话等现代化的交通工具和通讯手段，有很高的科技含量，同时具有很高的难度和危险度。这种直播在很大程度上提高了新闻的时效性，增加了受众的现场感。

其次，它是报道得最公开、最透明的一次，也是中国新闻史上有关特大灾害的报道，在公开性和透明度方面做得最好的一次。

央视有关这次地震的很多报道，都是以现场的画面为背景进行的。对灾情的严重、伤亡的惨烈、幸存者生活条件的艰苦、救援和医疗工作遭遇到的重重困难，以及以胡锦涛、温家宝等中央领导人亲临抗震第一线指挥救灾和12万解放军官兵十万火急奔赴现场，冒着生命危险，不眠不休奋勇抢救受难灾民等情景，作了十分公开和透明的报道。不回避灾情，不回避困难，不回避救灾过程中出现的问题，让广大受众如临其境，心灵和感情上受到了强烈的震撼。

再次，它是报道得最充分的一次。为了这次四川大地震的直播报道，央视新闻频道把很多常规的节目都停了下来，重点保障灾情信息的报道，争取在第一时间让公众了解抗震救灾前线的情况。不仅在每天的“新闻联播”中划出大量篇幅及时报道抗震的最新消息，而且还专门设置了“抗震救灾 众志成城”专栏，调动一切手段进行深入报道，持续了近50天。为了完成这次抗震救灾的报道，央视投入的力量也是空前的。据《亚洲周刊》的报道，央视此次分多批派出了大量记者前往一线，最高峰时一度达到189人，规模之大和投入力量之多在中国新闻史上和中国电视史上都是空前的。

从内容的广度和深度来看，央视的这次报道也是十分“充分”的。以往，央视的报道偏于动态报道，把那些需要深度开掘的题材和报道任务则留给平面媒体。但在这次汶川地震的报道中，央视把时效和深度“通吃”了。平面媒体所使用的消息、特写、通讯、专访等各种报道形式它几乎全都用上了。以《焦点访谈》为例，实际上每一期的《焦点访谈》都是一个专题，相当于纸面媒体的深度报道。这种做法，对电视报道的发展乃至于整个中国的新闻传播事业的发展都是一种促进，彰显出电视作为第一传媒不可替代的地位与价值。

央视的这些记者们在此次直播中的表现，无论是在应变的能力还是在承受困难的能力上都是值得肯定的。受灾地区没有路、饮食起居没有保证、余震随时可能发生、生命时刻受到威胁、各项条件都非常恶劣，但他们都一往无前很好地完成了自己的任务，充分体现了新闻工作者的职业道德和敬业精神，体现了他们的责任心和他们的使命感。要给他们打分的话，完全可以打“优”的高分。

央视这次有关地震灾难的报道，之所以有上述历史性的突破，除了主观的努力之外，也还有一些客观的因素。

首先，是由于中央的正确决策。从这次地震一开始，中央领导层就对震情的报道采取了一系列高度公开化的举措，不封锁消息，不限制采访，及时地、主动地公布灾情，特别是其中的伤亡数字。这显然是和本届政府“以人为本”和注意“人文关怀”的施政理念是一致的。信息的高度公开、透明，使世界看到了一个自信、开放、有高度的人道主义爱心和成熟的公民意识的中国，在国际上的影响是十分正面的。这一决策，也给以央视为代表的主流媒体提供了充分施展才干和发挥主观能动性的机会。可以认为，中国媒体这次对四川地震的报道，是新中国成立以来，乃至在整个中国新闻史上透明度和公开度都是最高的一次。

其次，是有相关法律和法令的支持，特别是2008年5月1日起刚刚开始施行的《中华人民共和国政府信息公开条例》的支持。这个条例的草案中原来有这样一句话：“新闻媒体不得违规擅自发布突发事件信息。”其中的两个关键词，一个是“违规”，一个是“擅自”，即媒体发布信息必须要申请，必须要得到主管部门的同意，否则就是“违规”，就是“擅自”。但这句话在人大讨论的时候被删掉了。删掉了这一条，就在相当程度上解放了媒体的手脚，为媒体在应对这次突发事件的报道中提供了法律上的支持。

再次，是由于我们有太多的历史经验教训。在有关某些突发的灾难报道中，我们有过很多不成功的经验和教训。长期以来，一旦发生突发性的灾难事件，媒体总是习惯于遮遮掩掩，不报道或不及时报道。主观上似乎是在维护国家的形象，用心是好的，但实际上得到的往往是负面的效果。

20世纪70年代对唐山大地震的报道，就是其中的一个很好的例子。唐山发生大地震后，媒体对灾情，特别是震后的伤亡人数始终讳莫如深。一直到地震发生3年后，新华社才在一条消息中，透露了那次地震的死难人数是24万人。

跟唐山地震相类似的另一个例子，就是1975年8月发生在河南和安徽两省的那场严重涝灾。在那场自然灾害中，仅河南一省就有32个县受灾，56个水库垮坝，1 800万亩耕地受淹，3万多人丧生，100万牲畜被淹死，房屋塌了500万间，京广铁路自小商河至确山的路段有103公里被淹，其中有16公里不仅桥梁、涵洞被冲垮，连铁轨都拧成了麻花。当时有一列火车沿京广线上行至此，1 000多名旅客连同司乘人员几乎全部遇难，京广线也因此停了很长一段时期。这么大的一场自然灾害，记者也已经赶到了现场，但是在“四人帮”的掌控下，当时的主管部门就是不让报道。实际上，天要下雨、娘要嫁人，这种自然灾害的发生和社会制度之间并没有必然的关系。封锁信息、不准报道，让老百姓闭目塞听，实际上等于封锁了自己，给谣言的流行提供了市场。前几年有关“非典”早期疫情的报道，也有类似的情况。

上述这些历史教训让我们记忆犹新，使我们变得聪明了起来，认识到必须要改变以往的做法。正因为有了这种认识，才使得我们的主流媒体能够在这次特大地震的报道中作出这么大的改变。事实证明，这样的改变是明智的、正确的。

这次震后的抗震救灾活动，要钱有钱，要物有物，要建材有建材，要设备有设备，要粮食有粮食，既充分体现了我们日益增长的综合国力，也充分彰显了我们的社会主义制度的优越性。地震发生后几个小时，中央领导人就赶到了现场，紧接着12万解放军（其中包括70多位将军）和几万医务工作者陆续到位，全国各地的志愿者分头进入，各省、市、地方对受灾市县实行对口支援。效率高、号令统一，能够集中力量办大事，所有举措顷刻间就可以一竿子插到底，所有这些，都只有在社会主义体制下才能实现。它使得我们的社会主义制度的优越性，在这次抗震救灾活动中得到了淋漓尽致的发挥。而央视这一段时期的报道，则为上述的社会主义制度的优越性作了形象化的展示、演绎和诠释，它通过自己的报道，以事感人、以情动人，不仅感动了中国，也感动了世界。

前人诗云："国家不幸诗人幸，赋到沧桑句便工"。这次地震给我们国家和人民带来的损失和灾难是十分深重的，它是国家的不幸。但这个不幸，又给诗人们提供了施展创作才华的机会。央视这次所扮演的，就是类似上述的"诗人"的角色。它充分施展了自己的才华，为国家、为受众交出了一份满意的答卷，为自己在中国新闻史上树立了一个带有里程性质的丰碑。它所属的4个部门被评为"全国抗震救灾宣传报道先进集体"，它的19名编辑、记者被评为"全国抗震救灾宣传报道先进个人"，我愿借此机会，向获奖的集体和个人、向他们所在的中央电视台表示崇高的敬意和由衷的祝贺。谢谢！

方汉奇

（在中国电视媒体突发事件应对高层论坛上的发言 2008年7月5日）

近一个世纪以来的中国外国新闻史研究

中国新闻史学会下属的外国新闻史研究会今天正式成立，郭镇之教授出任会长，陈昌凤等几位教授出任副会长，这是外国新闻史（以下简称“外新史”）教学研究活动中的一件大事，标志着中国新闻史学会这个学术团体有了新的发展，标志着外国新闻事业史的教学研究工作者们有了自己相互交流、相互学习的一个园地和平台。对此，我表示衷心的祝贺！

中国新闻史（以下简称“中新史”）是世界新闻史的一部分，要了解中新史，必须了解外新史。中国已经融入世界，是地球村的成员，中国的新闻学者特别是新闻史学者必须了解外新史。

新闻学的研究，无论中外，都是从新闻史研究开始的。已知的世界最早的新闻学著作，是1845年在德国出版的《德国新闻史》；已知的美国最早的新闻学著作是1873年出版的《美国新闻史》。从我们的角度看来，这些都是外新史。日本的第一部新闻学专著是1899年出版的松本君平的《新闻学》，这本书的原名叫《欧美的新闻事业》，《新闻学》是1903年上海商务印书馆出版该书中文版时使用的书名，是翻译者擅自更改的，内容谈的其实主要是欧美即外国新闻事业的历史和现状，也是外新史。

中国的新闻学研究，也是从外新史的介绍和研究开始的。在中国境内看到的最早的一篇有关新闻学的文章，是1834年1月在《东西洋考每月统记传》发表的《新闻纸略论》一文，全长331字，主要介绍了西方报纸的起源和当代西方一些国家的报纸出版情况。谈的其实是外新史的内容。

> 中国人自己写的最早的一批鼓吹和介绍他们的办报思想的文章，如王韬的《论日报渐行于中土》、郑观应的《日报》、陈炽的《报馆》，和梁启超的《论报馆有益于国事》等，也往往首先从外新史谈起。这些文章的作者们力图通过对他们所说的“泰西日报”发展历史的介绍，来鼓吹他们的办报主张，呼吁在中国创办西方式的近代化报纸。用以《泰唔士报》为代表的西方近代化的报纸来取代旧式的官报和报房京报，其内容有相当一部分谈的是外新史。
>
> 中国最早的新闻学著作，其实也是外新史的著作。现在一般公认1919年公开出版的徐宝璜的《新闻学》是中国最早的新闻学专著，其实在徐宝璜的这部专著出版前4年，上海《申报》上就开始连载了朱世溱所写的《欧西报业举要》一书，从1915年的3月到同年的12月，用大半年的时间，一共连载了53次才全部刊完。从某种意义来说，它其实应该算是中国最早的新闻学著作，只是没有结集单独出版而已。顾名思义，这其实也是一部外新史的专著。

中国学者有关外国新闻史的研究，可以大体上分为三个时期。

从1915年朱世溱的那部《欧西报业举要》在《申报》上连载，到建国前即1949年的34年，是中国外新史研究的第一个时期。这一时期公开出版的外新史专著，已不下10部之多。最早的是李昭实的《世界报纸大观》，出版于1925年，作者曾经是上海《时报》的驻法记者。这本书介绍了155家世界著名的报纸。稍后还有复旦大学新闻系主任谢六逸主编的那部《国外新闻事业》（1936年出版）和程其恒主编的《各国新闻事业概述》（1944年版）、余戾林的《世界新闻大事记》。此外还有译著，如宋善良译的法国淮尔写的《日报期刊史》等。

从1949新中国成立，到改革开放后的1978年，近30年，是中国外新史研究的第二个时期。这一时期，由于实行闭关锁国政策，又实行一边倒，外国新闻史的研究对象，只剩下苏联一家，对社会主义阵营以外的其他西方国家的新闻史很少研究。少量被翻译过来的涉及西方新闻事业历史的著作，其目的，也都是为了组织批判。1961年人大新闻系出过一个小刊物《国际新闻界》，当时只在内部发行，篇幅也很小，没出几年就停刊，外国出版的外新史著作很少进口，在国内基本上看不到。

倒是台湾地区，这一段时期出版了13部外国新闻史专著和教材，其中，李瞻教授编写的《世界新闻史》出版于1966年，1206页，100多万字，堪称皇皇巨著，代表了那一时期两岸外新史研究的最高水平。

从1978年改革开放到现在的30年，是外新史研究的第三个时期，也是这方面的研究空前繁荣的时期。外新史的教学研究工作有了飞速的发展。宁新编写的《日本报业简史》（1981年中国社科院出版社出版）是这一时期较早出版的一部。中美建交后，美国新闻史的专著和译著大量问世，美国、英国的新闻史（包括现状）研究开始成为外新史研究的热点，这方面个案的、综合的研究成果不胜枚举。

郑超然、程曼丽、王泰玄的《外国新闻传播史》曾获北京市优秀教材奖；郭镇之的《中外广播电视史》获“2006年北京高等教育精品教材”奖；李彬的《全球新闻传播史》先是获得2008年度北京市普通高等教育精品教材奖，继而又获得全国高等学校优秀教材奖；林珊、傅显明、梁洪浩、张允若、张昆、刘家林、陈力丹、陈昌凤、李磊、张咏华、赵永华等都有相关的成果问世；人大的《国际新闻界》也在1979年恢复出版，成为外新史研究的重要园地。

除了上述曾经为外新史的教学研究作出过贡献的专家、学者外，还应该着重提一下曾经为外新史的教学研究作出过重要贡献的以下两位老先生，即中国人民大学的张隆栋和复旦大学的舒宗侨。

张隆栋（1917—），湖北汉口人。1940年毕业于燕京大学政治系，1944年起，先后任重庆《国民公报》编辑、天津《新星报》总编辑。1948年回到燕京大学新闻系任讲师。1952年院系调整后，在北京大学中文系新闻专业任教。1958年后改在中国人民大学新闻系任副教授、教授，主讲《外国新闻事业史》《中外资产阶级新闻思想研究》等课程。参加《国际新闻界》复刊工作，并担任该刊第一任主编。一度担任中国新闻教育学会外国新闻史学会筹备组召集人。著有《外国新闻事业史》（教材，与傅显明合作）及《杰斐逊与出版自由》《论美国垄断报业》《美联社国报纸批评政府的权利之法律规定及其实质》等与外新史有关的论文20余篇。他还是中国较早从事大众传播学研究的学者之一。所作《美国大众传播学简述》一文，曾获1985年中国人民大学优秀科研成果奖。

舒宗侨（1913—2007），湖北蒲圻人。1932年考入复旦新闻系，曾在校内举办过“世界报纸博览会”，开始与外新史发生接触。此后大部分时间从事新闻实务工作，担任过《立报》的记者、塔斯社的记者、《中央日报》《扫荡报》的编辑、《联合画报》的主编。曾与曹聚仁合作编辑出版过《中国抗战画史》《第二次世界大战画史》。1942年后进入复旦新闻系任教，主讲编辑和摄影方面课程。1957年被划“右派”后一度中断教学工作，改革开放后重上讲台，主讲《外国新闻事业史》等课程，主编《外国新闻事业》《世纪新闻事业》等学术刊物。他在新闻摄影方面也作出了卓越的贡献，曾获“当代杰出摄影家”称号，及中国摄影家协会颁发的“中国摄影金像奖成就奖”。

他们在外新史的教学与研究方面作了不少开拓性的工作，今天外新史研究的繁荣兴旺，有他们打下的基础和他们的一份功劳，是不应该被遗忘的。

外国新闻史研究会的成立，是中国外新史研究活动中具有里程碑意义的一件事。有了这样一个园地和这样一个平台，再加上前人打下的坚实基础，可以预期中国外新史的研究将会有更大的发展。我于此有厚望焉。

（这是2008年11月8日外国新闻史研究会成立会上方汉奇先生的发言稿，据会议的录音整理，整理时由发言者作了一点补充。）

新闻学学科建设的回顾与前瞻

（在2008年11月15日首届中国新闻学学术年会上的发言）

新闻学科是一门新学科，刚刚被引进到中国的时候，并没有受到太多的重视。1918年北大新闻学研究会成立的时候，只有不到100个会员，有名有姓的只有55个，办了两年就停了。1922年中国人办的第一个大学新闻系招生的时候，只有1个人报名，办到第3年才招了6个人，终于不得不被迫停办。燕京大学新闻系，当时号称“天下第一大系”，但从1924年创办到1952年院系调整被并入北大中文系新闻专业为止，前后在北京和成都两地办了28年，一共才培养了343个毕业生。还不如今天一般大学新闻院系一年的招生量。而且早期的新闻系大多称报学科，如厦门大学的新闻系和报学系、先它两年创办的圣约翰大学的新闻系。稍后出版的戈公振的新闻史专著也称《中国报学史》，这是因为当时只有一种媒体即报纸。新闻学在当时，实际上只是报纸学。1922年有了广播，但相当长的一段时间，发射功率只及于上海和哈尔滨等中等以上城市，以至于同时期井岗山上的红军只能靠打进附近的县城搜集国统区的报纸来获取信息。红军长征到甘南的时候，也是由于看到了小镇上的报纸，获知刘志丹在陕北奋战的信息，才移师陕北。新闻学的书，从1918—1949年倒是出了100多本，但是质量高得足以传世的不多，可以举出的不过区区几本。系统阐述无产阶级政党新闻思想的专著，直到20世纪的40年代初才问世。

新中国成立后到“文革”前的那一段时期，新闻事业、新闻学研究、新闻教育都有一定发展。有了200多家报纸，100多家广播电台，58年以后又有了电视台。但相当一段时期的新闻学研究只限于学苏联，学列宁、斯大林和革命导师的办报思想，代圣贤立言，为圣经作传，不越雷池一步。在“左”的思想影响下，还出现过50年代末60年代初在人民大学发生的对一些正确的新闻学观点的有组织的粗暴批判，连“报纸是人民的教科书”“记者是社会活动家”这些提法，都被认为是错误的，革命报刊和历史上优秀的进步报刊之间的传承关系，也被彻底否定。“报纸”居然被确认为“专政机关”“暴力机关”。只承认“五性一统”，甚至扬言要“把真实性扔到垃圾堆里去”。在那种政治氛围和语境下，新闻学的研究是步履维艰的。这一时期的新闻教育也有一定发展，但也只有北大、人大、复旦等6~7所大学的新闻系，全部在读的学生不过1 700人。这是“文革”以前的情况。“文革”10年，更是进入了谷底。全国报纸最少的时候，只剩下了42家。新闻系被认为执行了17年的“黑教育路线”，被造反派的学生们自行打倒。复旦大学新闻系的学生们带头宣布大学的新闻系培养不了革命新闻工作者，完全可以不办，全国数以百计的新闻教育战线的教学研究工作者在顷刻之间，就都成了惶惶然的“丧家之犬”。“文革”后期虽然办了新闻专业和新闻干部进修班，招了工农兵学员，但教学秩序混乱，教学质量得不到根本保证。新闻学的学科建设，不进反退。

新闻学学科建设的重新起步和真正发展，是在十一届三中全会拨乱反正以后的这30年。现在总结这30年的经验，我想，首先是由于新闻事业的迅猛发展。30年来的拨乱反正、思想解放和改革开放，使得中国的新闻事业达到了空前的规模，不仅拥有报刊、广播、电视、互联网、手机等各种新旧媒体，而且在很多方面，已经跻身于世界的前列。截止2008年7月，我们已经拥有1 931种报纸，9 468种期刊，报刊的期发数达1.07亿份，居世界第一位；电视的受众达12亿，覆盖率达95.81%，是世界上最大的受众市场；上网的网民总数达2.53亿，手机用户达6.16亿，手机网民达7 305万也已超过美国，居世界第一。北京奥运期间，CCTV的手机电视的日均访问量达2 025万人次，这也是空前的。正是由于新闻事业的发展，才呼唤和促进了新闻教育及新闻学研究的发展。

这一点在新闻教育方面，表现得十分突出。由于改革开放推动了新闻事业的急剧发展，而被投闲置散达10年之久的新闻战线的老兵们却已陆续到达离退休年龄。第一线的力量出现了严重的缺口，后续力量急待培养，梯队的建设也日益受到了重视。因此从20世纪70年代末到现在，中间经过1978—1983年、1983—1999年、1999—2008年几个时期，新闻教育有了异乎寻常的发展。1982年全国高等院校一共只有16个新闻院、系、专业点和1 585名本科专科学生（这个数字已经接近“文革”前在校新闻院系学生的最高数字），到了2006年，已经有了877个新闻院系专业点和15万个在校生。前者增加了54.8倍，后者增加了近100倍。新闻学研究生教育也同样有了飞速的发展。“文革”前的1961年，复旦新闻系曾经招过两名硕士生，这也是建国后前30年招收的唯一的两名研究生。1977年恢复招收新闻研究生后，社科院、人大、复旦都开始招收新闻学研究生。社科院招了85个，人大招了8个，复旦招了4个，全国一共招了97名新闻学硕士生。此后，又在高校开设新闻学博士点和传播学博士点，招收两个二级学科的博士生。到2008年，全国的800多个新闻院系专业点中，已经有了6个新闻传播学一级学科博士授予点，5个新闻学二级学科博士授予点，4个传播学二级学科博士授予点，32个新闻学硕士学位授予点和41个传播学硕士学位授予点。在校的新闻学、传播学的硕士和博士生早已超过了孔门弟子的3 000之数。

新闻学的研究也受到了重视。这有一个过程。70年代末到80年代初，新闻学研究的重点主要是拨乱反正，把“文革”期间对前17年新闻学研究的彻底否定扭转过来，并为新时期新闻学的研究作好先期的准备和必要的舆论上的铺垫。80年代中期以后，到90年代初期是新时期新闻学研究开始奠基的时期。这一时期，国门已经打开，新一轮新闻学的“西学东渐”已经开始。“文革”前一代的年龄渐长的新闻学者们还有余勇可贾，改革开放以后新成长起来的一批青年才俊逐渐成为骨干力量。这一时期的早一些时侯，“新闻无学”的观念还有一定市场，“传播”和“地球村”的提法都还有人反对，但已难成气侯。90年代中期到现在，随着中国的入世和改革开放及市场经济的进一步发展，新闻学也扩大其外沿，发展为新闻传播学，以沛然莫御之势侧身于人文社会科学之林。新闻学已经由“无学”，变为“显学”。前一时期的青年才俊渐入中年，思想术业日趋成熟，他们的聪明才智得到充分发挥，他们与这一时期有在西方国家留学和访学经历的海归学者及年轻的博士毕业生结合起来，形成各自的学术团队，成为这一时期新闻学和传播学研究的中坚力量。时至今日，新闻传播学在人文社会科学中的地位已经明显提高。我们的一些专家、学者，在自家的学术领域内已经有了更多的话语权。他们当中的佼佼者，有的已经被请进中南海，当了“帝师”；有的已经登堂入室，当了政府和媒体的“顾问”和“军师”；有的被业务刊物请去办起了专栏，开起了传道解惑的坐堂门诊。

新闻学的这一发展进程，在国务院学位委员会学科评议组的发展过程中也得到充分的体现。国务院学位委员会的学科评议组现在是第五届。1980年代召开第一届的时候，新闻学是未入流、根本不被承认的学科，连筷子也没给摆，根本上不了台面。第二届，复旦的王中应聘参加，被承认是个学科也有了自己的学科评议组的成员了，但被列在文学门类的中国语言文学一级学科内，和文艺学、少数民族语言文学等小学科排在一起，受中国语言文学的掌控，在评议组里当分母、当小马仔。评硕士点、评博士点、评博导、评优秀博士论文的时候，都只能仰中国语言文学的鼻息，在它们大嚼之后的饭碗里分一点残羹冷炙。第三届，我接替王中应聘，情况没有大变化，仍然是二级学科，必须靠游说和别的二级学科的支持来为本学科争利益、争地位，但已开始感觉到自己说话的份量，评议组内的其他学科也开始刮目相看了。第四届，我连任，新闻传播学升格成为一级学科，加上丁淦林、赵月枝两位老师，我们有了自己单独的学科评议组，学科范围内的一切评议活动可以自己作主，不用再看别人的脸色，在众多的人文社会科学中，也居然成为一路诸侯了。第五届，即童兵、尹韵公他们几位的这一届，情况又有了更大的发展，评议组成员增加到了5个，和一些老的一级学科已经可以平起平坐了。

30年来新闻教育和新闻学研究的发展，为新闻学的学科建设奠定了很好的基础。不仅为新闻事业和新闻教学研究的第一线培养和输送了人才，也开始构建了我们自己的学科体系，为中国新闻传播学的进一步发展，夯实了基础。这30年来，我们的教学研究工作者们在中国特色社会主义新闻学的基本理论、新闻事业的性质、任务和作用、党报的党性和功能、新闻的真实性、新闻工作的指导性、舆论导向、舆论调查与舆论监督、新闻价值、中国传媒的体制架构和运行机制、市场经济条件下的媒体的集团化和经营管理、中国的新闻传媒业如何应对入世和全球化、多媒体和信息产业的发展及其规律、新闻传播心理与新闻伦理、传播学的基本原理、人际传播、跨国传播、跨文化传播、传播学的本土化、政府公关、危机信息处理以及中外新闻史的研究等方面，都做了大量的研究工作，取得了丰硕的成果。完成了许多重大的国家课题，出版了数以百计的专著和译著，教材建设也取得了巨大的进展，各种系列教材陆续问世。涌现了一批省部级和国家级的精品教材及精品课程，多篇博士学位论文入选全国百篇优秀博士论文。一些大学的新闻院系，成为教育界的著名品牌和考生们追逐的目标。

但是，应该看到，当今社会有太多的浮躁。我们的新闻教育也有过于浮躁的一面，表现为新的教学点数量增长过速，老的教学点学生扩招过多，博士点、硕士点上得太猛，软件、硬件特别是软实力的配套跟不上，对口的、合格的师资力量不足，“产品”不能满足媒体的需要，新闻传播院系学生的就业出现了困难，等等。

和其他蕴积较深的人文社会科学的老学科说来，我们的底蕴还不够深厚。我们已经是显学了，这是信息文明时代给我们提供的机遇，但毕竟还是新学。在众多的老学科当中，我们还属于“初级阶段”，还是“发展中国家”。我们还需要苦练内功，还需要恶补我们知识上的缺口，还需要向我们的边缘学科学习，不断地增加我们的厚度。

我是20世纪40年代考进大学新闻系的。从1946年到2008年，除了有3年的时间不在学校之外，有将近60年的时间都生活和工作在新闻教育的圈子里。先是当学生，然后当教师。经历了建国以来新闻教育和新闻学研究发展的几乎全过程。抚今追昔，不免有一些感慨。既对这门学科一度的坎坷和蹉跎感到惋惜，也为这门学科近年来的迅猛发展和它枝繁叶茂的愿景感到欢欣鼓舞。我对新闻传播学科在新时期的进一步发展，是充满了期待，也是充满了信心的！

如何研究新闻史？怎样办好《新闻春秋》？
——在“北大新闻学茶座”第 20 次学术活动中的讲话

编者按：如何研究新闻史？这是长期以来新闻史论研究者密切关注的问题，也是北大世界华文传媒研究中心和中国新闻史学会致力探讨的一个问题。时逢中国新闻史学会会刊《新闻春秋》获得国内统一连续出版物号（刊号为CN：10-1063/G2），2012年3月31日北大世界华文传媒研究中心和中国新闻史学会联合主办“北大新闻学茶座”第20次学术活动，特邀中国新闻史学会创会会长方汉奇教授就“如何研究新闻史和怎样办好《新闻春秋》”等问题作个发言，现据讲话录音整理如下。

我这些年因为岁数大了，课不讲了，文章也写不了了，教学活动和学术会议也很少参加了。这次来，原想只是就中国新闻史学会的会刊《新闻春秋》获得正式刊号的事和大家一起庆祝一下、交流一下，没想到被拉到“北大新闻学茶座”里来，要我作个发言。我没有什么准备，（程）曼丽教授和卓（南生）先生给我出了个题目是“如何研究新闻史？怎样办好《新闻春秋》？”对此，我也没有想好，但既然是茶座，那就就建国以来新闻史的教学与研究是怎么发展过来的作个回顾，和大家随便聊聊吧。

我开始教新闻史是1951年，当时只是在上海圣约翰大学的新闻系讲一点新闻史方面的专题，1953年调到北京大学中文系的新闻专业任教后，才正式地、系统地教新闻史的课。如果从1951年算起，到今天已经61个年头了，我现在不上课了，只还做些带新闻史方向博士生的工作，可以说一辈子都在跟新闻史打交道。那就跟大家先聊一聊我所经历的这60年来中国新闻史教学与研究的简单情况吧。

一、新中国新闻史研究与教学的第一个 30 年

这60年来中国新闻史研究和教学的发展可以分为前后两个30年。前30年，也就是十一届三中全会以前的那30年，包括“文革”前的17年，“文革”中的10年和缓冲时期的两三年。

建国之初，高等学校的新闻系一直都设有新闻史课程，像当时北京大学中文系新闻专业的新闻史课程是安排两个学期，每学期两个学分，共4个学分。那时新闻史研究和教学的重点是中国无产阶级革命新闻事业的历史，这恰是建国前新闻史研究的一大缺口。例如，戈公振编写的《中国报学史》，从先秦两汉一直梳理到1927年，非常详尽，但唯独对共产党的报刊介绍得比较少，一共不过两三行约几百个字，其中提到了《向导》《新青年》和《每周评论》，但都只是一笔带过。当时“白色恐怖”刚刚开始，戈公振不便对共产党的报刊多作介绍，是可以理解的，他本人去过欧洲各国，也到过苏联，思想其实还是很进步的，只是不便充分展开而已。和戈公振的《中国报学史》一样，建国前出版的所

有的新闻史著作，都对共产党的报刊历史很少提及，这就成为那一时期新闻史研究的一大缺失。因此，建国后在新闻院系开设新闻史课程的时侯，首先就需要恶补中国共产党新闻事业的这一段历史。当时没有多少参考书，只有胡乔木的那本《共产党的三十年》可以借鉴，于是就从这本党史中寻找线索、材料，从而勾画出了革命报刊史的一个简单的轮廓。比如，《湘江评论》的有关情况，就是找到北大图书馆的向达馆长，经他特批看到了原件，作了进一步的研究，才勾画出来的。向达非常支持这项工作，他是著名的历史学家、西域史专家、中西交通史专家，唐朝的那份“进奏院状”就是他最早（在中国学者中）在大英博物馆看到的，是他为中国新闻史研究者提供了这一线索，才促成了学者们对唐朝“进奏院状”在中国古代新闻传播活动中的作用和影响的研究的。很遗憾的是1957年他被划为“右派”，很早就去世了。

总之，那个时代教学和研究的重点是中国共产党的革命报刊史。当然，整个中国新闻事业史，包括古代报纸和近代报纸，这些内容也讲，但都一笔带过，重点研究和讲授的是近、现、当代进步的和革命的报纸。1954年中共中央高级党校新闻班组织编写了一部《现代革命报刊史讲义》，由丁树奇、李龙牧、黄河、刘爱芝4位专家合作完成。后来，丁树奇和李龙牧去了复旦大学教书，黄河和刘爱芝到了人民大学教书，新闻史研究和教学的力量主要在这两所大学。后来由中国人民大学新闻系编写出版了一部《中国新民主主义革命报刊史讲义》，复旦大学新闻系也编写出版了一部名称相近的讲义。两部讲义，当时都只在两校内部发行，供新闻史课教学使用，这两部教材，都是仿照50年代初期翻译过来的苏共中央高级党校编写的那部苏共新闻史讲义的模式，编写出来的。苏联的那部讲义以联共党史为纲，基本反映的是列宁、斯大林和第三国际的观点，不论是新闻理论还是新闻史，其内容和格局都与联共党史保持一致。新闻史和党及和政治思想史的内容有很多重复，往往用写党史的方式写新闻史，例如，第一章写《真理报》为了什么而斗争，接下来一章便写《真理报》为另一个什么什么而斗争。因为一边倒学苏联，当时由中共中央高级党校编写的那部革命报刊史也用的是这个模式。

1958年我离开北大，随着北大新闻专业整个建制并入人大新闻系，1972年又调回北大中文系新闻专业，1978年再次回到人大新闻系。在改革开放之前的30年，可以说新闻史研究大体是这样一个状况：“以阶级斗争为纲”这根弦一抓紧，有关新闻史的文章便在业务刊物上销声匿迹；一旦那根弦松了一点了，强调休养生息和调整了，业务刊物上就又开始出现新闻史的文章了。这几乎成了一个规律。只要有新闻史的文章出现，那说明整个社会大环境相对宽松了。十一届三中全会以前30年的社会环境，整体而言是以“阶级斗争”为基调的。新闻史的研究，主要研究的是中共新闻事业史，是新民主主义革命报刊史。当“阶级斗争”这根弦绷得更紧的时候，连这方面新闻史的研究也受到影响。挨批是经常的事，其中遭到重创的是1960年的那次极“左”的学术大批判，那一年，人民大学新闻系在当时的系党总支的领导下曾经发动过一次非常“左”的学术大批判活动。在那次大批判中，“报纸是人民的教科书”“记者是社会的活动家”“新民主主义时期的进步报刊和革命报刊及旧民主主义革命时期的进步报刊和革命报刊有历史上的传承关系”等观点都被否定了。毛泽东称孙中山为伟大的革命先行者，还说“我们这些人都是他的革命事业的继承者”，不正是看到了历史上的这种传承关系吗？但这些正确的观点在1960年的那次学术批判运动中都受到了粗暴的批判。其实，列宁在谈“十二月党人”和赫尔岑、别林斯基、车尔尼雪夫斯基、杜勃罗留波夫等俄国革命民主主义者的办报活动时，也是持肯定态度的。然而，所有这些正确的观点，在那次学术批判活动中通通被否定掉了，认为无产阶级的新闻事业史与历史上的革命民主主义者的办报活动没有任何继承关系，即使是抽象地继承或批判性地继承也不可以，历史被完全割断了。

这17年过去之后，到了“文化大革命”，就更是几乎全面否定了。所有近、当代中国新闻事业史上著名的报刊活动家基本上都“马尾巴拴豆腐——提不起来了”：陈独秀“从来就不是一个好的马克思主义者”，李大钊成了叛徒，瞿秋白写了“多余的话”，通通不能提。“文革”中，我什么事也不能干，只能老老实实地受批判，当“牛鬼蛇神”、住牛棚。我最近把那段时期残存的部分日记录入电脑，发给几位年轻的老师看过。当时不少人贴我的大字报，其中一张批的是我写的一篇介绍《大江报》的文章。《大江报》在“辛亥革命”前有一篇著名的短评《大乱者救中国之妙药也》，那张大字报就指着这篇短评说我写这篇文章的目的是鼓动在新中国制造大乱，是鼓吹反革命，而且是武装反革命。另外一张则直指我写的一篇批判封建统治阶级禁锢言论出版活动的文章，说我是在影射和攻击无产阶级专政。当时还批过我写的一篇介绍邵飘萍的文章。邵飘萍在“文革”中被指为资产阶级的新闻记者，他1925年秘密加入共产党的事，是在20世纪80年代中期才被公开的，当时并不为公众所知晓。那张大字报由此批判我写的那篇文章是在吹捧资产阶级新闻记者。

改革开放前的30年基本上是这样一个状况：新闻史的研究继继续续，不绝如缕。在高等新闻学校新闻系的教学计划中勉强地保留了一门新闻史的课程，但不受重视，而且不时遭到各种批判。到了文化大革命后期工农兵学员“上管改”（上大学，管大学，改造旧大学）的时代，就干脆取消新闻史课程了，当时北大中文系的新闻学专业的几门主课是中共党史、新闻写作和“语、逻、修”（内容主要讲语法、逻辑和修辞）等，此外就是评法批儒等一类的课，新闻史完全不讲了。这是改革开放前三十年的大体的情况。

新中国新闻史研究与教学的第二个30年

改革开放后，情况有了大的改变，从1978年到现在，又是30年过去了，这30年是中国新闻史研究发展和繁荣的时期。我们现在仍然处在这个时期。

前30年，我们关起国门搞阶级斗争、批判资产阶级，新闻史的研究既没有很好地开展，也没有什么境内外和国际上的交流。相比之下，那一时间段台湾地区的中国新闻史研究则处于繁荣时期。一批从大陆去台湾的新闻史学者，在那30年出版了许多有水平、有价值、有分量的新闻史著作。其中包括朱传誉关于宋代新闻史、先秦两汉和近现代新闻史的研究，李瞻、赖光临和徐咏平相关的研究成果等，非常丰硕。但由于两岸处于隔离状态，基本无往来，这些著作在改革开放后才陆续引进到大陆。改革开放之初，要想了解台湾地区新闻史的研究情况，想得到相关资料是十分困难的。1978年，我曾想要一本曾虚白主编的《中国新闻史》，曾虚白是当时台湾新闻学界的“一把手”，这部新闻史由他牵头主编，是介绍中国新闻事业历史的一部专著。于是托台湾的亲戚买一本寄来，结果这个亲戚是把这本书的封面拆掉后寄到美国，再由美国的亲戚转寄到北京给我，并用另外一封信把封面单独寄来，到北京后，我才把封面和书合起来（因为那本书的封面上有“中华民国和国立政治大学”等字样）。我们对海峡对岸的新闻史研究情况，在1978年前毫无了解，这种情况一直延续到80年代。

80年代后的一段时期，大陆以外，包括海峡对岸的很多专家、学者对中国新闻史的研究都取得了很多的成果。卓（南生）先生那本著名的《中国近代报业发展史》就是80年代完成的，这本书利用了日本、新加坡、英国和美国的大量资料，弥补了中国新闻史研究的重要空白，有非常高的学术价值，但80年代后才被介绍到中国大陆，被中国的学者列为重要参考书。改革开放前的30年，中国的新闻史研究者没有条件去大英博物馆、日本国会图书馆，更没有条件去美国的哈佛燕京、哥伦比亚的东方图书馆、普林斯顿的东方图书馆和斯坦福的胡佛图书馆，只能关着门做自己的规定动作，新闻史的研究有成果，但也有很大的局限。

改革开放以后到今天这30年，是中国新闻史研究萌芽、发展、壮大和繁荣的时期。如果没有这后30年的积累和中国新闻史学者及教学工作者的努力，就不可能有今天中国新闻史研究的繁荣局面。

这30年，新闻史研究之所以有较大、较快的发展，得益于80年代开始的两件事情：一是新闻教育的大发展。“文革”前中国有近千种报刊，“文革”中几乎所有报刊都被砍掉，最低潮时就只剩下42种了。改革开放后，百废俱兴，新闻事业也走入蓬勃发展的阶段，但急缺人才，老一辈的新闻工作者或退休、或被打倒，亟需新生力量。“文革”前全国只有几个大学新闻系，包括北大中文系的新闻专业、人大、复旦和暨大及广院的新闻系。这区区几个院校的新闻系满足不了新闻事业大发展的需要，1983年，在中宣部的领导下，国家开始大规模、大幅度地发展新闻学教育，陆陆续续创办了许多新闻院校。同年，还开始在一些老的新闻院系开办新闻学和新闻史的师资培训班，为大发展中的新闻教育特别是新闻史教育提供师资力量。1978年以后和80年代初，一些老的新闻院校还开始招收硕士研究生和博士研究生，给新闻学的教学研究特别是新闻史的教学与研究提供了一支强大的学术队伍。二是得益于所谓的“盛世修史”。1978年以后和80年代初，各省、市、地区开始普遍新修和重修地方志。一般的省、市、地方志中都设有新闻志，或称报业志、报刊志。一时间，全国20几个省、市、自治区纷纷上马，每个省、市都有一批退下来的老的新闻工作者走上为地方修史、修志的岗位，一大批地方新闻志陆续编辑出版，形成了新闻史研究的一支重要的方面军。中国新闻史学会于1989年在民政部登记成功，1992年正式开展活动，基本会员主要来自这两支队伍：一部分是高校新闻院系和各级新闻研究机构的新闻史教学研究工作者，一部分是地方新闻史志的编撰者。目前，史学会会员中的后一部分成员，因为任务完成，逐渐退隐，而前一部分成员，经过不断的新陈代谢，仍然是史学会会员的重要来源，中国新闻史学会就是在此基础上发展起来的。它的成立，成为中国新闻史研究得到全面发展的一个重要的标志。

中国新闻史学会的成立，把全国新闻史教学研究的力量凝聚和组织了起来。和别的学会相比，中国新闻史学会属于开放较早的一类。它从创会起，就面向全世界，就致力于中国新闻史研究在两岸三地和国际间的交流。像在座的卓（南生）先生，他从创会那天就参加史学会的活动，为史学会的发展作出了很大的贡献。中国新闻史学会1992年在中国传媒大学举行成立大会的时侯，就有日本的新闻史学者参加。史学会的会员，除两岸三地的学者外，还有来自日本、德国、美国和意大利的学者。现任英国爱丁堡大学中文系主任的娜塔莎·费南山就是其中的一个。她从20世纪90年代起，就曾关注过有关《申报》的研究。

中国新闻史学会的成立，对中国新闻史研究的发展起了重要的作用——团结了队伍，凝聚了力量，开拓了视野，促进了学术交流。在座的很多老师都是中国新闻史学会20多年发展的见证者。它将永远是中国新闻史教学研究工作者自己的园地和从事学术交流活动的重要平台。

办好《新闻春秋》

当前一个值得关注的热点是，中国新闻史学会的会刊《新闻春秋》获得了正式的刊号，成为一份公开出版的学术刊物。这也是中国新闻史学会历史上的一个重要且值得关注和祝贺的大事。中国新闻业务和新闻学方面的刊物林林总总，不下数十家。举其大者，有社科院新闻所的《新闻传播与研究》、复旦的《新闻大学》、广院（中国传媒大学）的《现代传播》、人大的《国际新闻界》等，现在又出现了一个以新闻史为主要内容的《新闻春秋》，这将使新闻史研究的成果有了一个更好的发表的平台。20世纪80年代社科院新闻所曾经公开出版一个《新闻研究资料》，其中有相当大一部分是新闻史的资料和研究成果，后来改名《新闻与传播研究》后便不再以新闻史为重点。中国新闻史学会公开出版的这个《新闻春秋》，将以发表新闻史研究成果为主，它必将受到全国新闻史教学与研究工作者乃至于全世界中国新闻史教学研究工作者的关注，成为极具特色的一个学术刊物。

今日会议的目的之一是祝贺会刊公开出版（非公开已经出版若干年了），另一目的是集思广益，探讨如何办好刊物。我想，这个刊物应该成为展示新闻史研究和教学成果的园地，应该成为沟通新闻史教学与研究各方面以及国内外信息的平台。它不仅仅是为新闻学研究和教学工作者提供参考和借鉴，也会给中国近、现、当代史、文化史、传播学的研究和教学工作者提供参考及借鉴。我希望，中国新闻史学会的这个会刊，能以拥有正式刊号和公开发行为起点，办好、办大、办强。我对这个刊物的发展前景寄以厚望，希望它能够走向全国、走向世界，永垂无疆之休！

（以上是方汉奇先生在2012年3月31日北大世界华文传媒研究中心和中国新闻史学会联合主办的“北大新闻学茶座”第20次学术活动会上的一个讲话。据讲话录音整理。整理人：李松蕾。）

在北大新闻学研究会成立95周年复会5周年纪念会上的发言

主持人、各位嘉宾、老师们同学们：

今天这个会，主要纪念两个周年，一个是北大新闻学研究会成立95周年，一个是这个研究会恢复成立5周年。北大新闻学研究会因为有20世纪世界级的伟人毛泽东的参加而备受关注，今年又是毛泽东诞辰120周年。几个关键的时刻聚焦于此，使得这一纪念活动有着特殊的意义。

北大新闻学研究会是在新闻学刚刚被引进到中国，和新闻事业在中国的政治、经济、文化等各个领域开始发挥重大作用的时期创办起来的。参加这个研究会的会员们以浓厚的兴趣和高度的热情参加这个会的有关新闻理论与实践的各项学习和研究活动，他们联系新闻工作的实际，探讨新闻事业的性质和规律，奠定了中国新闻学研究的基础，对20世纪后80年中国新闻事业的发展，起了重要的促进和推动作用。

从那时起到21世纪初。中国经历了军阀混战、十年内战、八年抗战、三年解放战争和新中国成立等重大事件，新中国成立后又经历了抗美援朝、“一化三改”“大炼钢铁”“大跃进”“人民公社”“文化大革命”、改革开放和两岸互动、港澳回归等重大事件。这一期间，中国的新闻事业有了飞速的发展。开始是纸媒体的“一统天下”，1923年有了广播，1958年有了电视，1987年有了互联网，此后又陆续有了微博、手机微信等众多的新媒体和自媒体。其间，有过20—30年代的那个“黄金十年”和建国初期的几个高峰，也有过文化大革命时期全国只剩下42家报纸的那个低谷。如今，终于迎来了改革开放以来的新闻事业的大发展，这一发展，不仅促进了新闻教育事业的发展，也极大地促进了新闻学研究的发展。“新闻无学”的观点不攻自破，新闻理论与实践中的众多问题日益受到业界和教学研究工作者的关注。

北大新闻学研究会的恢复活动，就是在这样的大背景下开展起来的。从复会到现在，会员们对新闻理论与实践中的众多问题进行了研究和探讨。既有无产阶级党报及党管媒体发展规律和运作中的诸多问题的研究，也有新闻传播理论中普适规律的研究；既有马克思主义新闻理论的研究，也有媒体的党性与人民性如何统一的研究；既有政府和企业公关的研究，也有受众心理、舆论监督和新闻伦理道德的研究。研究的队伍不断扩大，研究的视野不断开拓。世界各国新闻事业的动向，以及以4 500万海外华人、华侨为对象的海外华文报刊的发展，都受到研究者的密切关注。

中国新闻史的研究成为这一时期新闻学研究最活跃的一个领域。在北大新闻学研究会和中国新闻史学会的带动下，新闻史的研究有了蓬勃的发展。研究者的队伍在不断扩大，已出版的新闻史专著数以百计，已发表的新闻史方面的论文数以千计。既有全面的综合性的研究成果，也有深入的个案研究成果。名记者的研究、口述历史的研究受到了重视。由柳斌杰、李东东担任主编、众多新闻史教学研究工作者参加编写的《中国红色记者》上、下卷和《中国名记者》第一、二卷已经出版，后一部书还要有计划地继续编写和出版下去。目前，中国新闻史学会已经拥有100多个团体会员，200多个个人会员和新闻传播教育史、外国新闻传播史、网络传播史、民族新闻传播史、台湾与东南亚华文新闻传播史五个二级分会，成为中国新闻史学术研究和交流的一个重要的平台。和新闻史研究有着密切关系的集报活动，改革开放以来也有了很大的发展，从一个方面对新闻史的研究起了一定的助推作用。

回顾95年来特别是近5年来中国新闻事业和新闻学研究活动的发展，我们对中国新闻学研究的发展前景充满了信心。中国的新闻传播事业和新闻学研究正在走向世界，这个月即将出齐的《中国新闻事业通史》的英文版10卷本，标志着中国新闻传播学的研究成果也正在走向世界。北大新闻学研究会复会后5年的工作已经为中国新闻传播学研究的发展作出了贡献，我们期待它百尺竿头再进一步，为中国新闻传播学研究的发展作出更多的贡献！

（2013年12月21日）

盼望中国名政论家的涌现

——《卓南生日本时论文集》出版感言

刚才主席把我也归入“老”的行列，在肖老面前我是不敢称老的。肖老今年是“米寿”，我才80岁。但是能够参加这个盛会，也感到很荣幸。我跟卓南生先生相识将近20年，主要是在中国新闻史研究这个领域进行交流和切磋。卓先生是一个学者，也是一个报刊政论家。作为一个学者，他既有国际关系方面的研究成果，也有中国新闻史方面的研究成果。他既在中国新闻史学界的影响和知名度，不下于他作为一个国际关系学者的影响和知名度。

作为一个新闻史学者，他有一本专著叫作《中国近代报业发展史》，是专门研究中国近代报纸开始诞生那个阶段，也就是19世纪10年代到六七十年代这一段新闻事业发展的历史的。这本书在中国的史学界特别是中国新闻史学界有很大的影响，因为它填补了中国新闻史研究的空白。这个空白，既是一个研究领域的空白，也是一个研究时间段的空白。

“研究领域的空白”，表现在他所研究的几个有代表性的报刊，都是中国近代新闻事业发端时期非常有影响的、有代表性的、具有典型意义的那类报纸。而这类报刊的研究在中国新闻史学界是一个缺口。在这以前，被认为是中国新闻史开山之作的戈公振的《中国报学史》也提到过这些报刊，但是都语焉不详，甚至还出现了不少史实上的差错。而卓先生这本书，则在相当大的程度上填补了这一空白，弥补了前人在这个研究领域内的缺失。

“研究时间段上的空白”，主要指的是1949年建国以后到20世纪70年代末改革开放前的这一段空白。中国从1949年开始就被西方国家封锁了，同时也自我封闭了。这一段时间内，学者们到国外去访学、去收集和阅读相关史料的机会很少。因此形成了从1949年到改革开放将近30年的中国新闻史研究时间段的缺口。这30年间，几乎完全中断了对境外文献资料的搜集和研究。而卓先生所进行的研究，恰好弥补了这一段时期中国新闻史学者研究时间段上的空白。他的这本书，先是在日本出了日文版，然后在台湾地区出了繁体字版，最后又在大陆出版了简体字版，在海内外和海峡两岸都有很大影响。我最近看了一些新闻学和新闻史方面的论文和专著，有专家们的，也有研究生们的，发现卓先生这本书的被征引率是相当高的，这说明他为中国新闻史和中国新闻学的研究作出了十分卓越的贡献，是深受中国新闻传播学界的重视的。

卓先生还有另外一个活动领域和另外一个身份，就是为报刊撰写时事评论文章的领域和报刊政论家的身份。他曾经担任过新加坡《联合早报》的记者和专职的时事评论作家。后来不做专职的记者了，但还是这个报纸的特约评论员，仍然具有新闻工作者的身份。在时事评论的这一个领域，卓先生也有十分辉煌的成就，具体的表现，就是经常见报的那些时事评论文章和今天大家看到的这三部皇皇巨著。

中国历来有文人论政和撰写政论文章的传统。从卓先生的这些时政文章中，可以看到这种传统的影响。卓先生的时政评论文章和他的新闻史研究，有很多方面是相通的。比如说，无论是从事新闻史研究，还是写时事评论文章，都要用事实说话。新闻史的研究重证据，要用第一手的史料说话，即用事实说话；时事评论文章也同样需要用事实说话，事实是第一性的，在这个基础上作出的深入分析是第二性的。

清末民初的著名报刊政论家章士钊在谈到政论写作的时候，曾经强调时事评论家任务在于对所评论的事物作出明彻的分析，给读者以必要的指点。因为受众一般所感受到的只是平面的、橱窗式的信息。而好的时事评论者则能够从多个侧面给受众提供多方面的剖析，引导受众通过现象看本质，了解事实运作过程，从而得出符合实际的判断。我觉得章士钊所强调的这一点，在卓先生的时政论文中表现得十分突出。

卓先生经常评论的，主要是亚洲的读者们时时关注的日本问题。从历史上来看，中国的媒体和新闻工作者有这么一个传统，就是非常关注日本的政情，而且也确实有很多人对日本相关时期、相关问题作出过非常深入的分析。中国跟日本是近邻，两国之间的媒体往来是很密切的。“明治维新”初期，日本人最先看的是中国的报纸。把我们宁波的《中外新报》翻刻过去，把我们上海的《六合丛谈》翻刻过去，官版印刷，供公众阅读。这是19世纪60年代的事。当时有专门的机构翻译中国的报纸给日本人看。

开始是日本人学我们，后来是我们学日本。这中间也有段互相沟通的时候。应该说中日媒体之间的来往是从1879年开始的。那一年，王韬以香港《循环日报》总编辑兼总主笔的名义去访问日本，就住在《报知新闻》社内，待了100天。现在日本国会图书馆有1884年至1885年的《循环日报》，我猜想很有可能就是王韬访日回来后送的。因为1885年以后王韬从香港回到上海，不再担任《循环日报》的总编了，王韬离开了《循环日报》，报纸也就不再送了，日本也就看不到《循环日报》了。

这以后，中国的媒体、中国的报纸刊登日本问题的时论和政论文章可以说是连绵不断。“戊戌维新”的时候有康梁；“辛亥革命”前后，写日本问题评论的有宋教仁、朱执信、廖仲恺、杨笃生，还有一个杨度；民国以后，有邵飘萍。中国很多媒体的新闻工作者是在日本念过书的。早期的是去访问，王韬去访问过，英敛之去访问过。后来邵飘萍在法政大学学习，张季鸾在东京高等学校念过书，胡政之在帝国大学学法律，吴鼎昌在东京商业学校学经济，李纯青是帝国大学的。陈博生是早稻田的，他曾任中央社的社长、总编辑，后来到台湾去了；龚德柏，是办《救国时报》的，也是东京第一高等学校的，后来到台湾去了。

很多媒体的工作者和政论家都是知日派，都对日本很了解。这种情况在新记公司《大公报》时期发展到了高峰。新记《大公报》的三驾马车张季鸾、吴鼎昌、胡政之，都是日本留学生。他们在编前会要商量什么问题不希望其他编辑知道的时候，就用的是日语。

李纯青是1934年在日本帝国大学念书，也是日本问题专家。《大公报》后来还出了一个王芸生，他虽然没有去日本念过书，但是写过一部多卷本的《六十年来的中国与日本》，也是日本问题专家。《大公报》在新记公司那段时期，从1926年到1949年，编辑部的主要成员都是知日派，对日本问题的分析和评论都非常到位。

这种情况到建国以后有所改变，真正对日本比较了解的人不多了，有一些专家、一些驻日的媒体记者，但是数量很少。在媒体内担任评论作者的群体中，有日本留学经历的，或对日本有深入了解的非常少。从建国到现在，一晃50多年过去，我们媒体有关日本的政论和分析一般都是请专家和学者来写。报社的评论工作人员已经写不出像他们前辈曾经写过的对日本有深刻了解的评论文章来了。所以，面对卓先生的这三部皇皇巨著，我从新闻传播事业的角度、从新闻传播教育的角度感觉到有点惭愧。我们的新闻从业人员，我们的报刊评论家，还拿不出像卓先生这样高质量的评论文章来。我们还要很好地向卓先生学习。

在这个首发会上，我对卓先生的辉煌业绩表示崇敬，对这三部书的出版，表示祝贺！同时，也期盼我们的新闻教育单位和我们的媒体，也能够培养出和涌现出像卓先生这样的日本问题专家来。这是我的一点感受。

谢谢！

在中国新闻史学会成立20周年纪念座谈会上的发言

中国新闻史学会是1989年4月3日被民政部正式批准成立的。今天正好是它成立的20周年，在此，我表示衷心的祝贺！

中国新闻学方面的社团从1918年成立的北京大学新闻学研究会算起，有将近91年的历史。在这91年的历史中，中国新闻史学会保持着两项值得骄傲的纪录：它是经国家民政部正式批准的和新闻传播学有关的唯一的一级学会；它是和两岸四地及海内外众多的中国新闻史学者始终保持密切联系的学会。我们不仅曾经拥有200以上的从事新闻史教学研究的国内会员，也曾经拥有来自日、美、德、意、新、澳等国的从事和关心中国新闻史研究的名誉会员。由我们主办承办和参与举办的学术年会与学术研讨会不仅开遍了中原大地、大江南北、长城内外，而且开到了港、台地区，马上还要开到海外。它已经成为在国内、在新闻传播业界和学界有重大影响的一个学术团体。

中国新闻史学会的成立，首先得力于中国的改革开放，得力于思想战线上的拨乱反正，得力于“左”的思想禁锢的解除，它是在这样的大的政治、经济和文化背景下创办和发展起来的。在“文革”10年和“文革”前17年的那种“左”的和“极左”的政治及学术氛围下，是不可能成立中国新闻史学会这样的全国性的学术社团，以及从事目前由学会牵头进行的这些学术交流活动的，更不要说走出国门和国际上的同行学者们交流了。中国新闻史学会的创立，也和20世纪80年代中期全国各省、市广泛开展本省、市新闻史志编写活动的那个大的背景有一定关系。中国新闻史学会最早的一批会员和参加1992年中国新闻史学会成立大会有关活动的相当多的一部分会员，就有不少是那一时期在“盛世修史”的号召下投入省、市新闻史志编写工作的老新闻工作者。他们是中国新闻史学会最早的一批会员和那一时间段新闻史学会活动的积极参与者。中国新闻史学会的成立，也和20世纪80年代中期新闻教育大发展的那个大背景有一定的关系。新闻教育的大发展，呼唤和促进了新闻史教学研究的发展，扩大了新闻史教学研究工作者的队伍，从那时到现在，高校的新闻史教师始终是中国新闻史学会的中坚和核心力量。

从中国新闻史学会成立到现在的20年，是中国历史上新闻史研究发展最快，成果最多，最丰硕的20年。已出版的新闻史专著已经数以百计，已发表的新闻史方面的论文，已经数以千计。在已出版和发表的新闻传播学的专著和论文中，新闻史方面的专著教材和论文，始终占有较大的比重。这些成果，有很多是以协作的方式完成的。中国新闻史学会在组织几个大部头的新闻史专著和促进中外新闻史学术研究的交流等方面，做了大量的有成效的工作。它已经成为海内外中国新闻史教学研究工作者，交流信息、切磋学术、互相砥砺、共同提高，推动中国新闻史学术发展的共同的平台。

今天，中国新闻史学会已经成为中国新闻传播学界最负声望、最有影响的一个学术团体，除总会外，我们今天还拥有新闻教育史、网络传播史、外国新闻史等多个二级分会，这是全体会员，特别是以赵玉明会长为首的这两届常务理事们共同努力的结果，是值得庆贺的。但是我们也还要居安思危，也还要见贤思齐。新闻史的教学与研究，在某些新闻院校有逐渐被弱化和边缘化的倾向，我们也还面临着兄弟学会的激烈竞争。对此，我们需要多练内功、多打深井、多出成果，用我们的实力和奉献扩大学会的影响，以推动中国新闻史学术研究的进一步繁荣。这是我的一点小小的希望。

谢谢！

方汉奇

（2009年4月3日　中国人民大学新闻楼611室）

范长江是我最崇敬的新闻工作者
——在范长江诞辰100周年纪念会上的发言

范长江是我最崇敬的新闻工作者。青年时代的我，一看到他写的那些通讯，就成了他的粉丝，就被他迷住了。我考大学的时侯，第一志愿填的是新闻系，第二志愿填的是新闻系，第三志愿填的还是新闻系，非新闻系不念。目的就是想当新闻记者，想当他那样的新闻记者。

后来没当成记者，当上了教书匠，搞起了新闻史，由此知道了许许多多名记者的名字和他们的事迹。掰过来掰过去，我仍然认为范长江是他们当中最棒的、最优秀的。其他的许多名记者也都各有专长、各有特色、各有贡献。每个人都在中国新闻史上，各领风骚若干年，但论质量、论影响，都不如他。他是中国新闻事业史上最出色的新闻记者。全国记协把“范长江奖”设定为中国新闻记者的最高奖，是完全正确的。

范长江之所以能够成为杰出的新闻工作者，我觉得首先是由于他有当记者的天分。说准确一点，就是他有当好一个记者应该有的那种素质。他非常善于盱衡时势，非常善于捕捉战机。他有很强的“新闻感”。他去的那些地方、他采访的那些人物、他和被采访对象谈的那些话题，都是具有很高的新闻价值的。而这些都出于他自己的创意和选择。《大公报》和胡政之给了他全力的支持，可谓知人善任，也有贡献。

范长江之所以能够写出那么多既有信息，又有知识、有文采的脍炙人口的通讯，是由于他的勤奋。他在出发采访前，是做足了功课的。我猜想他在出发采访前，一定事先看过很多和采访地点、事件、人物有关的书和相关的文献资料。我还猜想，他一定看过顾祖禹写的那部专讲历史地理的《读史方舆纪要》，否则他不可能如数家珍似的在他的通讯中穿插进那么多有关历史地理背景的内容。

范长江在离开《人民日报》后，没有再从事新闻工作，未能尽其所长。这对他自己说来，是个遗憾；对中国人民的新闻事业说来，则是一个损失。他在晚年曾经就当时的新闻工作写过一些文章，留下一些想法，其中有不少切中时弊的真知灼见。这说明：（1）他掌握新闻事业的规律，是新闻工作的行家里手；（2）他仍然是一个新闻人，对新闻工作始终未能忘情。

范长江不是一个完人。他在处理问题上有时不够慎重，考虑不够周全，也说过一些像李新在回忆录《流逝的岁月》中提到的不够妥当的话。但他始终是一个不失赤子之心的新闻工作者，是可以谅解而不必苛求的前人。

我最近动了一个小手术，术后行动不便未能到会，聊赘数言，请程曼丽会长代为在会上念一下。预祝这个纪念会取得圆满成功。谢谢！

方汉奇

2009年10月10日

在中国共产党90周年新闻实践与思想研讨会上的发言

中国共产党建党以来的90年，是社会主义革命和社会主义建设事业波澜壮阔的90年，也是中国共产党新闻实践与新闻思想不断开拓和发展的90年。

在这个过程中，和新闻实践及新闻思想有关的有三个重要的关键词：第一是“高度重视”；第二是“有所传承”；第三是“与时俱进”。

首先，是“高度重视”。我们经常说革命之所以取得成功，主要靠的是“两杆子”（一个枪杆子，一个笔杆子）。“新闻工作”就属于“笔杆子”。我们常说的中国革命之所以取得胜利，就是因为有所谓“三大法宝”——党的建设、武装斗争和统一战线，这三大法宝的实现，也都离不开笔杆子。具体地说，“党的建设”和“统一战线”固然离不开笔杆子，“武装斗争”也离不开笔杆子。“武装斗争”固然要以“武器的批判”为主，但也需要“批判的武器”的宣传和鼓动。在中国共产党的历史上，党报的活动是先于党的成立而开始的：很多党的报刊在党正式诞生前就诞生了。如中共上海发起组办的《劳动界》（1920年8月15日创刊）和《共产党月刊》（1920年11月7日创刊），都创办于党正式成立以前。还有，我们是一开始就设有宣传部来领导办报活动的党。世界的政党史上并不是所有的政党都有宣传部的。国民党有，也是跟我们学的。同盟会时期就没有。民盟也有，也是跟共产党学的，蒋荫恩先生就是民盟市委宣传部部长。

党的早期领导人都办过报。建党时期的南陈（陈独秀）北李（李大钊），就都是以办报和办刊开始他们的革命活动的。毛主席建党前就办过报，1957年还说过以后不当主席了要当时事评论员。刘、周、董、谢、邓、陈总、聂总都办过报；还有吴老（《四川》《赤心》《救国时报》《新华日报》）、陈望老（主编《新青年》月刊、《劳动界》《民国日报》副刊“觉悟”、《妇女评论》）。蒋介石退到台湾后对他在大陆的失败有过反思。其中一条，就是承认在宣传上输给了共产党。我们直到现在，仍然十分重视，由一位政治局常委分工专门抓新闻宣传。

其次，是有所传承。在办报的活动上、办报的主张上，我们接受过19世纪中国的维新派即当时的改革派的影响，接受过以孙中山为首的中国的革命民主主义者的影响。“十月革命”后，则接受了从俄国和苏联到共产国际的影响。毛主席自己就说过，他最先是康有为、梁启超办的报刊的崇拜者，后来又紧盯着看孙中山办的那些报纸，包括《民立报》，然后才从苏联从共产国际那儿得到借鉴。他参加北大新闻学研究时期从邵飘萍、徐宝璜那儿得到的有关新闻理论与新闻思想的基本知识，有不少还是辗转来自西方的。拿来以后，经过自己的实践，逐步地扬弃，逐步地充实，才形成他自己的具有中国特色的新闻理念和新闻思想。毛主席给我们留下的新闻报道和时事评论文章高屋建瓴，大开大阖，汪洋恣肆，鞭辟入理，也在一定程度上体现了中国新闻政论文章的传统。因此，我们的新闻实践和思想是有所传承的。

再次，是“与时俱进”。中国共产党的新闻实践、新闻理念和新闻思想是在民主革命和民族解放事业的斗争中，在社会主义革命和社会主义建设的过程中和改革开放及社会主义现代化建设的实践中逐步形成和发展起来的。除了一开始就强调的报刊的党性和新闻的真实性等原则之外，党的各个时期的新闻思想在实践过程中还不断地有所发展。在建党时期，突出强调的是媒体的传播功能和媒体的宣传鼓动作用，强调通过报刊和社会媒体广泛地介绍和传播马克思主义，为党的成立和各级党组织的进一步发展作舆论上的准备。在工农武装割据和民主革命时期，突出强调的是在苏区和革命根据地内实行全党办报，群众办报。要求党的报刊在建设和巩固根据地、反对和突破敌人的围剿等方面要起到积极的战斗作用，强调党的新闻事业是连接党和群众的纽带。在国共合作时期，在国民党统治地区，则强调党的报刊的喉舌作用，充分发挥党的报刊对党的方针政策的宣传，反对国民党当局对报刊出版活动的限制。

在建国后前30年的社会主义建设时期，除强调报纸的党性原则外，在突出阶级斗争为纲的那一段时期，还特别强调要“政治家办报”，强调典型人物、典型事件、典型经验的报道。强调利用报刊和一切舆论手段，为社会主义革命和社会主义建设服务，要求党的报刊在人民的政治生活中起到组织、鼓舞、激励、批判、推动等方面的作用。改革开放以后的30年，是从高度集中的计划经济体制到充满活力的有中国特色的社会主义市场经济体制转变的30年，是从封闭、半封闭到全面改革开放的历史性转变的30年。这一时期，在新闻思想上，除了强调新闻事业要当好党、政府和人民的耳目喉舌外，还强调新闻工作要实现和社会效益与经济效益的统一及社会效益优先的原则，强调媒体的舆论导向作用和舆论监督作用。“十六大”以后的这一段时期，又突出强调了“以人为本”和“科学发展观”，强调了新闻工作者要增强自己的社会责任，实现“三贴近”，实行观念、内容、形式、方法和手段的创新，增强新闻报道的亲和力、吸引力、感染力等思想观点。充分体现了信息化和新媒体时代党指导新闻宣传工作的新特点、新思路。

以上这些，都说明党的新闻实践和新闻思想是不断发展的，是与时俱进的。

当前，党的新闻实践和新闻思想面临两个新的情况：一是我们的改革开放已经进行了30年，经济上已经入世，已经融入了地球村；二是和传播有关的科学技术和信息产业的迅猛发展，“一种全新的交流时代即将到来”。现在，我们已经是新闻传播的大国（报纸期发量9 350万份，其中《人民日报》日发行量245万份；央视受众10亿；网民4.2个亿；人民网日访问量2亿；微博用户8 000万；手机用户已达8.42亿，手机网民的总数也已达到了2.77亿）。传媒产业的总产值已经超过8 500亿，成为国民经济的主导产业之一，已经跃居国民经济各产业排名的第4位，新闻从业人员超过了70万（内记者15万人）。

我们的新闻事业，目前正在向报网融合，向报刊、网络、电视（网络电视）、手机报、电子阅读器等“全媒体”的媒介融合体的方向发展。“一个‘治理媒介化’的时代已经到来”。我们正在由传统的“媒体控制”“媒体管理”向“媒体合作”的方向过渡（国务院新闻办的官员们表示）。

新的形势，要求我们必须以时代的眼光、创新的思维、改革的精神来对待新闻传播事业的发展，对待党的新闻实践与新闻思想的研究。这就要求我们理性地看待媒体监督，要能以包容的心去对待“异质的思维”（2011年4月29日《人民日报》《关注社会心态之二》），要注意倾听“沉没的声音”（2011年5月26日《人民日报》《关注社会心态之五》）。对新闻事业，要做到“善待、善用、善管”，逐步地由传统的“媒体控制”“媒体管理”向“媒体合作”方式过渡（国务院新闻办的官员们表示）。

在新闻理论与实践的研究上，除了加强媒体的党性原则与舆论引导的研究，提升媒体国际传播力和影响力的研究，加强国家形象传播与提升文化软实力的研究之外，还应该加强如何实行三网融合、如何建立网络舆情监测引导机制等问题的研究和新闻职业道德建设的研究。在新闻史的研究上，既要求我们开掘、继承和弘扬党报活动的优良传统，也要很好地总结历史上的经验教训，以史为鉴，克服违背新闻真实原则和新闻传播客观规律的“左”的思想影响。凡是认准了的题目，就不妨深入地钻研下去，有课题和项目经费支持的要研究，没争取到课题和项目的也要研究。历史证明，一些重要的科研成果并不都是课题和项目支持出来的。

形势在发展，我们的新闻思想和新闻史论研究必须与时俱进。任重而道远，我们必需努力！

方汉奇

（2011年6月27日　中国人民大学逸夫会议中心）

杰出的革命家、学者、新闻工作者
——“邓拓百年诞辰座谈会”上的发言

很高兴能够有机会来参加中国新闻史学会和晋察冀日报史学会为纪念邓拓百年诞辰共同举办的这个座谈会。

邓拓是中国新闻事业史上杰出的新闻工作者。在将近1 000多年的中国新闻事业史上，像邓拓这样杰出的新闻工作者灿若晨星。他是中国新闻史上几百年难得一遇的少数几个杰出人物中的光辉代表。

和别的新闻工作者不同的是他同时具有三重身份：革命家、学者和新闻工作者。

作为一个无产阶级革命家，他18岁就加入了中国共产党。20世纪30年代初期就在上海从事地下党的组织和宣传工作，担任过上海法南区的部长和南市工委的书记，领导过多次工人罢工运动和学生的爱国示威运动。此外，他还参加过福建人民政府的组建活动，担任过一定职务。60年代以后，他又担任过北京市委和华北局的领导工作。

作为一个学者，他幼承庭训，家学渊源，有很好的文史根底，有很好的知识结构和很高的文化修养。他写《中国救荒史》的时侯，还只是一个20来岁在大学念书的本科生，那部专著，洋洋洒洒26.9万字，在当时只是他课余研究的一项成果，但论水平，已经远远超过今天优秀的博士论文，至今还被救荒史的研究者奉为圭臬。他在旧体诗词的写作、书法、绘画和艺术鉴赏等方面的成就，也是深受推崇的。

作为一个新闻工作者，他26岁就当上了《晋察冀日报》的总编辑，37岁当上了《人民日报》的总编辑。他在这两家报纸，从“毛锥十载写纵横”，到“笔走龙蛇二十年”，为中国革命的新闻事业作出了杰出的贡献。在《晋察冀日报》工作时期，他用几头骡子驮上了报社的部分家当，在抗日战争的第一线和敌人周旋，“上马杀贼，下马草露布”，充满了豪情胜慨，书写了中国新闻史上令人神往的一个壮丽的篇章。在《人民日报》工作期间，他主持这家党中央机关报的工作达8年半之久，写出了大量脍炙人口的新闻、评论、通讯和专栏文章，其中有不少都是新闻史上的典范。特别是1961—1962年他为《北京晚报》《燕山夜话》栏所写的152篇杂文和1961—1964年他为《前线》《三家村札记》栏所写的18篇杂文，曲折尽情、针砭时弊，成为当时最受读者欢迎的栏目。

邓拓的一生，留给我们的主要是一个优秀的革命学者、知识分子和革命新闻工作者的光辉形象。

作为一个优秀的革命者，他忠于无产阶级的革命事业，忠于无产阶级的革命理论和革命思想，忠于革命领袖，殚精竭虑、忍辱负重，虽九死而不悔。

作为一个优秀的学者、知识分子和新闻工作者，我们在他的身上可以看到很多中国传统的“士”的精英文化对他的影响。他对明末东林党人提出的“风声雨声读书声，声声入耳；家事国事天下事，事事关心”的口号就很欣赏，有过“东林讲学继龟山，事事关心天地间”（《过东林书院》）的赞誉。儒家经典对所谓“士”的期许，如“士志于道（这里可以解释为革命之道）”“士不可以不弘毅”；“士”应该“见危致命，见得思义”；“士”应该“以天下为已任”；以及前辈士人中的精英分子提出的“士”应该为“为生民立命”“为万世开太平”；应该做到“苟利国家生死以，岂因祸福避趋之”等思想，在他身上也多少能够找到其中的影子。在这方面，他和同时期去世的田家英，在心灵深处是有很多相通之处的（田家英在私下里就称毛为“主公”，同样也是以愿“为知己者死”的“士”自期的）。

由于有古往今来的杰出的“士”的襟怀抱负，又长期受优秀传统文化的熏陶，邓拓身上确实有不少书生气，并因此受到了当时的领导人的批评，连他自己也有过“文章满纸书生累”的感叹。但“书生气”又有什么不好？中国共产党不就是靠一批“书生气”十足的“革命知识分子”起家的吗？当年出来“指点江山，激扬文字，粪土当年万户侯”的不就是那些“挥斥方遒”的“书生”们吗？中共“一大”的代表们不是绝大部分都是书生吗？没有他们的“书生意气”，革命形势能在短期内高涨起来吗？当然，办党报还需要时时刻刻讲“政治”，还需要坚守住“政治”底线，还要讲“政治”策略，还需要一点“政治家”的气质。但如果加上点“书生”求真务实的精神和“民胞物与”的人文情怀不是更好吗？实际上正像他在诗中所说的，“莫道书生空议论，头颅掷处血斑斑”，书生们的议论，只要是正确的、实事求是的，是经得起实践和历史的检验的，同样也是有战斗力和生命力的。在这方面，邓拓的思想和实践，他所写的和收入《文集》的那些文章，绝大部分也都是经得起历史的推敲和检验的。

邓拓离开我们已经46年了。他已经成为了一个历史人物。作为历史人物，邓拓自然会有他所处的那个时代的局限，但他留给后人的业绩和文字是不朽的。今天的中国虽然已称得上是“羲皇盛世”，但仍然需要邓拓式的评论和《燕山夜话》式的杂文，要歌颂，但也需要批评和进行舆论上的监督。在纪念邓拓的同时，我们也希望他的事业得到弘扬和传承。

最后，有一个小小的倡议，就是请全国记协设置一个以邓拓命名的奖。现在已经有了一个奖励优秀记者的“范长江奖”和一个奖励优秀编辑和出版者的“韬奋奖”，希望再增设一个奖励优秀总编辑的“邓拓奖”。这个奖，全国记协出头来设最好，否则中国新闻史学会也可以出这个头，联合大家共襄盛举，希望有关方面惠予考虑。

谢谢！

方汉奇

2012年2月23日

在《大公报》创刊110周年纪念座谈会上的发言

祝贺《大公报》创刊110年!

《大公报》是中国新闻史上的老寿星。中国有1300年以上的办报历史，早在1 000多年前就开始有民办的报纸。但近代报纸的出现则稍稍晚于西方。英国的《泰晤士报》1785年创刊，今年227岁；美国的《纽约时报》1851年创刊，今年161岁，都属于历史较长的近代报纸。而在中国，没有比《大公报》出版时间更长的了。它是中国报坛上一枝独秀、历久弥新，有很强的生命力的老寿星。

"大公报"首先有一个很好的报名。英敛之的解释是："忘己之为大，无私之谓公"。由于名字好，因此在中国新闻史上曾经先后办起过7家《大公报》，其中名气较大的是在长沙出版的那一家和先后在天津、上海、武汉、重庆、桂林、北京、香港等地出版的我们这一家。办到现在，仍然存在的只有我们这一家了。

在中国新闻史上，《大公报》有很高的声望，它始终是一家爱国的报纸，是一家有报格、有品位、有高度社会责任感的报纸，是一家人才辈出的报纸，同时也是唯一的在国际上得过荣誉奖的中国报纸。

《大公报》的高声望首先来自于它的报格、它的强烈的社会责任感和它为读者提供的丰富的信息及精神食粮。胡政之、张季鸾、吴鼎昌联合承办新记《大公报》时期提出来的“四不”即“不党、不卖、不私、不盲”的办报方针，他们所继承和发扬的“文人论政”的传统和它所刊载的新闻、通讯、评论及副刊文字，都深受读者的欢迎。在一段时期内，《大公报》的记者遍天下。中国新闻史上深入现场采访巴黎和会的唯一的中国记者、中苏建交后第一个派赴苏联采访的中国记者、红军到达陕北后第一个深入边区采访的内地记者、“二战”期间长驻欧洲的唯一的中国记者，都来自《大公报》。

《大公报》还为中国的新闻事业培养和输送了一大批杰出的人才。《中国大百科全书·新闻出版卷》只设了108个中国新闻界名人的辞条，属于《大公报》的名人就占了12个。中国社科院新闻所在它们编辑出版的《中国新闻年鉴》中曾经为近200年来的众多的中国新闻工作者立传，其中仅《大公报》就占了60个。

尤其难得是国共两党的领导人都十分看重《大公报》。毛泽东从建党时期起，就十分关注《大公报》的报道。井岗山时期每打下一个县城，都派人到邮局找新到的报纸，首选的是《大公报》。长征路过甘南的哈达铺前后时，因为一路上看到了《大公报》和其他报纸有关刘志丹的报道，发现陕北有红军，才挥兵北上在陕甘宁边区建立了抗日民主根据地。1944年中外新闻记者代表团访问延安，他请吃饭，听说《大公报》的记者孔昭恺在场，立刻请入上座，说“只有你们《大公报》把我们当人看！”重庆谈判的时候，毛泽东曾经3次和《大公报》的负责人恳谈，还亲自到李子坝《大公报》的新馆作客，并当场给《大公报》题了字。蒋介石也十分看重《大公报》，为了阅读方便，他让人在办公室、客厅和厕所各放一份，已经解密了的《蒋介石日记》中就有很多看《大公报》后引发的种种想法的记载。蒋介石每见张季鸾必称先生，待以国士之礼，请客吃饭，只要张在场，一定请张坐上座，让他手下的院长、部长们作陪。1941年张季鸾在重庆逝世，蒋介石亲临吊祭，尊张为“一代宗师”，称张“以南董之直笔，作社会之导师”。毛泽东也从延安发来唁电，称赞张“坚持抗战，功在国家”！从这些细微处，也可以看出《大公报》在近、现代中国朝野及受众心目中的重要地位。

历经变迁，《大公报》现在在香港继续出版。它同时也是香港地区现存的历史最悠久的报纸之一。半个多世纪以来，香港《大公报》为香港的顺利回归和回归后香港政治的改革、经济的繁荣、社会的和谐，以及香港和两岸三地经济的互动与共同发展提供资讯、克尽言责作出了巨大的贡献。今天是《大公报》创刊的110周年，我为它祝福，祝愿它立足香港走向世界，为13亿两岸三地同胞和海外4 000万中华儿女的福祉与时俱进，再创辉煌！

方汉奇

（2012年6月17日）

在第一届“范敬宜新闻教育奖”评奖会上的感言

参加今天颁奖会，得到刚刚颁发的范敬宜新闻教育“良师奖”，我感到十分荣幸。首先，是因为这是一个在人文荟萃的“水木清华”颁发的奖。这里是培育当代新闻传播界高手和精英的摇篮，是众多新闻传播大师曾经工作和生活过的地方。其次，是因为这个奖是以范敬宜的名字命名的。他是我十分尊敬的新闻工作者和新闻教育工作者。

我正式到高校任职和从事新闻教育工作今年正好是60年。其中先后两次在北大中文系新闻专业教书11年；两次在人大新闻系（后来称新闻学院）教书49年，加起来共计60年。在此以前，还曾经在上海的圣约翰大学新闻系讲过新闻史方面的专题课，是临时被黄嘉德系主任抓去垫场的，只讲了半年，一个学期，不算是正式的在编教师。因此，在高校新闻院系当正式在编的教师，实为60年。其实，这60年间，真正全力投入做教学工作的，只是改革开放以后的30多年。前30年有相当多的一部分时间是在政治运动和与生产劳动相结合的教学活动中度过的。

从开始当教师起，我就认为教师这个工作是个神圣的工作。它承担着传道、授业、解惑的任务，承载着传承文化和“为往圣继绝学、为万世开太平”的历史使命。它必须不断地学习，必须为了当好先生首先去当好学生，他必须有蜡烛的精神，燃烧自己照亮社会和他工作的对象。他不仅要授学生以鱼，还应该授之以渔。此外，他与学生之间，还有一个师生互动、教学相长的问题。要注意提高学生在学习上的主动性，反对刻舟求剑，提倡独立思考，鼓励他们时时有所创新，敢于超过自己的老师。对于以上这些，我都深有体会，但做得都还很不够。说到“良师”，我觉得被命名设置这个奖的范敬宜就是一位高品位的“良师”。他在清华、在新闻界和新闻教育界有这么好的口碑，留下那么多的去思，都说明他是一位真正的“良师”，是值得所有新闻院校教师学习的典范。

和新闻事业有关的奖，目前已有“吴玉章新闻学奖”“韬奋新闻奖”和“范长江新闻奖”。但一个偏重新闻学研究，一个偏重编辑工作者，一个偏重记者，没有一个是针对新闻教育的。“范敬宜新闻教育奖”的设置，弥补了这方面的缺陷和不足，填补了一个空白。它将对新闻教育、对新闻人才的培育和新闻教学研究工作的发展起到积极的推动作用。我希望这个奖将长远地颁发下去，不断地扩大它的规模和影响。这不仅有利于中国新闻事业的发展和新闻教育事业的发展，也是对范敬宜最好的纪念。

谢谢！

方汉奇

（2013年4月28日）

在中国人民大学新闻学院60周年院庆大会上的发言

主持人、各位校院领导、各位嘉宾、各位校友、老师们、同学们：

我是1958年到人大新闻系来当老师的。这以前，还在北大中文系新闻专业当过老师。2004年已经办了退休，但直到现在还继续带着博士研究生。一年带一个，从开题一直管到他们的论文答辩，因此还在做点教学工作。如果从1958年算起的话，我在人大新闻系（现在是学院）已经当了57年的老师。如果从1953年到北大中文系新闻专业任教算起的话，我已经在高校的新闻院系当了62年的老师。我和在座的许多老教师一样，都是这一阶段人大新闻教育历史发展的见证者。

我到人大新闻系当老师的时候，人大新闻系已经创办3年了。虽然还在起步的阶段，但是已经崭露头角，成为中国新闻教育界举足重轻的力量。从那时到现在，人大新闻系一直处在中国新闻教育“马拉松长跑”第一团队中具有竞争实力的主力位置。最近一段时期在有关的教学质量评估中又连续3次排在全国第一，这是很不容易的。我和在座的许多老教师都为能够成为这个集体中的一员，感到荣幸。

作为新闻教育的过来人，我以为人大新闻院系在教学上之所以能够达到目前的高度，主要依靠的是以下三点：

第一，有历史的传承。人大来自1937年的陕北公学，直接的前身是解放区的华北大学。华北大学在全国解放前就有过开办新闻教育的简短经历。人大新闻系从一创办起，就有这方面的历史传承。人大创系初期的那一批教学骨干，大多来自晋察冀、晋冀鲁豫、山东、华中和东北解放区，有在抗日战争时期和解放战争时期从事办报活动和新闻教育工作的丰富经验。整个教师团队的力量号称足够同时办5个省报，因此，这个系一开始就有革命历史传统和革命传承关系，再加上当时的吴玉章校长（吴老）十分重视新闻教育（这一点和当年的复旦新闻系有类似的情况），他老人家自己就曾经4次办过报。从《四川》《赤心》《救国时报》到《新华日报》，他对新闻系情有独钟，加意呵护，不仅参加两校新闻系的合并活动，还多次亲自给新闻系的师生作报告，还曾经一次就批给新闻系2万块钱购置资料的经费。这些都使人大新闻系从一开始就有着革命的传承和精神上的资源。

第二，有着海纳百川的气概。在革命传统的基础上，人大新闻系把北大中文系新闻专业合并了过来。这使得师资队伍中，除了来自解放区的教学梯队之外，又增加了来自有“兼收并蓄”传统的北大中文系新闻专业的力量和1952年院系调整后并入北大的燕京大学新闻系的骨干力量。教师队伍中出现了毕业自燕京大学新闻系和政治系、有过留美经历在密苏里新闻学院当过访问学者的蒋荫恩教授和在国统区有过办报经历的张隆栋、于效谦，以及秦圭、何梓华等一批老师。20世纪50年代学苏联的热潮中，人大新闻系又拥有了全国各新闻系唯一的苏联专家斯洛保加纽克。像我这样没有名校学历、名不见经传的“野狐禅”式的人物也被收容了进来。特别值得提出的是复旦大学新闻系对人大新闻系师资团队的支持。从1953年起，复旦大学新闻系先后为人大新闻系输送了郑兴东、汤世英、王泰玄、胡文龙、徐国兴、傅显明等多位老师，充实了好几门主要课程的师资力量。长期以来，南北这两个大学新闻系，既是竞争的对手，也是互相支撑的力量。今天人大新闻学院的师资梯队中，不仅有国内培养的骨干教师，还拥有了外籍的教师。正是这种海纳百川的气概，才使得人大新闻系有着广阔的学术资源和强劲的竞争实力。

第三，有不断进取和敢为天下先的精神。我们的几任院系主任，都是这方面的闯将。人大新闻系从一开始就气势如虹，全系师生1000多号人，是当时人大最大的系之一。不仅创办了自己的印刷厂，参办了28家报纸，还创办了自己的剪报社（后称报卡社，现为校办的书报资料中心），创办了一份对开的业务刊物《新闻出版报》，组织编写了5门专业课的教材并组织翻译了苏联方面的教学资料。当年新闻系的文学教研室，就是现在人大文学院的前身；当年人大新闻系的外语教研室，就是现在人大外语学院的前身。改革开放以后，组织翻译了美国方面有关新闻传播学的教学研究资料。20世纪80年代新闻教育大发展时期，还配合中宣部创办了专门培养新闻史论教学师资的教学班，为全国新闻教育机构输送有生力量。当年这两个班的不少学员现在已经成为今天新闻学界的骨干力量。此外，还创办了第一个舆论研究所，开拓了传播学和众多新媒体的研究，等等。人大新闻学院能有今天的成就，和这种不断探索、不断进取的精神是分不开的。其间也有受“左”的影响搞过了头的时侯，后来都得到了纠正。

人大新闻学院从创办到现在已经60年了。我们已经为中国新闻事业培养了上万名精英人才。前《人民日报》副总编、著名散文家梁衡在人大新闻系创办40周年的时侯曾经有过一个题辞，其中有两名话是：“国中新闻界，相逢皆人大。”可谓善颂善祷。但有点绝对化，我替他改一个字；“国中新闻界，相逢多人大”。祝愿人大新闻学院与时俱进，不断地有所发展、有所前进，和兄弟院校一道，共同为中国新闻传播事业的发展培养出更多的精英人才，作出更多、更大的贡献！

方汉奇

（2015年10月25日）

第十二系列

自述与访谈（6篇）

方汉奇自述[1]

摘要：方汉奇（1926—），广东普宁人。著名新闻史学家，中国人民大学新闻学院教授，中国人民大学首批荣誉教授、首批荣誉一级教授。本文回顾了他在中国人民大学学习、工作中的故事及见闻。此外，他还对新闻史研究情况及相关学术问题进行了简要介绍。

1978 年前的工作经历及见闻

我1926年出生，今年83岁。1946年到1950年，我在国立社会教育学院新闻系念大学。全国解放后，系主任马荫良先生在《解放日报》办的上海新闻图书馆做馆长。这个图书馆是用来安置一些从《申报》《新闻

1　本次采访时间为 2009 年 2 月 16 日，由中国人民大学校史研究室负责采访、录音整理及文字编辑。

报》两报退下来的老新闻工作者、老报人的。《申报》《新闻报》两报是民族资产阶级办的报纸，他们的馆舍由当时的上海市委机关报《解放日报》进驻。这些报人呢，他们不是官僚资产阶级的，也不是国民党的，也不是反动派的，所以要给他们适当的安置。我就接受马荫良先生的邀请去了上海新闻图书馆。我在那里待了3年，整天跟老报人打交道，同时也搞一些新闻史的研究和教学。1951年曾应邀在圣约翰大学新闻系讲新闻史专题，开始和新闻史的教学、研究打交道。

1953年我调到北大中文系新闻专业教新闻史。1958年，北大中文系新闻专业整个建制并到中国人民大学新闻系，我就到中国人民大学来了。中国人民大学新闻系是1955年成立的，我报到的时候已经成立3年了。北大新闻专业整个建制，连学生带老师、图书资料整个都过来了（还没毕业的学生包括还在实习的也都跟过来了）。这样中国人民大学新闻系就壮大起来了。

1958年到人大，赶上了“大跃进”的尾巴。当时到人大，一进东校门，红楼那一片松树林中就一溜小高炉，热气腾腾，正炼钢呢！那时我正带着学生在保定、安国、徐水等地实习。

当时的提法是“教育与生产劳动相结合”“教育为无产阶级政治服务”，所以学校的教学秩序很不稳定，常常组织学生下去参加劳动。该春耕了，就下去种地；夏天到了，就拔麦子；冬天又该动土方修水利了。十三陵水库、密云水库我们都下去劳动过。凡是有运动、有劳动任务的时候教学就让路了，教育与生产劳动相结合嘛，教育要为无产阶级政治服务嘛，教学只能见缝插针了。“大跃进”时在教学上也提了很多高标准，如办报、搞实习报纸，新闻系办得还是挺火热的。办了28个实习报纸，印厂也是那个时候办的。现在还存在的书报资料中心当年也是新闻系办的，叫报卡社。中国人民大学新闻系有这个条件，有自己的印厂，当时有100多位教师，最多的时候师生上千人，是一个很大的系，师资力量足够同时办5个省报。那时搞教材建设、搞实习报纸、搞劳动、搞运动，热火朝天。现在看来，这里头有很多经验和教训。搞得挺热火，但没有按照教学规律来办事，只是跟着政治运动走，跟着劳动走。在当时那个“左”的路线影响下，整个教学工作不符合教学规律，但精气神还是不错的，学生也得到了一定的锻炼，通过参加实践，提高了动手能力。

1959年庐山会议以后，开始“反右倾”，我们很多系的领导和教师都被扣上“右倾机会主义”的帽子，下放劳动。新闻系主任罗列被下放到丰台区的看丹酱菜厂去做酱菜了，像余致浚、汪溪这些新闻系的骨干教师都被扣上了“右倾机会主义”的帽子下放劳动了。这个实际上都不是教学问题，是政治思想的问题。思想路线上的“反右倾”，使这些解放区来的老革命、老教师也受到了牵连。

从1958年到1960年再到1962年有一个波峰和波谷。60年代初的7 000人大会总结了“大跃进”的经验教训，1959年到1961年，是所谓的三年困难时期，粮食减产了，口粮降低了，活动削减了，前进的那种狂热的劲头有点收敛，教学研究又开始受到重视，强调要多读书。朱老总（朱德）当时有个题字叫“认真读书”，是在报上发的。所以那几年校园里又恢复了一定的教学秩序。但是从60年代初到1966年这一段，也就是“文化大革命”前的六七年，阶级斗争这根弦整体来说还是绷得很紧，教学秩序基本上是服从运动。这一时期，整个教学也仍然受“左”的思想影响——搞大批判。批了一些该批的，也批了不少不该批的。人大新闻系1960年曾经有过一次“左”的学术批判运动，是由当时的系总支带头发动的。号召全系师生对旧教材（所谓旧也是刚编出来的5部教材：新闻史、新闻理论、新闻实务，实务包括编辑、采访、评论）的所谓修正主义观点、资产阶级观点进行批判。发动群众、发动学生、发动老师，停课，组织大批判。这5部教材都是人大新闻系1955年建系以后集中一些骨干教师，先是积累材料、搞调查研究，辛辛苦苦编写出来的。到了1960年刚出版不久，就组织批判，说是其中有大量资产阶级修正主义的、“右”的错误观点。很多不该批的观点也都批了，像“报纸是人民的教科书”“记者是社会活动家”，这些提法很多都是马克思、列宁等一些革命导师的观点，也都拿出来批。1961年，此事受到中宣部的关注。当时中宣部部长是陆定一，他批示由副部长张磐石带队，人大方面由崔耀先副校长参加，组织了工作组到人大新闻系来重新组织“批判”，把1960年批判错的那些观点又重新订正了过来，凡在北京的学生——已经毕业的或在校的——都请回来参加。在那一次事件中，开始我也遭到批判。当时我坚持认为：中国新民主主义革命时期的一些革命报刊和历史上的“戊戌维新运动”时期的报刊、“辛亥革命”时期的革命报刊，它们之间是有批判继承的关系。这个观点其实是列宁的。列宁对赫尔岑、车尔尼雪夫斯基、杜波留波夫就是这么认为的，他认为布尔什维克和他们以前的革命民主主义者之间是有一种批判继承的关系的。可当时那个极“左”的学术批判运动否定这个观点，而我则坚持这个观点，所以挨批了。当时观点就那么“左”，否定一切。后来又改回来了。这也是一次折腾。

1964年到1966年，搞农村“四清”，教师、学生分批下去。新闻系的师生分两批去搞“四清”。第一批是1964年走的，去的是山西定襄。我参加的是第二批，就在北京近郊，1965年进村，1966年回来。老师、同学整个建制地下去，一去一年，下去的那一部分就不上课了。这是教学服从政治运动的典型例子。我们这批“四清”是黄达带的队，地点就在四季青公社，我被分在四季青公社万寿寺大队魏公村生产队。魏公村那时已经是城乡结合了，不是很典型的生产队了，社员家往往是工农联盟户。因为生产队附近的中央团校、民族学院、外语学院已经盖起来了，占了农民的地，就吸收部分社员去当学校的工人。所以，我有时吃派饭的时候就被派到民族学院，社员也到食堂打饭了。厂洼、万寿寺、魏公村、法华寺、白石桥，包括现在世纪城所在的蓝靛厂，这些地方当时都是生产队。我在魏公村生产队参加了一年“四清”。

等到“四清”快结束的时候，文化大革命已经开始了。我是1966年7月回来的，从生产队回来之后就直接进了“牛棚”。那个时候原来的领导已经被靠边，造反派当权了。我们新闻系那时在南一楼（今品园楼一楼、二楼那个位置），是座两层楼，学生宿舍、资料室、党政办公室都在那儿，我们的“牛棚”也在那儿。所谓的“牛棚”就是找一个教室把我们集中关起来，吃住学习都在里边。当时学生和革命教师（以学生为主）组成革命委员会，就停课闹革命了。“牛棚”里关了不少系的领导和骨干教师、问题教师，系领导都成了走资派。我是因为社会关系、历史问题被关起来的，这些问题和关系其实都是思想改造的时候自己写的和交代的，但也因此成了文化大革命的对象，当上了“牛鬼蛇神”，住进“牛棚”了。

“文化大革命”开始的时候我正好40岁，是身体最好的时候，干起活来是强劳动力。我的体会是知识分子只要体质好，过劳动关并不难。相对地说，劳动人民过知识关要难得多。那一时期对于我来说，再苦再累、再脏再重的活儿都没问题。一个是思想上有那种自觉：知识分子要改造，要和工农结合，要向劳动人民学习。这是建国以后接受的思想意识，有这种主观的要求，对劳动并无抵触情绪，另外劳动本身也是件快乐的事情。那个时候条件很艰苦，三九天都在户外干活。西郊中国人民大学的所有下水道我都钻过，所有的房顶都上过，打扫卫生、扫厕所，再苦再累再脏的活儿都不在话下。

“文革”中，革命群众在打派仗时，我们这些“牛鬼蛇神”就被搁置一边了。两派之间互相是不来往的，但我们这些老牌的“牛鬼蛇神”倒是可以两边走动，因为两边的“革命群众”都认识。比如，新闻系的办公室在南一楼，这里属于“天派”的地界。新闻系老师、学生的所有信件、报纸都送到南一楼。而“地派”在中间线北侧，他们就拿不到属于他们的信件报纸。我们这些“牛鬼蛇神”就可以当信使，每天为两派“革命师生”送报送信。两派都不拦我们，因为这也是他们的需要；要拦的话，就没有人送了。所以我就游走于两派之间，在职工食堂（现在艺术学院那个地方）吃饭，然后到南一楼劳动干活。这种情况维持没有多久，军、工宣队入驻，两派斗争告一段落，稍后学生一分配，学校基本上就没人了。接着人大的教师、干部就开始下放干校了。

1969年11月，我作为第一批“五七”战士去了位于江西余江的人大“五七”干校。下去时报名很踊跃，除了老弱病残基本上都下去了。“五七”干校是根据毛主席的指示办起来的。旧的学校已被砸烂、砸碎了，旧的道路已经走不通了，知识分子就只能到工农那里去接受再教育了。所以去的时候并没有多少思想障碍，觉得走这条路是很自然的，去干校的时候是下了决心连锅端的，于是全家都下去了。原来我住在林园2楼，房子都退了，所有的锅碗瓢盆全都带下去了。人大的后勤和组织工作做得非常好，有很多人连没用完的蜂窝煤都带了下去，还组织了专列。包括铁路运输在内，当时一切都是服从政治运动。

在干校的第二年，我们曾听说人大“五七”战士要在江西就地分配，又听说有关方面的领导曾为此和江西方面谈过，但没有被接受。一个理由就是人大的人级别太高、工资太高，江西承受不了，没法安置。人大的干部、职工和教师有很多是从陕北公学、华北大学过来的，级别有的比县长、比省里的领导都高，省里不好安排，也安排不起。再加上当时的校领导，包括郭影秋、崔耀先他们有这么一个考虑：就是这支队伍不要打散，按编制整个序列地分割到几个学校，以便在适当时候重整旗鼓卷土重来。这是他们当时的一个远见，事后证明这个安排是正确的。这个队伍只是稍有流失，个别人自行脱离人大，各奔前程。多数人像我们这样，整个建制地下去了，又整个建制地回来了。

当时下干校去的时候，我就已经作好不回来的准备了，觉得能在文化大革命那么大的风浪中苟全性命就已经不错了，不必考虑再搞教学、研究那些营生了。当时觉得当工人、当农民也挺好的。可能有一些老干部、一些在党内已经有较长革命经历的，他们会有一些想法，而像我们这样的没有。因为当时我们这样的“牛鬼蛇神”在政治上早已沦为贱民，一切听从安排，不敢有非分之想，只希望整个国家好、大家都好。

“五七”战士每年有一次探亲假。1972年我从干校回北京休假，就留在了北京。那时候我老伴和孩子们已经回北京了，老伴在北大附中当老师，当时中学已经复课了，孩子们也要念书啊，所以她带孩子先回来了。当时，北大中文系新闻专业已经开始招工农兵学员，设了文学专业、新闻专业。新闻专业报的人特别多，报文学的则较少，但中文系没有新闻学的师资，所以人大新闻系的一些没有去干校的老师就已经去帮忙了，等到我们陆陆续续回来探亲时，也都被留下了。所以1972年我就在北大中文系给新闻专业工农兵学员上课了，留在干校的其他老师在半年内也陆续回来了。

从1972年到1978年人大复校以前，我在北大中文系新闻专业工作了6年，这是我第二次到北大。这6年，主要是跟着工农兵学员转。当时的说法叫“上、管、改”，即“工农兵学员上大学、管大学、改造大学”。教师是被改造的对象，既是为工农兵服务的，又是被工农兵改造的；既接受改造、接受教育，又为工农兵服务，为他们提供教学服务。

当时北大推行历史系的“小班经验”，实行小班制，就是把同一年入学的学员分成几个小班，每一个小班的工农兵学员从一入学起，就安排3个老师跟他们到毕业。3个老师中有一个是党员老师，任支部书记，然后带两个非党员老师。当时学制是3年，这3年期间，工农兵学员干什么，跟班教师就干什么。学员们学兵、学工、学农，教师们就跟着他们一起摸爬滚打，他们上什么课，我们就辅导什么课。所以从1972—1978年，我和我所在的那个班的学员一道，听过北大诸子百家的课，也辅导过诸如党史、政治经济学、新闻采访、写作等门类众多的课。我专业是新闻史，新闻史倒是不教，没安排。除上课外，学员们的所有活动都参加：实习、劳动、拉练、“斗、批、改”，包括“斗资产阶级”“斗修正主义”“批林批孔”“批邓”“评水浒”“评鲁迅”“学鲁迅”……一样也不落。为了“批林批孔”，我们还到过河北枣强，因为董仲舒是儒家，“评法批儒”的时候他是批判对象，而枣强、故城那一带则是董仲舒的老家，我们就跑到董仲舒的老家去批董。我们也劳动，也参加学生的实习。我跟的那个班去的是山西，1974年去实习了半年。所有的这些活动都是跟着这个小班一块干的。反正学生学什么我们就辅导什么，成了“麻将里的白板”。他们所有的作业我们都帮着修改，实际上干的是写作课的任务。有时工农兵学员们会拿一首诗让我修改。他们上什么课我就要辅导什么，所以我必须跟着学员们听课。这倒也是个机会，可以听听北大老师们的课。听的结果，发现有的名气大的讲课效果不一定好，讲得好的名气不一定很大。每个老师都有他的特点，这也是一种学习。因为要辅导，所以我还要抢着比学生早学一点：下星期的课我这个星期先看。这也是个学习嘛！缺什么补什么。好在工农兵学员文化水平不一，多数是中学程度，个别的还是小学程度，整体水平不是很高。所以那种教学方式还能勉强对付下来，于是就那么糊弄了几年。要是碰到现在这种高中毕业考进的学生，谁也对付不了，怎么可能你对每一门课、每个专业都熟悉啊？不可能的。

1978年人大复校，我就回来了。

现在总结起来，1953年从上海调到北京，到1978年又重新回到人大，这25年我在大学里从助教开始做教学工作基本上就是跟着运动转。在教学上只是应付上课，做一点积累，但是没有太多的时间进行科学研究，教学也不系统。1956年开始到1958年这一时期有一些业务刊物开始创刊，需要新闻史方面的稿子，我为此也写一些相关的小文章。所以现在看起来，那一段教学和科研的成果非常少，主要是服从当时的那个大的形势需要。文化大革命那些年，我先是当“牛鬼蛇神”、当革命对象，住“牛棚”，参加劳动，然后就是跟工农兵学员摸爬滚打。我现在搞的专业，做的科研工作大部分都是1978年以后做的。所以，如果1978年我就退休了，或者改行了，或者死掉了，那这一辈子就什么也没干成，就只搞运动和劳动了。1978年以前我身体挺好的，既因为时常参加劳动，也因为那一时期比较注重体育锻炼。我们现在的体育锻炼不如50年代，那个时候每个人都要通过劳卫制，下午4点半以后全部上操场，教室里、图书馆里没有人。在那种大环境下，我身体挺好的，而且有很多时间去做社会工作。从50年代后期到“文革”前，有5年我是新闻系工会的文娱委员，为会员们提供文娱方面的服务，就是给他们买票，等等。买回来之后再卖给大家，然后又去排队买第二个星期的。那时都买一些重要演出的票，如京剧界的马连良、梅兰芳、谭富英、裘盛戎、袁世海、张君秋这些人演出的票。我每周星期一、星期二去排队买票，星期三、星期四卖票，卖不掉的，星期五就去退票。碰到好的戏我还可以到里头先看一段再退掉。我的兴趣很广泛，那个时候也自得其乐。看一点杂书，主要是与文史和新闻史有关的；同时做卡片，做一点积累。1978年以前也就是做点这方面的工作。

研究中国新闻史

1978年以后到现在的这30年，正好是建国60年的后一半。咱们整个国家走向改革开放是最近这30年，我正儿八经地做教学工作也是这

30年。1978年开始拨乱反正，把过去批判错的东西逐步地改正过来，从做法到观点都在拨乱反正。这样，我的教学和研究工作也开始走向正轨：1953年我到北大新闻专业开始教中国新闻史，1978年以后又回归到我原来的专业——中国新闻史。在这以前只能说是什么都搞，什么都没搞成。

我小时候的愿望是当一名新闻记者，但建国以后就没有这个可能了，因为那个时候我还不是党员。我1984年才入党。之前像我这种情况，入党难度很大。改革开放后在发展党员的观念上、党员的构成上，都跟过去有一些不同，注意从知识分子当中吸收党员。所以我在1984年成为党员，在党员里头算是资历比较浅的。解放初期当记者，政治上首先得是党、团员，或者是地下党；我有旧的社会关系和海外关系，是不可能去当记者的，只能做点教学研究工作。这是在当时那个大形势下必然的选择。做教学工作其实也挺好，研究新闻史，政治上没有那么多要求。1978年以后这一切都正规了，就有条件去做自己专业上的教学和研究工作。那时候临近人大建校30周年，我就给系里提出来，想写一本《中国近代报刊史》，为建校30周年献礼。我跟系主任罗列商量，他同意了，然后我就着手写这本书。本来开始就是作为一个普通献礼的书，准备写七八万字就可以了，后来写着写着，一发不可收拾，足足写了两年——30周年的献礼没赶上——写成了一部50多万字的专著。

开始写的时候受旧的思想意识的影响，还有当时大批判的一些观点的影响，思想上还比较"左"，写得很拘谨。具体的表现，就是对于外国人在中国的办报活动、对维新派的办报活动还是否定的多。因为当时有这么一个观点：改良不好，革命好。其实改革和改良在英文里是一个词，都是"reform"。但只认可改革，贬抑改良，说改良不好，改良就是修正主义；暴力革命是新社会的产婆，革命才好。所以讲近代报刊史就老讲孙中山的革命办报活动，对维新派的办报活动就否定得比较多。另外，新闻史上的人物到了“文化大革命”后期基本上都被否定掉了，新闻界的名人也不能表彰。所谓“三名三高”，即所谓的名作家、名演员、名歌星，都是不可取的，是名人就要反对。再加上前30年的政治运动和学术批判活动，大部分的新闻工作者都被否定掉了。50年代的时候还提李大钊、陈独秀，还提邓中夏、萧楚女，后来也提范长江、邓拓。到了文化大革命，这些人都提不起来了——李大钊成了叛徒；陈独秀“从来就不是一个好的马克思主义者”；范长江被打倒了，在干校自杀了；邓拓是文化大革命首当其冲的批判对象；瞿秋白写了《多余的话》，也成了叛徒。结果可以肯定的，只剩下了一个毛泽东和一个鲁迅——毛泽东说鲁迅是圣人，他是贤人——就剩下他们二位了。一时间在新闻史上几乎没有人物，也不提人物，“革命”的报人不能提，旧报人不能提，资产阶级的报人更不能提了。我开始写《中国近代报刊史》的时候就是这么一个大背景。

随着学术界的拨乱反正，慢慢意识到这个思想还应该解放，过去的批判不一定是正确的，这种观点应逐渐调整、修正。所以写到后来，后面的观点就跟前面的观点不一样了，解放的程度也不一样。最后《中国近代报刊史》写了1 500个人物，有的是详细展开的，有的是简单提名的。由于一路写来，思想解放的程度不一样，所以前头还有很多“左”的痕迹，如对外国人在中国的办报活动全部否定，认为都是“特务”，都是帝国主义侵华史的内容，一个好人都没有，一点好的影响都没有，是全部彻底地否定。这个不是太实事求是的。现在对司徒雷登不也有了一些比较公正的评价了吗？当年由于毛主席的那篇《别了，司徒雷登》，就没有人再给他说好话了。实际上他很早就提出中美要建交，美国当时是希望和新中国建交的，但没有被接受。司徒雷登其人对中国人民还是有感情的，可在当时，这个人是基本上被否定的。这种思想解放的程度也是一点点逐步提高的，写了两年，写到后来，成了一个“半大的解放脚”。现在那本书再版过几次，我基本上没有动那个稿子，就保留当时的那个思想状况。在后记里说明了这个认识的过程，一看便知。这书是1978年开始写，1981年出版的。当时刚从干校回来，写的时候连个桌子都没有，就把装书的几个箱子垒起来当书桌，就是在那样的条件下写的。

这算是改革开放以后我的第一个成果。然后以此为基础，不断地有所拓展。一个是因为教学上有了比较多的投入，有了比较多的认识，有了比较多的时间从事教学；另外也有了相对宽裕的时间做一些科研工作，写了一些个案研究的文章，组织全国50个新闻史教学研究工作者完成了一部280多万字的《中国新闻事业通史》。接着又搞了一部编年史，也是三卷，也是200多万字。这一段时间，我还参加了《中国大百科全书·新闻出版》卷的编辑工作，我是中国新闻事业这一部分的主编。这个工作做了5年，它要求很严谨，要求充分占有原始材料，对我来说也是一个很好的学习机会。

我之所以从近代报刊史开始，是因为改革开放以前，我在新闻史教学上在北大有一段时期是讲通史，从古代一直讲到当代，当时就我一个人在讲这门课。到了人大以后教员比较多了，我们新闻教研室有8个教员，最多的时候有10个，5个讲中国的，5个讲外国的。教员里头有很多是老解放区来的、老资格的新闻工作者，如黄河，是1932年的党员，刘爱芝，是“三八”式的干部。他们是新闻史教研室前后两届的教研室主任。有这样的一些老同志在，共产党成立以后的那一部分报刊史，就理应让老同志们、让党员讲。那时我还不是党员。就好像党史，如果你都不是党员，你怎么研究啊？所以到文化大革命以前那一时期，我只是讲古、近代部分，“五四”以后那部分就由那些老同志讲。那些老同志现在有的去世了，有的后来调到实际部门工作去了。像刘爱芝，后来是《甘肃日报》的总编辑，《红旗》的编委，最后是《光明日报》的副总编辑。现在也去世了。

由于上述原因，拨乱反正以后，我的第一本新闻史的著作是《中国近代报刊史》。这是因为我长时期的教学分工就是搞中国古代和近代新闻史。后来，我搞通史、搞《中国大百科全书》的“中国新闻史”部分，就开始介入了中国新闻事业史的多个阶段，不再以古、近代为限了，关注的面也比较宽一些了。但相对来说，我在中国新闻史研究的比重方面，古代、近代和现、当代党报以外的报刊这部分比重仍然偏大一些。这和我刚才说的那个大环境有关系，我1984年才入党，入党以前基本上这些党报、党刊的研究由党员教师去搞。

因为吴玉章老校长自己就办过报，所以他很重视新闻系。他一生办过4次报。“辛亥革命”时期，他是同盟会成员在东京办《四川》，这是革命民主派的言论机关。后来又办《赤心》《救国时报》，这些都是中国共产党在海外的重要宣传机关，受第三国际支持，他是负责人。然后是办重庆的《新华日报》，这家报纸被国民党勒令停刊撤回延安，最后的那一阶段的工作是在他的主持下进行的。

作为一个教育家，他对新闻教育非常重视。1955年他全力支持办人大新闻系，曾一次批给新闻系资料室2万元购置报刊资料的经费。那时2万块钱算很多啊！这个消息传出去以后，上海旧书店的旧报纸都为之涨价，因为听说人大新闻系要收购旧报刊。北大中文系新闻专业并到人大后，曾在1958年6月21日举行过一个欢迎仪式，那个时候我在保定带学生实习，没赶上。但是那一年暑假开学以后，吴老曾专门到新闻系给全体师生作报告。报告前，系主任安岗把我们这些老师都一一介绍给吴老，介绍我的时候说：“他是研究近代报刊史的”（那时候我也没有写这方面的东西，但是分工管这方面的教学工作），吴老就跟我很热情地握手。他那个时候已经70多岁了，我那个时候30多岁，对他老人家十分敬重，很荣幸能够认识这样的革命老前辈。他给全系师生作了报告，讲得很精彩。

这以后因为运动太多，他来新闻系的机会少了，但一直对新闻系很关照。所以他去世后，我对老人家一直很怀念。吴玉章奖金基金会以他的名义设了5个奖金，其中就包括“新闻学奖”。我是第一个“吴玉章新闻学奖”的获奖者。我有两本书得过吴玉章奖：一本是我自己写的，一本是我主编的。我还得过一次吴玉章教学奖。先后得过3个吴玉章奖，深受他老人家的提携，因此对他非常敬重。现在我还是“吴玉章新闻学奖”评审组的召集人，我一直都积极参加这个评审活动。吴老在党内有很高的声望，在新闻史上有很重要的地位，在教育上又对新闻教育非常关注，所以从这些方面来看，他是一位非常值得敬重和怀念的革命老前辈。

新闻研究应该坚持历史唯物主义精神

学术研究在任何时候都应该投入力量，促进发展，这是整个国家民族文化传承的需要。在改革开放以前由于“左”的路线影响，这方面的传承和发展受到了一些干扰，改革开放以后又得到了恢复。我觉得这就是一种拨乱反正，是正常的、应该的，学术上就应该保持这种历史传承的关系。我们在新闻史研究上，也是继承20世纪20年代的新闻史研究的成果，在前人的基础上力求做到有所发展、有所发明、有所前进。这和改革开放以后整个国家进入正轨、综合国力不断提高、学术研究不断得到支持和发展这个大环境有关系。比如搞《中国大百科全书》、搞学科建设，特别是有一些人文社会科学在最近30年得到比较大的发展。新闻传播学、社会学、法学、心理学是这30年来人文社会科学众多学科当中发展比较快的一些学科。由于“左”的思想影响，社会学、心理学在建国后不久就被“枪毙”掉了，认为是资产阶级的。拨乱反正以后，重新建设起来。新闻传播学在前30 年倒没有被否定，但是被过分政治化了。实际上新闻传播学有比较丰富的内容。现在进入信息时代，我们又“入世”，要推行全球化，想自我封闭都不行。现在我们必须适应全球化的形势，必须适应信息时代的特点，必须促进包括网络、多媒体这些传播手段、传播媒介的发展，使整个新闻传播学得到全面的发展。新闻学在这30年有比较大的发展与大形势有关，应该说是在大形势推动下，使新闻传播学有了比较大的发展。

幸运的是，我们中国人民大学新闻传播学的教学研究从改革开放以来一直保持着全国领先的优势。20世纪50年代那一时期我们也是全国领先，那时，中国人民大学新闻系的师资力量、教学力量和学生队伍都是全国第一。不过那个时候是政治路线有问题，教育路线有问题，所以当时的发展是畸形的，是难以持续的。而改革开放以后，我们的持续发展是全面的、是科学的、是适应信息时代的要求和发展的。新闻史作为新闻传播学的一个部分，在这30年里赶上了这个机会，也得到了很好的发展。我们新闻史的研究，包括中国新闻史研究和外国新闻史研究目前在全国都处于领先地位。这也是改革开放给我们提供的一个很好的机遇。盛世修史，盛世修志，20世纪80年代有一个很大的修地方志的高潮，我们赶上了。在新闻理论还在拨乱反正的时候，我们新闻史已经开始起步了。1989年我们还成立了中国新闻史学会，是一级学会，和中国教育学会是同一级的，我是这个学会的两任会长。到今年为止，我们的中国新闻史学会已经有20年的历史了，它团结全国的新闻史教学研究工作者从事新闻史研究的开拓，取得了很大的成果。我们的通史就是在新闻史学会的支持下完成的，很多的科研项目也是这个时期完成的。新闻史方向还比较早地开始招收博士生。我从1984年开始招新闻史方向的博士生，至今已经培养了近50位新闻史方向的博士，早期的博士现在已经都是新闻史教学研究领域内的骨干了。

历史就是过去的新闻，新闻就是明天的历史。新闻和历史有非常紧密的关系，它们最主要的共同点就是事实第一性，强调事实的真实。在新闻报道中，事实是第一性的，应该坚持这种历史唯物主义的精神。新闻史上有过这样的不尊重事实的情况，比如，“大跃进”时期浮夸的报道“放卫星”“亩产从500多斤一直发展到亩产13万斤”，这是1958年《人民日报》上面的报道。这都违反事实。新闻史的研究，也涉及到历史真实的问题，应该实事求是地去总结历史上的经验和教训。历史研究的目的是以古为鉴，以史为鉴。以史为鉴，可以知兴替，可以使我们聪明一点，可以使我们少走弯路，不犯历史上曾经犯过的错误。历史研究总是会考虑到现实的，是可以为现实服务的。应该确立一个科学的态度、实事求是的态度：不唯上，不唯书，不为尊者讳，不为亲者讳。历史研究当中为尊者讳、为亲者讳的事太多了，为一个时期的政治需要来歪曲叙述和描写历史的情况也都有。最近，李新在自己的回忆录中，就提出他做的很多事让别人歪曲了，所以他必须出来说话。中国人民大学建校他就来了，是“老人大”了，他认为说的话必须是真话，不说假话。他的这种观点是对的。

人大新闻系在全国的新闻传播教育领域内一直保持领先地位

人大新闻系在全国的新闻传播教育领域内一直保持领先地位，从20世纪50年代就已经是这样了，改革开放以后在历次的评选当中都保持领先地位，这是历史形成的。

50年代的人大新闻系之所以雄居全国新闻教育的榜首，有一些客观的原因，那就是领导重视。首先，中国人民大学在当时就是被国家重视的。

当时新闻媒体提起全国高校的时候，首称“人、北、清、师”，中国人民大学是放在第一位的；当时教育部部属的4所高校的经费，中国人民大学占了其中的3/5；苏联专家中国人民大学有100个，也是全国最多的。但那都是政府行为。现在中国人民大学没有这些优越条件了，靠的完全是自己的努力，中国人民大学新闻学院这些年来也是靠自己的努力，才继续保持全国领先地位的。这很光荣，很值得高兴，但也很不容易。

我们现在面临着非常激烈的竞争，排在第二位的只比我们少两分：我们是85分，第二位的中国传媒大学和复旦大学是83分，而且中国传媒大学是以全校的力量来和我们竞争，只比我们少两分。他们实力很强，很多方面都超过我们。然后复旦、北大、清华这些年来发展得很快，武汉大学、华中科技大学的新闻传播教育的发展也很快，我们面临着非常激烈的竞争。我们如果稍有闪失，或者是力度稍有不够，就很容易被别人反超。所以，要想继续保持领先地位的话，我们还需要付出很多的努力。我们的物质资源不如中国传媒大学，它是举全校的力量；我们也不如北大、清华，北大、清华有理工科的综合大学的基础，它们有18个亿，我们没有，我们在很多方面处在劣势。我们必须在师资梯队的建设和教学科研方面加大投入，才能够保持这个领先的地位。我们学院还缺少海归的师资。这些年来学校投入很大的力量，支持很多教师去国外访学交流，但是我们一个真正的海归都没有；北大、清华，还有外地的一些学校已经有了，这方面我们需要加大投入。学校是我们的后盾，我们冲锋在前，还需要学校的大力支持。我们这一次和其他的几个学科如社会学、法学、应用经济学这些学科争得了一个领先的地位，希望学校能够继续给我们提供更多的支持，让我们继续保持领先！

（原文刊中国人民大学校史研究丛书编委会编辑出版的《求是园名家自述》2010年10月中国人民大学出版社版第296~312页）

史边馀蕴

——与方汉奇先生漫谈拾记

按语：2011年是新闻史学家方汉奇先生从事新闻史教学60周年的纪念之岁，从1951年冬春之季受邀为上海圣约翰大学新闻系开设新闻史专题课至今，先生甲子耕耘矢志不渝，其间之执着拔萃，令人观止。为此，笔者专程赴京拜访，希望就一些与新闻史学相关的话题求教这位开宗立派之师。可喜的是，方先生欣然允诺，爽快回应，于是便有了这次与泰斗面谈之机；不巧的是，约见当日先生临时有会，无意使既定访谈计划略显仓促，而其间数番求教电话的打断，更是让我二人措手不及。也罢，笔者索性抛开访谈提纲，与方先生作了一番无纲无领、无拘无束的漫谈。即便如此，这位被学界称为“活字典”“每根白发都是学问”的老人，在谈吐言行间依旧给人留下了难能可贵的回忆。因之将此番题外畅言拾记于此，以敬先生，亦飨读者。

2011年4月18日，中国人民大学宜园方汉奇先生的家中，85岁高龄的方汉奇行动敏便，鹤发仪端，在其自谦为“螺蛳壳里开道场”的大书房里，笔者亲见了曾给太多访者留下深刻印象的细节：三面环拥的藏书、梁漱溟先生赠的题款、丁聪先生画的肖像、兄妹七人的合影、各方颁授的奖证……然而最让人难忘的，还是眼前这位声望颇隆却如此平和可亲的老人。

在现、当代的新闻史学研究者中，方汉奇的贡献与地位无疑是卓著的，他是为数不多的在断代史、编年史、通史、专题史、图史等方面均有建树的新闻史学家；他在关于邸报、京报、进奏院状、邵飘萍身份考证、鲁迅报刊活动研究、太平天国新闻活动研究等领域早有开创性观点；他所倡议创办的中国新闻史学会是目前国内新闻传播学界唯一的国家一级学术团体；他所培养的学生不仅遍及全国，更多有国内新闻传播学教研重镇的中流砥柱与后起新秀。而在这60多年[1]梯山航海、逾沙轶漠的新闻史学之路中，方汉奇更愿意从何聊起呢？在了解到笔者正在从事一项口述史的相关研究后，方先生颇为关切，话匣子竟由此打开。

一、意义与遗憾：谈口述历史

“口述史是很值得关注的一个研究选项，就是把健在的这些人口述的凡是涉及他个人的相关历史记录下来。华人学者从唐德刚开始，在这方面很关注，而且也很有成果。像胡适的、李宗仁的、张学良的，包括最近许倬云的、何兆武的，口述历史完成得比较多。特别是对一些年事已高的，自己写作已经有困难的人，通过口述历史的方法给记录下来，是一个很好的积累和研究的方式”。

方汉奇对于口述史的理解无疑是准确的，之所以这么说，是因为学界对于“口述史”到底是什么还没有完全走出误读的阶段，换言之，人

1 据刘泱育《论方汉奇的学术研究起点》（发表于《东南传播》，2009年第10期）一文考证，方汉奇的第一篇新闻史论文《论中国早期的小报》发表于1948年6月，比开启新闻史教学生涯略早，故至今已逾60年。

们在概念理解与具体操作上还未能将口述史与采访记录、书写史和音像史彻底区分开来。用方先生所提及的最早从事中国口述史研究的专家唐德刚的话说，所谓口述史并不是一个人讲一个人写就能完成的，口述部分只是其中史料的一部分而已。因此，口述史首先就是一种研究方法，通过历史亲历者的经验与诠释来帮助理解历史事件或社会生活的整体情貌。而至于其通常被理解为一种学科分支等其他方面的含义，尚需等待实践的发展与检验。

方先生继续平静地说道，“关于口述历史，国内如果能再早一点觉悟，比如说建国之初就开始关注，也许能够保存下来的材料会更多一些。主要是我们前30年尽折腾了，尽搞阶级斗争，尽搞敌、友、我，一个一个地推敲，然后抓住了就斗，彼此之间也都有了戒备，每一个人都在想办法保护自己，哪有时间去做这方面的记录和研究。而且那个时代偏见也比较多，很多人被划入异类，很多人成为‘贱民’，都不能成为作口述历史的对象了。”

确实如此，标志着口述史正式诞生的哥伦比亚大学口述史研究中心正是由美国历史学家艾伦·内文斯（Allan Nevins）于1948年创立的，然而这一研究方法直到80年代才开始在中国得到发展，个中缘由自然复杂，但30年光阴的错过却留下了不尽的遗憾。用方先生的话说：“现在算是亡羊补牢，亡羊补牢也好，可是很多人已经赶不上了，很多机会也都丢失了。比如50年代、60年代，那时候的老人里头有很多是在建国前从事方方面面工作的，就拿咱们新闻学的研究来说，解放前的那些老学者、老报人在50年代、60年代、70年代都还健在，虽然有的已经是风烛残年，但是那个时候就没有做这个事情，现在你再找这些人很多都已经找不到了，很可惜。像我们这个年龄段现在算老人，但是解放前我们都还是学生，还没有做事，做事的到现在不是去世就是老得不行，像周有光这样的很罕见。所以做口述史，我觉得要抓紧。”

在提及这一段遗憾时，方汉奇特别地谈到了王中。“遗憾的是王中没有赶上，其实王中是一位大家，是内涵比较丰富的人，这个人思想比较活跃，很善于思考，而且他是老革命当中少有的高级知识分子。那个时候到解放区、抗日民主根据地去的，一般的都是中学生，小学生，真正念到大学这个档次的很少，而王中是大学外语系的学生”。方汉奇动情地说：“你看王中，可惜了，就留下一本《王中文集》，其实他有一肚子的话，有一脑袋的事儿。他是李良荣的老师，但是李良荣开始接触他也是在他平反以后，他之前一直戴着‘右派’的帽子啊。1985年《大众日报》45周年的时候，我跟王中住在一个房间，那个时候他已经高龄了，记忆力和精力已经不济了，后来大概是90年代去世的，没有把他那一肚子的学问、经历和见解完全留下来，可惜了……”

在众多已故或者受时代原因被耽误过的老学者、老报人当中，方汉奇唯独念兹在兹地谈及复旦大学的王中先生，这无疑是令人印象深刻的。作为创办过华东新闻学院、复旦大学分校（现上海大学文学院），担任过复旦大学副教务长、图书馆副馆长等职，并先后两度出任复旦大学新闻系系主任的王中教授，曾因大胆探索并始终坚持其具有中国特色的无产阶级新闻理论体系而在政治风云突变的1957年被划为“右派”，并且一被压制就是20余年。时至今日，王中的很多理论都被证明是正确的，而新闻理论界“南王北甘”的学派渊源亦常常被人津津乐道。然而，斯人已逝，我们没能留下王中先生以及与其相似的很多已故学者、报人的更多第一手资料，尽管这不能单线条地归咎于口述史研究起步太晚，但其结果也确如方先生数度叹息的那几句“可惜了”“所以，这个东西得赶紧做了”。

二、学生与先生：谈读书育人

为了给笔者提供更多的参考资料，方先生特地打开了一份他的弟子名录，“尹韵公在社科院，郭镇之在清华大学，谷长岭在人民大学，杨磊在全国记协……”方先生的如数家珍不是没有道理，在这份长长的“方门弟子通讯录”中实在汇聚了太多当今国内的新闻传播界名家，像胡太春、蔡铭泽、陈昌凤、倪宁、程曼丽、李彬、李磊、涂光晋、彭兰、周小普等这些“方门弟子”都堪称学界一时之选，在学术的百花园中各领风骚。方汉奇淡淡地说：“他们个人成就都不一样，一离开校门就是修行靠个人了。”即便如此淡然处之，这绝非偶然的满门繁华依旧令人倍感好奇，在笔者追问是否有什么独特的调教章法之后，方先生作了如下相告：

“我们一般是一个月碰一次头，碰头的时候他们交读书报告，然后根据读书报告交换意见。当然事先会开阅读的书目，都是新闻史的家底儿，最基本的都要让他们看一些，像戈公振的《中国报学史》，搞新闻史的人都应该好好看一看。书目会随时调整，而且会根据不同的学生对象做一些增减。再就是根据他的研究题目、研究方向，缺什么补什么，需要什么关注什么。每个月半天，就坐在这儿（指书房沙发）。”

与众多博导一样，方汉奇非常注重学生的广泛涉猎与博闻强记，“一般第一年希望他们看的多一些，博士要博。现在的教育有它的先天局限，高中、初中的应试教育基本上都为应付高考，不像我们那个时代，中学就看很多书，看得也很杂，但现在的中学生哪有时间看书啊。所以通过现在的中学、本科上来的人，很多都没看过太多的书，就连最基本的文化读物都看得很少。如果考进来是新闻史方向的，那对文学、历史应该非常熟悉，特别是对历史，起码你得知道‘门牌号码’，你知道有问题上哪儿去找，这都得靠平常积累啊。所以，为了弥补我们这几十年教育的缺陷，第一年我都是鼓励他们多看书，不要考虑论文题目。第一年就谈论文写什么题目，下次就会围着论文题目看书了，就会放不开”。而关于这一点，方汉奇专门提到了其众多得意门生中的一位：

“在这方面能够做到的、做得最好的是李彬，李彬看书看得多、看得快。对别的学生往往是第一年鼓励他多看书，李彬是到了下学期让他悠着点，因为他看得太多，看得太快。所以第二年就建议他别看太多的书了，因为看得太多怕他的论文就不够集中了，应该围绕论文来看。”

不独清华大学的李彬教授，方汉奇的很多弟子都在其离开校门后于各自的学术领域厚积薄发、尽展风流，这其中缘由大概也与方先生倡导的博览群书、有的放矢不无关系。在方先生的书房中摆放着好几张他与众学生的合影，而方先生每年的寿诞，更是八方弟子不约而同云集团聚的宜机。单是散见于书籍报刊中由其弟子所撰写的访谈或札记，或是一篇篇方先生为其弟子亲作的书序，都能显见方汉奇与学生间亦师亦友、互敬互爱、彼此砥砺，令人称羡的佳境。

85岁高龄的方汉奇至今都没有完全卸下重担，“我现在还带研究生呢，手头没有毕业的还有5个，今年还招了一个，所以就不能不看书。你要当好先生就要先当好学生。”方汉奇如是说。西汉扬雄曾经有云：“师哉！师哉！桐（童）子之命也”，意谓教师乃学生前途命运之所在，尽管方汉奇一再将其弟子的各有成就归功于个人的修行，但却反倒让笔者愈发敬重这谦恭谨持之风给满门俊贤所带来的濡染与惠泽。

三、退役与守望：谈学术政治

方先生饶有兴致地讲了两个笑话：

“俞平伯老年的时候给研究生讲课，说昨天看了个对联特别好，学生问怎么个好法？俞平伯说，上联忘了，下联是什么什么什么‘春’，就剩一个‘春’字了（笑）。原来社科院副院长、《新华日报》总编辑潘梓年也是，他年轻的时候博闻强记，等到了社科院当副院长时就不行了。有次参加会议签到，拿起笔来问旁边，‘我叫什么？’人家告诉他，‘潘梓年’。这都是笑话，但都是真的（笑）。”

毕竟已逾仗朝之年，心力不济无疑是令每一位笔耕不辍、饱读诗书的知识分子无奈却必须要面对的现实，方先生缓缓地说：“我现在不写文章了，写文章精力不行。课也不讲了，主要是记性不好，会突然卡壳，讲着讲着也会突然记不起来。”而关于众所周知的方先生的卡片与集报，方汉奇继续平静地说道：“我带博士生，第一堂课就是教他们做卡片。可现在我的卡片都送掉了，送给接班的人，给人大新闻学院搞新闻史的。我的资料也开始送人了，现在我基本上也不搞什么了，虽然不搞了也还是忙不过来看不过来，新闻学的东西实在是太多了。”望着眼前这位置身书林满头银丝本就不该再担重负的老人，这番讲述真是令人既欣慰又伤感，不想方先生却达观地说道：“新闻工作者是社会的瞭望者、守望者、记录者，而新闻史的研究工作者是新闻事业的瞭望者、守望者、记录者，所以在这个领域就必须随时关注现实的发展。我一直是在紧跟哪，我在守望着新闻事业的发展、新闻传播活动的发展、新闻教育的发展。搞新闻史研究我虽然是个退役的老兵，但我一直在守望着。”

方汉奇确实做到了，他毫不陌生地跟笔者聊起网络、飞信、微博，甚至IPAD……在每天的作息时间表中，读报纸、看电视亦是他必做的功课，而每晚11点凤凰卫视的《时事开讲》更是老先生钟爱的节目。他还鼓励年轻人多与国际接轨，并为自己每天中午必须小憩的习惯“耿耿于怀”，因为这让他与没有午休的国际惯例总是有那么一些不“兼容”。“我这老头适应不了，一吃完饭就犯困。其实中午也就3刻钟的时间，但是中午没有休息，一个下午一个晚上都没精神”。老先生为此悻悻的，但恰是如此，一代尊师的可亲可爱顿然鲜亮。

方先生直言不讳地说道：“我以前讲课历来都是不带讲稿的，我讲课一直都是这样。我不喜欢苏联专家那种讲法，在50年代、60年代所有的老师都念稿子，一个是跟苏联专家学的，一个是受政治运动的影响，怕讲错话。那时候我在北大，北大的老师像林庚、吴组缃、游国恩、王瑶、王力这些都是大师级的人物，哪个人都是满肚子学问，可是都用讲稿。像吴组缃，念完了这一段说，‘下面另起一行’。其实这些人都是放开可以海阔天空的人，就是怕讲错话。吴组缃在“文化大革命”后期的时候说了一句，‘我一想起文化大革命初期就毛骨悚然’，这是在聊天的时候说的，都让人给检举了，批他反对文化大革命。”

明显的是，方汉奇在谈及学术与政治的关系时有着某种复杂的情感，在其先前的不少访谈或文字中很容易发现他对政治运动与时代背景对其自身学术研究所产生影响的反思。但同时，作为一名蔚然大家的学者，他又太过清楚政治环境与学术研究之间千丝万缕的关联与逻辑：“新闻史和政治的关系很密切，新闻事业受整个宏观政治的影响，宏观政治宽松了，新闻事业就宽松了，否则反之。像20多年前曾经提出过的‘三宽’，即宽松、宽厚、宽容和新近提出的 三善’，即善管、善用、善待，就都体现了不同的把握的尺度和分寸。新闻事业受整个政治的影响，新闻史研究同样受整个新闻事业的影响，也受整个学术研究的宽松程度、思想活跃程度和思想解放程度的影响。”

在由此提到的同样因政治环境与时代背景对三卷本《中国新闻事业通史》在体例结构与内容表达等方面所带来的局限上，方汉奇坦陈：“《通史》的撰写是80年代结束的，所以它下限仅到1987年，基本上是完成于思想解放了那么一点但又没有完全解放的时候。但是后来出的书已经开始调整了，像2009年出版的《中国新闻传播史》第二版教材，下限到2008年的年底，很多内容和提法已经调整了，只是仍然不够。”

传承与革新永远是史学研究中一对不可偏废的主题，对真理的追求越是坚毅，对自我的审视越会严苛。方汉奇一直强调新闻史研究既要反对“左”，即不能以论代史，又要反对“右”，即不能数典忘祖，这确是历经时代沧桑的老一代学者对学术研究呕心沥血、坚韧自持的肺腑之言。知识分子的功力、真性、良知、担当是绝非朝夕就能兑现的，正是60年的雄关漫道不悔初衷才塑造了今天的方汉奇以及他的史学世界，也正是60年的风雨如晦行远自迩见证了方汉奇传世的学术地位与价值。

可喜的是，由南京师范大学新闻与传播学院刘泱育博士撰写的学位论文《方汉奇60周年新闻史学道路研究》已于今年2月杀青。一方面，我们需对刘博士为新闻学界健在者作个案研究的学术勇气表示敬意；另一方面，我们则更应该关注到当下时代对以方汉奇为代表的老一辈杰出新闻学者的学术人生及思想体系进行回顾梳理工作的意义和必要。

“人之彦圣，若己有之”，这是方汉奇常以自勉的座右铭，在此借用，以祝愿方汉奇先生始终守望着的新闻学术与新闻事业大师代出，春色满园。

陈娜[1]

1 陈娜，天津师范大学新闻传播学院副教授。本文发表于《今传媒》2011 年第 6 期。

少时机缘因趣治学实为师表典范　耄耋将至不倦乐学堪称后生楷模

——记中国新闻史学会名誉会长方汉奇先生的新闻人生

一、颠沛流离、动乱岁月中的不舍求学

研究生通讯：能和我们讲讲您的家庭吗？

方老先生：我外曾祖父林启是福建人，“戊戌变法”时担任杭州太守，是浙江大学前身求是书院的创办人。外公林松坚，是20世纪初的留日学生，曾是鲁迅在教育部工作时期的同事，闲暇时候，外公会督促我念古文，如《古文观止》《左传》等。父亲毕业于北京中国大学，解放前曾任国民政府的立法委员、参政员。母亲是20世纪20年代的大学生，刘和珍在北京女子师范大学时的同班同学。她旧体诗词写得不错，还写得一手很好的簪花小楷。1925年他们在北京结婚。

研究生通讯：我们注意到您中小学时期曾辗转西安、北京、重庆、韶关等十几所学校，这与当时战乱的时局不无关系，那具体的情形又是

怎样的呢？

方老先生：这主要是时代的原因，现在的孩子一般是不会有这样的经历的。我先在西安念了两个小学，分别是西安培德小学、西安女师附小；1932年9月到了北京，就近入学，又念了两个小学，即北京西直门小学、北京师大二附小；五年级的时候，抗日战争爆发，逃难到香港，在那里念了4个学校，即香港华侨中学附小、九龙华南中学附小、德信女校高小、九龙文化中学；之后又辗转到重庆，就读于重庆中正学校初中、重庆立人中学；之后还到过韶关，就读于韶关志锐中学、韶关华英中学；还有广东梅县梅州中学；最后在汕头聿怀中学毕业。这种颠沛流离的求学经历导致了数理化学得不好，毕竟数理化需要系统性的学习，而文科就不一样了，到哪学都一样，到哪都是看文章。所以，我考了4个大学都没考上，最终上了苏州的国立社会教育学院（后并入苏州大学），而且还是甲等公费，不要学费，不要饭钱。一个月两斗半米的伙食费，有时还能有点结余，每年还发一套单衣、一套棉衣。我们家7个孩子，我是老大，家里的负担很重，经济条件不好，就靠公费读完了大学。因为家在广东，没有路费，我4年大学都没回过家，搁到现在都不可思议。

研究生通讯：那您读大学期间，父母来看过您吗？

方老先生：父亲有一次出差路过苏州，还有一次他到南京开会，我去看过他。抗日战争，一半学习，一半逃难、救亡；解放战争时期，一半学习，一半运动。1950年3月参加工作，有了一份工资，也算是参加革命了。1950年开始，思想改造、反“右”、大跃进、自然灾害，后来又有“千万不要忘了阶级斗争”和“文化大革命”。一直都是在“折腾”。原来是和日本人、国民党折腾，解放后是我们自己折腾。所以书没念好，基础不好。现在的学生，念书就扎实多了。那时没这个条件，书没念好，所以我数理化没念好，英语没学好，很多东西都是后来在工作中学习的。

研究生通讯："文革"时期，您受到过批斗，被写过大字报，我们想知道，是什么力量支持您白天挨斗，晚上还能坚持看《资治通鉴》等大部头的书和做卡片？

方老先生：挨批斗那是被动的。被认定是批斗的对象，是旧的教育黑线上的人，怎么办呢？那只有接受。但是别人爱怎么斗怎么斗，自己见缝插针读书学习，已经成为一种习惯了。"文革"让知识分子有了原罪，那就不当知识分子，做工人吧。人大所有的下水道我都钻过、房顶我都上过，当壮工。当时我40岁，身体好得很。知识分子的劳动化，这一关是好过的，劳动人民的知识化才难啊，不是简单的事，不是三年五年的事。20世纪50年代就不断号召劳动，号召教育为无产阶级政治服务，教育与生产劳动相结合。如果在那个时代，现在这个季节就该下乡参加水利劳动挖土方了。"四清"时，整个年级师生下去搞"四清"，一去就一年。密云水库、十三陵水库，我们都干过活。春天春耕，夏天双抢，冬天水利挖土方、修水库。经过50年代的教育与生产劳动相结合，再加上文化大革命，"蹲牛棚"时期当过壮工，后期"五七干校"3年当农民干农活，知识分子劳动化已经没有问题了。不过，除了"文革"初期一度扣发工资外，不管怎么批斗工资照发，这一点很好。毕竟，那时候当社员还是很辛苦的，农民干一天活下来几分钱、一毛钱的工分，年底结算搞不好还欠队里的钱，这种日子很不好过的。知识分子算是国家干部，工资虽不高，日子还相对地好过些。

研究生通讯：抗战以来，"折腾、动荡"的岁月影响了一代人。

方老先生：是啊，不过动荡岁月中那种"国家兴亡匹夫有责"的信念、那种精神也是十分宝贵的。我现在一听到国歌，一唱国歌就会激动，救亡图存的感情总让我激动不已。我第一次听到《义勇军进行曲》是1938年在香港，国歌传达的那种抗日的同仇敌忾、振兴中华的激情和期待是我们这一代知识分子永远忘不掉、挥之不去的记忆和感情。可以说，这种激情感染了我们这一代人。

研究生通讯：动荡的是岁月，不过您和黄老师一路相扶相持、相敬相惜，您还亲自下厨房15载，被传为佳话。

方老先生：呵呵，1949年上海解放时，我在苏州国立社会教育学院新闻系学习，当时已是四年级学生，临近毕业。1950年初系主任马荫良先生给我来了一封信，说他已接受上海市领导的任命，出任上海新闻图书馆的馆长，邀请我到他那里工作。1950年的3月我到上海报到。上海新闻图书馆是为安置《申报》《新闻报》的老报人设置的一个文化机构。馆员全部是两报部以上的老报人，我的岳父黄寄萍就是其中的一个。全馆共约30余人，只有我一个年轻人。当时我青春年少，工作很努力，颇得老人们的赏识和器重。我是被岳父看中了，托同事们介绍，和内人相识的。我和我岳父自此由同事关系变成了翁婿关系。和内人相识不久，我就被北大中文系新闻专业负责人罗列邀请到北大任教。这时，离我和内人相识还不到半年。我是1953年8月离沪去北大报到的。行前和内人订了婚（在上海著名的锦江饭店摆了两桌酒宴请同事，还在报上登了订婚启事），第二年1月，利用学校寒假的机会回上海结的婚。

我们结婚后在生活和工作上一直互相支持。她为我舍弃了上海的生活，离乡背井，长期留在北京过北方人的日子。1970—1971年还为我辞掉北京的工作，到江西人大“五七干校”和我共患难，直到全部撤回北京。我也支持她重新上了大学，为保证她的工作，还下了近15年的厨房。这是因为我不用坐班，她是中学优秀教师，对待学生尽心尽职，她当住校班主任必须天天上班。

集报成趣、机缘巧合下的不悔治学

研究生通讯：您最近参加了新闻学院成立55周年院庆活动，相信您一定见到了不少老朋友、得意门生吧？

方老先生：呵呵，是啊，为庆祝中国人民大学新闻学院成立55周年，新闻学院举办了很多活动，比如，开展了一系列的学术论坛、学术研讨会等活动。学院的领导、杰出的校友、兄弟院校的同仁都来参加了活动。当然，也见到了不少老朋友。

研究生通讯：除了见了老朋友，您在座谈会上的发言主要是什么内容呢？

方老先生：研讨会的主题是回顾新闻学研究的历史以及未来展望。我的发言主要围绕当前新闻界的发展正处于前所未有的大繁荣这一现象。最近100年，特别是最近30年新闻事业大步前进，这主要是由于科学技术的发展、大量新媒体的出现。中国在唐朝的时候，最晚在宋朝的时候开始有报纸。开始是雕版，后来是活字版，再后来是铅活字，这个过程用了1 000年。1922年开始有了广播，1958年开始有电视，80年代有了互联网，现在又有了手机、多媒体等高科技，并逐步走向联合。所以，平面媒体掌控了1 000年，但是由木活字、铅活字到激光照排，只用了20多年。50年代带学生实习的时候，我们还要排字，用铅字排版。在抗日战争时期，邓拓办《晋察冀日报》时号称是“5头骡子办报”。这5头骡子拉的全部是铅字，是排版和印刷的装备，当时通常是打一枪换一个地方，所以只能靠骡子拉着这些装备到处转移，现在完全是在电脑上进行，真的是变化太大了。

研究生通讯：作为新闻史学界德高望重的老前辈，这与您很早就留心收集报纸不无关系，和我们讲讲您集报的故事吧。

方老先生：20世纪40年代中期，当我在梅州中学念高二的时候，有一位长辈，是我姑姑的同学，一位女士。她住家在北京的乾面胡同，在抗日战争的时候，我们在梅县遇见了。我去她的家里做客，发现了三十几种的报纸，她全都送给了我。就是这些报纸，激发了我的兴趣，因为当时当地可见的报纸只有一两种而已。这位长辈在粤北的一所小学里教书，她的丈夫是北伐老四军的师长，牺牲了，她是以一个国民党将领的未亡人的身份来到这儿的，但是实际上她是地下党。但当时我不知道，当时受教育的女性很少，她是燕京大学的毕业生，后来她被国民党枪毙了，成了烈士。所以，我的第一批报纸是一位烈士赠予我的。

后来，在苏州的3年和上海的1年又收集了很多，当时集报的人不多，集报活动还不那么引人注目，在旧书店里可以用很少的钱就能买到很多报纸。当时在苏州收集了1 500多种。后来又赶上了一个机会，也就是1951—1953年的土改和“三反五反”，土改冲击的是地主家庭，地主家大量的图书文物涌入旧物市场，当时的图书便宜到论斤称，“三反五反”又冲击了资本家的家庭，这些家庭的藏书藏报又大量地流入市场。所以就有很多可收集的旧书，旧报纸就更便宜了。1953年我去北大教书的时候我的收藏已经达到了3 000种。今年苏州大学建校110周年的时候我把还没赠出的8册《述报》送给了苏州大学图书馆，目前只有台北图书馆收藏有另外10册，两岸所藏可以互补，在大陆都已是孤本。集报界现在全国号称百万大军，很热闹。不过到北大中文系新闻专业工作之后我就不集报了，我把收集的报纸绝大部分都送给了北大中文系新闻专业资料室，后来转到了人民大学新闻系资料室。现在倘碰到好的报纸我就会转送给集报爱好者。集报界一直把我当朋友，呵呵，前段时间他们搞了副集报爱好者的一副扑克牌，我还是扑克牌中的大王呢。

研究生通讯：您做卡片的故事也常被大家津津乐道，这好像是与曹聚仁先生有关，是吗？

方老先生：做卡片是20世纪40年代学新闻采访课的时候曹老师把他做卡片的经验教给我们的，他是学者型的记者，也从事著书。我是他的学生中接受这个方法很早并能坚持下来的，大概总共做了四五万张卡片。我都是围绕着任务做卡片。卡片是一个战役一个战役的不断积累。卡片有电脑所不具备的功能。电脑至多能打开3个页面，再多就顾此失彼，而卡片能把同一个问题相关的十几份资料放到一起来综合分析，这种功能是电脑不具备的。当然，电脑也有自己的优势，比如检索功能。现在很多人写文章，例如，研究“新闻”二字的词源，因为四库全书已经电子化了，输入关键词很容易就能找到。当年我研究太平天国的新闻传播活动，光是读所有相关资料就用了半年的时间，而形成的终稿却只有3 000字，得出的结论是它们没有办过报纸，他们只是有传播活动及负责传递文报和信息的官员。这个题目的文章从50年代末发表后，就再也没有第二个人写过，因为已经没有新的材料了。当时我是竭泽而渔，耗时耗力，若是在今天就很容易能轻松检索到了。不过卡片的地位依然是不能代替的，应该继续做下去。

研究生通讯：1953年，您到北大的时候，没什么新闻史的教材，您是如何上课的呢?

方老先生：解放初期，中国新闻史研究在中国还是一片待开垦的领地，全国从事新闻史教学的只有我和复旦大学的曹亨闻先生。那个时候连一本通用教材都没有，涉及到现、当代部分的内容更是一片空白。往往是下个礼拜要讲的课这个礼拜还没有备出来，要找米下锅啊!没办法啊！只好到图书馆、档案馆去查，连暑假也不闲着，就这么紧张。由于长期伏案工作，我上衣的两肘常被磨破，所以干脆准备了无数副套袖备用。

研究生通讯：您最初的理想是做一名记者，种种机缘下，从1953年到北大开讲新闻，板凳一坐10年冷，您这一坐就近60载，一个甲子。一生治学，您最大的感受是什么？

方老先生：是啊，我曾经的理想就是当记者，邵飘萍、范长江等都是我很敬佩的人，考大学时填志愿，我一律填的都是新闻。做学问，我最大的感受是要靠积累、靠坚持、长时期钻研，要坐得住冷板凳。没什么捷径，基础要扎实，不扎实就得补，先当学生，再当先生，没有别的捷径。

研究生通讯：现在的新闻媒体工作者中，您个人比较欣赏谁呢？

方老先生：杰出的记者不少。电视记者中，白岩松就很不错，一个媒体工作者，在耶鲁能够发表那样即兴的讲话，说明他的视野很开阔。他的知识储备很充分，即兴发挥应变的能力很强，而且他也是从边远西北地区出来的，不容易。江山代有才人出，各领风骚若干年啊，我们这些年龄段的人已经过时喽。

白首童心、新媒时代里的不倦乐学

研究生通讯：您兴趣广泛，年轻时还是文艺骨干、合唱队成员，现在还听啥小曲吗？

方老先生：我年轻的时候喜欢参加各种学生活动，参加学校的合唱队，唱进步歌曲，演各种话剧，还参加过万米长跑，也打过乒乓球。现在呢，也常听些古典音乐和京剧，现代音乐也偶而听听，我可以边听音乐边干家务事，如打扫卫生什么的，但是做不到边听音乐边看书，看书必需静下来专心致志地看。我各种音乐都能接受，现代的音乐如邓丽君的、毛阿敏、蔡琴的。古典音乐我也有接触，我曾经在学校还修过一个学分的钢琴课，还学过舞台化妆呢。

研究生通讯：对了，听说您还特别喜欢小猫、小狗，是吗？

方老先生：小猫、小狗都喜欢，呵呵，我是爱猫协会的会员，但是我们家那口子是恨猫协会的，所以家里面养不成。没办法，所以我只能喜欢别人家的猫。如果你挠小猫的脑门，它马上就会就咕噜咕噜地表示友好了，因为这地方它自己抠不到，这地方痒痒，可它自己没辙，所以你一摸它就很高兴。狗忠心，死都死在家门口。抗日战争时期我在韶关养过一条狗，后来日本人打过来，韶关待不住了，只能逃到到梅县。隔了很长一段时期，韶关来了人，告诉我们说我们家的狗还蹲在家门口等着我们呢。

研究生通讯：您这位“80后”一点也不落伍，都说您是一位资深网民。

方老先生：我1992年才开始知道电脑，开始使用电脑是1996年，主要是不用换笔。用电脑写东西，写出来的东西很干净，看起来很清楚，而且可以存，可以复印，很方便。开始上网是1998年，我最开始用的是386，上不了，后来买了一个奔腾4，就开始上网了。一上网才知道网上的世界很精彩，所以一上去就下不来了。现在每天大概花半天的时间用来上网，主要是忙一些工作方面的事情，会看博客、看新闻、下载文件，还会和老朋友互发邮件和阅读材料，等等。前段时间在做清史的编纂工作，主要是整理从清朝开始到1912年1月宣统颁布诏书退位这段时间清朝出版的报纸，我们要将它们整理成表，内容包括报名、宗旨、内容等一些相关的资料，要对其进行注释，说明材料出处，查找文献来源。目前前期工作已经结束，稿子已经交出，正在评审阶段。

研究生通讯：我们大家都很关心您目前的身体还有生活状况。

方老先生：我原来是抽烟的，抽了不下30年。1976年1月8号，周总理去世那一天，听了广播，知道了消息，就决定戒烟。作为对总理的纪念，从那时候开始到现在一根烟都没再抽过。前几年还上课，但是现在年纪大了，记忆力不好，就不再上课了，不过还带博士。我一共带过近

50个博士，目前在读的还有五六个。2004年，我78岁的时候办了退休，退休后又被返聘，现在84岁了，仍被返聘，带几个博士生。现在平常每天会在校园散散步，活动活动一下筋骨，一方面呢，锻炼身体，另外呢，可以了解信息，学校里发生了什么事、哪幢楼盖得怎么样了、谁得奖了、谁评上高级职称了、谁不想活了，走一圈下来就都知道了。

研究生通讯：从1978年到现在，您在人大执教30多年，相信对人大有很深的感情吧？

方老先生：我是1958年从北大调到人大来的，1972年人大停办，我又回到北大，1978年人大复校，我又回来了。不过即使停办，我也算是人大的，所以准确地说，我在人大的时间从1958年算起，到现在是58年，还差两年就是60年。我的学术成果大部分都是在1978年以后完成的，出了点书，写了点文章。1978年以前，政治运动多，劳动多，科研成果很少。1978年以后，教学科研就比较正规，所以才有机会静下心来做好教学和科学研究工作。

研究生通讯：最后，您对我们广大研究生有什么期望和寄语呢？

方老先生：研究生阶段的学习是本科阶段学习的延伸，相对于本科学习，它要求更专一点、更深一点、更扎实一点。希望在读的研究生们，学习有方向，术业有专攻。早一点确定自己的论文选题，围绕选题作深入的研究，不断地在学术上有所发现、有所发明、有所前进。

常爱颖　渠爽

新闻学泰斗方汉奇教授谈广告学术史研究

时间：2009年8月27日上午

地点：中国人民大学方汉奇教授寓所

参加人：中国广告协会原学术委员会主任洪一龙先生

整理人：祝帅，北京大学新闻与传播学院博士研究生

祝帅（以下简称祝）：方教授您好！目前广告学学科隶属于新闻传播学，您作为我们国家的新闻学泰斗，对广告学研究有什么看法?

方汉奇教授（以下简称方）：我对广告没有研究，一些问题还要多请教你的导师。燕京大学有一位蒋荫恩先生，1948年的时候曾经去美国密苏里学习广告。建国以后我们学苏联，《真理报》没有广告，《人民报》也没有广告。但有那么一段，大约3年时间，就是《霓虹灯下的哨兵》的那段时间，那段时间还保留了广告。因为当时是5种经济，有私

营的、个体的、合作社的，所以有3年还有广告。我自己就登过广告，我和我老伴订婚的时候，还登过“订婚启事”。那是1954年。然后广告就没了。总路线一出来，公私合营，消灭私有经济，然后公私合营变成一家，最后计划经济，整个广告就没了。所以，新中国广告也不是一下子就没有了。但是蒋荫恩先生的广告算是白学了。

洪一龙先生（以下简称洪）：我们都说蒋荫恩先生是非常可惜的，他如果活到改革开放，一定会发挥很大的作用。

方：他后来当了北大的总务长，在北大新闻专业教的是编辑学的课程。改革开放以后刚刚恢复广告的时候，没有师资、没有专家、没有行家，真正的行家已经不在了。中国走了弯路，整个经济也走了弯路，现在又回到5种经济的那个时候了。有了市场经济所以广告有大好的前景，当然从事广告史研究不受这个影响。

祝：我注意到在解放前，国内大约出版了二十几本广告学的著作。

方：那时候广告著作数量不多，既不深，也不细。另外，就是数据也不多。那个时候的水平比现在差一大截。定量、定性的分析比较少，也比较粗糙。新闻传播学也是一直在发展。抗日战争、解放战争以前的有一些线索，但可参考的不多。但是，像戈公振、黄天鹏、赵君豪、胡道静，这些人还是注意到广告的，只是没有很好地展开。实际上，中国从第一次世界大战开始，到抗日战争爆发，有一段经济上发展得还是比较好的，不是一无是处的。中国的民族资产阶级的黄金时期，就是1918—1937年那一段时间。1937年打仗，厂矿企业内迁，损失就大了。然后回迁，就到了解放战争了。解放战争那几年日子就不好过了，社会也动荡，经济通货膨胀，币值保不住，社会上的矛盾、劳资的纠纷也比较多。所以那个时候，民族资产阶级的日子就不好过了。刚解放的时候，民族资产阶级欢欣鼓舞，也有它心甘情愿的一面。因为解放战争后期，资本家的日子也不好过。到后来当然就是公私合营和社会主义改造，无力回天了。你的论文是什么题目？

祝：我的博士论文研究的是20世纪广告学术史，希望梳理出整个20世纪中国广告学著作的发展线索。

方：关于学术史，徐培汀作了一些整理工作，当然他是研究新闻学学术史，但其中当然也包括广告、经营管理等方面。你可以从他那里找线索。他那本书的缺点就是光说别人的好话，很少批评。他是研究新闻学术史，学术研究的历史，但他光是说好话。

洪：宁树藩老师是不是也有这方面的著作？他曾经有一个研究生作广告方面的论文，来找过我。

方：宁树藩老师已经退了。他是搞新闻史，他不搞广告，但是会涉及到历史上的广告。

祝：那蒋荫恩先生关于广告方面的著作有什么线索可以寻找？

方：蒋荫恩先生的著作没有成书，成书的就是《编辑讲义》。他解放前主要是管系务，他是燕京的系主任，当然也讲概论，但好像没留下讲义。他的学历是1934年燕京大学本科毕业。本科的学位论文是研究书评。去美国密苏里大新闻学院做访问学者期间是研究广告的，回来之后没再做这方面的研究。他本科毕业以后先在《大公报》当记者，后来当过《大公报》桂林版的编辑主任，然后到成都燕京大学去当新闻系主任。再然后抗战复员回到北京，还是当系主任。后来评上教授，1952年院系调整到了北大，后来又到了人大。到人大后他已经教编辑了，当时已经没有广告了，他没有留下广告著述。当时一些系列教材，像申报函授的教材、新专的教材，会有涉及广告的。剩下的就是相关的文章，不妨到《东方杂志》去找找。《东方杂志》从1903年开始，一直到建国前都没有断，而且它的目录好检索。再就是《申报》。好在现在都有影印本。

祝：那您在圣约翰大学任教期间，学校有广告课程吗？

方：不知道。那时候汪英宾在那里当教授，他当过《时事新报》的总经理，后来到密苏里去念书，本科在密苏里，在哥伦比亚拿到硕士学位，写了《中国本土报纸的兴起》学位论文，里面或许会关注到广告，不妨去看看。北大的邓绍根那里有他的学位论文的影印本。他有做经理的经历，后来去哥伦比亚写了学位论文，论文是讲中国新闻事业的。但我没有见过他。旧中国的著作，除了标明《广告学》的，一些写媒介经营管理的也要看。像詹文浒的、黄天鹏的都会涉及广告，这是当时的一门课。中国的广告大多数在上海。上海的报纸很发达，那时候天津还是个商埠，北京是政治中心。计划经济的时候，上海的产值占中国的1/6。中央没钱了，就到上海要钱去。现在上海不给了。所以建国后相当长的一段时期，上海的市政没有什么变化，它的钱都上交了。

洪：这么说，上海的财政贡献是很大的。

方：它是这样：一个是税收，一个是为全国提供轻工业产品，纺织品、化妆品、日用品都是上海提供的。那时候没有开放，上海实际上是商业中心、经济中心，也是媒体中心。要论广告，当然是上海媒体广告最发达。另外也不要忘了广播。因为上海的私营广播是最发达的。在抗日战争胜利以后、1953年以前，上海的私营广播电台都是商业台，不是政治台，都是靠广告来支撑新闻和娱乐节目。上海人听书——空中书场，是广告支撑的，不是白听的。每天晚上，市民都听书，大书是说书，小书是评弹，就靠广告。要求当时的播音员，用最短的时间说最多的字，还要说清楚，有穿透力。那时候没电视，看不到人，现在广告大部分让电视给吃了。现在广告没有那么丰富多彩了。

洪：现在的广播不太景气。

方：现在就是电视赚钱。到各个地方，最好的建筑一个是银行，一个是电视台，楼也是最高的。现在主持人也是最有知名度的。广院也是靠电视提高了知名度。原来广院知名度没有今天这么高。

洪：原来就叫“广播学院”，没有电视。

方：最早人大在城里的时候，五六十年代也没有电视，电视发展就是改革开放以后。

祝：解放前叫“报学系”的时候是否就是这个意思，不包括广播？

方：是啊，“报学系”表明了媒体就是报纸。

祝：燕京大学的新闻系是不是也曾经一度叫作“报学系”？

方：圣约翰叫报学科，厦门大学1922年是中国人自己办的最早的新闻系，也叫报学科。戈公振的那本新闻史就叫《中国报学史》。那时候没有其他的媒体，就是纸媒体。1922—1923年中国才有广播。一个在哈尔滨，一个在上海。要不怎么毛泽东在井冈山曾经派一个营的兵力去打茶陵，派一个团去接应。目的就是到茶陵的邮局去找报纸去，找到报纸以后就撤，撤回井冈山。当时的主要信息，就靠报纸。要是有广播的话就用不着这样了。红军长征到甘肃，原计划是往北到内蒙，好跟苏联接近。后来到哈达铺，看到了《大公报》，看到了《山西日报》，看到陕北红军的报道，才拍板到陕北。陕北有红军，有刘志丹。如果有广播的话，早就知道了，何必看报纸？这是1934年，长征的后期。当时只有一种媒体，缴获了一些收发报机，但都只能收发电报，不能获取别人的信息。我第一次听广播也是1934年。那时候我住在西安，是小学生，住在我爷爷家。他是广东人，在西安出生，他的兄弟这一辈在西北做官，做到平凉太守，地市级，吸引了很多家乡的子弟，而且留在西北，在陕西落户。1934年我到我爷爷家，有一个青海的国民党省党部的官员，在南京领了一个收音机回青海，路过西安住在我爷爷家。住了两天，就演示，觉得好奇怪呀，一个盒子里面会有声音，就守着收音机不肯离开有那么一天。

祝：什么节目呢？

方：呼号XGOY，中央广播电台。我们多了“人民”两个字。所以那个时候就纸媒体，广告也只是报纸广告。早期的广播也没有广告，他没有客户。上海就是在解放战争时期、沦陷时期也没有广播广告，因为它是孤岛，物资短缺，不需要广告。有一段时期，法币没法找换，比如，你到面包店去买面包，店员找给你的就是他们商店的代价券。我1938年在上海住过半年，那时候上海已经是孤岛了。我累计在上海住四五年，最早是1930年。那时候也没有广播，广告主要是纸媒。因此你写这个题目还有点意思。

祝：我还想请教一下关于博士论文的问题，有很多老师主张博士论文要做小题目，但我这个题目是不是有些“大”？

方：两种做法都有。一个是阶段性的，其实你这个也是一个时间段，顶多也就一个世纪。当然把古代算上就多了，小广告古代就有。另一个是个案。前人已经做过的阶段研究，后人就只能做个案，但前人没有做过的，像你这一个时期的，当然可以做了。现在这方面前人做得还不多，你就可以把它做起来。

洪：他这方面的确没有人做过，但我感觉题目还是有些大。

方：但是总得有人做啊！

洪：是，所以我感觉年轻人愿意坐下来就很好。广告浮躁得很。我接触的那些人里面都是营销，很少坐下来做学术。我也发现现在广告都是搞实务，而且很多学院都搞广告，电影学院、商学院都搞，因为有利益。

祝：还想请教方教授，20世纪50年代以后的一些广告学文献，有很多牵扯到政治话语，该如何处理？

方：学术研究要实事求是。我不大赞成事后修改自己发表的文章。原来没说过的，后来加上，就不是历史了。反“右”前的报告，反“右”后改，都是后来说的。不过1950年代后期，商业广告基本上就没有了，国家建设要征地迁坟，这一类的广告还有。

祝：有的中文系的老师对学术史研究有一种看法，就是认为做学术史，有对前辈学者指点江山的意思，不太合适，这点是否需要顾虑?

方：这是很难避免的。学术史的研究，像梁启超的《清代学术概论》，对一个朝代的学术的师承、源流，他自己也有自己的观念，在经学上也属于一个流派，他也可以评论啊。后人看他的著作也会有自己的分析。可见对前人的学术问题进行评论，属于学术研究的常规，不应该设限。

祝：好的，谢谢方老师、洪老师!

多打深井　多作个案研究

——与方汉奇教授谈新闻史研究

曹立新（以下简称曹）：今年初，《新闻大学》邀请有关专家组织了一次“中国新闻史研究现状笔谈”。文章发表后，在学界引起很大反响。对于这次笔谈，您有何评价？

方汉奇（以下简称方）：《新闻大学》组织这次笔谈很有意义。近年来，新闻史的教学与研究有兴旺发达的一面，也有被边缘化和淡化的一面。后者表现在以下两个方面：在教学方面，一些高校新闻院系不太重视新闻史课程——课时能压缩就压缩，课程能合并就合并，有的学校将中国新闻史和外国新闻史合成一门课，课时也有所减少；在研究方面，新闻史论文的发表数量也相对较少，一些学术刊物的版面较多地集中到热门专业和热点问题上。在这种情况下，《新闻大学》发表这组文章，表明了刊物的主持人对新闻史研究的重视和支持，既检讨了新闻史研究中存在的问题，同时也探讨了新闻史研究的多种模式，相信对新闻史的教学与研究会有所促进。

曹：对以往的新闻史研究进行反思甚至批判早就开始了，《新闻大学》组织的这次笔谈，与以往的反思有何不同？

方：对以往新闻史研究的范式进行反思和批判，20世纪八九十年代都出现过。目前的反思，与前面几个回合不完全一样；不是在原地盘旋，而是螺旋式上升，因为新闻史研究已经达到和前此比较起来相对较高的平台。现在有中国新闻史学会在从事新闻史研究的组织和交流工作，有600多家学校的新闻院系在开设新闻史课程，有大批新闻史方向的硕士和博士研究生在研究和撰写中外新闻史方面的论文与文章，新闻史研究的整体水平经过20年发展已经达到了新的高度。这次反思，是在新闻史研究取得巨大成就的基础上产生的，是在新的高度上产生的，目的是推动新闻史研究的进一步发展。

曹：1981年全国新闻工作座谈会上，您和其他一些学者就提出过新闻史研究应该突破苏共报刊史模式的问题，在这次笔谈中，苏共报刊史模式的束缚和影响仍是学者们反思的焦点，为什么会这样？

方：1949年中华人民共和国成立后，新闻事业“一边倒”，学习苏联新闻工作经验。新闻史研究也一样，主要是翻译出版了苏共报刊史和苏共高级党校新闻班的讲义，并按照那个模式编写中国新闻史，强调新闻的阶级性，将新闻史看成是阶级斗争史和党内路线斗争史在新闻领域的表现。改革开放后，学界开始对这种新闻史的写作模式进行反思，尝试着从旧的框框套套中解放出来，出版了一批摆脱“左”的影响的教材和研究专著。但是，这些教材和专著，仍然还带有旧模式的影子，在全国新闻工作座谈会上，我称之为“半大的解放脚”。从那以后，20多年过去了，经过两至三代学者的不断探索，中国新闻史研究又有了很大进步。但是，思想的束缚并未完全解除。“革命尚未成功，同志仍须努力”。因为传统模式的束缚不是一朝一夕就能完全摆脱掉的，还需要继续努力，多作尝试，“以求贯彻”。

曹：可见，所谓要淡化政治色彩回归新闻本体，道理上大家都比较认同，可要真正做起来并不容易，您因此主张多尝试。在尝试新闻史研究新模式方面，李彬等人主张新闻史研究应借鉴其他学科，特别是社会文化史的方法和视野，希望形成一种新新闻史，对此，您有何评价？

方：李彬的观点，我赞成。过去的新闻史研究，就与文化史、经济史研究有过结合，但更多、更紧密的是与政治史、思想史的结合。新闻事业是党的事业，是宣传工具——这些观点长期渗入到新闻史研究者的头脑之中，新闻史的写作也彰显了这方面的内容。结果，新闻史往往被写成党史中的新闻事业部分，很多地方与党史、近、现代政治史、帝国主义侵华史的内容相重合。毫无疑问，新闻史与阶级斗争史肯定有关联，各种阶级都会利用报刊为自己的阶级利益服务。西方新闻史上也存在过政党报刊时期。可是如果只从这个角度研究新闻史，就过于狭窄。所以，李彬提出新闻史研究要向其他学科学习，是对的；借鉴其他学科的研究成果和方法，是必要和有益的。新闻学本来就是一门边缘学科，与众多学科有交叉关联。在学科分类上，新闻学曾被划入文学、法学和社会学，说明新闻学与众多人文学科的关系密切，应该广泛借鉴。这种借鉴可以开阔我们的视野，充实我们的内容，提高新闻史研究的水平。

曹：的确，不同学科间的相互渗透和彼此借鉴，是现代学术研究的一个显著特征。近年来，媒介、传播研究渐成热点，其他学科的一些学者已在这方面作出了有影响的研究：比如，北京大学中文系陈平原对《新青年》的研究、政治系许静对"大跃进"时期政治传播的研究、复旦大学历史系章清对《独立评论》的研究，等等。新闻史学者也能作类似的出色研究吗？

方：这就涉及到"报刊的历史"和"历史的报刊"这对命题。报刊可以为政治、经济、文化、思想、文学、法律、军事等各专门史的研究提供第一手资料，这些专门史研究所需要的大量材料都保存在近、现代报刊中。"历史的报刊"，就是通过研究报刊去研究某一方面的历史；"报刊的历史"，则是研究报刊本身的发展规律；新闻史的任务就是研究报刊的历史。研究报刊的历史也会涉及到政治、思想以及影响媒介发展的经济、文化等因素，但是新闻史研究的中心任务是媒介本身。现在媒体多元化了，不只局限于报刊，还包括电视、广播、网络、手机等至少5种。新闻史的任务就是研究这些媒体发展自身的规律。

曹：从"历史的报刊"到"报刊的历史"，也就是从"说什么"到"怎么说"，这种意思的最早表达，是否可追溯到王中先生说的"新闻史不仅要研究'宣传了什么'，尤其要研究'怎么宣传的'"？

方：王中所作的历史上的个别报刊的研究就是"报刊的历史"的研究。他不仅研究"竖'三民'"宣传了什么，尤其关注了它们是怎么宣传的，研究了"辛亥革命"时期的革命派是如何采用迂回宣传的艺术，利用报刊为他们的革命事业服务的。"仲尼厄而作春秋，左丘失明厥有国语”。王中是在被打成“右派”，被迫离开了新闻理论教学研究岗位和被赶到资料室从事资料整理工作以后才从事新闻史研究的。他的“竖‘三民’”系列论文，完全摆脱了当时主流的报刊史写法，与同时期出版的《五四时期期刊介绍》和《辛亥革命时期期刊介绍》迥然不同，不仅表明了他的独立思考精神，也显示了他的多学科的知识积累。王中的尝试，为后人也提供了有益的启示和借鉴。

曹：王中先生似乎是个“另类”。有人认为，在20世纪的新闻史研究中，先后形成了以戈公振先生为代表的为民办媒介进行合法论证的研究模式和以您为代表的为无产阶级专政媒介进行合法性论证的研究模式，您本人同意这样认为吗？

方：戈公振的新闻史研究较少受到苏共报刊史的影响。《中国报学史》出版于1927年，戈公振生活和工作在上海租界，较少受到国共两党斗争和党内路线斗争意识的影响，他的《中国报学史》基本是按照中国新闻事业发展的客观规律来写的。他将中国报业史划分为官报、外报、民报和当代几个部分。划分期限的方法虽然可以讨论，但基本上是符合中国新闻事业的发展规律的。戈公振受正统思想的影响，从事著述时又处于白色恐怖之中，他在《中国报学史》中提到的共产党报刊，数量有些不足，但基本如实地反映了情况，并没有以党报为中心。戈公振后来的思想是追求进步的，他的《从东北到庶联》说明他对苏联的社会主义和中国的社会主义前景还是寄予希望的。但这些在他的《中国报学史》中并无反映。

至于无产阶级新闻史的研究模式，我不能算代表。我是1953年暑假末调到北大新闻专业开始正式从事中国新闻史教学工作的。报到后只有一个多星期的备课时间就开讲。古、近代部分还有点现成的材料可以应付，现代部分、特别是党报史的部分，只能现炒现卖现准备。大体上是按照胡乔木《共产党三十年》提供的主线，到各地图书馆档案馆去查看报刊原件，弄清基本轮廓，勉强敷衍成篇。也没有印成讲义公开发行。建国后的第一部模仿苏共报刊史模式编写的中国新闻史教材，应该是1955年完成的中共中央高级党校新闻班组织编写的那部《现代革命报刊史讲义》，主要的作者是李龙牧、黄河、刘爱芝、丁树奇。后来黄、刘去了人大新闻系，丁、李去了复旦新闻系。同时也把这套编写的模式带到了两校，他们才是你说的那种模式的代表。我长期从事新闻史的教学工作，也参加过一些中国新闻史教材的编写工作，深受他们所写的那部讲义和苏共报刊史的影响，只能算是这一模式的追随者。

曹：说到中国新闻史的研究，20世纪末完成的《中国新闻事业通史》无疑是其中最重要的一本。您以前说，该书管10年，10年后应该调整补充和修改。您现在还这样认为吗？如果回答是肯定的话，应该做哪些调整补充和修改？

方：《中国新闻事业通史》是由50位作者通力合作，写了10年才完成的，是一部反映了20世纪中国新闻史研究水平的综合性成果。它的下限设在1987年，后来出版的我和丁淦林、黄瑚、薛飞合写的《中国新闻传播史》的下限设在2000年，离现在（2007年）分别有20年和7年了，中国新闻事业近年取得了很大的新发展，新闻史的研究成果也大量涌现，如果可以改写的话，将有大量的内容可以补充进去。但是，新闻史的研究和现实保持一定距离也有好处，有利于对一些史实的介绍和分析进行“冷处理”。目前，对这部通史进行改写的条件还不成熟，目前的研究都只是为下一部通史的编写工作做不妨先集中精力、多作一点积累和准备的工作，假以时日，新的通史一定会出来。

我希望新的通史将不再是“半解放的脚”，而是一部彻底摆脱旧的模式的影响，完全解放了的“脚”。

曹：真正完全的解放，是否要等到新闻自由和学术自由的真正实现？

方：新闻自由是一切自由的基础，是近、现代以来中国千万新闻工作者的共同追求。也是写入了中国《宪法》的公民基本权利。我注意到，继2007年4月5日国务院公布《中华人民共和国政府信息公开条例》后，6月24日提交全国人大常委会二审的《突发事件应对法草案》也删除了有关新闻媒体不得“违规擅自发布”突发事件信息和突发事件、所在地政府“对新闻媒体的相关报道进行管理”的两条规定。这是逐步落实《宪法》有关新闻自由条款的一个很大的举措。我们希望这种自由也能逐步地落实到学术研究、特别是新闻史研究上来。

曹：在反思中，也有人认为，新闻史研究重在探求新闻事业发展的规律，但以往的研究过于偏重史实的介绍，其成果只是一些“史料汇集”。您同意这种看法吗？如何处理史料考证和规律探求的关系？

方：新闻史研究和其他人文社会科学研究一样，必须充分地占有材料。恩格斯说过，没有第一手材料，“我就飞不起来”。他的《英国工作阶级状况》一书引用了1 500本书，还有大量调查。没有史料，只能说一些抽象的想当然的话，只能说一些从概念到概念的话，对分析问题、解决问题没有任何好处。现在的新闻史研究，并不是史料太多，而是史料不够。因为史料不够，有些似是而非的问题还没有得到解决。当然，从事新闻史研究，仅仅满足于史料的搜集和停留在史料汇集的阶段是不够的，那只是研究的初级阶段。真正有价值的研究，应该在掌握资料的基础上，进行去芜存精，去伪存真，由此及彼，由表及里地研究，探寻资料背后的含义。只有“史料的汇集”是不够的，否定史料的重要作用也是不对的。有了新的史料，才能在研究上有所发明、有所发现、有所前进。比如，关于巴黎和会采访，我们以往都认为胡政之是第一个也是惟一一个采访和会的中国记者。可是，最近《胡政之文集》出版后，发现胡政之本人早已说过，和他同时采访这次和会的至少还有另一位中国记者张君劢，只是没有进入会场而已。胡政之的这段文字登在当时的《大公报》上，我们没有查原文，不知道，由此作出了错误的判断。新发现的这一材料，就帮助我们推翻了旧的说法。所以说，史料是基础，不可也不应该忽视。

曹：在学术研究的道路上，前辈总是为后来者搭桥铺路。对于年轻的新闻史工作者，您有何寄语？

方：我希望年轻的新闻史工作者，要有比较好的文史功底、比较广阔的知识面和良好的人文社会科学方面的修养。博览群书，关心和本专业有关的新观点、新资料、新事物。真正作到“多闻，择其善者而从之”。具备了这些条件，才能事半功倍。另外，还要有坐得住冷板凳和甘于寂寞的精神及见贤思齐而不是见异思迁的执着精神。

曹：您对新闻史研究工作者有什么期待？

方：多打深井，多作个案研究。面上的研究，前人之备述矣。据说“通史”类的新闻史教材目前已经有五六十种之多，其中很多属于重复劳动，再投入力量近期内已经没有太大的意义。希望大家多花一点力气改做基础性的工作，多打深井，多作个案研究。打深井，意味着开掘要深，要达到前人没有达到的深度，要有重要的、新的发现和新的突破；多作个案研究，指的是要重视报刊原件、新解密的档案资料和口述历史的的搜集整理工作，加强历史上有重大影响的报刊的报人个案研究。只有这样，才能提高新闻史研究的整体水平，开拓出新闻史研究的新局面。

方汉奇　曹立新

方汉奇：这辈子只做一件事的“90后”

文/金羊网记者　李妹妍

12月25日下午，著名新闻史学家方汉奇在工作人员的陪同下来到银行柜台，在转账单上签下自己的名字，正式将100万元（税前）划到了“方汉奇基金”的账户上。

此前一天，在中国人民大学举办的“方汉奇基金”成立仪式上，他将所获的“吴玉章人文社会科学终身成就奖”奖金100万元悉数捐出，用以支持全国的新闻学、特别是新闻史学的研究，推动新闻传播学科发展。

“我这辈子只做了一件事，就是教新闻史。”在接受记者采访时，方汉奇说。现在他仍然在不断学习新的知识，他说：“教学也需要不断更新，学习是没有止境的。”

1951年，方汉奇在圣约翰大学讲授新闻史专题的时候，手头上甚至连教材都还没有。如今，他的专著《中国近代报刊史》和主编的《中国新闻事业通史》成为世界范围内研究中国新闻史的经典文献。

九旬高龄的他在新闻界内桃李满天下，常被称为新闻史学界的“泰斗”。他却谦虚笑称，自己不过是中国新闻史浩瀚长河里好奇探索的“90后”。

捐出百万奖金　银行疑遭诈骗

今年9月，91岁的方汉奇获得被视为中国人文社会科学领域最高奖项的“吴玉章人文社会科学终身成就奖”，奖金100万元。

“这辈子得过一些奖，没得过这么大数额的奖金。”他笑眯眯地告诉记者，老校长吴玉章曾当面勉励他做好新闻史的教学，吴玉章奖终身成就奖对他而言有特殊的鼓励，“此前得过吴玉章奖一等奖，奖金大概三五万。”

在学生们眼里，老教授勤俭节约，“一辈子其实也没啥钱”。清华大学新闻与传播学院教授陈昌凤称，“方老师直到退休时薪水都很低，没攒过什么钱。如今92岁了，每天自己到食堂打饭。”

从20世纪50年代开始从事新闻教育工作，方汉奇每月仅有104元的讲师工资，一拿就是25年。他对物质生活并不讲究，对生活最大的要求只是“柴米油盐样样不缺”，他说：“我不会理财，但有退休金，量入为出，生活没问题。”

学校十几年前给他分了一套房子，只有使用权，但他却对此很满意，安心埋首书斋做学问。他说：“北京的房子很贵啊。”而他的房子在校园里头，步行到新闻学院办公楼只要3分钟，他说：“学生要来找我、需要开个会什么的都很方便。”

悉数捐出奖金第二天，他“蹓蹓跶跶着”去银行办理转账手续时，还不小心闹了点小误会。

“是我的学生王润泽和基金会的一名工作人员陪我去的。”他笑着跟记者描述了事情发生的经过：银行工作人员听说91岁的老人要转出这么一大笔钱，疑心遭到了诈骗。为了保护储户的利益，他们把陪同人员隔开，要求单独和老人进行沟通，“她们问，你儿子在不在？在的话要跟儿子沟通一下。但是我说，儿子在美国，女儿在英国，都不在这儿。”

看着银行工作人员一副“老先生肯定被骗了”的表情，陪同他去银行的中国人民大学新闻学院教授王润泽哭笑不得，在手机里翻出来前一天捐赠仪式的新闻，还播放了现场的视频，加上老先生再三确认后，银行工作人员才为他办理了业务。

一辈子只做一件事情

作为新中国资历最深、教龄最长的新闻史学家，方汉奇心心念念的都是新闻史学科的发展和人才的培养，“新闻史有那么多丰富有趣的事儿，如果老师还讲不好课，那可要打板子”。

有学生谈起方先生的课，用八个字形容：满座叹服、惊为天人。他讲梁启超，随口就可以背出一篇千字政论，一边背诵，一边踱步，兴之所至，旁若无人；他讲邵飘萍、正史、野史，大人物、小人物、大事件、小事件，娓娓道来，举重若轻，让学生们拍案称奇。

“我没有多大天分，只不过在积累上舍得下一点笨功夫而已”。方汉奇自嘲“底子薄”，做学问并无捷径，唯有整天泡在图书馆恶补，坐得住冷板凳。在半个多世纪里，他曾做了10 万张学术卡片，密密麻麻地摘录了各种报纸和书籍上搜集到的有关新闻学方面的资料。

正是这一张张学术卡片，为他织就了一张立体庞大的知识网：268万余字的《中国新闻事业通史》，是中国新闻史的集大成之作；上、中、下共三卷本的《中国新闻事业编年史》，是中国新闻史研究最权威的工具书和教学参考用书。

对此，方汉奇只是谦虚地表示，他“只是在自己的岗位上做了一些应该做的事情，正好给新闻学教学和研究的一个时间段站过岗，如此而已”。

2004年，方汉奇办理了退休手续，但仍然担任中国人民大学新闻学院的博士生导师，每年带1名博士生。他略带骄傲地告诉记者，截至目前，他带了52个博士生。

对学生，他有自己的坚持，第一年每个月要碰一次头，他还给学生们开书单，让他们写读书报告，定期进行交流，“做学术要不断碰撞、充电”。在他看来，新闻史在新闻研究领域仍然有存在的必要性和价值，要“打深井”“多作个案研究”，功夫做到家了，自然会有大量的新成果涌现。

要当先生，先当学生

为了做好教学，方汉奇每天仍在不断“充电”，只是换了一种更新潮的方法：每天早上，他就会在学院教师群里定点发早新闻。

“我这是‘钓鱼’。”他得意地笑着说。他每天早上起床后打开微信看新闻，和老师们分享当天的新闻综合报道，也希望别人有好文章不吝分享，“回馈就是我微信里的那些资料，五花八门，什么都有！”

他学会了在电脑上微信，因为“手机上看，看看就完了，而连着电脑，有需要我就可以下载、存档。平日里，看到好的文章，我就把它下载下来，稍微编一下，加个标题，加个页码，然后归档。我有一个大硬盘，这样分门别类归档材料大概是500多G。我自己用，也经常推荐给学生”。

作为一个不折不扣的“90后”，方汉奇对这个世界保持着旺盛的好奇心。1998年左右，他就成为了中国互联网最早的一拨网民。在清华大学新闻与传播学院教授彭兰记忆中，他让学生进行了几次现场指导，把操作写成指南，就“按图索骥”开始了互联网之旅。

2010年，年近84岁的方汉奇开通了微博，一不小心玩成了大V，拥有175万粉丝。微信兴起之后，他又兴致勃勃学会了聊天建群和扫二维码，他说：“要想知道梨子的味道，就要亲口尝一尝。”

他的微信加入了亲戚群、朋友群、同事群、学生群，“表情”也丰富生动。陈昌凤回忆称，有一次在“方门弟子”群里，他想发一个致谢的表情，却不小心点错了，赶紧致歉“本想派个小姑娘来感谢大家，没想到她哭起来了！”逗得弟子们大乐。

“我没有闲着的时候，要不断地有所学习、有所前进。”他强调称，新闻史研究者是新闻事业的守望者，要紧跟新闻事业的发展，要对一切新鲜事物感兴趣，“否则你没办法做好博导的工作，要当先生，先当学生。”

对话：纸媒现在是史上处境最艰难的时候

金羊网：您说获奖时就有捐出这笔奖金的想法，是出于什么考虑呢？

方汉奇：我得的是吴玉章奖的“终身成就奖”。吴玉章校长是共产党五老之一，办过五次报纸，他对新闻系的教学活动是积极支持的。人民大学新闻系创办于1955年，他一次就拨给新闻系的资料室2万块钱的经费，这笔钱当时可不是个小数。消息传出来后，整个江南一带的旧报市场价格都上浮了，因为听说人大新闻系资料室有一笔钱，要来收买旧报纸。

他也当面跟我说过，新闻史的教学很重要。得到了“吴玉章人文社会科学终身成就奖”，除感到很荣幸之外，我觉得应该把这笔钱用来支持中国新闻史学会的工作。中国新闻史学会是全国唯一的新闻学一级学会，我们那时候没钱，办了一个穷的学会。现在学会发展壮大了，但它仍然是需要支持的。有这样一笔奖金支持新闻史学会的工作，符合吴老生前的愿望，也是很有价值、很有意义的。

金羊网：纵观中国新闻史，您怎么看待当下媒体的处境?

方汉奇：新媒体和新的传播手段给报纸带来了很大的压力，很多人尤其是年轻人不看报了。我现在是每天早上看手机，晚上看电视和报纸。早上看看微信和新闻客户端，主要的消息花一两分钟就知道了，现在很多上班族就是这个习惯。

发行数少了，广告就少了，经济效益受到影响，媒体人的压力很大。纸媒现在是史上处境最艰难的时候，要想既有政治效益，又有经济效益，是需要动一些脑筋的。但纸媒仍然不可取代，它的核心生命力是白纸黑字和社会影响。微信里的文章，如果不是像我这样刻意存档，很快就没有了，但是报纸一直有图书馆保存，它是垂直久远的一个实体。

记者手记：方先生的广东情缘

方先生是广东普宁人，听说是广东的媒体采访，他饶有兴致用粤语和记者聊起了家常，还说起今年回到家乡走走，变化很大，“我系韶关同梅县读过书，宜家只识讲少少白话”。

他少年时代恰逢抗战，在多地辗转求学，先后在香港、韶关、梅县、汕头等地上学。提起这段往事，他印象非常深刻，笑称：“在香港换了四所小学，最后是在一所女校毕业的，全班就我一个男生。”中学时代，他先在香港的文化中学念初一，然后到重庆上了两所学校，又到广东韶关上了两所学校，再到梅县，最后在汕头高中毕业。

如今，他多数时间在人大校园里活动，每日坚持读十几份报纸，数十年如一日潜心研究新闻史。对广东媒体的发展脉络，他如数家珍，说改革开放以后，《羊城晚报》办得很好，拥有众多的受众。他还兴致勃勃地向记者询问报纸的现状，“现在媒体市场被新媒体冲击得厉害，《羊城晚报》有没有进行一些转型探索呢？”他勉励说，传统媒体近些年受冲击很大，但是媒体人才路子很宽，跟上新的变化做相应的调整就是了，没有走不通的路。

这个外人眼里的“泰斗”最喜欢赶“潮流”，向年轻人学习最新的东西。在采访过程中，记者称之为“90后”，他感觉颇为新鲜，哈哈大笑并欣然接受。对了，12月27日是方先生92岁的生日，在此，遥祝他身体康健，生日快乐！

人物简介

方汉奇（1926—），原名方汉迁，广东省普宁市人。中共党员，教授、新闻史学家。

方汉奇1950年毕业于苏州国立社会教育学院新闻系，1951年起，在圣约翰大学新闻系讲授新闻史专题。1953年调入北京大学中文系新闻专业任教，1958年随该专业并入中国人民大学新闻系任教，先后开设和讲授了“中国新闻事业史”“中外资产阶级新闻思想研究”“名记者研究”“港台和海外华人报纸研究”等课程。1984年被国务院学位委员会批准为博士生导师，同年被全国记协评选为全国一级优秀新闻工作者；1987年被国家教委评为全国优秀教师；1987年、1997年两次被评为北京市优秀教师；1991年开始享受政府特殊津贴；1996年获“韬奋园丁奖”一等奖；2005年被授予中国人民大学首批荣誉教授称号；2009年被授予中国人民大学首批荣誉一级教授称号。曾任国务院学位委员会第三届学科评议组成员、国务院学位委员会第四届新闻传播学学科评议组召集人、中国人民大学学位委员会委员、《中国大百科全书·新闻出版》卷编委兼“中国新闻事业”部分主编等职，兼任北京大学、清华大学、浙江大学等17所大学新闻传播院系的顾问、兼职教授、客座教授或课程教授及南京大学新闻传播学院名誉院长、中国新闻史学会会长等。

方汉奇先后撰写和主编了《报刊史话》《中国古代的报纸》《中国近代报刊史》《中国新闻事业简史》《报史与报人》等10余部教材和专著，发表了200余篇新闻史方面的论文。其中，《中国近代报刊史》（57万字）对中国近代新闻事业的产生和发展作了科学、系统的记述，是改革开放以后出版的第一部新闻史专著，曾5次再版，1987年获“吴玉章新闻学奖”一等奖；《中国新闻事业简史》是新中国成立以来第一部公开出版的大学新闻史教材，在国内出版的中国新闻史书刊中流传最广、发行数量最大，1996年获北京市哲学社会科学优秀科研成果一等奖；《中国当代新闻事业史》1996年获高校文科优秀教材一等奖，1997年获国家教委国家教学成果二等奖；《中国新闻事业通史》（三卷本，180余万字）是国家“七五”重点项目，是中国迄今为止规模最为宏大的新闻学专著，是对70余年来中国新闻史研究成果的历史性总结，代表了当前中国新闻史研究的最高水平，2002年获“吴玉章新闻学奖”一等奖，2003年获高校人文社会科学优秀科研成果一等奖，2004年被教育部认定为研究生教学用书，其中的第一卷1994年获北京市优秀科研成果一等奖；《中国新闻事业编年史》（三卷本）2002年获第十三届中国图书奖；《中国新闻传播史》2005年获“北京高等教育精品教材”奖。方汉奇从事新闻史教学研究工作近60年，是公认的中国新闻史学权威和学科带头人。

附录　方汉奇先生与北大新闻学研究会

程曼丽

1995年，我以中国人民大学新闻学院教师的身份考入“方门”，成为方汉奇先生的在职博士生。1998年，在方先生的指导下，我完成了自己的学位论文《蜜蜂华报研究》，获得博士学位。1999年，我晋升教授，并成为博士生导师。2002年，我“转会”北京大学新闻与传播学院，2006年被任命为主管教学的副院长。

还是在人大读书时，我就对历史上北大新闻学研究会导师们筚路蓝缕、以启山林的业绩心怀敬意，及至来到北大，对于他们就更多了一层气息相通的感觉，冥冥中也仿佛接受了一种旨意——把研究会恢复成立起来，让历史的血脉贯通到今天。2006年担任副院长掌握了一定的行政资源以后，我开始比以往更多地考虑这个问题。2007年年底的一天，我郑重拿起话筒，向导师方汉奇教授表达了自己的心愿——在2008年北京大学新闻学研究会成立90周年之际，将它恢复成立起来。电话那头传来的爽朗笑声和殷切话语，使我受到了莫大的鼓励。记得当时方先生说，恢复成立北大新闻学研究会是很有意义的一件事，90周年恢复成立恰逢其时。他还说，北大新闻学研究会不仅是北京大学的资源，也是全国新闻界的资源。我的想法继而得到赵玉明教授、吴廷俊教授、卓南生教授等中国新闻史学会领导和顾问们的大力支持。于是，我向学校正式提出恢复成立北大新闻学研究会的申请。我在报告中写道："北京大学新闻学研究会曾经在历史上产生过重要的影响，它不仅属于北大，也属于全国。我们希望将恢复成立的新闻学研究会建成一个全国性的学术研究平台，以开放的姿态吸引全国有志于从事史论研究的学者参加。这样做，一方面有助于加强北大新闻传播学院与新闻学术界的合作、交流，提高自身的研究水平，同时，有利于促进全国新闻史论研究在更高的起点上多出成果，出好成果。当然，研究成果也可以源源不断地补充到教学中来，以促进新闻史论教学水平的进一步提高，为培养高质量的新闻人才服务。"我的申请很快得到学校的批复。

2007年12月26日，在北京大学新闻与传播学院（旧址）106会议室里，召开了具有历史意义的会议——北大新闻学研究会恢复成立论证研讨会，学校、学院领导以及方汉奇教授、赵玉明教授、吴廷俊教授、卓南生教授等出席了会议。就是在这次会议上，决定了几件重要的事情：秉承北京大学新闻学研究会的历史传统，由时任校长的许智宏院士担任会长；面向海内外聘请副会长及导师，将学会办成开放性的研究平台；再版徐宝璜的《新闻学》、邵飘萍的《实际应用新闻学》等著作；开办北大新闻学茶座；开办全国新闻史论师资特训班。

作为北京大学新闻学研究会恢复成立筹备委员会的主任，我相继接受了《光明日报》、人民网等的采访。2008年4月14日，《光明日报》以整版篇幅刊登了《薪火相传 面向未来——程曼丽教授谈北大新闻学研究会》一文，同时介绍了"北大新闻学研究会三巨臂"蔡元培、徐宝璜和邵飘萍。此文编者按写道："2008年，北京大学逢建校110周年，也将迎来北京大学新闻学研究会成立90周年暨中国新闻教育、新闻学研究90周年纪念日。为了继承和发扬优良传统及良好学风，北京大学将于4月15日恢复成立北大新闻学研究会，并将于10月14日举办北京大学新闻学研究会成立90周年暨中国新闻教育、新闻学研究90周年庆典。这是中国新闻学教学与研究领域的一件大事。本报今天刊发专版文章，以示祝贺与纪念……"在介绍北大新闻学研究会历史地位的时候，我特别提到方汉奇先生所归纳的、北京大学在中国新闻教育史上开创的"五个第一"：在中国开设了第一门新闻学课程；建立了第一个新闻学研究团体"北京大学新闻学研究会"；出版了第一本新闻学著作《新闻学》；创办了第一份新闻学期刊《新闻周刊》；在建国初期全国院系调整后第一个设立新闻专业。我同时提到：作为新闻学研究会的诞生地，北京大学有责任、也有信心重新扛起历史留下的这面大旗，挑起历史的重任，将中国新闻学教育和研究推向一个新的阶段。[1]

2008年4月15日，北京大学新闻学研究会恢复成立会议在北京大学临湖轩举行。在未名湖畔这座有着古色古香庭院的会议室里，作为新闻学研究会恢复成立之后的第一任会长（总第二任），许智宏校长聘请中国人民大学荣誉教授方汉奇、北京大学新闻与传播学院院长邵华泽、清华大学新闻与传播学院院长范敬宜担任学术总顾问，他还向同时受聘的首批10位导师——复旦大学教授宁树藩、丁淦林、童兵，中国传媒大学教授赵玉明，华中科技大学教授吴廷俊，中国社科院新闻与传播研究所所长尹韵公，清华大学教授刘建明，中国人民大学教授陈力丹，香港中文大学教授李少南，日本龙谷大学教授卓南生颁发了证书。

在这次会议上，方汉奇先生发表了热情洋溢的讲话。他说："我想

1　见2008年4月14日《光明日报》第10版。

讲两点意思。第一点，就是祝贺。第二点，就是希望。祝贺方面，我想首先祝贺北京大学新闻学研究会恢复成立，因为这是中国新闻事业史上、新闻教育史上一个非常重大的里程碑。虽然这个研究会当年只活动了两年两个月，时间不算很长，但是影响很大，它标志着中国新闻学研究的开端，标志着中国新闻教育的开端。在新闻学研究会活动期间，还出版了中国的第一本新闻学著作，创办了中国的第一份新闻专业期刊。而且这个新闻学会是和毛泽东、高君宇这样的一些无产阶级革命家的名字联系在一起的。

“今天恢复北京大学新闻学研究会，标志着这种历史传承的延续，在这个基础上，使得北京大学新闻学研究会的传统得以继承和发扬，这是非常值得祝贺的一件事情。

“第二件值得祝贺的是许校长出任北京大学新闻学研究会的会长，还有几位先生出任副会长。我想特别祝贺许校长出任北京大学新闻学研究会的会长。许校长出任这个会长，就是第二任会长，第一任会长是蔡元培校长。这意味着许会长把蔡校长的事业传承了下来。蔡元培校长是在北京大学的历史上、中国教育史上、中国近、现代史上口碑最好、最受尊敬的大学校长。他1917年1月4号到校至1927年7月离开，当了5年半的北大校长，但是这5年半的时间奠定了北京大学的基础，奠定了北京大学的地位，他的办学理念、办学思想至今还受到社会上的认同和尊重。

“现在许校长把蔡校长的事业接过来了，用奥运会火炬比喻的话，就是把蔡校长手里的火炬跨过了蒋梦麟、跨过了傅斯年、胡适、汤用彤、跨过了马寅初、陆平、周培源、张龙翔、丁石孙、吴树青、陈佳洱，把火炬跨过了11个校长和代理校长，直接接过来了。我想这就意味着许校长将会和蔡校长一样，对北大新闻学研究的重视，对北大新闻教育的重视，对培养新闻人才的重视，所以我觉得这是非常值得祝贺的一件事情，既为许校长贺，也为北京大学新闻学研究会贺。

“第三，我觉得应该祝贺的是10位导师。北京大学新闻学研究会这一次准备聘请10位导师。导师这个称号是毛泽东生前最喜欢的称号，他有4个称号，他说那3个都讨嫌，就是导师这个称号，他最喜欢。北京大学新闻学研究会在今天以前，曾经有过两个导师，一个是徐宝璜、一个是邵飘萍。今天即将应聘的10位导师是将要与徐宝璜和邵飘萍的名字排在一起的导师。我觉得这是一种与新闻学大师们并肩的荣誉。徐宝璜是新闻理论的“开山祖”，邵飘萍是新闻实务研究的“开山祖”，在他以前，也有记者。但是研究新闻实务、出书的，他是第一个。所以我觉得，对即将应聘的导师们也应该祝贺。

“最后，简单地讲一点希望。北京大学的新闻学研究会曾经为中国新闻学的发展、新闻教育的发展、新闻事业的发展作出过重大的贡献，它活动的那个时期是中国新闻事业相对比较发展的一段时期，就是20世纪的二三十年代。五四前后的大量报刊是那个时候出现的，建党初期大量党的报刊是那个时期出现的，民族资产阶级办的民营报刊，那个时期也得到了比较大的发展。北京大学新闻学研究会当时的活动，对中国的新闻教育、新闻学研究和新闻事业的发展都有重大影响，都起了很大的推动作用。

“今天我们恢复成立了北京大学新闻学研究会，就应该继承这个会初创时的传统，像蔡校长在办会宗旨里提到的，要在‘研究新闻学理、增长新闻经验，谋求新闻事业的发展’这三个方面下功夫，为今天中国新闻教育、新闻学研究和新闻事业的发展作出自已的贡献。”[1]

2008年10月25日，恢复成立后的北大新闻学研究会与中国新闻史学会、中国新闻教育学会联合举办“北京大学新闻学研究会成立90周年暨中国新闻教育、新闻学研究90周年学术研讨会”。来自国内外新闻传播

1 根据方汉奇教授 2008 年 4 月 15 日发言录音整理。此段文字曾为方汉奇教授从事新闻史教学 60 周年纪念文集所用。

学界、业界的200多名代表共襄盛会，见证并亲历了这一历史时刻。

方汉奇教授应邀参加此次会议，并发表了演讲。他说："今年是北京大学新闻学研究会成立90周年，我觉得这是非常值得祝贺的一件事情，怎么来祝贺北京大学新闻学研究会成立90周年呢？我想，最好的办法就是继承和发扬它的优良传统。北大的新闻学研究会有哪些优良传统呢？我觉得可以概括成以下4个方面：

"第一，所有参加这个研究会的成员，都有高度的反帝、爱国思想，都有以振兴中华为己任的时代责任感，都积极地参与了当时的救亡运动、文化进步运动和政治活动。现在已知的有姓名可考的55名会员当中，有不少都是五四运动的积极参加者，是五四运动的'健将'。还有不少人是早期的马克思主义小组成员，是早期中国共产党建党初期的党员，其中，有两位是北京共产主义小组的成员，有两位是广州共产主义小组的成员，有两位是中国共产党'一大'的代表，有两位是后来中共北方局的负责人，还有一位后来是南昌起义革命委员会的主席团成员。两个导师，邵飘萍是1925年的中共秘密党员，徐宝璜不是党员，但是他积极参加当时的救亡运动，坚决抵制段祺瑞政府制造的'3·18惨案'，因此被列入黑名单，他也是进步的教授。这些人都是抱着救亡的目的，抱着追求科学和民主、探索振兴中华道路的目的进入这个学会从事新闻学研究的。

"第二，紧密地和国际接轨，有比较广的学术上的探讨。研究会创办的一些骨干力量，相当大的一部分都有在海外留学的经历，是当时的海归，而且是中国比较早的海归。像蔡校长，他是进士，1902年到日本去留学，他翻译过日本的哲学著作；1907—1911年又跑到德国去留学，待了4年，后来又去过瑞士、俄国，他通6门外语。

"徐宝璜是1912年拿到北大的公费到美国去留学，先是在纽约州里的林业工程学院学习，后来转到密歇根大学学经济、学新闻学。他的那本新闻学著作，是中国第一本新闻学著作。这本著作征引的参考书目的31种当中的30种是英文，他征引的论文大概是72篇，有68篇是英文。可见，他的新闻学著作在很大程度上是参考了当时最新的西方研究成果，是和国际接轨的。

“邵飘萍是两次去日本，1914—1915年是学法律，第二次因为受到段祺瑞的通缉，到大阪朝日新闻做社评委员。在日文的报纸做社评委员，他是能够用日文写作的。在北大新闻学研究会应邀到学会作演讲、作报告的两位专家教授，一个李大钊，一个高一寒，也是海归，李大钊是早稻田的，高一寒是明治大学的，这些人有比较广阔的学术视野。他们关注新闻，但是他们也对人文社会科学的诸多领域有所了解。蔡元培是研究哲学、研究文学、研究伦理学，邵飘萍和李大钊是学法律的，高一寒是学政治的，他们都是对新闻事业、对新闻学的研究有一些自己的想法，同时，非常尽心尽力地把当时世界上最新的这方面的学科知识引进来介绍给新闻学研究会的会员。

“第三，紧密联系新闻事业的实际。新闻学研究会的一些骨干力量，有相当大一部分都是从事过办报活动的。像蔡校长，他办过《外交报》《苏报》《锦州日报》；邵飘萍办过《汉民日报》，后来办《京报》；徐宝璜和李大钊都办过《晨钟报》。像高君宇，他当时参加过《国民新潮》，后来又参加过《向导》《中国工人政治生活》等很多报刊的出版工作。毛泽东后来办《湘江评论》，这是大家都知道的。这些都是对新闻工作有比较深入了解的骨干力量。

“参加到这个学会的研讨活动当中，很自然地在研讨过程中就会紧密地联系中国新闻事业的实际。会员当中还有陈公博，他主要谈他在广东办报的体会。因此在研讨的活动当中可以看得出来，这个研究会的成员们非常关注中国新闻事业的发展，关注新闻事业规律的研究，关注报纸功能的研究，关注假新闻和有偿新闻的研究，关注广告和新闻道德的研究，有的研究现在看起来还是非常前沿的，说明他们的研究是紧密联系当时中国新闻实际的。

“第四，向社会看。北大的新闻学研究会是北京大学的一个校内社团，当时它们的章程里面第五条有一个规定，‘本会隶属于北京大学，校内外人均可参加’，不限于北大校内。现在有姓名可考的55个会员当中，起码有3个人就不是北大的学生。导师当中邵飘萍也不是北大的，他是《京报》的社长、总编辑。不以北大为限，面向社会。要说有区别，就是收会费不同。校外的一年收18块钱，校内的9块钱。后来调整了之后，校外是8块钱，校内是4块钱。当然这个数量也够可以，因为当时毛主席一个月的工资也就8块钱。但是，校内外除了这个之外没有什么区别。我想这个传统，我们刚刚恢复成立的北京大学新闻学研究会就继承得很好、发扬得很好。

“恢复成立以后，聘请的顾问、副会长、导师，不完全是北大的，有清华的、有传媒大学的、有复旦的，也有华中科技大学的，还有人大的，而且不以境内为限制，还包括境外香港中文大学的李少南教授，而且不以国内为限，还包括日本龙谷大学的卓南生教授，真是海纳百川，这一点也可以说它是继承了北京大学新闻学研究会的一个很好的特点。北京大学新闻学研究会在当时的水平起点不低，和国际的差距不大，因为当时国际的新闻学研究，西方的新闻学研究也刚刚处在起步的阶段，比我们略早一点，也就是10年左右的差距。所以，当时的研究起点是很高的。

“今年是2008年，北京大学新闻学研究会成立于1918年，可惜，活动的时间只有两年，很快就中断了。这一次恢复成立，希望不要再中断。今年是90年，到2018年，希望我们北京大学的新闻研究会在新闻学研究上能够作出更大的贡献，有更多的业绩。我想这就是对我们北大新闻学研究会90周年的一个最好的纪念和期待。”

自那以后，对于北京大学新闻学研究会的活动，方先生能参与的都热心参与，包括出席年会，出席“全国新闻史论师资特训班”开班仪式，出席北大新闻学茶座，与青年教师、学子们交流。对于我这个学生（研究会副会长兼秘书长、进而担任执行会长），他可以说是有求必应。

复会以来，研究会举办了六届年会，主题分别为“纪念五四运动90周年暨五四时期新闻传播专题史研究学术研讨会”“东亚新闻学与新闻事业的回顾与反思学术研讨会”“新闻史论教育与研究面临的难题与困惑”“如何研究新闻史？如何弘扬学术精神——以《新闻春秋》公开发行为契机”“新闻传播学的本土化与主体性的再思考”“新闻传播与文化政治：近代以来亚洲新闻事业研究”。从2011年开始，学会以年会的形式主办“新闻史论青年论坛”，以期为年轻学者搭建彼此交流的平台，进一步丰富新闻史的研究成果。

复会以来，研究会举办了五届“全国新闻史论师资特训班”。截至2013年毕业学员达到100名。学员来自国内3个新闻机构、1所海外大学和64所国内高校。2011年，学员自行成立了同窗会，2012年和2014年又相继成立了两湖分会和东北分会。

复会以来，研究会举办“北大新闻学茶座”52期，由研究会副会长兼导师卓南生教授主持。光临茶座的有来自美国、英国、加拿大、日本、新加坡以及港、台地区和中国大陆的学者及业界人士。茶座讲座的部分内容刊登在《世界知识》《参考消息》《国际新闻界》《新闻春秋》《传媒时代》和新加坡的《联合早报》等报刊上。通过“茶座”，研究会吸引了一批志同道合的中青年学者、学子，形成了一个跨国、跨界、跨校、跨学科的学术共同体。

2014年，北大新闻学研究会复会6年之际，研究会开始筹划出版《北大新闻学研究会学术文库》，以全面展示复会以来学会所开展的学术研究与学术活动。《文库》由4个部分组成：经典新闻学著作再版、研究会导师的研究成果、特训班学员的优秀成果以及研究会学术活动集萃。我们的初衷和心愿是：通过《文库》的出版，贯通“古今”，延续血脉，传承薪火，砥砺后人，让北京大学新闻学研究会的优良传统在新的时代发扬光大。

2015年5月30日，北京大学新闻学研究会复会7周年、北大新闻学茶座开办5周年，《北大新闻学研究会学术文库》出版纪念座谈会在北京大学博雅国际酒店举行，林建华校长到会并致辞，他对北京大学新闻学研究会复会7周年表示祝贺，同时充分肯定研究会复会7年来取得的成绩。他在致辞中说：“如今中国的社会环境、媒体生态与7年前相比已经发生了很大的变化，希望北大新闻学研究会在继承传统的同时与时俱进，不断关注和研究新闻传播领域出现的新情况、新问题，在数字化时代继续引领学术研究，并作出更大的贡献”。

年近九旬的方汉奇先生应邀参加会议，并发表了演讲。他再次回顾了北大新闻学研究会的传承与发展，充分肯定研究会复会7年来所取得的成绩。他说：盛世修史，20世纪80年代以来，新闻史在新闻学研究领域异军突起，发展最快、成果最多、研究队伍不断壮大。他勉励研究会青年学者继承传统，再接再厉。他还以风趣的语言为我和卓南生教授“点赞”，肯定我们7年来为研究会和学界作出的努力与贡献。他的原话是：“在这里我想点赞两位人士，第一位就是程曼丽教授，因为是在她主持北大新闻学院院务工作的时候和她担任新闻史学会会长的任期内，创办了今天在召开的北京大学新闻学研究会和新闻学的茶座。我要点赞的第二位就是卓南生教授，新加坡的卓南生教授，他的知名度在中国新闻史这个领域已经不亚于加拿大的白求恩了，也不亚于北京的马布里了。”方先生的支持和肯定，令我们非常感动。

2016年6月7日，方汉奇先生又一次来到北京大学与我们共聚一堂，纪念北大新闻学研究会复会8周年。他看到《北大新闻学研究会学术文库》已出版的研究成果和《北大新闻学通讯》、“北大新闻学茶座纪要”后，非常认可研究会“对学界、业界的交流探讨作了及时的记录，并以这种形式将文献资料保存下来，流传开来”。他同时鼓励研究会继续开办师资特训班，为新闻史论研究事业输送新鲜血液。

我想说的是，敬爱的方先生，8年复会路您和我们一起走过，令我们虽遇坎坷但无怨无悔。虽然8年来，您的年龄在增长，步履已不如从前那般矫健，但是您的提携、扶掖与支持却使研究会越走越稳，步入坦途。2008年您曾说过，到2018年，希望北大新闻研究会在新闻学研究上能够作出更大的贡献，有更多的业绩。我们不会辜负您的期望，研究会同仁将努力把当年蔡元培校长树起的旗帜继续扛下去，在继承传统的同时开拓创新，以更多、更好的研究成果迎接研究会成立100周年、复会10周年和北京大学建校120周年。

程曼丽

2016年9月15日

（本文原刊于《新闻爱好者》2016年第11期，第7~10页。）

方汉奇先生与中国新闻史学

卓南生

如果我的记忆没有错误的话，我第一次见到方汉奇先生是1987年夏天，地点就在我们今天会议的所在地——中国人民大学。

由于我是在香港临时决定到北京的，因此事前并未致函给神交已久、但未曾谋面的方汉奇先生。这是我第一次到北京。尽管当时新（新加坡）、中尚未建交，但官方已开始放松国民到中国旅游或者省亲的限制。一进酒店，我便冒昧地摇电到人大，查询方先生的联系方式，接线员替我转到时任新闻系副主任郑超然老师家。郑老师一听到我的祖籍是潮州倍加亲切，郑夫人刘明华老师说她访学日本时曾读过我的一本小书《从东南亚看日本——一个报人的观察和体验》，也格外热情。当天傍晚，我和内人史君便应邀作客人大新闻系，共进晚餐。郑老师特地邀来了我慕名已久的两位新闻学界前辈方汉奇先生和甘惜分先生。这是我和中国大陆知名新闻学者面对面交流的第一次，也是我和中国学界结缘的起端。从这层意义上看，今天有幸在我与中国学界结缘的人大新闻系出席近30年来始终引导和鼓励我从事新闻史学研究，并为我与中国新闻学界搭桥和穿针引线、建立起广泛学术人脉的方汉奇先生的90大寿学术研讨会，我的内心是十分激动的，也感受良深。

一、我与方先生的学术结缘与受益

我曾在不少场合提过，在我开始摸索新闻学和中国新闻史研究的最初20多年（1966年至20世纪80年代末期），我基本上只与日本新闻学界接触和交往，受益于日本新闻学界。由于日本新闻学界当时从事中国新闻史研究者近乎于零，我常有“踽踽独行”之感。直到我认识方先生，并参与由先生等新闻史学界前辈成立的中国新闻史学会的学术交流活动之后，才有“吾道不孤”之感。

以下我想谈谈我与中国新闻史学界接触近30年来的一些感想，进而引入个人对方汉奇先生与中国新闻史学的粗浅看法。

正如前面所说，我到中国交流之后的第一个感受是新闻史研究队伍人数众多、声势浩大，给我带来了“吾道不孤”的喜悦。特别是在1992年6月中国新闻史学会在北京举办的首届中国新闻史学研究会上结识了数以百计的中国新闻史的专家和学者，感受是十分强烈和新鲜的。

放眼世界，不论是哪一个国家，就我所知，新闻史学者都为数不多，至于终身致力于新闻史学的研究者，在不少国度里更是屈指可数。从这角度来看，方先生当年登高一呼，成立中国新闻史学会，促使来自中国全国各地的新闻史学研究者团结在史学会周围，从事新闻史研究和探讨，并长期维持和强化一支强大的新闻史教学与研究的梯队，是独具慧眼的。这是任何其他国家的学者所无法轻易办到的。

我特别注意到方先生在首届中国新闻史学研究会上所作的专题发言《中国新闻史研究的历史与现状》[1]。在这篇主题报告中，方先生不仅总结了1927年戈公振《中国报学史》问世以来中国新闻史学研究的三个阶段（即1927年至1949年的新闻史研究的奠基阶段、1949年至1978“文化大革命”时期及1978年以后“中国新闻史研究空前繁荣时期”）的特征，还及时提出了当时（1992年）新闻史研究者应注意的如下三个问题：

一是加强报刊、重点广播电视、电视台和通讯社的个案研究；

二是重视新闻史资料的累积；

三是加强新闻史研究工作者之间的协作。

针对这三个方面，也许有些年轻的研究者会觉得非常枯燥和老套，没有“新概念”“新思路”有趣，或者会发出“研究这些有何意义？”的疑问，我本能的反应是治史者就得坐冷板凳。何况在1978年以后，即“中国新闻史研究的空前繁荣时期”，上述工作还具有有开荒拓野的意义。作为同样是从事新闻史研究，深知治史的苦与乐的一份子，我清楚认识到，这些倡议犹如在盖大楼前强调需要打下牢固的地基一般重要。

在这里，方汉奇先生所说的加强对重点媒体的个案研究，其实就是后来方先生再三强调，也被广为引述的“打深井，多作个案研究”的呼吁[2]。

针对“重视新闻史资料的积累”，方先生语重心长地指出：“搞新闻史离不开有关的史料。没有必要的史料，新闻史的研究就成了无本之木，无源之水，是难以为继的。”

1　方汉奇：《方汉奇文集》（精装版），67~80 页，汕头，汕头大学出版社，2004。

2　详见曹立新：《多打深井多作个案研究——与方汉奇教授谈新闻史研究》，载《新闻大学》，2007（3）。

第一手资料是木之本、水之源这一论断，即便是在数码化和大数据时代的今天，也未成为过去。

至于第三点，“加强新闻史研究工作者之间的协作”，最明显的成果是在中国各地区、各院校、各研究所研究者合作下，完成了《中国当代新闻事业史》和《中国新闻事业通史》。后者共有24个单位的47名新闻史工作者参与，可以说是尽力调动了研究者协力合作的力量，这是十分难能可贵的。

重读1992年方老师的主题报告和1998年方先生在中国新闻史学会学术研讨会开幕式上的发言《骅骝开道路 鹰隼出风尘——记中国新闻史学会成立六年来的新闻史研究工作》[1]，再加上方先生1986年发表的大作《花枝春满 蝶舞蜂喧——记1978年以来的新闻史研究工作》[2]，我对改革开放以来中国新闻史研究历经艰难的路程有了深一层的认识。我建议年轻的研究者在探讨“中国新闻史研究往何处去？”“研究新闻史有何意义？”之前，仔细拜读方先生的这几篇总结报告。这些报告都收录于我和程曼丽教授共同主编的《方汉奇文集》（汕头大学出版社，2004年12月版）。北京大学新闻学研究会已将之列入我们的学术文库（北京大学新闻学研究会学术文库），准备在清华大学出版社出版增订版。敬请关注相关的出版消息。

二、《中国近代报刊史》乃不朽经典著作

接下来我想谈谈个人拜读方先生学术著作的一些体会和感受。

谈起方先生的学术著作，谁都不会忘记方先生1981年出版的上、下

1 方汉奇：《方汉奇文集》（精装版），81~103页，汕头，汕头大学出版社，2004。
2 方汉奇：《方汉奇文集》，46~66页，汕头，汕头大学出版社，2004。

两册《中国近代报刊史》（山西人民出版社）。正如中外新闻史学家所公认一般，这是一部自1927年戈公振《中国报学史》（上海商务印书馆）问世以来条理最为分明、论述最为翔实、最具权威的中国新闻通史。也许是出自“摆脱意识形态”的当代潮流，近来有些年轻研究者不假思索地将方先生的这部巨著，与1966年曾虚白主编、上下两册的《中国新闻史》（台湾政治大学新闻研究所，台北）相提并论、等量齐观，简单地将两者归入为各受意识形态主宰而书写的新闻史。我不赞同这样简单和草率的论断。我个人认为，评定一部学术著作，最重要的是考核其学术的含金量及其影响力，不能望文生义，轻易地将之贴上标签。由于这是一个大话题，今天不想深入开展。我希望新生代的有心人，能真正拨出时间与精力，对此课题认真核实与比较，并得出更为公允和有说服力的学术评价。

当然，我同意，不管是戈公振的《中国报学史》还是方先生的《中国近代报刊史》的书写都刻着时代的烙印和存有其时代局限性。特别是《中国近代报刊史》，出版于改革、开放后不久的1981年，即使积累了作者长期以来的潜心钻研和总结的研究成果与心得，但受制于当时的大环境，也难免还有待补充、修饰和加强的论点与论据。针对这一点，我知道方先生是坦然同意的。在私人的交谈中，我就曾多次征询方先生是否有意出版修订版事宜，方先生风趣地回答道：“就让此书成为古董吧。”

将这部巨著称为“古董”，当然是方先生的自谦之言。平心而论，时至今日，此书仍不失为治史者必读的经典著作。这与当下一部分“你中有我”“我中有你”，纯为应付“教材”或评职称而编写的新闻通史是截然不同的。

三、如何看待新闻发生史和“古代报纸”？

也许是因为我在日本求学时期师从平井隆太郎教授（日本新闻学奠基人小野秀雄教授战后的大弟子）的缘故，我对小野和平井两位老师关心的“新闻发生史”一直保持着浓厚的兴趣。1972年我提交的日文硕士论文原题是《关于19世纪华字新闻纸产生之缘由（日文原文为“发生事情”）与特征的考察（1815—1856）——以〈察世俗每月统记传〉和〈遐迩贯珍〉为中心》；1986年提交的博士论文之原题是《近代型中文报纸的形成过程与确立——从1815年〈察世俗每月统记传〉创刊至1874年〈循环日报〉的诞生》。

探讨“近代型中文报纸”（即“新报”）的“发生”缘由、特征乃至“形成过程与确立”，无论如何都绕不开对“新报”之前中国固有报纸的理解和界定这一大关。在接触以方先生为代表的中国大陆学者的论著之前，我基本上是沿着戈公振《中国报学史》的说法，将之定位为“官报独占时期”。但在细读《中国近代报刊史》及改革开放后陆续出版的几部中国新闻史著作之后，我同意方先生等的看法，“官报”并不足以涵盖“近代型中文报纸”以前中国的所有报纸，因为宋朝已有民间出版、严受官方取缔、查禁的“小报”。到了明清，已有官方的民间报房存在，尽管报房皆受官方的严密控制和管制。从这个角度看，“近代型报纸”以前的中国报纸虽然不等于一部邸报史，但从总体和本质上看，却与“官报”并无太大的差异。针对这时期的报纸，方先生和他同年代的中国大陆新闻史学者皆统称之为“古代报纸”，我在接触方先生等的著作之后，也接受“古代报纸”的概念和看法，并反映在我的论文和著作中。

不过，平心而论，我在使用“古代报纸”这4个字时，多少是有些抵抗感和不安感的。问题不在于对“报纸”的定义，而是在于对“古代”这两个字的年代界定。毕竟，邸报问世以来的唐、宋、明、清与“古代”的概念并不太匹配。也许在未来，在更多学者对“古代报纸”（姑且称之）有更深入研究和探讨的基础上，新闻史学界能对此提出更恰当的名词，或对此作更合理的阐释与修订并达成共识。

为了进一步了解中国固有的报纸及其源流，我最近重读了方先生的著名论文《从不列颠图书馆藏唐归义军“进奏院状”看中国古代的报纸》[1]及方先生1978年撰写、1980年出版的“内部用书”《中国古代的报纸》（中国人民大学新闻学报刊教研室），深受启发。前者对“世界上现存的最古老的一份报纸”——“进奏院状”（公元887年），进行了全面的梳理和考究。后者共分四章，分别阐述了（1）古代的封建官报——邸报；（2）宋朝以后的小报；（3）明、清两代的报房及其出版的京报；（4）劳动人民及封建的革命宣传活动。全书有理有据，颇有说服力。

针对“古代报纸和近现代报纸的区别”，方先生在上述研究“进奏院状”论文的结语中，有如下说明：

是的，唐代的邸报就是这样！它就是当时的报纸！当然，确切地说，是原始状态的报纸。它有点近似于西方中世纪的新闻信，然而却比西方最早的新闻信还要早上好几百年。所不同的是，新闻信主要是为早期的西方资产阶级传达经济情报服务的，而早期的邸报，则主要是为封建地方政权了解朝廷消息，巩固和维护它们的统治地位服务的。

报纸作为一种新闻手段，从诞生、发展到现在，它不是一下子突然形成的，而是逐渐形成的，形成之后，还有一个逐渐完善的过程。唐代的邸报，正处于这个过程的前期，它仅仅具备报纸的雏形，还很原始，还很不完善。研究它，可以帮助我们更好地了解报纸发展的历史轨迹。

“古代报纸”和现代报纸毕竟是有区别的。我们只能实事求是地承

1　原载 1983 年 1 月第 5 期《新闻学论集》，收录于《方汉奇文集》，第 107—132 页。

认这种区别，不能用现代报纸的模式硬套和苛求古代的报纸。[1]

这里可圈可点的论点有二：

其一，强调唐代的邸报是“原始状态的报纸”，近似于西方中世纪的“新闻信”，而却比西方最早的新闻信还要早上好几百年。

其二，指出“古代报纸”和“现代报纸”存有差异，不能用现代报纸的模式去硬套和苛求古代的报纸。

放眼世界新闻史，各国新闻史学家对这两个论点并未存有异议。就以研究新闻发生史闻名的小野秀雄先生来说，他在其论著中介绍中国唐代的邸报及宋代的朝报时便指出：

中国唐代首都长安系位于亚洲的都市，无论是在政治方面和文化方面的地位都与欧洲的罗马不相上下。新闻现象滋生于此地并非不可思议。据唐代随笔记载，在有“中兴之祖”之称的玄宗时期就有所谓的“邸报”，报道宫廷中的动态及政府公告。……时在8世纪中叶。三个世纪之后宋朝继承唐制，也发行官报，称为“朝报”。每五日发行一次。……“朝报”是世界上最早的官报，同时也是世界上最初的定期刊物。[2]

由此可见，小野先生对唐代“邸报”和宋朝“朝报”在世界新闻史上所占的地位，与中国学者的看法是近似的。他并非原封不动地将欧美的新闻发生史概念搬过来理解和审核中国新闻史。

四、日本学界如何看待“瓦版”新闻与研究方法论？

正是基于各国的新闻产生及其发展过程不尽相同的分析角度和认识，小野先生不仅和同时代的欧美新闻史学家一样，赞同和认可中国

1 方汉奇：《方汉奇文集》（精装版），130页，汕头，汕头大学出版社，2004。
2 小野秀雄：《内外新闻史》，4页，日本新闻协会，1961。

新闻史学家有关邸报的研究成果，也在努力摸索近代型报纸出现之前日本是否有其独特的“新闻（报纸）类似物”或“新闻信”的存在。在小野先生及其弟子们的共同努力下，终于发现了日本在德川初期也曾发生过将新闻印成单张，或印成小册子的印刷物。这就是今日日本新闻史学家津津乐道的“瓦版新闻”。由于贩卖者当时是沿街边读边卖的，“瓦版新闻”也被称为“读卖瓦板”。小野先生认为其性质与德国沿街贩卖的flugblatt（德文原义是“飞纸”，即flying page）具有相似的性质和功能。

“瓦版新闻”写入日本新闻史册，说明了日本新闻学家并不样样以西说作为衡量本国新闻发展史的唯一依据和标准。恰恰相反，怎样努力发掘本国确切有力的史料，如何从中辨析本国新闻发生史的特征及其与欧美的差异，是新闻史研究者被赋予的重大课题和使命。也唯其如此，亚洲（其他非欧美源流的国家亦然）的新闻史学家才会获得欧美学界的尊重。

当然，对于“近代型报纸”与旧有的“新闻类似物”“新闻信”之间是否有其连续性的问题，日本新闻史学界也曾经有人提出质疑和探讨，但很快便达成共识。早在20世纪50年代前半期，小野先生的高足内川芳美先生便从近代新闻史研究方法论的角度对两者予以辨析。他表示，将两者“断缘”来研究，有助我们对两者差异的厘清和认识，但他并不轻易否定两者之间的连续性（有关详情，我将另文详述）。

同样的，在大众传播学引进日本，成为显学的20世纪60年代，日本新闻史学界也有人关注其带来的冲击，并提出新闻史学者是否应抛弃旧有的研究方法论的问题。

针对这样的疑问，最早回应此话题的也是内川先生（他也是中国改革开放后首位向中国学界介绍大众传播学概念的外国学者）。他指出，要从大众传播史角度来研究的做法无可厚非，但如果欠缺对个别媒介史具体深入的研究和高质量的成果，作为研究大众传播全过程的大众传播史（尽管这并非等同于各媒介史研究的罗列和总和）原本就不可能存在。

换句话说，内川先生认为，只有当个别的媒介史研究有进展并取得高度受评价的成果，大众传播史才具有成立和发展的必要条件。他当时表示，他尚未看到一部令各方满意的大众传播史。

他山之石，可以攻玉。谨此介绍日本学界对类似学术课题与研究方法论的对应方案，以供参考。

至于有关中国“新报”（近代型报纸）与“邸报”（或中国版的“新闻信”或“新闻类似物”）的连续性与非连续性的问题，我在拙著《中国近代报业发展史1815-1874》（增订新版）的自序[1]中有长篇的论述，希望能起抛砖引玉的作用，这里不再赘述。

五、大家风范与史家正气

综上所述，可以看出中日新闻会史学家在研究“新闻发生史”时，都曾面对“新报”与“新闻类似物”如何区分的近似难题。

我长期在日本从事中国新闻史研究，尽管我那微不足道的研究成果在日本学界获得一定程度的认可和评价，但我迄今仍然牢牢记住内川老师在我的博士论文答辩会上对我说过这样的一句话：“你的学术成果的真正考验不在日本，而是中国的新闻史学界。”

有一天，内川老师寄来了他到中国访学考察时带回的一篇有关我的一篇研究论文被翻译成中文并被郑重推荐的复印件。他以欣喜的口

1　卓南生：《我对中国近代新闻史研究的若干思考和体会》,《中国近代报业发展史 1815—1874》（增订新版），1~29 页，北京，中国社会科学出版社，2015。

吻在信中写道：“你的学术成果已获得方汉奇先生等中国新闻史学家的肯定。”

在内川老师看来，中国新闻史的最高权威就是撰写《中国近代报刊史》、倡建中国新闻史学会创会会长方先生及其同仁。中国新闻史如何书写，应该是中国新闻史学家说话算数，欧美或日本的“新概念”“新思维”固然可以，也应该引进和参考，并予以积极对话，但却没有必要亦步亦趋或者为迎合西学而削足适履。

我生在新加坡、求学于日本，无缘成为方老师的入门弟子，但通过对方老师著作的大量阅读及有幸常近距离地接触，我多少领会到方老师的大家风范与史家正气。

记得有一回，一位年轻的老师对方老师研究的“古代报纸”困惑不解，脱口指出这是一个“伪命题”，后来觉得不妥，又担心冒犯了大家，请我代向方先生解释他并无恶意，只见方先生幽默地回答道：“研究古代报纸，犹如画鬼。画鬼容易画人难。因为谁也未曾见过鬼，鬼可任你胡画。”

方先生的真意当然不是认为自己研究的“古代报纸”犹如画鬼的伪命题。不过，尽管方先生讲课或聊谈时谈笑风生、轻松活泼，但遇到黑白是非或者应该透彻分析的问题时，他的文字十分犀利，立场是十分坚定的。

我特别爱引用方先生对早期传教士模仿京报的册子式出版报刊在封面上引用孔子语录的如下评语：

> 这份报纸（按：指《察世俗每月统记传》）的封面是用黄色的毛边纸印刷的，外观很像国内报房出版的黄色京报。……我认为，这和在它的封面上印有孔子说的“多闻择其善者而从之”那句话一样，都是一种包装。用孔子的话，是一种思想上的包装；用黄纸做封面，则是一种发行上的包装，目的都在迎合中国读者的习惯。一

个是思想上的习惯，一个是阅读上的习惯。[1]

我也特别同意方先生1996年到大英图书馆看报，获悉英国准备派人到中国交涉如何归还西什库教堂内属于英国的藏品问题时的如下感触：

> 这使我想起了某些人的奇怪逻辑："你的是我的""我的还是我的"，我倒很想问问那位赫德先生，你们打算什么时候把你们从中国巧取豪夺的那些东西还给我们呢……[2]

我认为这就是史家的正气。没有正气的史家，就不可能是真正令人敬佩的史学家。

我们应当向方先生学习。方先生是我们新闻史研究者景仰的前辈，方先生是中国新闻史学界的骄傲，也是亚洲新闻史学界的骄傲。

谢谢诸位！

（本文是作者于2016年12月17日在中国人民大学举行的"方汉奇新闻思想研讨会暨从教65周年纪念会"上主题发言的讲稿全文。曾刊于《新闻春秋》2017年第2期，第91~95页。）

---

1 方汉奇：《在大英图书馆看报》，载《方汉奇文集》（精装版），647页，汕头，汕头大学出版社，2004。

2 方汉奇：《在大英图书馆看报》，载《方汉奇文集》（精装版），648页，汕头，汕头大学出版社，2004。

初版后记

我开始对新闻史感兴趣，是从收集历史性报刊开始的，时间是1944年。当时还只是一个高中二年级的学生。从那一年起，到1953年止，累计收藏的各种历史性的报纸，包括中法战争时期出版的《述报》和“戊戌变法”时期出版的《强学报》《时务报》等珍稀报纸在内，已超过3 000种。其间还曾举办过一次在当时颇有点影响的个人“报展”，后来这批藏报已全部赠送给了北京大学新闻专业的资料室。

开始学写新闻史方面的文章，是在念大学新闻系三年级的时候，时间是1948年。记得第一篇习作的题目是《早期的小报》，是记述清末李伯元等人所办的《消闲报》《游戏报》之类的小报的一篇文章。写成后寄给上海《前线日报》附出的《新闻战线》专版，居然被全文刊出，连载了好几期，才全部刊完。后来，读了日本学者曾我部静雄所写的《支那政治习俗考》一书的译文，看到了这部书从《宋会要辑稿》中引述的大量有关宋代“邸报”和“小报”的材料，辗转从图书馆里借到了由清末民初学者辑录的这部皇皇巨著，又开始对宋代的新闻史发生了兴趣，尝试着写过一篇题为《两宋的新闻事业与新闻自由》的文章，送给师友们看了看，得到了一点鼓励，有的人还建议我寄给当时在南京出版的国内唯一的新闻专业刊物《报学》杂志去发表。因为解放军陈兵江左，渡江战役即将打响，那份杂志仓卒停刊，发表已无可能，那篇东西也就被扔进了废纸篓。

上面提到的那一时期，即从1944—1949共5年的这段时期，是我和新闻史打交道的第一个时期。这段时期，虽然也干过一点和新闻史有关的事情，但当时主要的兴趣还在念好有关新闻学的各项课程，争取毕业后当一名出色的记者，新闻史只能算是一种“业余”的、实际上是“课余”的爱好。还没有把它当成自己的正业。

把新闻史研究当成自己的正业，是从1950年开始的。这一年3月，我应时任上海新闻图书馆馆长马荫良先生的邀请，到这个专业图书馆的研究组从事《申报》史料的整理工作。当时我单身一人，尚未成家，工作和吃住都在馆内，除了睡觉以外，几乎全天候地和历史上的那些旧报打交道，只用了两年的时间，就通读了几十年的《申报》和其他旧报。积累了一些可供研究的新闻史方面的材料。其间，还应黄嘉德教授的邀请，去他担任系主任的圣约翰大学新闻系（1952年院系调整后这个系并入了复旦大学新闻系），讲过一些新闻史方面的专题。当记者的梦圆不了了，新闻史的教学与研究由此成了自己的正业。

1953年，我被正式调到新成立的北京大学新闻专业任教。那一年8月23日报到，9月1日一开学就上讲坛，讲的就是中国新闻史。算是正式步入新闻史的教学岗位。从那时到现在，我已经在高等学校的新闻院系教了近50年的新闻史。其中有10年在北大，有40年在人大。如果加上前面提到的那两段时期，我和新闻史的教学与研究已经打了近60年的交道，可以说这一辈子基本上是在新闻史这门学科的圈子里度过的。

回过头来看，这几十年来，我所从事的主要还是新闻史教学方面的工作。但教学又必须有一定的科研作支撑才能够逐步地有所提高，因此不得不时时关注新闻史教学和新闻史研究领域中出现的一些问题，作一点探索，写一点小文章。近10年来，参加了中国新闻史学会的活动，又逼着自己对全国新闻史学界关注的问题和这个学科领域面上的情况作一些调查和研究，同时还应邀为一些新闻史学者的专著写过一些序。收入这部文集的，大体上就是以上这几方面的文字。是从近150篇的同类文字中摘选出来的。其中的大部分都曾经在当时的报纸和专业刊物上发表过。

由于建国以后的前二十几年，高等学校强调“教育为无产阶级政治服务，教育与生产劳动相结合”，政治运动较多，下乡、下厂的劳动较多，教学研究的时间很难保证。新闻史的教学在整个新闻学的教学计划中，也没有受到重视。这一情况在文化大革命的10年中发展到了极致。这些在这部文集中也有明显的反映，即绝大部分的文章，都是文化大革命以后，特别是1978年中共十一届三中全会实现拨乱反正以后写的。前此写的也有，但不多。文化大革命那10年，则几乎是空白。整个新闻史学界的情况如此，个人的情况也是如此。

收入这部文集的，大部分只能算是个人在新闻史教学研究这块园地上从事耕耘的一些小小的收获。在新闻学特别是新闻史研究的历史长河中，它们是微不足道的。形象地说，只不过是它们的作者在浩瀚无垠的新闻学和新闻史研究的沙滩上，拾到了稍稍值得一顾的几只贝壳而已。把它们裒集起来，是为了给读者提供方便。如果它们对新闻院校的师生、海内外的新闻学者和中国新闻史的教学研究工作者还能够有点可供翻检和参考的价值，我就于愿已足了。

这部文集原来打算用收入书中一篇文章的题目《发现与探索》作为书名。因为觉得它和收入集中的那些文章名实相符，比较贴切。收入这部文集中的某些篇章对中国新闻史的研究可能有些许发现，但更多的则是对中国新闻史研究的探索。在科学研究上，发现是没有止境的，探索也是没有止境的。我希望比我年轻的新闻学者和新闻史研究工作者在这个学术领域内继续耕耘，不断地作出新的探索，不断地有新的发现。

方汉奇

2003年3月8日于北京宜园

增订版后记

收入这部文集增订版的，是我写过的和新闻史的教学与研究有点关系的各类文章，以及同行学者们写的有关我的访谈性的文字。本书是在2003年汕头大学出版社出版的《方汉奇文集》的基础上增订而成的。

我从上个世纪40年代在大学新闻系念书的时候起，就对新闻史的研究感兴趣。1947年念大二的时候，因为在图书馆里发现了一套徐松编辑的多卷本的《宋会要辑稿》，这部书出版于戈公振的《中国报学史》之后，有很多和宋代新闻史有关的材料，是戈公振的那部权威性的著作没有征引过的，也因此引起了我对古代新闻史的兴趣，曾经为此写过一篇七八千字的题为《宋代的新闻出版自由》的习作，这是我平生写的第一篇和新闻史有关的文章。当时，内战正在进行，国统区内不少和新闻有关的学术期刊办不下去，纷纷停刊，大学在读学生的试笔，写的既很稚嫩，也找不到适当的专业刊物可以发表，就随意弃置，直到“文革”抄家时，才被抄走。在此前后，倒是有一篇根据自已在旧书店收集到的一些晚清小报写的一篇题为《中国早期的小报》的文章，被时任上海一家报纸总编辑的宦乡看中，拿到这家报纸的一个专刊“新闻战线”上作了连载。几千字的文章，作为“补白”，连登了好几期才登完。宦乡当时是地下党员，新中国成立后是著名的国际问题专家，担任过社科院的副院长，1980 年代在一起开会时，谈起这件事，他还依稀记得。只是大学生的习作，质量不高，承他提携，聊作补白而已。

正式写作和发表新闻史方面的文章，是 1953 年 8 月，我从上海新闻图书馆调到北大中文系新闻专业和人大新闻系任教以后的事。大体上可以分成三个阶段。1953 年到 1966 年文化大革命前是第一个阶段，这一阶段，新华社主办的《新闻业务》和《人民日报》主办的《新闻战线》等业务刊物相继创刊。教学和备课之余，偶有所得，形成文字，往往可以送给这两个刊物发表。这两个刊物也需要新闻史方面的文章丰富版面。其间有一个规律，即相关文章的发表往往和这一时期的各种政治“运动”相呼应。“运动”告一段落，阶级斗争的弦稍弛，新闻史方面的文章会发得多一些。“运动”一来，阶级斗争的弦一紧，新闻史方面的文章就“秋扇见捐”了。1966 到 1976 的“文革”十年是第二个阶段。这一阶段，我和不少搞新闻史教学工作的同行们都忙于蹲“牛棚”，下“干校”和接受工农兵学员的“上、管、改”，整天游谈无根，束书不观，或忙于写交代材料，或忙于体力劳动。新闻史上的一些报刊和人物，这时也已大多被否定或打倒，相关的教学与研究工作也完全停顿。只是“文革”的后期，强调评法批儒，一些新闻史上的人物被列为法家，属于可以研究和表彰的范围，才保留下一批这方面的文字。“文革”结束到现在的四十多年则是第三个阶段。这一阶段，百废俱兴。新闻事业和新闻教育事业蓬勃发展。高等学校设置的新闻学的教学点一度多至 700 多个。1970 年代后期又开始在一些新闻院校招收硕士生和博士生。新闻史教师的队伍不断扩大。新闻学期刊大量问世。80年代中期以后，在“盛世修志”口号的带动下，掀起的各地编修新闻史志的高潮，加上中国新闻史学会的创立和发展，都对新闻史的教学研究起了很大的促进和推动的作用。收入这部文集的大部分文章，绝大部分都是这一时间段完成的。

这部增订本得以编辑出版，还要感谢一直关注和促成本书增订工作的卓南生、程曼丽等专家学者、本书的责任编辑纪海虹同志，以及协助她完成文章收集整理工作的几位年轻的学人。没有他们的劳作，这些散见于各处的文字，是很难被裒辑起来“灾梨祸枣”的。

新闻传播事业在发展，新闻传播学和新闻史的教学与研究在发展。雏凤清于老凤声。一些中青年学者们的研究成果，早已远远地超过了我们那一代人的水平。收入这部文集的一些文字，有的已经过时，有的已经没有多少学术价值。它只能是过去那一个时间段的新闻史这门学科教学与科研的历史纪录，可供存档，并聊供关心这一学科发展历史的学者们翻检参考而已。

是为记。

方汉奇

2018年9月

本书获北京大学金光新闻教育基金资助出版